天

Borderless

下

天下，在乎正义和你

天
Borderless
下

法学新经典

国际私法本体论

第二版

蒋新苗 著

法律出版社 LAW PRESS · CHINA

作者简介

蒋新苗 男，汉族，1964年10月生，湖南东安人，国际私法博士，法学二级教授、博士生导师，现任湖南师范大学党委委员、副校长。

2012年入选长江学者特聘教授，第七届、第八届国务院学科评议组成员，第五届全国十大杰出青年法学家、教育部高等学校法学学科教学指导委员会委员，“教育部新世纪优秀人才”，国家“万人计划”哲学社会科学领军人才，中宣部全国文化名家暨“四个一批”理论人才，百千万人才工程国家级人选，国家有突出贡献青年专家，享受国务院政府特殊津贴专家，国家社科基金学科规划评审组专家，中国国际私法学会副会长、中国法学会理事、中国国际经济法学会理事，第三届湖南省优秀社科专家，湖南省芙蓉学者特聘教授，湖南省学科评议组成员，湖南省新世纪121人才工程第一层次人选，湖南省检察院专家咨询委员会委员，长沙仲裁委员会仲裁员等。

1997年获武汉大学国际私法专业博士学位，博士毕业后到湖南师范大学法学院任教，是湖南省引进的第一位国际法学博士，曾任湖南师范大学法学院院长、社会科学处处长、教务处处长、评建办主任等职。在中国社科院法学所做过博士后研究，先后留学德国和瑞士，与欧洲著名法学家合作研究跨国收养法律问题。在国际私法领域有独到的研究，是我国目前唯一从事跨国收养法理论研究的专家，同时，在法律逻辑学方面有较深入的研究，对法学方法论的感悟独特。主讲过《国际私法》《比较民商法》《涉外婚姻家庭法》《法律逻辑学》《国际法学方法论》和《法律英语》等课程。其中《国际私法》作为国家级资源共享课已在爱课程网上线。

主持国家社科基金重大招标课题1项、国家社科基金重点课题1项、国家社科基金青年课题1项、国家社科基金一般课题1项、省部级课题10余项，在《法学研究》《中国法学》《法学家》《法学评论》等国内核心期刊发表学术论文100余篇，在港澳台及国外学术刊物发表中英文论文5篇；出版个人学术专著6部，主编“十一五”国家级规划教材2部、“十二五”国家级规划教材1部、国家级精品课程1门、资源共享课1门，担任法学省级专业综合改革试点项目负责人。获教育部人文社科优秀成果三等奖1项，司法部优秀科研成果三等奖1项，湖南省教学成果一等奖2项，湖南省优秀社科成果一等奖1项、二等奖3项。

第二版序

李双元

随着我国改革开放和对外交流的发展，以涉外民商事法律关系为调整对象的国际私法获得了空前的发展。尤其是2010年中国国际私法的单行立法《涉外民事关系法律适用法》的出台以及2020年5月28日《民法典》的颁布，进一步拓宽了国际私法的理论与实践发展空间。事实上，我国《涉外民事关系法律适用法》的起草工作于2002年启动，并开始形成了草案第一稿。此后，历经九年的努力，数易其稿，方于2010年10月28日由第十一届全国人民代表大会常务委员会第十七次会议审议通过并颁布，自2011年4月1日起开始施行。随后，2012年12月28日最高人民法院《关于适用〈中华人民共和国涉外民事关系法律适用法〉若干问题的解释(一)》颁布，2013年1月7日实施。新的立法及司法解释标志着我国这一领域法律制度建设，已经进入到一个更系统化、更成熟的新时代。但是，就我国整个国际私法制度的全面建设而言，还有一个将本法更好地付诸实践的过程，以及如何进一步将法律适用法与国际民事管辖权制度和涉外民事判决的相互承认与执行两个部分进行整合，进而制定一部完整的国际私法典的艰巨任务亟待完成。这无疑是仍然需要国际私法学界为之进一步努力的新目标。与此同时，国际私法的理论研究也应及时跟进，全面、深入、系统地揭示国际私法的本体属性和机理,为立法和司法实践提供智力支撑。

正是基于这样的历史背景和现实需要,蒋新苗教授全方位跟进与反映中国国际私法的最新立法和司法实践,充分吸收和借鉴国际社会有关国际私法理论与实践的前沿成果,重新修订了《国际私法本体论》一书。2005 年出版的《国际私法本体论》一书及其作者在十余年时间里斩获了无数光环、荣誉和奖励。《国际私法本体论》于 2009 年获得湖南省社会科学优秀成果一等奖、2012 年获得全国高等学校科学研究(人文社会科学)优秀成果三等奖、2010 年被鉴定为国内领先的社会科学研究成果。当年随我攻读博士的“青瓜”小伙蒋新苗也越发成熟,光环绕身,2007 年入选全国十大杰出青年法学家、2008 年被评为湖南省芙蓉学者和优秀社会科学家、2012 年成为教育部长江学者特聘教授、2015 年成为国家有突出贡献青年专家和“百千万人才工程”国家级人选、2016 年当选国务院学位委员会法学学科评议组成员、2017 年成为国家“万人计划”哲学社会科学领军人才。不过,他并未在荣誉与成就面前满足和停滞不前,即便是出任湖南师范大学副校长后依然不忘学术研究的初心,不断拓展对国际私法和跨国收养法的研究。这本修订的《国际私法本体论》便是其近年继续拓展研究的最佳例证。

该著作立足国际私法本体研究,聚焦国内外国际私法理论与实践的热点和难点,结合我国《涉外民事关系法律适用法》及其司法解释,参照国际社会的最新立法例和国际私法统一化进程,全面梳理国际私法与国际私法学产生发展的脉络,科学阐述国际私法基本概念、基本原理和基本原则,深入挖掘国际私法新方法,客观揭示冲突规范的运作机制。全书拘于理论与实践相结合原则,精心安排体例,科学设置内容,成于规范性、系统性、逻辑性、新颖性、独特性、指导性和可读性的有机统一。

闻知此书修订再版,又欣然序之。著作之学术水平、思想水平、理论水平、论证水平和规范水平喜登新阶,堪称同类典范。此书既是国际私法本体研究中国化最新成果的反映,充分彰显中国特色国际私法立法与司法的成就和经验,又是融国际私法本体研究的世界先进范例于一体的集大成者,全方位追踪全球国际私法革新取向和学术前沿。一言以蔽之,《国际私法本体论》的思想火花闪烁在字里行间,资料收集分类及比较分析散发出前所未有的新鲜味道,研究方法的理论价值和现实功能释放出风行电照的辐射力度,建设性观点与对策渗透出不一而足的参考因子。

全国杰出资深法学家
中国国际私法学会名誉会长
湖南师范大学终身教授、博士生导师
2021 年 3 月 19 日

序　言

李双元

调整涉外民商事法律关系的法律部门，在大陆法系中习惯于称其为“国际私法”（Private International Law），而英美普通法系则更多地称其为“冲突法”（Conflict of Laws）。尤其有趣的是，“冲突法”这一术语，最早是荷兰学者克里斯蒂安·罗登伯格（Christian Rodenburg）在1653年提出来的，并未在大陆法系国家赢得市场，相反却在英美普通法系国家广泛盛传。而历史开的另一个玩笑则更发人深省，“国际私法”这一概念也非大陆法系国家学者首创，恰恰是美国国际私法奠基人约瑟夫·斯托里（Joseph Story）最先在1834年使用的。正是从两大法系这种有趣的现象中可以发现一些本质的内在。因此，推本溯源，当为国际私法学人的责任。我国明朝大学问家王守仁在其《传习录》（卷上）中曾指出：“为学须有本原，须从本原上用力，渐渐盈科而进。”蒋新苗教授遵循古训，深入研究国际私法的本体问题，自然具有历史价值与现实意义。

可以说，我国大中小国际私法论者，惟当拥有共同的本体，否则，就非属于国际私法论了。多年来，我国国际私法学界，逐渐分化为三大学派。一部分学者主张国际私法理论体系与立法框架应为无所不包的大国际私法，一部分学者则坚持传统的小国际私法观点，还有一部分学者折中为中国际私法观。无论是大国际私法学，还是小国际私法学，抑或是中国际私法学，都面临一个基本的立足点和出发点。一旦离开了这些根本性的国际私法本体,也许就不成其为国际私法了。唐朝善无畏与一行合译的《大日经》(卷七)曾告诫信徒:"一身与二身,乃至无量身,同入本体。"

事实上,国际私法的内省与外化均存在本体问题。离开了国际私法的本体,国际私法内省则可能成为无的放矢;离开了国际私法的本体,国际私法的外化则成为无源之水、无本之木。韩德培先生早年曾对国际私法的解读有一著名的比喻,"国际私法就像一架飞机",并以"飞机的机身"与"两翼"来比拟国际私法的结构。因此,从事国际私法的研究,必须找准国际私法这架"飞机"的"机体"。近年来,我在探寻国际私法的趋同化走势时也发现,无论是国际私法的趋同化表现在各国在国际私法上的直接统一,即国际社会通过条约形式制定统一实体法、统一程序法与统一冲突法,还是表现在各国国内立法中采取相同或相近的规则或原则,都得有一个共同的趋同本体。

只要存在国际民商事关系以及其发展不停滞,调整这种社会生活关系的国际私法就必然会存在和发展,而且随着时代的进步,未来的社会民商生活关系将更加密切,国际私法的地位和作用在国内、国际法律体系中均将进一步提升。关键在于国际私法应随着时代的进步,使其性质、功能、目标及制度发生相应的变化。国际私法的功能随着它的新目标的确立,也必须要着眼于由解决个案的法律选择适用转入到构筑适合国际大市场运作的民商法律新秩序,从而实现在人类全球或整体意识不断要求下赋予自己的重大使命。正是由于要构筑国际民商法律新秩序,国际私法在范围上也必将进一步突破传统的观点。国际私法的范围问题本是国际私法领域一直未能得到解决的一个问题,争论的焦点在于国际私法的主要规范是哪些,是否包括统一实体法规范?对此,我们早就指出,讨论国际私法范围,必须抓住两个问题,一是抓住法律冲突这个核心问题,二是要有发展的观点。虽然没有冲突法就没有国际私法,但国际私法发展到今天,已不允许得出国际私法就是或只是冲突法的结论,因为这个结论不能使国际私法真正发展成为一个全面地、有效地调整含有涉外民商事关系的法律部门,不能使它随着国际经济民商事生活的发展而得到发展。事实证明,这种思考问题的方法是科学的。国际私法是随着解决各国之间法律冲突的需要而发展起来的,其根本目的在于消除调整涉外民商事关系的国际民商法律的冲突,因而凡是与解决各国法律冲突有关的法律规范，就没有理由把它排除在国际私法的范围之外，而且对任何事物我们都须持发展的观点。因此，就20世纪以来国际私法趋同化的进程与结果来看，国际私法的范围必然会包括统一冲突法和统一实体法，而且从某种意义上说，统一实体法更符合国际私法的本意。随着未来国际私法的进一步趋同，国际私法的重点将逐渐转向以统一实体法为主，统一冲突法和各国国内冲突法的作用和地位将会逐渐下降，成为起补充作用的规范。因此，在追寻国际私法的趋同化进程中深入挖掘趋同的本体，也是非常必要的。

蒋新苗同志随我攻读国际私法博士时，一直思想活跃、勤于钻研，经常有一些新的想法和独特的见解，却又天生含蓄，不显山露水。这本书在一定程度上也反映出他做学问的严谨态度。值此付梓之际，特向广大国际法学界推荐这本著作。

2004年11月3日

目　录

Table of Contents

第一章　国际私法的起源

第一节　国际私法产生的前奏

人类社会政治、经济、科技、文化、艺术、历史的产生与发展一直深受“欧洲中心主义”的影响，无论是自然科学理论还是人文社会科学理论无不带有其烙印。法学理论界和实务部门对法律史的认知也难脱其窠臼，而长期被视为“舶来品”的国际私法也概莫能外。实际上，对于国际私法的产生与发展，大多习惯于采取“欧洲中心论”的思维定势来追根溯源。这自然有其历史背景和现实诱因。毋庸讳言，欧美国际私法产生与发展的彰显性是有目共睹的。然而，中国在国际私法最初萌芽时期的先锋作用也是不容忽视的。因此，这里先从探析中国盛唐时期最早出现的成文冲突规范开始，然后再沿着古希腊、古罗马对国际私法萌芽的贡献，逐步追寻国际私法的历史源流。不过，国际私法产生的源头究竟在哪里，至今尚无明确肯定的共同结论。卢峻教授曾明确指出：“国际私法之存在，始于何时，迄无可考。”①但是，本着追寻的态度，根据现有的文献资料，仅是有限地揭示国际私法的历史源流，还是有其历史价值与现实意义的。只是更科学、更准确的定论，还有待于人类学家、考古专家、历史学家和法学家齐心协力，共同挖掘。

---

① 卢峻：《国际私法之理论与实际》，中国政法大学出版社 1998 年版，第 3 页。

一、昙花一现的中国盛唐时期的国际私法规范

在中华民族五千年的文明起源与发展历史过程中,中国唐朝(618～907年),堪称中国封建社会的鼎盛时期。当时,中国国力强盛、经济发达、贸易兴隆、文化繁荣,对外交往密切频繁。唐朝京城长安更是当时亚洲乃至世界的大都市。西沿"丝绸之路",与中亚和地中海各国有着频繁的商业交往;东渡南洋,与日本有着直接的贸易文化交流。当时唐朝不仅有官员与商人西出阳关或漂洋过海走向国外,而且不少外国人也来到中国。在唐朝京城长安,聚集了许多在此经商或学习的外国人,有的长期定居在长安甚或一辈子生活于此。据孙光宪《北梦琐言》记载,当时在唐朝的外国人多达三千,在朝为官的也不少,最高者甚至官拜宰相。① 为了调整和规范各种具有涉外因素的法律关系,中国唐朝的统治者在《永徽律·名例》中就制定了"类似今天的冲突规范的规定"。② 唐《永徽律·名例》明确规定:"诸化外人同类自相犯者,各依本俗法;异类相犯者,以法律论。"③而《唐律疏议》则进一步说明:"化外人,谓蕃夷之国,别立君长者,各有风俗,制法不同。其有同类自相犯者,须问本国之制,依其俗法断之。异类相犯者,若高丽之与百济相犯之类,皆以国家法律,论定刑名。"④用现代国际私法的术语来解读,也就是说:具有同一国籍的外国人在中国境内发生相互侵犯的案件,适用当事人的本国法;不同国籍的外国人之间在中国发生相互侵犯的案件,按照唐朝的法律处理。⑤ 由于中国古代的法律是诸法合一、民刑不分,因而唐律中的上述规定对涉外刑事案件和民事案件都是适用的。尽管唐《永徽律·名例》有关涉外法律关系的这种规定,带有明显的刑法特征,但是其国际私法的隐性因子也是众多国际私法学人所公认的。它实际上已具有冲突规范的雏形,而在同一时期的世界其他各国法律中至今尚未发现有关类似的成文法规定。在欧洲,直至1756年的《巴伐利亚法典》才第一次有了成文的冲突规范。

---

① 参见(宋)孙光宪:《北梦琐言》(全两册),中国书店2018年版,第67页。

② 黄进主编:《国际私法》,法律出版社1999年版,第92页。

③ 蒲坚编著:《中国古代法制丛钞》(第2卷),光明日报出版社2001年版,第193页。

④ 《唐律疏议》,刘俊文点校,法律出版社1999年版,第144页。

⑤ 参见李双元等:《中国国际私法通论》(第2版),法律出版社2003年版,第80～81页。

然而,令人遗憾的是,后来长期的闭关自守、夜郎自大的封建专制统治窒息了对外经济、文化交往的发展,使中国国际私法立法与理论自唐朝后一直落后于世界先进国家。宋、元、明各朝,国际私法领域一般都沿用旧制,没有多少进展与突破。虽然明朝曾借用唐朝《永徽律·名例》有关涉外法律关系的规定处理过涉及居住澳门的葡萄牙人事务,但依然未突破唐律的框架。① 直至清朝末年,中国不仅依然未见有专门的国际私法立法,而且这方面的法律实践也相当少。

二、古代希腊准据法选择观念的萌芽

在欧洲大陆,各城邦国家早就开始了对外交往,但萌发国际私法的法律选择观念却要晚得多。这主要在于古代外国的侨民仅仅具有奴隶的身份,而不得成为法律关系的主体。② 例如,在古希腊时代,各城邦国家的法律并不保护外国人的婚姻和财产,甚至海盗抢劫外国人财产,也不认为是违法行为。③ 有资料表明柏拉图和亚里士多德赞成吕库尔古斯法律禁止外国人在斯巴达定居的规定。福斯泰尔·德库朗热认为古代采取否定外国人权利主体资格这一做法的主要原因在于:"古代城邦是建立在宗教基础上的,外国人与本国人不信仰同样的宗教,因此不能对他适用同样的法律。"④正因如此,所以国际私法学的通说都将国际私法的产生源头定位于古罗马法。然而,实际上远在罗马时代以前就有了国际私法观念的初步萌芽。早在古希腊时代,各城邦之间就出现了商业交往和贸易往来,随之而来的民商事交往也逐渐频繁,从而引发了各种法律冲突问题。基于这一背景,20 世纪初曾任牛津大学法学教授的维诺格拉多夫(Vinogradoff)便认为,大致在这一时期,古希腊出现了国际私法(Private International Law)的初步萌芽。⑤ 不过,维诺格拉多夫所说的国际私法并不是指现今的法律选择规则,而是指建立在共同的原则与商业习惯基础上的古希腊普通法。只是古希腊这种带有国际

---

① 参见黄汉强、吴志良主编:《澳门总览》,澳门基金会 1996 年第 2 版,第 13 页。

② 参见李双元等:《中国国际私法通论》,法律出版社 1996 年版,第 46 ~47 页。

③ 参见何适:《国际私法释义》,台北,三民书局 1983 年版,第 13 页。

④ [法]亨利·巴蒂福尔、保罗·拉加德:《国际私法总论》,陈洪武等译,中国对外翻译出版公司 1989 年版,第 9 页。

⑤ See Paul Gavrilovitch Vinogradoff, *Outlines in Historical Jurisprudence*, Vol. Two: The Jurisprudence of the Greek City, Oxford University Press, 1922, p. 158.

私法萌芽形态的商业习惯法则并不以任何个别城邦的立法权为基础。由于古希腊各城邦的法律存在或多或少的一致性,这就在一定程度上减少了适用法院地法的不公正性。加之古希腊人崇尚契约自由,起草法律文书的技术完善,因而权利义务可在合同中约定得相当清楚。在古希腊,不同的城邦具有共同的语言和文化,这大概有助于各城邦之间缔结相互给予其成员(居民)全部或部分私法权利的条约。① 在希伯来人中,则因以色列和犹太两个王国实行的摩西法律基本相同,也使条约的缔结或习惯的形成变得容易了。莱瓦尔特曾经指出,在这些条约中,有些也涉及司法管辖权和程序问题,甚至还涉及可适用的法律问题。② 古希腊各城邦之间的民商事交往虽然比较频繁,但当时的社会现实并没有产生对法律选择规则的迫切需求。从现有的文献资料分析,对于古代希腊是否出现过现代意义上的冲突规范,尚无法予以确证。不过,在埃及出土的一具木乃伊里,发现了公元前 120 年至公元前 118 年的一个法令,规定凡合同以埃及文字起草的,可以在埃及法院对希腊人起诉。因此,有学者将其视为默示性冲突法规则,认为埃及的该法令指定了语言作为确定管辖权的连接因素并承认了当事人意思自治原则。③ 可见,私法当事人有权选择法院和选择准据法这种观念早在古希腊时期就已经产生了。④

三、古罗马万民法对国际私法产生的启迪

古罗马建国初期也是同古希腊一样轻视外国人。罗马法只承认罗马市民是权利主体,外国人被视同敌人。因为古罗马建国之初,“疆域之外,莫非敌国,敌国人民,何足以言权利之保护”。⑤ 然而,随着其征服了大片领土以及发展对外商业贸易的需要,罗马帝国才逐渐给予非罗

---

① See Paul Gavrilovitch Vinogradoff, *Outlines in Historical Jurisprudence*, Vol. Two: The Jurisprudence of the Greek City, Oxford University Press, 1922, pp. 230 – 232.

② 参见[法]亨利·巴蒂福尔、保罗·拉加德:《国际私法总论》,陈洪武等译,中国对外翻译出版公司 1989 年版,第 10 页。

③ See J. – G. Castel, *Canadian Conflict of Laws*, 4th ed., Butterworths Canada Ltd., 1997, p. 12.

④ See Friedrich K. Juenger, *Choice of Law and Multistate Justice*, Martinus Nijhoff Publishers, 1993, pp. 6 – 8.

⑤ 梅仲协:《国际私法新论》,台北,三民书局 1982 年版,第 23 页。

马市民一定的法律地位,开始用"万民法"(Jus Gentium)来调整罗马市民与非罗马市民间以及非罗马市民之间的民事关系。由于古罗马的市民法只适用于罗马市民,并且过于简陋且形式主义极强,无法满足涉及非罗马市民之间的民商交往的需要。于是,罗马人在公元前 242 年左右创立了一项制度,设立外邦人大法官,处理涉及非公民的诉讼。外邦人大法官可以不受程序上的形式主义以及严格的本地法的限制,经常借用大量希腊式的非罗马制度,从而创立了一套独立的法律规范,即万民法。古罗马的万民法比市民法更能适应调整罗马市民与非罗马市民之间以及非罗马市民与非罗马市民之间的民商交往关系。但古罗马的万民法"并没有形成一个完整的体系",①而且仍属于罗马内国法,而不是法律的适用法则。古罗马于公元前 242 年设立的外邦人大法官负责这类主要属于家庭关系方面的法律的适用,然而,他们在处理含有非罗马市民因素的案件时仍不适用外国法。可以说,罗马人并没有发明国际私法规则。② 但是,古罗马外邦人大法官在处理含有涉及非罗马市民因素的案件的一些做法,特别是古罗马万民法,对后世国际私法理论学说及立法与司法实践的启迪作用也是功不可没的。

古罗马人不但对国际私法意义上的法律适用规则没有重大建树,而且到卡里古拉皇帝时更加偏离了原来的路径和方向。罗马卡里古拉皇帝于公元 212 年颁布了一道法令,对罗马帝国境内的所有居民授予罗马市民权,此后便不再存在什么涉外问题,因为仅有的外国人只有蛮族人。万民法以及自然法原则被市民法吸收,从而使后者具有世界性,并培育了这样一种观念,即存在一个所有国家共同的法律。

古希腊人和罗马人对于涉外案件,不是采用法律选择规则,而是设立审理涉外案件的特殊法庭,以实体法的手段解决法律冲突。这表明,现代意义上的冲突法不是解决涉外问题的唯一可能方法。可以断言,国际私法统一实体法的历史比冲突法久远得多。③

---

① [法]亨利·巴蒂福尔、保罗·拉加德:《国际私法总论》,陈洪武等译,中国对外翻译出版公司 1989 年版,第 11 页。

② 参见李双元等:《中国国际私法通论》(第 1 版),法律出版社 1996 年版,第 47 页。

③ 参见蒋新苗、杨翔主编:《国际私法学》,湖南人民出版社 2012 年版,第 37 ~ 38 页。

四、欧洲大陆的极端属人法对国际私法萌芽的外在作用

公元476年,西罗马帝国灭亡以后,欧洲大陆各民族迁徙频繁,形成了各民族杂居的格局。各民族来往杂居便产生了种族法。[①] 为了解决不同民族之间交往所引发的问题,出现了适用各族当事人的种族法的做法。法律只支配本族人,而不适用于异族人,即无论处于何地,日耳曼民族一律依日耳曼法,法兰克民族一律依法兰克法,罗马人仍适用罗马法等。这一时期,法律的适用与地理无关,对某个案件适用什么法律,不是取决于该案件与某个法律地理上的联系,而是取决于主体是不是该法律的属民。之所以出现这种情况,一方面,主要是因为当时的法律理念是根据日耳曼法上所谓的"族裔和平秩序"(Friedensordnung des Stammes)而建立的。基于该观念,只有本族人才能参与族法的制定并受族法的保护,族法不适用于异族人。[②] 由于上述部落民族喜欢游移生活而不习惯于定居,一个民族易地迁居后仍保持原有的法律习惯,亦即族法永远只支配本族人民,而不以领土来划分法律的效力范围。因此,各民族来往杂居而产生的"涉及外族"之民事关系,在当时是适用各族当事人的族法。这一时期大约自西罗马帝国灭亡后经历了四百余年,后世学者常称为种族法时代(Period of Racial Laws)或属人法时代(Period of Personal Laws)。又因为每一民族的人,无论居住何地,永远受其民族固有的法律和习惯支配,因此又可以称为"极端属人法时代"。法国学者亨利·巴蒂福尔明确指出:"在同一领土上,在同样问题上,同时适用于不同类别的公民的许多法律的并存,这种现象称为法律的属人性——应适用的法律取决于有关的人。"对于属人法时代的发端,孟德斯鸠将法律属人制度的发明权归于日耳曼人,认为日耳曼人在蛮族入侵以前提出了这种制度。而萨维尼却持不同看法,他认为法律属人制度是在不同居民在同一领土上共同生活的特殊环境下自然产生的。事实上,日耳曼人同古代人一样,并不认为外国人有权适用他们的本国法,而是把外国人看作应该被驱逐的敌人或可以买卖的奴隶,在任何情

---

① See Paul Gavrilovitch Vinogradoff, *Outlines in Historical Jurisprudence*, Vol. Ⅰ: Introduction of Tribal Law, Oxford University Press, 1920, p. 3.

② 参见刘甲一:《国际私法》,台北,三民书局1986年版,第99页。

况下都不受法律的保护。① 无论学者们对属人法的起源做何种挖掘,但必须注意的是,种族法或极端属人法与真正意义上的国际私法的属人法是风马牛不相及的。种族法或极端属人法不是发生法律冲突时选择法律的属人法,而是各种族的人之间发生法律行为时各受本族法的支配。② 国际私法适用的前提是多个法律能否在适用上发生竞争关系或出现冲突,而种族法的适用并不要求发生法律冲突问题。尽管种族法或极端属人法还不是随后产生的国际私法的雏形,但其中的某些规范诸如"继承依被继承人的血统法""契约关系当事人的能力依各该当事人的种族法"等,在形式上跟后来出现的冲突规范具有一定的相似性。此外,种族法或极端属人法时代所形成的习惯做法似乎对国际私法当事人意思自治原则的萌芽也起到了或多或少的推动作用。例如,在"极端属人法时代",当事人可以通过承认自己属于某一特定的部族,来实际上选择他受什么法律支配,法官也容忍这种行为。这似乎是默许了当事人意思自治的做法,在某种程度上影响了国际私法"当事人意思原则"的产生与发展。③ 因此,无论种族法或极端属人法与真正意义上的国际私法的属人法相距有多远,均难以否认种族法或极端属人法对现代国际私法的产生所形成的外在影响或形式上的启示。

五、属地法时代的异化直接诱发了国际私法的产生

自公元10世纪后,欧洲社会进入了封建社会,社会激荡剧变。在阿尔卑斯山以北的广袤土地上,由于群雄割据、封君建国,逐渐进入了君主专制的封建社会。这一时期领土的观念逐渐强化,上自王公下至平民,概依土地占有的多少决定其法律地位的高低。凡在领地内居住的所有人,不论其属什么民族,一律不得适用本族法律,而必须受当地法律与习惯的支配。由于这个时期法律与领土关系密不可分,法律的适用范围也是以领土界限为划分标准的。因此这种极端的属地法时

---

① 参见[法]亨利·巴蒂福尔、保罗·拉加德:《国际私法总论》,陈洪武等译,中国对外翻译出版公司1989年版,第12~13页。

② 参见陈顾远:《国际私法总论》(上册),会文堂新记书局1933年版,第159页。

③ See Alex Mills, *Party Autonomy in Private International Law*, Cambridge University Press, 2018, p. 29.

代,也可称为“领土法时代”。[①] 这种极端的属地法严格地限制了外国人的法律地位,一人从此领地移居彼领地,就可能丧失财产甚至自由,也无法结婚、成立遗嘱或为其他民事行为。这种极端的属地法甚至存在于同一城市的不同区域中。例如,在阿尔卑斯山以北地区的布雷斯劳(Breslau),直到1840年1月1日,在继承人、配偶财产制等方面共存五种不同的制定法和习惯法,它们各自的适用都只限制在特定的地域范围之中,不但相邻的居民之间会适用不同的法律,甚至一座房子位于不同法律范围的交界处,房子的一部分要适用一种法律,而另一部分却要适用另外一种法律。某人从一地移居到另一地,就可能丧失原来的财产甚至自由。在这种封建割据制度下,根本不可能有国际私法或冲突规范产生的机会与空间。

不过,阿尔卑斯山以南地区,极端属人法之所以也渐渐为属地法所取代,究其原因倒不是因为封建制度,而是在于意大利半岛各城邦国家的次第兴起。[②] 当时的意大利北部,由于商业交往与贸易的发展,一些重要的城市摆脱了封建束缚而取得了自治,兴起了一些城邦国家,各城邦都制定了自己的法则(Statute)。各城邦国家不仅有自己的法则,而且都坚持这些法则的效力只及于各自领域内。各城邦国家法则的属地性逐渐凸显。加之各城邦国家的法则与当时适用的罗马法有所不同,而且各法则之间也互有出入,为了各城邦国家之间互通有无和人员往来的方便,人们渐渐认识到有必要对这种严格的属地性进行限制。于是,属地法时代的这种异化使13世纪的意大利半岛自然而然地成为国际私法的发祥地。[③]

六、古俄罗斯国际私法的萌芽

在追寻国际私法的起源与萌芽时,不可忽视对苏联社会主义法律体系产生过巨大影响的俄罗斯国际私法的诞生与形成的历史的探究。实际上早在公元911年,基辅俄罗斯王国就出现了古老的国际私法规

---

① See Sir Peter North, J. J. Fawcett, *Cheshire and North's Private International Law*, 12th ed., Butterworths London Ltd., 1992, pp. 16 – 17.

② 参见马汉宝:《国际私法总论》,台北,汉林出版公司1982年版,第245～246页。

③ See Clive M. Schmitthoff, *A Textbook of the English Conflict of Laws*, Sir Isaac Pitman & Sons Ltd., 1945, pp. 14 – 15.

则萌芽形态。[①] 当时的基辅俄罗斯王国曾与古希腊城邦国家签订了一项条约,其中就对俄罗斯人在希腊死亡后的遗产处理问题作了规定。该条约第13条规定,如果俄罗斯人在希腊死亡,未订立遗嘱处理其财产,且在希腊无亲人,那么,该俄罗斯人的财产应发回俄罗斯,交其幼辈近亲属。当俄罗斯人在希腊死亡且订立了遗嘱处理其财产,则由指定的继承人接收该财产。该规定实际上已具有冲突规范的初步特征。尽管它与完整的国际私法的冲突规范相比还有相当大的距离,但却确实是解决涉外民商事法律冲突的一条规则,可以看作俄罗斯国际私法最早的萌芽形态。[②]

第二节 学理型国际私法的产生与传播

国内外国际私法学界的通说认为国际私法的初步形态发端于13世纪的意大利半岛。随着意大利对属地法时代那种极端的属地性的反对,逐渐诱发了"法则区别说"。[③] 13世纪后诞生的法则区别说被许多学者推崇为国际私法最初的形态,即学理型的国际私法。可以毫不犹豫地断言,"法则区别说"的出现标志着国际私法这一新的部门法学步入了初创阶段。现有的文献资料充分显示,法则区别说的发源地就在意大利半岛。法则区别说于13世纪末产生后,便开始向外扩展,16世纪传入法国,17世纪盛行于荷兰并不断得到突破和更新。也正是在"法则区别说"的推广与更新进程中,国际私法才获得了其原生态(Primitive Style)。

一、意大利的法则区别说的产生与发展

(一)法则区别说产生的社会历史背景

亚平宁半岛具有得天独厚的地理条件,它像一只巨大的马靴插入地中海。正是这种特殊的地理环境使意大利成为当时东西方贸易的交

---

① 参见[苏联]隆茨:《苏联国际私法教程》,陆丰译,大东书局1951年版,第48页。

② 参见黄进主编:《国际私法》,法律出版社1999年版,第93~94页。

③ [法]亨利·巴蒂福尔、保罗·拉加德:《国际私法总论》,陈洪武等译,中国对外翻译出版公司1989年版,第302页。

通枢纽,从而为资本主义经济破土而出创造了社会历史条件。自公元前754年罗马城建成开始,历经罗马王政时代、罗马共和国和罗马帝国三个阶段以后,分别遭受奥斯曼土耳其人、日耳曼西哥特人与诺曼人的入侵与掠夺,相当长一段时期处于相互争夺和战火纷飞状态。一直到11世纪初才结束了意大利中世纪最黑暗的时代。此后,意大利的商业和手工业日益繁荣,逐渐在沿海形成了一些大城市,诸如威尼斯、热那亚、米兰、波伦那、佛罗伦萨等。这些大城市成为当时东西方贸易的中心,从而为意大利法则区别说的诞生奠定了经济基础。与此同时,随着商人及市民阶层力量的发展壮大,城市力量不断加强,这些大城市逐渐摆脱了封建领主的束缚,不断谋取独立的政治地位,最终演变为独立的城邦国家。恰恰是意大利这类独立的城邦国家的产生和发展,为其法则区别说的出现奠定了政治基础。① 意大利各城邦都是独立的实体,各自有着自己的法则和处理纠纷的措施。由于各城邦的法则不同,在处理涉及不同城邦的案件时,难免会遇到法律选择的问题。当对同一案件,各城邦的法则规定不一致时,就会发生适用哪一法则的冲突问题。例如,一个波伦亚人在路过摩德纳时订立遗嘱,他的遗嘱是应该符合摩德纳的法则还是波伦亚的法则呢?可以说,意大利城邦各自独立的法则与处理纠纷的措施,为意大利法则区别说的诞生提供了法律实践的空间和机会。②

当时在意大利各个城邦国家有两种法律同时有效:一种是作为普通法的罗马法适用于所有的城邦国家,另一种是诸城邦国家各自制定的法则。而法则属于特别法,仅仅在各城邦国家境内有效。但由于法则与罗马法相异,各法则之间也各不相同,因而法律冲突不免时常产生。一般地说,如果这种冲突发生在罗马法和城邦国家的法则之间,依据罗马法固有的原则——"特别法优于普通法",就可适用城邦国家自己的法则。但是假如冲突发生在不同城邦国家的法则之间,又如何解决法律适用问题呢?如果根据原来的封建法的极端属地主义来对待这个问题,就会出现甲城邦国家的居民在甲城邦国家内签订的契约、取得的判决、既得的权利,一

---

① See Roxana Banu, *Nineteenth Century Perspectives on Private International Law*, Oxford University Press, 2018, p. 7.

② 参见[法]亨利·巴蒂福尔、保罗·拉加德:《国际私法总论》,陈洪武等译,中国对外翻译出版公司1989年版,第18页。

旦涉足乙城邦国家,便都有可能完全失去效力。这显然不利于各城邦国家之间逐渐趋于频繁的商贸往来与货物交易。

为了确保各城邦国家日益频繁的商业贸易正常交往,意大利一些城邦国家曾采取非常特别的措施,将法则的适用与审判员紧密结合在一起。当出现纠纷和争议时,当事人选择了哪一个审判员,也就表明他同时选择了该审判员所使用的法律。而审判员起初似乎都只适用他们自己城市的法律。早在12世纪末期,阿尔德里古(Aldricus,1170—1200年)就率先提出了审判员应适用那个较好的、更为有用的法律。如果这一主张为人们广泛接受,可能会促成一个新的万民法,因为这种主张与罗马外邦人大法官们的实践是一致的,即从各种不同的法律中选择最符合正义的那一个,在此基础上,将形成一套独立的实体法律规范,从而将消除法律冲突问题,因为只有这种法律,而没有其他法律,可以适用于涉外民商事关系。①

正是这种社会历史条件和法律背景促使人们开始探寻各城邦国家之间的法则冲突的解决办法。于是,意大利各城邦国家大学里的法学家,自感责无旁贷,自告奋勇地投入这一问题的研究行列。这样一来便催生了意大利早期的法则区别说。②

(二)后注释法学对意大利法则区别说的导引

在11世纪时,意大利各城邦之间的"法则"冲突现象便已开始发生,但是由于在当时它们都不愿放弃自己的管辖权,因而法学家们就只有求助于罗马法了,即他们试图使罗马法成为各城市普遍适用的普通法。但由于罗马法终究是几个世纪以前留下的东西,已很难适应发展了的社会的需要,许多新提出的法律问题,罗马法中都无相应的规定,或者虽有规定也不完善,必须加以注释(Gloss),这便逐渐产生了注释法学派(Glossatores)。

12世纪初,在意大利的波伦亚(Bolagne),以研究罗马法大全为基础而逐渐形成了注释法学派。之所以注释法学派产生于波伦亚,除了波伦亚的地理位置处于交通干线的交叉点及该城市政治经济状况为之提供了合适的条件外,还应归功于注释法学派的创始人,被誉为"法的明灯"的著名法学家伊纳利古(Irnerius,1050—1130年)。③ 意大利注释法学派的鼻

---

① See Martin Wolff, *Private International Law*, Scientia Verlag Aalen, 1977, p. 22.

② 参见李双元等:《中国国际私法通论》,法律出版社2003年版,第47~48页。

③ 参见梁慧星:《民法解释学》,中国政法大学出版社1995年版,第18页。

祖伊纳利古,最先在波伦亚大学建立了一所法学院,专门从事罗马法的

伊纳利古(Irnerius,1050—1130 年)

教学研究工作。到公元 1200 年前后,波伦亚大学法学院已经拥有学生万余人。德国、法国和英国等地学者也纷纷慕名前来学习,而后将罗马法传播到本国。[①] 由于他们研究罗马法主要是对查士丁尼主持编撰的《民法大全》(Corpus Iuris Civilis)(又称《国法大全》或《查士丁尼法典》)进行注释,这便形成了早期注释法学派。[②] 伊纳利古培养了许多优秀弟子并将其造就为著名的注释法学者,其中最为引人注目的是号称"法的百合"(Lilia Iuris)的四博士,玛提努斯·高西安(Martinus Gosia,1100—1166 年)、布加鲁斯(Bulgarus,1085—1166 年)、胡果·拿温拿特(Hugo de Porta Ravennate,?—1168 年)和雅可布斯(De Borágine Jacobus,?—1178 年)。他们在伊纳利古的带领下从事罗马法的注释工作,最终独立成派,形成了前期注释法学派。前期注释法学派虽然对罗马法的复兴做出了一定的贡献,然而,由于他们的出发点不正确,加之一直想恢复罗马法的世界法地位,企图通过对罗马法的重新注释来规范调整社会生活秩序。这种脱离当时社会生活环境的法律注释无法对城邦间法则的冲突问题提出符合客观需要的解决办法,因而很快为后期注释法学派(Postglossatoren)所取代。

后期注释法学派与前期注释法学派的分界线主要在于阿库索斯(Franciscus Senior Apparatus,1182—1260 年)推出的《标准注释书》(Gloss Ordinaria)。这是对查士丁尼《民法大全》进行注释的集大成之作,被后世法学家视为绝对权威。自 13 世纪后半叶开始,在阿库索斯《标准注释书》的影响下,注释法学者的风格发生了巨变,由原来注重罗马法的字面含义的解释改换成关注法律实务中的具体问题,并运

---

① 参见《罗马法要义》,郑玉波编译,台北,汉林出版公司 1985 年版,第 163 页。

② See Wallance Martin Lindsay, *The Corpus Glossary*, Cambridge University Press, 2014, p. 27.

用罗马法的基本原则加以解释。这一时期的著名代表人物主要是阿尔贝托·甘迪诺(Albertus Gandinus,1245—1310年)、萨拉丁厄尔(Salathiele)、巴萨戈日(Rolandinus Passageris,1215—1300年)与贝特努斯(Petrus de Unzola,1257—1312年)。进入14世纪,后期注释法学派的杰出代表基努斯·皮思托亚(Cinus de Pistoia,1270—1336年)为后期注释法学的兴旺发达做出了重要贡献。基努斯的得意门生巴托鲁斯·德·萨克索法拉托(Bartolus de Saxoferrato,1314—1357年)与巴尔多(Baldus de Ubaldis,1327—1400年)进一步将后期注释法学推向了顶峰。①

基努斯·皮思托亚(Cinus de Pistoia,1270—1336年)

由基努斯推向高潮的后期注释法学家们大多主张:在解释《民法大全》时应着眼于社会实际生活,立足于解决实践中出现的法律冲突问题。为此,基努斯及其追随者不惜曲解《民法大全》的有关内容,从而寻求符合其需要的推论,即甚至罗马皇帝也只能为自己的臣民立法,因而意大利各城邦的法则也只能在其管辖范围内生效。② 这样,后期注释法学家们达到了双重目的:使北意大利的法律多样性合法化,同时使法律冲突成为一个值得研究的问题。下一步则需要确定,应当依据什么样的原则来选择法律。不过,后期注释法学家们舍弃阿尔德里古的目的论的方法,而以概念主义来处理该问题,着眼于对本地法的空间范围进行推理,并对法则按其性质进行分类,主张不同性质的法律的空间适用范围迥异。

后期注释法学派构想出全新的方法,来解决法律冲突问题,这种方法

---

① 参见郭华成:《法律解释比较研究》,中国人民大学出版社1993年版,第20页。

② See Andreas Wagner, Alberico Gentili, *Sovereignty, Natural Law, and the System of Roman Civil Law, in Stefan Kadelbach, Thomas Kleinlein and David Roth-Isigkeit, System, Order, and International Law: The Early History of International Legal Thought from Machiavelli to Hegel*, Oxford University Press, 2017, pp. 93 – 96.

就是从所涉及的多个法律中选择一个,用于裁判涉外民商事案件。这些

耶鲁大学法学院巴托鲁斯雕像

方法是希腊人和罗马人从未想到过的。不过,他们主张,只有在不能适用作为普通法的罗马法的情况下,才需要对法则进行选择,因而仍未抛弃实体法的方法。只是现今的一些冲突法专家认为冲突法是解决法律冲突的唯一方法。此外,意大利繁荣的贸易和发达的商业也促进了商人法的发展,这一进程曾被称为“万民法在地中海的复苏”,为法律冲突的解决提供了超国家的解决方法。商人法的出现以及古希腊与古罗马的做法,表明以实体法的途径来解决法律冲突问题是由来已久的。现代人对于国际统一实体法所寄予的希望,无疑受其影响并是对基于上述史实的追梦式回应。

正是由于后期注释法学派在理论研究上更加重视法律实务问题,一些学者开始探讨外国法适用的方法,并且逐渐形成了一些类似于后来的冲突原则的解释理论。其中波伦亚和彼萨(Pisa)大学的著名法学教授巴托鲁斯创立的法则区别说就是后期注释法学派研究外国法适用问题的典型范例。

(三)学理型国际私法的范例:巴托鲁斯的法则区别说

实际上,早在巴托鲁斯以前的12世纪与13世纪,意大利和法国的一些法学家已经相继提出过一些早期的法则区别理论或与冲突原则相类似的观点。例如,阿尔德里古主张在发生法律选择问题时应适用“更有力量更为有益的法律”或称“更好的法律”。[①] 德国著名国际法学家纽梅耶(Karl Alexander Neumeyer,1869—1941年)就将阿尔德里古的

① Kurt Lipstein, *Principles of the Conflict of Laws: National and International*, Martinus Nijhoff Publishers, 1981, p. 6.

创举视为现代国际私法的真正源头。[1] “阿尔德里古在12世纪末期便提出,如果有几个不同省份的人涉讼,而这几个省份的习惯法又不同,审判员便应该去适用那个他认为是更好或更为有效的习惯法。这种观点已是真正的国际私法的开始,而提出这种观点的阿尔德里古就是第一位真正提出国际私法问题的人。”[2]除此以外,在巴托鲁斯以前探讨法则区别理论的还有意大利波伦亚大学民法学家巴尔多纽(Jacbus Balduinus,约1175—1235年),率先提出了“场所支配行为”的思想,并从此开始将程序法和实体法区别开来。巴尔多纽认为就前者来说,它应适用于在法院地国进行的一切诉讼,而后者就不应该无条件地仅仅适用法院地法。据此,也有学者指出法则区别最早还不是区别人法和物法,而是区别程序法和实体法,只是此后才在实体法中又区分出物法和人法,然后再从人法中区分出混合法的。[3] 大约在那个时代,还有一个意大利波伦亚大学的法学家亚古瑟斯(Franciscus Accursius,约1182—1260年)也提出过法院地法优先的观点。与此同时,法国奥尔良大学法学教授赖维尼(Jacques de Révigny,约1230—1296年)提出了有遗嘱和无遗嘱继承均应适用物之所在地法。另一位法国著名的罗马法专家伯里帕奇(Pierre Belleperche,约1230—1308年)继巴尔多纽之后,提出应该进一步把实体法也一分为二,并首先提出人法(Statuta personalia)法则与物法(Statuta realia)法则的区别,认为物法的适用是要受地域限制的。随后,法国学者沙林(Lambert de Salins,1300年左右)等一批法学家还深入探讨了究竟什么是物法、什么是人法以及两者的区分标准等问题。以沙林等为代表的法国法学家们提出,物法是直接影响物的,而人法却是直接影响人和间接影响物的。可见,14世纪初期,将法则区分为程序法、物法、人法的三分方法论大致已经形成,甚至还初显一定的学说体系形态。

不过,国际私法学界大体公认,真正创立法则区别说的还是巴托鲁斯。这主要在于巴托鲁斯与其先行者不同的是,不再从因法院地法(lex fori)是特别法(lex specialis)而存在人身和领土的限制的角度去区分什么

---

① See Karl Neumeyer, *Die gemeinrechtliche Entwickelung des internationalen Privat und Strafrechts bis Bartolus*, München 1901 – 1916, p. 66.

② Martin Wolf, *Private International Law*, Scientia Verlag Aalen, 1977, p. 22.

③ 参见李双元:《国际私法(冲突法篇)》,武汉大学出版社1987年版,第73页。

法则是物的、什么法则是人的。巴托鲁斯提出了新的标准,探讨在性质上具有人法或物法性质的外国特别法是否也可以在法院地国适用。这种观念已着眼于双边意义(Bilateral Purposes)上探讨人法、物法的适用原则,并深入挖掘了外国的人法(Foreign Statutum Personale)与本地的物法(Local Statutum Reale)之间所存在的关联性。可见,在巴托鲁斯之前,法学家们根据《民法大全》上的观点把法律的适用建立在立法权能的划分的基础上,特别法就是特别法,它的适用始终应受到人身和领土的限制。因而他们的研究是站在一种单边的(Unilateral)立场上,只解决法院地法的适用问题。例如,他们首先区分出法院地国的法则中哪些是程序规则与哪些是可供作为判决根据的实体规则,认为前者必须适用于法院地国,而后者却并不一定如此;他们区分出法院地国的那些物法性质的特别法是必须在境内适用的,不能适用于境外。在境外的人和标的物则应接受一种共同法(Jus Commune)来支配,而不再受任一城邦的特别法的管辖了。[①] 这一点还可以用当时法兰西与那不勒斯(Naples)的一些思想家的观点来解释。在1250年左右,法兰西与那不勒斯的一些思想家坚决反对罗马天主教皇那种"任何人均毫无例外地是属于皇帝(Emperor)的臣民"的主张,而认为法兰西国王,在他自己的领土内,享有超过罗马皇帝的立法权,他的法律在其境内有超

巴托鲁斯·德·萨克索法拉托
(Bartolus de Saxoferrato,
1314—1357年)

---

① 李双元先生解释并说明:"罗马法或民法,Jus Commune 指的是一种关于权利的共同的自然的规则,与 Jus Singulare 这种特殊的或个别的规则相对应。"参见李双元:《国际私法(冲突法篇)》,武汉大学出版社2001年版,第104页。

过共同法的效力。不过，法兰西与那不勒斯的思想家们也同样认为这种权力不能超出其领域之外。至于外国的特别法是否能在法院地国适用，以及法院地国的特别法是否能在其他国家适用，则已不是他们讨论的范围了。因此，如果像巴托鲁斯那样站在双边的立场上来研究法则的适用界限，这实际上也就把各城邦的特别法也提到普遍性的高度了。

总而言之，当时只有巴托鲁斯的法则区别说已经站在探讨城邦法则的普遍适用性的立场上来解决法律冲突问题，并且属于建立在自然法基础上的普遍主义学说。巴托鲁斯以前人的研究成果为基础，把法则分为物法和人法两大类，并且进一步区分了“混合法”（Statuta Mixta），①而后提出了许多重要的冲突原则，诸如：(1)关于人的权利能力与行为能力，不必依行为地法（这是能力问题适用属人法的最初设想）；(2)侵权行为适用场所支配行为的原则；(3)关于合同的成立也应依场所支配行为原则适用缔约地法；但关于合同的效力，则主

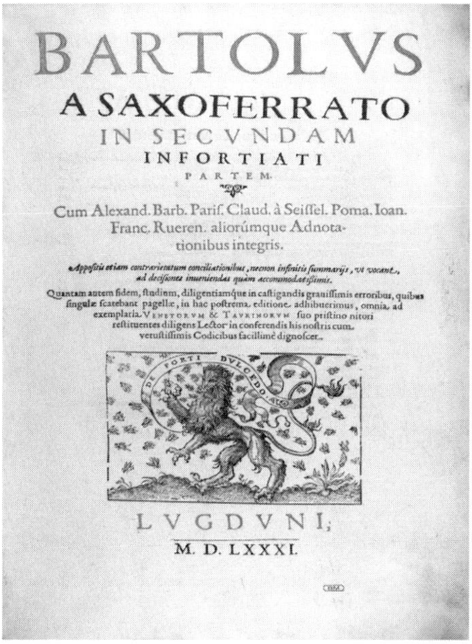

1581 年出版的巴托鲁斯的著作

① 法则区别说最初把实体法和程序法加以区别，并主张程序问题依法院地法决定，而实体问题，如契约则依契约订立地法决定，从而使“场所支配行为”（Locus Regit Actum）最早得以确立。这个规则那时并不像今天这样只能用来决定行为的方式，而是同时也适用于行为有效成立的实质要件及行为的效果。较狭义的“场所支配行为”的方式（Locus Regit Forman Actus）则是由法兰西学者所创设的。后来伯里帕奇提出应进一步把实体法区分为“人法”和“物法”，并认为物法的适用要受地域限制。从此，国际私法中人法、物法和程序法三分法的理论才得以初步形成。但在萨维尼的《现代罗马法体系》（第 8 卷）的第 18 节（总第 361 节）中，萨氏指出巴托鲁斯是最早把实体法分为人法、物法和混合法的，并且认为，巴氏提出的混合法，其调整对象有人理解既非人，也非物，而是行为，而另一些人理解为既涉及人又涉及物的法律，萨氏认为，这两种观点虽相互矛盾，但并不相互排斥。参见［德］萨维尼：《现代罗马法体系》（第 8 卷），李双元等译，法律出版社 1999 年版，第 68 页。

张区别当事人预期的效力和因法律而发生的效力,分别选择准据法;(4)关于遗嘱的成立要件适用立嘱地法,但立嘱人的能力适用其属人法;(5)关于不动产应适用物之所在地法;(6)程序问题适用法院地法;(7)"令人厌恶的法则"(Statuta Odiosa)却不具有域外适用性;[①]等等。

1547 年出版的巴托鲁斯的著作

由于巴托鲁斯的法则区别说是建立在把法则区分为物法和人法的两分法基础上,而在现实生活中却并不存在这种纯粹是关于物或纯粹是关于人的法则,可是,巴托鲁斯却天真地借助于法则的词语结构的不同来实现这种区分。例如,要处理一个英国死者遗留在意大利的土地的无遗嘱继承,英国习惯法上的长子继承制能否适用于采用罗马法诸子平分制的意大利境内的土地,则全取决于英国习惯法上的该项规定词语结构如何了:如果英国习惯法的规定为"不动产应归于长子"(Immovable fall to the first-born),因其主词是"不动产",所以这一规定是属于物法,它只能严格地适用于死者在英国的财产,因而在意大利的土地就应由死者诸子平分;但是,如果英国习惯法的规定为"长子应继承财产"(The first-born shall succeed),因其主词是"长子",所以这一规定属于人法,而人

① 李双元先生将其视为公共秩序保留观念的最早形态。因为巴托鲁斯认为人法虽原则上具有域外适用性,但人法中那些"令人厌恶的法则"却并不具有这种效力。因而各国法院可借助这一原则把英国那种"长子继承财产"这一人法的法则因其限制其他继承人的权利而认定为"令人厌恶的法则"并加以排除适用。参见李双元:《国际私法(冲突法篇)》,武汉大学出版社 1987 年版,第 76 页。黄进教授则认为,巴托鲁斯提出"令人厌恶的法则"无域外效力的原则,为解决法律冲突提供了一条指导性原则。在此原则制约下,对一般冲突原则的运用就不应该是盲目的,必须符合公正目的。参见黄进主编:《国际私法》,法律出版社 1999 年版,第 96 页。

法是有域外效力的,便可适用于意大利,从而死者的长子就可以完全取得在意大利境内的土地。

这种以法则的词语先后位置来区分人法与物法的标准,显然是没有任何客观依据的,因而受到了后人的嘲笑。有学者甚至将巴托鲁斯的法则区别说戏称为"文句区别说"了。① 尽管巴托鲁斯提出的法则区别说是从法则条文本身的分类着手的,而不是以各种法律关系的性质为根据的,然而,瑕不掩瑜,这并不能抹杀巴托鲁斯作为国际私法开拓者和先驱者的成就。巴托鲁斯作为学理型国际私法的创始人,其主要贡献在于:第一,开创性地抓住了法律的域内域外效力这个法律冲突的根本点,为后人揭示法律冲突的实质奠定了基础;第二,正是他意识到实体法方法已不能有效地解决法律冲突问题,为寻找另外的途径而创造了新的方法,成为冲突法研究的引路人;第三,最早从理论上找到有效克服法律绝对属地主义对涉外民商事关系的阻碍,独创的冲突规则对国际私法的发展产生了深远影响,有的至今仍为世人所采用;第四,率先把解决法律冲突的问题区分为相互联系的两个主要方面来进行探讨,即一方面要探讨城邦国家的法则能否适用于在域内的一切人,包括非城邦居民,另一方面则要探讨城邦国家的法则能否适用于域外,而对于这两方面问题的探讨,为后世国际私法学研究内核进行了开创性定位;第五,突破了立足于特别法的思维模式,站在探讨城邦法则的普遍适用性的立场上来解决法律冲突问题,成为融入自然法基础的普遍主义范畴的先锋。巴托鲁斯的法则区别说有效地克服了法律的绝对属地主义对涉外民商事关系发展的限制或阻碍。

虽然巴托鲁斯的法则区别说存在种种缺陷,但它作为国际私法的最早形态,像一颗新星闪烁在意大利北部城邦的上空,至今仍照耀着全球国际私法的前进道路。由于受注释法学派的治学方法的影响,加上当时欧洲政治思想遭遇封建主义与教会经义的双重束缚,表现在学术研究上就是经院哲学的理论与方法占据着统治地位。因而,巴托鲁斯的理论与方法并没有完全摆脱注释法学派的桎梏。不过,他已经把新兴资产阶级的文艺复兴运动所鼓吹的人文主义思想引入国际私法领域。这主要体现在巴托鲁斯反对过去那种在法律适用上的极端属地主义而提出了另一条属

---

① 参见马汉宝:《国际私法总论》,台北,汉林出版公司 1982 年版,第 250 页。

人主义路线。物法与人法或者说属地主义与属人主义之间的矛盾斗争,实际上一直延续到现在。尽管在形式与内容上均已有所改变,但国际私法也正是在这种矛盾运动中产生并不断地向前发展。巴托鲁斯的法则区别说所创立的一些基本冲突规范,对后来国际私法的形成和发展产生了深远影响,有些规则至今仍为世界各国所采纳。[①] 所以,不少学者称巴托鲁斯为“国际私法之父”。[②] 美国哈佛大学著名冲突法专家比尔(Joseph Henry Beale,1861—1943 年)教授曾评价说:“巴托鲁斯是国际私法最早的原创大师,其创新空前绝后。巴托鲁斯的学说令后世学者历经五百余年仍未琢磨透。”[③]我国著名法学家梅仲协先生则指出:巴托鲁斯的学说“奠定近代国际私法之基石”,“关于能力之依属人法,方式之依行为地法,物权之依所在地法,诉讼程序之依法院地法,凡此诸大原则,皆氏所倡导而为后世所师承者,洵足当国际私法学之鼻祖而无愧”。[④]

巴尔多(Baldus de Ubaldis,1327—1400 年)

与巴托鲁斯同时代且作为其弟子的意大利法学家巴尔多·德·乌巴尔迪斯,曾对巴托鲁斯学说做了进一步的发展,其中最为重要的是他主张取得权利和为法律行为的能力,应该受当事人的住所地法支配,而不应适用他的出生地法(lex originis),因为在贸易发达的社会

① 李双元先生在其论述冲突法的巨著《国际私法(冲突法篇)》总结巴托鲁斯的贡献和成就时精辟概括道:“我们可以把巴托鲁斯完成的法则区别说归纳为具有以下四个方面的特点:(1)它是国际的,因为它试图圆满地回答为什么要适用外国法的问题;(2)它是普遍主义的,因为它试图提供一些普遍实用的原则;(3)它是建立在自然法基础之上的;(4)它还给当事人通过明示或默示自主选择法留下了一些余地(尽管这种余地是十分有限的)。”参见李双元:《国际私法(冲突法篇)》,武汉大学出版社 2001 年版,第 107 ~ 108 页。

② 参见李双元等:《中国国际私法通论》,法律出版社 2003 年版,第 50 页;韩德培主编:《国际私法新论》,武汉大学出版社 1997 年版,第 55 页。

③ Clive M. Schmitthoff, *A Textbook of the English Conflict of Laws*, Sir Isaac Pitman & Sons Ltd., 1945, p. 16.

④ 梅仲协:《国际私法新论》,台北,三民书局 1982 年版,第 28 页。

里，它对于确定一个人的能力，是一个更为实际的标准。此外，对于继承问题，巴尔多却反对巴托鲁斯的主张，而趋向于认为所有关于继承的法则都是物的，并且他还主张应该重视死者的意图。

由巴托鲁斯创立的“法则区别说”一直延续到18世纪末19世纪初，在国际私法理论方面居于统治地位长达五六百年之久。巴托鲁斯的“法则区别说”不仅在意大利广泛流传，而且在欧洲也传播甚广，特别是对法国与荷兰的国际私法的产生有着非常明显的影响。虽然16世纪和17世纪法国与荷兰的学者们曾分别对国际私法的发展做出过重大贡献，但都是建立在法则区别说的基础之上的。[①]

二、法则区别说在法国的进化

（一）法国法则区别说产生的社会历史背景

法国的封建势力比意大利强大，因而其中世纪黑暗时代也比意大利长久。当法则区别说出现在阿尔卑斯山南面的意大利北部城邦国家的时候，处于山脉北侧的法国仍笼罩在封建黑暗之中，地方封建贵族控制着地方的权力，在法律适用方面依然采用极端属地主义。这种状况一直持续到法国大革命时期。法国地方封建贵族坚守的极端属地主义严重地阻碍了法国国际私法的产生与发展。

直到16世纪以后，法国资本主义工商业才有相当的发展。不但法国国内各地区之间的贸易关系日益密切，而且南部地中海沿岸各港口已与西班牙、意大利以及亚洲、非洲的一些国家有着频繁的贸易往来。不过，法国内部各省仍处于封建割据状态，法律极不统一。在法国南部成文法地区，罗马法依然有效地适用，同时各省的封建领主也制定了各自的习惯法。法国北部则主要为习惯法地区，而当时的习惯又有一般习惯（渊源是法国的法律传统经官方文件记录的）和各省的地方习惯之分。因此，在法国不但成文法与习惯法会发生冲突，而且一般习惯与地方习惯之间以及各地方习惯之间均会发生冲突，法律适用非常不便。正如当时谚语所谓“易一驿马，换一法律”。[②] 这对于新兴的商人阶级建立一个比较统一的市场愿望的实现极为不利，

---

① 参见李双元：《国际私法（冲突法篇）》（修订版），武汉大学出版社2001年版，第108页。

② 参见梅仲协：《国际私法新论》，台北，三民书局1982年版，第28页。

而且已成为现实的障碍。加之正好在这一时期,意大利的人文主义思想也开始传入法国,与此同时,意大利巴托鲁斯创立的法则区别说也随之而来,在法国开花结果。然而,意大利自巴托鲁斯之后,法则区别说却并未获得应有的重视和全方位发展。尽管巴尔多在巴托鲁斯死后也曾对意大利法则区别说做出了重要贡献,而且他比巴托鲁斯多活了大约40年,可惜,自此以后,意大利法则区别说便日渐衰落。直到16世纪法则区别说研究重心转移到法兰西之前,意大利在这一领域一直没有什么新的建树。在这种背景下,国际私法的研究中心从意大利逐步转移到了法国,一时学者辈出,其中尤以杜摩兰和达让特莱最负盛名。

(二)杜摩兰"意思自治"原则的创立

杜摩兰(Charles Dumoulin,1500—1566年)

查尔斯·杜摩兰(Charles Dumoulin,1500—1566年)是巴黎高等法院的律师、图宾格大学教授。他继承和发扬了意大利的法则区别说,以首倡"意思自治"而被后世学者誉为"国际私法学上一大天才"。[1] 杜摩兰顺应当时法国社会发展变化的潮流,在其《巴黎习惯法评述》(*Commentaire sur la Coutume de Paris*, *Commentarii in consuetudines parisienses*)一书中力主限制封建属地主义,削减宗教法庭权力,加强中央王权,统一全国法律。同时还特别强调在契约关系中应适用当事人自主选择的那一习惯法。后来人们便把这种思想加以理论化而称为"意思自治"原则(Autonomie de la Volonté,Autonomy of Will)。杜摩兰甚至主张,即使当事人在契约中没有明确地表示选择适用什么法律,法院也应该根据整个案件的各种迹象来推定当事人意欲适用哪一习惯法以支配契约的实质要件和效力。事实上,杜摩兰也是赞成将法律按"物法""人法"进行区分的,只是他认为只有在不依系于双方当事人的自主意思而直接取决于法律的强制

① 参见马汉宝:《国际私法总论》,台北,汉林出版公司1982年版,第250页。

适用性时,[1]才有必要对习惯法做这种划分。不仅如此,杜摩兰还承认“物法”从物,不论对内外国人,凡涉及境内之物的均应依物之所在地法;而“人法”从人,其效力只及于境内境外自己的属民。不过他极力主张扩大“人法”的适用,而缩小“物法”的适用范围。杜摩兰的“意思自治”原则,逐渐发展成为选择契约准据法的一项普遍接受的原则。

杜摩兰在继受意大利的法则区别说时,对共同法与“令人厌恶的法则”的论述基本遵循了巴托鲁斯的模式。[2] 杜摩兰的主要创新在于提出了意思自治学说,这一学说代表了新兴商人阶级利益,在客观上有利于促进贸易的发展和统一市场的形成。因为,按照意思自治原则,双方当事人可以自由选择一个习惯法作为契约的准据法,从而可以摆脱本地区法律的束缚,冲破属地原则的禁锢。这样一来,先进的法国商业中心——巴黎的习惯法,就可以名正言顺、自然而然地适用于法国全境,甚至包括当时在经济上落后、封建势力强大的布列塔尼和诺曼底等省份,从而有利于实现法国全境的法律统一。这显然促进了当时法国资本主义的发展。杜摩兰承袭巴托鲁斯的法则区别说所创建的“意思自治”原则不仅在法国深受新兴商人阶级的欢迎,而且后来为欧洲大陆各国所继承,从而形成了一条属人主义路线。它比较突出地强调适用当事人的本国法,不但对

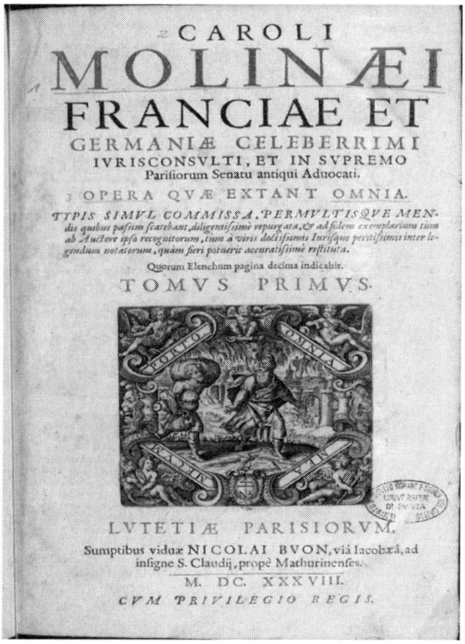

杜摩兰著作《巴黎习惯法评述》

① 李双元先生指出:“这也许是现今‘直接适用的法’的最早表述。”参见李双元:《国际私法(冲突法篇)》(修订版),武汉大学出版社 2001 年版,第 109 页。

② 参见[法]亨利·巴蒂福尔、保罗·拉加德:《国际私法总论》,陈洪武等译,中国对外翻译出版公司 1989 年版,第 309~310 页。

人身关系适用,而且对物权、债权等关系也同样可以适用。[①]

(三)杜摩兰"意思自治"原则的反动

在杜摩兰创建"意思自治"原则的同时,法国还有一位继受和发展意大利法则区别说的学者伯特兰·达让特莱(Bertrand d'Argentré, 1519—1590年)也颇为引人注目。只不过他正好站在杜摩兰的对立面。达让特莱法官是法国布列塔尼(Bretagne)省的贵族,属于与杜摩兰同时代的法国著名的历史学家兼法学家,主要著作是《布列塔尼习惯法释义》(Commentaire Sur la Coutume de Bretagne)和《布列塔尼的历史》(Histoire de Bretagne)。当时布列塔尼省刚刚纳入法国的版图,经济落后,趋向于闭关自守。为了继续维护该省在法律上的自治,达让特莱尽可能在布列塔尼适用当地的习惯法,从而提出了"习惯的属物性的重要原则"。[②] 因此,达让特莱基于封建主企图把领域内一切人、物、行为都置于当地习惯控制之下的需要,在研究和传承法则区别说的过程中,明确反对契约当事人实行"意思自治",极力推崇一种具有封建割据性的地方自治。达让特莱的这一主张实际上深受法国法学家赖维尼与伯里帕奇的影响。在13世纪末14世纪初,法国法学家赖维尼与伯里帕奇便已经提出地方主权者有权制定特别的立法,既取代共同法,又可排除外国法。达让特莱则把这种思想发展到极端,到法国大革命时仍占绝对优势,一直到19世纪才被全部摧毁。

达让特莱(Bertrand d'Argentré, 1519—1590年)

达让特莱的主要观点可以概括为:第一,"一切习惯都是物的"

① 参见李双元:《国际私法(冲突法篇)》(修订版),武汉大学出版社2001年版,第109页。

② 参见[法]亨利·巴蒂福尔、保罗·拉加德:《国际私法总论》,陈洪武等译,中国对外翻译出版公司1989年版,第311页。

（Toules les Coutumes sont Rĕlles），而物法适用的范围与主权管辖的界线几乎是完全一致的，一切法律都附着于制定者的领土。由于主权只能而且必须在境内行使，因而法律也只能而且必须在境内行使。第二，一个法则应该认为是“物”的，只有在极其例外的场合，才应赋予它以“人法”的效力。只有那些纯粹是关于个人的权利、身份及行为能力的习惯，才可能随人所至而及于域外。这也就是说，“人法”是作为“物法”的例外出现的。第三，为了限制“人法”的范围，他还提出了“混合法”的概念。他认为“混合法”虽然既涉及物又涉及人，但它们更接近于“物法”。例如，关于未成年人无处理不动产的行为能力，依法则区别说的理论，本应属于人法，但他认为这一习惯应属于“混合法”，并必须在制定者领域内实施。这是因为从表面上看它似乎是关于人的习惯法，但实际上仍与财产有关，故应属于“混合法”，而混合法是只具有属地性质的。其他如关于私生子准正（Legitimation）的习惯，表面上似乎纯粹限于亲权范围，但实际上就包含一种对父的财产的继承权。第四，他还主张就一个习惯是属于“物法”或“人法”发生疑问的时候，应该把它看作物法。第五，在继承法领域有独到的建树。由于自古以来对于来源于罗马法“总括继承”（Universal Succession）制度一直存在两种截然相反的观点，就是继承到底仅仅受一个法律支配，还是对在若干国家留下不动产的死者分别适用不同的所在地国的法律。对此，达让特莱从其封建主义观点出发，坚决主张采用后一种观点。他的这一主张，后来不仅为英美法所接受，[①]而且也被法国、比利时、奥地利等许多大

达让特莱的著作《布列塔尼习惯法释义》

① 英美法并不接受罗马法“总括继承”的观念，只是承袭达让特莱提出的做法。

陆法系国家所采纳。

达让特莱的致命缺陷就是“没有看到属人法与属地法并不是仅有的系属”,而且在固守属地主义路线时为“属人法则所下的定义过于狭窄,连他本人也不得不承认他的不足”。不过,达让特莱倡导的非国际主义理念即“法官的职责是适用其自己的法律”却颇受青睐。① 德国法学家华赫特(C. G. Wächter)和美国的个别冲突法学家曾将其思想推崇为“法院地中心说”的发端。然而,达让特莱的这条属地主义路线,并未在法国得到发展,却为荷兰学派所继承。随后,国际私法的中心便从意大利至法国而鼎盛于荷兰。

(四)新法兰西学派对法则区别说的继受

进入17世纪和18世纪,法则区别说在法国还在发展。这一学派的发展,最终在法国形成了新法兰西学派。弗罗兰(Louis Froland,1656—1746年)、波利诺(Louis Boullenois,1680—1762年)和波依尔(Jean Bouhier,1673—1746年)便是当时法国的三大著名法学家,属于新法兰西学派先锋。弗罗兰是巴黎的律师,1729年出版《论法则的种类和性质》(*Mémoires concernans la nature et la qualité des statuts*)一书,力主法则区别说,但他公开反对达让特莱,认为混合法基本上是人法。弗罗兰认为“人远比物高贵,物是为人而存在的,人可以制约物”。其后出现的波利诺和波依尔也都主张把混合法当人法适用。波利诺著有《论法律和习惯的冲突所产生的问题》(*Dissertations sur des questions qui naissent de la contrarieté des loix et des coutumes*,1732年)与《论法律的属人性和属物性》(*Traite de la personnalité et de la réalité des lois*,1766年),而波依尔的代表作是《勃艮第公国习惯法评论》(*Les coutumes du duché de Bourgogne*,2 *volumes*,1742—1746年)。波利诺已着手调和达让特莱的思想,只是总在自觉或不自觉地作出有利于属物性的推定。可波依尔正好相反,他明确抨击属物性的推定。最为特别的是,波依尔主张,当一个法则是人法或物法发生疑问时,应视为人法。新法兰西学派的这三大法学家虽然仍囿于法则区别说,但均力主扩大“人之法则”的适用范围,赞成法律应具有域

---

① 参见[法]亨利·巴蒂福尔、保罗·拉加德:《国际私法总论》,陈洪武等译,中国对外翻译出版公司1989年版,第312~315页。

外效力。他们的见解,后经法国奥尔良法院大法官和奥尔良大学教授罗伯特·约瑟夫·鲍蒂埃(Robert Joseph Pothier,1699—1772 年)等法学家发扬光大,对 1804 年《法国民法典》的编纂,产生了积极的影响。

鲍蒂埃(Robert Joseph Pothier,1699—1772 年)

由于法国的弗罗兰、波利诺和波依尔等法学家主要考察了习惯的冲突,因而在法国的国际私法历史上并没有特别杰出的贡献。[①] 但是,他们的影响不可磨灭,其积极成就着重表现在试图从众多的案件与各种系属种类之间对法律进行明确归类。这种做法对后世国际私法的识别程式的建构产生了较大影响。[②]

三、荷兰法则区别说的继受与发展

(一)荷兰法则区别说产生的社会历史背景

法则区别说自 13 世纪末发端于意大利,在法国流传了相当长的时期却并未成为主流学说,而且时冷时热。特别是达让特莱的属地主义路线一直与杜摩兰的“意思自治说”截然对立,也因双方的争斗而彼此削弱了外扩的张力,影响了法国法则区别说的兴旺发达。尽管达让特莱的属地主义路线遭遇了种种抵触,未在法国得到全面发展,然而,荷兰学者却对达让特莱的思想推崇备至,继受并发展为荷兰的法则区别说。因此,意大利法则区别说经法国传入荷兰,自 17 世纪在荷兰迅速发展并不断得到突破和更新。

荷兰也是资本主义工商业发展较早的国家之一。荷兰原名尼德兰

---

① 参见刘甲一:《国际私法》,台北,三民书局 1986 年版,第 107 页。

② 参见[法]亨利·巴蒂福尔、保罗·拉加德:《国际私法总论》,陈洪武等译,中国对外翻译出版公司 1989 年版,第 318 ~ 320 页。

(Netherlands),意为低地。当时尼德兰的版图包括现在的荷兰、比利时、卢森堡和法国北部的一部分。16世纪前,尼德兰归属西班牙王室。西班牙的殖民专制统治严重阻碍了尼德兰的资本主义的发展,尖锐的民族矛盾终于导致了以1566年8月圣像破坏运动为起点的长达百年的反西班牙殖民统治的尼德兰资产阶级革命运动。1609年尼德兰南方和北方签订停战协定,荷兰共和国获得了事实上的承认。1648年终于赶走了西班牙统治者,并根据当时订立的《威斯特伐利亚和约》(Peace of Westphalia)而成立了欧洲第一个资产阶级共和国。

尼德兰资产阶级革命,改变了旧的生产关系,解放了生产力,荷兰的资本主义经济自16世纪90年代开始稳步上升,呢绒、麻布、丝织、捕鱼业、造船业和运输业繁荣发达,控制了波罗的海和南欧之间的贸易;1602年组建的东印度公司垄断爪哇和马六甲的贸易;1621年建立的西印度公司左右美洲的贸易;格陵兰公司控制北海的捕鱼业。17世纪中叶荷兰拥有1600余艘商船,约占欧洲商船总数的一半,居世界首位,其商船走遍天涯海角。资产阶级革命胜利后的荷兰,成了欧洲的经济中心,随之荷兰文化进入黄金时代,国际私法研究中心也自然移到了荷兰。

由于意大利与法国的法则区别学家们曾把法律适用的理论建立在查士丁尼的《民法大全》所宣布的一条罗马法原则基础上,该原则明确突出立法权力的区别也是法律适用的原则,同时强调立法权力的划分也是国际私法的一项基本原则。依据这种思想观念,既然在立法权力上有这种合理的划分,那么在适用法律时也应尊重这种立法权力的划分。可以说,意大利和法国的法则区别说学者们实际上都持有一种建立在国际法基础之上的普遍主义观点。进入17世纪,作为世界上第一个资产阶级共和国的荷兰,既要在周围封建国家的汪洋大海包围之中捍卫自己的独立地位,同时又要大力发展海外贸易,从而要求根据荷兰法律取得的权利在封建国家里也能被承认。加之当时的荷兰资产阶级革命很不彻底,荷兰内部的17个省区各自都有相当大的独立权,有自己的习惯法体系,传统上都是各省习惯法管辖自己领域内的一切人和物。在1611年荷兰内部的一项习惯法编纂中就曾有如下规则:"遗嘱处理权,如立嘱人住所地与遗产所在地的习惯不同,依所在地习惯。"由此可见,荷兰的属地主义倾向也是根深蒂固的。在这种背景下要求海上贸易和国际商业的发展,一种自身包含着不可解脱的矛盾的学说就应运而生。一方面,它要求保持自己的主权以便对抗外国国家并同时钳制国内不同省区的势力;另一方面,它又主张根据国际商业的要求,借国际礼让这一原则,使在自己管辖权下能有效行使的权利,在别的管辖权下也能得到承认。这样,荷兰就迫切需要一种不同于意大利与法国的法则区别说的新的适用外国法的理论。

恰恰在这时,法国著名学者让·博丹(Jean Bodin,1529—1596 年)于 1577 年发表了《论共和》(*de Republique*),而被誉为"国际公法之父"的荷兰法学家胡果·格劳秀斯(Hugo Grotius,1583—1645 年)在 1625 年发表了《战争与和平法》(de jure belli ac pacis),奠定了国际法的基础,提出了"国家主权"这个现代国际公法上的基本概念。这些思想对荷兰的法则区别说的研究者影响极大,他们已经认识到国家之间立法权力的划分并不使国家承担在具体案件中适用外国法的义务,在国际关系中,立法权力划分并不必然导致相互适用对方法律的制度。于是,国际礼让说(Comitas Gentium)这种建立在国家主权观念之上的荷兰法则区别说便自然而然地诞生了。[①]

(二)荷兰法则区别说的典范:国际礼让说

荷兰法则区别说主要代表人物有尼古拉斯·巴根多斯(Nicolaus Burgundus,1586—1649 年)、克里斯蒂安·罗登伯格(Christian Rodenburg,1618—1668 年)、保罗·伏特(Paulus Voet,1619—1677 年)与其儿子约翰·伏特(Johannes Voet,1647—1713 年),以及优利克·胡伯(Ulricus Huber,1636—1694 年)等人。[②] 该派学者因袭达让特莱的学说,也主张在解决法律冲突时主要应依属地原则,不过他们认为出于一种礼让(cormitas gentium)也可以承认外国法的域外效力。其中对达让特莱的学说推崇备至的巴根多斯认为,在解决法律冲突时应依属地原则,主要是因为物法即关于财产的法律有着特别重要的意义,财产构成一个人的血与灵魂。他还从新的主权观念出发,主张每一独立主权的国家必然有排除适用任何外国法的权利,但是出于商业的需要,只要与本国主权与利益不相悖,出于一种礼让,也是可以承认外国法的域外效力的。[③] 约翰·伏特

---

① 参见李双元:《国际私法(冲突法篇)》(修订版),武汉大学出版社 2001 年版,第 111 页。

② See Martin Wolff, *Internationales Privatrecht*, Verlag von Julius Springer, 1933, s. 12.

③ See Christian von Bar and H. Peter Dopffel, *Deutsches Internationales Privatrecht im 16. und 17. Jahrundert*, J. C. B. Mohr (Paul Sieberk), 1995, s. 542.

也认为主权概念本身就意味着排除外国法的适用,至于事实上有时适用外国法,那只是例外情况。

不过,真正全面奠定国际礼让说的还是胡伯。优利克·胡伯1936年3月13日出生于荷兰多克姆(Dokkum),1651年开始在弗兰纳克大学(Franeker University)学习法律,1657年获得海德堡大学法学博士学位。他曾担任过弗兰纳克大学和莱顿大学(Leiden University)法学院教授以及弗里斯兰省(Friesland)上诉法院法官,著有《论罗马法与现行法》(Praelcctiones Juris Civilis Romani et Hodierni,1689年)一书,该书的第二编即论"法律冲突"(de Conflictu Legum)。胡伯的贡献除了创立国际礼让说外,还有一大成就便是使"法律冲突"一词从此成为定论。尽管最早使用"de Conflicta Legum"这一术语的并不是胡伯,[①]但是,其认可与夯实"法律冲突"概念的功绩还是不可磨灭的。事实上,荷兰法学家罗登伯格是第一个使用"de Conflicta Legum"这一术语的。不过,罗登伯格并未在对法律冲突研究中提出国际礼让思想,他只强调属人法之所以存在是因为有关人的身份和能力的法律必须随着人的迁移而迁移,否则就会失去其全部价值。罗登伯格还将让与不动产的能力包括在属人法则范围内,并且不接受混合法的概念。[②] 事实上,只有胡伯才称得上是国际礼让说的创始人,他率先提出了国际礼让三原则。而对于"胡伯三原

优利克·胡伯(Ulricus Huber,1636—1694年)

① 法国法学家巴蒂福尔则认为胡伯是第一个使用"法律冲突"这一概念的。巴蒂福尔明确指出:"胡伯(原书翻译为'许贝尔')的《市民法论》中的'各国各种法律的冲突'一章似乎第一次使用了'法律冲突'这一词组。"参见[法]亨利·巴蒂福尔、保罗·拉加德:《国际私法总论》,陈洪武等译,中国对外翻译出版公司1989年版,第315页。

② See Günter Herrmann, *Johan Nikolaus Hert und die deutsche Statutenlehre*, Walter de Gruyter & Co., 1963, p. 20.

则”，马丁·沃尔夫（Martin Wolff）认为，胡伯并不是在《论罗马法与现行法》一书中最先提出的，而是在一篇题为《论各国不同法律冲突》的短文中第一次提出的。该论文作为附录之一，曾收入萨维尼《现代罗马法体系》（第8卷）一个19世纪的英译本中。①

胡伯作为国际礼让说的创始人，最有影响的就是他在概述荷兰国际礼让说的基本内容时首创了著名的三原则：第一，任何主权者的法律必须在其境内行使并且约束其臣民，在境外则无效；第二，凡居住在其境内的人，包括常住的与临时的，都可视为主权者的臣民；第三，每一国家的法律已在其本国的领域内实施，根据礼让，行使主权权力者也应让它在自己境内保持其效力，只要这样做不至损害自己的主权权力及臣民的利益。②

这就是国际私法上流传甚广的“胡伯三原则”。前两项实际上属于国际公法原则，其根据仍然是主权者管辖权的划分。它们是为论证第三项原则服务的。只有第三项原则才是国际私法原则，具体阐述了适用外国法的根据和条件。这一原则，首次表明了国际私法的国内法性质，即内国是出于礼让和自身的考虑而承认外国法效力的。这就把普遍主义的观点完全推翻了。③ 荷兰法则区别说学派在这里提出了现代国际私法上的一项重大原则，就是承认抑或不承认外国法的域外效力，适用抑或不适用外国法，完全取决于各国的主权考虑。任何一国的法律都不像意大利法则区别说学者们所抱的那种自然法观点，是因为法则本身所具有的性质而理所当然具有域外适用的普遍效力。另外，荷兰法则区别说学派并非认为国家可以不顾及国际礼让而一概拒绝赋予外国法的域外效力。实际上，荷兰法则区别说学派的这种观点，已将适用外国法的问题纳入国家关系和国家利益的范围加以考察。胡伯在“法律冲突”第三目中明确指出：“如果涉及本地的公共秩序，外国法的

---

① 参见李双元：《国际私法（冲突法篇）》（修订版），武汉大学出版社2001年版，第112页。

② See Jürgen Basedow, Giesela Rühl, *Franco Ferrari and Pedro de Miguel Asemsio*, *Encyclopedia of Private International Law*, Chapter B, Edward Elgar Publishing, 2017, p. 877.

③ 有些西方学者据此认为，从这一意义上讲，荷兰的法则区别说是一种从意大利、法国法则区别说立场上的倒退，它标志着国际私法说从基督教普遍主义到特殊主义，从“国际主义”到“国家主义”的转变。参见李双元：《国际私法（冲突法篇）》（修订版），武汉大学出版社2001年版，第111～113页。

适用可能会遭到拒绝。”[1]可见,荷兰法则区别说将国际私法看成主权国家国内的事,从而对国际私法国内法成文化(法典化)的发展起到了积极的作用。

因此,沃尔夫对那种认为荷兰法则区别说学派是从意大利法则区别说的倒退乃至倒退到了阿尔德里古以前的时代的说法进行了猛烈抨击。沃尔夫明确指出,这一时期的荷兰法则区别说学派已意在建立下述规则,即每个国家都可自由决定它的冲突规则,这个规则既可以指示其领域内的审判员完全不适用外国法,也可指示它的审判员在一定条件下去适用外国法。因为国际法不禁止国家行使这种选择的自由,而这一点正是他们从主权观念中推导出来的。而且沃尔夫认为,在荷兰法则区别说学派那里,礼让便等于法律的理性,等于公平和现实利益。[2]胡伯的第三原则,也强调了另一个后来对英美学派产生了重大影响的观点,那就是既得权的观点。因为根据胡伯国际礼让说第三原则,所有的行为和交易,依某一外国的法律已有效成立,即令依内国自己的法律为无效,也应认其为有效;反之,如果这种行为或交易,依某一外国法认为无效,也应到处认其为无效。这种思想后来为英国艾伯特·文·戴西(Albert Venn Dicey)所继承并发扬。而胡伯的“国际礼让”思想则为19世纪上半叶的美国法学家斯托里所因袭。不过,西方有些学者指出,斯托里在继承胡伯的“国际礼让学说”时,误解了胡伯关于礼让义务性质的观点,因为胡伯认为礼让义务是由罗马万民法产生的法定义务,而斯托里则认为这种义务并不是由法律强加的。[3]

总而言之,无论是后世正确解读和继受了荷兰法则区别说,还是误解或滥用了荷兰法则区别说思想,但必须肯定的是荷兰法则区别说学派的著名学者胡伯所倡导的“国际礼让学说”对近现代国际私法理论与实践的影响。法国著名国际私法学家巴蒂福尔指出:“荷兰学说的独特贡献主要在于国际礼让观念,这个观念被视为外国法适用的根据。”“荷兰学说的实际意义是强调国家制定法律冲突规则时并不受其对他国的

---

① 参见[法]亨利·巴蒂福尔、保罗·拉加德:《国际私法总论》,陈洪武等译,中国对外翻译出版公司1989年版,第316页。

② See Martin Wolff, *Private International Law*, Scientia Verlag Aalen, 1977, p. 28.

③ See Alan Watson, *Joseph Story and the Comity of Errors*, The University of Georgia Press, 1992, p. 22.

积极义务的约束。然而,这正是一个我们今天仍可看到的事实。这一事实构成是国际私法一个最突出的特点。"[1]可以说,荷兰法则区别说学派在推动国际私法的进步中发挥了极其重要的作用。不仅英美普通法系的国际私法学说深受其影响,而且大陆法系的国际私法理论与实践都或多或少地刻上了"礼让"的痕迹。这从后期德国与法国的国际私法学说和立法司法实践的发展便可见一斑。[2] 从 16 世纪初期起,法则区别说也开始为德国学者所接受,且一直延续到 19 世纪中叶近代国际私法的兴起。[3] 我国著名国际私法学家李双元先生在 1996 年《重构国际民商新秩序中的国际私法》一文中就曾指出:"建立在国家主权观念基础上的'礼让说'固然是对意大利'法则区别说'所蕴含的普遍主义观点提出了严重的挑战,但也正是国家主权原则的确立和主权国家的大量涌现,使国际私法在更多的国家以至在全世界的范围内得以确立成为一个重要的法律部门,而且促使国际私法学家抛弃自然法和先验论的观点,转而到现实生活中去探寻国际私法实证化、法典化和趋同化进程的路子。"[4]

---

① 参见[法]亨利·巴蒂福尔、保罗·拉加德:《国际私法总论》,陈洪武等译,中国对外翻译出版公司 1989 年版,第 318 页。

② See Edward I. Sykes, Michael C. Pryles, *International and Interstate Conflict of Laws*, Butterworths Pty Ltd. ,1981, p. 27; Martin Wolff, *Private International Law*, Scientia Verlag Aalen, 1977, p. 28.

③ 参见李双元等:《中国国际私法通论》,法律出版社 2003 年版,第 55 页。

④ 李双元:《走向 21 世纪的国际私法——国际私法与法律的趋同化》,法律出版社 1999 年版,第 38 ~ 39 页。

第二章　国际私法范式的确立

第一节　大陆法系国际私法的确立

在19世纪以前，国际私法长期为法则区别说所统领，基本处于学理阶段，不仅尚未定型，而且也未出现完整的立法。随着18世纪末与19世纪的资本主义工商业的发展，特别是在第一次工业革命以后，整个世界的政治经济环境与制度发生了根本性的变化。资本主义国家逐渐从过去的纯商品输出转向资本输出与商品输出并存，而且资本输出日渐占据主导地位。于是，不断强大的新兴殖民主义国家与老殖民主义国家之间争夺市场和瓜分世界的斗争更加激烈。与此同时，国际性贸易也随之而更趋频繁，不同地区与国家之间的人员流动加速以及民商事交往也日趋频繁。这种状况从客观上进一步激化了不同法系、不同国家与地区之间的法律冲突。因而，19世纪便成为国际私法理论急剧发展的时期，出现了"百家争鸣、蓬勃发展的局面"。① 有学者将这一时期的国际私法的基本特征概况为三大标志："一是在理论上，从法则区别说把国际私法学说建立在对法则本身性质的分析上逐渐转到对法律关系性质的分析上；二是成文的国内国际私法立法从无到有，逐渐增多；三是到19世纪

---

① 参见韩德培主编：《国际私法新论》，武汉大学出版社1997年版，第62页。

下半叶，国际私法的统一活动开始。”①因此，梅仲协先生明确指出：“当19世纪，欧陆各国，相率从事于统一法典之编纂，而法国民法，为其先驱，由是而生名副其实之国际私法也。”②可见，真正的国际私法直到19世纪才建立，以1756年《巴伐利亚法典》（Bavarian Code）（Codex Maximilianeus Bavaricus Civilis，CMBC）与1794年《普鲁士法典》（Prussia Code）（Allgemeines Landrecht für die Preußischen Staaten，PrALR）作为现代国际私法国内成文立法的先导，后经1804年《法国民法典》真正突破学理型国际私法而进入制定法阶段，并带动世界各国的国际私法立法进程。在欧洲大陆的国际私法范式的确立过程中，萨维尼、孟西尼等学者的贡献最为显著。

一、国际私法成文立法的诞生

最早由13世纪意大利的巴托鲁斯所首先创立的法则区别说，其后为法国学者所接受和发展，但杜摩兰发展而成的“意思自治说”与达让特莱提炼的属地主义路线一直争斗不息，从而削弱了法国法则区别说的兴旺发达与外扩。进入17世纪和18世纪，法则区别说在法国的发展演变为新法兰西学派。其中，当时著名的三大法学家弗罗兰、波利诺和波依尔就提出了非常特别的适用外国法的见解。这些思想经鲍蒂埃等人发扬光大，对1804年的《法国民法典》的编纂产生了积极的影响，为国际私法成文立法的正式诞生奠定了基础。

不过，早在《法国民法典》纳入国际私法规范以前，欧洲大陆的立法者就已经尝试在民法典中对涉外法律冲突问题进行规制。现有的资料表明，1756年《巴伐利亚法典》和1794年《普鲁士法典》就在这方面首开先河。由于受法则区别说根深蒂固的影响，德意志南部地区1756年颁布的《巴伐利亚法典》就直接沿袭了巴托鲁斯首创的法则区别说的主要原则，如规定动产适用财产所在地法等。这种做法在国际私法成文立法历史上属于开先河的创举。虽然《巴伐利亚法典》在国际私法立法

---

① 黄进主编：《国际私法》，法律出版社1999年版，第102页。

② 梅仲协：《国际私法新论》，台北，三民书局1982年版，第32页。

中接受了法则区别学派提出的一些普遍性规则,但在物权方面却拒绝了“动产随人”的原则,而不分动产与不动产、有体财产与无体财产,主张一概适用物之所在地法。同样,德意志南部地区1794年颁布的《普鲁士法典》引入国际私法规则时也未跳出法则区别说的窠臼。《普鲁士法典》除继受了法则区别学派的诸多基本原则外,还提出了住所积极冲突的解决原则。该法典主张适用合同或行为有效的住所地法,即采取“维持法律行为效力”的原则。例如,当一个人有两个住所,其中一个住所地法认为他的合同行为或其他行为有效,而另一个住所地法认为该合同行为或其他行为无效,那么,应以前一个法律为依据。不仅如此,《普鲁士法典》还第一次提出,在普鲁士缔结并且涉及位于普鲁士的财产的契约关系中,当事人的行为能力除了可依他的属人法判定外,还可以依缔约地法的原则。[①] 这是当今许多国家的国际私法立法所采取的做法。[②] 显然,这两个法典的上述新的冲突原则,反映了国际商业交往的进一步发展的需要。[③] 在欧洲大陆通过国内立法来系统地制定成文的国际私法规范这种做法,曾受到17世纪荷兰法则区别说学派的“国际礼让说”和19世纪萨维尼“法律关系本座说”国际私法理论的强大影响。

虽然《巴伐利亚法典》和《普鲁士法典》首开国际私法国内成文立法的历史先河,但是早期真正产生重大影响的国际私法成文立法还要数1804年《法国民法典》。法国编纂民法典的专家学者与立法者吸收了新法兰西学派的诸家学说,在《法国民法典》第3条对国际私法问题作了规定。[④]《法国民法典》第3条共3款,包含了三项原则:第一,“凡居住在法国领土上的居民应遵守治安法律”(第1款),强调有关“治安法律”是绝对的属地法,凡在法国境内的一切人,不论是内国人还是外国人,都可以对他们强制施行;第二,“不动产,即使属外国人所有,仍适用法国法律”(第2款),采用了自巴托鲁斯以来法则区别说奉行的“物法”适用原则,一切有关不动产的法律关系,概依物

---

① See Martin Wolff, *Private International Law*, Scientia Verlag Aalen, 1977, p. 32.

② 参见黄进主编:《国际私法》,法律出版社1999年版,第108页。

③ 参见李双元:《国际私法(冲突法篇)》,武汉大学出版社2001年版,第81页。

④ See Niboyet, *Traité de droit international privé*, Vol. 3, 1948, p. 110.

之所在地法，而不问该物是属于内国人所有还是属于外国人所有；第三，“有关个人身份及享受权利的能力的法律，适用于全体法国人，即使其居住于国外时亦同”（第3款），明确规定有关个人身份和能力的法律属于“人法”，不仅适用于法国境内的法国人，而且具有域外效力，在法国境外的法国人亦得受其支配，是对自巴托鲁斯以来法则区别说主张的“人法”适用原则的概括总结。1804年《法国民法典》的编纂，特别是其第3条所确定的三大原则，对后世国际私法产生了深远的影响，在国际私法的发展史上有着划时代的重大意义，主要表现在如下三方面：

首先，扩大了国际私法的空间领域。自巴托鲁斯以来法则区别说的研究，主要侧重于一国内部各城邦或各地区之间的法律冲突，但《法国民法典》施行后，法国各地方法律得以统一，达让特莱时代所谓的地方间法律冲突问题已不存在，需解决的已是内国法律与外国法律之间的冲突，于是近现代意义上的国际私法从此建立，国际私法的“国际”性从此更突出了。

其次，催生了国际私法的本国法主义。在属人法方面，《法国民法典》将自法则区别说以来一直在欧洲实行的住所地法改为国籍国法，从而使本国法主义逐渐形成并在大陆法系国际私法的立法与司法实践中占据主导地位。自巴托鲁斯以来的法则区别说所指的属人法实际上仅仅是当事人的住所地法，因为在当时，各个城邦之间以及一个国家内部的各地区之间的法律都是各不相同的，缺乏一个可以支配所有国民的统一的法律。但自《法国民法典》施行后，法国全境的法律即已统一，适用全国统一的当事人的本国法也得以实现，全新的本国法主义应运而生。从此，属人法有了两重含义：一指当事人的住所地法；二指当事人的本国法。

最后，启动了国际私法正式迈入成文法时代的步伐。自巴托鲁斯创立法则区别说以来，国际私法的渊源均是习惯法。尽管早在1756年的《巴伐利亚法典》中已有了成文的冲突规范，但影响甚微。而1804年《法国民法典》中规定了成文的国际私法规范后，标明国际私法从此由学说法进入了制定法的阶段。[1]

《法国民法典》第 3 条所确立的三项原则,既是自巴托鲁斯起五百年来法则区别说研究成果的立法表现,同时也宣告国际私法从此结束了法则区别说时代而进入新的历史发展时期。[2]

二、萨维尼的法律关系本座说在确立国际私法范式中的作用

(一)雪佛与华赫特对传统法则区别说的抨击

19 世纪的德国学界掀起了一股摆脱传统法则区别说理论的风潮,从而催生了国际私法的普遍主义思潮。[3] 在这一过程中,率先对传统法则区别说发难的是德国法学家威廉·雪佛(Wilhelm Schäffner,1815—1897 年)。1841 年雪佛推出了巨著《国际私法的发展》(Entwicklung des Internationalen Privatrechts),“抨击‘国际礼让原则’为依据不正确观念所建立之谬说”。[4] 雪佛针对传统法则区别说的弊端,逐一进行了批判。雪佛深受当时盛行的既得权学说(Doctrine of Vested Rights)的影响,在揭批传统法则区别说后明确倡导法律关系发生地法说。[5] 他主

---

① 《法国民法典》第 3 条和其他一些条文,大都是通过单边冲突规范(只规定对什么问题应适用法国法)来规定冲突法的。例如,该法典第 3 条关于警察与治安的法律必须直接适用于在法国境内的一切人、关于不动产的法律必须适用于法国境内为任何人拥有的不动产、关于法国人身份与能力的法律必须适用于境内境外一切法国人的规定;第 6 条关于个人不得以特别约定违反法国关于公共秩序的法律的规定;第 14 条和第 15 条关于从诉讼管辖权上保护法国债权债务人利益的规定;第 999 条关于法国人在外国以私证书为遗嘱处分时,其遗嘱如其全部内容、日期与签名非由立嘱人亲笔书写者,不发生效力的规定;第 1000 条关于在外国订立的遗嘱必须在法国住所地登记机关登记后始对位于法国的财产发生执行力的规定;第 2123 条关于外国法院关于抵押权的判决只有在法国宣告其有执行力时始发生抵押权的规定;第 2128 条关于在外国缔结的契约,不得就在法国的不动产设定抵押权的规定等。这种做法遭遇了许多理论与实践困境。加之,《法国民法典》还采取分散在民法典的有关编章中附带规定相关的冲突规则的立法形式,早期曾为一些国家所仿效,但随着国际民商事关系的进一步发展,它已不能适应司法实践的需要,从而到 19 世纪中期,又出现了在民法典的前加篇中集中规定冲突法规则的立法形式。目前希腊、葡萄牙等国的民法典仍采用这种形式。

② 参见梅仲协:《国际私法新论》,台北,三民书局 1982 年版,第 31 ~ 33 页。

③ 梅仲协先生认为德国学者在 16 世纪就已继受了法则区别说。自 18 世纪至 19 世纪中叶,在德国颇能维持其权威的菲希霍恩(Fichhorn)、戈申(Goeschen)等著名学者,均属于传统法则区别说的信徒。参见梅仲协:《国际私法新论》,台北,三民书局 1982 年版,第 37 页。

④ 刘甲一:《国际私法》,台北,三民书局 1986 年版,第 108 页。

⑤ See Wilhelm Schäffner, *Entwicklung des Internationalen Privatrechts*, Druck und Verlag von Johann David Sauerländer, 1841, pp. 3 – 5.

张："一切法律关系，皆须依其发生地之法律而定。"例如，身份能力属于发生于住所地的法律关系，应依住所地法；物权关系是基于标的物而发生的法律关系，应依所在地法；法律行为方式属于发生于行为地的法律关系，应依行为地法；基于契约而产生的债权债务，属于发生在契约成立地的法律关系，应依契约地法。然而，并非任何一种法律关系都有一定的发生地。雪佛将法律关系发生地法视为唯一依据，难免对许多问题无法解释。[①] 正是由于雪佛的理论存在自身内在缺陷，德国法学家卡尔・格奥尔格・冯・华赫特（Karl Georg von Wächter，1797—1880 年）在批判传统法则区别说理论时，提出了"国家享有合理地选择法律的自由"的主张。[②]

华赫特属于与雪佛同时代的德国著名法学家，于 1841 年至 1842 年之间在《民法实用杂志》（*Archiv für die Praxis des bürgerlichen Rechts*）第 24 卷和第 25 卷上发表《论不同国家间的私法冲突》（Die Collisionder Privatrechtgesetze verschiedener Staaten）一文。华赫特在文中旗帜鲜明地反对传统法则区别说，认为该理论所采用的法规分类方式流于形式，严重妨碍法律的选择。[③] 他主张彻底抛弃传统的法则区别说理论。华赫特在非难传统法则区别说的同时还提出了独特的解决私法冲突问题的原则：第一，法官原本只需受其本国法律约束，因而在解决外国法律适用问题时应坚持的基本原则是首先明确内国法律对该问题有无特殊规定，如已有特殊规定，应适用该项规定；第二，如果内国法律对此类问题无特殊规定，则应探寻内国法律（实

华赫特（Karl Georg von Wächter，1797—1880 年）

---

① 参见梅仲协：《国际私法新论》，台北，三民书局 1982 年版，第 37 页。

② See Martin Wolff, *Private International Law*, Scientia Verlag Aalen, 1977, p. 35.

③ 参见刘甲一：《国际私法》，台北，三民书局 1986 年版，第 108 页。

体法)对于该类冲突的法律关系的法律精神与定位,以便确定其可适用的法律;第三,如果从该类规定的法律精神和意义方面仍无法找到解决办法,则仍应适用内国法律。[①] 华赫特的这种主张曾为1863年《萨克森王国民法典》所吸纳。该法典第6条至第19条在规制涉外民事关系时就采用了华赫特的许多观点和方法,强调以国籍作为连接因素并坚持适用法院地国法的基本原则。[②]

对于华赫特的这三大原则,梅仲协先生进行了全方位的评述。他指出:"第一原则固属允当,而第二原则则不免误解国际私法与实体法之关系,盖内外国家之实体法,往往不明确定其适用之区域,倘不有适用法则之存在,而仅仅研究实体法之意义与精神,即可发现内外国家法律适用之区域,则除实体法外,别无国际私法之需要矣。是故遇有关于内外国际私法之抵触问题,在立法者未规定特殊之适用法则时,审判官所欲研究者,并非在于相当于系争事件之内外国实体法,其所规定之意义与精神若何,彼所研究者,却系其本国现行之国际私法(成文的或不成文的)之意义与精神也。至氏所主张之第三原则,尤与国际私法之基本精神,有所刺谬,诚如氏之主张,倘若依内国实体法之意义与精神,对于能否适用外国法律具有疑义时,则只有适用内国法律之一途。在德国当时之法律,关于适用法则,殊鲜规定,是审判官殆无适用外国法律之机会矣。"[③]可见,尽管华赫特对传统法则区别说的批判卓有成效,但他在论证其关于选择法律的自由理论与适用外国法的基本原则时,又陷入了无法自拔的理论与实践的困境。因此,华赫特与雪佛的国际私法普遍主义理论并未在德国盛行,最后都让位给历史法学派的泰斗萨维尼,使其成为"德国第一位重要的国际私法作者"。[④]

(二)"近代国际私法之父"萨维尼的主要思想与影响

弗里德里希·卡尔·冯·萨维尼(Friedrich Carl von Savigny,1779—1861年)是19世纪德国最著名的私法学家,柏林大学的教授,德国历史法

---

① See Christoph Mauntel, *Carl Georg von Wächter*(1797 - 1880):*Rechtswissenschaft im Frühkonstitutionalismus*, Schoeningh Ferdinand GmbH, 2004, SS. 255 - 269.

② 参见黄进主编:《国际私法》,法律出版社1999年版,第110~111页。

③ 梅仲协:《国际私法新论》,台北,三民书局1982年版,第38页。

④ 参见[法]亨利·巴蒂福尔、保罗·拉加德:《国际私法总论》,陈洪武等译,中国对外翻译出版公司1989年版,第332页。

学派的泰斗，曾任普鲁士立法大臣等要职。萨维尼的主要著作为1849年在其七旬高寿时完成的《现代罗马法体系》(System des Heutigen Römischen Rechts)。该书共8卷，最后一卷专论国际私法。萨维尼主要贡献在于创立了著名的“法律关系本座说”(Sitzdes Rechts verhältnisses)。

在萨维尼创立“法律关系本座说”以前，国际私法的理论基本上为13世纪意大利的巴托鲁斯首创的法则区别说所统辖。法则区别说经法国学者接受和传播，在荷兰得到了充分发展和完善。法则区别说的主要论点是把法律规则划分为人法、物法和混合法三大类来分别确定其自身的效力范围。根据该学说，无论是内国法院还是外国法院都应遵循如下规则：人法适用于在立法者领域内有住所的所有人；物法适用于立法者领域内的所有不动产；混合法适用于在立法者领域内所为的行为。很显然，法则区别说的本质上隶属于中世纪自然法学派的范畴，本来萨维尼作为历史学派的创始人，理所当然地应站在法则区别说的对立面。然而，通观萨维尼的《现代罗马法体系》第8卷，他对法则区别说直接批判的内容并不是很多。萨维尼仅仅轻描淡写地指出，法则区别说在许多方面是不能令人满意的，因为对人法、物法和混合法的划分不仅是不完全的，而且也是模糊的，甚至不同的学者往往持有不同的标准，并有可能赋予这三个术语完全不同的涵义和规则。① 此外，萨维尼还特别否定了对人法、物法和混合法的划分已经被接受为一个习惯法规则的观点。他认为这是毫无证据的，也是根本不可能的，因为学者们的这种观点与法院的判决虽然或多或少有一些一致的地方，但仍然存在很大的差异，因而没有任何证据

萨维尼(Friedrich Carl von Savigny，1779—1861年)

---

① [德]萨维尼：《现代罗马法体系》(第8卷)第18节(总第361节)，李双元等译，法律出版社1999年版，第69页。

能认为法则区别说的观点已经被接受为一般习惯法规则。因为自然法学派的学者总是标榜他们所承认的规则或主张的学说并非是他们的主观看法,而是自然的、习惯的产物,是容不得人的主观否定的。

萨维尼之所以没有直接抨击和揭批法则区别说,主要是德国法学家华赫特在《现代罗马法体系》(第8卷)出版以前,就已彻底清算了发源于意大利的法则区别说学派的理论错误与实践弊端。[①] 尽管萨维尼没有对法则区别说进行直接地、彻底地批判,但是,他实际上是通过《现代罗马法体系》(第8卷)中所创立的"法律关系本座说"间接地说了"不"。[②] 因为,法律关系本座说与法则区别说是完全不同的一种确立法律的域外域内效力及解决法律冲突和进行法律选择的方法。在《现代罗马法体系》(第8卷)中,萨维尼着重讨论了"法律规则效力的地域范围"和"法律规则效力的时间范围"两方面的问题。当然二者之间,对前一问题的讨论,即对各种法律关系本座的探寻或为每一种法律关系找到其在本质上所属的地域的发掘,是对国际私法的最大贡献。萨维尼在这里开辟了寻求解决法律适用问题的一条崭新的道路。然而,"萨维尼摒弃了自16世纪以来一直流行的各种'属地主义'论点,而斯托里却刚刚使这些论点在盎格鲁撒克逊国家确立"。[③]

萨维尼也对法律关系进行了分类,具体划分为身份法(权利能力与行为能力)、物法、债法、继承法、家庭法,其中家庭关系法又分为婚姻、父权和监护。萨维尼明确指出:对于以上每一问题的解决,人们已经提出了一个比较普遍的原则,即认为应该适用每种法律关系的"本座所在地的法律……来解决存在冲突的案件……每一种特定的法律关系的'本座'的选择通常是比较固定的,这可以归纳为:法律关系所涉及的人的住所;法律关系的标的物所在地;法律行为实施地;法院所在地"。[④] 但是"因为每种法律关系具有不同的性质,要想通过一个共同的绝对规则来确定所有法律关系的'本座'是几乎不可能的"。在分析关于人的

---

① 参见李双元:《国际私法(冲突法篇)》(修订版),武汉大学出版社2001年版,第116页。

② 参见[德]萨维尼:《现代罗马法体系》(第8卷)第18节(总第361节),李双元等译,法律出版社1999年版,第65~74页。

③ 参见[法]亨利·巴蒂福尔、保罗·拉加德:《国际私法总论》,陈洪武等译,中国对外翻译出版公司1989年版,第332页。

④ [德]萨维尼:《现代罗马法体系》(第8卷)第18节(总第361节),李双元等译,法律出版社1999年版,第67页。

身份与地位的本座法时，萨维尼进一步指出，“一个人是否具有权利能力和行为能力，根据其住所所在地的法律来做出决定可能是唯一的做法”。[①] 萨维尼还从“市政负担”“法院管辖”与“作为属人法的城邦的法律”展开分析，认为在罗马法时代，个人与某一城邦必然具有法律联系，建立起这种联系的依据主要是“出生”和“籍贯”（Origo），[②]但对非罗马市民则主要依据住所。萨维尼接着指出：“（1）在罗马法时代，出生地法和住所地法是同时存在的，而对于我们（现在）来说，罗马法意义上的出生地法的概念已不复存在，而住所地法的概念仍保持不变；（2）对于罗马人来说，出生地法是关于人的身份的地域法，而住所地法则只有在其没有籍贯的场合才能成为他的身份法。对于我们来说，住所地法是确定人们身份法的通常标准。”[③]萨维尼之所以主张把住所地法作为关于人的身份的本座法，还由于这更能体现当事人的“自愿选择”或“自愿服从”。而“自愿选择”和“自愿服从”观点，在萨维尼确定各种本座法时是常常提到的，这是非常值得注意的一个提法，表明在萨维尼看来，每一法律关系的本座和本座法，都不是强加于有关当事人的。[④] 萨维尼指出，出生地或“籍贯”是当事人不能选择的，而住所是可以由他们自主选择的，因而一个人可能有几个住所存在，在这种情况下，就应该把最先确定的住所的本地法来作为决定人的身份的准据法。如此，一个人一旦取得了第一个住所，他就没有理由通过改变其住所而任意改变对其应适用的身份法。如果当一个人宣布抛弃其原来的住所且后来又没有选择一个新的住所，那么就可以把未经他选择而具有的住所（如一个婚生子女应具有当时其生父所具有住所）来作为他的住所。在这个问题上，萨维尼还反对部分学者的观点，即认为住所地法只能用以决定人的法律地位，而不能决定因其法律地位引起的法律效果。他举了许多例

---

① ［德］萨维尼：《现代罗马法体系》（第8卷）第18节（总第361节），李双元等译，法律出版社1999年版，第74页。

② 对于“Origo”一词，我国台湾地区马汉宝先生译为“根源”，大陆李浩培先生译为“原籍”，李双元先生则将其译为“籍贯”。李双元先生认为这三种表称均不一定能完全正确地反映该词本来的确切含义。参见李双元：《国际私法（冲突法篇）》（修订版），武汉大学出版社2001年版，第117页。

③ ［德］萨维尼：《现代罗马法体系》（第8卷）第16节（总第359节），李双元等译，法律出版社1999年版，第54页。

④ 参见李双元：《国际私法（冲突法篇）》（修订版），武汉大学出版社2001年版，第118页。

子来证明他反对这种划分的理由。例如,许多实体法(在当时)规定,妇女实施法律行为时,其监护人必须在场,而另一些法律规定,已婚妇女的行为要得其丈夫的同意。因此,如果一个妇女在国外进行法律行为,那么,作为这种理论的合乎逻辑的结果,只有该妇女的法律身份才应由住所地法来决定,她是否有能力为某种法律行为(法律效果)则必须由另一个法律来决定了。

对于特定物上的权利或物权的本座法,萨维尼主张"要根据物权客体的真正性质来确定这种地域。因为物权客体是由感觉来感知的,并占有一定的空间,它们所在的空间场所自然是他们所参与的每一法律关系的本质。一个人为了取得、拥有或行使对物的权利,他必然要到物所在的场所去,对于这种特定的法律关系,他必须自动地使自己服从于约束该地域的本地法。因此,当说到物权由物之所在地法判定时,其所依据的理由与人的身份适用住所地法相同,二者均源于自愿服从"。[①] 此外,萨维尼还坚决反对自法则区别说开始时便几乎被广泛接受的对动产适用"动产随人"的原则,主张物之所在地法的适用,应包括不动产与动产。

对于债的本座法的探求,萨维尼主张:"由于作为一种法律关系的债的本身是无形的,且无场所,因此必须从它发展的自然轨迹中寻找一个有形的现象,并将债的本质附诸其上以便赋予它一个实体,好像它本来就是一个实体一样。"这种"有形的现象"是存在的,因为"任何债都产生于有形的事实,而且也通过有形的事实来履行的"。"因此,我们可以选择债的发生地或债的履行地来确定债的本座。"由于债的发生地常是"偶然的、瞬间的,与债的实质及其进一步的发展与功效无关,故不应以该地的法律为其本座法。""至于履行,情况则截然不同,实际上它才是债的真正本质。""债正好存在于此,即以前为当事人自由选择的某些事情,现在却转变成了某种必然的事情——在此之前不确定的事情变成了确定的事情……当事人的所有期望都指向于此",故应"将债的履行地视为债的本座"。这也是与当事人的"自愿服从"有关的。[②] 然后,萨维尼把这一原则具体化为:(1)当债有确定的履行地时——该履行地

① ［德］萨维尼:《现代罗马法体系》(第8卷)第23节(总第366节),李双元等译,法律出版社1999年版,第93页。

② ［德］萨维尼:《现代罗马法体系》(第8卷)第27节(总第370节),李双元等译,法律出版社1999年版,第113～127页。

法为其本座法;(2)当债产生于债务人的持续业务过程时——该业务行为持续地法为其本座法;(3)当债产生于债务人于住所地的单个行为时——指该行为地法,且住所的变迁对此没有影响;(4)当债产生于债务人于住所地之外的单个行为,但存在产生在同一地方履行的期望之情势时——指该行为地;(5)当以上这些情形不存在时——指债务人的住所地法。[①] 然后,萨维尼同时还认为,有些问题也不应适用债的本座所在地的本地法。这些问题如:债权人与债务人的能力;债所产生的法律行为的解释;债的形式要件;债的某些效力以及破产中的一些问题;等等。

关于继承的本座法,萨维尼认为,“继承的本质在于,在财产所有者去世时,将财产转移给其他人”。这意味着人的权利的扩张,也意味着超越人的生命极限的意志效力的扩张。意志的持续可以是一个明显的意图(以遗嘱形式),可以是默示意图(以无遗嘱继承方式)。这种关系与死者直接有关,这与前面讨论权利能力[《现代罗马法体系》(第8卷)第19节(总第362节)]的方式一致,与后面家庭领域所表明的情形也一样。如果这一观点正确的话,则应该总体上认为,继承应由死者死亡时的住所地的法律支配,即应以死者死亡时的住所地法为本座法。[②] 而且萨维尼也不主张在继承问题上对不动产与动产采取区别制的法律选择方法,这与他在物权的本座法观点上是一致的。[③] 萨维尼还认识到,与债法类似,也有一些特殊问题不宜适用死者死亡时的住所地法。例如,立嘱人关于他的个人能力,如按立嘱时的住所地法缺乏此种能力,改变住所后仍缺乏此种能力;反之,按其死亡时之最后住所地法,他无此种能力,原先的遗嘱也归于无效;立嘱人身体状况上的事项,要由遗嘱生效时的立嘱人住所地法支配,而不应去考虑此后住所的变更;遗嘱中如涉及某些强行法的内容如剥夺继承权、遗漏继承者(Praeterition)以及法定特留份、遗赠与委托遗赠等,都与特定的、受限制的对象有关,

---

① 参见[德]萨维尼:《现代罗马法体系》(第8卷)第29节(总第372节),李双元等译,法律出版社1999年版,第135页。

② 参见[德]萨维尼:《现代罗马法体系》(第8卷)第32节(总第375节),李双元等译,法律出版社1999年版,第160页。

③ 参见李双元:《国际私法(冲突法篇)》(修订版),武汉大学出版社2001年版,第120页。

因而有时会受物之所在地法支配;遗嘱的解释应服从于合同解释的类似规则;整个继承所涉及的或其中部分涉及的人(继承人或受遗赠人)的能力,应由他们的住所地法决定,而不由死者住所地法支配;遗嘱的形式,应适用“场所支配行为”原则;等等。①

对于家庭关系本座法的探索,萨维尼首先指出从家庭关系中产生的权利最类似于个人权利能力和行为能力,而且“部分基于道德与宗教,部分基于政治的考虑对它也有重大影响”。萨维尼在研究婚姻的本座法时,从旧的观念出发,认为丈夫既为一家之长,婚姻关系的本座无疑应在丈夫的住所地。他批驳某些人认为婚姻也是一种合同,故不应适用丈夫住所地法的观点时指出,即使这种观点正确,它也并不指向婚姻缔结地而应指向履行地,因为只有丈夫的住所地才是所产生的婚姻义务的履行地。萨维尼还讨论了许多特殊及应适用其他地方法律的问题,如关于婚姻的形式要件适用“场所支配行为”原则。特别是对夫妻财产制这个复杂的问题,萨维尼倾向于采取“不变更主义”,即认为在婚姻中始终存在一个默示的合同,那就是夫妻财产将一成不变的由目前住所地法(婚姻本座法)来解决。但萨维尼同时又认为,如果新的住所地的具有严格实在法性质(强行法)的法律,禁止采用其他夫妻财产制,那就另当别论了。②

对于亲权的本座法,萨维尼认为孩子出生时父亲的住所地法应为本座法,即凡一切婚生中父权的开始及可能反对它的理由,均由此地法决定。后续婚姻的准正,也应由结婚时父之住所地法支配。但对位于外国不动产的父权的行使则由物之所在地法支配。③

对于监护的本座法,他一反古罗马法认为监护纯粹是一种私法制度的观点,首先强调的是“监护是国家有权利和义务给予需要此种照顾的最大多数的重要阶层(被监护人和未成年人)以保护的一种措施,监护在本质上应属公法范围,仅有一些特定的后果属于私法范围”。为

---

①　参见[德]萨维尼:《现代罗马法体系》(第8卷)第34节(总第377节),李双元等译,法律出版社1999年版,第168~171页。

②　参见[德]萨维尼:《现代罗马法体系》(第8卷)第36节(总第379节),李双元等译,法律出版社1999年版,第176~183页。

③　参见[德]萨维尼:《现代罗马法体系》(第8卷)第37节(总第380节),李双元等译,法律出版社1999年版,第183页。

此,他主张关于监护的设立,其本座法应为被监护人的住所地法(一般是与被监护人的生父的最后住所地一致)。而对监护的管理,则应以管理监护人的职责设立及执行的法院地法为其本座法。①

萨维尼还专门讨论了法律行为的形式的准据法。他首先解释了之所以要在最后才来讨论这个问题,是因为它适用于上面已讨论过的大多数的最为重要的法律关系。由于日常生活中,行为的发生虽在此地,而行为的预备安排却可能发生在别的地方。那么究竟应把哪个地方作为其本座所在地呢?他认为,在法律行为完成地,要确切地发现有理由对该行为进行约束的另一地的法律规定是不可能的。所以,他认为法律行为形式的本座法应仍是依据“场所支配行为”的原则,是其发生地的法律。

萨维尼在研究完上述各种法律关系的本座法以后,进一步讨论了“法律规则的时间效力”问题。他认为这个问题与前一问题具有同样的重要性,而且认为新旧法律发生抵触冲突的情况是常常可见的。他把它们归纳为两大类规则。第一类规则涉及“权利的取得”(Acquisition of Rights),例如一个国家先前的法律规则规定所有权可基于单纯合同而让与或取得,而新法却要求有财产的具体交付。第二类规则涉及“权利的存在”(Existence of Rights),它又包括两种情况,其中第一种情况涉及法律制度本身存在或不存在的问题,如原来某国有关于承认奴隶制和农奴制的法律,而后却不存在这种制度;第二种情况虽不涉及某种法律制度存在或不存在的问题,但涉及其存在的模式(Mode of Existence)及其在整体上予以保留的情况下却有了重大改变,如旧法规定了对所有权要实行严格的证据制度,而新法却认为所有权只能基于占有行为或占有契约而获得保护。萨维尼同时指出,严格地说,上述两类规则原本都是关于权利的存在的,没有再做上述细致区别的必要,而进行以上区别的目的只在于说明涉及权利存在的法律规则的多样性。

萨维尼对权利的获得在时际法上确定了第一项基本原则,就是“新法不应具有溯及力”,而其第二项基本原则,就是“新法不得影响既得权”。他还引用了《普鲁士法典》第14条的规定“新法不能适用于先前

---

①　参见[德]萨维尼:《现代罗马法体系》(第8卷)第37节(总第380节),李双元等译,法律出版社1999年版,第186页。

发生的行为和事件”和法国法关于“法律仅仅适用于将来,没有追溯力”以及奥地利法的类似规定来加以证明,并且指出:“法律行为的形式,必须受实施该法律行为时的法律支配,后来的新法无论在其形式方面的要求是更为宽松还是更为严格,均不得影响法律行为形式的合法性。”这种观点可以这样表述:“时间支配行为”(Tempus Regit Actum)。这与地域法中的“场所支配行为”(Locus Regit Actum)原则是相一致的。① 但对“权利的存在”,萨维尼却认为应适用与上述两项原则完全对立的另两项原则,即对规范“权利的存在”的新法,应具有溯及力和能影响既得权。这是因为在他看来,这类重要的法律大多数具有严格的实在性和强制性的性质,已不属于“纯粹法”的范围,而与道德的、政治的、经济的动机和目的相连。较之其他法律,这种法律,在地域及时间两个方面,都有不断拓展其权利和效力范围的本质。②

萨维尼给国际私法留下的更为宝贵的财富则表现在他要求从有利于国际社会的交往出发,平等地对待内外国人和平等地对待内外国法律,以及他对国际私法走向趋同化的预言。萨维尼在《现代罗马法体系》(第8卷)中有一段极富见解的论述:“绝对主权原则要求该国法官只根据本国法律来判决案件,而不管此案相关的外国法的不同规定。然而这种规则无法在任何国家立法中找到。它之所以缺乏,是由下列因素决定的,即随着国际关系愈趋频繁活跃,人们愈加确信坚持这一严格的原则并不适宜,故而应代之以相反的原则。总的来说,世界各国和整个人类的共同利益决定了各国去处理(涉外)案件时最好采取互惠原则,并坚持本国国民和外国人之间的平等原则。这一平等原则的充分发挥,不仅会使外国人在每个特定国家都跟其本国国民一样(这里包括待遇平等),而且,对于存在法律冲突的案件,不管它是在这一国家还是在那一国家提起诉讼,其判决结果都应该一样。”他甚至进一步提出:“这一考虑就使我们提出这样的观点,即在国际交往的国家之间存在一个跨国性的普通法……这一观点随着时间的推移必然会得到更广泛的认识。”他说:“对于罗马人来说,对不同的实在法之间的冲突的大致相

① 参见[德]萨维尼:《现代罗马法体系》(第8卷)第45~46节(总第388~389节),李双元等译,法律出版社1999年版,第220~227页。

② 参见[德]萨维尼:《现代罗马法体系》(第8卷)第56~57节(总第399~400节),李双元等译,法律出版社1999年版,第286~296页。

同的处理方式，导致在主权国家之间存在一个共同法这样的观点，是不可能知道的。而在现代，我们注意到，由于国家间关系的蓬勃发展，对这种原则的需要会使其得到承认和发展。”①萨维尼还多次断然批判狭隘的民族主义观点。萨维尼曾在书中指出：“如果采用突出的民族主义原则是当今的时尚之一，则在一个根本目标在于消除相互往来的国家组成的国际社会内国家差别的学科之中，这种倾向是没有立足之地的。”萨维尼还曾对这种倾向进行过尖锐的鞭挞：“40 年前，当我在巴伐利亚的郎舒特大学任教时，有一位植物教授，据悉，他的出生地并不在巴伐利亚。他把植物园内所有非巴伐利亚的植物均予除去，以便拥有一个不含有任何外国货的国内植物园。通过这种方式，他试图表明他对祖国巴伐利亚的绝对忠诚。这一行为当然遭到了大学里所有真正巴伐利亚人的谴责，他们当然并不缺乏对祖国的强烈的感情。”②

萨维尼从国际私法的历史发展的考察中早已得出了国际私法趋同化趋势必然会出现的结论。他指出：“如果我们从一般的观点来考虑摆在我们面前的这个问题，亦即从几个世纪以来不同学者的理论、不同国家的立法与司法实践上来考虑这个问题，我们可以发现一个明显的变化，而且这种变化确实在同一方向得到了发展。国与国之间的彼此隔离逐渐变为国与国之间的交流和接触，相应地，不同国家的学者们从前所存在的不同观点也在很大程度上一致起来。我们已经注意到两个事实可以证实这种变化的倾向：即普遍承认内外国人之间法律地位平等，以及在处理这一问题的过程中形成了一般习惯法规则。如果法律的发展不受不可预见的外部因素的影响，对于国家间法律冲突的解决，可能会导致一致的做法。这种一致做法乃是以法律科学指导的审判实践的结果。”③

根据以上分析，可用现代法律语言将萨维尼法律关系本座说概述为：

(1)关于人的身份本座的确定。由于住所是人的归属之处，所以，人的身份以其住所地为本座，适用住所地法，而不是本国法。

---

① 参见[德]萨维尼：《现代罗马法体系》(第 8 卷)第 5 节(总第 348 节)，李双元等译，法律出版社 1999 年版，第 15～16 页。

② 参见[德]萨维尼：《现代罗马法体系》(第 8 卷)，《萨维尼传略》的前言与附录，李双元等译，法律出版社 1999 年版。

③ 参见[德]萨维尼：《现代罗马法体系》(第 8 卷)，李双元等译，法律出版社 1999 年版，第 63～64 页。

(2)关于物的本座的确定。物是可感知到的,并且必定占据一定空间,因此,物的所在地应为物权关系的本座,一概适用物之所在地法,而不区分动产与不动产。

(3)关于债的本座的确定。由于债本身是无形状、无场所的,因此,必须从其发展的自然轨迹中寻找一个有形的现象,并将债的本质附属其上,以便赋予它一个实体。这种"有形的现象"是存在的:其一,债都产生于有形的事实;其二,债还必须通过有形的事实来实现(或履行)。这就分别是债的发生地与债的履行地。但债的发生地常带有偶然性和临时性,因而债的本座应是债的履行地,因为履行是债的本质,且当事人的所有预期均集中于此,故应以履行地法作为它的本座法。

(4)关于继承的本座的确定。继承的本质在于在财产所有者去世时,将财产转移给他人。这意味着人的权利的扩张,意味着死者意志在其死后的延伸。这种意志可以表现为一个明示的意图(如遗嘱继承),也可能是一种默示的意图(如无遗嘱继承)。从总体上讲,遗产继承的本座法应是被继承人死亡时的住所地法,而且他不主张对不动产与动产的继承采用区别制。

(5)关于家庭的本座的确定。萨维尼主张婚姻的本座法应是作为一家之长的夫之住所地法。有人主张婚姻也是一种合同关系,他认为即便如此,合同的履行地也是丈夫的住所地法,因为那里才是婚姻所产生的婚姻义务之履行地。对于亲权,他主张以子女出生时父的住所地法为本座法。对于监护,则主张对监护的设立以监护人的住所地法为本座法;而对于监护的管理,应以有权管辖该监护人的职责的设立与执行的法院地法为其本座法。

(6)关于法律行为的方式的本座的确定。萨维尼认为应适用"场所支配行为"的原则,以行为完成或实施地法为本座法。

(7)关于法律规则的时间效力的本座的确定。萨维尼提出了两项基本原则:第一,"新法不应具有溯及力";第二,"新法不得影响既得权"。他综合这两项基本原则,提出了一个与"场所支配行为相对应的公式:'时间支配行为'"。①

---

① 李双元:《国际私法(冲突法篇)》,武汉大学出版社 1987 年版,第 84 ~ 85 页;刘甲一:《国际私法》,台北,三民书局 1986 年版,第 101 ~ 102 页。

但萨维尼并未一成不变地固守这类本座，他还是考虑到它们在具体运用的例外情形：一种情况是，如果依照法律关系的本座指示适用的某一外国法违背了内国具有绝对强制性的法律，如内国禁止重婚的规定，则在任何情况下都不得适用该外国法；另一种情况则是，对于内国不承认的外国制度，如奴隶制度以及与之有关的外国法律，内国也不得予以适用。[①]

总而言之，萨维尼在国际私法方面的贡献具有划时代的意义。概言之，萨维尼法律关系本座说的历史价值与现实意义可粗线条地作如下勾画：

首先，改写了法则区别说统治国际私法理论界长达五百年之久的历史，在国际私法方法论上实现了根本性的变革。萨维尼断然抛弃延续了五百多年的法则区别说从法律或法则自身的性质来探讨法律冲突的解决方法，改弦易辙并从法律关系的性质入手，通过寻求其应隶属的地域的法律，即所谓的“本座”(Seat)，来解决各种不同法律关系应适用的法律。众所周知，与自然法的观点相反，法律规则乃是从社会生活关系中抽象出来的行为规则，因此，就法律规则与其调整的社会生活关系来讲，社会生活关系是第一位的，法律规则是第二位的，社会生活关系决定法律规则。这种情况在冲突法中表现得更为明显。因为冲突法既以解决涉外民事关系究竟应适用内国法还是外国法的问题为己任，因而在某些情况下，上述问题的答案也会取决于内、外国有关法律自身所具有的性质。[②] 不过，从总体上来看，需要处理的法律关系或法律问题的性质及其所含有的各种连接因素还是在确定法律适用(或冲突规则)时起着决定性的作用的，自然也成了解决问题的出发点。只是法则区别说的基础完全建立在对法律规则性质的划分之上的，这就颠倒了因果关系。萨维尼的法律关系本座说从法律关系本身的属性和分类出发来确定应予适用的法律，显然比前者更准确地反映了冲突法的本质，无疑代表了冲突法上的一次根本性的变革或革命，它创立了一种至今仍有影响的更客观、更先进的法律选择方法。

其次，冲破荷兰国际礼让说的束缚，在新的基础上复归到国际私法

① 参见梅仲协：《国际私法新论》，台北，三民书局1982年版，第40页。

② 参见李双元：《国际私法(冲突法篇)》(修订版)，武汉大学出版社2001年版，第125页。

的普遍主义。萨维尼断然否定了由荷兰法则区别说学派肇始的特殊主义—国家主义的立场,使国际私法重新复归到普遍主义—国际主义路线。[①] 从国际私法所调整的对象为跨国民商事关系这一点来看,特殊主义—国家主义由于其着眼点落在各个主权国家,而非整个国际社会,因而相对于普遍主义—国际主义来说,它有碍于国际民商事关系的进一步发展。

最后,掀起欧洲国际私法成文立法的高潮。虽然萨维尼一生崇尚罗马法并一贯反对制定德国统一的民法法典,但是,其国际私法学说却大大推动了国际社会各国国际私法的法典化进程,并且对国际私法的趋同化与统一化进程也是发挥了积极的促进作用的。自 19 世纪中叶国际私法从"法理学和科学的国际私法"阶段进入"立法的国际私法"阶段,是与萨维尼、孟西尼及斯托里三位伟大的法学家所作的贡献密不可分的。尤其是萨维尼的"法律关系本座说",更为许多国家开展国际私法的国内立法提供了在思想和理论上的强大动力与科学的可以操作的方法。根据萨维尼的法律关系本座说,人们只要通过对各种法律关系性质的分析,就可以制定出各种双边冲突规范去指导法律的选择。在 19 世纪德国的许多法院甚至将其观点的效力置于成文法之上,而 20 世纪的《德国民法典》的序言部分的单边冲突规范的条款转变成双边规则体系,也是或多或少地受到萨维尼法律关系本座说的影响。可以说,萨维尼的学说对制定冲突法的法典起到了积极的推动作用。而且萨维尼的学说,确实开创了一条解决法律冲突和进行法律选择的新道路,以后许多国际私法学家虽然又相继提出了"法律关系重心说""连接关系聚集地说""最密切联系说"等种种理论,但实质上并未完全摆脱萨维尼方法论的影响。甚至英国国际私法学家戚希尔(G. C. Cheshire)和诺斯(P. M. North)也认为,尽管英美法的基础是经验的,而不是逻辑的,但是它们的法院在实践中所采用的选择准据法的方法,在客观上却是与萨维尼的方法一致的,二者都是依据有关的全部条件,力求在各个案件

---

① See Alex Mills, *The Confluence of Public and Private International Law: Justice, Pluralism and Subsidiarity in the International Constitutional Ordering of Private*, Cambridge University Press, 2009, p. 57.

中找出与之最相适合的或最有密切联系的法律。[1] 所以,萨维尼对近现代国际私法的贡献,在西方被誉为国际私法上的“哥白尼革命”(Copernican Revolution),完全是当之无愧的。[2] 关于萨维尼认为法是“民族精神”的体现的历史法学派的观点,曾受到马克思及其他许多法学家的批评,不过,对他在国际私法上的突破理应予以客观对待。[3]

令人遗憾的是,萨维尼的法律关系本座说理论,在1896年颁布的《德国民法施行法》中,除在少数条文中得到反映外,并未成为该法的指导理论。《德国民法施行法》大量采用单边冲突规范,而且根本没有涉及合同问题。据说在草稿中,原是有合同方面的规定的,并且也是采用履行地法的,但遭到了奥托·冯·俾斯麦(Otto von Bismarck,1815—1898年)的反对,所以后来被删除了。可见,萨维尼的适应德国自由资本主义要求的学说,这时已不受德国垄断资本的欢迎了。努斯鲍姆(Arthur Nussbaum)和卡兰斯基(Pavel Kalensky)等都曾指出,萨维尼的理论是与自由资本主义,特别是和自由贸易的需要相匹配的,因为国际关系中法律适用的统一将促进自由贸易的发展。在历史上,英国从17世纪起,法国从18世纪起,富有的强大的资产阶级就已形成了,而德国则是到了19世纪初才有资产阶级,并且直到1814年维也纳会议后建立起了德意志联邦时,仍有34个君主国和4个自由市。因此,尽管法则区别说早在16世纪便传入德国,如德国最高法院当时认为关于人的事项的法律只有域内效力,因而人处理物的能力问题要依物之所在地法,而不能依人的住所地法;不动产物权适用所在地法,而动产则随人;行为地法决定行为方式;等等。而且德国国际私法在18世纪也已开始发展,如1756年的《巴伐利亚法典》中已开始有了欧洲最早的成文的冲突规则,到1794年的《普鲁士法典》,德国民法施行法中也有若干条冲突规则,但是这一时期德国国际私法仍主要受意大利法则区别说及荷兰、法国等国的属地主义路线的影响。只有萨维尼才开

---

① See Sir Peter North, J. J. Fawcett, *Cheshire and North's Private International Law*, 12th ed., Butterworths London Ltd., 1999. p. 23.

② See Otto Kahn-Freund, *General Problems of Private International Law*, Sijthoff & Noordhoff, 1980, p. 78.

③ 对这一矛盾现象的透视,可参见李双元、吕国民:《萨维尼法学实践中一个矛盾现象之透视》,载《浙江社会科学》2000年第2期。

辟了一条新路,从而产生了适合德国自由资产阶级需要的学说。[1]

无论萨维尼的法律关系本座说理论还存在多少不足之处,也不过是大醇小疵,可以毫不犹豫地断言:萨维尼的学说奠定了现代国际私法的基础,使原有的国际私法理论发生了翻天覆地的变化,极大地影响了19世纪后半叶的各国国际私法的立法,而他也被誉为“近代国际私法之父”。[2]

三、大陆法系的本国法范式的定位与扩展

(一)孟西尼的国籍主义范式的形成与外推

帕斯夸莱·斯坦尼斯劳·孟西尼(Pasquale Stanislao Mancini,1817—1888年)是19世纪意大利的政治家,也是著名的国际法和国际私法学家。他所处的时代正好是意大利从被分割为若干领土单元而走向统一的时期。自16世纪文艺复兴运动揭开的争取民族独立和统一运动的序幕,随着资本主义经济的发展而在19世纪中期进入高潮,统一意大利的呼声日益高涨。孟西尼的思想就是在这种特定政治环境下产生的。他在1851年1月22日就任都灵(Turino)大学国际法教授时所发表的题为“论国籍是国际法的基础”(Della nationalita come fondemento del diritto delle genti prelezione al corso di dritto internazionale e marittimo,Nationality as the Foundation of the Law of Nations)的著名演讲,[3]正式亮明了其国

孟西尼《论国籍是国际法的基础》

① 参见李双元:《国际私法(冲突法篇)》(修订版),武汉大学出版社2001年版,第115~127页。

② 参见李永烈:《论萨维尼对国际私法的影响》,载马汉宝主编:《国际私法论文选辑》(上),台北,五南图书出版股份有限公司1984年版,第73~78页。

③ 该文的中文译名有《民族性乃国际法的基础》《国民性乃国际法的基础》《国籍乃国际法的基础》《国籍之为国际法之基础地位》等。

籍主义范式。这时正好是萨维尼的国际私法名著出版后两年。由于孟西尼的国际私法观正好顺应了意大利这一时期政治经济形势的客观需要，所以，他的国籍主义思想一登台便引起强烈反响。孟西尼的国际私法理论之所以成功，其主要原因就在于“他对国籍观念的赞扬符合时代精神，引起了共鸣”①。

孟西尼从本质上效仿了萨维尼、布伦斯利(Bluntschli)、劳伦斯(Lawrence)与威斯特洛克(Westlake)的学说，支持国家当然应尊重外国法律之观念，排斥国际礼让说。② 根据孟西尼的分析，构成法律选择的基础应该是国籍、当事人和主权三种因素的共同作用，而其中尤以国籍起决定作用。不论何种法律关系，其法律适用原则上都应以国籍作为连接因素。这样，孟西尼就把国籍因素提高到了国际私法指导原则的高度，推翻了自荷兰学派以来强调的属地主义和萨维尼鼓吹的以住所地法作为属人法的主张。实际上，孟西尼在这里正式为大陆法系国际私法的法律选择导入了以当事人的本国法作为准据法的范式。只有在当事人另有意思表示或适用外国法与内国公共秩序(主权因素)发生抵触时，才可以适用国籍以外的其他连接因素来指引法律的适用。③ 孟西尼之所以特别夸大国籍的意义，是因为在他看来，国籍的构成因素包括了乡土、气候、宗教、生活习惯、语言文化、种族以及历史的传统等。这些因素通过国籍这种共同意识而创造出一种整体精神，个人的存在，只是由他的国籍所决定的，而承认个人的存在，也只有通过承认他的国籍才是可能的。因此，他提出“个人的权利是只能受到他所处的那个社会的

孟西尼(Pasquale Stanislao Mancini,1817—1888 年)

---

① [法]亨利·巴蒂福尔、保罗·拉加德：《国际私法总论》，陈洪武等译，中国对外翻译出版公司 1989 年版，第 322 页。

② 参见刘甲一：《国际私法》，台北，三民书局 1986 年版，第 112 页。

③ 孟西尼也赞同意思自治说，认为契约关系因当事人的意思表示而指定适用当事人本国法以外的法律时，作为一种例外，可以用当事人指定的法律作为契约准据法。

法律审判"的。因而,孟西尼认为法院适用外国法,不纯粹是为了保护当事人的既得权利,更不是以礼让或互惠为基础,而是一种国际法上的义务。尽管从独立主权来看,它完全可以拒绝外国法,但是国际经济交往已经产生了一个需要统一法律的社会。

现代国际私法通常将孟西尼的学说概括为三大原则:国籍原则—本国法原则、主权原则—公共秩序保留原则、自由原则—契约当事人意思自治原则。虽然国籍国法原则在1804年的《法国民法典》中便已提出,但那时仍然是以一种种族法的属人主义理论作基础的。只有到了孟西尼,才真正以"国籍主义"作为论证"本国法原则"的理论根据,从而在新的框架内构建其所鼓吹的普遍主义国际私法观。[①] 孟西尼成功地从理论上全面论证了本国法原则的合理性,从而大大扩展了其影响。"1865年所制定之《意大利民法典》,即根据孟西尼的学说,而采取本国法主义也。"[②]

孟西尼不但是一位伟大的法学家,而且是一位伟大的政治家,所以,他不仅在国际私法具体规则和理论基础方面均有贡献,而且还从1866年以后投入国际私法的统一化运动中。他在1874年便向当时的国际法学会专门提出了一个鼓吹他的这一纲领的备忘录。[③] 但由于孟西尼把国籍当作属人法的最重要的连接点,当事人的本国法就有可能大量适用,于是孟西尼不得不把公共秩序保留制度也提到了基本原则的高度。因此,孟西尼虽积极倡导国际私法的统一,但却不像萨维尼那样断然摆脱特殊主义—国家主义的羁绊。萨维尼极力倡导双边主义,为外国法的适用开启了大门,而孟西尼的本国法原则使这个"大门"敞得更开了。因为,诉讼往往是在当事人居住的地方提起的,所以,住所地法主义倾向于法院地法的适用,而本国法主义则增加外国法的适用。另外,萨维尼乐观地相信最终有可能建立一套世界统一的冲突法规则,而孟西尼的本国法原则恰好宣告了这一设想可能性的终结。孟西尼的思想在普通法国家(住所地法)和民法国家(本国法)间钉入一根楔子,

---

① 参见李双元:《国际私法(冲突法篇)》(修订版),武汉大学出版社2001年版,第127页;马汉宝:《国际私法总论》,台北,汉林出版公司1982年版,第267页。

② 梅仲协:《国际私法新论》,台北,三民书局1982年版,第42页。

③ See Alex Mills, *The Private History of International Law*, in International & Comparative Law Quarterly, Vol. 55, No. 1, 2006.

由此产生的裂缝使人们放弃了以双边主义追求判决一致性的希望。直到当代国际私法,才有了以惯常居所来协调本国法与住所地法的趋势,但离成功还有相当的距离。事实上,孟西尼因倡导“国籍主义”而成为近代意大利国际私法学派的创始人,对意大利及其他国家的国际私法的理论与实践均产生了巨大影响。不过,这种影响依然具有双重性。“惟当时犹未料及‘国籍主义’适用于能力身份关系,适与英美之‘住所主义’对峙,而阻碍各国抵触法规之统一。”①

(二)巴尔的本国法主义对德国国际私法立法与司法的影响

卡尔·路德维希·冯·巴尔(Carl Ludwig von Bar,1836—1913年)是萨维尼的得意门生,其主要著作有《国际私法论》(Internationales Privatrecht,1862年)、《国际私法的理论和实践》(Theorie und Praxis des internationlen Privatrecht,1889年)等。巴尔深受萨维尼思想的影响,但对法律关系本座说却持否定态度。②他认为不必纠缠于法律关系的本座,而应深入探讨法律关系的基本构成要件,依事物的自然性质来确定准据法。由于巴尔的理论也形成在德国民法施行法以前,所以他在论述自己的观点和自己提出的冲突原则时,在理论上常常需要借助自然法(Natural Law),而在方法上则主张借助比较法。因此,依巴尔的观点,确定准据法应以构成法律关系的当事人的国籍、住所、居所、标的物所在地、法律行为地或侵权行为地、法院所在地为基础,根据事物的自然性质来决定究竟是适用内国法还是外国法。例如,按照萨维尼的理论,对于当事人的能力问题,之所以应适用住所地法,关键在于人的能力的本座属于住所地。而依据巴尔的观点,当事人的能力问题之所以应适用本国法,不是因为人

巴尔(Carl Ludwig von Bar,1836—1913年)

---

① 刘甲一:《国际私法》,台北,三民书局1986年版,第112~113页。

② 参见梅仲协:《国际私法新论》,台北,三民书局1982年版,第41页。

的能力在其本国领土内,实际上,还可以适用住所地法、行为地法、法院所在地法,但观察事物的自然性质,依当事人本国法最为妥当。

为弥补萨维尼的学说的不足,克服其缺陷,巴尔从国际私法的目的是为了给不同国家国内法创造有利的共存(Co-existence)条件出发,主张在国际私法中起决定作用的应该是平等地适用内外国法。他在国际私法和国际公法二者的关系上持一元论观点,认为二者乃属一个更为广义的国际法的两个分支。① 他反对把礼让作为适用外国法的根据,而认为适用外国法是一种国际义务,并且这种义务是一种强行性的国际习惯法所加诸的。在立法领域,各个国家虽都有权制定国际私法规则,但是这种国内法制度是受国际共同体这一事实决定的,这种国际共同体(International Community)赋予国际私法以国际法的特性。因此,他断然反对把国际私法归入各国国内法之中。作为萨维尼的追随者,巴尔发扬了萨维尼学说中"潜在的普遍主义"。"在冯·巴尔看来,违反国际秩序的实在法并非法律。本世纪初,齐特尔曼发展了这种抽象的普遍主义。"②

劳伦(François Laurent, 1810—1887 年)

巴尔以前的德国法学界实际上是主张依住所地法为准据法的,在孟西尼所倡导的国籍主义影响下,经巴尔的努力而使德国民法施行法改弦易辙,重新确立本国法范式。正如巴尔自己所说:"由'住所地主义'至'国籍主义'此一推移,乃德国抵触法则之一'重要更新'(Wichtigste Neuerung)。"③ 因此,梅仲协先生指出:巴尔"实德国学术界之权威,欧陆斯学之宗师。即于英美,亦不失为一权威者"。④

(三)魏斯等学者对国籍主义的拓展

比利时法学家弗朗索瓦·劳伦(François Laurent, 1810—1887 年)深受孟

① 参见李双元:《国际私法(冲突法篇)》,武汉大学出版社 1987 年版,第 99 页。

② [法]亨利·巴蒂福尔、保罗·拉加德:《国际私法总论》,陈洪武等译,中国对外翻译出版公司 1989 年版,第 337 页。

③ 刘甲一:《国际私法》,台北,三民书局 1986 年版,第 113 页。

④ 梅仲协:《国际私法新论》,台北,三民书局 1982 年版,第 41 页。

西尼所倡导的“国籍主义”思想的影响,并以此为基础构建其理论体系。他在1880年出版的《国际民法》第1卷中竭力维护国际私法的本国法范式。在劳伦的推动下,法国的法学家魏斯、巴丁和欧仁·奥他涅(Eugène Audinet,1859—1935年)等争相效仿,直截了当地主张以“国籍主义”为属人法的基础,从而进一步强化了国际私法的本国法范式的地位与影响。

魏斯(Charles André Weiss,1858—1928年)

查尔斯·安德烈·魏斯(Charles André Weiss,1858—1928年)是法国巴黎大学的教授,曾任海牙国际法院大法官和法国外交部法律顾问,属于20世纪初法国国际私法普遍主义的著名代表人物。魏斯的经典著作为1905年推出的《国际私法教程》(*Manuel de droit international privé*)。在该书中,魏斯特别对属人法原则进行了解释和说明。他认为,凡是私法规则应以个人便利为目的来约束当事人,不论当事人位于何处,其一切法律关系皆受该法支配。不过,基于国际的公共秩序,场所支配行为的原则及当事人的意思自治仍可作为例外。[①] 实际上,魏斯对国际私法与国际公法抱一元论态度,坚持二者属于同一性质。他认为它们的目的都是调整国家间关系,属于同一树干上长出来的两个分支。但是,总体而言,魏斯的理论渊源似乎更多地受到了孟西尼国籍主义学说的影响,这从他着重强调法律的属人性以及本国法范式便可见一斑。

艾蒂安·巴丁(Ėtienne Bartin,1860—1948年)是法国19世纪末20世纪初国际私法特殊主义的著名代表人物,其代表作为1930年至1935年出版的三卷本《国际私法原理》(*Principes de droit international privé*)。巴丁受孟西尼学说的影响较大,以国家感情为支柱,希望扩大本国法的适用。[②] 他主张国际私法是解决国家主权的冲突,而每个国家

① 梅仲协:《国际私法新论》,台北,三民书局1982年版,第43页。

② See Jürgen Basedow, Giesela Rühl, *Franco Ferrari and Pedro de Miguel Asemsio*, *Encyclopedia of Private International Law*, *Chapter B*, Edward Elgar Publishing, 2017, pp. 151 - 157.

都是根据它自己承认对他国的义务来解决这一冲突的。巴丁在此基础上建立了其特殊主义国际私法观。① 他是通过探索各国适用不同的冲突规则而寻找每个国家的法律冲突制度中所表现的特征，从而认为冲突法应从和其他国内法的联系上去考虑实现法律的社会目的。这样，巴丁就把法院地法提到了很高的地位，并且认为识别只能依据法院地法做出，同时还反对反致制度。② 此外，巴丁还深入研究了公共秩序问题，明确主张法官可依公共秩序拒绝适用那些内容与自己国家的根本观念相差悬殊的外国法。③ 巴丁国际私法特殊主义理论仍未摆脱孟西尼国籍主义学说的影响，依然在扩展本国法范式。不过，巴丁在方法论上已开始超越传统的做法，逐渐转向实证主义国际私法。④

巴丁（Ètienne Bartin，1860—1948 年）

总之，孟西尼倡导的以国籍原则为核心的国际私法范式，经劳伦、魏斯和巴丁等学者的继受与发展，对 19 世纪后期的国际私法立法与学说产生了深远的影响。尽管有学者认为以国籍作为准据法连接点并不是孟西尼首创的，但因孟西尼从理论上全面论证后而扩大了本国法范式的影响则是众所周知的。自 1804 年《法国民法典》从种族法出发采用“国籍”这一连接点开始，经孟西尼更新后为 1865 年《意大利民法典》（该法典自第 6 条至第 12 条系有关国际私法规定）所吸纳，并被欧洲其他国家的法典借鉴，其中就有继受法国民法典所创设的模式的比利时民法典和荷兰民法典。此外，美洲的智利 1918 年的国际私法规则与巴

① 参见［法］亨利·巴蒂福尔、保罗·拉加德：《国际私法总论》，陈洪武等译，中国对外翻译出版公司 1989 年版，第 337 ~ 339 页。

② 参见李双元：《国际私法（冲突法篇）》（修订版），武汉大学出版社 2001 年版，第 146 页。

③ 参见［法］亨利·巴蒂福尔、保罗·拉加德：《国际私法总论》，陈洪武等译，中国对外翻译出版公司 1989 年版，第 338 页。

④ 参见刘甲一：《国际私法》，台北，三民书局 1986 年版，第 111 页。

西 1961 年的民法典也采用了“本国法原则”。1898 年日本的《日本法例》,乃至 1918 年我国北洋政府颁布的《法律适用条例》等,都采用了本国法原则。海牙国际私法会议及其他一些国际组织制定的部分国际公约也采用了这个原则。然而,因国籍原则本身的缺陷及其在实践中所遭遇的困难,加之英美普通法系住所地法主义的冲击,尽管无数学者曾做过不同程度的更新或企图推翻之,但一直未能动摇本国法范式在大陆法系国际私法中的主导地位。

第二节 普通法系国际私法的确立

英美普通法系国家的国际私法产生得相对较晚,而且不像大陆法系国家的国际私法那样历史悠久的理论渊源。当欧洲大陆的学者与法律实务工作者对国际私法问题展开轰轰烈烈的讨论时,英国的法学理论界与实务界尚未觉醒。直到 19 世纪中叶,英国学者威斯特洛克才揭开了英国国际私法的序幕。① 尽管美国的情况特别,但美国最高法院的法官和哈佛大学教授斯托里,在 19 世纪 40 年代初就在国际私法学理论方面取得了杰出的成就。斯托里与萨维尼和孟西尼同时代,只是成名稍早一点。正是由于英美国家的国际私法学者的共同努力,才正式确立了普通法系国家的国际私法范式。斯托里的判例分析法和戴西的既得权说丰富和发展了国际私法的理论和方法,为英美普通法系国际私法的长足发展奠定了坚实的基础。

一、斯托里的住所地法范式的确立与发展

约瑟夫·斯托里(Joseph Story,1779—1845 年)1779 年 9 月 18 日出生于美国马萨诸塞州马布尔黑德(Marblehead),与德国法学家萨维尼同年出生。1845 年 9 月 10 日斯托里在美国马萨诸塞州剑桥逝世,享年 66 岁。他 1795 年 1 月考入哈佛大学,每天坚持 14 小时的学习,1798 年以全班第二名的成绩毕业于哈佛大学。在律师事务所做过一段时间律师后,

① See Sir Peter North, J. J. Fawcett, *Cheshire and North's Private International Law*, 13th ed., Butterworths London Ltd., 1999, p. 16.

斯托里(Joseph Story,
1779—1845 年)

斯托里于 1812 年至 1845 年任美国联邦最高法院大法官。迄今为止,美国联邦最高法院历任大法官中最年轻的入选者的记录保持者依然是斯托里。自 1829 年开始,斯托里还在哈佛大学担任法学教授。作为英美国际私法学的奠基人,早在 19 世纪 40 年代初,斯托里就在国际私法学理论方面取得了杰出的成就,比萨维尼和孟西尼的学术建树还要早。1834 年出版的斯托里的名著《冲突法评论》(*Commentaries on the Conflict of Laws*),至今仍是英美等普通法系国家国际私法的经典代表作。[①] 在写作这部著作过程中,斯托里大量参考了大陆法系学家的国际私法著作,同时考察和分析了美国、英国和苏格兰的冲突法案例 500 余个。"斯托里的著作产生了深远的影响,这部著作似乎第一次使用了国际私法这一名称。"[②]斯托里首创"私国际法"(Private International Law)这一术语来指称国际私法,却为大陆法系国际私法学家所普遍采用,而英美国际私法学家却广泛使用荷兰学者罗登伯格所创制的"冲突法"一词。斯托里的主要贡献在于继受了荷兰法则区别说学派的国际礼让说并将属地主义路线予以拓展,为英美等普通法系国际私法确立了基本范式。[③]

虽然早在斯托里之前,美国的萨梅尔·利夫摩尔(Samuel Livemore,1786—1833 年)曾于 1828 年发表了《论不同州和国家成文法的抵触所产生的问题》(*Dissertations on the Questions Which Arise from*

---

① See R. Kent Newmyer, *Supreme Court Justice Joseph Story*, The University of North Carolina Press,1985,pp. Ⅳ - ⅩⅧ.

② [法]亨利·巴蒂福尔、保罗·拉加德:《国际私法总论》,陈洪武等译,中国对外翻译出版公司 1989 年版,第 21 页。

③ See Alex Mills, *The Confluence of Public and Private International Law: Justice, Pluralism and Subsidiarity in the International Constitutional Ordering of Private*, Cambridge University Press,2009,pp. 47 - 50.

the Contrariety of Positive Law of Different States and Nations），詹姆斯·肯特（James Kent，1763—1847 年）也于 1826—1830 年发表了《美国法评论》（*Commentaries on American Law*），两者均讨论了冲突法的问题，但影响都不大。因而可以说，在 19 世纪 30 年代以前，美国国际私法主要是接受欧洲学说与实践的影响。[①] 直到斯托里的国际私法学说出现才催生了英美普通法系自己的冲突法。

肯特（James Kent，1763—1847 年）

美国是联邦制国家，每个州都因有自己的立法权而成为相对独立的法域，因此，各州之间以及美国与外国之间，法律冲突不免时时发生。自 19 世纪以来，欧洲大陆各国人民怀着美好的愿望纷纷投奔新大陆，故在美国的不同国籍居民间的民事纠纷也与日俱增。因此，在探寻解决法律冲突方法的过程中，斯托里根据“胡伯三原则”而提出了他自己的冲突法三项基本原则：

第一，每个国家在其领土内享有一种专属的主权和管辖权，因而每一国家的法律直接对位于其领域的财产、所有居住在其领域内的居民以及所有在其领域内缔结的契约和所为的行为，都具有约束力和效力；

第二，每一国家的法律都不能直接对在其境外的财产发生效力或约束力，也不能约束不在其境内的国民，一个国家的法律能自由地去约束不在其境内的人或事物，那是与所有国家的主权不相容的；

第三，从以上的两项原则，得出第三个原则，即一个国家的法律能在另一个国家发生效力，完全取决于另一国家法律上的明示或默示的同意。

斯托里的学说尽管与“胡伯三原则”有不少雷同之处，但也并非是胡伯学说的简单翻版。尽管斯托里的第一项原则综合了胡伯的第一项和第二项原则，而其第二项原则不过是以另一种方式重述了胡伯第一项原

---

① 参见李双元：《国际私法（冲突法篇）》（修订版），武汉大学出版社 2001 年版，第 128 页。

则的最后一句话,但他还是根据美国的实际情况把荷兰学派的属地主义路线做了进一步发展。斯托里提出的第三项原则明确地把"国际礼让"表述为一种国内法上的规定,从而完全否认国际礼让是习惯国际法赋予国家的一种义务。[①] 这就把国际私法完全看成是一种国内法了。

不过,斯托里比前人更进步的地方则在于他认识到,为了发展和促进国家间的贸易交往,只要外国法与内国的政策和利益不相抵触,就应该推定这个外国法已被法院地国所默示接受,亦即只要在国内法没有特别明文禁止适用外国法的场合,根据国际礼让,法院便可以适用外国法。[②] 斯托里在国际私法领域的创新之处还在于抛弃了法则区别说把法律分为物法、人法、混合法的三分法的传统做法,而是根据不同法律关系的性质,去分析法律适用问题,并且通过把法律关系分为人的能力、婚姻、离婚、合同、动产、不动产、遗嘱、继承、监护、审判权、证据、外国判决等事项来建立自己的学说体系。[③]

斯托里不仅在方法论上与欧洲大陆法则区别说者有区别,而且其理论根基主要建立在分析美国各州州际冲突的各种判例之上。斯托里这种完全拒绝在自然法理论的基础上来构筑冲突法的判例分析与实证的方法,备受萨维尼的推崇。[④] 基于其特殊的思辨方法,斯托里着重强调,应该形成一些指导法律选择的基本原则,并且这些原则应该是在国际私法关系中有利于促进各州之间的合作与交往的。[⑤] 例如,在属人法的适用方面,由于斯托里的主要目标是解决美国内部的州际法律冲突,加上美国又是一个外来移民甚多的国家,因而主张采用住所地法。在解决契约准据法时,他又接受了 1760 年英国大法官曼斯菲尔德(William Murray,1705—1793 年)在"罗宾逊诉布莱德"(Robbinson v. Bland)一案

---

① See Alan Watson, *Joseph Story and the Comity of Errors, A Case Study in Conflict of Laws*, The University of Georgia Press, 1992, pp. 18 – 20.

② 参见[苏]乌·姆·柯列茨基:《英美国际私法的理论和实践概论》,刘文宗等译,中国人民大学出版社 1957 年版,第 7 页。

③ 这从斯托里的国际私法经典著作《冲突法评论》一书的书名全称便可见一斑。该书原名全称为:Commentaries on the Conflict of Laws, Foreign and Domestic, in Regard to Contracts, Rights and Remedies, and Especially in Regard to Marriages, Divorces, Wills, Successions and Judgements。

④ 参见李双元:《国际私法(冲突法篇)》(修订版),武汉大学出版社 2001 年版,第 130 页。

⑤ See Jürgen Basedow, Giesela Rühl, *Franco Ferrari and Pedro de Miguel Asemsio, Encyclopedia of Private International Law*, Chapter B, Edward Elgar Publishing, 2017, p. 312.

中确立的原则，即当事人在签订契约时，是意图把契约置于该缔约地法律之下的，但曼斯菲尔德主张去推定当事人的这种意图，而斯托里却认为，契约的有效性之所以应适用缔结地法，是因为当事人在一地订立契约，就表示服从该地的法律，从而默示应适用该地的法律，并不必通过推定来加以认定。

斯托里的学说在理论体系上，对欧洲的影响并不大。但其在方法论上因沿袭了17世纪荷兰的国际礼让说的做法，运用判例分析法与归纳法来构建其冲突法理论，而备受欧洲大陆学者诸如德国的萨维尼与法国的弗里克斯青睐。不仅如此，同属普通法系的英国国际私法巨子戴西在完成既得权说时也采用了斯托里的方法，即通过大量判例的分析归纳出各种可以普遍适用的冲突原则。

二、戴西的既得权说对国际私法的影响

（一）戴西的既得权说产生的社会历史基础

当欧洲大陆的学者与法律实务工作者对国际私法问题展开轰轰烈烈的讨论时，英国的法学理论与实务界尚未意识到该问题的价值和意义。“直到19世纪中叶英国学者约翰·威斯特洛克（John Westlake，1828—1913年）发表了几篇国际私法的论文，才揭开了英国国际私法的序幕。”①之所以出现这种现象，主要与英国的政治经济制度和社会历史传统密切相关。②

威斯特洛克（John Westlake，1828—1913年）

1066年诺曼人（Norman）征服英国以前，不列颠岛上的中央政权软弱无力，各地方虽属国王统治，但地方自主权很大，而且各有自己的法律与基于古代习惯的制度，且在适用上均采绝对属地主

① Sir Peter North，J. J. Fawcett，*Cheshire and North's Private International Law*，13th ed.，Butterworths London Ltd.，1999，p. 16.

② See Sack，*Conflicts of Laws in the History of English Law*，*in Law*，A Century of Progress，1835－1935，Vol. Ⅲ，pp. 342－454.

义。自威廉1066年征服整个英国之后,把欧洲大陆上的封建制度带进了英国,宣称自己是英国每一寸土地的所有者,不但建立了强大的、统一的中央专制政府,而且也建立了统一的法律。在这种情况下产生的普通法,对英国各地都应是共同适用的。英国1275年颁布了《威斯敏斯特条例》(Statute of Westminster),它强调了判例法的作用,并且肯定了普通法体系,因而在内部发生法律冲突的可能性是不大的。而对于涉及欧洲各国的法律冲突问题,当时在英国或是当作管辖权问题来解决,或是因为适用一种统一的商人法(Law Merchant)而可避免就内外国法律做出选择。因为,在把法律冲突当作管辖权问题来解决时,只要被认为英国法院有管辖权,自然也就只适用英国法,根本不考虑外国法;如果英国普通法院认为自己对案件无管辖权,则案件就根本不能在英国审理。至于商事争议或发生在公海上的案件,则应由海事法庭(Court of Admiralty)或由商人自己设立的仲裁法庭(Court of Arbitration)适用统一的商人法加以解决。如果在普通法法院与海事法庭之间因管辖权而发生争议,这虽然也牵涉英国的普通法与商人法之间的冲突,但由于这两种法律当时都在英国适用,因而也不具有国际私法上的法律冲突的意义。

到17世纪下半叶,英荷为了争夺海上霸权,进行了几次大战较量,战争的积极后果之一就是沟通了两国,增加了英国与荷兰之间的相互联系和了解。1688年英国资产阶级发动"光荣革命"之后,拥戴玛丽(Mary)为女王和其丈夫荷兰的执政者威廉(William)为国王。如此,威廉既是荷兰的都督,又是英国的国王。在英荷频繁的交往过程中,荷兰的法律思想自然而然地传入了英国。但是,英国资产阶级革命是很不彻底的,封建土地制继续留存,因此,英国1679年的人身保护法律和1689年的《权利法案》,都可以说是一种妥协的产物。正如威斯特洛克所说,对荷兰法则区别学派的学说,英国也是择其要者吸收之,如物之所在地法、住所地法就特别受到英国的欢迎。因为物之所在法符合英国的土地利益的保护要求。而关于人的身份与能力方面的问题,由于法官与被告的关系,也只看他是否出现在英国领土上便决定对他是否行使管辖权,因而他们的本国法也不被重视。至于行为法则,既因土地利益上的影响,又因英国早就废除了公证制度,对法律行为适用行为地法也不利于英国土地利益保护的要求,所以,同样未被接受。一直到

1861 年《金斯唐法案》(Lord Kingsdown's Act)通过之后,英国才承认行为地法。[①] 因此,在 17 世纪至 18 世纪下半叶这一段时期,英国法律实践完全不考虑外国法的适用问题。

直到 18 世纪后期,英国式排斥外国法的态度才有所转变。这主要应归功于威廉·默里·曼斯菲尔德伯爵一世。经过曼斯菲尔德的努力,商人法被结合进英国普通法之中,使商人法失去原来所具有的国际的性质,而成了英国的国内法。这时再遇上在过去本可适用具有国际性的商人法的涉外案件时就必须去考虑外国法了。[②] 曼斯菲尔德是英国国际私法早期发展的奠基人,他在 1775 年审理霍尔曼诉琼生(Holman v. Johnson)一案时曾提出:"每一诉讼都必须依英国法进行审理,但是英国法指定,在某种特别情况下,如考虑在外国已合法签订的契约时,则应适用诉因发生地国家的法律。"[③]从这段话可以看出,曼斯菲尔德是完全追随荷兰法则区别学派属地主义路线的,他不但强调了一般法律的属地性质,强调了国际私法的国内法性质,而且由于他主张适用诉因发生地的法律,实际上这已是一种既得权观点。[④] 不过,戚希尔和诺斯一直将 1790 年"罗宾逊诉布莱德"一案视为英国国际私法关于外国法适用的萌芽。该案涉及法国的借款契约的法律适用问题,由于牵涉赌债,在英国法院起诉后,法官们对究竟是适用英国法还是适

曼斯菲尔德(William Murray,1st Earl of Mansfield,1705—1793 年)

① See Martin Wolff, *Private International Law*, Scientia Verlag Aalen, 1977, p. 584.

② See Alex Mills, *The Confluence of Public and Private International Law: Justice, Pluralism and Subsidiarity in the International Constitutional Ordering of Private*, Cambridge University Press, 2009, p. 129.

③ Sir Peter North, J. J. Fawcett, *Cheshire and North's Private International Law*, 13th ed., Butterworths London Ltd., 1999, p. 19.

④ 参见李双元:《国际私法(冲突法篇)》,武汉大学出版社 1987 年版,第 91 ~ 92 页。

用法国法产生了不同意见。依英国法,合同无效,而依法国法,合同则是有效的。① 由于英国法官的保守思想根深蒂固,加之各种社会历史因素的影响,直到戴西既得权说产生以前,英国一直没有自己的国际私法。②

(二)戴西的既得权说的主要观点与影响

艾伯特·文·戴西(Albert Venn Dicey,1835—1922 年)生于 1835 年 2 月 4 日,卒于 1922 年 4 月 7 日,享年 87 岁。他曾就读于牛津贝列尔学院(Balliol College),毕业后做过一段时间律师,1882 年任英国牛津大学的瓦伊纳英国法教授(Vinerian Professor English Law)。戴西作为既得权说的创始人,对英国国际私法做出了巨大贡献,成为现代国际私法承前启后的里程碑式人物。③ 作为国际私法英美学派的奠基人,戴西在 1896 年完成的《法律冲突论》(*A Digest on the Law of England with Reference to the Conflict of Laws*)一书中率先提出了"既得权说"(Doctrine of Vested Rights)。④

戴西(Albert Venn Dicey,1835—1922 年)

戴西吸收了胡伯的国际礼让说和萨维尼的法律关系本座说的合理内核,因地制宜地创立了英美法系国际私法中经久不衰的既得权说理论。他在批判国际礼让学说时曾经明确指出:"如果认为承认或适用外国法是出于礼让,是指没有一个国

---

① See Sir Peter North, J. J. Fawcett, *Cheshire and North's Private International Law*, 13th ed., Butterworths London Ltd., 1999, pp. 17-18.

② See J. H. C. Morris, *The Conflict of Laws*, 5th ed., Sweet & Maxwell Ltd., 2000, p. 532.

③ See Max Rheinstein, *Dicey's Conflict of Laws*, New York University Law Review, Vol. 25, No. 25, 1950.

④ 该书第一版 1896 年在伦敦出版,前两版(1902 年第二版)都是戴西独著。一直到 1992 年戴西逝世当年出版的第三版才增加合作者亚瑟·贝里代尔·凯思(Arthur Berriedale Keith),1949 年第六版时莫里斯(J. H. C. Morris)才参与进来。

家的法律具有超出其制定国的领域以外的效力，除非其他国家允许其在境内适用，那么这种说法虽尚模糊，但到底表明了一个重要的事实。可是如果认为承认或适用外国法是出于礼让，是一国的法官或法院出于对另一国的‘礼貌’，那就只不过说明是思想混乱而已。”[①]因此，他的基本结论是：适用外国法并不是反复无常的或任意的，并不是由一个主权国家对另一个主权国家表示礼貌的愿望而产生的；相反，它是基于这样一个事实，即在应该承认或适用外国法时而不去承认或适用，便有可能在决定整个案件时，给本国或外国当事人的诉讼造成重大的不便和不公正。[②] 这就是说，戴西认为承认或适用外国法并不是一国的法官或法院出于对另一国的“礼貌”，而只是为了给本国的或外国的当事人在诉讼中提供方便和避免不公正的结果。

戴西既得权说的基本立足点仍是法律的严格属地性。在此基础上，他特别强调，为了确保合法的法律关系的稳定性，对于依外国法有效设定的权利，应该坚决加以维护。他甚至认为，每个文明国家的全部冲突法，都是建立在这样一个基础上，即根据一国法律正当取得的权利，必须也为其他任何国家承认和保护。因此，戴西根据英国的具体情况进行分析后，提出了处理涉外民商事法律关系的六项基本原则：

第一，凡依他国法律有效取得的任何权利，一般都应为英国法院所承认与执行，而非有效取得的权利，英国法院则不应承认与执行；

第二，如果承认与执行这种依外国法合法取得的权利与英国成文法的规定、英国的公共政策和道德原则以及国家主权相抵触，则可作为例外而不予承认和执行；

第三，解决涉外民商事争议时，首先应该解决英国法院是否有管辖权，只有在有管辖权的前提下，才能进一步谈得上法律适用问题；

第四，英国法院只能对可做出有效判决和自愿服从其管辖的人行使管辖权；

第五，为了确定某种既得权利的性质，只应依产生此种权利的该外

---

① Lawrence Collins et al., *Dicey and Morris on the Conflict of Laws*, 13th ed., Sweet & Maxwell Ltd., 2000, pp. 10 – 11.

② 参见李双元：《国际私法（冲突法篇）》，武汉大学出版社 1987 年版，第 93 页。

国的法律为根据;

第六,依照"意思自治"原则,当事人协议选择的法律具有决定他们之间的法律关系的效力。

实际上,戴西的这种既得权说理论的核心在于:提倡法官只有适用内国法的任务,他既不能直接承认或适用外国法,也不能直接执行外国的判决。法官所做的既不是适用外国法,也不是承认外国法在自己国家的效力,而仅仅是保护诉讼当事人根据外国法或外国判决所已经取得的权利。因此,从法律的严格属地性和不应具有域外效力这一基本立足点出发,域外效力不是给予外国法而只是给予它所创设的权利。"既得权说是在继承了荷兰法则区别说和斯托里的礼让说中的属地主义的基础上发展起来的。该说虽然产生于19世纪下半叶,但在19世纪和20世纪之交风行于英国和美国,可以说,它在英国和美国的国际私法理论的发展历程中起到了继往开来的作用。"①

戴西的既得权说曾得到许多国家法学家的拥护。在美国法学会的主持下,1934年由哈佛大学法学院教授约瑟夫·亨利·比尔(Joseph Henry Beale)任报告员编纂的美国《第一次冲突法重述》,就将既得权学说作为理论基础。比尔曾明确指出:"当法律产生一个权利时,这个权利本身就成了一个事实,除非它被自己的法律所改变,它应该在任何地方得到承认。"②

戴西的这一学说,显然是为了调和适用外国法和国家主权原则之间的矛盾而设想出来的,但不幸的是他自己陷入了更大的矛盾。许多学者都曾一针见血地指出,一方面坚持法院不能适用外国法的前提,另一方面又承认与执行在外国创设的权利,这二者是自相矛盾的。因为权利是从法律中产生的,保护某一权利,无非就是承认赋予该权利的外国法的域外效力。③ 事实上,如果依戴西所说一国政府既然负有通过它的法院承认并执行外国法律创设的权利和义务,实际上也就已承认外国法的域外效力。一项权利并不是一个不证自明的

---

① 黄进主编:《国际私法》,法律出版社1999年版,第108页。

② [美]比尔:《冲突法专论》,第1969页。转引自李双元等:《中国国际私法通论》(第2版),法律出版社2003年版,第60页。

③ 参见日本国际法学会编:《国际法辞典》,外交学院国际法教研室译,世界知识出版社1985年版,第694~695页。

事实,而是法律的结论与作用,这是连戴西自己也否定不了的。例如,他不得不承认要判定某项既得权利的性质,也必须依据创设该项权利的外国法。[①] 努斯鲍姆曾经指出,戴西的这种理论只不过是一种自欺欺人的"玩艺儿"。他说,假如有人认为,适用外国公司法,只不过是把该外国公司法作为该外国公司章程的一个组成部分来对待,而不是把它当作法律来对待,这显然是十分荒唐的。因为人们知道,外国公司法是外国公司章程的依据,而非外国公司章程是外国公司法的依据。戚希尔原为既得权说的拥护者,但他后来放弃了这种立场,并转而对它进行了批判。首先,他认为,这种学说是为了调和主权原则与适用外国法之间的矛盾,但结果是把国内法理解得过于狭窄。实际上,国内法不仅包括实体法,也应该包括冲突法。如果这样,法官根据自己国家的冲突法去适用外国法,又怎么能说与主权原则不相容呢?其次,他还指出,这种学说是试图以一个未经证明的假定来进行辩论,因而它是毫无意义的。最后,他还认为,这一学说在事实上也是不真实的,不符合各国实践的,因为在各国国际私法中,都含有一些规则,允许自己的法院去承认并保护一个不为有关外国法所承认的权利;同时,也都含有一些规则,要求自己的法院去否定某些外国法创设的权利。戚希尔和诺斯在其名著《国际私法》中指出,不仅"既得权说"已不能胜任指导英国国际私法的理论角色,而且英国国际私法上也不可能存在一个可适用于一切案件的神圣的原则。如果适用英国国内法对案件的解决将更具公正性、更为方便,并且符合双方当事人的期望,那么,英国的法官肯定会毫不犹豫地去适用英国国内法。至于是否选择某一特定的外国法,取决于对每一类法律关系的不同的考虑。公正与方便都不是单纯依靠某一个固定的原则来实现的,更完善的表述,应当是不同的原则适合于不同法律关系的需要,并且它们都应与英国的社会、法律和经济的传统相协调并求得一致。[②]

虽然戴西的既得权学说有许多难以自圆其说之处,但是,决不可因

---

① See John Greenwood Collier, *Conflict of Laws*, 3rd ed., Cambridge University Press, 2001, pp. 381 – 382.

② See Sir Peter North, J. J. Fawcett, *Cheshire and North's Private International Law*, 13th ed., Butterworths London Ltd., 1999, pp. 20 – 21.

此全盘予以否定。在国际私法的发展历程中,为英美普通法系国际私法奠定基础的戴西既得权学说还是起过积极作用的。因为撇开帝国主义利用该学说维护其攫取的利益这一负面效应,对不与本国公共秩序相抵触的既得权利予以保护,也是有利于维护国际民商事法律关系的稳定性的。而这一点恰好是国际私法的重要目的与功能所在。[①] 戴西的《法律冲突论》自问世以来,一直为英国国际私法学界奉为圭臬。至2012年,该书已推出了第15版。

第三节 国际私法统一化进程的启动

一、国际私法统一化运动产生和发展的必要性

尽管世界各国对“国际私法”的定义尚无统一的界定,然而,国际私法统一化运动却已在实践中开展得轰轰烈烈。在国际私法统一化进程中,一般从三个层面来开展这一工作。一是将国际私法统一化定位在对传统的国际私法的统一,即对冲突法(Conflict Law)进行国际范围内的统一。经过这种统一的国际私法主要包括冲突规范、有关法院管辖权的规范以及关于法院判决的承认和执行的规范。海牙国际私法会议正是从事这种传统意义上的国际私法统一化的最为重要、最富影响的国际组织。二是将国际私法统一化定位在对“私法”的国际统一,这里所谓的私法仅指作为实体法的民商法,并不包括传统意义上的国际私法即冲突法。罗马国际统一私法学会以及联合国国际贸易法委员会便主要是进行这一意义上的国际私法统一工作。三是将国际私法统一化定位在既包括对传统国际私法的统一,又包括对实体民商法律的国际统一。美洲国家组织便是在从事此类国际私法统一活动。[②]

在具体实践中,由于各国民商实体法的歧异而不可避免地导致法律冲突,而冲突法就正好是解决各国法律冲突的一个部门法。然而,解

① 参见李双元:《国际私法(冲突法篇)》(修订版),武汉大学出版社2001年版,第131~136页。

② 参见李双元等:《中国国际私法通论》(第2版),法律出版社2003年版,第77~78页。

决法律冲突的各国冲突法本身却也是互不相同而有冲突的。冲突法本身的冲突,既大大增加了涉外民商事争议的复杂性以及当事人权利义务的不确定性,又导致了“挑选法院”(Forum Shopping)现象的频繁发生。例如,一甲国男公民与一乙国女公民在乙国依乙国法律规定缔结婚姻,这一婚姻不但涉及甲、乙两国,而且在任何其他国家发生争议,都会提出法律适用上的问题。如果甲国坚持此种婚姻必须适用丈夫的本国法,而乙国认为只要依照了举行地法规定的婚姻便是有效的婚姻,则这一婚姻在甲国或依甲国法将是无效婚姻,而在乙国或依乙国法却是有效婚姻,这样便会出现“跛脚婚姻”(Limping Marriage)的不幸情况。而就后一方面说,如果有关两国的票据法规定不同,若甲国规定有效的票据上必须注有“票据”的字样和到期日,而乙国并无这种要求,而且有关两国关于票据的冲突法规定也不同,如甲国不允许当事人自主选择适用于票据的法律,而只允许适用出票地法,乙国却允许当事人选择票据的准据法。现假如一张汇票从甲国未依甲国法规定的方式开出,并约定了该汇票适用乙国法,结果这样一张汇票,在乙国或依乙国法为有效票据,而在甲国或依甲国法会成为无效票据。正是考虑到这种状况,所以,法国国际私法学家安托万·毕耶(Antoine Pillet)指出:“国际私法如在国际范围内得不到统一,就等于法律不存在。”①著名国际私法学家亚瑟·K. 科恩(Arthur K. Kuhn,1876—1954 年)同样不无忧虑地提到:“如果各国国际私法是互不相同的,则每因法院地国的不同而所选择的准据法也互异,作出的判决也就各不相同,从实质上看……法律的冲突仍然没有得到解决。”②因此,通过缔结国际条约的方式统一各国的国际私法或冲突法,就有可能在一定程度上使涉外民商事关系的当事人无论在哪个国家提起诉讼都能得到相同的判决结果,从而可根本上杜绝“挑选法院”现象,维护涉外民商事关系的稳定性。正是由于存在这种可能性,所以,无数国际组织在进行不懈的努力,不断推出国际私法的统一化公约或条约。

然而,一些学者对于国际私法的统一化运动持消极的态度,有的人

① Arthur K. Kuhn, *Comparative Commentaries on Private International Law or Conflict of Laws*, Fred B. Rothman & Co., 1981, pp. 57 – 60.

② Arthur K. Kuhn, *Comparative Commentaries on Private International Law or Conflict of Laws*, Fred B. Rothman & Co., 1981, pp. 57 – 60.

甚至十分悲观地指出,国际私法的统一化至少存在两方面的严重阻碍,即理论上的逻辑障碍与法律政策上的实践障碍。所谓理论上的逻辑障碍,主要是在于国际私法是规定不同国家间私法适用界限的法律,而各国因政治、经济、社会、文化、宗教等方面的情况不同,法律制度和法律概念存在很大的差异,很难找到它们之间的"公因子",从而缺乏统一的基础。但是,如果各国之间的法律真有这种"公因子",那也就没有统一的必要了,甚至也没有国际私法存在的必要了。因此,一方面承认国际私法是解决民商法冲突的一个法律部门,而另一方面又认为各国民商法有统一的可能,这是相互矛盾的。这还只是从实体法角度分析的。如果从冲突法角度分析,国际私法的统一化同样也存在各种处理同一类法律关系的不同法律政策方面的障碍。例如,在属人法问题上,往外移民多的国家往往要求以他们的本国法作属人法,而移入移民多的国家则往往要求以他们的住所地法作属人法,从法律政策上讲,目的都在加强各自对移民的控制。这种处理涉外民事关系的法律政策上的对立是很难消除的。而且最后还由于目前公共秩序保留已成为各国于必要时限制冲突规则效力的普遍制度,国际私法的国际条约也越来越多地规定有公共秩序保留条款,因而有时即令取得某种统一,也会因有关国家援用这种保留制度而使统一归于丧失。正是因为这种在法律政策上所体现的不同国家利害关系的对立,导致法国于1914年、比利时于1919年先后退出了1902年海牙国际私法会议《海牙婚姻法律冲突公约》和《关于离婚与别居的法律适用与管辖权的公约》。后又有瑞士于1929年,德国、瑞典于1934年、匈牙利于1939年、荷兰于1974年、卢森堡于1979年、意大利于1994年退出海牙国际私法会议《关于离婚与别居的法律适用与管辖权的公约》。这一方面由于法国和比利时与当时的德国在政治上的尖锐矛盾,另一方面则是因为这两个公约都规定适用当事人的本国法,而使上述各国与意大利不准用离婚方式解除婚姻的法律政策难以调和。因为依照这种统一冲突规则,如果一瑞士、瑞典或德国的妇女与一意大利男子结婚后,即便获得了别居回到他们的本国之后要求离婚,仍然必须适用意大利法而使此种合理要求得不到满足。当初海牙国际私法会议关于继承与遗嘱的公约草案长期未能通过,其原因之一也在于荷兰代表坚持要将该国民法第999条关于"禁止亲笔遗嘱"的原则适用于该公约。

为了防止自己的公民在外国就其国内财产做遗嘱处分，避免使国家遭到损失，葡萄牙、荷兰等国一直要求用它们的本国法对本国公民在外国做成的遗嘱加以控制。荷兰、瑞士虽同为1902年《未成年人监护公约》的缔约国，但1958年发生荷兰因伊丽莎白·波尔(Eliozabeth Boll)监护问题诉瑞典违反该公约一案后，瑞典虽然胜诉，却仍在第二年便宣布退出该公约。随后还有匈牙利于1974年、荷兰和瑞士于1979年以及德国于2009年退出该公约。丹麦原为海牙国际私法会议的发起国之一，但是由于它适用住所地法，因此对于会议早期制定的一些公约，大多(除1905年关于民事诉讼的公约外)没有批准。英国原拟于该会议成立初期即参加进去，但很长时间内处于踌躇状态，后虽于1925年加入该会议，但态度始终是消极的。对于在国际联盟主持下于1930年通过的关于本票、汇票和支票法律冲突公约，英、美等国也因这两个公约采用它们所反对的本国法主义而没有加入。20世纪出现的这些情况都说明，谋求国际私法的统一并不是一件容易的事。

无论从理论上分析还是在实践中都可以发现国际私法的统一化存在多大的障碍，为了取得适用法律及判决的一致和解决管辖权方面的冲突，尽可能保证国际私法关系的安全与稳定，只要无损于国家主权，而且有利于发展平等互利的关系，尽力缔结和参加统一国际私法的国际条约或公约，应是人类社会追求的目标。① 正因如此，从19世纪后期起，便开始出现了一系列国际组织从事统一国际私法的工作，并取得了相当显著的成就。

二、从事国际私法统一化工作的国际组织及贡献

(一)海牙国际私法会议早期的工作

在从事冲突法统一的国际组织中，最有成效、最富影响的当首推海牙国际私法会议(Hague Conference on Private International Law)。②

早在19世纪中叶，德国著名法学家萨维尼在其专门研究国际私法的著作《现代罗马法体系》(第8卷)中率先提出“国与国之间的彼此隔

---

① 参见李双元：《国际私法(冲突法篇)》(修订版)，武汉大学出版社2001年版，第89页。

② 关于海牙国际私法会议的成就与贡献，参见李双元主编：《中国与国际私法统一化进程》，武汉大学出版社2016年修订版，第481～483页。

离逐渐变成了国与国之间的交流与接触”,已使不同国家的学者的不同观点在很大程度上一致起来,因而“如果法律的发展不受不可预见的外部因素的影响,对于国家间法律冲突的解决,可能会导致统一的做法”。[①] 意大利法学家孟西尼也积极倡导通过国际会议统一冲突法。[②] 在各国学者大声呼吁下,经荷兰法学家托比亚斯·阿瑟(Tobias Michael Carel Asser, 1838—1913 年)的积极努力,由荷兰政府在 1892 年发出召开统一国际私法的国际会议的邀请,并于 1893 年在海牙召开了第一届海牙国际私法会议,参加者有荷兰、奥地利、匈牙利、德国、俄国、瑞士、意大利、比利时、西班牙、葡萄牙、丹麦、卢森堡、罗马尼亚等 13 国。在此次会议上,讨论了婚姻的成立、民事诉讼、继承与遗嘱以及法律行为的方式等四项议案。1894 年召开了第二届海牙国际私法会议,除第一届海牙国际私法会议的参加国外,又有瑞典、挪威两国加入。这次会议又增加了四项议案,即婚姻的效力、监护与禁治产、诉讼担保下救助、破产公约议案。在这次会议上,缔结了关于民事诉讼的海牙公约。1900 年召开了第三届海牙国际私法会议,这次会议期间通过了《海牙婚姻法律冲突公约》(1902 年)以及《未成年人监护公约》(1902 年)。1904 年召开了第四届海牙国际私法会议,日本自这一届海牙会议开始参加工作,大会最后通过了《关于婚姻效力的公约》(1905 年)以及《关于禁治产及类似的保护措施公约》(1905 年)。此后,首先因荷兰政府忙于筹备 1907 年的海牙和平会议和 1910 年、1912 年的海牙统一票据法会议,后来又因第一次世界大战的爆发,而使海牙国际私法会议中断了 20 年。1925 年召开第五届海牙国际私法会议才得以恢复,英

阿瑟(Tobias Michael Carel Asser,1838—1913 年)

---

① [德]萨维尼:《现代罗马法体系》(第 8 卷),李双元等译,法律出版社 1999 年版,第 63~64 页。

② See Alex Mills, *The Private History of International Law*, International & Comparative Law Quarterly, Vol. 55, No. 1, 2006.

国、芬兰、波兰、捷克等国自 1925 年第五届会议开始参加工作(但此前曾参加海牙国际私法会议的苏联却于该次会议退出)。1928 年召开第六届会议,但均无建树,便长期停顿了下来。[①] 直到第二次世界大战后的 1951 年,才召开第七届海牙国际私法会议。1951 年第七届海牙国际私法会议通过《海牙国际私法会议章程》,从而正式确立其作为一个常设的国际组织。这次会议决定将该国际私法会议改为常设机构进行工作,并原则上决定,此后每四年举行一次会议。

可见,海牙国际私法会议的历史大致经历了两个主要阶段。第一阶段是从 1893 年第一届海牙国际私法会议召开到 1951 年第七届海牙国际私法会议通过《海牙国际私法会议章程》,其正式成为常设国际组织为止,它实际上只是一种临时性的国际会议,而非国际组织。在这一阶段,共召开了六届会议,通过了七个国际私法公约。此后,所谓海牙国际私法会议,已经是指设立在荷兰海牙并由世界各地区国家参加的政府间的国际组织,而非临时性的国际会议了。早先,荷兰政府发起召开海牙国际私法会议,主要目的在于制定出若干关于国际私法问题的欧洲统一法典,即仅从事统一欧洲各国国际私法的工作。到 1951 年后,才致力于国际范围内国际私法的统一。[②]

布斯塔曼特(Antonio Sánchez de Bustamante y Sirven, 1865—1951 年)

(二)泛美会议和美洲国家组织国际私法会议

与海牙国际私法会议并行的还有美洲国家组织国际私法会议,在国际私法统一化方面最引人注目的成果可能要算《布斯塔曼特法典》(Bustamante Code/Codigo Bustamante)。以古巴法学家安东尼奥·桑切斯·德·布斯塔曼特(Antonio Sánchez de Bustamante y Sirven,1865—1951 年)的名字命名的《布斯

---

① 参见梅仲协:《国际私法新论》,台北,三民书局 1982 年版,第 57 ~ 60 页。

② 海牙国际私法会议第一阶段通过的五个公约的中文译文可参见李双元等编:《国际私法教学参考资料选编》,北京大学出版社 2002 年版,第 581 ~ 636 页。

塔曼特法典》就是1928年在哈瓦那召开的第六届泛美会议上通过的。[①]

本来孟西尼统一国际私法的倡议,最早获得南美洲的响应,秘鲁政府曾于1878年便在其首都利马召开有阿根廷、玻利维亚、智利、哥斯达黎加、厄瓜多尔、委内瑞拉参加的利马会议,通过了一个由8章60条构成的国际私法条约,但内容不仅涉及国际私法,而且涉及国际刑法。该条约也受法国民法典的影响,以本国法作属人法。只是它并未生效,因为只有秘鲁一国批准。其后,又由乌拉圭学者冈萨洛·那米勒斯(Gonzolo Ramines)倡议,由乌拉圭与阿根廷两国邀请,于1888年在乌拉圭首都召开了有玻利维亚、巴西、智利、巴拉圭等国参加的蒙得维的亚会议。这个会议通过了国际刑法、著作权法、国际民法、商法、诉讼法等条约草案。但只有后三个条约曾得到若干国家的签署、批准与付诸实施,并于1940年做了修改。

实际上,美洲地区开展国际私法统一化工作更多的是得益于泛美

---

① 《布斯塔曼特法典》全称为《泛美会议关于国际私法的公约》(Pan-American Conference on Private International Law),由1928年1月16日至2月20日在古巴哈瓦那召开的第六届美洲国家之间的国际大会通过的。该公约于1928年2月20日开放签署当天就有20个国家签署,1928年11月26日生效。目前批准实施该公约的国家共16个,具体是:巴哈马(Bahamas)2017年1月23日加入、2017年2月23日生效;玻利维亚(Bolivia)1928年2月20日签署、1932年1月20日批准、1932年4月9日生效;巴西(Brazil)1928年2月20日签署、1929年6月25日批准、1929年9月3日生效;智利(Chile)1928年2月20日签署、1933年7月14日批准、1933年10月6日生效;哥斯达黎加(Costa Rica)1928年2月20日签署、1930年2月4日批准、1930年3月27日生效;古巴(Cuba)1928年2月20日签署、1928年3月28日批准、1928年5月20日生效;多米尼加共和国(Dominican Republic)1928年2月20日签署、1929年2月4日批准、1929年4月12日生效;厄瓜多尔(Ecuador)1928年2月20日签署、1933年4月15日批准、1933年6月31日生效;萨尔瓦多(El Salvador)1928年2月20日签署、1931年9月25日批准、1931年12月16日生效;危地马拉(Guatemala)1928年2月20日签署、1929年9月9日批准、1929年12月9日生效;海地(Haiti)1928年2月20日签署、1930年1月7日批准、1930年3月6日生效;洪都拉斯(Honduras)1928年2月20日签署、1930年4月4日批准、1930年6月20日生效;尼加拉瓜(Nicaragua)1928年2月20日签署、1929年12月17日批准、1930年3月28日生效;巴拿马(Panama)1928年2月20日签署、1928年9月26日批准、1928年11月26日生效;秘鲁(Peru)1928年2月20日签署、1929年1月8日批准、1929年9月19日生效;美国(United States of America)1928年2月20日签署、1932年1月20日批准、1932年4月9日生效;委内瑞拉(Venezuela)1928年2月20日签署、1931年12月23日批准、1932年4月12日生效。而阿根廷、哥伦比亚、墨西哥、巴拉圭、乌拉圭等5个国家于1928年2月20日签署了该公约,但至今未批准实施公约。只有巴哈马是2017年1月23日才加入该公约。参见http://www.oas.org/en/ sla/dil/inter_american_treaties_A-31_Bustamente_Code_signatories.asp(accessed February 28,2021)。

会议(Pan-American Conference)的努力,只是曾因第一次世界大战而中断过一段时期。早在19世纪初,在美国门罗主义的影响下,随着中南美洲独立战争的推动,从1826年到1889年,美洲国家曾先后举行过十余次国际性会议,尝试寻求协调与统一行动的途径。① 到19世纪末,这种要求与愿望不断得到认同,美国因势利导,抓住时机召集十八个美洲国家在美国华盛顿召开会议。这便是1889年10月至1890年4月的美洲国家之间的第一次国际性大会,通称"泛美会议"。在1890年4月14日的美洲国际会议上,与会的美洲国家一致决定建立美洲共和国国际联盟及其常设机构——美洲共和国商务局。② 1901年在墨西哥召开的第二次美洲国际会议上,进一步将常设机构的职能予以扩大,并更名为"美洲共和国国际事务局"。到1910年在布宜诺斯艾利斯举行的第四次美洲国际会议上,又将"美洲共和国国际事务局" 更名为"美洲共和国联盟"。1923年在智利圣地亚哥举行的第五次大会上再次改名为"美洲大陆共和国联盟",习惯上称为"泛美联盟"。③ 这时的"泛美联盟"还未成为现代意义的国际组织,而只是和平解决争端与促进商务发展的地区性会议。④ 直到1948年3月20日至5月2日在哥伦比亚首都波哥大召开的第九次美洲国际会议,通过了《波哥大公约》,即《美洲国家组织宪章》,正式定名为"美洲国家组织"(Organization of American States,OAS/Organizacion de los Estados Americanos,OEA),总部设在美国华盛顿。⑤ 1948年4月30日在波哥大由21个成员国签署的《美洲国家组织宪章》正式确定了美洲国家组

---

① See C. F. Amerasinghe, *Principles of the Institutional Law of International Organizations*, 2nd edition, Cambridge University Press, 2005, p. 3.

② 参见王家成主编:《世界知识年鉴(2003/2004)》,世界知识出版社2003年版,第1141页。

③ See Karsten Seifert, *Das interamerikanische System zum Schutz der Menschenrechte und seine Reformierung*, Peter Lang GmbH 2008, pp. 32 – 33.

④ See Philippe Sands, *Pierre Klein*, *Bowett's Law of International Institutions*, Sweet & Maxwell, 6th ed., 2009, p. 210.

⑤ See Bardo Fassbender, *Anne Peters*, *The History of International Law*, Oxford University Press, 2012, p. 560.

织的法律地位。[①] 美洲国家组织不仅是较早成立的区域性国际组织,而且属于典型的政府间国际组织。[②] 1954 年 3 月 1 日至 30 日在委内瑞拉首都加拉斯加(Caracas)召开的第十次泛美会议上,决定将“美洲国际会议”更名为“美洲国家间会议”即“泛美会议”。1967 年 2 月 27 日在阿根廷的布宜诺斯艾利斯召开的第三次泛美特别会议上通过了《美洲国家组织宪章修订议定书》(Protocol of Amendment to the Charter of the Organization of American States),又称《布宜诺斯艾利斯议定书》,决定以“美洲国家组织大会”取代“美洲国家间会议”。[③] 美洲国家组织最高决策权力机构就是由各成员国参加每年一度的大会(General Assembly)。美洲国家组织在实施其宗旨的过程中,非常重视解决各国的法律冲突与合作问题。[④] 在泛美法律委员会(Inter-American Juridical Committee)的国际法律事务部(Department of International Law)的努力下,不仅协调了诸多国际公法上的问题,而且在解决国际私法的法律冲突方面的成效十分显著。不过,在美洲国际私法的统一化运动中,最初

---

① 1948 年签署《美洲国家组织宪章》的 21 个成员国分别为:阿根廷(Argentina)、玻利维亚(Bolivia)、巴西(Brazil)、智利(Chile)、哥伦比亚(Colombia)、哥斯达黎加(Costa Rica)、古巴(Cuba)、多米尼加共和国(Dominican Republic)、厄瓜多尔(Ecuador)、萨尔瓦多(El Salvador)、危地马拉(Guatemala)、海地(Haiti)、洪都拉斯(Honduras)、墨西哥(Mexico)、尼加拉瓜(Nicaragua)、巴拿马(Panama)、巴拉圭(Paraguay)、秘鲁(Peru)、美国(United States of America)、乌拉圭(Uruguay)和委内瑞拉(Venezuela)。

② Jan Wouters, *Cedric Ryngaert*, *Tom Ruys and Geert De Baere*, *International Law*: *A European Perspective*, Hart Publishing, 2019, p. 335.

③ 《美洲国家组织宪章修订议定书》于 1970 年 2 月 27 日生效,随后多次对美洲国家组织宪章进行了修订:1985 年 12 月 5 日在哥伦比亚的卡塔赫纳召开的第十四次泛美特别会议(美洲国家间会议)上通过了《美洲国家组织宪章修订议定书(A – 50)》(Protocol of Amendment to the Charter of the Organization of American States A – 50),卡塔赫纳议定书 1985 年 12 月 5 日生效;1992 年 12 月 5 日在美国华盛顿召开的第十六次泛美特别会议(美洲国家间会议)上通过了《美洲国家组织宪章修订议定书(A – 56)》(Protocol of Amendment to the Charter of the Organization of American States A – 56),华盛顿议定书 1997 年 9 月 25 日生效;1993 年 6 月 10 日在尼加拉瓜首都马那瓜召开的第十九次泛美特别会议(美洲国家间会议)上通过了《美洲国家组织宪章修订议定书(A – 58)》(Protocol of Amendment to the Charter of the Organization of American States A – 58),马那瓜议定书 1996 年 6 月 10 日生效。

④ See Charlotte Ku, *International Law*, *International Relations*, *and Global Governance*, Routledge Taylor & Francis Group, 2012, p. 80.

谋求的是统一化和法典化,其中尤以上述的1889年《国际民法公约》[①]和1928年《布斯塔曼特法典》的代表性最为突出。不过,美洲国家间组织早期构建统一化的国际私法法典的尝试并未得到成员国的全面支持,被迫放弃最初的努力,转而寻求政府间合作和商议机制。

1928年哈瓦那第六届泛美会议通过的以古巴法学家布斯塔曼特的名字命名的《布斯塔曼特法典》,在美洲国际私法的统一化运动过程中具有标志性价值和意义。[②] 该法典总共437条,就其内容与包括的条文而言,在国际私法方面到现在仍堪居首位,只是它也包括了国际民法、国际商法、国际刑法、国际诉讼法共四编,并另有绪论编。为了求得各国在属人法的适用上的妥协,该法典第7条规定:"各缔约国应以住所地法、本国法,或其国内立法已经规定或日后将要规定的法律作为属人法予以适用。"但因法典试图解决的问题过于广泛,因而许多国家对它多有保留声明,实际上影响并不太大。[③] 不仅如此,而且当时美洲地区国家依然对蒙得维的亚会议运用国际条约进行国际私法统一的方式具有浓厚的兴趣。于是,1939年7月18日至1940年3月19日在乌拉圭与阿根廷两国邀请下,为了纪念1888年的第一次蒙得维的亚条约成立50周年而召开了第二次蒙得维的亚国际私法会议。[④] 这次会议在1940年形成了国际民法、陆商法、海商法、刑法、诉讼法等条约草案。[⑤] 尽管

---

① 1888年8月25日至1889年2月18日在蒙得维的亚召开了第一次南美国际私法会议并通过了涉及民商事领域的一系列公约,其中就包括《国际民法公约》。签署了1889年2月18日《蒙得维的亚国际民法公约》的国家有阿根廷、玻利维亚、巴西、智利、哥伦比亚、厄瓜多尔、巴拉圭、秘鲁和乌拉圭,而批准实施该公约的国家只有阿根廷、玻利维亚、哥伦比亚、巴拉圭、秘鲁和乌拉圭。

② 参见梅仲协:《国际私法新论》,台北,三民书局1982年版,第56页。

③ See Richard Gordon QC, *Michael Smyth CBE QC and Tom Cornell*, *Sanction Law*, Hart Publishing, 2019, p. 16.

④ 第二次南美国际私法会议在乌拉圭首都蒙得维的亚分两个阶段进行:第一阶段会议于1939年7月18日至8月4日召开,第二阶段会议于1940年3月6日至19日召开。阿根廷(Argentina)、玻利维亚(Bolivia)、巴西(Brazil)、智利(Chile)、巴拉圭(Paraguay)和乌拉圭(Uruguay)等国代表参会。大会不仅对1889年缔结的8个蒙得维的亚公约进行了修订,而且研究和制定了一些新的公约。1940年3月19日的《蒙得维的亚国际民法公约》的签署国有阿根廷、玻利维亚、哥伦比亚、巴拉圭、秘鲁和乌拉圭等国,但批准实施该公约的只有阿根廷、巴拉圭和乌拉圭三个国家。See Maarten Bos, *The Present State of International Law and Other Essays*, Springer, 1973, pp. 352 – 360.

⑤ 参见李双元:《国际私法(冲突法篇)》,武汉大学出版社1987年版,第67页。

美洲地区许多国家通过各种方式进行统一国际私法的工作,泛美会议也在这方面多方努力,但是效果并不理想。于是,20 世纪 70 年代初开始探寻国际私法特别事项特别会议解决的方式,从而催生了美洲国家组织国际私法特别会议。美洲国际私法特别会议自 1975 年召开第一届会议以后至今,在谋求解决法律冲突和加速美洲国家法律合作以及国际私法统一化方面卓有成效。

(三)国际联盟统一国际私法的工作

与海牙国际私法会议和美洲国家组织国际私法会议相比,开展更具世界规模和普遍性的国际私法统一化工作的还要算国际联盟(League of Nations)和联合国(United Nations)。国际联盟是依据《凡尔赛条约》所包含的《国际联盟盟约》成立于 1920 年 1 月 10 日的国际组织,曾拥有 58 个成员国。1945 年第二次世界大战结束后,1946 年 4 月 8 日至 18 日国际联盟在日内瓦召开最后一届大会,宣布解散国际联盟并决定将其职权和资产移交给联合国。因此,国际联盟最后被 1945 年 10 月 24 日成立的联合国取而代之。

在国际联盟主持下,主要通过了 1923 年 9 月 24 日《仲裁条款议定书》,1927 年 9 月 27 日《关于执行外国仲裁裁决的公约》,1930 年 4 月 12 日《关于国籍法冲突的若干问题的公约》、《关于双重国籍某种情况下兵役义务的议定书》、《关于某种无国籍情况的议定书》以及《关于无国籍的特别议定书》,1930 年 6 月 7 日《解决汇票和本票的某些法律冲突公约》、《统一汇票和本票法公约》以及《汇票和本票印花税法公约》,1931 年 3 月 19 日《解决支票的某些法律冲突公约》、《统一支票法公约》以及《支票印花税公约》,等等。

(四)斯堪的纳维亚国家统一国际私法组织

斯堪的纳维亚国家统一国际私法组织(Scandinavian Uniform of Private International Law)也进行统一国际私法的工作。丹麦、瑞典、芬兰、冰岛和挪威等北欧五国除对国际私法采取多边公约的方式进行统一外,还以灵活、机动的"立法合作程序"开展私法的国际统一化工作。斯堪的纳维亚国家统一国际私法组织每年召集北欧五国司法部部长与学者举行会议或采取其他方式,共同商讨或决定在哪些重点领域推进私法统一以及如何统一。早在 19 世纪中叶,丹麦与瑞典就曾缔结过相互承认和执行判决的条约。在 1931 年到 1935 年,斯堪的那维亚三国与芬兰、冰岛共五国又缔结了五个国际私法条约：1931 年缔结了关于婚姻、扶养和监护的条约；1933 年缔结了关于相互承认和执行判决的条约；1934 年缔结了关于抚养金的条约和关于破产的条约（该条约在破产问题上采取普及主义）；以及 1935 年缔结了关于继承与遗产清理的条约。比利时、荷兰、卢森堡三国也于 1951 年在海牙缔结了一个国际私法条约（又称比、荷、卢国际私法条约），共有 28 条。但因公约与海牙国际私法会议所通过的公约在内容上相重复，且其中若干规定也受到批评，因而只有卢森堡一国批准，后来又做了修改，并于 1969 年又在海牙通过了一个新的国际私法统一条约草案，为了避免与海牙公约重复，改为 24 条。但在 1975 年被比、荷、卢三国议会联盟所否定。①

（五）罗马国际统一私法协会对实体私法统一化的努力

国际社会从事国际统一私法工作的国际组织或国际会议乃至国际论坛为数众多，其中专门从事国际统一实体私法工作的，当首推罗马国际统一私法协会（International Institute for the Unification of Private Law，UNIDROIT）。罗马国际统一私法协会诞生于 1926 年，当时是作为国际联盟的附属机构成立的，虽在国际联盟解散前而遭遣散，但 1940 年又依据《国际统一私法协会规约》（Statute of International Institute for the Unification of Private Law）重新建立。该协会总部设在意大利罗马，现有成员国 63 个。② 从理论上说，通过国际努力，在有关条约中制定的统一实体私法可称为"统一私法"，也可称为"现代万民法"（Jus Gentium Moderne）。而罗马国际统一私法协会作为国际社会起步较早的从事实体私法统一的政府间国际组织，其宗旨一直追求统一和协调不同国家与国际区域之间的私法规则，并促进各国逐渐采用这些私法规则。罗马国际统一私法协会在私法领域的实体性法律规则的统一方面的影响非常大，不仅自己涉及国际货物买卖、国际运输、国际旅游、国际票据、国际保理、国际商事仲裁以及国际民事责任等领域的研究和公

---

① See Edoardo Vitta，*Impact in Europe of the American Conflicts Revolution*，*The Influence of Modern American Conflicts Theories on European Law*，American Journal of Comparative Law，Vol. 30，1982，pp. 1 – 18.

② 中国 1985 年 7 月 23 日接受《罗马国际统一私法协会章程》，1986 年 1 月 1 日正式成为其会员国。See https://www.unidroit.org/about-unidroit/membership/（accessed January 30，2021）.

约制定工作,而且还协助和参与其他国际组织制定统一国际私法公约的相关工作。

总之,20 世纪中期以前的国际私法统一化工作尚处在探索阶段,无论是统一的领域范围、对象内容和目标效果,还是统一的组织流程、方式方法与技巧艺术,都还停留在初级阶段,局限性和欠成熟之处较为明显。可以说,早期的国际私法统一化运动更多地将注意力集中在婚姻法、亲属法与继承法等家事领域,全面而深入涉及国际贸易、知识产权、产品责任与侵权行为等与商贸相关领域的不多,而且参加的国家和地区也相当有限,多以区域性统一见长。不过,无论如何,不可忽视早期的国际私法统一化工作的开创性价值与启蒙意义。实际上,当时的人们已意识到任何一个国家已无法独立解决国际法律冲突问题,并着手展开具体的统一国际私法的努力,这一切对后来的国际私法统一化运动的影响是深远而广泛的。

第三章　国际私法的勃兴

第一节　国际私法理论学说的革新

自人类社会进入20世纪特别是第二次世界大战以后，因政治经济和社会环境的发展变化，科学进步、技术腾飞、交通发达、国际贸易兴旺以及国际民商事交往日趋频繁，法律冲突的内容和方式方法也在不断更新，国际私法的理论学说也获得了飞跃式发展。可以说，自20世纪以来，国际私法学说林立，呈现出百家争鸣、百花齐放的繁荣景象。

一、大陆法系国际私法理论学说的革新

（一）荷兰的国际私法革新论

1. 杰特的“人类本位说”国际私法理论

丹尼尔·约瑟夫斯·杰特（Daniël Josephus Jitta，1854—1925年）于1854年6月19日出生于荷兰的阿姆斯特丹，3岁时随父母迁居比利时的布鲁塞尔，16岁考入布鲁塞尔大学（University of Brussels）学习法律，毕业后又随父母迁回荷兰。为了取得荷兰的律师资格，杰特又花了4年时间到莱顿大学（University of Leyden）研习荷兰法。[1] 正是由于杰特的双重法律背景，加之曾得到荷兰著名国际私法学家托比亚斯·阿瑟（Tobias

---

① See G. J. W. Steenhoff, *Daniël Josephus Jitta*, T. M. C. Asser Institute, The Hague, 1991, pp. 2 –3.

M. C. Asser)的指点,杰特集中精力钻研国际私法学并获得了巨大成就。杰特的主要代表作为 1890 年的《国际私法方法论》(La méthode de droit international privé)与 1916 年的《国际私法》(International privaatrecht: gegevens hoofdzakelijk ten behoeve van nederlandsche rechtsbeoefenaars)。[①] 杰特曾于 1899 年在德国公法杂志发表《论国际私法本质》(Das Wesen des Internationalen Privatrechts)一文,倡导"人类共同体"(Human Community)学说。1919 年又以英文和法文两种文字推出《国际法改革论》(*The Renovation of International Law on the Basis of a Juridical Community of Mankind*),进一步强化了该学说。[②] 杰特从探讨国际私法究竟属于确定内外国法管辖区域的法则还是依特殊观点处理问题的私法本身的学说入手,在强调后者的基础上提出了他的国际私法观。杰特明确指出,一切法律都是调整人与人之间关系的,而不是规定法与法之间关系的,国际私法也不例外。国际私法就属于规定私法上的权利义务关系本身问题的法律,而不是规定内国法与外国法之间关系的法律。尽管调整国际交往中这种人与人之间关系的国际私法本质仍属于私法范畴,而且属于非国际性的,但是,必须从放眼世界的角度来看待它,即应将其视为整个人类社会的私法,并按国际性的方法加以研究。[③] 换言之,杰特认为国际私法是用来帮助个人在普遍的环境中(Universal Surroundings)作为"人类共同体"的成员而生活的一种法律。为此,卡兰斯基指出,杰特的国际私法理论表现出一种强烈的"人类本位说"(Anthropocentrism)的思

杰特(Daniël Josephus Jitta, 1854—1925 年)

---

① See Roxana Banu, *Nineteenth Century Perspectives on Private International Law*, Oxford University Press, 2018, p. 8.

② See G. J. W. Steenhoff, *Daniël Josephus Jitta*, T. M. C. Asser Institute, The Hague, 1991, p. 24.

③ 参见梅仲协:《国际私法新论》,台北,三民书局 1982 年版,第 44 ~ 45 页。

想。[1] 杰特不但试图提出一些调整法律冲突的普遍适用的冲突规范，还试图提出一些调整人类共同体及人类生活的国际化的实体法规范。[2] 因此，有学者认为可以把统一实体法规范也包括进国际私法的观点，是可以在杰特的学说中追溯到这种思想的。[3] 然而，杰特并未将自己的普遍主义——国际主义观点建立在国际私法和国际公法的联系上。他不是从一元论的观点来论述国际私法和国际公法的关系，而是采取二元论(Dualistic)观点把国际私法与国际公法区分开来，主张二者完全属于不同的、独立的国际法部门。正是基于这种普遍主义国际私法观，杰特主张从理论基础与方法论上对国际私法进行全面革新。

2. 让·科斯特斯的实证国际私法

让·科斯特斯(Jan Kosters，1874—1951 年)

让·科斯特斯(Jan Kosters，1874—1951 年)是“20 世纪初荷兰国际私法大师”，[4]1874 年 11 月 1 日出生，1951 年逝世，享年 77 岁。他早年曾在莱顿大学学习法律，毕业后一边从事法律实务工作，一边继续对私法、商法、国际私法等领域的理论问题展开研究。在担任过几个法院的法官以后，1916 年出任荷兰最高法院的法官并在其后不久被任命为院长。让·科斯特斯积极参加国际法律活动，除 1925 年和 1928 年担任过海牙国际私法会议常设委员会主席外，在罗马国际统一私法协会等组织也兼任过重要工作。[5] 他在国际私法方面的成就显著，丰

---

① 参见李双元：《国际私法(冲突法篇)》，武汉大学出版社 1987 年版，第 102 页。

② See Pavel Kalensky, *Trends of Private International Law*, Martinus Nijhoff, The Hague, 1971, p. 133.

③ 参见李双元：《国际私法(冲突法篇)》(修订版)，武汉大学出版社 2001 年版，第 143 页。

④ Gerard J. Tanja, *The Moulding of International Law: Ten Dutch Proponents*, T. M. C. Asser Institute, The Hague, 1995, pp. 111 – 113.

⑤ See Paolo Amorosa, *Rewriting the History of the Law of Nations*, Oxford University Press, 2019, p. 183.

富了荷兰国际私法的立法与司法实践,改变了荷兰立法中国际私法规范不多见的状况。让·科斯特斯 1908 年首先发表了《国际私法的本质》(Het karakter van het international privaatrecht),随后又在 1910 年推出《习惯在私法中的地位》(De plaats van gewoonte en volksovertuiging in het privaatrecht),1917 年出版其著名作品《荷兰国际私法》(*Het international burgerlijk recht in Nederland*)。让·科斯特斯对《荷兰国际私法》的写作投入了大量精力,是在考察了荷兰所有国际私法及其相关案例的基础上完成的。正是因为该书而使让·科斯特斯在荷兰国际私法学界声名鹊起,他的理论至今仍为荷兰国际私法实践所运用。①

让·科斯特斯的国际私法学说建立在国际私法一元论基础上,他认为国际私法应属于各个国家的国内法,而不是国际公法的一部分。因此,他主张,荷兰国际私法的法律渊源应与私法渊源一样,即将立法、国际条约、习惯法及自然公正作为渊源。由于当时荷兰国际私法很少考虑习惯法问题,而且国内有关国际私法的立法与条约均十分罕见。所以,人们主要从内国法和当事人或国家利益的角度权衡准据法的选择,运用最密切联系方法的情形较多。让·科斯特斯却进一步指出,不必总是求助于冲突规范,应着重考虑国际私法的实体规范。他甚至要求将外国法律法规视为内国法一样适用。② 让·科斯特斯非常重视国际私法的具体实践,通过对既得权说、反致、识别与法律规避等理论的深入研究,提出不可在现代法律实践中适用古代的规则和理念来解决涉外法律问题,即使是出现无法可依的情况,也只能根据法律公正原则来处理。因而,让·科斯特斯特别推崇运用公正原则处理国际私法问题。③ 可以说,让·科斯特斯国际私法学说的实证特色较突出,而且受自然法学的影响,在大力提升法律公正在国际私法中的地位时,偏爱比较分析法与实证研究法。无论在理论创新还是在方法论上,让·科斯特斯国际私法学说对荷兰及其他一些大陆法系国家的国际私法理论与实践均是难得的范例。④

---

① See Gerard J. Tanja, *The Moulding of International Law*: *Ten Dutch Proponents*, T. M. C. Asser Institute, The Hague, 1995, p. 121.

② Ibid., p. 116.

③ Ibid., p. 117.

④ See Gerard J. Tanja, *The Moulding of International Law*: *Ten Dutch Proponents*, T. M. C. Asser Institute, The Hague, 1995, pp. 121 – 122.

(二)德国的国际私法革新运动

在现代国际私法革新运动中,德国人并未一成不变地坚持保守主义立场,也有勇于同墨守成规者斗争与积极创新的学者。德国著名国际私法学者弗兰根斯坦(Ernst Frankenstein)、齐特尔曼(Ernst Zitelmann)、沃尔夫(Martin Wolff)、马卡罗夫(Alexander Nikolaevič Makarov)、拉贝尔(Ernst Rabel)、克格尔(Gerhard Kegel)、曼恩(Frederick Alexander Mann)、汪格尔(Wilhelm Wengler)、奥托·康·弗罗因德(Otto Kahn-Freund)等提出了许多有别于传统国际私法学说的独立见解。

1. 弗兰根斯坦的国际私法综合制度论

恩斯特·弗兰根斯坦(Ernst Frankenstein,1881—1959年)属于德国国际私法革新的先行者,1881年5月31日生于德国多特蒙德(Dortmund),1930年移居英国,1959年10月28日卒于伦敦。他的代表作有1926年至1935年推出的四卷本《国际私法》(Internationales Privatrecht)、1950年的《欧洲国际私法法典草案》(Project d'un code européen de droit international privé)等。[①] 弗兰根斯坦是一位典型的普遍主义二元论国际私法学者。他明确反对从国际私法和国际公法的联系上去建立国际私法理论和寻找解决问题的方法。弗兰根斯坦坚持国际私法的普遍性质来源于自身的权利和本来的属性。[②] 他主张,在客观上存在着两种"首要的连接点"(Primary Points of Contact):一是法律与有关人的属人的连接点,二是法律与有关地域的属地的连接点。弗兰根斯坦认为借助这种首要的连接点,有关国家可能去适用它自己的实体法,也可去适用别的

恩斯特·弗兰根斯坦(Ernst Frankenstein,1881—1959年)

---

① See Camen Christina Bermitt, *Die Anknüpfung von Vorfragen im Europäischen Kollisionsrecht*, Mohr Siebeck, 2010, p. 1.

② See Gerhard Kegel, Klaus Schurig, *Internationales Privatrecht*, 9. Auflage, 2004, p. 17.

国家的实体法。但是有些连接点却是“伪连接点”(Pseudo-Points of Contact),它们是有关国家采用与“首要连接点”相矛盾的方法,在法律选择中主观指定的。这种“伪连接点”便构成一种对国际私法的否定。

弗兰根斯坦在国际私法方法论上的主张也非常特别。他不是采用比较法的方法研究国际私法,而是将思辨演绎(Speculative de Ductions)方法引入国际私法并作为指导性方法。为此,他将“首要连接点”视为从本体法(Substance Law)中推导出来的结果。弗兰根斯坦根据他自己归纳出的一些基本原则,提出了各种解决法律冲突的方法,并且自己草拟了一个《欧洲国际私法典》(European Code of Private International Law)。[①] 对于这一法典草案,弗兰根斯坦充满信心。他自认为在该草案中所提出的冲突规则,具有普遍性和超国家性质,代表了国际私法发展的最高阶段。只要将这些冲突规则付诸实施,便能逐渐克服把国际私法作为各国国内法的分裂状态,从而使之成为普遍的国际私法(Universal Private International Law)。[②] 这种普遍的国际私法不仅是一种综合的制度(Comprehensive System),而且也是唯一的有效制度。[③]

恩斯特 · 齐特尔曼(Ernst Zitelmann,1852—1923 年)

2. 齐特尔曼的普遍主义国际私法观

齐特尔曼(Ernst Zitelmann,1852—1923 年)是一个跨世纪的人物,是德国富有代表性的国际私法学家。齐特尔曼 1852 年 8 月 7 日生于波兰什切青(Szczecin),1923 年 11 月 28 日卒于德国波恩(Bonn)。他曾在波恩大学、哈雷-维滕贝格(Martin—Luther—Universität Halle-Wittenberg)大学等多所大学法学院担任法学教授,其国际私法学说集中

① 参见李双元:《国际私法(冲突法篇)》,武汉大学出版社 1987 年版,第 102 页。

② See Pavel Kalensky, *Trends of Private International Law*, Martinus Nijhoff, The Hague, 1971, p. 136.

③ 参见李双元:《国际私法(冲突法篇)》(修订版),武汉大学出版社 2001 年版,第 143 ~ 144 页。

体现在1912年完成的两卷本《国际私法》(Internationales Privatrecht)巨著中,具有典型的普遍主义国际私法特征。

齐特尔曼明确提出,所有国家相互尊重并保证外国公民的权利在自己的领土内不受阻碍地得到行使,属于国家的国际义务。国际私法存在的必要性就是从众多国家同时并存以及许多不同法律制度同时并存这个事实中产生出来的。不同的法律制度需要由一个更高、更广泛的制度来规定它的效力。以此为基础,齐特尔曼建立他自己的二元论国际私法学说。他将国际私法首先区分为纯理论的国际私法与应用型的国际私法,进而推出跨国实施的国际私法与国内实施的国际私法两种类型。[①] 所谓跨国实施的国际私法,即国际的国际私法(International Private International Law),是一种规定不同主权者去制定调整个人权利的规则,也就是解决主权冲突的法律。[②] 而调整个人权利的国际私法便是一种国内实施的国际私法(Municiple Private International Law)。[③] 可见,齐特尔曼认为在解决个人私法冲突的国际私法之上,还存在一种解决主权国家立法和司法权力冲突的国际私法,国内性质的国际私法要为国际性质的国际私法所承认才能行使。

齐特尔曼还将国家主权区分为属人主权(Personal Supremacy)与属地主权(Territorial Supremacy),并认为在不同国家间这二者是会发生冲突的。在这种冲突中,国家作为"领土实体"(Territorial Entity),属地主权应居优先地位。[④] 他还把各个国家的法律分为三个部分,即第一部

---

① 梅仲协将齐特尔曼的"跨国实施的国际私法"理解为:"氏以为国际私法上,就某一法律关系,应适用内外国何种法律之一疑问,其实即系当事人一方,对于他方,有否可主张之权利之问题也。所谓权利也者,乃依国家法律所赋予之法律上之力也,而国家之赋予私权,必以国家本身有权赋予,为其前提要件,是故国家若不有国际法上所承认之权力,而辄为权利之赋予者,则其所赋予之权利,即非国际法上所认许之权利也。易言之,在私权之客体上,国家享有国际法所承认之权力者,惟此种国家,始得赋予国际间所认许之权利,而亦只有此种国家,得使此项权利,归于消灭也。要之,苟非先行确立此一国际法上之原则,国际私法上之问题,便无从解决,就此点言,国际私法,实国际法之从属物也。"参见梅仲协:《国际私法新论》,台北,三民书局1982年版,第48页。

② See Pavel Kalensky, *Trends of Private International Law*, Martinus Nijhoff, The Hague, 1971, p. 135.

③ 参见李双元:《国际私法(冲突法篇)》,武汉大学出版社1987年版,第103页。

④ See Roxana Banu, *Nineteenth Century Perspectives on Private International Law*, Oxford University Press, 2018, p. 165.

分是属人的法律(Personal Statutes),这一部分法律包括债法、身份法、家庭法;第二部分是属物的法律(Statutes in rem),如物权法(Right in rem);第三部分是属地的或特别的法律,如人身的非物质权利,即为今天所讲的智力成果权(Personal and in Material Rights)。这些不同法律在国际民商事关系中的适用,都要由国际的国际私法加以规定,依据国际的国际私法,他认为第一部分法律可依属人原则适用,第二部分法律可依属地原则适用,第三部分法律可依权利成立的原则适用。故属地原则还是优先的,这与他的属地主权优先论是一致的。

齐特尔曼国际私法学说最为引人注目之处便在于将国际的国际私法与国内的国际私法严格区分开来,而且极力主张建立"国际的国际私法",以弥补现行各国"国内国际私法"的不足。[①] 不过,齐特尔曼国际私法学说的理论与实践缺陷也是不容忽视的,其所谓的"国际的国际私法"既忽视了国际私法本身的问题又缺乏现行国际法上的依据。巴尔曾批评齐特尔曼的学说对于"立法例及判决例之实际情形,过于忽视"。[②]

3. 马卡罗夫的"最低要求理论"(Die Theorie der Mindestanforderungen)

亚力山大·尼古拉耶夫·马卡罗夫(Alexander Nikolaevie Makarov,1888—1973年)1888年8月16日出生于俄罗斯普希金市,1973年5月13日卒于海德堡,享年85岁。他1914年毕业于圣彼得堡大学法学院并留校工作,1919年升任国际法教授,1925年被迫离开苏联后移民德国柏林,1928年受聘于威廉姆外国私法与国际私法研究所,1937年开始兼任罗马统一私法协会委员并担任过两届副主席。马卡罗夫还被图宾根大学和海德堡大学聘为名誉教授,是德国普遍主义国际私法学说的代表人物之一,深受巴尔思想的影响。马卡罗夫创立的"最低要求理论"不仅在国际私法学上影响深远,而且在国际公法学方面也引起了强烈反响。[③] 马卡罗夫在国际私法方面的主要著作有:1926年出版的《俄罗斯私法与国际私法》[Das russische zwischenprivatrecht (internationales Privatrecht)]、1929年出版的《国际私法渊源》(Quellen des

---

① 参见李双元:《国际私法(冲突法篇)》(修订版),武汉大学出版社2001年版,第144~145页。

② 梅仲协:《国际私法新论》,台北,三民书局1982年版,第50页。

③ See Erik Jayme, *Internationales Privatrecht und Völkerrecht*, C. F. Müller Verlag, Heidelberg, 2003, p. 18.

Internationalen Privatrechts)、1939 年出版的《国际公法与国际私法》(Völkerrecht und Internationales Privatrecht)、1949 年出版的《国际私法与比较法》(Internationales Privatrecht und Rechtsvergleichung)、1953 年出版的《国际私法原论》(Quellen des internationalen Privatrechts: nationale Kodifikationen)和 1970 年出版的《国际私法基础》(Grundriss des internationalen Privatrechts)。马卡罗夫坚持倡导国际私法普遍主义思想，反对将国际私法纳入国际公法范畴。他主张国际私法是完全独立的，必须根据国际私法自身规律来分析和处理法律冲突问题。马卡罗夫的国际私法学说至今仍在德国的实践中发挥作用。① 不过，对于马卡罗夫这类在国际私法与国际公法方面均有突出贡献的两栖学者，应采取客观的态度对待其学说，全面理解和把握其在国际私法发展历程中的价值。

4. 拉贝尔的比较国际私法学说

恩斯特·拉贝尔(Ernst Rabel, 1874—1955 年)是德国著名法学家，属于比较国际私法学派(Comparative Private International Law School)的巨匠，1874 年 1 月 28 日生于奥地利维也纳，1955 年 9 月 7 日卒于瑞士苏黎世。他 1895 年毕业于维也纳大学并获法学博士学位，1899 年至 1904 年在德国莱比锡大学讲授罗马法和德国私法，1906 年出任瑞士巴塞尔大学法学教授，1910 年重返德国并到哥廷根大学执教，1916 年开始担任慕尼黑大学比较法教授，1926 年前往柏林创立并担任威廉姆外国私法与国际私法研究所所长，②1937 年移民美国出任密西根大学和哈佛大学法学院教授，1950 年又重回德国柏林自由大学和图宾根大学任教。拉贝尔不仅在 1928 年至 1933 年担任过罗马国际统一私法协会执行委员

恩斯特·拉贝尔(Ernst Rabel, 1874—1955 年)

① See Gerhard Kegel, Klaus Schurig, *Internationales Privatrecht*, 9. Auflage, 2004, pp. 516 - 530.

② 该所在第二次世界大战后迁往德国汉堡，1956 年成为马克斯·普朗克协会比较法与国际私法研究所。

会成员,而且还在 1925 年至 1928 年担任过国际法院大法官。此外,他早期还担任过德国地方法院的法官,法律实务也相当熟悉。拉贝尔的法学理论造诣和实践经验造就了他在比较法和国际私法方面的巨大成就,法学论文和著作颇丰,在国内法方面主要有 1913 年出版的《罗马私法概论》(Grundzüge des römischen Privatrechts)和 1936 年出版的《货物买卖法》(Das Recht des Warenkaufs)等;在国际私法方面,拉贝尔在晚年完成的四卷本《冲突法:比较研究》(The Conflict of Laws: A Comparative Study)是比较国际私法学派迄今为止最重要的经典著作,[①]该书于 1945 年至 1958 年陆续出版。

拉贝尔不仅热衷比较法的研究,而且将其广泛运用并使之成为真正的科学。[②] 他将比较法贯穿国际私法的始终,全方位发展和深化了比较国际私法学的思想理论体系。拉贝尔不但自己在比较国际私法方面成就显赫,而且对欧洲大陆国家当代国际私法学中属于比较国际私法学派令人瞩目的德国学者沃尔夫、奥托·康·弗罗因德、马克斯·莱因斯坦(Max Rheinstein,1899—1977 年)、努斯鲍姆(A. Nussbaum)、克格尔、汪格尔等也产生了不同程度的影响。概言之,比较国际私法学派的理论出发点是国际私法所要解决的都是涉及不同法律制度的问题,因而各国不但要适用自己的内国法,也要适用外国的内国法。[③] 他们认为,各国在考虑本国的冲突法制度时,也不得不考虑相关国家的冲突制度,甚至在反致、先决问题的处理等许多场合下还要适用第三国的冲突规范。而且在保护自己的主权利益时,也得尊重别国的主权利益,以追求公正合理的国际民商事关系的发展。他们特别强调采用比较法进行研究,以期发现各国冲突法制度的异同,并从中抽象出一些能为国际社会普遍接受的新的冲突规则,从而达到各国冲突法的统一。因此,也有学者将该学派称为未来的普遍主义学派。[④] 这一学派的思想对现代国

---

① See Gerhard Kegel, Klaus Schurig, *Internationales Privatrecht*, 9. Auflage, 2004, pp. 187 - 188.

② See David J. Gerber, *Sculpting the Agenda of Comparative Law: Ernst Rabel and the Façade of Language, in Mark Camercon Love, Rethinking the Masters of Comparative Law*, Hart Publishing, 2001, pp. 195 - 198.

③ See Pavel Kalensky, *Trends of Private International Law*, Martinus Nijhoff, The Hague, 1971, p. 156.

④ 参见李双元:《国际私法(冲突法篇)》,武汉大学出版社 1987 年版,第 108 页。

际私法产生了深远的影响。在国际私法统一化运动中,如在海牙国际私法会议制定的一些公约中,比较国际私法学派的思想渗透得最为彻底,而且成果卓著。①

5. 克格尔国际私法的利益法学观

格哈德·克格尔(Gerhard Kegel, 1912—2006年)1912年6月26日出生于德国马格德堡(Magdeburg),2006年2月16日卒于德国道恩(Daun),是德国著名国际私法学家。他长期担任德国科隆大学法学院教授并创建了科隆大学外国私法与国际私法研究所,属于比较国际私法学派富有影响力的代表人物之一。克格尔的学术著作众多,最有代表性的著作为1960年首次出版的《国际私法》(Internationales Privatrecht:ein Studienbuch),2004年已出版了第9版。此外,他1962年出版的《国际诉讼时效中的识别与反致》(Die Grenze Qualifikation und Renvoi im internationalen Verjährungsrecht)、1964年推出的《冲突法的危机》(The Crisis of Conflict of Law)、1984年出版的《国际私法的现状与挑战》(Zum heutigen Stand des IPR:Stoffbewältigung)也对德国及其他国家的国际私法理论与实践产生了重要影响。

克格尔(Gerhard Kegel, 1912—2006年)

克格尔的国际私法学说在德国占据主导地位,除了倡导比较国际私法学理念以外,还大力宣扬国际私法"利益法学"(Interessen Jurisprudenz)思想。② 克格尔的国际私法"利益法学"在当代德国很有市场。他是对大陆法系与英美普通法系的国际私法学说进行全面比较研究后提出该理论的。克格尔在构建其学说时,不但全面分析了汪格尔提出的国际私法六原则,即公共政策原则、实体协调原则、实体法的目的原则、最小冲突原则、判决的可执行性原则和政治利益原则,而且

① 参见李双元主编:《中国与国际私法统一化进程》,武汉大学出版社1998年版,第341～345页。

② See Roxana Banu, *Nineteenth Century Perspectives on Private International Law*, Oxford University Press, 2018, p. 87.

着重研究了艾伦·茨威格(Albert A. Ehrenzweig)和拜茨克(Günther Beitzke)有关"公正"问题的论述并毫不留情地加以了批判。由于拜茨克曾提出过几项与汪格尔略有不同的原则,因而克格尔对其思想进行了非常深入的剖析。克格尔认为这些学者所提出的一系列原则其实就是"利益",并且可以归结为"政治利益""当事人的利益""实体协调的利益""最小冲突的利益""可执行性利益"等。[①] 但克格尔认为,其中只有三种最基本的"利益",即"政治利益""实体协调利益""最小冲突利益"。[②] 因此,克格尔明确提出,在解决法律冲突问题时,既要考虑国家利益又要顾及国际社会利益,必须将两者结合起来才能准确地适用法律。克格尔坚持以其所创立的国际私法"利益法学"对德国国际私法进行全方位重构,并在实践中身体力行。事实上,克格尔国际私法的"利益法学观"不仅对德国的立法与司法实践产生了深远的影响,而且对整个国际社会的国际私法产生了相当广泛的影响。[③]

曼恩(Frederick Alexander Mann,1907—1991 年)

6. 曼恩受国际公法限制的国际私法观

弗雷德里克·亚历山大·曼恩(Frederick Alexander Mann,1907—1991 年)属于出生于德国的当代富有成效的国际私法与国际公法学者,在国际金融领域的准据法选择有独到的建树。曼恩 1907 年 8 月 11 日生于德国弗兰肯塔尔(Frankenthat),1991 年 9 月 16 日卒于英国伦敦。他早年在慕尼黑、柏林和日内瓦等地学习法律,师从马丁·沃尔夫教授在德国柏林完成学业并获法学博士学位,

---

① See Gerhard Kegel, Klaus Schurig, *Internationales Privatrecht*, 9. Auflage, 2004, pp. 128 – 161.

② See ibid., pp. 1096 – 1097.

③ 参见韩德培主编:《国际私法》,高等教育出版社、北京大学出版社 2000 年版,第 76 页。

1933 年移民英国并长期在英国从事律师实务工作，1960 年起任波恩大学名誉教授。此外，他还从 1952 年开始担任英国国际私法委员会常务委员并参与海牙国际私法会议有关公约的起草和研究工作。曼恩在国际私法方面的代表性著作为 1976 年出版的《国际私法论》(Beiträge zum internationalen Privatrecht)。此外，他还在国际公法方面成果卓著，如 1973 年出版的《国际法研究》(Studies in International Law)、1990 年出版的《国际法专论》(Futher Studies in International Law)、1992 年已出第 5 版的《货币的法律规制：比较法、国际私法与国际公法》(The Legal Aspect of Money: with Special Reference to Comparative, Private and Public International Law)。

由于曼恩在国际公法方面卓有成就，似乎掩埋了其国际私法方面的创见。他在讨论国际私法与国际公法关系时，对胡伯的国际礼让说进行了尖锐的批判。① 曼恩认为，应正确分析国际私法与国际公法的关系，进而主张国际公法对国际私法具有限制性功能。② 曼恩在国际私法方面见解独特，尤其在国际金融货币的准据法选择与合同法律适用等领域提出了许多崭新的观点。③ 曼恩的国际私法观对英美普通法系国家的国际私法与德国等大陆法系国家的国际私法都产生了较大影响，有待于进一步挖掘。

7. 汪格尔国际私法先决问题学说的创建

威廉·汪格尔(Wilhelm Wengler，1907—1995 年)是德国 20 世纪著名的国际私法学家，属于国际私法比较法学派或未来法学派的代表人物之一。汪格尔 1907 年 6 月 12 日生于德国威斯巴登(Wiesbaden)，1995 年 7 月 31 日卒于柏林。他 1931 年毕业于法兰克福大学并获法学博士学位，曾与拉贝尔在威廉姆外国私法与国际私法研究所共事一段时间，1949 年开始担任柏林自由大学法学教授。汪格尔在国际私法学方面成果显著，经典著作当推 1981 年出版的《国际私法》(Internationales Privatrecht)，

---

① See John Greenwood Collier, *Conflict of Laws*, 3rd ed., Cambridge University Press, 2001, p. 378.

② See Frederick Alexander Mann, *Futher Studies in International Law*, Oxford University Press, 1990, p. 16.

③ See Erik Jayme, *Internationales Privatrecht und Völkerrecht*, C. F. Müller Verlag, Heidelberg, 2003, pp. 20 – 22.

此外1974年与保罗·皮科内(Paolo Picone)合著的《国际私法》(Internationales Privatrecht)、1971年出版的《国际与外国家庭继承法点评》(Gutachten zum Internationalen und Ausländischen Familien-und Erbrecht)、1985年发表的论文《国际私法名称专论》(Zum Internationales Privatrecht des Namens)、1987年的《先决问题的准据法》(The Law Applicable to Preliminary Questions)、1991年出版的《国际私法规范与合同法律选择》(IPR-Rechtsnormen und Wahl des Vertragsstatuts)等。[①]

汪格尔(Wilhelm Wengler,1907—1995年)

汪格尔最为努力的就是试图调和孟西尼的国籍主义与萨维尼的法律关系本座说。他主张国际私法的普遍主义与特殊主义之间并不存在不可逾越的鸿沟。[②]汪格尔从比较法学着手,提倡通过寻求各国国际私法中的共同因子去形成一些能为国际社会普遍接受的新的冲突规则,尽力减少引发法律冲突的因素。[③] 最为引人注目的是汪格尔率先探讨了冲突法制度中的"先决问题"(Preliminary Question)或"附随问题"(Incidental Question)。这是由他和德国法学家梅尔希奥(Melchior)在1932—1934年发现并展开研究后最早提出的。[④] 他们认为,在国际私法中有的争讼问题的解决需要以首先解决另外一个问题为条件,这时,便可以把争讼问题称为"本问题"或"主要问题"(Principal Question),而把那个需要首先解决的问题称为"先决问题"。对于"先决问题"的法律适用,汪格尔明确提出应依主要问题准据法所属国冲突规则来选择先决问题的准

---

① See Sebastian Seeger, *Erbverzichte im neuen europäischen Kollisionsrecht*, Mohr Siebeck, 2018, p. 234.

② See Erik Jayme, Wilhelm Wengler *als Internationalprivatrechter*: *Eine persönliche Erinnerung und Würdigun*, Heidelberg Journal of *International Law*, Vol. 76, No. 3, 2016.

③ See Franco Ferrari, Diego P. Fernández Arroyo, *Private International Law*: *Contemporary Challenges and Continuing Relevance*, Edward Elgar Publishing, 2019, pp. 158 – 159.

④ See Kurt Lipstein, *International Encyclopaedia of Comparative Laws*(Vol. Ⅲ): *Private International Law*, J. C. B. MOHR, 1987, Chapter 7.

据法,并坚持只有这样才可求得与主要问题的国际一致的判决结果。这正好与拉沛(Leo Raape)、莫利(Jacques Maury)、努斯鲍姆(Nussbaum)与科马克(Joseph Marshall Cormack)等主张以法院地冲突规则来解决先决问题的准据法的做法相反。可以说,汪格尔在国际私法的具体制度方面有许多独具一格的见解,其学术影响仍在国际私法乃至国际公法领域不断扩展。①

8. 奥托·康·弗罗因德的比较国际私法学

奥托·康·弗罗因德(Otto Kahn-Freund,1900—1979年)1900年11月17日出生于德国法兰克福,曾在德国法兰克福大学师从著名劳动法教授胡戈·丹尼尔·因茨海默(Hugo Daniel Sinzheimer,1875—1945年)学习法律,毕业后留学英国和美国,1929年出任德国柏林劳动法院法官,1933年因德国纳粹驱逐犹太法官而移居英国。随后,奥托·康·弗罗因德进入英国伦敦政治与经济学院研修法律,不久便承担劳动法的教学工作,1964年又欣然接受了牛津大学比较法教学的职位。此外,他还参与了许多国际性的法律活动,担任过重要职务。奥托·康·弗罗因德于1979年8月16日在英国牛津逝世。②

奥托·康·弗罗因德(Otto Kahn-Freund,1900—1979年)

奥托·康·弗罗因德涉猎法律领域广泛且著述颇丰,不仅以其独特的比较法学理论与方法展开研究,对两大法系的法学都有影响,而且作为英国著名律师参与法律实务工作,在立法与司法实践中也发挥了重要作用。③ 他在国际私法学方面成果最为突出的当推1975年出版的

① See Erik Jayme, *Internationales Privatrecht und Völkerrecht*, C. F. Müller Verlag, Heidelberg,2003,p. 24.

② See Franz Gamillscheg et al., *In Memoriam Sir Otto Kahn-Freund*, C. H. Beck's Verlagsbuchhandlung,1980,pp. XVII-XIX.

③ See Otto Kahn-Freund, *Otto Kahn-Freund Selected Writings*, Stevens & Sons Lt.,1978, pp. X-XI.

《国际私法的一般问题》(General Problems of Private International Law)、1960年出版的《英国国际私法的国际化走势》(The Growth of Internationalism in English Private International Law)。奥托·康·弗罗因德在劳动法方面也卓有成就,就劳动争议的解决与劳动法体系的建构提出了许多独特的理论观点。

奥托·康·弗罗因德的国际私法观具有明显的比较法学派或未来法学派的特征。他主张,国际私法所要解决的是涉及不同法律制度的问题,因而各国不但要适用自己的内国法,也要适用外国的内国法。由于战争、革命、国际移民、金本位制的放弃以及通货膨胀,都会使国际私法受到重大影响。各国在保护自己的主权利益时也需要尊重别国的主权利益,只有如此才能维护公正合理的国际民商秩序的顺利发展。"国际私法的全部思想都是建立在法律和领土之间的联系上;国际私法要回答的问题就是如一个人、一件事、一个行为究竟和哪一个地方的法律有关联。"[①]奥托·康·弗罗因德在研究国际私法各项具体制度时特别强调比较方法的运用,力求从比较中抽象出一些能为国际社会普遍接受的冲突规则,最终实现各国冲突法的统一。"自19世纪以来,在国际私法的研究中,已经出现一种把研究重点从找出个别问题的解决方法转到揭示不同解决方法所依据的一般原则上来的趋势。"[②]因此,他认为国际私法是由人们在处理涉外民事案件时需要选择的法律、需要选择的法院司法管辖权以及许多国家鉴于法律选择范围的不断扩大而制定的统一实体法等三个方面的基本事实构成的。[③] 对于涉外婚姻家庭关系中的许多问题,欧洲大陆罗马法国家都是通过寻求对不同问题指引不同的法律来解决,而英美普通法国家却是通过确定司法管辖权来解决。基于此,奥托·康·弗罗因德对19世纪法院和法官在国际私法发展方面的贡献评价极高。"许多重要的冲突原则与冲突法制度都在那时通过法院和法官创设的判例而确立的,但同样可以说,在目前或今

---

① Otto Kahn-Freund, *General Problems of Private International Law*, Sijthoff & Noordhoff, 1980, pp. 150 – 151.

② Ibid., pp. 8 – 9.

③ See ibid., pp. 2 – 3.

后,这种功能依然会继续得到发挥。”①而国际私法学者的学说或著作的真正价值就表现在对普通法系国家的法院所发挥的具有决定性的作用。在国际私法方面,学者引述国家的司法实践来论证或推翻某一理论,以及国家司法实践引述学者的学说来论证和推翻某一成文法或判例法所确定的冲突原则,几乎司空见惯。② 在论述国际私法对外国法的适用时,奥托·康·弗罗因德特别强调公共秩序保留制度的功能。他认为,由于大陆法系国家在解决法律冲突问题时一般适用国籍原则,因而在以当事人本国法作属人法的大陆法系国家适用外国法时,公共秩序制度的重要性便大大提升了。“如果一个国家根据自己的冲突法制度适用外国法的机会越多,则公共秩序保留制度的作用也就越大。”③但在私法中,还有一大部分是涉及个人的财产及其享用以及合同等方面的规定,这些是属于私法中自愿的部分,个人完全享有自由处置的权利,既可以遵守他们的本国法,也可以适用本国法以外的法律,即在解决法律冲突时,适用个人自由选择原则。④ 孟西尼曾指出,“在他的自由是无害的范围内,我们应该尊重他的自由,而且国家也没有任何利害关系需要来阻止他们行使这种自由”。因此,奥托·康·弗罗因德以此为基础加以发挥,主张在超出这一范围时可援用公共秩序原则加以排除。⑤ 不过,一个国际公约在无明确的相反规定的情况下,应认为它本身并不排除公共秩序的运用。⑥ 为此,奥托·康·弗罗因德提倡制定一些统一的实体规范(Uniform Substantive Rules),把彼此在实体民法、商法上的歧异规定统一起来,并供缔约国的当事人直接适用于有关民商事关系,从而消除法律冲突,避免就不同国家的国内法做出选择。⑦ 这

---

① Otto Kahn-Freund, *General Problems of Private International Law*, Sijthoff & Noordhoff, 1980, p. 110.

② See ibid., p. 128.

③ Otto Kahn-Freund, *General Problems of Private International Law*, Sijthoff & Noordhoff, 1980, p. 284.

④ See John Greenwood Collier, *Conflict of Laws*, 3rd ed., Cambridge University Press, 2001, pp. 390 – 391.

⑤ See Otto Kahn-Freund, *General Problems of Private International Law*, Sijthoff & Noordhoff, 1980, p. 111.

⑥ See ibid., p. 28.

⑦ See Otto Kahn-Freund, *General Problems of Private International Law*, Sijthoff & Noordhoff, 1980, pp. 47 – 49.

一思想对国际私法统一化运动也产生了重要影响。

(三)法国国际私法学说的发展

1. 毕耶对本国法范式的更新

毕耶(Antoine Pillet, 1857—1926 年)

安托万·毕耶(Antoine Pillet, 1857—1926 年)1857 年 7 月 29 日出生于法国的尚贝里(Chambéry),1926 年 12 月 6 日在巴黎逝世。他毕业于格勒诺布尔(Grenoble)大学法学院,1896 年在巴黎大学从事国际私法的教学工作并被聘为教授,多次在海牙国际法学院讲课。毕耶属于法国普遍主义国际私法学说的代表人物,其学说主要形成于 20 世纪初期,主要著作有 1890 年的《国际私法的公共秩序》(*De l'ordre public en droit international privé*)、1903 年的《国际私法原理》(*Principes de droit international privé*)及 1923 年和 1924 年出版的两卷本《国际私法实论》(*Traite Pratique de droit international privé*)。毕耶不仅是孟西尼国籍主义的"异端分子",而且反对德国萨维尼的法律关系本座说。① 他从探索属人法存在的理由出发,对法律冲突问题进行了独特的构思。毕耶认为,法律冲突的缘由在于立法的分歧,要探讨法律冲突问题必须研究立法者的最高旨意。国际私法的目的就在于确保各国立法的效果。毕耶反对萨维尼把不同法律关系都加以场所化(Localization)的做法,而倾向于重弹法则区别说的老调,主张首先应该依据法律的真实性质(True Nature of Laws),亦即依据有关的规则是"属人的"还是"属地的"的不同性质来解决国际私法方面的问题。为此,毕耶首先将法律的属性区分成普遍性与经常性两类。他认为属人法具有超领土性,属于"永续法",法律适用上的经常性特征明显;属

---

① 参见[法]亨利·巴蒂福尔、保罗·拉加德:《国际私法总论》,陈洪武等译,中国对外翻译出版公司 1989 年版,第 327 页。

地法则表现出更明显的普遍性特征。① 在此基础上，毕耶进一步将法律区分为个人保护法与社会保护法。任何国家都不可能始终维持法律的两种属性同等适用，否则，就没有外国法适用的余地。② 因此，“在每一种情况下都应该做出较小的牺牲：如果牺牲了普遍性，法律就有了域外效力，如果牺牲的是经常性，法律就是属地的法律”。③ 解决法律冲突时应坚持“更少牺牲原则”（Principle of Lesser Sacrifice），即其中一个必须牺牲它的某一种属性或社会目的，只是以最少牺牲为好。这样一来，毕耶在方法论上几乎又回到了法则区别说上去了。只是他不认为法律有“人”的和“物”的区别，而是认为法律既是人的又是物的。为了实现甲国法律的属人性（保护个人的社会目的），就需要牺牲乙国法律的属地性（保护社会普遍利益的目的）；反之，则需要牺牲甲国法律的属人性。如何处理，则视牺牲最小的情况而定。④ 他认为“普遍的法律”（Universal Laws）为了实现其社会目的，维护公共秩序与治安目的，可以具有排除外国法适用的作用。⑤ 但是，令人遗憾的是，毕耶把“公共秩序与其确定

---

① 梅仲协先生在评述毕耶的学说时明确指出：“所谓属人法（即超领土法），不问在何种情形，对于该法律对象之人，时时可以适用，其效力具有永续性，故属人法，亦即永续法。所谓属地法，对于任何人皆可适用，亦即一般的适用之法规也。就国内关系而言，凡属法律，皆具有永续的与一般的两种性质，故各国之法律，既系属人法又系属地法也。就国际关系而言，欲使此两种性质同时并存，则各国法律将无法调和，故只能侧重其一面，若欲维持其永续性，则不能不牺牲其适用上之一般性。若欲维持其一般性，则又不能不牺牲永续性也，在中古之世，偏重法律之一般的性质，故只认属人法为例外，而晚近之意法学派，适与其相反，置重法律之永续性质，以属人法为原则，而以属地法为例外。二者各趋极端，未能斟酌尽善者也。按法律之为物，本具有属地性质，而同时亦兼具属人性质，与其概括的谓法律系以属地法为原则，抑或以属人法为原则，勿庸就各种法律之规定，研讨其立法上之目的，究侧重于属地的效力抑偏重于属人的效力之为愈也。凡法律之所规定者，自其社会的目的以观察，审认其所保护之直接目的，究为个人之私益，抑系社会之公益，而区别为个人保护法与社会保护法之二种，最为允当。国际私法上之问题，便可依此区别为解决，前者即属人法（永续法），后者即属地法（一般法）也。”参见梅仲协：《国际私法新论》，台北，三民书局1982年版，第46～47页。

② See Arnulf Becker Lorca, *Mestizo International Law: A Global Intellectual History*, 1842－1933, Cambridge University Press, 2014, pp. 205－206.

③ ［法］亨利·巴蒂福尔、保罗·拉加德：《国际私法总论》，陈洪武等译，中国对外翻译出版公司1989年版，第328页。

④ 参见李双元：《国际私法（冲突法篇）》，武汉大学出版社1987年版，第101页。

⑤ 参见［法］亨利·巴蒂福尔、保罗·拉加德：《国际私法总论》，陈洪武等译，中国对外翻译出版公司1989年版，第328页。

属地法的公共治安的保证的概念等同起来”。[1] 可见,毕耶虽然在许多方面异于孟西尼国籍主义,而且未提属人法优先的原则,但毕耶对属人法的特别倾向,还是在传播孟西尼的本国法范式。这也可视为毕耶对国际私法所做出的积极贡献。

另外,毕耶倡导的国际私法统一观也对当代国际私法产生了较大影响。由于毕耶国际私法理论的出发点及其解决国际私法问题的方法,都是反对把国际私法划分为各个国家的国际私法的。他强调,如果“国际私法在国际范围内得不到统一,就等于法律不存在”。毕耶主张国际私法与国际公法一样同是解决主权冲突的。所有国际私法中的冲突规范,都反映主权冲突,而国际私法正是一个从调整各个主权国家关系的国际公法规则中获取调整个人关系的规则的法律部门。他主张国际上的习惯规则(Consuetudinary Rules)也是国际私法上的一个重要渊源。[2] 由于毕耶坚持关注法律的社会目的,提倡到国际公法中去获取调整个人间社会关系的规则,从而提出冲突法也应从和其他国内法的联系上去考虑实现法律的社会目的。综观毕耶普遍主义国际私法学说,尽管存在种种缺陷,但“他的思想极为丰富,并且十分独特,这种思想促进了国际私法的研究,这是很可贵的”。[3] 毕耶对国际私法的贡献主要集中在冲突法的基础理论方面,而且对运用公共秩序限制外国法适用的思想进行了充实。

尼波耶(Jean Hippolyte Paulin Niboyet,1886—1952 年)

2. 尼波耶激进的国家主义国际私法观

让·伊波利特·保兰·尼波耶(Jean Hippolyte Paulin Niboyet, 1886—1952 年)是法国著名的法学家,属于法国国际私法特殊主义的典型代表。尼波耶 1886

① 参见[法]亨利·巴蒂福尔、保罗·拉加德:《国际私法总论》,陈洪武等译,中国对外翻译出版公司 1989 年版,第 489 页。

② 参见李双元:《国际私法(冲突法篇)》,武汉大学出版社 1987 年版,第 101 页。

③ [法]亨利·巴蒂福尔、保罗·拉加德:《国际私法总论》,陈洪武等译,中国对外翻译出版公司 1989 年版,第 330 页。

年 10 月 29 日生于巴黎，1952 年 3 月 2 日卒于巴黎，享年 66 岁。他 1912 年获得巴黎大学法学博士学位，曾执教于里昂大学、斯特拉斯堡大学和里尔大学，专门从事国际私法的教学与研究，主要学术著作有 1924 年与毕耶合著的《国际私法手册》（*Manuel de droit international privé*）、1938 年至 1950 年推出的五卷本《法国国际私法专论》（*Traité de dorit international privé français*）和 1947 年出版的《国际私法教程》（*Cours de droit international privé*）等。尼波耶是法国著名国际私法学家毕耶的学生，但他后来脱离了其导师毕耶的普遍主义国际私法学说，毅然回归传统的属地主义，从而形成自己独树一帜的特殊主义国际私法学说。由于尼波耶将大量的特别是带有政治考量的东西带进了国际私法，因而通常被称为最激进的国家主义者（Radical Nationalism）。尼波耶的国际私法学说与巴丁的理论有一定的相似之处，都是从国际私法属于国内法的一部分这一基本论点出发的。尼波耶主张，不应该像毕耶那样完全依赖法律的目的，在确定法律的系属并对法律进行归类时还必须考虑所使用的技术方法。于是，他认为绝大部分法律首先具有普遍适用的属性，然后才是经常适用的属性。这样一来，尼波耶实际远离了毕耶的思想，“完成了来源于孟西尼思想的法国学说的发展，恢复了属地主义的传统观念”。因为，自 1843 年弗利克斯（Jean Jacques Gaspard Foelix，1791—1853 年）全力以赴推广传统的属地主义以来，法国唯有瓦雷耶·索米埃尔（Vareilles Sommiel）在 1897 年出版的《国际私法论》中大力为此辩护。当人们因两次世界大战而对国际私法的国际主义观念感到失望时，尼波耶正好顺流而上，根据法国一般利益的考虑，拼尽全力支持传统的属地主义。因此，尼波耶明确反对毕耶的国际主义观念及本国法优先原则，进而提出以住所地法为属人法来取代本国法。[①] 尼波耶的特殊主义国际私法学说也是非常特别的。他将国际私法列入国内公法（Municiple Public Law）的一部分，因而得出一些特别“严酷的结论”（Serious Consequences）。尼波耶认为，冲突规范首先应是一些单边冲突规范，国内法在所有可能解决涉外民商事关系的法律中居于最优先的地位，外国法完全是一种事实，而且在需要适用外国法时，至少应

① 参见[法]亨利·巴蒂福尔、保罗·拉加德：《国际私法总论》，陈洪武等译，中国对外翻译出版公司 1989 年版，第 331 页。

以该外国法与内国法存有着某些共同的地方作为前提条件。而尼波耶最为特别的是在处理涉外法律问题时反对适用苏联的法律。①

3. 保尔·莱尔保·皮热奥尼埃尔的折中主义国际私法观

莱尔保·皮热奥尼埃尔(Paul Lerebours-Pigeonniere,1874—1954年)

保尔·莱尔保·皮热奥尼埃尔(Paul Lerebours-Pigeonniere,1874—1954年)是法国富有影响力的国际私法学者,曾在雷恩大学(Université de Rennes)执教,其代表性著作有1928年的《国际私法概论》(*Precis de droit international privé*)。莱尔保·皮热奥尼埃尔也认为国际私法是国内法的一部分,但是她主张,虽然国际私法包含国家利益,但这种利益不是相互尊重主权的问题,而只是每一个国家在相互的国际商业交往中的利益,这正是其理论中最重要的闪光点。基于此,莱尔保·皮热奥尼埃尔便从巴丁与尼波耶的狭隘的国家主义立场上解脱了出来,从冲突规范单边性质的极端观点中解脱了出来,从而采取了一种折中主义立场。莱尔保·皮热奥尼埃尔曾在其《国际私法概论》中指出:"我之所以将私人利益置于首要位置,是因为基于国际私人贸易所要求的效益和公平来解决冲突,必然符合相互依赖的国家的共同利益,正如国内民法通过私人利益来实现一般利益一样。要想维护重大的政治利益(即每个国家中的共同利益),同样重要的绝不能忽视这种利益。"②在这里,莱尔保·皮热奥尼埃尔已经认识到国际私法所调整的关系的复杂性,不仅涉及私人利益,而且还涉及每个国家中的共同利益,甚至还有国际社会利益。在解决国际私法的法律冲突问题时,必须全面考虑各种因素。也正因如此,莱尔保·皮热奥尼埃尔对国际私法的比较法

① 参见李双元:《国际私法(冲突法篇)》,武汉大学出版社1987年版,第106页。

② 转引自[法]亨利·巴蒂福尔、保罗·拉加德:《国际私法总论》,陈洪武等译,中国对外翻译出版公司1989年版,第339页。

方法相当重视。

4. 亨利·巴蒂福尔的特殊主义国际私法观

亨利·巴蒂福尔(Henri Batiffol, 1905—1989 年)

亨利·巴蒂福尔(Henri Batiffol, 1905—1989 年)1905 年 2 月 16 日出生于法国巴黎,1989 年 11 月 20 日卒于巴黎,是 20 世纪以来法国最出色的国际私法学者。[①] 他 1929 年获得法学博士学位、1935 年游学美国、1937 年游学德国、1947 年至 1950 年担任法国里尔大学(Lille University)法学院院长,1951 年作为法国代表团成员参加海牙国际私法会议,此外还担任巴黎大学国际私法教授,同时也是有声望的国际法学会(现国内翻译成国际法研究院)和海牙国际法学院的会员。巴蒂福尔学术成果卓著,最具代表性的为 1938 年的《关于合同的法律冲突》(*Les conflicts des lois en matiére de contracts*)、1956 年初版与 2002 年再版的《国际私法之哲学》(*Aspects philosophiques du droit intennational privé*)、1960 年的《法哲学》(*La philosophiques du droit*)、1973 年的《国际私法裁判规则研究》(*La distinction entre régles et décisions et le droit international privé*)、1981 年的《国际私法中的合同问题比较研究》(*Les contracts en droit international privé comparé*)、1985 年的《国际私法中的转让问题探析》(*Observations sur certains transpositions de droit international privé*)、1949 年初版与 1993 年第 8 版的《国际私法原理》(*Traité élémentaire de droit international privé*)等。他与其弟子保罗·拉加德(Paul Georges Louis Marie Lagarde, 1934—　)合著的巨著《国际私法原理》分上下两卷,全书内容丰富,是一部反映当时法国国际私法水平的代表性著作。该书各论部分已由我国台湾学者曾陈明汝译成中文,中译本初版于 1975 年与读者见面,

---

① 参见马汉宝:《国际私法总论》,台北,汉林出版公司 1982 年版,第 269 页。

1979 年又出版了第 2 版。后大陆学者陈洪武等又翻译了该书,由中国对外翻译出版公司 1989 年出版。

亨利·巴蒂福尔是 20 世纪 30 年代后法国特殊主义国际私法的代表人物。他从国家主义立场出发,认为冲突法的使命在于尊重各国实体法体系的独立性,并在国际上充当不同法律制度的协调人。在方法论上,他继承和发扬萨维尼国际私法学说和方法的优点,不仅重视法理学的探讨,而且也注重司法判例的研究,以系统考察法律作为基础,并采用经验的、实证的和对比的方法,形成了其独特的"综合国际私法观"(Synthesis Doctrine of Private International Law)。[①] 而亨利·巴蒂福尔特别重视比较国际私法,目的就在于探索问题的相同性在多大程度上可以使人们考虑统一各国的国际私法规则,或者至少使各国规则相接近,以及向什么方向统一或接近。

亨利·巴蒂福尔在与保罗·拉加德合著的权威著作《国际私法原理》一书中,曾明确指出,仅仅依靠国际私法的国内渊源是不能满足国际社会需要的,并且认为:"如果我们承认有一个国际社会,而且承认这个社会需要一种由法律规则来确定的秩序,那么,由于实际情况的需要,出现国际私法的国际渊源就不足为奇了。"[②]他们在分别检讨了特殊主义者和普遍主义者的对立主张之后,明确指出:"乍看起来,上述对立是不可克服的,这种对立肯定是由于难以知道为什么要设想与国内秩序相对应的国际秩序。国际秩序概念的提出似乎是国际关系的存在的需要。如果我们接受这个概念,那么看来各国的国内秩序必然从属于国际秩序……由此可以得出这样一个结论:国际私法的国内渊源只有符合国际秩序才有价值。"[③]亨利·巴蒂福尔与保罗·拉加德还在该书中花了大量篇幅分析各种作为国际私法的国际渊源的法的形式。亨利·巴蒂福尔的主要思想属于特殊主义国际私法观,无论在理

---

① See Jürgen Basedow, Giesela Rühl, *Franco Ferrari and Pedro de Miguel Asemsio*, *Encyclopedia of Private International Law*, Chapter B, Edward Elgar Publishing, 2017, p. 168.

② [法]亨利·巴蒂福尔、保罗·拉加德:《国际私法总论》,陈洪武等译,中国对外翻译出版公司 1989 年版,第 27 页。

③ [法]亨利·巴蒂福尔、保罗·拉加德:《国际私法总论》,陈洪武等译,中国对外翻译出版公司 1989 年版,第 29 页。

论体系还是方法论上均有其独特之处。[①] 东欧国家在亨利·巴蒂福尔这种思想指导下，还出现了国际私法实体法化(Substantialization)或统一实体法化的主张，其根据就在于他们认为，自"二战"以后，已出现了一个人类社会生活稳定地向国际化迈进和发展的新时期。在这方面，捷克斯洛伐克的国际私法学家卡兰斯基的学说就是典型范例。[②] 不仅如此，亨利·巴蒂福尔的国际私法理论对欧盟国际私法的统一化进程也产生了重要影响。[③]

（四）希腊弗朗西斯卡基斯的法律直接适用说

福基翁·弗朗西斯卡基斯(Phocion Francescakis，1910—1992 年)，1910 年 6 月 10 日出生于希腊干尼亚(Crète)，在希腊上完中学后赴法国学习法律。1939 年自愿加入法国军队抗击纳粹入侵，1940 年被捕关入德国集中营一直到"二战"结束。1945 年弗朗西斯卡基斯从集中营出狱以后就在巴黎第一大学担任国际私法助理教授，后升任教授并当选为国际法研究中心主任。1965 年和 1966 年连续两年作为团长带领法国代表团参加海牙国际私法会议。他 1976 年出任希腊塞萨洛尼基(Thessaloniki)大学比较法教授，随后还担任过塞萨洛尼基国际经济法和欧洲经济法研究中心名誉所长。弗朗西斯卡基斯于 1992 年 6 月 14 日在法国巴黎逝世。

弗朗西斯卡基斯(Phocion Francescakis，1910—1992 年)

---

① 李双元先生将亨利·巴蒂福尔归入"特殊主义—国家主义学派"，参见李双元：《国际私法(冲突法篇)》，武汉大学出版社 1987 年版，第 106 页。余先予教授将亨利·巴蒂福尔的学说列入"目的论"范畴，参见余先予主编：《冲突法》，法律出版社 1989 年版，第 65 页。还有学者视亨利·巴蒂福尔为"协调论"倡导者，参见赵生祥主编：《国际私法学》，法律出版社 1999 年版，第 39 页；韩德培主编：《国际私法》，高等教育出版社、北京大学出版社 2000 年版，第 77 页。

② 参见李双元：《国际私法(冲突法篇)》，武汉大学出版社 1987 年版，第 77 页。

③ See Jürgen Basedow, Giesela Rühl, *Franco Ferrari and Pedro de Miguel Asemsio*, *Encyclopedia of Private International Law*, Chapter B, Edward Elgar Publishing, 2017, p. 170.

弗朗西斯卡基斯是出生于希腊且长期在法国工作的富有创造性的国际私法学家。在当今欧洲国际私法领域中,出现了一个较有争议的学说即“法律直接适用说”,就与弗朗西斯卡基斯的创造性分不开。弗朗西斯卡基斯于1958年推出《反致理论和国际私法的体系冲突》(La Théorie du renvoi et les conflits de systémes en droit international privé),率先使用了“直接适用的法”(Loi d’application immédiate)这一术语,并且成为这一理论的主要代表人物。他的基本主张为,随着国家对社会经济干预的不断增强,国家制定了一系列具有强制性的法律规范,用以调整某些特殊的法律关系,以维护本国在国际民商事交往中的利益。此类具有强制性的法律规范在调整涉外民事关系时,可以撇开传统冲突规范的援用,而直接适用于涉外民事关系。这一学说已为某些国家的国内立法和有关国际条约所采用。[①]法律直接适用说的问世,给欧洲国际私法理论注入了一股清新的空气,尤其是在方法论上,它引导人们对现代国际法律生活中的一些基本问题进行深思,引起了许多学者对法律直接适用现象的研究。[②]

(五)卡兰斯基的国际私法统一化思想

卡兰斯基(Pavel Kalenský,1921—2000年)

帕维尔·卡兰斯基(Pavel Kalenský,1921—2000年)是1921年8月1日出生于布拉格的著名国际私法学家,其最有影响力的著作为1971年出版的《国际私法发展趋势》(Trends of Private International Law)。

卡兰斯基首先指出,虽然国际私法在当前是国内立法的一部分,但并不能因此就将其所包含的法律规则视为仅仅是每一国家完全根据自己的主权制定的,进而可以毫不顾及国际联系或不顾及国际公法中确定的结论。他也像萨维尼一样,认为国际私法是必然要受到由国家组成的

① 参见徐冬根:《论当代国际私法中的“法律直接适用说”》,载《宁波大学学报》1993年第1期。

② 参见韩德培主编:《国际私法新论》,武汉大学出版社1987年版,第77页。

国际共同体(International Community)这一客观事实的重大影响的。[①] 国际私法作为国内法固然是统治阶级意志的表现,但是特定国家统治阶级的意志,表现在调整涉外民商事关系时,必然要与国际社会的其他成员发生关系,但并不能因此抹杀掉作为调整对象的社会关系的“国际性”给这个法律部门所带来的重要影响。相反,这种社会关系所具有的“国际性”,正是对国际私法的本质起决定作用的因素,失去这一点,就失去这一法律部门存在的必要性。根据这种认识,卡兰斯基甚至主张,国际私法是在国内法的地域性和国际公法的普遍性之间摇摆不定的。尽管他并不试图据以证明国际私法就是国际公法,但是他认为也不能否定这样的事实,就是他们二者之间确实存在一种功能上的联系(Functional Connection)。[②]

卡兰斯基认为,国际私法受到国际公法的强烈影响,不仅表现在前者的若干重要原则就是国际公法上的原则,而且表现在前者的渊源上,也有许多是国际条约或惯例。因为在他看来,虽然目前世界上许多国家的社会制度不同,法律制度不同,但由于国际合作关系要发展,就不可能不形成一些各国都得接受的共同原则,尽管这些共同的原则在目前还只是以个别的形态出现在各个国家的国内立法之中。卡兰斯基特别强调要记住这样一个事实,就是当前的社会生产与商品交换越来越国际化,而且这种国际化,是每一个国家的利益所需要的,是全人类的利益所需要的。[③] 隆茨在批判克雷洛夫的国际法观点时,特别强调国际私法所调整的社会关系只具有民法的性质这一特点。而卡兰斯基则指出,虽然国际私法调整的是非主权者间的民商事法律关系,但是必须记住,这种关系既然反映了生产与商品交换的国际化,也就反映了一般社会生活的国际化。因此,这种非主权者之间的民法关系,也必然构成整个国际关系的重要组成部分。调整这些社会关系,就不能只依靠个别国家的法律制度,而应该尽可能寻求制定统一冲突规范和统一实体规范。[④] 国际私法在国际化方向的发展前途是很大的,应该成为国际合作

---

① See Pavel Kalensky, *Trends of Private International Law*, Martinus Nijhoff, The Hague, 1971, p. 15.

② See Pavel Kalensky, *Trends of Private International Law*, Martinus Nijhoff, The Hague, 1971, pp. 137 – 138.

③ See Pavel Kalensky, *Trends of Private International Law*, Martinus Nijhoff, The Hague, 1971, p. 152.

④ See ibid., pp. 195 – 198.

的一种法律表现形式。卡兰斯基还进一步对国际私法的发展历史做了回顾。他指出,意大利后期注释学派创立的法则区别说本来就是基督教普遍主义(Christian Universalism)的表现,因为当时的政治形势是欧洲基督教共同体的封建国家已经形成,同时又普遍接受《民法大全》作为法律的基础与根据。[①] 但是,随后出现了现代意义的民族国家,出现了现代意义的国家主权观念,这样就导致了国际私法在19世纪时出现多元化,从而彼此不同的国际私法产生了。但是目前出现的国际形势,肯定会使国际私法的一些观念与制度产生新的变化和发展。这种新的变化和发展,在卡兰斯基看来,一方面表现为国际私法不再被认为仅仅是一种冲突法,另一方面表现为国际私法将逐渐成为一种实体的(substantive)、国际的国际私法。[②]

卡兰斯基的国际私法观特别是国际私法统一化与实体化思想,在现今仍有不少可取之处。例如,他反复强调在生产与交换更为国际化的时代,不应仅仅从自己的利益出发来解决国际私法中的法律冲突问题。为了清除国际民商事关系发展的障碍,通过国际努力,尽可能求得法律适用甚至实体私法的统一。在卡兰斯基生活的时代,所有这些想法都是很有预见性和前瞻性的。不过,卡兰斯基那种过分追求国际私法的统一化目标,尤其是其主张国际私法最终会成为国际统一的实体法,似乎有点不切实际,恐怕只能说是一种幻想。[③]

山田三良(Saburō Yamada,1869—1965年)

(六)日本山田三良的国际私法学说及其影响

山田三良(Saburō Yamada,1869—1965年),1869年12月10日出生于日本

---

① See Pavel Kalensky, *Trends of Private International Law*, Martinus Nijhoff, The Hague, 1971, p. 42.

② See ibid., pp. 152 - 153.

③ 参见李双元:《国际私法(冲突法篇)》,武汉大学出版社1987年版,第111页。

奈良县(Nara),1965年12月17日卒于东京(Tokyo),享年96岁。他早年就读于早稻田大学和东京大学,1902年获法学博士学位。山田三良执教于东京大学法学院,不仅担任过法学院院长和东京大学校长等职,而且还担任过日本学士院第十届院长。他是"二战"前日本著名的国际私法学家,1897年至1901年在欧美留学期间得到德国的巴尔、法国的魏斯和英国的戴西等国际私法名师的指导,他的主要著作是1932年和1934年出版的《国际私法》(上下卷)。①

在国际私法学方面,日本也有不少卓有成效的学者,出版了一批国际私法著作。山田三良的国际私法学说表现出以国家主权为中心的倾向,采取了灵活而不偏颇的立场。② "二战"后日本国际私法学最有权威的学者当推江川英文(えかわひでふみ,1898—1966年)。1930年他接替山田三良在东京帝国大学开设国际私法讲座,并在1930年以后的日本国际私法学界发挥了领导作用。江川英文著述颇丰,推出了许多对日本国际私法研究有指导意义和起先驱作用的著作和论文,其中1950年初版的《国际私法》是他的代表作,该书1970年由有斐阁出版了增补修订版。③近年来,活跃在日本国际私法学界的学者主要有东北大学教授折茂丰、1958年出生的出口耕自教授(现为日本上智大学法学教授)、名古屋大学法学部教授山田镣一(1922年出生)和石黑一宪(1950年出生)、中央大学法学院法学教授多喜宽及山内惟介(1946年出生)等。

安齐洛蒂(Dionisio Anzilotti,1867—1950年)

(七)意大利安齐洛蒂的二元论国际私法学说

迪奥尼西奥·安齐洛蒂(Dionisio Anzilotti,1867—1950年),1867年2月

---

① 参见李双元等:《中国国际私法通论》(第2版),法律出版社2003年版,第72页。

② 参见日本国际法学会编:《国际法辞典》,外交学院国际法教研室译,世界知识出版社1985年版,第27页。

③ 目前日本国际私法著作由内地学者翻译成中文的,仅有[日]北胁敏一:《国际私法——国际关系法Ⅱ》,姚梅镇译,法律出版社1989年版。

20日生于意大利佩夏(Pescia),卒于1950年8月23日,享年83岁。安齐洛蒂1890年获得比萨大学(Pisa University)博士学位以后,自1903年执教于意大利波伦亚大学(Bologna University),1911年至1937年任职于罗马大学(Rom University)。安齐洛蒂属于当今富有影响力的国际公法和国际私法学家。[①] 他在国际私法方面的主要著作有:1924年至1925年出版的《国际私法教程》(Corso di dirtto internazionnale privato)、1960年出版的《国际私法》(Scritti di dirtto internazionnale privato)、1996年由弗朗切斯科·萨莱诺(Francesco Salerno)整理出版的《国际私法理论与实践》(Corsi di dirtto internationnale privato e processuale)等。此外,安齐洛蒂在国际公法方面的著述也颇多。在整个国际社会,安齐洛蒂以其坚持和倡导国际法与国内法的二元关系论而闻名。他主张,国际法与国内法属于两个不同的法律秩序,国际法具有协定法的性质,是以"约定必须遵守"为依据的。而"约定必须遵守"属于伦理原则或政治原则的范畴,并非法律原则。自1918年开始,他就着手国际公法和国际私法中的行为责任的研究,并提出了许多新的观点。安齐洛蒂认为责任来自国家对国际义务的违反,并将国际责任中的主观因素与客观因素区分开,对后来的国际责任法有相当的影响。[②] 不仅如此,安齐洛蒂在国际私法学上的建树重新光复了自孟西尼时代后沉寂的意大利国际私法,使其再创辉煌。1995年的意大利国际私法法典的修订就直接受安齐洛蒂思想的影响。因此,有必要重点关注安齐洛蒂的二元论国际私法学说对意大利国际私法的理论与实践所产生的影响以及其对欧洲乃至全球国际私法的辐射作用。[③]

二、英美普通法系国际私法理论学说的革新

(一)英国国际私法的更新

无论在理论研究方面还是司法实务方面,英国的国际私法一直处在当今普通法系国家的前列。戴西所首创的既得权说不仅曾在英国本

---

① See Erik Jayme, *Internationales Privatrecht und Völkerrecht*, C. F. Müller Verlag, Heidelberg, 2003, pp. 16 – 17.

② 参见王铁崖:《国际法引论》,北京大学出版社1998年版,第342页。

③ See Erik Jayme, *Internationales Privatrecht und Völkerrecht*, C. F. Müller Verlag, Heidelberg, 2003, p. 18.

土产生了较大影响，而且对美国等普通法系国家的国际私法理论学说的发展以及司法实践也产生了非常广泛的影响。但是，随着世界政治经济和社会文化环境的发展变化，特别是英国解决国际法律冲突环境的变化，第二次世界大战以后，戴西的既得权学说和理论在英国的市场越来越小，几乎被废弃，英国当代著名国际私法学家莫里斯(John Humphrey Carlile Morris)1949 年在主持修订戴西的名著《法律冲突论》第 6 版时，已对既得权说做了修正，到 1967 年出版第 8 版时，几乎完全抛弃了传统的既得权学说。英国另一著名国际私法学家戚希尔(Geoffrey Chevalier Cheshire)曾是戴西既得权说的崇拜者，但后来也改变了立场，对既得权理论进行了全面批判。

1. 莫里斯冲突法的公平论

约翰·汉弗莱·卡莱尔·莫里斯(John Humphrey Carlile Morris，1910—1984 年)出身于法律世家，属于英国当代著名国际私法学家，1966 年当选为英国国家学术院院士。[1] 他 1910 年 2 月 18 日生于英国伦敦温布尔登(Wimbledon)，1984 年 9 月 29 日逝世。享年 74 岁。他曾在牛津大学和哈佛大学接受过法学教育，“二战”期间在军队服役并参加过诺曼底登陆战役。他在律师事务所工作过一段时间后就到牛律大学莫德林学院(Magdalen College)从事法律教学与研究工作。莫里斯在 1945 年接受出版社的邀请担任《戴西论冲突法》的修订工作，一直主持了该书五版的修订。他在 1971 年出版其自己的专著《法律冲突法》时则提出了国际私法公平需要理论，认为英国法院适用外国法是为了在当事人之间维持公平，并不是对外国表示礼让或保护当事人的既得权。

莫里斯(John Humphrey Carlile Morris，1910—1984 年)

2. 戚希尔的国际私法理论

英国著名国际私法学家杰弗里·切瓦利埃·戚希尔(Genffrey

① See *In Memoriam*: *J. H. C. Morris, 1910 - 1984*, British Yearbook of International Law, Vol. 55, Issue 1, 1984.

Chevalier Cheshire,1886—1978 年)曾经也是戴西既得权说的忠实崇拜者,不过,在后来深入研究国际私法的过程中又转变了所坚持的既得权说立场,并转而对其进行批判和革新。戚希尔1886年6月27日出生于英国希尔德斯通(Hilderstone),1978年10月27日逝世,享年92岁。他毕业于牛津大学墨顿学院(Merten College),1908年获得法学博士学位。他是英国律师协会的大律师,富有影响的法学家,1911年至1914年在亚伯大学(Aberystwyth University)担任法律教职,1914年至1919年在英国皇家空军部队服役。1922年开始从事律师工作并在牛津大学讲授国际私法,1944年被聘为英国牛津大学瓦伊纳英国法教授(Vinerian Professor English Law)。戚希尔不仅在现代产权法方面成就显赫,而且在国际私法领域也卓有成效。他主张,一国的国内法不但包括实体法,而且也应该包括冲突法,法官完全可以根据本国的冲突法去适用外国法。[①] 戚希尔在国际私法方面的经典著作为《国际私法》,1935年首次出版,后经多次修订。

戚希尔(Geoffrey Chevalier Cheshire,1886—1978 年)

3. 诺斯对传统国际私法理论的守正与创新

彼得·麦金·诺斯(Peter Machin North,1936年—)出生于1936年8月30日,曾被授予英国高级勋爵和英国国家学术院院士称号。他毕业于牛津大学凯贝尔学院,是英国著名的国际私法教授、大律师。诺斯1960年至1963年在美国西北大学任

诺斯(Peter Machin North,1936—)

---

① See Peter North, J. J. Fawcett, *Cheshire and North's Private International Law*, 13th ed., Butterworths London Ltd., 1999, pp. 31 – 32.

教、1964 年至 1965 年在英国亚伯大学任教、1965 年至 1969 年在英国诺丁汉大学任教、1970 年至 1984 年在律师事务所工作、1984 年入职牛津大学耶稣学院并任院长、1993 年至 1997 年任牛津大学副校长、1990 年至 1999 年任英国国家学术院院士。诺斯的主要研究领域集中于国际私法和侵权法，出版的著作有 1977 年《婚姻中的国际私法问题》、1984 年《国际私法案例与实务》、1993 年《国际私法论文集》、1970 年至 2017 年《戚希尔、诺斯与霍塞特的国际私法》、2012 年《动物的民事责任》、2014 年《占有人的法律责任》(1971 年第 1 版)等。

诺斯 1961 年在戚希尔的《国际私法》出版第 6 版时参与了该书的修订工作并成为合著者。[①] 1987 年开始由牛津大学教授诺斯与诺丁汉大学教授詹姆斯 · J · 霍塞特(James J. Fawcett)共同主持修订出版了第 11 版至第 14 版，[②]目前由霍塞特教授任总主编，保罗 · 托雷曼斯(Paul Torremans,1965—)教授等近十位合作者参与修订的第 15 版也已正式出版。鉴于欧盟布鲁塞尔条例 I 在 2015 年 1 月 10 日生效实施以后，许多与法律选择的情况发生了变化，保罗 · 托雷曼斯教授等作者对《戚希尔、诺斯与霍塞特的国际私法》第 15 版的全书进行了全面修改并于 2017 年出版。

霍塞特(James J. Fawcett)

无论是戚希尔和诺斯合著的《国际私法》(第 6 版)，还是戴西和莫里斯合著的《法律冲突论》，均为英国权威的国际私法著述。英国法院在处理法律冲突问题时经常从这些著作中引经据典作为法律根据。实际上，英国对当代国际私法的贡献还是相当明显的，除了戴西和莫里斯先后就合同的法律适用提出“合同自体法”(Proper Law of Contract)和就侵权行

① See Jürgen Basedow, Giesela Rühl, *Franco Ferrari and Pedro de Miguel Asemsio*, *Encyclopedia of Private International Law*, Chapter B, Edward Elgar Publishing, 2017, p. 584.

② 霍塞特是英国诺丁汉大学法学院国际私法教授，2010 年当选为英国国家学术院院士，出版的著作主要有：1987 年至 2017 年《戚希尔、诺斯与霍塞特的国际私法》、1993 年《国际私法的产品责任》、1995 年《国际私法管辖权的衰落》、1998 年《知识产权与国际私法》、2004 年《国际私法的改革与发展》、2005 年《国际货物买卖中的法律冲突》、2016 年《人权与国际私法》等。

为提出"侵权行为自体法"(Proper Law of Torts)的理论拓宽了法律选择的途径外,英国国际私法学最早把国际民事管辖权和外国判决的承认与执行纳入国际私法的范围,打破了国际私法只解决法律适用问题的欧洲大陆的传统模式。这些均已得到国际社会的公认并对丰富和发展现代国际私法理论与实践产生了巨大影响。[①]

然而,对于英国的国际私法,有的学者认为它具有明确的实用的非理论性的特征。英国的国际私法(冲突法)被认为源于戴西和威斯特洛克19世纪的开拓性工作,他们借鉴了美国与欧洲的许多理论,可是,直到1995年的《英国国际私法(杂项规定)》也不能说完全反映了英国自己的国际私法学说或观点。不仅如此,英国当代国际私法的另一缺陷便是形式主义。直到1995年上述杂项规定的出台,冲突法几乎完全是模糊的,英国冲突法还没有完成像美国所发生的那种从形式主义到现实主义的变革。正因为这样,在英国国际私法的大多数领域,更多的还得依赖法学家的著述(之所以如此,还因为法律适用的确定性和已决案例的相对缺乏),最为特别的是《戴西和莫里斯论冲突法》一书几乎获得立法的地位。[②] 而且,英国的法律选择,是一个法律自愿体系,法官在这方面只具有十分有限的干预权力。但英国的学界人士,基于联合王国在作为欧盟的成员国时期受1968年《关于民商事管辖权及判决的承认与执行的布鲁塞尔公约》和1980年《关于合同义务法律适用的罗马公约》等一系列条约约束的事实,对英国国际私法越来越明显的国际性,也给予肯定。[③]

(二)美国的国际私法革命运动

戴西的既得权说在英国本土鲜有人问津,但在大洋彼岸却为人津津乐道。美国的比尔就在许多方面继受了戴西的既得权说思想,而且将其贯彻到1934年的《第一次冲突法重述》(*Restatement of the United States, Conflict of Laws*)中。然而,非常不幸的是,比尔主持完成的美国《第一次冲突法重述》自问世起,便遭到美国其他一些学者的猛烈抨击。正是在批判与反批判的过程中,造就了美国当代冲突法的革命运动,极大地推动了

---

① See Richard Fentiman, *Foreign Law in English Courts*, Oxford University Press, 1998, pp. 265 –266.

② 参见李双元等:《中国国际私法通论》(第2版),法律出版社2003年版,第64页。

③ 从以上一些方面来看,虽然英国与美国都是普通法国家,英国的国际私法所走的道路与美国相比是有着明显区别的。英国"脱欧"以后,其国际私法规则也会有所变化。

美国现代国际私法理论与实践的发展。①

在现代普通法系国家的国际私法发展历程中，美国当代冲突法理论恰好是在对哈佛大学法学院教授比尔主持编纂的《第一次冲突法重述》批判的基础上形成的。美国也正是在这种背景下孕育出当代冲突法理论百家争鸣、学说林立的繁荣景观。尽管对美国这股抨击传统国际私法理论和方法的浪潮褒贬不一，有的誉之为冲突法中令人鼓舞的一场革命，有的则视之为国际私法中令人担忧的一次危机。② 但在美国这场冲突法革命运动中，涌现了一大批学者和异彩纷呈的新理论。

1. 比尔对“既得权说”的传播与发展

约瑟夫·亨利·比尔（Joseph Henry Beale，1861—1943 年）是美国当代国际私法的著名代表人物与实践家。他 1861 年 10 月 12 日出生于美国马萨诸塞州多切斯特市（Dorchester），1943 年 1 月 20 日在马萨诸塞州剑桥逝世，享年 82 岁。比尔早年在哈佛大学法学院学习法律，以优异成绩毕业。当时，他辞绝了美国最高法院的工作机会，投身于法律实务工作。1892 年加盟哈佛大学法学院担任助理教授并创立《哈佛法律评论》，1902 年受芝加哥大学校长威廉·瑞尼·哈珀（William Rainey Harper，1856—1906 年）的邀请到芝加哥大学任教并创建了法学院。比尔 1902 年至 1904 年在芝加哥大学法学院工作并担任首任院长。③ 不过，哈佛大学法学院一直聘任比

Prof. Joseph A. Beale

比尔（Joseph Henry Beale，1861—1943 年）

① See Peter Hay et al., *Conflict Laws: Cases and Materials*, 11th ed., New York Foundation Press, 2000, pp. 4 – 6.

② 关于美国国际私法学说的介绍与评述，参见［苏］乌·姆·柯列茨基：《英美国际私法的理论和实践概论》，刘文宗等译，中国人民大学出版社 1956 年版；张翔宇：《现代美国国际私法学说研究》，武汉大学出版社 1986 年版；邓正来：《美国现代国际私法流派》，法律出版社 1987 年版；韩德培、韩健：《美国国际私法（冲突法）导论》，法律出版社 1994 年版。

③ See Roger K. Newman, *The Yale Biographical Dictionary of American Law*, Yale University Press, 2009, pp. 31 – 32.

尔作为该院教授直到他1938年退休。他的研究领域十分广泛,在侵权法、公司法和法律冲突方面都有独到的造诣,尤其以国际私法方面的著述影响颇大,堪称美国20世纪初的“法学先锋”。[①] 比尔长期潜心研究国际私法问题,在将英国戴西的既得权说导入美国当代冲突法的实践中发挥了关键性的作用。[②] 他花了十二年多的时间主持编纂了美国《第一次冲突法重述》。在1934年公布美国《第一次冲突法重述》后,比尔又很快在1935年整理出版巨著《冲突法专论》(*A Treatise on the Conflict of Laws*)。[③]

比尔按照一种普遍的国际主义思想来阐述其理论,将国际私法看做具有普遍效力的国际法,似乎跻身于普遍主义国际私法学派之列。尽管比尔未公开亮明其普遍主义的旗帜,但这种倾向却是显而易见的。[④] 比尔的学说深受戴西既得权说的影响。因为《第一次冲突法重述》的理论根据是比尔从戴西那里移植而来的既得权学说。由于比尔的研究致力于寻找国际私法的一般原则和规则,所以,他任报告人主持编纂《第一次冲突法重述》时便从一种概念主义的原则出发来对待冲突规范。比尔自己认为,在《第一次冲突法重述》中所有这些体现了“既得权理论”的冲突规范都是完美无缺的,应为法院无例外地适用。不仅如此,比尔还十分巧妙地把胡伯的国际礼让说与既得权说结合在一起,主张“外国的权利系根据礼让而获得承认”。[⑤] 但比尔的国际私法由于内在缺陷而备受磨难。比尔强调冲突一般原则而“忽略实际的国际私法理论”的想法令冲突规范僵化了,使它成为法官手中的一种机械工具,可以对案件照搬照套。[⑥] 这种理论和方法,不但陷入不能自拔的循环论,而且也与美国判例法的传统相矛盾。因为,判例法的传统要求法官对案件一个一个地

---

① See Arthur Leon Harding, *Joseph Henry Beale: Pioneer*, Missouri Law Review, Vol. Ⅱ, No. 2, 1937.

② See K. Lipstein, *Principles of the Conflict of Laws National and International*, Martinus Nijhoff Publishers, 1981, p. 26.

③ 参见邓正来:《美国现代国际私法流派》,法律出版社1987年版,第19～20页。

④ 参见张翔宇:《现代美国国际私法学说研究》,武汉大学出版社1986年版,第17页。

⑤ 参见[苏联]乌·姆·柯列茨基:《英美国际私法的理论和实践概论》,刘文宗等译,中国人民大学出版社1956年版,第16页。

⑥ See Pavel Kalensky, *Trends of Private International Law*, Martinus Nijhoff, The Hague, 1971, p. 146.

分析，具体地决定法律的适用。所以，美国《第一次冲突法重述》一诞生就被四面夹击，受到无穷无尽的批判。[①] 不过，毋庸置疑，正是比尔才把美国国际私法的理论与实践推上了“传统历史阶段的顶峰”。[②]

2. 库克的“本地法说”

沃尔特·惠勒·库克（Walter Wheeler Cook，1873—1943 年）于 1873 年 6 月 4 日出生在俄亥俄州哥伦布市（Columbus），1943 年 11 月 7 日逝世，享年 70 岁。他 1890 年至 1894 年就读于罗格斯大学和哥伦比亚大学，毕业后曾于 1894 年至 1900 年在美国哥伦比亚大学担任数学助理教授。库克自 1897 年开始在哥伦比亚大学法学院攻读法学学位，1901 年获法律硕士学位，随后加盟内布拉斯加州立大学（University of Nebraska）从事法律教学与研究工作，1904 年至 1906 年任密苏里大学（University of Missouri）法学院教授、1906 年至 1910 年任威斯康星州大学（University of Wisconsin）法学院教授、1910 年至 1916 年任芝加哥大学（University of Chicago）法学院教授、1916 年至 1919 年任耶鲁大学（Yale University）法学院教授、1919 年至 1922 年任哥伦比亚大学（Columbia University）法学院教授、1922 年至 1928 年再任耶鲁大学（Yale University）法学院教授、1928 年至 1933 年任约翰斯·霍普金斯大学（Johns Hopkins University）法理学教授、1935 年至 1942 年任西北大学（Northwestern University）法学院教授。库克的涉猎领域非常广泛，在法理学、法学方法论、法律史、公司法、诉讼法与冲突法等方面颇有建树。1942 年，库克教授在其《冲突法的逻辑与法律基础》一书中，提出了“本地法说”（Local Law Theory）。库克的“本地法说”比戴西的“既得权说”走得更远，认为内国法院承认与执行的，既不是外国的法律也不是外国法创设的权利，而仅仅是一个由它自己的法律所创设的权利，亦即一个内国的权利或一

库克（Walter Wheeler Cook，1873—1943 年）

① 参见张翔宇：《现代美国国际私法学说研究》，武汉大学出版社 1986 年版，第 18 页。

② 参见邓正来：《美国现代国际私法流派》，法律出版社 1987 年版，第 23 页。

个本地的(Local)权利。① 因为,在库克看来,法院在处理涉外案件时所经常适用的,只是它自己的州或国家的法律,如果适用了外州(国)法的话,这个外州(国)法已被合并进了法院州(国)的法律了。所以,法院所适用的既不是外州(国)的法律,所执行的也不是依外州(国)法律所创设的权利,而只是由它自己的法律所创设的权利。

虽然库克的理论令人难以接受且实践障碍颇多,但是,库克对当代美国国际私法学说的贡献却是无法抹杀的。首先,库克对既得权说进行了有力批判,以本地法说彻底摧毁了既得权说。其次,库克主张不要从哲学家或法理学家的逻辑推理中去获取应适用的冲突原则,而应该通过考察法院在处理法律冲突时实际上是怎样做的,进而归纳总结或提炼出应适用的法律规则。这种做法实际上在美国开辟了以实用主义理论研究国际私法的道路,对美国国际私法的实用主义研究方法的应用起到了推波助澜的作用。②

3. 凯弗斯的“公正论”

凯弗斯(David Farquhar Cavers,1902—1988 年)

戴维·法夸尔·凯弗斯(David Farquhar Cavers,1902—1988 年)1902 年 9 月 3 日出生于美国纽约布法罗(Buffalo),1988 年 3 月 4 日逝世,享年 86 岁。1926 年哈佛大学法学专业毕业后在纽约律师事务所从事了三年法律实务工作,然后于 1931 年至 1945 年到杜克大学(Dukee University)法学院任教,1945 年至 1969 年担任哈佛大学法学院教授。他勤学好问,1957 年获得美国萨福克大学(Suffolk University)法学博士学位、1964 年获得日本中央大学(Chuo University)法学博士学位、1979 年获得杜克大学法学博士学位。凯弗斯在商法、原子能法与冲突法等领域有独到的研究,1933 在

---

① See J. H. C. Morris, *The Conflict of Laws*, 5th ed., Sweet & Maxwell Ltd., 2000, pp. 446 – 447.

② See Peter North, J. J. Fawcett, *Cheshire and North's Private International Law*, 13th ed., Butterworths London Ltd., 1999, p. 23.

《哈佛法学评论》上发表一篇题为《法律选择过程批判》的文章，把批判的矛头直接指向传统的冲突规范和编纂工作已近尾声的美国《第一次冲突法重述》。他站在哈佛大学法学院的立场上维护比尔的冲突法理论，驳斥耶鲁大学法学院库克和 E. 洛伦森（E. Lorenzen）的法律选择规则，强烈指责传统的冲突规范只做“管辖权选择”，而不问所选法律的具体内容是否符合案件的实际情况与公正合理性，因而是很难选择到更好的法律的。① 他主张改变这种只做“管辖权选择”的传统制度，而代之以“规则选择”或“结果选择”的方法。② 凯弗斯为法律适用的结果提供了两条应遵循的标准，一是要对当事人公正，二是要符合一定的社会目的。为了符合以上的标准，他建议法院在决定是适用自己的法律还是外国的法律之前，首先要认真审查诉讼事件和当事人之间的法律关系，周密分析案件的全部事实；其次要仔细比较适用不同法律可能导致的结果；最后再衡量这种结果对当事人是否公正，以及是否符合社会的公共政策。③ 1965 年，凯弗斯出版了《法律选择程序》一书，提出了七项解决法律冲突案件的“优先选择原则”（Principle of Preference Theory），完善了其理论体系。他提出直接对实体法进行选择，实际上可视为对阿尔德里古几百年前提出的“更好的、更有用的法律”选择论的现代回应。④

柯里（Brainerd Currie，1912—1965 年）

4. 柯里的“政府利益分析说”

布雷纳德·柯里（Brainerd Currie，1912—1965 年）是美国冲突法方面的著名教授，1912 年 12 月 20 日出生于佐治亚州梅肯（Macon），1965 年 10 月 7 日卒于北卡罗来纳州德罕（Durham），享年 53 岁。他 1935 年获得摩斯大学（Mercer

---

① See J. - G. Castel, *Canadian Conflict of Laws*, 4th ed., Butterworths Canada Ltd., 1997, pp. 34 - 36.

② See Gerhard Kegel, Klaus Schurig, *Internationales Privatrecht*, 9. Auflage, 2004, p. 200.

③ 参见张翔宇：《现代美国国际私法学说研究》，武汉大学出版社 1986 年版，第 25 页。

④ See K. Lipstein, *Principles of the Conflict of Laws National and International*, Martinus Nijhoff Publishers, 1981, pp. 34 - 36.

University)法学学士学位、1941 年获得哥伦比亚大学(Columbia University)法学硕士学位,曾在维克弗里斯特大学(Wake Forest University)、佐治亚州立大学(University of Georgia)、杜克大学(Duke University)、芝加哥大学(Chicago University)、加利福尼亚大学洛杉矶分校(University of California Los Angeles)和匹兹堡大学(University of Pittsburgh)法学院担任法学教授。① 柯里自 1957 年开始着重探讨法律选择中的利益标准,1963 年将该系列论文汇编成《冲突法论文集》正式出版。在该书中,柯里提出了"政府利益分析说"(Governmental Interests Analysis)。② 他指出,每一个国家的实体法都表现着一定的目的或政策,国家在实现自己法律的目的或政策的过程中自然会得到一种利益。政府利益分析说正是要分析这种隐藏在法律背后的政策,再根据这种政策来分析其利益。③ 柯里极力反对通过冲突规范来选择法律,而主张应以政府利益作为适用法律的唯一标准。在解决法律冲突时,法院首先要查明各有关法律所体现的政策,查看各有关国家运用这些政策维护某种利益是否合理的各种情况。他还与凯弗斯一样,认为法律冲突有"真实冲突"和"虚假冲突"两种情况。其中法律的虚假冲突又包括:第一,两国的法律规定虽不相同,但其中之一依其立法宗旨并不意在适用于本案的具体情况;第二,两国法律完全相同,或虽有不同,但无论适用其中哪一个,均会得出同样的判决结果;第三,外国法只是作为判决的资料,而不是作为判决的根据。柯里在分析这两种冲突时指出:如果只有一个州(国)对适用其法律有利益,而其他州(国)并无利益,这就是一种"虚假冲突",应该适用与案件唯一有利益关系的政府的法律;假如认定有关各州(国)对于适用其法律均有"政府利益",这就存在"真实冲突",便应适用法院地法或那个有更大"政府利益"的国家(州)的法律。④

---

① See Elvin R. Latty, et al., *Brainerd Currie: Five Tributes*, Duke Law Journal, Vol. 2, 1966.

② See Roger K. Newman, *The Yale Biographical Dictionary of American Law*, Yale University Press, 2009, pp. 137 – 138.

③ See J. – G. Castel, *Canadian Conflict of Laws*, 4th ed., Butterworths Canada Ltd., 1997, p. 25.

④ See Herma Hill Kay, *Remembering Brainerd Currie*, University of Illinois Law Review, Vol. 25, No. 5, 2015.

柯里的理论有可能会扩大法院地法的适用。因为,在实践中,法院在处理多数案件时都会认为本国对于在该案中适用自己的法律存在利益,因而适用法院地法。而且,当事人试图通过诉讼来维护自己的利益,而案件的法律适用却变成了政府利益的较量,这也是难以让当事人接受的。不过,柯里的理论揭示了法律冲突背后的实质,这是前人所未明确提到的。[①] 柯里的“政府利益分析说”至今仍有着一定的影响,诸如当代国际私法普遍强调保护弱势当事人权益,诸如消费者、未成年人、雇员的利益,就表现出明显的政策倾向。[②] 此外,当前国际私法流行的“直接适用的法”也在一定程度上反映了维护政府利益的实践趋向。

5. 艾伦・茨威格的“法院地法优先说”

艾伦・茨威格(Albert Armin hrenzweig,1906—1974 年)

出生于奥地利并在美国长期工作的艾伯特・阿明・艾伦・茨威格(Albert Armin Ehrenzweig,1906—1974 年)也成为美国当代国际私法学界先锋派成员,在冲突法领域冲锋陷阵。他 1906 年 4 月 1 日出生于奥地利黑措根堡(Herzogenburg),1974 年 6 月 4 日卒于美国加州伯克利(Berkeley),享年 68 岁。艾伦・茨威格早年就读于海德堡大学和维也纳大学,1928 年获维也纳大学法学博士学位,曾在奥地利维也纳大学法学院和英国布里斯托大学法学院工作过一段时间,1939 年移民美国后又进入芝加哥大学和哥伦比亚大学继续深造和研究,1941 年获得芝加哥大学法学博士学位,1948 年以后正式加盟加州伯克利大学并担任冲突法的教学工作。[③] 其主要著作有 1962 年的《冲突法论》(A Treatise on the Conflict of Laws)、

---

① See Peter North, J. J. Fawcett, *Cheshire and North's Private International Law*, 13th ed., Butterworths London Ltd., 1999, pp. 25 – 26.

② See Gerhard Kegel, Klaus Schurig, *Internationales Privatrecht*, 9. Auflage, 2004, p. 323.

③ See Jürgen Basedow, Giesela Rühl, *Franco Ferrari and Pedro de Miguel Asemsio*, *Encyclopedia of Private International Law*, Chapter B, Edward Elgar Publishing, 2017, p. 584.

1964 年的《美国与日本国际私法》(American-Japanese Private International Law)和 1967 年的《国际私法》(Private International Law)等。① 艾伦·茨威格也试图对传统国际私法进行全面的改造,并提出了"法院地法优先说"(Doctrine of Lex Fori)。② 他的这种理论以实证主义方法为基础,攻击以往的国际私法规范的概念主义缺陷,认为法律冲突的解决是法院地实体法的解释问题,即可以通过对法院地实体法的解释结果而决定应该适用什么法律。为了防止"挑选法院"(Forum Shopping)的现象发生,他又提出了"方便法院"(Forum Convenience)和"适当法院"(Proper Forum)的理论。③ 艾伦·茨威格特别强调,按照他提出的这种国际的和州际的适当法院的司法管辖原则就可以防止人们所担心的法院地法的错误适用。

总之,艾伦·茨威格认为,国际私法赖以建立和发展的基础是优先适用法院地法,而适用外国法仅仅是一种例外。④ 他明确提出,通过法院地法优先原则来改造传统国际私法的冲突规范,充分体现了保护法院地国家的利益,既不同于激进的利益分析法学派的看法,又有别于国际私法改良主义的观点。⑤ 正因如此,艾伦·茨威格的法院地法优先说曾受到不同学者的严厉批评。⑥ 虽然艾伦·茨威格的国际私法说还很不完善,甚至还存在这样或那样的缺点和谬误,但是艾伦·茨威格教授所做的长期努力——"对于 20 世纪中叶的冲突法和冲突法理论所进行的严肃思考和反思"对冲突法和冲突法理论做出了巨大贡献。"艾伦·茨威格的贡献在美国冲突法思想的过渡阶段中是一个重大要素。"⑦

---

① See Erik Jayme, *Internationales Privatrecht*:*Ideengeschichte von Mancini und* Ehrenzweig zum Europäischen Kollisionsrecht, C. F. Müller Verlag 2009, pp. 205 – 207.

② See Peter North, J. J. Fawcett, *Cheshire and North's Private International Law*, 13th ed., Butterworths London Ltd., 1999, p. 28.

③ See Eugene F. Scoles, P. Hay, *Conflict of Laws*, 3rd ed., ST. Paul Minn, 2000, p. 37.

④ See Jürgen Basedow, Giesela Rühl, Franco Ferrari and Pedro de Miguel Asemsio, Encyclopedia of Private International Law, Chapter B, Edward Elgar Publishing, 2017, p. 591.

⑤ 参见张翔宇:《现代美国国际私法学说研究》,武汉大学出版社 1986 年版,第 74 ~ 75 页。

⑥ See K. Lipstein, *Principles of the Conflict of Laws National and International*, Martinus Nijhoff Publishers, 1981, p. 30.

⑦ Eugene F. Scoles, P. Hay, *Conflict of Laws*, ST. Paul Minn, 1982, p. 23; 参见邓正来:《美国现代国际私法流派》,法律出版社 1987 年版,第 167 页。

6. 里斯的“最密切联系说”

里斯(Willis Livingston Mesier Reese,1913—1990 年)

威利斯·利文斯顿·梅西尔里斯(Willis Livingston Mesier Reese, 1913—1990年)属于美国当代国际私法学界最有影响的学者,1913年6月16日出生于新泽西州伯纳德斯维尔(Bernardsville),1990年7月9日卒于美国纽约休森维尔(Hughsonville),享年77岁。他1931年至1938年在耶鲁大学学习,1935年获得文学学士学位,1938年获得法学学士学位,1972年获得比利时鲁汶大学(Unversity Leuven)法学博士学位,1979年获得剑桥大学圣三一学院(Trinity College)法学博士学位。里斯1939年至1941年在纽约律师事务所工作,1941年至1945年自愿参军服役并在“二战”中立功授勋,1946年至退休一直担任哥伦比亚大学法学教授。此外,他1951年至1971年还担任过纽约法律援助协会主任和纽约律师协会主席、1956年起连续五年作为美国代表团成员参加海牙国际私法会议。里斯在冲突法领域造诣独特,曾任美国《第二次冲突法重述》的报告员,出版了《冲突法案例教程》(*Cases and Materials on Conflict of Laws*)等著作。

尽管在批判《第一次冲突法重述》过程中出现了众多学者,提出了众多的理论,但现今最令人难忘的仍数里斯教授。① 他在改造传统冲突法体系的基础上,提出了“最密切联系说”(Doctrine of the Most Significant Connection)。

由于美国传统国际私法理论的衰败以及种种新学说的出现,迫使美国法学会于1952年撤销1934年的《第一次冲突法重述》,并举荐哥

① See Russell J. Weintraub, et al., *Commentary on the Conflict Laws*, 4th ed., New York Foundation Press, 2001, pp. 7 - 8.

斯科特(Austin Wakeman Scott,1884—1981 年)

伦比亚大学里斯教授和哈佛大学奥斯汀·沃克曼·斯科特(Austin Wakeman Scott,1884—1981 年)教授负责起草美国《第二次冲突法重述》。[①] 里斯主持编纂了以最密切联系原则作为理论基础的美国《第二次冲突法重述》。这也是对美国各种国际私法学说综合甚至折中的结果。在里斯等学者的努力下,美国国际私法学界自《第一次冲突法重述》以后所出现的争吵不休局面暂趋平静并略显稳定。[②]

历经 17 年的艰辛努力,于 1971 年才大功告成的美国《第二次冲突法重述》(*Restatement of the Law, Second, Conflict of Laws*)是当代美国国际私法理论改革的一面镜子。它总结了自《第一次冲突法重述》问世后四十年来美国国际私法的司法实践和理论发展,在美国国际私法的历史上具有重要的意义,并对各国国际私法的立法和学说也产生了重要影响。[③]

《第二次冲突法重述》与《第一次冲突法重述》相比,在很多方面都做了重大改进。首先,修正了《第一次冲突法重述》的理论基础,以"最密切联系原则"取代"既得权"学说。其次,抛弃了硬性规则,而以多少可供选择的系属联系代替了不变的单一连接公式。《第二次冲突法重述》的第 6 节是整个重述的核心条款,它确定了"最密切联系原则"所要求的具体内容,并指出了法律适用的一般原则。《第二次冲突法重述》第 6 节要求进行法律选择时:(1)应受联邦宪法的制约,即每一个法院在选择法律时应该遵循本州成文法规的指示。(2)在缺乏这种指示时,有关法律选择应考虑的因素有:第一,州际或国际体制的需要;第二,法

---

① 参见邓正来:《美国现代国际私法流派》,法律出版社 1987 年版,第 188 页。

② See Jürgen Basedow, Giesela Rühl, *Franco Ferrari and Pedro de Miguel Asemsio*, *Encyclopedia of Private International Law*, Chapter B, Edward Elgar Publishing, 2017, pp. 67 – 68.

③ See Peter North, J. J. Fawcett, *Cheshire and North's Private International Law*, 13th ed., Butterworths London Ltd., 1999, p. 29.

院州(或国)的相关政策；第三，其他利益有关的州(或国)的相关政策；第四，当事人正当期望的保护；第五，特定领域的法律所依据的政策；第六，判决结果的确定性、预见性和一致性；第七，将予适用的法律易于查明和适用。①

此外，亚瑟·泰勒·冯·梅伦(Arthur Taylor von Mehren，1922—2006年)和唐纳德·西奥多·特劳特曼(Donald Theodore Trautman，1924—1993年)在其《多州法律问题》一书中提出的"功能分析说"(Functional Analysis)、威廉·弗朗西斯·巴克斯特(William Francis Baxter，1929—1998年)所倡导的"比较损害说"(Comparative-Impairment Approach)、罗伯特·艾伦·利弗拉尔(Robert Allen Leflar，1901—1997年)创造的"较好法律说"(Better Law Theory)以及理查德·艾伦·波斯纳(Richard Allen Posner，1939—)的"经济分析学说"(Economic Analysis Theory)，均是当代英美普通法系国际私法革新运动中十分引人注目的学说，对当今世界国际私法的理论与实践依然有着重要影响。

三、中国国际私法学说的繁盛

(一)旧中国的国际私法学说

我国虽然早在唐朝就已出现了冲突规范的萌芽，但直到清朝咸丰年间，我国还没有专门的国际私法著作。自唐朝以后，我国的国际私法便无起色，无论是国际私法的立法还是理论学说均落伍于欧美国家。对唐律中的这一条冲突规范，《唐律疏义》中虽有解释，但远不是系统的国际私法理论研究。宋朝的汪大犹曾对涉外法律关系的准据法选择提出过自己的看法。他主张"既入吾境，当依吾俗，安用岛夷俗哉"。这是一种不承认外国法域外效力的绝对属地主义观点。而1840年鸦片战争，西方的坚船利炮打开了清朝闭关锁国的大门，清政府被迫签订的《南京条约》和《虎门条约》等一系列丧权辱国条约，尤其是领事裁判权的确立，使外国人在华由以往的"无国民待遇"变成"超国民待遇"，从而令清政府和学者们不得不得重新审视外国人的权利和外国法律的域外效力问题，力图借鉴西方法律制度和学说开展变法修律，收

---

① 参见李双元等：《中国国际私法通论》，法律出版社2003年版，第61～64页。

回治外法权。这就从客观上逼迫人们思考和研究管辖权和法律适用等国际私法问题。

根据对现有文献资料的考证,西方国际私法的理论学说开始传入中国是在19世纪末,英国传教士傅兰雅1895年翻译了罗伯特·约瑟夫·费利摩(Robert Joseph Phillimore,1810—1885年)的《各国交涉便法论》并由上海江南制造局刻印出版;[①]1903年李叔同与范吉迪也翻译了日本学者太田政弘、加藤正雄和石井谨吾合著的《国际私法》并由上海开明书店出版;1906年冯信模翻译了日本石光三郎、森之佐合著的《国际私法图解》并由上海广智书局出版;1907年袁希濂翻译了日本中村进午著的《新译国际私法》并由上海中国图书公司出版;1913年李倬翻译了日本山田三良著的《国际私法》并由商务印书馆出版;1935年萧经方翻译了古巴法学家毕时达特满(A. B. Bustamante,今译为"布斯塔曼特")著的《国际私法典》并由商务印书馆出版。而中国人自己编著的国际私法书籍,直至清末光绪年间才出现。最早出现的国际私法书籍可能当算1886年印行的《通商章程成案汇编》,[②]随后1905年(清光绪三十一年)出版了一套法律丛书——《法政粹编》,其中第11种系《国际私法》;1905年问世的《法政丛书》第12种亦为《国际私法》(郭斌编著);1907年出版的《法政讲义》中有一部为《国际公私法》(傅疆编著);1911年《京师法学堂笔记》有一本为《国际私法》(熊元楷等编著)。这些书籍主要是介绍一些西方国家的国际私法学说,尚未形成自己独立的见解和体系。[③]

民国时期特别是《法律适用条例》颁布后,我国的国际私法理论研究获得了一定发展,出版的国际私法书籍主要有:1914年吴道南编著的《国际私法》、1914年熊元翰著的《国际私法》、1930年唐纪翔著的《中国国际私法论》、1930年陈顾远主编的《国际私法总论》、1931年周敦礼著的《国际私法新论》、1931年于能模著的《国际私法大

---

① See Rafael Domingo, *The New Global Law*, Cambridge University Press, 2010, pp. 32–33; Phillip C. C. Huang, Kalthyn Bernhardt, *The History and Theory of Legal Practice in China: Toward a Historical-Social Jurisprudence*, Koninklijke Brill, 2014, p. 218.

② 参见李贵连、俞江:《简论中国近代法学的翻译与移植:以我国第一部国际私法译著为例》,载汪汉卿等主编:《继承与创新(法律史论丛)》第8辑,法律出版社2001年版,第777页。

③ 参见高树异主编:《国际私法》,吉林大学出版社1985年版,第48页。

纲》、1931 年程树德著的《比较国际私法》、1931 年王毓英著的《国际私法》、1932 年梅汝璈著的《国际私法》、1932 年裴祖谟编的《国际私法》、1932 年徐砥平著的《国际私法》、1932 年陈顾远著的《国际私法本论》、1933 年阮毅成著的《国际私法》、1934 年陈顾远编著的《国际私法商事编》、1935 年翟楚编著的《国际私法纲要》、1937 年卢峻著的《国际私法之理论与实际》、1941 年梅仲协著的《国际私法新论》、1948 年郭云观著的《中国国际私法沿革概况》以及 1945 年李浩培著的《国际私法总论》等。

总的来看，民国时期我国学者的国际私法著作主要呈现如下三大特点：第一，国际私法著作的独创性不足，大多属于介绍性质的，以承袭德国、法国和日本等国家的国际私法理论与学说为主，缺乏创新以及与本土融合的独特性；第二，国际私法著作的雷同性明显，各种国际私法著作的内容与体系大同小异，一般都认为国际私法的基本内容包括三大部分，即国籍与住所、外国人的民事法律地位、法律适用，而最后一部分的内容均十分单薄；第三，国际私法著作的视角有限，普遍主张国际私法仅仅为冲突法且属于国内法性质。

尽管我国民国时代的国际私法著作因袭他国学说，缺乏明显的独创性，但是，它们作为中国国际私法学初创期的产物，具有标志性价值。它们为中国国际私法学的进一步发展打下了良好的基础，在国际私法说史上占据了一席之地。

（二）新中国的国际私法学的繁荣

新中国的国际私法学的发展经历了一个漫长而曲折的过程。建国初期，中国的国际私法学的发展非常缓慢，几乎处于停滞阶段，直到 20 世纪 80 年代以后才出现了初步繁荣的景象。这是直接与我国坚定不移地实行改革开放政策紧密联系在一起的。加之中国成为世界贸易组织成员后，国际私法学获得了进一步发展的契机。

中华人民共和国成立后，人民政府废除了国民党的《六法全书》，力图完全以计划经济体制下的苏联法律和法学为模式来建立我国社会主义的法律体系和法律科学。1951 年，中国人民大学外交系下设置了国际法教研室，先后聘请了三位苏联专家给教师和研究生讲授国际私法。同时，中国学者也陆续翻译出版了苏联学者的国际私法著作，如隆茨的《国际私法》（1951 年人民出版社出版）、《苏联国际私法教程》（1951 年大东书局出版)和《国际私法论文集》(1959 年世界知识出版社出版),乌·姆·柯列茨基的《英美国际私法的理论与实践概论》(1957 年中国人民大学出版社出版)等。这些屈指可数的国际私法论著,皆因当时特别强调社会制度和意识形态的对立对国际私法的影响,难免存在简单化倾向和照搬苏联模式的痕迹,特别是隆茨的国际私法学说影响甚大。20 世纪 50 年代后期培养出来的中国国际私法学者大多受到这些学术成果的影响。到 1957 年,因极"左"路线的干扰日益严重,整个法学界都受到极大的冲击。但值得庆幸的是,因为 20 世纪 50 年代翻译出版的苏联国际私法著作的流传,总算还在新中国法学园地中保留了国际私法这个学科。尽管在 20 世纪 60 年代还先后有倪征燠教授翻译的英国托马斯的《国际私法》(商务印书馆 1963 年出版)和由他撰写的《国际私法中的司法管辖问题》(世界知识出版社 1964 年出版),但到"文革"时,国际私法的理论研究已完全中断。在全国仅剩的三个法律专业中,国际私法的教学也被取消。

直到党的十一届三中全会决定实行改革开放政策以后,国际私法学才受到了党和国家的高度重视。这时,对外开放中发生的种种国际私法问题迫切需要研究解决,中国国际私法学因而重新获得了发展契机。经过十几年的努力,不但中国国际私法立法取得了长足的进步,国际私法理论研究也步入了一个初步繁荣的阶段。在这一时期,中国国际私法理论研究工作在配合立法和涉外司法实践方面也成就卓著。在 1985 年召开第一次全国性国际私法研讨会上,与会学者便积极投入《民法通则》第八章"关于涉外民事关系的法律适用"的立法指导思想、基本原则和主要内容以及相应的具体规定的研究和讨论。1985 年年底在彭真委员长直接主持下全国人大常委会法工委召开了《民法通则》通过前的最后一次全国性研讨会上,其第 8 组便主要由国际私法方面的学者专家组成,他们也以研究、讨论、修改草案第八章为主要任务。

20 世纪 80 年代国际私法学界一些专家学者还就国家的重大的涉外民商事争议案件或向国家有关主管部门提供了极有价值的法律咨询意见,或发表了一些重要学术论文,阐述中国政府应采取的立场,很好地发挥了国际私法理论研究为国家现代化建设服务的作用。①

随着改革开放而逐渐出现的涉外民商事案件急需加以解决，特别是《民法通则》中有关"涉外法律适用"规范立法论证的需要，中国国际私法的理论研究如沐浴春风，出现了欣欣向荣的景象。在这一时期，不同风格、不同观点、不同体例的国际私法教材、专著、译著和资料集如雨后春笋般不断问世，公开发表的学术论文也日益增多。我国改革开放后面世的国际私法方面的著作主要有：李浩培教授负责主编的《中国大百科全书·法学卷》中的国际私法分册（1984 年）、姚壮与任继圣教授合编的《国际私法基础》（1981 年）、②韩德培教授任主编（任继圣、刘丁教授任副主编）的新中国第一本全国统编教材《国际私法》（已出 1983 年、1989 年两版）、高树异教授主编的《国际私法》（1985 年）、李双元教授撰写的专门研究国际私法的本体部分冲突法的《国际私法（冲突法篇）》（1987 年）和他主编的全国自考统编教材《国际私法》（已出 1991 年、2000 年和 2005 年三版）、唐表明教授撰写的《比较国际私法》（1987 年）、费宗祎教授主编的《国际私法讲义》（1988 年）、钱骅教授主编的《国际私法》（已出 1988 年、1992 年两版）、董立坤教授撰写的《国际私法论》（已出 1988 年、2000 年两版）、刘振江教授等主编的《国际私法教程》（1988 年）、陈力新和邵景春教授合著的《国际私法概要》、余先予教授主编的法学试用教材《冲突法》（1989 年、1999 年两版）、章尚锦教授主编的《国际私法》（1992 年）、武汉大学兼职教授王常营主编的《中国国际私法理论与实践》（1993 年）、韩德培教授主持完成的国家"七五"重点科研项目《中国冲突法研究》（1993 年）、韩德培与韩健合著的《美国国际私法导论》（1994 年）、李双元教授主持完成的国家"七五"与"八五"哲学社会科学基金项目《国际民事诉讼法概论》（已出 1991 年、2001 年两版）、《中国与国际私法统一化进程》（已出 1993 年、1998 年、2016 年三版）、《市场经济与国际私法趋同化问题研究》（1994 年）、《国际民商新秩序的理论建构——国际私法的重新定位与功能转换》（1998

---

① 可参见法律出版社为纪念新中国成立 35 周年而出版的《法学文集》中韩德培、周子亚、李双元合著的《关于终止几个成套设备进口合同若干法律问题的意见》一文，及 20 世纪 80 年代早期围绕湖广铁路债券案若干学者分别撰写发表在《中国国际法年刊》《法学评论》等刊物上有关国家及其财产豁免权的论文等。

② 中国社会科学出版社 1981 年出版的由姚壮和任继圣教授合著的《国际私法基础》，堪称新中国国际私法理论研究方面的拓荒之作。

年)、《中国国际私法通论》(已出1996年、2002年和2007年三版)以及他与青年学者金彭年合著的《中国国际私法》(1991年)、张仲伯教授主编的《国际私法》(已出1995年、2003年两版)、黄进教授著的《区际冲突法研究》(1991年)、肖永平教授著的《中国冲突法立法问题研究》(1996年)、《冲突法专论》(1999年)和《肖永平论冲突法》(2002年)、《欧盟统一国际私法研究》(2002年)、《国际私法原理》(2003年)、韩德培与肖永平教授主编的《国际私法学》(2004年)、余先予教授主编的《国际私法学》(2004年)、蒋新苗与杨翔教授主编的《国际私法》(2002年)、丁伟教授主编的《国际私法学》(2004年)、屈广清教授主编的《国际私法导论》(2003年)、许光耀与宋连斌教授主编的《国际私法学》(2003年)、赵生祥与陶林教授主编的《国际私法学》(2003年)、徐文超与储敏合著的《国际私法要论》(2004年)、杜涛与陈力合著的《国际私法》(2004年)、何群与胡晓红主编的《国际私法学》(2004年)、张潇剑著的《国际私法论》(2004年)、柯泽东著的《国际私法》(2003年)、李秀梅编著的《国际私法》(2004年)、丁伟主编的《国际私法学》(2004年)、赵生祥主编的《国际私法》(2004年)、赵相林主编的《国际私法》(2005年)、章尚锦主编的《国际私法》(2005年)、宋锡祥主编的《国际私法学》(2005年)、宋连斌与许光耀主编的《国际私法学》(2005年)、王明洁编的《国际私法学》(2005年)、徐冬根著的《国际私法趋势论》(2005年)、白红平主编的《国际私法》(2006年)、林雪梅著的《国际私法》(2006年)、邓杰著的《国际私法分论》(2006年)、严红主编的《国际私法》(2006年)、章尚锦与徐青森主编的《国际私法》(2007年)、屈广清主编的《国际私法》(2007年)、杜新丽主编的《国际私法》(2007年)、谢石松著的《国际私法》(2007年)、吕岩峰主编的《国际私法教程》(2007年)、秦瑞亭编的《国际私法》(2008年)、金彭年主编的《国际私法》(2008年)、马灵霞主编的《国际私法》(2009年)、田晓云主编的《国际私法》(2010年)、李广辉著的《国际私法》(2010年)、叶竹梅主编的《国际私法》(2010年)、陶红主编的《国际私法》(2011年)、王祥修与裴予峰主编的《国际私法学》(2011年)、李旺著的《国际私法》(2011年)、高智华主编的《国际私法学》(2011年)、刘想树主编的《国际私法》(2011年)、袁发强著的《国际私法学》(2012年)、杜焕芳主编的《国际私法关键问题》(2012年)、许光耀与孙建著的《国际私法》(2013年)、齐湘泉主编的《国际私法》(2002年)、马德才主编的《国际私法》(2013年)、涂广建著的《澳门国际私法》（2013 年）、赵哲伟主编的《国际私法学》（2014 年）、余丽萍和张丽珍主编的《国际私法》（2015 年）、韩立新著的《海事国际私法》（2015 年）、杨敏主编的《国际私法》（2016 年）、鲁世平著的《国际私法》（2016 年）、霍政新著的《国际私法》（2017 年）、孙平与方杰著的《国际私法学》（2017 年）、黄亚英著的《中国国际私法学》（2017 年）、方杰著的《国际私法学说史》（2017 年）、杜涛著的《国际私法原理》（2018 年）、何其生著的《国际私法入门笔记》（2019 年）、顾海波著的《国际私法学新论》（2019 年）、沈涓著的《国际私法的振扬之路》（2019 年）、袁成第著的《涉外法律适用原理》（1988 年）、黄进教授著的《国家及其财产豁免问题研究》（1987 年）、周海荣博士著的《国际侵权行为法》（1991 年）、韩健博士著的《现代国际商事仲裁法的理论与实践》（已出 1993 年、2000 年两版）、徐宏博士著的《国际民事司法协助》（1986 年）、张翔宇博士著的《现代美国国际私法学说研究》（1986 年）、瑞士学者哈罗·冯·胜雅律（Harro von Senger）和中国学者徐国建博士合著的《中华人民共和国国际私法与国际民事诉讼法》（1994 年）、张茂博士著的《美国国际民事诉讼法导论》（1999 年）、郑自文博士著的《国际代理法研究》（1998 年）、王瀚博士著的《华沙国际航空运输责任体制法律问题研究》（1998 年）、蒋新苗博士著的《国际收养法律制度研究》（1999 年）、笪恺博士著的《国际贸易中的银行担保法律问题研究》（2000 年）、郑远民博士著的《现代商人法》（2001 年）、李旺博士著的《国际诉讼竞合》（2002 年）、王国华博士著的《海事国际私法研究》（1999 年）和《海事国际私法理论与实务研究》（2004 年）、贺万忠博士著的《国际货物多式运输法律问题研究》（2002 年）、陈卫佐博士著的《瑞士国际私法法典研究》（1998 年）、董丽萍博士著的《澳大利亚国际私法研究》（1998 年）、刘仁山博士著的《加拿大国际私法研究》（2001 年）、袁泉博士著的《荷兰国际私法研究》（2000 年）、刘卫翔博士著的《欧洲联盟国际私法》（2001 年）、张文彬博士著的《论私法对国际法的影响》（2001 年）、罗剑雯博士著的《欧盟民商事管辖权比较研究》（2003 年）、何其生博士著的《电子商务的国际私法问题》（2004 年）、宋晓博士著的《当代国际私法的实体取向》（2004 年）、孙劲博士著的《美国的外国法院判决承认与执行制度研究》（2003 年）、刘力博士著的《国际民事诉讼管辖权研究》（2004 年）、曾二秀博士著的《侵权法律选择的理论、方法与规则——欧美侵权冲突法比较研究》（2004 年）、朱伟东博士著的《南非共和国国际私法》(2006 年)、杜涛博士著的《德国国际私法:理论、方法和立法变迁》(2006 年)、贺连博博士著的《反致问题研究》(2006 年)、霍政新博士著的《不当得利的国际私法问题》(2006 年)、王葆莳博士著的《国际私法中的先决问题研究》(2007 年)、耿勇博士著的《国家主权与国际私法后现代转型》(2008 年)、萧凯博士著的《跨国证券交易的国际私法问题》(2008 年)、邹龙妹博士著的《俄罗斯国际私法研究》(2008 年)、陈小云博士著的《英国国际私法本体研究》(2008 年)、刘萍博士著的《无单放货中国际私法问题研究》(2008 年)、吴用博士著的《儿童监护国际私法问题研究》(2009 年)、张庆元博士著的《国际私法中的国籍问题研究》(2010 年)、马志强博士著的《国际私法中的最密切联系原则研究》(2010 年)、马德才博士著的《国际私法中公共秩序研究》(2010 年)、张磊博士著的《涉外保证的国际私法问题研究》(2012 年)、崔华强博士著的《网络隐私权利保护之国际私法研究》(2012 年)、梅傲博士著的《国际私法人本论》(2015 年)、李华成博士著的《国家侵权的国际私法问题研究》(2016 年)、黄志慧博士著的《人权保护对欧盟国际私法的影响》(2019 年)、许凯博士著的《惩罚性赔偿的国际私法问题研究》(2019 年)、沈涓博士著的《冲突法及其价值导向》(1993 年)和《中国区际冲突法研究》(1999 年)、傅静坤博士著的《契约冲突法论》(1999 年)、李旺博士主编的《涉外民商事管辖权制度研究》(2004 年)、屈广清与欧福永博士主编的《国际民商事诉讼程序导论》(2004 年)、赵国强博士著的《基本法与区际司法协助》(2000 年)、韩德培教授和黄进教授主编的《国际商事仲裁丛书》[包括朱克鹏博士著的《国际商事仲裁的法律适用》(1999 年)、宋航博士著的《国际商事仲裁裁决的承认与执行》(2000 年)、赵健博士著的《国际商事仲裁的司法监督》(2000 年)和宋连斌博士著的《国际商事仲裁管辖权研究》(2000 年)]、王瀚博士著的《国际私法之程序法比较研究》(1998 年)、赵秀文教授编著的《国际商事仲裁法》(2004 年)、韩德培教授主编的面向 21 世纪课程教材《国际私法学》(2000 年)、李双元教授主编的 21 世纪法学教材《国际私法》(2000 年)、黄进教授主编的九五规划高等学校法学教材《国际私法》(1999 年)、赵相林教授主编的《中国国际私法立法问题研究》(2002 年)、屈广清教授著的《冲突法原理》(2004 年)、王军与陈洪武合著的《合同冲突法》(2003 年)、韩德培主编的《国际私法立法问题专论》(2004 年)等,它们都是反映中国改革开放以来各个时期国际私法学研究成果的著作。

这些反映我国改革开放以来国际私法学界研究成果的著作，涉及国际私法基础理论、国际私法史、比较国际私法与比较国际私法学、有关国际私法的各种主体的法律制度、外国人法与外国人待遇制度、冲突法的理论与制度、国际私法上的法律行为与代理、国际私法上的物权法、国际私法上的合同法、国际私法上的侵权行为之债、国际私法上的婚姻家庭制度、国际私法上的遗产继承、现代商人法、国际私法的趋同化与统一化进程、海牙国际私法公约、国际民事诉讼法、国际商事仲裁、区际私法等各个方面以及中国改革开放过程中所产生的重大国际私法理论和实践问题。

中国学者专家在改革开放以后，还大量译介出版了国外一大批有影响的国际私法立法、学术论文与重要学术文献，其中最重要的有李浩培与汤宗舜教授翻译的沃尔夫著的《国际私法》(1988 年)、曾陈明汝翻译的巴蒂福尔等著的《国际私法各论》(1979 年)、吴云琪等翻译的隆茨等著的《国际私法》(1986 年)、姚梅镇教授翻译的日本北胁敏一著的《国际私法—国际关系Ⅱ》(1989 年)、李东来等翻译的莫里斯著的《冲突法》(1989 年)、陈洪武等翻译的巴蒂福尔等著的《国际私法总论》(1989 年)、刘兴莉翻译(黄进教授校)的威廉·泰特雷著的《国际冲突法：普通法、大陆法及海事法》(2003 年)、李倬翻译的山田三良著的《国际私法》(2004 年)、李双元与杨国华、胡振杰、张茂三位博士合译的戴西和莫里斯著的《冲突法论》(第 10 版)(1998 年)、李双元教授与张茂、吕国民、程卫东、郑远民等根据威廉·格斯里(William Guthrie)英译本合译的萨维尼著的《现代罗马法体系》(第 8 卷)(1999 年)、李庆明翻译的帕德罗·J. 马丁内兹·弗拉加(Pedro J. Martinez-Fraga)著的《国际私法程序中礼让的新作用》(2011 年)、李晶翻译的阿瑟·冯迈伦(Arthur Von Mehren)著的《国际私法中的司法管辖权之比较研究》(2015 年)、许凯翻译的卡尔斯特著的《欧洲国际私法》(2016 年)等。

在出版的参考资料方面，也有不少出版物，例如，卢峻主编的《国际私法公约集》(1986 年)、刘慧珊和卢松主编的《外国国际私法法规选编》(1988 年)、司法部司法协助局编译的《国际司法协助条约集》(1990 年)和《国际司法协助法规选》(1992 年)、余先予教授主编的《冲突法资料选编》(1990 年)、韩德培和李双元主编的《国际私法教学参考资料选编》(上下册，1991 年)、徐冬根等主编的《国际条约和国际惯例》(国际私法卷)(1998 年)、外交部条约法律司编的《中华人民共和国司法协助条约集》(1998 年)、李双元等主编的《国际私法教学参考资料》(上中下册,2002 年)、刘颖与吕国民编的《国际私法资料选编》(2004 年)、屈广清等编的《国际私法教学必读法规选编》(2009 年)、邹国勇译注的《外国国际私法立法精选》(2011 年)和《外国国际私法立法选译》(2017 年)、外交部条约法律司编的《海牙国际私法会议公约集》(2012 年)等。而由李双元教授等主编的《国际私法教学参考资料》一直是目前国内收集资料最为全面的国际私法教学参考资料集。

在国际私法案例汇编和评析方面,也有一些出版物,如黄惠康和黄进教授编著的《国际公法国际私法成案选》(1987 年)、人民法院出版社出版的《国际私法教学案例选编》(1988 年)、杨贤坤教授主编的《中外国际私法案例评述》(1992 年)、杜新丽教授主编的《国际私法案例选编》(1998 年)、李双元与蒋新苗编著的《国际私法学案例教程》(2004 年)、黄进、何其生、肖凯编著的《国际私法:案例与资料》(2004 年)、崔峰著的《国际私法原理与案例》(2003 年)、肖永平主编的《国际私法:论点·法规·案例》(2004 年)、林燕萍主编的《国际私法案例评析》(2007 年)、赵秀文主编的《国际私法原理与案例教程》(2009 年)、王军主编的《国际私法案例选评》(2009 年)、徐青森与杜焕芳主编的《国际私法案例分析》(2009 年)、李双元主编的《国际私法案例》(2012 年)、刘晓红主编的《国际私法:案例与图表》(2012 年)、王葆莳著的《德国联邦法院典型判例研究:国际私法篇》(2015 年)、冯霞著的《国际私法:原理与案例》(2017 年)、杨文丽与高凛著的《国际私法原理与案例》(2017 年)、徐冬根编著《国际私法案例百选》(2019 年)等。

但是,作为一门学科,国际私法应该包括哪些内容,中国学者的认识仍然存在很大分歧,对此,中国理论界习惯称为"大国际私法"、"中国际私法"和"小国际私法"之争。从目前的情况看,三种观点均仍不乏支持者。在这三者之中,"大国际私法"观点虽占有一定的优势,但对其具体内容的研究仍存在许多空白,许多基本理论问题尚缺乏深入探讨,"大国际私法学"的体系还没有完全建立起来。这是这一派观点尚未臻成熟的明显标志。不同的学术观点和理论体系通过磋商和讨论,并且经过实践的检验,正确的自会得到公认,错误的自会得到修正。中国的国际私法学理论仍将存在不同的学派,呈现出百家争鸣的局面。改革开放以来,在国际私法教学方面,国际私法课程不仅在正规高等学校法律院系重新开设,而且在一些高校还被确定为主干课程,1998 年教育部高等学校法学专业教学指导委员会将其定为全国高校法学专业核心课程之一。同时,国际私法课程也进入了电大、职大、夜大、函大、自学考试以及各省、自治区、直辖市的政法管理干部院校的教学领域。1990年,国务院学位委员会和国家教委还曾正式确定国际私法为法学学科中独立的二级学科。[①] 为此,以武汉大学为首的高校在国际私法专业研究生招生和培养方面加大了力度,为国家培养和输送了一大批国际私法专业硕士研究生人才,而武汉大学法学院国际法研究所自1984年开始就招收和培养国际私法专业博士研究生,目前已培养出一批国际私法博士,成为我国国际私法教学研究的中坚骨干,不少人在国际私法领域的开创性研究引起了国内外关注。

为了推动国际私法学的研究,全国性的国际私法学术交流活动也于1980年肇始。当时的教育部高教司与司法部教育司联合成立了法学教材编辑部,在第一批组织编写的法学统编教材中,便有国际私法。为了保证这本教材高质量地完成,国内有关高校的国际私法教师几乎都被邀请参加了编写大纲的讨论,进行了第一次系统而深入的学术交流活动。嗣后,在武汉大学国际法研究所的倡议下,积极筹组"中国国际私法研究会"。1985年8月,由武汉大学国际法研究所发起并以贵州大学法律系为依托在贵阳主持召开了首届全国国际私法学术讨论会,成立了"中国国际私法研究会筹备组"。1987年10月,在国家教委和司法部的支持下,全国国际私法教学研讨会和国际经济法教学研讨会同时在武汉大学召开,会上正式成立了全国性的国际私法民间学术团体——"中国国际私法研究会"(China Society of Private International Law,CSPIL)。该研究会是团结广大从事国际私法科研、教学和实践工作的同志,积极开展国际私法的研究和学术活动,促进国际私法学科不断发展的民间学术团体。自1994年开始,中国国际私法研究会更名"中国国际私法学会"。1998年中国国际私法学会主办的《中国国际私法与比较法年刊》正式出版,每年定期出刊并已成为中国国际私法学界信息通报和学术研究成果交流与发表的重要平台。至2019年桂林年会,中国国际私法学会先后在西安、广州、武汉、济南、珠海、深圳、宁波、上海、长沙、重庆、昆明、银川等地召开了34次年会和一系列专题讨论

---

① 1990年10月6日国务院学位委员会第九次会议正式批准《授予博士、硕士学位和培养研究生的学科、专业目录》(由国务院学位委员会和国家教育委员会于1990年11月28日联合发布)。

会。此外,海峡两岸的国际私法学术研讨会也每两年定期召开一次。[①]这些会议都是围绕中国国际私法的建立以及实行对外开放所面临的一些重要国际私法问题的解决对策而举行的。研讨的问题涉及:(1)国际私法的范围;(2)国际私法与国际经济法的关系;(3)国际私法的晚近发展趋势;(4)国际与区际司法协助;(5)区际法律冲突及其解决;(6)涉外合同和涉外侵权的法律适用;(7)内地与港澳地区的司法协助;(8)涉外海事案件的管辖权;(9)海峡两岸的民事法律适用;(10)国际商事仲裁的理论与实践;(11)中国仲裁法的制定;(12)市场经济条件下国际私法的完善和发展;(13)中国国际私法立法与实践;(14)WTO与国际私法;(15)国际私法在涉外审判与仲裁实践中的运用;(16)国际私法教学方法和理念研究;(17)国际条约在涉外民商事审判中的适用;等等。通过对上述问题的讨论,大大促进了中国国际私法学界的学术交流和理论工作者与实际部门的沟通,尽管有些问题还存在较大分歧,形成了不同的学术观点和流派,但通过讨论,对不少问题也逐步达成了共识。国际私法研究者们在每次年会上提交的论文,中国国际私法学会编辑出版了论文集,这为不同学

① 21世纪初,我国台湾地区学者撰写出版的国际私法著作主要有:刘铁铮著的《国际私法论丛》,台北,三民书局2000年版;张元宵、吕思甲编著的《国际私法判决汇编》,台北,三民书局2000年版;赖来焜编的《基础国际私法学》,台北,三民书局2004年版;许兆庆著的《国际私法与比较法研究》,“台湾财产法暨经济法研究会”2005年版;柯泽东著的《国际私法新境界》,台北,元照出版有限公司2006年版;林恩玮著的《国际私法:选法理论之回顾与展望》,台北,翰芦图书出版有限公司2006年版;施行著的《强制执行法:国际私法》,台北,新保成出版事业有限公司2007年版;曾陈明汝著的《国际私法原理(上集、总论篇)》(2008年版)和《国际私法原理(续集、各论篇)》(2012年版),台北,新学林出版有限公司;赖来焜编的《2007年两岸国际私法研讨会论文集》,台北,玄奘大学法学院2008年版;许耀明著的《国际私法新议题与欧盟国际私法》,台北,元照出版有限公司2009年版;陈隆修著的《国际私法:程序正义与实体正义》(2011年版)、《新世纪两岸国际私法》(2011年版)、《中国思想下的全球化选法规则》(2012年版)和《中国思想下的全球化管辖规则》(2013年版),台北,五南图书出版股份有限公司;马汉宝:《国际私法基础知识论集》,台北,华艺学术出版社2013年版;黎民编著的《国际私法说法》,台北,新保成出版事业有限公司2013年版;林益山著的《国际私法与实例精解》,台北,翰芦图书出版有限公司2014年版;陈荣传著的《国际私法实用:涉外民事案例研析》,台北,五南图书出版股份有限公司2015年版;柯泽东著的《国际私法》,台北,元照出版有限公司2016年版;林恩玮著的《国际私法理论与案例研究》,台北,五南图书出版股份有限公司2017年版;廖毅编著的《国际私法》,台北,新保成出版事业有限公司2017年版;刘韦廷编著的《国际私法》,台北,高点文化事业有限公司2017年版;赖淳良主编的《国际私法裁判选析》,台北,元照出版有限公司2018年版;刘铁铮著的《国际私法论》,台北,三民书局2018年版;蔡凯华著的《国际私法实例研习》,台北,三民书局2019年版;陆奕著的《国际私法关键选择》,台北,新学林出版有限公司2019年版;等等。

术观点和主张的发表提供了保障。[①] 中国国际私法学会主办并于 1999 年开始定期出版的《中国国际私法与比较法年刊》和李双元教授主编并于 2002 年开始出版的《国际法与比较法论丛》,均为国际私法理论研究和实践探索的成果提供了交流与发表的良好平台。

(三)和平崛起时代的中国国际私法发展走势[②]

“和平崛起”的本质含义就是在和平的国际环境中,以和平的手段来谋求发展,以达到永久和平与持续发展并实现全人类福祉这一终极目标的趋向。这是 21 世纪初提出并产生重大影响的崭新理论,表现出对国家发展战略的理性深思。这一理论是基于对世界和平与发展关系的深刻理解和时代脉搏的准确把握,既是中国改革开放以来国家的内政外交大政方针的总结提炼,又是中国 21 世纪发展战略的精辟概括。中国的和平崛起具有历史意义和现实价值,不仅符合世界和平与发展的时代潮流,也符合中国与世界各国人民的根本利益,而且符合中国人民的历史经验与文化传统。毫无疑问,中国提出的“和平崛起”理论必将对建构国际法律秩序产生深刻的影响,特别是对调整国际民商事关系的国际私法的影响尤为深远。在这一理论的指导下,我们必须进一步修订和完善我国国际私法的现有立法,积极参与国际私法方面的国际立法活动,以促进我国国际私法向法典化方向发展,并推动其同国际社会普遍实践相呼应的趋同化和国际化进程。

1. “和平崛起”理论的产生与影响

“和平崛起”是郑必坚教授在 2003 年召开的博鳌亚洲论坛上首次提出来的。[③] 这一崭新命题一经提出,即受到了国内外的广泛关注,尤其是引起了我国国家领导人的高度重视。[④] 在广大学者和诸多政府要员的推动下,“和平崛起”的理论轮廓日渐凸显,并不断向深度与广度迈进。时任总理温家宝对“和平崛起”问题做了精辟的论述:第一,中国和

---

① 参见李双元等:《中国国际私法通论》,法律出版社 2003 年版,第 88 ~ 92 页。

② 郑远民教授为该部分内容做了许多工作,在此特表感谢。

③ 该命题是作为中国改革开放论坛理事长的郑必坚在其“中国和平崛起新道路和亚洲的未来”的演讲中首次提出来的。

④ 中国国家领导人在不同的场合多次对“和平崛起”予以论述。例如 2003 年 12 月 10 日,当时的国务院总理温家宝在美国哈佛大学发表题为“把目光投向中国”的演讲,2004 年 2 月 23 日,胡锦涛在中共中央政治局第十次集体学习上的讲话,2004 年 4 月 26 日时任国家副主席曾庆红在联合国亚太经社会第六十届会议开幕式上的致辞,都对“和平崛起”做了不同层面的阐述。

平崛起就是要充分利用世界和平的大好时机,努力发展和壮大自己;第二,中国的崛起,基点主要放在自己的力量上,独立自主、自力更生、艰苦奋斗;第三,中国的崛起离不开世界;第四,中国的崛起需要很长的时间,恐怕要多少代人的努力奋斗;第五,中国的崛起不会妨碍任何人,不会威胁任何人,也不会牺牲任何人。[①]

然而,在法律层面上界定"和平崛起"的内涵与外延时,却众说纷纭,见仁见智。不过,在种种纷争中仍不乏某种共性。如王义桅认为,"和平崛起"包括三重含义:和平的崛起(Rise in Peace)、和平地崛起(Rise Peacefully)以及为和平而崛起(Rise for Peace)。[②] 对于这一界定,潘抱存、徐聪敏的解读是,崛起的根本性质是和平的,不可能产生强权、霸权和对抗;崛起绝不是依靠暴力和战争手段,而是完全依靠和平手段;崛起的目的也是完全为了实现和平。[③] 而曹刚川则认为"和平崛起"应涵括四个方面的内容:中国有和平崛起的环境、中国决心以和平的手段去完成崛起、中国的和平崛起离不开世界、和平崛起的最终目标是缔造和平。

总而言之,"和平崛起"理论的实质上就是指在和平的国际环境中,以和平的手段来谋求发展,以达到永久和平和持续发展并实现全人类福祉这一终极目标。"和平崛起"作为一种崭新的理论,其内涵尚有待于进一步深化和完善。在法律层面上,尤其是在国际法层面上,"和平崛起"更具有极为深刻的内涵。概括起来,主要集中为如下四个方面:第一,"和平崛起"理论与《联合国宪章》的宗旨和原则完全一致,符合公认的国际法基本原则。第二,"和平崛起"理论与以往国际法基本原则相比更多地注重维护世界和平的方面不同,它同样强调了"崛起",即发展的重要性,把和平与发展提高到同等重要的高度,重新阐释了和平与发展之间的相辅相成、相互影响、相互促进的辩证关系。这无疑是对国际法发展的一个原创性贡献。第三,"和平崛起"同时也尤其强调国际之间的协调与合作,要求世界各国应该坚定不移地走和平、协调与发展的道路,以谋求和实现全人类的福祉。第四,"和平崛起"理论肯定了

---

① 这一论述是时任总理温家宝在2004年3月14日十届人大二次会议的中外记者招待会上做出的。

② 参见王义桅:《和平崛起的三重内涵》,载2004年2月13日《环球时报》,第15版。

③ 参见潘抱存、徐聪敏:《中国"和平崛起"与当代国际法》,"中国的和平发展道路与国际法"中国国际法学会会议论文。

现存的合理的国际秩序，要求世界各国在遵守公认的国际准则的同时，不放弃对其不合理部分的改革和革命，以共同推进和建构一个崭新的能适应时代发展需要的新的国际秩序。

这种国际秩序，既包括国家、国际组织以及类似于国家的政治实体之间及其相互间的以国际法为基础的秩序，也包括自然人、法人、非法人团体以及以平等身份出现的国家、国际组织等之间及其相互间的以国际私法为基础的秩序。从根本上看，“和平崛起”理论就是对要求建立“国际政治新秩序”和“国际经济新秩序”的一种新的解读。在法律层面上，也就是要求建立和完善新的国际法律秩序。

而在这种新的国际法律秩序中，必然包括了国际民商法律秩序。[①]在其秩序系统中，主要包括跨国性的买卖法、合同法、物权法、侵权法、知识产权法、婚姻家庭继承法等，而由于各国的法律传统、具体国情不同，其法律之间不可避免地会存在矛盾、歧异和冲突，特别是各国存在不同的主权和利益，就可能使这种冲突更加突出。因此，从这个角度看，国际私法可以说是国际民商秩序的法律调节器。随着市场经济全球化趋势的加强和国际民商事关系的发展，无论从时间还是空间上看，新秩序的建立都不是权宜之计，因为它所追求的，是适用于整个国际大家庭的永久性秩序，可以使世界各国在公平和诚实信用的基础上进行国际民商事交往，以发展本国与其他国家的国际民商事关系。而国际民商法律秩序的建立和发展，必然促进国际私法的发展。但是，法律和社会关系的发展之间往往是一种矛盾关系，社会关系的发展往往趋向于变化，而法律则往往趋向于保守。建立新的国际民商法律秩序是对作为国际民商新秩序的基础规范国际私法的严峻挑战，因此，我们必须对传统的国际私法理论进行重大的改革乃至革命，同时对国际私法的国内、国际立法亦须予以大力加强和完善，使其能够反映国际民商事关系的新发展并成为维护和巩固新的国际民商法律秩序的有力武器。

2.“和平崛起”与国际私法的发展取向

“和平崛起”理论是在对人类社会和平与发展的正反两方面的历史经验教训，尤其是对近现代国际法发展的历史轨迹的深刻分析的基础

---

① 对于国际民商新秩序的有关论述，参见李双元、郑远民、吕国民：《关于建立国际民商新秩序的法律思考：国际私法基本功能的深层考察》，载《法学研究》1997 年第 2 期。

上,对未来人类社会和平发展进程所做出的高度的理论概括与总结,具有历史继承性、前瞻性和对国际关系的指导性。它表现在:第一,“和平崛起论”是《联合国宪章》和平思想的延续与贯彻。第二,“和平崛起论”是和平共处五项原则的继承与深化。[①] 和平共处的深刻含义是,各国不应因社会制度、意识形态和价值观念的不同,而在国际法律地位上有所差别,而应在同一个地球上和平地并存、善意地合作,并利用和平方法解决彼此间的争端。目前,和平共处五项原则已经成为现代国际法基本原则的重要组成部分,在整个国际法基本原则体系中占有重要地位。“和平崛起”理论与和平共处五项原则存在天然的内在联系,是对和平共处五项原则的继承和发展,是“和平共处五项原则”在21世纪国际力量对比和国内发展水平进入新的历史时期所做出的适时调整和自我完善。第三,“和平崛起”理论是国际社会本位观念在国际法领域的新的实践方向。从国际法的角度来说,国际社会本位就是指在21世纪,国际法将进一步深入某些传统上纯为国内法调整的社会关系中去,一国的法律遵循某些国际社会公认的准则成为客观要求,个人以至国家为法律行为或行使法律权利,都应考虑不损害国际社会的共同利益。[②] 并注重积极探索新的国际关系理念,推动世界格局多极化,维护全人类的共同利益,争取早日建立公正合理的国际政治新秩序、国际经济新秩序以及国际法律新秩序。[③] 可见,“和平崛起”理论秉承国际社会本位观念,开辟出一条在国际法领域的新的实践方向。第四,“和平崛起”理论是中国与世界实现全面可持续发展在国际法上的新的理论支持。“可持续发展”是20世纪80年代提出的一个新概念,[④]指既满足现代人的要求,又不能损害后代人满足需求的能力。可持续发展受到各国高度重视,包括中国在内,许多国家都把可持续发展作为一项国家战略。

正是在人们对和平与发展问题的认识不断深入的基础上,“和平崛

---

① 和平共处最初是由列宁提出来的。参见《列宁全集》(第26卷),中共中央马恩列斯著作编译局译,人民出版社1988年版,第226页。

② 有关国际社会本位观念的详细论述,可参见李双元:《走向21世纪的国际私法:国际私法与法律的趋同化》,法律出版社1999年版。

③ 参见徐坚:《和平崛起是中国的战略抉择》,载《国际问题研究》2004年第2期。

④ “可持续发展”这个概念最早见于1987年联合国“世界环境与发展委员会”(World Commission on Environment and Development, WCED)发表的《我们共同的未来》(OUR COMMON FUTURE)的报告中。

起"理论才获得了广泛的关注和支持,并对国际私法的发展产生重要的影响。

事实上,随着国际经济一体化趋势的不断增强,传统的国际私法在调整国际民商事关系方面的功能与作用面临严峻的挑战,从而在客观上需要对国际私法进行改造,以逐渐摆脱国内法的桎梏,全面确立新的能适应其自由发展的法律规则和体系。近 20 年来,一些国际条约、国内立法以及法院的判决对传统国际私法的冲击是有目共睹的,而且从不同层面导致了国际私法的诸多改革,[①]这些改革直接涉及全球性法律秩序的构建,并产生了一些不可预料和不容忽视的后果。主要表现在以下方面:

首先,国际私法的价值取向必将采取冲突正义与实质正义并重。

关于国际私法的价值取向问题,学者们的看法也是见仁见智、莫衷一是。[②] 客观地说,在经济全球化的时代里,"和平崛起"理论要求国际私法应该以追求或实现公平与正义为目的。在历史上,有关国际私法的价值取向问题,一直存在冲突正义与实质正义之争。一般来说,程序法应当追求实现"程序正义"(Procedural Justice),实体法应该追求"实质公正"或"实质正义"(Material Justice)。但这二者之间并不是各不相关的。应该说,所有的法律规范都应当追求实质公平与正义。之所以存在这种区别,是因为不同法律部门的性质和功能不同。对于国际私法来说,它作为调整国际民商事关系的法律部门,其中心任务是解决国家之间的法律冲突,但其终极目标仍然是调整涉外民商事关系中的当事人的权利和义务。从这个角度来看,国际私法也应当追求实质正义。虽然这二者存在独立性,但这二者都涉及有关当事人相关的权利义务,都需要得到法律的确认和保护。例如,就国际私法中的冲突规范被用

---

① See Robert Wai, *Transnational Liftoff and Juridical Touchdown: The Regulatory Function of Private International Law in an Era of Globalization*, Columbia Journal of Transnational Law, Vol. 40, 2001 – 2002, p. 212.

② 有关这方面的论著主要有:肖永平:《价值取向与中国冲突法立法》,载《中国法学》1994 年第 5 期;谭岳奇:《从形式正义到实质正义——现代国际私法的价值转换和发展取向思考》,载《法制与社会发展》1999 年第 3 期;宁建文:《论国际私法的价值取向选择》,载《广西社会科学》2001 年第 5 期;宋锡祥:《21 世纪中国国际私法立法的价值取向》,载《政治与法律》2003 年第 4 期;刘艳娜:《国际私法价值取向的历史变迁及其对中国国际私法立法的启示》,载《燕山大学学报》(哲学社会科学版)2003 年第 3 期;等等。

来确定涉外民商事关系的准据法问题来看,追溯到"法则区别说"时代,就已经存在所谓"冲突正义"和"实质正义"的问题,只是在当时,学者们普遍认为只要实现了"冲突正义","实质正义"自然而然也就被认为已包含在其中了。例如,在日耳曼属人法时代,不同种族的自然人各受其种族法支配,这是一个普遍的原则,但当法官询问当事人"本族的法律"时,有时似允许当事人指定一个非原籍法——一个他们所愿意服从的法律。既然在那时就开始允许当事人选择自愿服从的法律,当然也就不能说这只实现了"冲突正义"。

随着国际民商事关系的发展,涉外民商事案件可能涉及几个甚至很多国家的法律,法官在确定应适用哪一个国家的法律时,难免在"冲突正义"与"实质正义"之间处于"两难境地",以至于为了依冲突法判案,不得不牺牲"实质正义"。比如在英国,甚至可能存在这样极端的例证:法官在审理涉外民商事案件时,有时即便知道双方当事人对外国法的理解不正确,也不会主动去加以纠正。① 这便是拘泥于有关的冲突法规则而完全置"实质正义"于不顾了。这正是"冲突正义"与"实质正义"之间的悖论,也是传统冲突法制度的根本缺陷所在。为了解决这一历史难题,20 世纪美国掀起了一场冲突法革命,之后,欧洲也出现了对冲突法的改革运动。但是,我们不得不注意到,在不能用实体法(尤其是统一实体法)取代冲突法的所有情况下,仍只能通过对冲突法的改进,甚至更具体地说只能通过对"管辖权选择规则"或"空间上"的分配规则的改进在更大的范围上尽可能使"冲突正义"服从于"实质正义"。具体地说,那就是通过附加"内容导向"或"结果导向"或"免予适用"等条款,使传统上的"管辖权选择条款"与"实质正义"之间的两难处境得到更接近"实质正义"的判决结果。②

这里需要注意的是,我们不能认为在任何传统的"管辖权选择规则"中只要加上"内容或结果"导向的规定,就可以一劳永逸地把"冲突

---

① See J. H. C. Morris, *The Conflict of Laws*, 2nd ed, Sweet & Maxwell Ltd. ,1980, pp. 36 – 49. 转引自李双元:《国际私法正在发生质的飞跃——试评〈20 世纪末的国际私法:进步抑或倒退?〉一书的总报告》,载李双元主编:《国际法与比较法论丛》(第 5 辑),中国方正出版社 2003 年版,第 429 页。

② 参见李双元:《涉外民事关系法律适用法制定研究》,湖南人民出版社 2016 年版,第 21 页。

正义”和“实质正义”统一起来。如果真是这样认为，那就必然会重蹈柯里、凯弗斯等所认为的抛弃整个冲突法制度的覆辙。[①] 通过对其逻辑关系的深入剖析可以发现，国际私法所调整的对象是涉及两个甚至更多国家法律的，所涉各国都可能在法律上对这种“涉外民商事关系”进行管辖，而这些国家之间又可能存在矛盾、歧异和冲突，因而适用其中任何一个国家或地区的法律都会得出一种不同的判决结果。更何况，在解决法律冲突问题时，每个国家的主权权利也是不容忽视的。从这一角度来看，国际私法所关注的“正义”主要表现在涉外民商事关系适用哪一国的法律是符合“正义”的，也就是冲突正义，至于被它指定的那个国家的实体法所追求的“实质正义”是不是与法院所希望实现的“实质正义”完全相同，便已属于更深层次的问题了。正是基于冲突法的这一缺陷，才导致国际私法学家们先后通过统一实体法、直接适用的法以及“内容或结果导向”以及“规则”与“方法”的结合等种种设计去弥补冲突法的这一缺陷。而实际上，国际私法作为调整国际民商事关系的法律规范，其根本目的就在于调整国际民商事关系中的当事人的合法权益，保障国际民商事关系的正常运行和健康发展，因此，必须要兼顾“实质正义”。

其次，国际私法将向单边主义、多边主义与实体法方法的对立和共存的多元化方向发展。

众所周知，国际私法作为调整国际民商事关系的法律规范的总称，其核心任务是解决国家之间法律的冲突问题。换言之，就是法律的选择问题。综观国际私法的立法和学说史，有关法律选择的思路主要有三个：实体法方法、单边方法、多边方法，后两种方法都包含在“冲突方法”里。[②] 随着国际民商事关系的迅猛发展，到 20 世纪，双边或多边方

---

① 柯里、凯弗斯在美国掀起了一场冲突法的革命，在这当中，他们提出要彻底抛弃冲突法制度。

② 单边方法是通过查明相互冲突的实体法的内容及试图从它们的基本目的中推断出法律规则的适用范围，从而找到那个应适用的国家的实体法。多边方法则把法律关系分成预先确立的种类，然后每一种法律关系分配给它所属的法律秩序调整。与冲突方法不同，实体方法试图通过协调及融合相互冲突的法律而不是从中选择一种法律来解决跨国冲突。参见李双元：《国际私法正在发生质的飞跃——试评〈20 世纪末的国际私法：进步抑或倒退？〉一书的总报告》，载李双元主编：《国际法与比较法论丛》（第 5 辑），中国方正出版社 2003 年版，第 378 页。

法已发展成为法律选择的主要方法,并几乎主宰了整个国际私法学界。在立法例上,以《法国民法典》为代表的采单边主义方法的国家也逐渐地采取双边或多边主义。值得注意的是,国际私法在这个历史时期的发展使多边和单边方法之间的关系不再像以前那样对立,它们和谐相处,彼此补充。① 确实,几乎没有一个国家的国际私法制度只主张纯粹的一种方法,也很少有国家的法制只倾向于某一种方法。对于这三种方法在20世纪后半叶所呈现的多元与并存关系的分析,李双元教授在《论国际私法关系中解决法律选择的方法问题》一文中,曾在结论中强调指出:"上述七种选择法律的方法,都是在选择涉外民事关系准据法时可供利用的方法。由于客观情况错综复杂,而且涉外民法关系也不断发展变化,国际私法的历史已经证明,许多学者试图设计出某一种选择法律的方法,并且试图运用它去解决国际私法中碰到的一切问题,是没有一个取得成功的。国际私法的历史还证明,过去那种对各种法律关系都只分别采用一个连结点去指引准据法的做法,也因新的复杂情况的出现而不断被打破。现实的涉外生活关系呈现的往往是一幅甚至令人迷惘的复杂画面,以至必须运用多种不同的法律选择方法,考虑多种多样的因素,才不会使法院在处理涉外民事案件时,感到束手无策或迷失方向。"②

从国际民商事关系发展的实质来分析,我们可以发现,这种"多元方法"并不是衰败的象征,可能恰好是成熟的标志。现代的法律思维已经开始认识到,没有哪一种单一的方法是完善的,没有哪一种单一的方法能解决国际私法上的所有问题,所有这三种方法都是有必要存在的。如果彼此能适当协调,它们能比使用其中任何一种方法创造出更好的制度,因此,选择主义和多元化不可避免。③

---

① 这一点在美国表现得最为清楚。在美国,单边方法被并入了现代多边政策分析里面。参见李双元:《国际私法正在发生质的飞跃——试评〈20世纪末的国际私法:进步抑或倒退?〉一书的总报告》,载李双元主编:《国际法与比较法论丛》(第5辑),中国方正出版社2003年版,第385页。

② 李双元:《论国际私法关系中解决法律选择的方法问题》,载《中国法学》1984年第3期。

③ 参见李双元:《国际私法正在发生质的飞跃——试评〈20世纪末的国际私法:进步抑或倒退?〉一书的总报告》,载李双元主编:《国际法与比较法论丛》(第5辑),中国方正出版社2003年版,第385~386页。

总之，国际民商事关系是涉及两个或两个以上国家的一种特殊的法律关系，因而从根本上讲，任何一个国家的法律无法全面约束这种法律关系。传统国际私法把这种法律关系置于主权国家的国内法管辖之下，在一定程度上是有悖于该种法律关系本身性质的。从根本上看，国际私法最主要的目的和功能应是如何规范国际民商事关系，使之形成一个统一的、健康的、公正合理的国际民商法律秩序，从而在更大程度上促进民商事交流的进一步发展。因此，冲突法只不过是国际私法为了达到其目的、实现其功能而采取的一种方法而已。因此，自 19 世纪末 20 世纪初以来，在冲突法之外产生了越来越多的统一实体法条约以及大量的绕开国家主权这个壁垒的国际商事惯例。可以预见，随着国际民商事交往关系的发展，这种调整国际民商事关系的统一实体规范将会不断发展，其调整的范围也将不断拓宽，有朝一日终将成为国际私法的主要规范和调整国际民商事关系的一种主要方法。同时，由于各国之间文化、法律制度以及各自利益上仍然存在冲突，因此在较长的历史时期内，国际私法涵括这三种方法的多元化趋势将不会改变，并会随着国际经济一体化趋势的不断增强而得到加强。

再次，国际私法向灵活性、自治性方向发展。

翻开浩瀚的历史卷帙，我们可以发现，在国际民商事领域，一直存在非国家法则的体制。商人法的发达史表明，在调整跨国商事关系方面，国内法体制甚至是后来者。[①] 即使到后来，随着民族国家的兴起，国内法逐渐上升为调整国际民商事关系的主要规则，但仍然存在诸如贸易惯例或者习惯法那样的非国内法规则，对跨国性商事关系起到很重要的调整作用。[②]

随着国际民商事关系的不断发展，特别是最近几十年来，国内法在调整国际民商事关系中的重要性不断削减，取而代之的是一种混合国内法、国际法和商人习惯法等能适应国际民商事关系发展需要的新的

---

① See Berman, *The Law of International Commercial Transactions* (*Lex Mercatoria*), 2 Emory J. Int'l Disp. Res. 235 (1988).

② See Oliver E. Williamson, *The Economic Institutions: Spontaneous and International Governance*, Journal of Law, Economics & Organization, Vol. 7, 1991, pp. 159 – 187.

法律规则。[①] 这种趋势在国际民商事争议解决程序中,尤其是在仲裁程序中更加明显。国际私法理论的改革增强了国际民商事争议解决的自治性,表现在管辖权的确定以及管辖权冲突的协调问题上,已经不再是以前那样只考虑国家主权原则。

为了适应国际经济一体化趋势的客观需要,各国新近的有关国际私法的立法,不可避免地出现了向集中、系统、全面、详细方向发展的趋势,并逐步走向协调和一致,[②]并突出地表现出灵活性和自治性的发展趋势。这种趋势主要表现在从指导法律选择的基本方法、基本原则到各种具体的民事关系的法律适用、管辖权的确定等各个领域。[③] 就指导法律选择的基本方法来看,早先那种试图仅运用一种方法来决定国际私法中碰到的一切问题的法律适用的观点已完全被抛弃,取而代之的是多种方法的运用,[④]并尤其注重当事人意思自治原则和最密切原则的运用。

最后,国际私法的趋同化趋势不断增强。

法律的趋同性是指不同国家的法律在发展过程中所表现出来的相互协调、相互接近以至趋于一致的特征。在动态发展上,它表现为法律的趋同化。而"所谓法律的趋同化,乃指不同国家的法律,随着社会需要的发展,在国际交往日益发达的基础上,逐渐相互吸收,相互渗透,从而趋于接近甚至趋于一致的现象。其表现是在国内法律的创制和运作过程中,越来越多地涵纳国际社会的普遍实践与国际惯例,并积极参与

---

① 这是一种正在被普遍认同的观点。这种观点在实践中也逐渐得到各国的认可。比如在中国,立法例中就明确规定,"中华人民共和国法律和中华人民共和国缔结或者参加的国际条约没有规定的,可以适用国际惯例"(1986 年《民法通则》第 142 条)。See Joel Kotkin, Tribes, *How Race, Religion and Identity Determine Success in the New Global Economy* (1992), pp. 86 – 89.

② 参见唐表明:《比较国际私法》,中山大学出版社 1987 年版,第 32 页。

③ 参见李双元、李玉泉:《对外开放政策与中国国际私法》,载《武汉大学学报》1992 年第 2 期。

④ 例如,依法律的性质决定法律的选择、依法律关系的性质决定法律的选择、依"利益分析"决定法律的选择、依案件应取得的结果决定法律的选择、依有利于判决在外国得到承认与执行和有利于求得判决结果一致决定法律的选择、依意思自治决定法律的选择、依最密切联系决定法律的选择等 7 种指导法律选择的方法,都是立法者在制定冲突法及法院在处理涉外民商事争议时通常采用的方法。

国际法律统一的活动,等等”。[①] 国际私法趋于接近甚至一致的现象,在国内立法中,主要表现为越来越多地涵纳国际社会的普遍实践与国际惯例;在国际立法中,主要表现为积极参与国际法律统一的活动和接受或加入已有的国际造法条约。当今世界各国的法律制度之间,随着市场经济的国际化和国际经济的一体化以及国际间法律文化的相互传播、渗透和融合,其趋同化走势已变得越来越明显。[②] 这种现象的产生绝不是偶然的,它既有深刻的社会的、经济的、政治的因素影响,也有法律自身发展演变的必然要求。在中国国际私法理论研究工作中,目前自成一派的是我国著名国际私法学家李双元教授独创的国际私法趋同化论。李先生主张,国际私法趋同化走势正在不断加强,全球化时代国际私法应以构建国际民商新秩序为己任。趋同性是国际私法蕴含的一个本质特征。[③]

法律趋同化的前提首先是存在不同的法律制度,趋同化就是指随着社会的发展,法律制度间的差异性逐渐减少,而共同的因素相对增长的这种趋势。值得注意的是,法律趋同化只是指法律发展的一种趋势,并不意味着它会使各国法律完全趋于一致,相反,只要主权国家存在,各国法律的差异就会永远存在。正如德国法律社会学家约瑟夫·科勒(Joseph Kohler)所认为的,每种文明形态都必须去发现最适合其目的和意图的法律,没有永恒的法律,[④]同样也没有绝对普遍适用的法律。马克思主义认为,作为上层建筑的法律都植根于一定的社会政治经济

---

① 李双元主编:《市场经济与当代国际私法趋同化问题研究》,武汉大学出版社 1994 年版,第 3 页。

② 参见韩德培主编:《国际私法问题专论》,武汉大学出版社 2004 年版,第 97 页。

③ 李双元特别强调:“在讲到因社会的进步,人类的全球和整体意识已不断加强,从而推动国际私法趋同化的进程时,丝毫也不能认为在未来国际社会,社会制度的多样性、法律制度的多样性、法律文化的多样性均不复存在。没有多样性,就没有世界;没有多样性,人类社会就会停滞而走向衰败。企图消灭多样性,过去是奉行‘雅利安文化’的希特勒法西斯主义的鼓吹,后来多为各种各样的政治霸权主义、文化霸权主义所继承。我们所讲的国际私法趋同化,正是在承认民族国家将长期存在,不同的法律文化、法律制度将长期存在的前提下,为求得国际大市场的正常有序的运作,为求得各个国家在越来越广泛的国际民商事交往中减少彼此的法律冲突从而建立一种良好的国际民商法律秩序而出现的一种历史走势,是一种不断发展的历史过程。”

④ 参见[美]博登海默:《法理学——法哲学及其方法》,邓正来、姬敬武译,华夏出版社 1987 年版,第 113 页。

基础,社会政治经济基础不同,法律也必然会表现出差异性。然而这并不能否认法律从整个历史发展趋势上所表现出的趋同性。因此,国际私法趋同化是国际社会法律趋同化的重要表现。趋同性是国际私法发展进程中的一个重要特征,而国际私法趋同化则是历史的必然。

第一,国际私法趋同化的根本原因在于各国经济贸易交往的需要。列宁在1921年曾写道:"有一种力量比任何一个敌对的政府或阶级的愿望、意志和决定更强大,这种力量就是普遍的、全世界性的经济关系。"①社会越进步,文明越发达,国家间经济交往的愿望就会越强烈,而各国法律的差异是国际经济交往顺利进行和不断发展的一个障碍。国际经济交往不断扩大要求尽力消除各国法律(尤其是处理国际民商事法律关系的法律)间的冲突。这是国际私法趋同化经济上的基础和动力。

第二,国际私法的趋同化也是它从自身局限性中解脱出来不断向前发展的必然要求。国际私法之所以在十三四世纪产生,就是为了解决具有跨国或国际性质的民商事关系的法律适用问题。但是国际私法从其诞生直至今日,却以(或主要以)各国国内法的形式存在和运作,就是说,它实际上是以国内法制度来解决国际性质的法律关系的一个部门法。它的这种局限性也只有在不断趋同的过程中才可得到解脱。

第三,由于国际私法处理问题的国际性,使各国通过协商缔结国际条约的办法来协调各国国内法之间的冲突有了可能性。国际条约表现出来的便是各国之间基本一致的立场,它促进了国际私法趋同化的进程。而且由于国际私法主要是调整平等主体之间财产关系与人身关系的,较少直接涉及国家主权与重大政治利益,因而也有利于各国在某些问题上相互妥协而达成某种一致。

第四,各国间法律文化交流也促进了国际私法趋同化。法律文化交流增进了各国对不同法律的认识和理解,人们不再只思考自己社会的法律制度,而是汲取全人类共同文明成果。法律文化交流为各国法律采用共同的被证明行之有效的方法创造了条件;同时法律文化交流也展示了各国法律之间的冲突,为了保护正常的国际交往,也促使各国去发现它的共同因子,并寻求一致的解决冲突的方法。英国法学家约

① [苏联]隆茨:《国际私法》,袁振民、刘若文译,中国金融出版社1987年版,第1页。

翰·奥斯丁(John Austin)指出:“一些较为成熟的法律制度的概念结构,具有许多相同或相似之处。”[①]实际上成熟的法律制度之间相同与相似之处是不断增加的,法律文化交流对国际私法趋同化起了重要推动作用。

由于传统国际私法的性质、功能和制度,在适应变化了的国际社会的需要时存在缺失而不断地受到检讨,美国所发生过的一场国际私法革命运动中的激进派甚至主张彻底抛弃传统国际私法。尽管这种做法有失偏颇,但必须看到,一个法律部门的产生或存废,取决于社会生活关系,只要有国际民商事关系存在和发展,调整这种社会生活关系的国际私法就必然会存在和发展,而且随着时代的进步,未来的社会民商事生活关系将更加发达,国际私法的地位和作用在国内、国际法律体系中均将进一步提升。关键在于国际私法应随着时代的进步,使其性质、功能、目标及制度发生相应的变化。

可见,国际私法的趋同化既有悠久而深远的历史根源,又有现实的全球化实践根源,同时还有国际私法自身的功能和方法论方面的固有根基。国际私法趋同化的实现形式或途径大体上可分为两种:一种是直接的形式或途径,即通过缔结或参加有关国际条约,或援用有关国际惯例,从而使各国法律趋于协调和一致;另一种则是间接的形式或途径,即通过把国际社会的普遍实践纳入各国的国内立法,以使各国国内立法做到与国际社会普遍实践相协调、相接近或相一致。目前国际私法趋同化和国际化的进程表现出一种加快的趋势,所以,李双元先生的法律趋同化理论的提出,无疑是中国国际私法理论研究工作对全世界国际私法未来走向所做出的重要贡献。当然,既然属于一种新的理论或学说,就仍然需要进一步加以丰富和完善,并有待更多富有前瞻性的专家学者的接受与认同。[②]

3. 中国国际私法在“和平崛起”中的完善对策

“和平崛起”理论主张在和平中崛起,用和平方式崛起,通过崛起实现更持久的和平。因此,对中国而言,“和平崛起”可以为中国创造一个

---

① [美]博登海默:《法理学——法哲学及其方法》,邓正来、姬敬武译,华夏出版社 1987 年版,第 113 页。

② 参见李双元等:《中国国际私法通论》,法律出版社 2003 年版,第 92～99 页。

和平的国际环境,从而使中国可以聚精会神搞建设,一心一意谋发展,紧紧抓住难得的战略发展机遇,全力推进改革开放和现代化建设事业,以实现中华民族的伟大复兴。对世界而言,中国和其他一些国家和地区如欧洲联盟的和平崛起,必将更有利于营造一个和平发展、互信互利、造福人类的国际环境,从而有助于各国相互理解与合作,实现整个世界的全面可持续发展。①

从根本上讲,中国的"和平崛起"不可能一蹴而就,它受到国内和国际两方面因素的影响和制约。国内方面,有没有一个安定团结的社会环境,经济发展和政治体制改革能否稳步推进,是直接关系到中国能否实现"和平崛起"的内部因素。在法律层面上,作为调整国际民商事关系的国际私法国内立法是否完备和完善,是建构国际民商法律秩序的关键所在。国际方面,有没有一个和平的国际环境,国际关系民主化和建立国际政治经济新秩序能否取得进展,是直接关系到中国能否实现"和平崛起"的外部因素。在国际民商事领域,我国的国际私法能否与国际社会相协调和一致,也直接关系到我国涉外民商事关系的稳定和健康发展。

首先,中国应进一步修订和完善国际私法的现有立法,并积极推进法典化进程。改革开放以来,我国国际私法立法已取得了很大的成绩,积累了丰富的经验,但从总体上看,现有的立法还不能很好地适应建设社会主义市场经济以及"和平崛起"的要求,具体表现在:第一,有关国际私法的法律规范体系还不够完备,在很多领域尚存在缺漏和"盲点"。② 我国1986年《民法通则》第八章涉外民事法律适用篇只有区区9条,许多该规定的内容没有规定,与作为调整民商事关系的基本法的地位极不相称,直接导致了司法实践中无法可依的现象。尽管最高人民法院在司法解释中补充了18项意见,③而2010年10月28日由第十

---

① 郑必坚认为,欧洲和中国一样,都处在"和平崛起"的进程中。其观点可参见郑必坚:《中国和平崛起的新道路》,载《新华文摘》2004年第10期。

② 参见韩德培、肖永平:《市场经济的建立与国际私法立法的重构》,载《法学评论》1994年第5期。

③ 最高人民法院于1988年1月26日发布《关于贯彻执行〈中华人民共和国民法通则〉若干问题的意见》。内容涉及行为能力的法律适用,国籍冲突时当事人本国法的确定,住所冲突时当事人住所地的确定,法人属人法的确定,营业所冲突时如何适用营业所所在地法,不动产的识别及不动产法律关系的法律适用,侵权行为地的确定,离婚及无效婚姻之诉的法律适用,外国法的查明,法律规避,诉讼时效,等等。

一届全国人大常委会第十七次会议通过《涉外民事关系法律适用法》也只有52条,条文依然不多,内容略显单薄。这从另一个侧面说明,我国现行的国际私法立法不能满足司法实践的需要。最后还需依靠最高人民法院2012年的司法解释《关于适用〈中华人民共和国涉外民事关系法律适用法〉若干问题的解释(一)》予以补漏。第二,除了立法上的缺漏以外,我国国际私法立法的规定也比较粗疏,立法质量不高,结构混乱、含糊其辞,具体可操作性差。第三,现行国际私法制度内在矛盾明显。我国国际私法单行法与其他法规之间的有关规定存在种种矛盾和冲突,①《涉外民事关系法律适用法》与《民法典》《民事诉讼法》《专利法》《商标法》《著作权法》《海商法》《公司法》《票据法》《民用航空法》等法律中的国际私法规范构成的组合拳也同样内战不休。国际私法体例结构的欠缺、新法与旧法的衔接以及系统协调性和特色化等问题,一直困扰着我国国际私法立法与司法实践。

随着我国加入WTO后的对外开放的深入发展,经济全球化趋势的不断增强,特别是"一带一路"建设的广泛推进和人类命运共同体构建的深化,中国特色的法律体系日趋健全和完善,我国立法经验的积累、立法技术的提高以及司法实践的迫切需要,国际私法的法典化进程不断加快。尽管2020年5月28日颁布的《民法典》没有将《涉外民事关系法律适用法》吸纳入内,继续保留了国际私法单行法的独立地位,但是,我国国际私法无论是继续坚守现行模式还是奔向独立的国际私法典,都需要在继承和创新中日益完善。

其次,中国应积极参与国际私法方面的国际立法活动,推动我国国际私法朝着趋同化和国际化方向发展。随着经济全球化趋势的不断增强,我国在不断加强和改进国际私法的国内立法的同时,于1987年加入了海牙国际私法会议,并先后加入了几个重要的国际私法公

---

① 如对涉外财产继承的法律适用问题,我国1985年《继承法》和1986年《民法通则》均做了规定,但它们存在很大差异:从继承的种类来看,《继承法》第36条的规定包括遗嘱继承,而《民法通则》第149条则对遗嘱继承的法律适用没有规定;从对"住所地"的确定来看,《民法通则》明确规定是"死亡时住所地",而《继承法》对"住所地"没有进行必要的限制;从其适用范围来看,《继承法》只规定了主体涉外和标的物涉外两种情况,对法律事实涉外的情况没有规定。而《民法通则》第149条则包括了这种情况。不过,2020年5月28日颁布的《民法典》对涉外继承未涉及,将该问题让位于《涉外民事关系法律适用法》。因此,自2021年1月1日《民法典》实施以后,上述矛盾与冲突略有所改观但并未彻底得到解决。

约,从而使我国国际私法的国内法源和国际法源呈现出相互交叉和相互渗透的局面。完全可以肯定,随着我国市场经济的进一步发展和发达,国际条约、国际惯例和国际社会的普遍实践在我国国际私法中的地位将不断提升,作用也将不断增强。在此基础上,具有中国特色的国际私法规范体系必将逐步建立起来,并向趋同化和国际化方向发展。

最后,全面强化国际私法的理论研究与以"和平崛起"理论指导下的建设有中国特色社会主义法治的实践有机结合起来。作为独立的法学学科的国际私法学在其漫长的历史发展过程中,经历了许多不同的理论形态,如"法则区别说""国际礼让说""法律关系本座说""既得权说""本地法说""政府利益分析说"等。这些学说和理论对我国不同时期国际私法的立法与司法实践都产生了一定的影响,有些理论还产生了很大的影响。"可以说,我国目前的国际私法理论还主要是借鉴外国的学说,比较成熟的、有中国特色的、能解决中国实际问题的国际私法理论还没有完全建立起来。"①因此,必须全面加强对国际私法理论学说的深入研究,结合"和平崛起"理论,古为今用,洋为中用,使中国国际私法的立法与司法实践日趋完善。

像中国这样拥有十几亿人口的发展中国家,要实现和平崛起,不应当也不可能设想完全依赖任何别的国家,而更多更好是把事情主要放在自己力量的基点上。②当前,要创造实现中国和平崛起的国际私法环境,首先,必须立足人类命运共体的构建,贯彻国际社会本位理念,坚持以人为本,树立科学、全面、协调、可持续的发展观,促进经济社会和人的全面发展。其次,必须密切结合中国特色社会主义的实践,并注重发展同世界各国的友好交往与合作,把国际私法的国内立法同国际社会的普遍实践结合起来,以进一步完善我国有关国际私法的立法,建构我国在其中发挥重要作用的"和平崛起"的国际民商法律秩序。

---

① 韩德培主编:《国际私法问题专论》,武汉大学出版社2004年版,第50页。

② 参见郑必坚:《中国和平崛起的新道路》,载《新华文摘》2004年第10期。

第二节　国际私法立法与司法实践的发展

众所周知，国际私法自产生以来，长期处于学理形态，直到 1756 年《巴伐利亚法典》和 1794 年《普鲁士法典》，才有了现代意义的成文国际私法规范。不过，真正对现代国际私法成文立法产生重大影响的还要算 1804 年《法国民法典》中的国际私法方面的立法。在《法国民法典》的影响下，欧洲大陆许多国家或在民法典中设立国际私法规范或分散在其他法律中加以规定，甚或制定单行国际私法。综观全球国际私法的立法与司法实践，其呈现出逐渐从各国民商法中的个别附属条款或附属章节向完备的单行法方向发展的趋势，从国内立法逐渐向国际的统一立法方向发展的趋势。而近年来，为了适应新的国际民商事交流的需要，现代世界又掀起一场国际私法的修立运动，新的国际私法不断涌现。在这一发展过程中，不仅国际私法的立法技术日益完善并多样化，而且国际私法的各项制度和具体内容日趋丰富与完备。

一、现代欧洲国家的国际私法修立走势

欧洲大陆法系国家历来注重国际私法的立法工作。开创这一优良传统的当推曾对欧洲大陆国际私法的国内立法发生过重大影响的 1804 年《法国民法典》。然而，正是因为传承古老的传统，欧洲大陆国家的国际私法规范大多是 19 世纪末 20 世纪初制定的，急需根据新的发展进行调整。因此，欧洲国际私法的修立运动可以说是最引人注目的。

（一）瑞士

瑞士早期关于国际私法的立法，是 19 世纪末的产物，只包括涉外民事关系的一部分，①完全没有涉及物权、债权、侵权行为等涉外法律问题。后来尽管不断修改和补充，仍远远赶不上社会的发展。为此，瑞士律师协会在 1971 年专门召开了编纂瑞士国际私法问题的讨论会，后来成立了一个专家委员会，从事长达十余年的起草工作，并于 1987 年 12

---

① 瑞士 1891 年的国际私法只规定了常居者和旅居者的民事法律关系方面的内容，即仅限于人法、亲属法和继承法的若干方面。

月 18 日提交瑞士联邦议会予以通过。《瑞士联邦国际私法法规》共 13 章 200 条,1988 年 1 月 12 日公布,1989 年 1 月 1 日起施行。[①] 该法的显著特征可以概括为三个方面:第一,扩充了传统国际私法的规范内容,不仅限于冲突规范,还汲取了英美普通法的观点,包括管辖权和承认与执行外国法院判决以及国际商事仲裁等方面的规范。第二,采用"最密切联系"作为法律选择的基本原则,如该法第 15 条规定:"根据所有情况,如果案件的事实与本法指定的法律联系并不密切,而与另一项法律的联系明显地更为密切的,则可作为例外,不适用本法指定的法律。"学者们还认为,这也是瑞士新法为突破传统的只追求"冲突正义"的"管辖权选择规则"的僵化性从而寻求"实质正义"所采取的方法。第三,承认外国公法性规范的有限适用,如该法第 13 条规定,凡本法指定的外国法,包括依照该外国法应适用于案件的所有规定,即使具有公法的性质,也不得仅据此而排除其适用。[②] 这部立法至今仍是当代最具代表性而影响也是最为广泛的成文国际私法典。自 1992 年 6 月 19 日根据《瑞士联邦数据保护法》附件 3 修订了《瑞士联邦国际私法法规》第 139 条第 3 款,[③]至近期根据 2018 年 3 月 16 日瑞士联邦法的附则 Ⅰ 修订了跨国破产与国际仲裁相关规范(所修改的条款 2019 年 1 月 1 日生效实施),《瑞士联邦国际私法法规》已经历了 23 次大的修改。[④] 此外,瑞士还加入和适用联合国和海牙国际私法会议的一系列公约以及欧洲其他一些国际私法公约。例如,《联合国承认及执行外国仲裁裁决公约》

---

① See Jürgen Basedow, Giesela Rühl, *Franco Ferrari and Pedro de Miguel Asemsio*, *Encyclopedia of Private International Law*, Chapter B, Edward Elgar Publishing, 2017, p. 2548.

② 关于瑞士国际私法,可参见[瑞士]斯蒂芬·麦克弗里:《论瑞士冲突法草案》,李双元译,载《国外法学》1982 年第 3 期;李浩培:《瑞士新国际私法》,载《法学杂志》1989 年第 4 期;陈卫佐:《瑞士国际私法法典研究》,法律出版社 1998 年版;Kurt Siehr, *Private International Law at the End of 20th Century: Progress or Regressin Swiss Reports Presented at the* XV*th. International Law Congress of Comparative Law*, Schulthess Polygraphischer Verlag Zürich, 1998, pp. 411 – 442; Alfred E. Overbeck, *The Fate of Two Remarkable Provisions of the Swiss Statute on Private International Law*, in Petar Šacevic and Paul Volken, *Yearbook of Private International Law*, Vol. Ⅰ, 1999, Kluwer Law International and Swiss Institute of Comparative Law, 1999, pp. 119 – 133。

③ Thomas H. Reynolds, Arturo A. Flores, *Foreign Law: Current Sources of Codes and Basic Legislation in Jurisdictions of the World*, William S. Hein & Co., Inc. 2004, Ⅱ Switzerland, pp. 32 – 33.

④ https://www.bk.admin,ch/ch/pore/er/cr/2019/20193026.html(accessed January 30, 2021).

（1965年8月30日）、[1]《联合国国际货物销售合同公约》（1991年3月1日）、《联合国自海外获取赡养费公约》（1977年11月4日）、《解决国家和他国国民间投资争端公约》（1968年6月14日）、《联合国国家及其财产管辖豁免公约》（2010年4月16日）、《欧洲儿童收养公约》（1973年4月1日）、《欧洲儿童监护公约》（1984年1月1日）、《欧洲外国法信息公约》（1970年11月20日）及其议定书（1985年6月12日）、《欧洲暴力犯罪受害人补偿公约》（1993年1月1日）、《欧洲法律援助申请移交公约》（1995年1月2日）、《欧洲国家豁免公约》（1982年10月7日）、2007年10月30日《卢加诺民商事判决承认与执行公约》（2011年1月1日）、《海牙国际私法会议关于民事诉讼程序的公约》（1957年7月5日）、《海牙国际私法会议关于国际货物销售法律适用公约》（1972年10月27日）、《海牙国际私法会议关于对子女抚养义务的法律适用公约》（1965年1月17日）、《海牙国际私法会议关于承认和执行外国有关子女抚养义务的判决的公约》（1965年1月17日）、《海牙国际私法会议关于保护未成年人主管机关和法律适用的公约》（1969年2月4日）、《海牙国际私法会议关于以遗嘱处分财产的方式法律冲突公约》（1971年10月17日）、《海牙国际私法会议关于废除要求认证外国公证书的公约》（1973年3月11日）、《海牙国际私法会议关于民商事司法及非司法文书国外送达的公约》（1995年1月1日）、《海牙国际私法会议关于承认离婚与司法别居的公约》（1976年7月17日）、《海牙国际私法会议关于交通事故法律适用的公约》（1987年1月2日）、《海牙国际私法会议关于民商案件域外取证的公约》（1995年1月1日）、《海牙国际私法会议关于承认并执行外国抚养义务判决的公约》（1976年8月1日）、《海牙国际私法会议关于抚养义务法律适用的公约》（1977年10月1日）、《海牙国际私法会议关于国际诱拐儿童的民事方面的公约》（1984年1月1日）、《海牙国际私法会议关于对国际诉讼提供便利公约》（1995年1月1日）、《海牙国际私法会议关于信托的法律适用和承认的公约》（2007年1月1日）、《海牙国际私法会议关于跨国收养方面保护儿童及合作公约》（2003年1月1日）、《海牙国际私法会议关于父母责任和保护儿童措施的管辖权、法律适用、承认执行与合作的公约》（2009年7月1日）、《海牙

---

① 括号中的年月日表明该公约对该国生效的时间，以下均按此方式注明。

国际私法会议成年人保护国际公约》(2009年7月1日)、《海牙国际私法会议选择法院协议公约》(2015年10月1日)、《海牙国际私法会议中介人持有证券的若干权益法律适用的公约》(2017年4月1日)以及国际民事身份委员会的相关公约,等等。

(二)奥地利

奥地利早在1811年民法典中就有了冲突法规范,但因在马车夫时代制定的冲突规范用来调整在超音速飞机上做成的国际买卖显然已是不合时宜了,故奥地利国会在1978年6月15日通过了《奥地利联邦国际私法法规》(1979年1月1日生效)。该法规包括7章54条,分为总则、属人法、亲属法、继承法、物权法、无形财产权和债权。该法规最令人注目的特点是在欧洲单行国际私法典中率先确立了最密切联系原则,并将它当作法律选择的总的最高指导原则;其最主要的缺陷则是将法院管辖权与判决的承认与执行排除在外。20世纪末和21世纪初,为了适用欧盟统一国际私法的进程,奥地利联邦议会先后于1998年、1999年、2000年、2003年、2004年、2009年、2011年、2013年和2015年对《奥地利联邦国际私法法规》进行了数次大的修改。[①] 奥地利作为欧盟成员国,欧盟委员会和欧盟理事会颁布的相关条例(如罗马条例Ⅰ至Ⅲ)和公约也是其处理国际私法问题的依据并构成奥地利国际私法的渊源之一。同时,欧洲理事会《欧洲儿童收养公约》(1980年8月29日)、《欧洲儿童监护公约》(1985年8月1日)、《欧洲外国法信息公约》(1972年1月5日)及其议定书(1980年5月26日)、《欧洲暴力犯罪受害人补偿公约》(2006年12月1日)、《欧洲法律援助申请移交公约》(1982年3月16日)、《欧洲国家豁免公约》(1976年8月1日)和《欧洲遗产管理文书公约》(1983年3月1日)以及国际民事身份委员会的相关公约也在奥地利适用。此外,《海牙国际私法会议关于民事诉讼程序的公约》(1957年4月12日)、《海牙国际私法会议关于国际货物销售法律适用公约》(1972年10月27日)、《海牙国际私法会议关于对子女抚养义务的法律适用公约》(1962年1月1日)、《海牙国际私法会议关于承认和执行外国有关子女抚养义务的判决的公约》(1962年1月1

---

① Jürgen Basedow, Giesela Rühl, *Franco Ferrari and Pedro de Miguel Asemsio*, *Encyclopedia of Private International Law*, Chapter B, Edward Elgar Publishing, 2017, p. 1886.

日)、《海牙国际私法会议关于保护未成年人主管机关和法律适用的公约》(1975 年 5 月 11 日)、《海牙国际私法会议关于以遗嘱处分财产的方式法律冲突公约》(1964 年 1 月 5 日)、《海牙国际私法会议关于废除要求认证外国公证书的公约》(1968 年 1 月 13 日)、《海牙国际私法会议关于交通事故法律适用的公约》(1975 年 6 月 3 日)、《海牙国际私法会议关于国际诱拐儿童的民事方面的公约》(1988 年 10 月 1 日)、《海牙国际私法会议关于跨国收养方面保护儿童及合作公约》(1999 年 9 月 1 日)、《海牙国际私法会议关于父母责任和保护儿童措施的管辖权、法律适用、承认执行与合作的公约》(2011 年 4 月 1 日)、《海牙国际私法会议成年人保护国际公约》(2014 年 2 月 1 日)、《海牙国际私法会议选择法院协议公约》(2015 年 10 月 1 日)与《海牙国际私法会议关于国际追索儿童抚养费用及其他形式的家庭抚养公约》(2014 年 8 月 1 日),以及《联合国自海外获取赡养公约》(1969 年 8 月 15 日)、《联合国已婚妇女国籍公约》(1968 年 6 月 12 日)、《联合国关于婚姻同意、结婚最低年龄及婚姻登记公约》(1969 年 10 月 1 日)、《联合国国际货物销售合同公约》(1988 年 1 月 1 日)、《联合国承认及执行外国仲裁裁决公约》(1961 年 7 月 31 日)、《联合国国家及其财产管辖豁免公约》(2006 年 9 月 14 日)和《解决国家和他国国民间投资争端公约》(1971 年 6 月 24 日)等公约也在奥地利作为国际私法渊源予以适用。

(三)德国

德国的国际私法最早是以单行法规形式制定的《德国民法施行法》,在其第 7 条至第 31 条中集中规定了法律适用规范。《德国民法施行法》于 1896 年 8 月 18 日颁布,1900 年 1 月 1 日生效实施。《德国民法施行法》主要规定《德国民法典》如何适用的问题,在国际私法历史上占有重要地位。但 1896 年的《德国民法施行法》并未包括债法和财产法,而且基本上是采用单边冲突规范,因而无论在内容上抑或规范形式上都适应不了新形势的需要。随着时代的发展,《德国民法施行法》已经历 1933 年、1935 年、1939 年、1942 年、1946 年、1950 年、1951 年、1957 年、1959 年、1976 年、1986 年、1997 年、1999 年、2000 年、2008 年、2009 年、2013 年、2015 年、2017 年和 2019 年数十次重大修订,日趋走向健全与完善。[①] 德国国际私法在其发展过程的鲜明特征主要有:第一,体系和内容不断趋于完备。《德国民法施行法》(EGBGB)第7条至第31条构成了德国国际私法的主要渊源。但最初的《德国民法施行法》的规定领域只限于人的身份、婚姻法和继承法,而在权利能力、法人、代理、时效、债权法、物权法等诸多方面均存在空缺。在这些空白领域,适用习惯法的规定。1933年6月21日《德国票据法》和1933年8月14日《德国支票法》对立法作出补充。《德国票据法》第91条至第98条将1930年6月7日订于日内瓦的《统一汇票和本票法公约》中第五章"解决汇票本票法律冲突公约"关于冲突法的规定纳入德国立法之中。同样,《德国支票法》第60条至第66条也将1931年3月19日的日内瓦《统一支票法公约》之第三章"解决支票法律冲突公约"关于冲突法的规定纳入德国立法之中。由于德国1934年6月1日正式退出海牙国际私法会议《关于离婚法律冲突的公约》,因而于1935年1月24日颁布了与国际私法相关的《关于在离婚中适用德国法律的立法》。德国《关于在离婚中适用德国法律的立法》第1条规定,对于妻子要求离婚的诉讼,如果只有妻子具有德国国籍,而丈夫无德国国籍并且丈夫本国法原则上不允许离婚,则可以适用德国法律;该立法第2条还规定,如果对于一个德国妇女的离婚诉讼本国法院依照诉讼条例不具有管辖权,则该诉讼可以在该妇女住所或惯常居所所在地州法院提起。但是,1935年德国《关于在离婚中适用德国法律的立法》第1条的规定与《德国民法施行法》第17条明显矛盾。因为,根据《德国民法施行法》第17条第3款的规定,只有在起诉时丈夫的德国国籍丧失,而妻子仍为德国人时,才适用德国法律。另外,在纳粹德国时期,德国颁布了一系列具有种族主义色彩的国际私法规则。例如,1935年11月14日的《关于实施〈保护德意志血统和德意志尊严的法律〉的第一条例》。该法规定,如果结婚当事人一方是外国人,则在根据本法第1条或第2条至第4条所规

① 我国学者关于德国国际私法的研究,可参见王晓晔:《联邦德国国际私法的现状与改革》,载《法律学习与研究》1988年第1期;王勇亮:《德国新颁国际私法典的立法意图与总则部分的内容简介》,载《政治与法律》1991年第6期;陈立虎:《试论德国新国际私法》,载《南京大学学报》1992年第4期;马琳:《德国统一后的法律适用》,载《中南政法学院学报》1992年第2期;杜涛:《德国国际私法:理论、方法和立法变迁》,法律出版社2006年版;邹国勇:《德国国际私法的欧盟化》,法律出版社2007年版;王葆莳:《德国联邦法院典型判例研究:国际私法篇》,法律出版社2015年版。

定的婚姻障碍而拒绝结婚预告之前以及在第 6 条规定的情况下拒绝发给适合结婚证明之前，应当征求德国内务部的决定。如果本法及其实施条例涉及德国公民，则它们也适用于住所或惯常居所在德国境内的无国籍人。住所或惯常居所在国外的无国籍人，只有当他们以前具有德国国籍时，才能适用这些条款。进入 20 世纪末期，经过长时间的立法酝酿，1986 年 7 月 25 日《关于对国际私法进行重新规定的立法》对国际私法规则进行了重大修改。与旧法相比，1986 年修订后的国际私法具有以下特点：(1)以大量篇幅规定了合同之债的法律适用(第 27 条至第 37 条)，占整个国际私法法规条文的 1/4，足见德国对涉外合同之债在当今国际社会生活中的重要性的重视程度；(2)对所有的涉外民事关系都采用双边冲突规范进行调整，萨维尼 19 世纪的思想在过了 130 多年后终于被德国的立法当局采纳了；(3)广泛采用了最密切联系原则(第 4 条第 3 款、第 5 条第 1 款、第 14 条第 1 款第 3 项、第 28 条、第 30 条第 2 款)；(4)旧的《德国民法施行法》第 27 条仅承认在涉及某些特定范围时才适用反致，而新法已无上述限制，在所有的民事关系上都适用反致(第 4 条)；(5)体现了保护弱方当事人正当利益的原则，如《德国民法施行法》第 29 条有关消费者的保护、第 30 条对雇员的保护以及第 17 条规定的离婚后男女双方未来养老金的平等权等。

不过，德国 1986 年后修改的国际私法法规仍不完备，因为它只包括了人身权、婚姻家庭关系和合同之债权关系的法律适用问题，而在非合同之债和物权方面则付之阙如。1999 年 5 月 21 日德意志联邦共和国《关于非合同债权关系和物权的国际私法立法》对第 38 条作了修订，又增加了 8 条，即第 39 条至第 46 条。[①] 该法第 38 条至第 42 条为非合

---

① 德国 1986 年修改的国际私法法规并不完备，因为它只包括了人身权、婚姻家庭关系和合同之债权关系的法律适用问题，而在非合同之债和物权方面则付之阙如，1993 年德国联邦司法部起草了一部关于非合同债权和物权的国际私法法案，内阁于 1998 年 8 月 24 日通过的一项政府草案吸收了上述司法部草案的精华，并做了更明确的规定。1997 年 3 月 24 日议会法律委员会一致向联邦议院建议通过该草案，后来议院接受了该建议，未经过二读和三读程序便原文通过了该草案。德意志联邦共和国《关于非合同债权关系和物权的国际私法立法》于 1999 年 5 月 21 日公布，同年 6 月 1 日起正式生效。1896 年颁布的《德国民法施行法》仅 37 条，而 1999 年新的国际私法法规又将其增加了 9 条，即第 38 条至第 46 条。其中第 38 条至第 42 条为非合同债权关系的法律适用，第 43 条至第 46 条涉及物权关系的法律适用。参见《德意志联邦共和国关于非合同债权关系和物权的国际私法立法》，杜涛译，载韩德培等主编：《中国国际私法与比较法年刊》(第 3 卷)，法律出版社 2000 年版，第 719 ~ 722 页；李双元等主编：《国际私法教学参考资料选编》(上册)，北京大学出版社 2002 年版。

同债务关系的法律适用,其中第 38 条为不当得利,第 39 条为无因管理,第40 条为侵权行为;第43 条至第46 条为物权关系的法律适用。这样一来,德国国际私法立法经历了整整 100 年才基本上完备起来。[①] 尤为引人注目的是:德国的国际私法一直坚持贯彻宪法基本权利。德国宪法中的基本权利对国际私法立法有直接影响,即冲突规范中的连接点不能和基本权利相抵触。例如,《德国基本法》第 3 条第 2 款和第 3 款倡导男女平等,禁止性别歧视。据此,如果冲突规范在婚姻或者亲子关系方面以男方国籍为连接点,就会违反宪法。即使按照丈夫本国法,妻子的法律地位实际上更为优越,也不能排除这一冲突规范的违宪。[②] 因为,根据《德国基本法》第 3 条第 3 款,国际私法本身需要接受基本权利的审查,而不需要考虑法律适用的结果。

在德国 1986 年国际私法改革中,所有有利于丈夫的连接点都被中性连接点代替。例如,在《德国民法施行法》第 14 条中,婚姻一般效力适用夫妻双方所属国法律或在婚姻期间最后所属国法律,只要夫妻一方尚具有该国国籍(第 14 条第 1 款),否则,就适用夫妻双方惯常居所所在国或婚姻期间最后所在国法律,只要夫妻一方的惯常居所仍在该

---

① 自 1896 年《德国民法施行法》颁布后,德国不断有关于国际私法的立法活动,其中如 1935 年 1 月 24 日《关于在离婚中适用德国法律的立法》;1935 年 11 月 29 日关于实施婚姻健康的第一条例;1938 年 4 月 12 日关于修改和补充家庭法条例以及关于无国籍人法律地位的立法;1939 年 7 月 4 日关于失踪、死亡宣告和确定死亡时间的法律;1942 年 12 月 7 日关于德国公民在帝国境外遭受损害的法律适用的条例;1946 年 2 月 20 日盟军对德国管制委员会第 16 号立法(婚姻法);1950 年 3 月 17 日盟军在德国最高委员会关于被掳掠人与难民的法律关系的第 23 号法;1951 年 1 月 15 日关于修改失踪法条款的立法;1951 年 4 月 25 日关于联邦境内无家可归的外国人的法律地位的立法;1959 年 2 月 26 日关于飞行器权力的法律;1957 年 7 月 27 日的反限制竞争法;1976 年 8 月 24 日关于保护远程教学参与者的法律;1976 年 12 月 9 日关于一般交易条件的立法;1986 年就实施联合国国际货物买卖公约所做的修订;1993 年就个人姓名等民事法律地位的修订文本; 1994 年对 1908 年 5 月 30 日保险合同施行法的修订文本;1998 年 5 月 15 日文物返还法;1999 年 7 月 8 日关于防止德国文物外流的法律;2000 年 6 月 30 日生效的关于消费者权益保护的法律(第 29 条);2001 年 8 月 1 日生效的关于同性伙伴的法律(第 7 条);等等。但从 1935 年至 1942 年的多项立法来看,指定只适用德国法的单边主义更得到强调,这无疑与当时德国法西斯政治有着直接的联系。See Karsten Otte, "The New German Conflict Law on Parents and Children", in Petar Šacevic and Paul Volken, Yearbook of Private International Law, Vol. Ⅰ, 1999, *Kluwer Law International and Swiss Institute of Comparative Law*, 1999, pp. 190 – 203;李双元等:《中国国际私法通论》(第 2 版),法律出版社 2003 年版,第 67 页。

② Starck, in: v. Mangoldt/Klein/Starck, Art. 3 GG, Rn. 362.

地(第 14 条第 2 款),或与夫妻双方以其他方式共同拥有最密切联系的国家的法律(第 14 条第 3 款)。《德国民法施行法》第 13 条规定,结婚的实质要件适用订婚当事人双方各自的本国法。《德国民法施行法》第 15 条规定,婚姻的财产效力适用结婚时婚姻人身效力的准据法,并允许夫妻选择一方当事人的本国法或惯常住所地法或不动产所在地法作为其婚姻财产效力准据法。《德国民法施行法》第 17 条规定,离婚适用离婚申请发生法律效力时支配婚姻人身效力的法律,若依此法律当事人不得离婚,并且离婚申请人此时或者过去是德国人,则适用德国法。可见,德国现行国际私法贯彻了男女平等原则,体现基本权利对连接点选择方面的重大影响。

《德国基本法》第 6 条第 2 款规定了未成年子女最大利益,这一基本权利也对国际私法立法产生重要影响。在 1986 年德国国际私法改革中,维护和促进子女利益是立法目的之一。为了达到这个目的,新国际私法在一些条文中规定了选择性连接点,即对同一问题规定多个连接点,以便从中选择对子女最有利的法律适用之。例如,《德国民法施行法》第 19 条第 1 款规定,“子女的出身,适用该子女惯常居所地国家的法律。就其与父母一方的关系而言,也可以适用该父母方所属国法律。如果母亲已婚,则子女的出身还可以依照《德国民法施行法》第 14 条第 1 款所规定的子女出生时支配其婚姻一般效力的法律确定;如果该婚姻因为死亡而早已解除,则以婚姻解除的时间为准”。只要若干个法律中的一个满足需要,就可以适用该法律。此种选择性连接点有利于达到特定的、总体上更有利于未成年子女的结果。1986 年《德国民法施行法》还在父母子女关系的确定、撤销和效力方面,均选择子女惯常住所地作为基本连接点。例如,《德国民法施行法》第 19 条第 1 款规定,子女的出身,适用该子女惯常居所地国家的法律。该法第 20 条第 2 句,子女可以在任何情况下根据其惯常居所地国法律撤销其出身。该法第 21 条规定,子女与其父母之间的法律关系,适用该子女的惯常居所地国法律。通过这些规定,可以适用那些惯常居所地法律对未成年子女的特别保护法律,从而维护和促进了未成年子女的福利。此外,1997 年 12 月 16 日德国颁布了《关于改革亲子关系法的立法》,对《民法施行法》中的规定进行修改,其要点在于取消了对婚生子女和非婚生子女在亲子关系问题上的区别对待。

德国国际私法的欧洲化取向渐趋明显。当代德国乃至欧盟各国国际私法正面临一个重大转折,就是从各国国际私法向“欧洲国际私法”的转化,这被称为国际私法的“欧洲化”(Europeanization)或“共同体化”(Communitarization)。[①] 德国作为欧盟成员国,欧盟委员会和欧盟理事会颁布的相关条例也是其处理国际私法问题的依据并构成德国国际私法的渊源之一。[②]《阿姆斯特丹条约》颁布后,欧盟制定的有关国际私法和国际民事诉讼法的条例主要有:2000 年 5 月 29 日《关于破产程序的条例》,2000 年 5 月 29 日《关于婚姻案件管辖权和判决承认与执行的条例》,2000 年 5 月 29 日《关于成员国间民商事司法文书和司法外文书送达的条例》(EuZVO),2000 年 12 月 22 日《关于民商事案件管辖权与判决承认和执行的条例》(GVO),2001 年 5 月 28 日《关于成员国法院间在民商事案件取证方面进行协助的条例》,2007 年 7 月 11 日《关于非合同之债法律适用的条例》(罗马条例Ⅱ),2008 年 6 月 17 日《关于合同之债法律适用的条例》(罗马条例Ⅰ),2010 年 12 月 20 日《关于离婚和司法别居法律适用的条例》(罗马条例Ⅲ),2012 年 7 月 4 日《关于继承事件的管辖权、法律适用、承认和执行判决以及接受和执行公证书的条例》,2016 年 6 月 24 日《关于婚姻财产制的管辖权、法律适用和判决承认和执行的条例》,2016 年 6 月 24 日《关于登记伴侣关系财产制效力的管辖权、法律适用和判决承认和执行的条例》。与条例不同的是,欧盟制订的框架性指令(Directive)需要经过二次立法(Secondary Legislation),才能转化为成员国的国内法并加以适用。例如,德国 2000

---

① “Bernd von Hoffmann”, *European Private International Law*(1998), S. 15.

② 1992 年缔结《欧盟条约》时,欧盟的整个法律框架由“三大支柱”(Three Pillars)组成:第一根支柱是由原来的欧洲经济共同体、欧洲煤钢共同体和欧洲原子能共同体组成的欧洲共同体;第二根支柱是欧盟共同外交和安全政策;第三根支柱是司法和内务方面的合作。在第一支柱范围内,共同体有权进行直接立法。而第二支柱和第三支柱是政府间的支柱(Intergovernmental Pillars),共同体无权直接立法,而必须由成员国进行协商。国际私法和国际民事诉讼法就属于“第三支柱”范围之内,因此在《马斯特里赫特条约》框架下的欧盟国际私法的渊源主要是成员国政府间达成的国际条约。但是,在 1999 年《阿姆斯特丹条约》生效后,原“第三支柱”范围内的“司法与内务方面的合作事项”中的第 6 项“民事方面的司法合作”不再是各成员国之间协商的事务,而成为“第一支柱”范围内的事务,即属于欧共体管辖范围内的事务。这样一来,欧共体就可以在“民事司法合作”领域采取直接措施,而不再需要通过各成员国的协商谈判缔结条约来进行规定。欧盟制订的条例(Regulation)等同于成员国本国立法,无须成员国重新立法即可直接适用。

年 6 月 27 日颁布了《关于远程合同和消费者法的其他问题以及转化有关欧元的法规的法律》,该法决定在《德国民法施行法》中增加第 29a 条,就是对三个欧共体指令统一作了转化。《德国民法施行法》新增的第 29a 条规定,如果一份合同基于法律选择而不受欧盟成员国或者欧洲经济区条约的其他缔约国法律支配,但该合同与这些国家中某一国的领域有密切联系,则在该国境内有效的关于转化消费者保护指令的规定同时适用。同时,它在新增的第 29a 条第 2 款中专门对 1996 年的《关于转让住房分时使用权的立法》的效力作了规定,即分时居住权法对于不受欧盟成员国法律或欧洲经济区条约的其他缔约国法律支配的合同依然适用,只要该住房位于这些国家中某一国境内。这样一来,《一般交易条件法》第 12 条和《关于转让住房分时居住权的立法》第 8 条就被取消,而统一适用《德国民法施行法》第 29a 条的规定,并从 2000 年 6 月 30 日起生效。根据《欧共体合同法律适用公约》(EVÜ)第 20 条,第 29a 条的规定应优先于第 29 条适用。该立法还对《德国民法施行法》第 36 条和第 37 条进行了相关的修订,在第 36 条中"本章"一词之后增加"除第 29a 条之外";第 37 条增加一句:"第 29a 条也适用于第 1 款所规定的情况。"2001 年 11 月 26 日《对民法典中的债法进行现代化改革的立法》的主要目的在于转化欧洲议会和委员会 1999 年 5 月 25 日关于消费财产买卖和消费财产担保有关事项的指令、欧洲议会和委员会 2000 年 6 月 29 日关于反对在商业交往中延迟支付的第 2000/35/EG 号指令、欧洲议会和委员会 2000 年 6 月 8 日关于在内部市场信息企业尤其是电子商务交往中的信息企业的有关法律事项的第 2000/31/EG 号指令第 10 条、第 11 条和第 18 条。另外,该立法还对此前德国关于转化欧洲议会和委员会相关指令的立法进行了修改。与此相应,该立法对《德国民法施行法》也进行了修改。《德国民法施行法》第 29a 条第 3 款中"分时居住权法"被代之以《德国民法典》中"关于分时居住权合同的规定",因为该"分时居住权立法"已经被修订并纳入《德国民法典》之中。另外,在《德国民法施行法》第 29a 条第 4 款末尾增加了第(4)项,即欧洲议会和委员会 1999 年 5 月 25 日关于消费财产买卖和消费财产担保有关事项的第 1999/44/EG 号指令。

德国作为欧盟成员国,除了国内立法和适用的欧盟条例外,德国还加入和适用一些联合国、海牙国际私法会议的公约以及欧洲其他一些国际私法公约,[1]如《EEC关于合同义务法律适用的公约》(1986年9月1日)、《联合国自海外获取赡养公约》(1959年8月19日)、《联合国已婚妇女国籍公约》(1974年5月8日)、《联合国关于婚姻同意、结婚最低年龄及婚姻登记公约》(1969年10月7日)、《联合国国际货物公路运输公约》(1956年5月19日)、《联合国承认及执行外国仲裁裁决公约》(1961年9月28日)、《联合国国际货物销售合同公约》(1991年9月1日)、《欧洲儿童收养公约(1967年)》(1981年2月11日)、《欧洲儿童收养公约(2008年修订)》(2015年7月1日)、《欧洲儿童监护公约》(1991年2月1日)、《欧洲外国法信息公约》(1975年3月19日)及其议定书(1987年10月24日)、《欧洲国家豁免公约》(1990年8月16日)、《欧洲暴力犯罪受害人补偿公约》(1997年3月1日)、《欧洲遗产管理文书公约》(1983年1月1日)、[2]《海牙国际私法会议关于民事诉讼程序的公约》(1960年1月1日)、《海牙国际私法会议关于对子女抚养义务的法律适用公约》(1962年1月1日)、《海牙国际私法会议关于承认和执行外国有关子女抚养义务的判决的公约》(1962年1月1日)、《海牙国际私法会议关于保护未成年人主管机关和法律适用的公约》(1971年9月17日)、《海牙国际私法会议关于以遗嘱处分财产的方式法律冲突公约》(1966年1月1日)、《海牙国际私法会议关于废除要求认证外国公证书的公约》(1966年2月13日)、《海牙国际私法会议关于民商事司法及非司法文书国外送达的公约》(1979年4月26日)、《海牙国际私法会议关于民商案件域外取证的公约》(1979年6月26日)、《海牙国际私法会议关于承认并执行外国抚养义务判决的公约》(1987年4月1日)、《海牙国际私法会议关于抚养义务法律适用的公约》(1987年4月1日)、《海牙国际私法会议关于国际诱拐儿童的民事方面的公约》(1990年12月1日)、《海牙国际私法会议关于跨国收养方面保护儿童及合作公约》(2002年3月1日)、《海牙国际私法会议关于父母责任和保护儿童措施的管辖

---

① See Gerhard Kegel, Klaus Schurig, *Internationales Privatrecht*, 9. Auflage, 2004, pp. 203 – 211.

② See Thomas H. Reynolds, Arturo A. *Flores*, *Foreign Law: Current Sources of Codes and Basic Legislation in Jurisdictions of the World*, William S. Hein & Co., Inc. 2004, Ⅱ Germany, p. 50.

权、法律适用、承认执行与合作的公约》(2011 年 1 月 1 日)、《海牙国际私法会议成年人保护国际公约》(2009 年 1 月 1 日)、《海牙国际私法会议选择法院协议公约》(2015 年 10 月 1 日)、《海牙国际私法会议关于国际追索儿童抚养费用及其他形式的家庭抚养公约》(2014 年 8 月 1 日),等等。

(四)意大利

意大利是现代国际私法的发源地,属于第一批实现国际私法法典化的国家。在孟西尼的影响下,1865 年就出现了现行的国际私法规则,后集中规定在 1942 年颁行的《意大利民法典》第 17 条至第 31 条中。[①] 不过,1995 年之前,意大利并无一部专门的国际私法法规,其国际私法规定散见于《意大利民法典》《意大利民事诉讼法典》及其他单行法律之中。长期以来,许多意大利国际私法学者与实践工作者一直在为制定一部国际私法法规而努力,经过几十年的探索,意大利在 1995 年 5 月 17 日正式通过了一部新的国际私法法规。新法规共 74 条,其中第 1 条至第 63 条于 1995 年 9 月 1 日起生效,第 64 条至第 71 条从 1996 年 12 月 31 日起生效。

意大利 1995 年国际私法立法从结构上分为五编,包括总则、意大利法院的管辖权、法律适用、外国判决和法律文书的效力、过渡条款与最后条款。第一编总则部分只有两条:规定了该法的适用范围和国际条约的效力。第二编内容涉及确立意大利法院国际管辖权的基本规则,如被告住所地原则、主观管辖权、自愿管辖案件以及外国未决诉讼等。第三编规定了法律选择问题,分为十一章。其中第一章规定了反致、公共秩序、外国法的查明、区际法律冲突等问题。其他几章分别规定了人法、家庭法、继承法、物权法、债权法、公司法等问题的法律适用。第四编内容涉及外国判决及其他司法文书的承认与执行、外国法院的取证以及外国法院的送达等问题。[②] 意大利作为欧盟成员国,欧盟委员会和欧盟理事会颁布的相关条例也是其处理国际私法问题的依据并构

① See Jürgen Basedow, Giesela Rühl, *Franco Ferrari and Pedro de Miguel Asemsio*, *Encyclopedia of Private International Law*, Chapter B, Edward Elgar Publishing, 2017, p. 2208.

② See Tito Ballarino, Andrea Bonomi, *The Italian Statute on Private International Law of* 1995, in Petar Šacevic and Paul Volken, *Yearbook of Private International Law*, Vol. Ⅱ, 2000, Kluwer Law International and Swiss Institute of Comparative Law, 2000, pp. 100 – 131.

成意大利国际私法的渊源之一。同时,意大利还适用了国际民事身份委员会制定的一些公约。

此外,意大利还适用海牙国际私法会议的一系列公约,如《海牙国际私法会议关于民事诉讼程序的公约》(1957年4月12日)、《海牙国际私法会议关于国际货物销售法律适用公约》(1964年9月1日)、《海牙国际私法会议关于对子女抚养义务的法律适用公约》(1962年1月1日)、《海牙国际私法会议关于承认和执行外国有关子女抚养义务的判决的公约》(1962年1月1日)、《海牙国际私法会议关于保护未成年人主管机关和法律适用的公约》(1995年4月23日)、《海牙国际私法会议关于废除要求认证外国公证书的公约》(1978年2月11日)、《海牙国际私法会议关于民商事司法及非司法文书国外送达的公约》(1982年1月24日)、《海牙国际私法会议关于承认离婚与司法别居的公约》(1986年4月20日)、《海牙国际私法会议关于民商案件域外取证的公约》(1982年8月21日)、《海牙国际私法会议关于承认并执行外国抚养义务判决的公约》(1982年1月1日)、《海牙国际私法会议关于抚养义务法律适用的公约》(1982年1月1日)、《海牙国际私法会议关于国际诱拐儿童的民事方面的公约》(1995年5月1日)、《海牙国际私法会议关于信托的法律适用和承认的公约》(1992年1月1日)、《海牙国际私法会议关于跨国收养方面保护儿童及合作公约》(2000年1月1日)、《海牙国际私法会议关于父母责任和保护儿童措施的管辖权、法律适用、承认执行与合作的公约》(2016年1月1日)、《海牙国际私法会议选择法院协议公约》(2015年10月1日)、《海牙国际私法会议关于国际追索儿童抚养费用及其他形式的家庭抚养公约》(2014年8月1日)与欧洲理事会的《欧洲儿童收养公约》(1976年8月26日)、《欧洲儿童监护公约》(1995年6月1日)、《欧洲外国法信息公约》(1972年7月11日)及其议定书(1991年7月21日)、《欧洲法律援助申请移交公约》(1983年7月7日)、《欧洲遗产管理文书公约》(1985年2月1日),以及《联合国自海外获取赡养公约》(1958年8月27日)、《联合国承认及执行外国仲裁裁决公约》(1969年5月1日)、《联合国国际货物销售合同公约》(1988年1月1日)和《解决国家和他国国民间投资争端公约》(1981 年 5 月 7 日)等。[①]

(五)罗马尼亚

罗马尼亚国际私法的立法规定最早见于《罗马尼亚民法典》第 2 条和《罗马尼亚民事诉讼法典》第 375 条。在罗马尼亚历史上,也曾有几次关于国际私法的立法活动,但却不了了之。1938 年在民法典中曾准备设专章规定国际私法问题,但颁布后并未让其生效实施。直到 1992 年 9 月 22 日通过了《罗马尼亚关于调整国际私法法律关系的第 105 号法》,从而结束了罗马尼亚缺乏一部统一的国际私法法规的历史。[②] 随着时代的发展以及加入欧洲联盟的影响,罗马尼亚 2009 年又革新了国际私法的立法模式。[③] 罗马尼亚 2009 年 7 月 17 日通过了对《罗马尼亚民法典》的修订,将国际私法规则重新纳入《罗马尼亚民法典》第七卷之中。修订的《罗马尼亚民法典》第 2557 条至第 2663 条对国际私法问题进行了具体规定。2011 年 6 月 10 日颁布新修订的《罗马尼亚民法典》,2011 年 10 月 1 日生效实施。新修订的《罗马尼亚民法典》第 2557 条至第 2571 条对国际私法一般问题作了规定,如识别(第 2558 条)、反致(第 2558 条)、外国法查明(第 2559 条)、强制性规范(第 2566 条)、惯常

---

① See R. Blanplain, *International Encyclopaedia of Laws: Private International Law*, Kluwer Law International, Hague 2004, pp. 55 – 56; Thomas H. Reynolds, Arturo A. Flores, *Foreign Law: Current Sources of Codes and Basic Legislation in Jurisdictions of the World*, William S. Hein & Co., Inc. 2004, Ⅱ Italy, p. 36.

② See Thomas H. Reynolds, Arturo A. Flores, *Foreign Law: Current Sources of Codes and Basic Legislation in Jurisdictions of the World*, William S. Hein & Co., Inc. 2004, Ⅱ Romania, p. 26.

③ 1992 年 9 月 22 日,罗马尼亚颁布了《罗马尼亚关于调整国际私法法律关系的第 105 号法》,从而结束了罗马尼亚缺乏一部统一的国际私法法典的历史。《罗马尼亚关于调整国际私法法律关系的第 105 号法》共 183 条,分为 13 章,具体内容包括总则、法律适用和国际民事程序法三大部分。其总则部分共 10 条,主要包括外国人的民事法律地位、外国法的证明与适用、识别、反致、准据法的变更等问题;第二部分法律适用规范是该法的主体(共 36 条),这一部分内容与原有立法相比,有了非常大的创新,设置了许多新的冲突规则;第三部分国际民事程序法共 33 条,内容包括罗马尼亚法院的国际管辖权、民事程序的法律适用、外国法院判决的效力以及国际仲裁管辖权等。随着罗马尼亚加入欧盟以及国际社会形势的发展变化,为了适用欧盟统一国际私法的进程,罗马尼亚在修订民法典时又对国际私法立法进行了革新。2011 年 6 月 10 日颁布的《罗马尼亚民法典》将《罗马尼亚关于调整国际私法法律关系的第 105 号法》吸纳进去,在法典第七卷中设两编共 107 条(第 2557 条至第 2663 条)集中规定国际私法问题。如此,罗马尼亚又将国际私法单行的立法模式调回专编专章模式。《罗马尼亚民法典》2011 年 10 月 1 日正式生效,罗马尼亚新修订的国际私法规则也随之而生效实施。

居所(第2570条)等。该法典第2572条至第2663条对涉外民商事关系的准据法选择问题逐一作了具体规定。此外,2010年7月15日通过了《罗马尼亚民事诉讼法典》的修订并于2013年2月1日生效实施。《罗马尼亚民事诉讼法典》第7卷第1064条至第1132条对国际民事诉讼问题进行了规定,其中该法典第1065条至第1081条规定了国际民商事诉讼管辖权问题、第1082条至第1092条规定了国际民商事诉讼程序问题、第1093条至第1109条规定了外国民商事诉判决的承认与执行问题、第1110条至第1132条规定了国际商事仲裁问题。与此同时,罗马尼亚作为欧盟成员国,欧盟委员会和欧盟理事会颁布的相关条约、条例、指令和相关法律文件也是其处理国际私法问题的依据并构成罗马尼亚国际私法的渊源之一。[①] 同时,罗马尼亚还适用与其他国家签订的一些有关国际私法问题的双边协定。

此外,罗马尼亚还适用海牙国际私法一系列公约,如《海牙国际私法会议关于民事诉讼程序的公约》(1972年1月29日)、《海牙国际私法会议关于废除要求认证外国公证书的公约》(2001年3月16日)、《海牙国际私法会议关于民商事司法及非司法文书国外送达的公约》(2004年4月1日)、《海牙国际私法会议关于民商案件域外取证的公约》(2003年10月20日)、《海牙国际私法会议关于国际诱拐儿童的民事方面的公约》(1993年2月1日)、《海牙国际私法会议关于对国际诉讼提供便利公约》(2003年10月1日)、《海牙国际私法会议关于跨国收养方面保护儿童及合作公约》(1995年5月1日)、《海牙国际私法会议关于父母责任和保护儿童措施的管辖权、法律适用、承认执行与合作的公约》(2011年1月1日)、《海牙国际私法会议关于国际追索儿童抚养费用及其他形式的家庭抚养公约》(2014年8月1日),欧洲理事会的《欧洲儿童收养公约(1967年)》(1993年8月19日)、《欧洲儿童收养公约(2008年修订)》(2012年5月1日)、《欧洲儿童监护公约》(2004年9月1日)、《欧洲儿童接触公约》(2007年11月1日)、《欧洲外国法信息公约》及其议定书(1991年7月27日)、《欧洲暴力犯罪受

---

① See Jürgen Basedow, Giesela Rühl, *Franco Ferrari and Pedro de Miguel Asemsio*, *Encyclopedia of Private International Law*, Chapter B, Edward Elgar Publishing, 2017, pp. 2442 – 2444.

害人补偿公约》(2006 年 6 月 1 日)、《欧洲法律援助申请移交公约》(2006 年 3 月 10 日)、《欧洲遗产管理文书公约》(1985 年 2 月 1 日),以及《联合国自海外获取赡养公约》(1991 年 5 月 10 日)、《联合国已婚妇女国籍公约》(1961 年 3 月 2 日)、《联合国关于婚姻同意、结婚最低年龄及婚姻登记公约》(1993 年 4 月 21 日)、《联合国海上货物运送公约》(1992 年 11 月 1 日)、《联合国承认及执行外国仲裁裁决公约》(1961 年 12 月 12 日)、《联合国国际货物销售合同公约》(1992 年 6 月 1 日)、《联合国国际货物销售时效期公约》(1992 年 11 月 1 日)和《联合国国家及其财产管辖豁免公约》(2007 年 2 月 15 日)等。

(六)法国

自 1804 年《法国民法典》第 3 条以及第 14 条和第 15 条对国际私法问题加以规定后,法国并未以此为满足,在尼波耶(J. H. P. Niboyet)、巴蒂福尔(H. Batiffol)、福耶(Jacques Foyer,1934—)等法学家的努力下,先后于 1955 年、1959 年与 1967 年提出过三个国际私法草案,尝试修改《法国民法典》中的国际私法规范,但均无疾而终。[1] 法国 1972 年修订民法典第 311 条至第 317 条、1975 年修订民法典第 309 条、1997 年修订民法典有关婚姻财产制的法律适用条款、2001 年修订民法典有关跨国收养法律适用条款、2009 年修订民法典有关民事结合法律适用条款、2013 年修订民法典有关婚姻的条款。法国作为欧盟成员国,欧盟委员会和欧盟理事会颁布的相关条例、指令和相关法律文件也是其处理国际私法问题的依据并构成法国国际私法的渊源之一。同时,法国还适用国际民事身份委员会制定的一系列公约与法国同其他国家签订的涉及国际私法问题的双边协定。[2] 此外,法国现在适用的国际私法方面的公约较多,如欧洲理事会的《欧洲儿童监护公约》(1983 年 9 月 1 日)、《欧洲外国法信息公约》(1972 年 7 月 1 日)及其议定书(1983 年 12 月 23 日)、《欧洲暴力犯罪受害人补偿公约》(1990 年 6 月 1 日)、《欧洲法律援助申请移交公约》(1980 年 1 月 22 日)、《欧洲遗产管理文书公约》(1982 年 11 月 1 日),《联合国自海外获取赡养公约》(1960 年

---

① 参见黄进主编:《国际私法》,法律出版社 1999 年版,第 135 页。

② See Jürgen Basedow, Giesela Rühl, *Franco Ferrari and Pedro de Miguel Asemsio*, *Encyclopedia of Private International Law*, Chapter B, Edward Elgar Publishing, 2017, pp. 2080 - 2081.

7月24日)、《联合国关于婚姻同意、结婚最低年龄及婚姻登记公约》(2011年1月12日)、《联合国承认及执行外国仲裁裁决公约》(1988年8月1日)、《联合国国际货物销售合同公约》(1959年9月24日)、《联合国国家及其财产管辖豁免公约》(2011年8月12日),以及《海牙国际私法会议关于民事诉讼程序的公约》(1959年6月22日)、《海牙国际私法会议关于国际货物销售法律适用公约》(1964年9月1日)、《海牙国际私法会议关于承认外国公司、社团和财团法律人格的公约》(1963年7月30日)、《海牙国际私法会议关于产品责任的法律适用公约》(1977年10月1日)、《海牙国际私法会议关于夫妻财产制的法律适用公约》(1992年9月1日)、《海牙国际私法会议关于代理的法律适用公约》(1992年5月1日)、《海牙国际私法会议关于对子女抚养义务的法律适用公约》(1963年7月1日)、《海牙国际私法会议关于承认和执行外国有关子女抚养义务的判决的公约》(1966年7月25日)、《海牙国际私法会议关于保护未成年人主管机关和法律适用的公约》(1972年11月10日)、《海牙国际私法会议关于以遗嘱处分财产的方式法律冲突公约》(1967年11月19日)、《海牙国际私法会议关于废除要求认证外国公证书的公约》(1965年1月24日)、《海牙国际私法会议关于民商事司法及非司法文书国外送达的公约》(1972年11月1日)、《海牙国际私法会议关于交通事故法律适用的公约》(1975年6月3日)、《海牙国际私法会议关于民商案件域外取证的公约》(1974年10月6日)、《海牙国际私法会议关于承认并执行外国抚养义务判决的公约》(1977年10月1日)、《海牙国际私法会议关于抚养义务法律适用的公约》(1977年10月1日)、《海牙国际私法会议关于国际诱拐儿童的民事方面的公约》(1983年12月1日)、《海牙国际私法会议关于对国际诉讼提供便利公约》(1988年5月1日)、《海牙国际私法会议关于跨国收养方面保护儿童及合作公约》(1998年10月1日)、《海牙国际私法会议关于父母责任和保护儿童措施的管辖权、法律适用、承认执行与合作的公约》(2011年2月1日)、《海牙国际私法会议成年人保护国际公约》(2009年1月1日)、《海牙国际私法会议选择法院协议公约》(2015年10月1日)和《海牙国际私法会议关于国际追索儿童抚养费用及其他形式的家庭抚养公约》(2014年8月1日),等等。

(七)荷兰

荷兰从19世纪末起就致力于国际私法统一化运动,海牙国际私法会议从那时起就一直是欧洲统一国际私法的核心,后来便成为世界统一国际私法的最重要的中心之一。所以,荷兰一直重视国际私法的国际性立法活动。早在1829年荷兰曾有关于国际私法的立法,但只有第3条、第6条、第7条和第10条涉及法律适用的规则,而且以法则区别说为基础设立。虽然杰特(Jitta)也曾主张制定一部荷兰自己的全国性国际私法法典,但是,以阿瑟(Tobias M. C. Asser)为代表的国际主义学派始终居于主导地位,国内立法进展缓慢。1973年开始由荷兰司法部主持,欲采取措施制定一部荷兰国内成文国际私法来作为其国际法源的补充,并希望在20世纪末完成。[①] 自1981年至2008年,荷兰先后颁布了16部与国际私法相关的法律法规。所有这些法规都在2011年5月19日被荷兰全部并入《荷兰民法典》第十卷。包含国际私法规则的《荷兰民法典》第十卷于2011年6月8日颁布,2012年1月1日生效实施。不过,这并未宣告荷兰国际私法法典化的进程的终结,荷兰国际私法学者还在努力追求单行立法的美梦。[②] 荷兰作为欧盟成员国,欧盟委员会和欧盟理事会颁布的相关条例也是其处理国际私法问题的依据并构成荷兰国际私法的渊源之一。同时,国际民事身份委员会制定的有关公约与荷兰签订的涉及国际私法的双边协定也予以适用。目前荷兰国际私法仍然以法官造法与适用国际条约或公约为主。在荷兰适用的国际公约相当多,诸如欧洲理事会的《欧洲儿童监护公约》(1990年9月1日)、《欧洲外国法信息公约》(1977年3月2日)及其议定书(1980年9月4日)、《欧洲暴力犯罪受害人补偿公约》(1992年10月1日)、《欧洲法律援助申请移交公约》(1992年4月13日)、《欧洲国家豁免公约》(1985年5月22日)、《欧洲儿童收养公约(2008年修订)》(2012年10月1日),《海牙国际私法会议关于民事诉讼程序的公约》(1959年6

---

① See Katharina Boele-Woelki's Reports, in Symeon C. Symeonides, *Private International Law at the End of 20th Century: Progress or Regress?* Kluwer Law International 2000, pp. 20 - 21.

② See Jürgen Basedow, Giesela Rühl, *Franco Ferrari and Pedro de Miguel Asemsio*, *Encyclopedia of Private International Law*, Chapter B, Edward Elgar Publishing, 2017, pp. 2359 - 2360.

月27日)、《海牙国际私法会议关于对子女抚养义务的法律适用公约》(1962年12月14日)、《海牙国际私法会议关于承认和执行外国有关子女抚养义务的判决的公约》(1964年4月28日)、《海牙国际私法会议关于以遗嘱处分财产的方式法律冲突公约》(1982年8月1日)、《海牙国际私法会议关于产品责任的法律适用公约》(1979年9月1日)、《海牙国际私法会议关于夫妻财产制的法律适用公约》(1992年9月1日)、《海牙国际私法会议关于代理的法律适用公约》(1992年10月1日)、《海牙国际私法会议关于废除要求认证外国公证书的公约》(1965年10月8日)、《海牙国际私法会议关于民商事司法及非司法文书国外送达的公约》(1976年1月2日)、《海牙国际私法会议关于承认离婚与司法别居的公约》(1981年8月22日)、《海牙国际私法会议关于交通事故法律适用的公约》(1978年12月30日)、《海牙国际私法会议关于民商案件域外取证的公约》(1981年6月7日)、《海牙国际私法会议关于承认并执行外国抚养义务判决的公约》(1981年3月1日)、《海牙国际私法会议关于国际诱拐儿童的民事方面的公约》(1990年9月1日)、《海牙国际私法会议关于对国际诉讼提供便利公约》(1992年4月1日)、《海牙国际私法会议关于信托的法律适用和承认的公约》(1996年2月1日)、《海牙国际私法会议关于跨国收养方面保护儿童及合作公约》(1998年10月1日)、《海牙国际私法会议关于父母责任和保护儿童措施的管辖权、法律适用、承认执行与合作的公约》(2011年5月1日)、《海牙国际私法会议选择法院协议公约》(2015年10月1日)、《海牙国际私法会议关于国际追索儿童抚养费用及其他形式的家庭抚养公约》(2014年8月1日),《联合国自海外获取赡养公约》(1962年8月30日)、《联合国关于婚姻同意、结婚最低年龄及婚姻登记公约》(1965年9月30日)、《联合国承认及执行外国仲裁裁决公约》(1964年7月23日)、《联合国国际货物销售合同公约》(1992年1月1日)和《解决国家和他国国民间投资争端公约》(1966年10月14日),等等。①

(八)丹麦

一百多年来,丹麦一直保持一种高度灵活的国际私法制度,并长期

---

① See Thomas H. Reynolds, Arturo A. Flores, *Foreign Law: Current Sources of Codes and Basic Legislation in Jurisdictions of the World*, William S. Hein & Co., Inc. 2004, Ⅱ Netherlands, p. 32.

受国际法源的影响。丹麦至今尚无国际私法典,对法律冲突的解决主要依据条约与法理以及习惯法。丹麦国际私法学者曾认为这主要是由于丹麦自古位于罗马帝国之外,从未受过罗马法的管辖,并且属于斯堪的纳维亚法系,与民法法系与普通法法系均有不同。自从其成为欧共体成员后,1968 年的《布鲁塞尔公约》(程序法公约)和 1980 年的《罗马公约》(实体法公约)及欧共体其他国际私法公约都更多地被作为一个既成事实来接受。① 自欧洲联盟正式成立以后,丹麦国际私法也以欧盟委员会和欧盟理事会颁布的相关条例、指令作为处理国际私法问题的依据。② 在丹麦实施的国际公约具体有:欧洲理事会的《欧洲儿童收养公约(1967 年)》(1979 年 1 月 13 日)、《欧洲儿童收养公约(2008 年修订)》(2012 年 6 月 1 日)、《欧洲儿童监护公约》(1991 年 8 月 1 日)、《欧洲外国法信息公约》(1970 年 6 月 10 日)及其议定书(1980 年 1 月 12 日)、《欧洲暴力犯罪受害人补偿公约》(1988 年 2 月 1 日)、《欧洲法律援助申请移交公约》(1979 年 11 月 12 日)、《北欧关于婚姻、收养和监护的某些国际私法规定的公约》(1931 年 2 月 6 日),《海牙国际私法会议关于民事诉讼程序的公约》(1958 年 11 月 18 日)、《海牙国际私法会议关于国际货物销售法律适用公约》(1964 年 9 月 1 日)、《海牙国际私法会议关于承认和执行外国有关子女抚养义务的判决的公约》(1966 年 4 月 28 日)、《海牙国际私法会议关于保护未成年人主管机关和法律适用的公约》(1971 年 9 月 18 日)、《海牙国际私法会议关于以遗嘱处分财产的方式法律冲突公约》(1976 年 9 月 19 日)、《海牙国际私法会议关于废除要求认证外国公证书的公约》(2006 年 12 月 29 日)、《海牙国际私法会议关于民商事司法及非司法文书国外送达的公约》(1969 年 10 月 1 日)、《海牙国际私法会议关于承认离婚与司法别居的公约》(1975 年 8 月 24 日)、《海牙国际私法会议关于民商案件域外取证的公约》(1972 年 10 月 7 日)、《海牙国际私法会议关于承认并执行外国抚养义务判决的公约》(1988 年 1 月 1 日)、《海牙国际私法会议关于抚养义务法律适用的公约》(1981 年 3 月 1 日)、《海牙国际私法会议关于国

---

① See Joseph Lookfsky's Reports, in Symeon C. Symeonides, *Private International Law at the End of 20th Century: Progress or Regress?* Kluwer Law International 2000, pp. 20 – 21.

② See Jürgen Basedow, Giesela Rühl, *Franco Ferrari and Pedro de Miguel Asemsio, Encyclopedia of Private International Law*, Chapter B, Edward Elgar Publishing, 2017, p. 2023.

际诱拐儿童的民事方面的公约》(1991 年 7 月 1 日)、《海牙国际私法会议关于跨国收养方面保护儿童及合作公约》(1997 年 11 月 1 日)、《海牙国际私法会议关于父母责任和保护儿童措施的管辖权、法律适用、承认执行与合作的公约》(2011 年 10 月 1 日)、《海牙国际私法会议选择法院协议公约》(2018 年 9 月 1 日),以及《联合国自海外获取赡养公约》(1959 年 7 月 22 日)、《联合国关于已婚妇女国籍公约》(1959 年 9 月 20 日)、《联合国关于婚姻同意、结婚最低年龄及婚姻登记公约》(1964 年 1 月 6 日)、《联合国承认及执行外国仲裁裁决公约》(1973 年 3 月 22 日)、《联合国国际货物销售合同公约》(1990 年 3 月 1 日)《联合国海上货物运送公约》(2008 年 10 月 1 日)和《解决国家和他国国民间投资争端公约》(1968 年 5 月 24 日),等等。[①]

(九)挪威

挪威的国际私法也只有很少一部分由制定法规定,其重要渊源也是国际公约(尤其是海牙公约)与一些北欧公约。习惯法也是该国国际私法的主要渊源。尤为引人注目的是,德国国际私法对挪威法律选择的理论与实践影响较大。但在属人法上,挪威国际私法却贯彻英美的住所地原则,而不采用大陆法的国籍原则。在实践中,该国法院还把追求"实质正义"和"国际一致"作为主要目标,最密切联系原则、公共秩序保留制度、强制性适用规则等适用情况较常见。挪威国际私法学者认为,德国后现实主义时代产生的一种从文化冲突来解决法律冲突,并决定属人法应是有关主体所由之成长起来的那一文化背景的法律的观点,也很受挪威国际私法实践的青睐。[②] 尽管挪威不是欧洲联盟成员国,但欧盟委员会和欧盟理事会颁布的相关条例也被挪威司法部引入作为其处理国际私法问题的参考依据。如今,在挪威解决法律冲突问题的成文法规仅有 1964 年4 月 3 日起实施的第 1 号法令以及欧盟相关条例和指令与北欧一些区域性的国际私法方面的公约,如《北欧关于婚

---

① See Thomas H. Reynolds, Arturo A. Flores, *Foreign Law: Current Sources of Codes and Basic Legislation in Jurisdictions of the World*, William S. Hein & Co., Inc. 2004, Ⅱ Denmark, p. 24.

② See Helge J. Thue's Reports, in Symeon C. Symeonides, *Private International Law at the End of 20th Century: Progress or Regress?* Kluwer Law International 2000, pp. 20 – 21.

姻、收养和监护的某些国际私法规定的公约》(1931 年 2 月 6 日)。[①] 此外,挪威还适用欧洲理事会、海牙国际私法会议和联合国的相关国际公约,例如,《欧洲儿童收养公约(2008 年修订)》(2011 年 9 月 1 日)、[②]《欧洲儿童监护公约》(1989 年 5 月 1 日)、《欧洲外国法信息公约》(1970 年 2 月 1 日)及其议定书(1979 年 8 月 13 日)、《欧洲法律援助申请移交公约》(1977 年 7 月 25 日),《海牙国际私法会议关于民事诉讼程序的公约》(1958 年 7 月 20 日)、《海牙国际私法会议关于承认和执行外国有关子女抚养义务的判决的公约》(1965 年 11 月 1 日)、《海牙国际私法会议关于以遗嘱处分财产的方式法律冲突公约》(1973 年 1 月 1 日)、《海牙国际私法会议关于废除要求认证外国公证书的公约》(1983 年 7 月 29 日)、《海牙国际私法会议关于民商事司法及非司法文书国外送达的公约》(1969 年 10 月 1 日)、《海牙国际私法会议关于承认离婚与司法别居的公约》(1978 年 10 月 4 日)、《海牙国际私法会议关于民商案件域外取证的公约》(1972 年 10 月 7 日)、《海牙国际私法会议关于产品责任的法律适用公约》(1977 年 10 月 1 日)、《海牙国际私法会议关于承认并执行外国抚养义务判决的公约》(1978 年 7 月 1 日)、《海牙国际私法会议关于国际诱拐儿童的民事方面的公约》(1989 年 4 月 1 日)、《海牙国际私法会议关于跨国收养方面保护儿童及合作公约》(1998 年 1 月 1 日)、《海牙国际私法会议关于父母责任和保护儿童措施的管辖权、法律适用、承认执行与合作的公约》(2016 年 10 月 1 日)、《海牙国际私法会议关于国际追索儿童抚养费用及其他形式的家庭抚养公约》(2013 年 1 月 1 日),以及《联合国自海外获取赡养公约》(1957 年 11 月 24 日)、《联合国已婚妇女国籍公约》(1958 年 8 月 18 日)、《联合国关于婚姻同意、结婚最低年龄及婚姻登记公约》(1964 年 12 月 9 日)、《联合国承认及执行外国仲裁裁决公约》(1961 年 6 月 12 日)、《联合国国际货物销售合同公约》(1989 年 8 月 1 日)、《联合国国际货物销售时效期公约》(1988 年 8 月 1 日)、《联合国国家及其财产管辖豁免公约》(2006 年 3 月 27 日)和《解决国家和他国国民间投资争端

---

① See Jürgen Basedow, Giesela Rühl, *Franco Ferrari and Pedro de Miguel Asemsio*, *Encyclopedia of Private International Law*, Chapter B, Edward Elgar Publishing, 2017, pp. 2386 – 2388.

② 欧洲理事会 1967 年的《欧洲儿童收养公约》早在 1972 年 11 月 17 日就对挪威生效,但是挪威已经于 2009 年 5 月 18 日退出该公约。

公约》(1967 年 9 月 15 日)等。[1]

(十)英国

英国的国际私法(冲突法)被认为发端于戴西和威斯特洛克 19 世纪的开拓性工作,主要吸收和借鉴了美国与欧洲的许多理论。当时英国出现了 1892 年的外国婚姻法(Foreign Marriage Act)、1882 年的票据法(Bills of Exchange Act)和 1894 年的商船法(Merchant Shipping Act)等成文国际私法或冲突法规定。[2] 不过,英国国际私法的大多数领域还是依判例法以及法学家的冲突法学说,从而使《戴西和莫里斯论冲突法》一书几乎赢得了立法的地位。[3] 在苏格兰,《安东论国际私法》也是法官们近年处理国际私法问题经常引用的经典论著。[4] 尽管如此,英国的国际私法(冲突法)也并未完全放弃其成文法的取向。[5] 自 20 世纪开始,英国颁布了一些涉及国际私法的法规,例如,1906 年的《英国外国人结婚法》、1920 年的《英国司法行政法》、1933 年的《英国外国判决(互惠执行)法》、1949 年的《英国婚姻法》、1950 年的《英国仲裁法》(已有 1975 年、1979 年与 1996 年的新法)、1963 年的《英国遗嘱法》、1972 年的《英国抚养令(互惠执行)法》、1972 年的《英国民事证据法》、1973 年的《英国婚姻诉讼法》、1973 年的《英国住所与婚姻诉讼法》、1975 年的《英国证据(在其他管辖区)法》、1976 年的《英国收养法》、1976 年的《英国准正法》、1977 年的《英国不公平合同条件法》、1978 年的《英国国家豁免法》、1978 年的《英国国内诉讼与地方法院法》、1980 年的《英国时效法》、1980 年的《英国保护贸易利益法》、1982 年的《英国保险公司法》、1982 年的《英国民事管辖权与判决法》、1984 年的《英国涉外时效期间法》、1984 年的《英国婚姻与家庭诉讼法》、1985 年的《英国儿童诱拐与保护法》、1985 年的《英国公司法》、1986 年的《英国家庭法》(已有 1996 年的新法)、1986 年的

---

① See Thomas H. Reynolds, Arturo A. Flores, *Foreign Law: Current Sources of Codes and Basic Legislation in Jurisdictions of the World*, William S. Hein & Co., Inc. 2004, Ⅱ Norway, p. 23.

② 参见徐冬根:《19 世纪国际私法立法拾遗》,载《法学杂志》1994 年第 4 期。

③ 参见李双元等:《中国国际私法通论》,法律出版社 2003 年版,第 64 页。

④ See Alexander. E. Anton et al., *Anton's Private International Law*, 3rd ed., Thomson W. Green, 2011, p. 3.

⑤ See Jürgen Basedow, Giesela Rühl, *Franco Ferrari and Pedro de Miguel Asemsio, Encyclopedia of Private International Law*, Chapter B, Edward Elgar Publishing, 2017, p. 2614.

《英国潜在损害法》、1986 年的《英国婚姻（禁止关系的亲等）法》、1987 年的《英国婚姻法改革法》、1987 年的《英国信托承认法》、1990 年的《英国合同（准据法）法》、1991 年的《英国外国公司法》、1989 年的《英国儿童法》（2002 年英国颁布了《英国收养与儿童法》）、1996 年的《英国最高法院规则》、1995 年的《英国国际私法（杂项规定）》等。[①] 与此同时，欧盟国际私法的相关条例、指令等对英国的国际私法立法与实践也产生了深远影响。[②]

此外，英国还适用联合国、海牙国际私法会议和欧洲理事会的一系列国际公约，例如，《联合国自海外获取赡养公约》（1975 年 4 月 12 日）、《联合国关于婚姻同意、结婚最低年龄及婚姻登记公约》（1974 年 10 月 15 日）、《解决国家和他国国民间投资争端公约》（1967 年 1 月 18 日）、《联合国承认及执行外国仲裁裁决公约》（1975 年 12 月 23 日）、《联合国移动设备国际利益公约》（2005 年 4 月 1 日），《欧洲儿童监护公约》（1986 年 8 月 1 日）、《欧洲外国法信息公约》（1969 年 12 月 17 日）及其议定书（1981 年 12 月 3 日）、《欧洲暴力犯罪受害人补偿公约》（1990 年 6 月 1 日）、《欧洲法律援助申请移交公约》（1978 年 2 月 18 日）、《欧洲国家豁免公约》（1979 年 10 月 4 日），以及《海牙国际私法会议关于以遗嘱处分财产的方式法律冲突公约》（1964 年 1 月 5 日）、《海牙国际私法会议关于废除要求认证外国公证书的公约》（1965 年 1 月 24 日）、《海牙国际私法会议关于民商事司法及非司法文书国外送达的公约》（1969 年 2 月 10 日）、《海牙国际私法会议关于承认离婚与司法别居的公约》（1975 年 8 月 24 日）、《海牙国际私法会议关于民商案件域外取证的公约》（1976 年 9 月 14 日）、《海牙国际私法会议关于承认并执行外国抚养义务判决的公约》（1980 年 3 月 1 日）、《海牙国际私法会议关于国际诱拐儿童的民事方面的公约》（1986 年 8 月 1 日）、《海牙国际私法会议关于信托的法律适用和承认的公约》（1992 年 1 月 1 日）、《海牙国际私法会议关于跨国收养方面保护儿童及合作公约》（2003 年 6 月 1 日）、《海牙国际私法会议关于父母责任和保护儿童措

---

① 参见黄进主编：《国际私法》，法律出版社 1999 年版，第 135 页。

② See Jürgen Basedow, Giesela Rühl, *Franco Ferrari and Pedro de Miguel Asemsio*, *Encyclopedia of Private International Law*, Chapter B, Edward Elgar Publishing, 2017, p. 2612.

施的管辖权、法律适用、承认执行与合作的公约》（2012年11月1日）、《海牙国际私法会议成年人保护国际公约》（2009年1月1日），等等。

英国国际私法也表现出越来越明显的国际性。[①] 正是由于既有传统的判例法的渊源，又有涉及国际私法问题的成文法规约束，还有冲突法的学理与国际条约的普遍影响，[②]使英国国际私法变得并不那么简单。[③] 不论怎样，英国国际私法或冲突法在普通法系中的领导地位乃至对全球国际私法的主导作用，都是无法动摇的。

（十一）其他欧洲国家的国际私法

在当代制定有国际私法成文法（典）的国家尚有匈牙利、比利时、捷克、斯洛伐克、乌克兰、阿尔巴尼亚、保加利亚、北马其顿、黑山、斯洛文尼亚、爱沙尼亚、波兰、希腊、葡萄牙、列支敦士登、白俄罗斯等国，他们均有各自的特点。[④] 1979年5月31日颁布的单行《匈牙利国际私法》（2017年4月11日颁布《关于国际私法的第28号令》予以修订）、[⑤] 1964年11月21日颁布的《阿尔巴尼亚关于外国人民事权利的法规》（2011年6月2日第10428法令予以修订并改为《关于国际私法的法规》，共89条）、1996年9月19日通过的《列支敦士登国际私法》（1997年1月1日生效）、1965年11月12日的《波兰国际私法》（经1985年和1996年修订，现为2011年2月4日修改通过的《关于国际私法的法律》，2011年5月16日生效）、2005年6月23日通过《乌克兰国际私法》（2019年3月10日修订）、1963年12月4日通过的《斯洛伐克国际私法与国际民事诉讼法》（2014年5月21日修订）、2012年1月25日

---

① See Jürgen Basedow, Giesela Rühl, *Franco Ferrari and Pedro de Miguel Asemsio*, *Encyclopedia of Private International Law*, Chapter B, Edward Elgar Publishing, 2017, pp. 2612–2615.

② 英国“脱欧”前还受欧洲联盟国际私法的约束，欧盟委员会和欧盟理事会颁布的相关条例也是英国“脱欧”以前处理国际私法问题的依据。

③ See Thomas H. Reynolds, Arturo A. Flores, *Foreign Law: Current Sources of Codes and Basic Legislation in Jurisdictions of the World*, William S. Hein & Co., Inc. 2004, Ⅱ United Kingdom, p. 32.

④ 具体文本可参见李双元等主编：《国际私法教学参考资料选编》（上册），北京大学出版社2002年版；《外国国际私法立法选译》，邹国勇译注，武汉大学出版社2017年版。

⑤ See László BURIáN, *Hungarian Private International Law*, in Petar Šacevic and Paul Volken, *Yearbook of Private International Law*, Vol. Ⅰ, 1999, Kluwer Law International and Swiss Institute of Comparative Law, 1999, pp. 157–187.

颁布的《捷克关于国际私法的法律》(以下简称《国际私法》)并于2014年1月1日生效实施、斯洛文尼亚共和国1995年开始着手国际私法立法工作并于1999年7月13日颁布《国际私法与国际民事诉讼法》(1999年7月28日生效)、[①]比利时司法部在1999年3月26日完成《比利时国际私法典》的立法工作并于2002年7月提交审议(2004年7月16日通过)、[②]克罗地亚1991年6月26日沿袭了《南斯拉夫冲突法》(1991年10月1日生效,自该国2013年7月1日加入欧盟后受欧盟国际私法约束,2017年10月12日颁布修订的国际私法,2019年1月29日生效实施)、保加利亚2005年5月17日颁布《保加利亚国际私法典》并于2005年5月21日生效实施、北马其顿2008年7月19日颁布《关于国际私法的法律》并于2007年7月20日生效实施、黑山2014年1月9日颁布《关于国际私法的法律》(以下简称《国际私法》)并于2014年7月9日生效实施、爱沙尼亚2002年3月27日颁布《关于国际私法的法律》(以下简称《国际私法》)并于2002年5月1日生效实施、白俄罗斯1998年12月7日通过的《白俄罗斯民法典》(1999年7月1日生效,2019年5月4日修订)第七编第1093条至第1135条专门对冲突法与外国人的权利作了规定、1946年《希腊民法典》第4条至第33条与1967年《希腊民事诉讼法典》第3条至第6条以及第903条至第906条对国际私法问题作了规定、1966年《葡萄牙民法典》(1997年修订)第14条至第65条与2003年《葡萄牙民事诉讼法典》(2013年6月26日修订)第59条至第63条以及第978条至第985对国际私法问题作了规定、1937年《拉脱维亚民法典》(1992年7月7日修订,1992年9月1日生效实施)第7条至第25条对国际私法问题作了规定、立陶宛2001年7月1日生效的《立陶宛民法典》(2011年4月12日修订)第二章第1条至第62条与2000年7月18日通过的《立陶宛民事诉讼法典》(2003

---

① See Krešo Puharic, *Private International Law in Slovenia*, in Petar Šacevic and Paul Volken, *Yearbook of Private International Law*, Vol. Ⅴ, 2003, Kluwer Law International and Swiss Institute of Comparative Law, 2004, pp. 156 – 167; Claudia Rudolf Wien, *Slowenien: Neues Internationales Privat und Prozessrecht*, Praxis des Internationalen Privat und Verfahrensrechts, 2003, Heft 2, pp. 158 – 175.

② See Johan Erauw, *Brief Description of the Draft Belgial Code of Private International Law*, in Petar Šacevic and Paul Volken, *Yearbook of Private International Law*, Vol. Ⅳ, 2002, Kluwer Law International and Swiss Institute of Comparative Law, 2003, pp. 145 – 161.

年1月1日生效)第773条至第816条对国际私法问题作了规定、摩尔多瓦2002年6月6日通过的《摩尔多瓦民法典》(2019年12月19日修订)第五卷第1576条至第1625条对国际私法问题作了规定、西班牙1889年7月24日通过的《西班牙民法典》(2019年3月1日修订)第8条至第16条与第107条以及1855年10月6日通过的《西班牙民事诉讼法典》(2015年7月28日)第51条至第70条对国际私法问题作了规定。① 俄罗斯2001年11月26日通过的《俄罗斯民法典》第三部分(2018年12月25日修订)第1186条至第1224条对法律冲突问题作了规定,俄罗斯2002年11月24日通过的《俄罗斯民事诉讼法法典》(2019年5月1日修订)第398条至第408条对国际民事诉讼冲突问题作了规定。② 此外,俄罗斯1995年12月29日通过的《俄罗斯家庭法典》(2020年2月6日修订)第156条至第167条也有关于国际私法问题的规定。③ 另外,塞浦路斯的国际私法主要为判例法,同时对互惠执行外国判决作了专门规定。芬兰至今尚无国际私法典,只有1929年关于涉外身份与家庭关系的第379号法令(1967年4月28日第190号法令予以修改)及条例对国际私法问题作了规定,此外,1993年1月8日第8号令对国际保险合同作了专门规定,2001年修订的《芬兰婚姻法》、《芬兰继承法》以及2009年的《芬兰儿童监护法》等也有关于国际私法的规定。④ 另外,还有一系列国际公约和条约属于芬兰国际私法的

---

① See Thomas H. Reynolds, Arturo A. Flores, *Foreign Law: Current Sources of Codes and Basic Legislation in Jurisdictions of the World*, William S. Hein & Co., Inc. 2004, Ⅱ Spain, p. 38; R. Blanplain, *International Encyclopaedia of Laws: Private International Law*, Kluwer Law International, Hague 2003, Spain, pp. 87 - 88.

② See Olga Vorobiela, *Private International Law in Russia*, 2nd ed., Wolters Kluwer Law & Business, 2015, pp. 13 - 19.

③ See Sergei Lebedev, et al., *New Russian Legislation on Private International Law*, in Petar Šacevic and Paul Volken, *Yearbook of Private International Law*, Vol. Ⅳ, 2002, Kluwer Law International and Swiss Institute of Comparative Law, 2003, pp. 117 - 144; R. Blanplain, *International Encyclopaedia of Laws: Private International Law*, Kluwer Law International, Hague 2003, Russia, pp. 18 - 19.

④ See Thomas H. Reynolds, Arturo A. Flores, *Foreign Law: Current Sources of Codes and Basic Legislation in Jurisdictions of the World*, William S. Hein & Co., Inc. 2004, Ⅱ Finland, p. 23.

渊源。瑞典国际私法也主要是判例法与实施的一系列公约。[①]

二、亚洲各国的国际私法修立走势

进入20世纪以后,亚洲许多国家也意识到国际私法的重要性,改变原来的传统,加入世界国际私法的变革大潮,修改或制定新的国际私法。亚洲比较早的国际私法立法当推1898年的《日本法例》、1918年的《中国法律适用条例》、1938年的《泰国冲突法》等。这些早期的立法大体上与欧洲早期国际私法无太大的差别。亚洲国家20世纪末开始出现的国际私法修立运动,是为适应国际民事交往的新发展而展开的,吸收了当代国际私法许多最新的理论研究与实践成果,时代特点较为突出。

(一)中国

鸦片战争之后,帝国主义打开中国的大门,中国境内开始出现大量的涉外关系,但由于许多帝国主义国家在中国取得了领事裁判权,如1858年《天津条约》规定,凡同国籍的外国人之间的案件,无论刑民,均由所属国领事依其本国法审判;凡中国人与外国人的案件,如被告为外国人,不论刑民,均由被告所属国领事依其本国法审判。中国丧失司法主权,已没有法律冲突可言,国际私法也没有产生的基础。

与西方入侵的同时,其法学思想也传入中国,促使中国人对法律的属地主义传统进行反思。在这样的背景下,北洋军政府于1918年颁布了《法律适用条例》,这是中国历史上第一部国际私法立法。该条例是在日本人主持下抄袭德、日的国际私法立法而出笼的,而且脱离了中国当时的国情。[②] 没有独立的主权,这样的立法形同虚设,但这毕竟反映了中国人民反对帝国主义对华侵略、要求主权独立与平等的愿望。《法律适用条例》分总则、关于人之法律、关于亲族之法律、关于继承之法律、关于财产之法律、关于法律行为方式之法律和附则,共7章27条,与同期资本主义国家的国际私法单行法规相比,是条文最多、内容最详尽的立法之一。

---

① Chrita Jessel-Holst, *Current State and Future Perspectives of Bulgarian Private International Law*, in Petar Šacevic and Paul Volken, *Yearbook of Private International Law*, Vol. Ⅴ,2003,Kluwer Law International and Swiss Institute of Comparative Law,2004,pp. 143 – 153.

② 参见刘正中:《中国国际私法史(1648 – 1918)——继受现象分析》,武汉大学2007年博士学位论文,第179页。

此后,国民政府于1927年3月12日下令暂准援用1918年的《法律适用条例》,但其时主权仍不完整,真正适用该条例来裁判涉外民商事案件的案例仍是寥寥可数。

中华人民共和国成立后,人民政府废除了包括《法律适用条例》在内的国民党政府的全部法律,开始按苏联模式建立社会主义的法律体系。但是,由于极"左"思想和"法律虚无主义"的冲击,加之长期受"闭关锁国"思想的影响,中国的国际私法在整个法律体系中几乎处于可有可无的境地,虽然涉外民事关系偶有发生,但基本上是按中国法律处理。国际私法立法更不受重视,除了1959年《中苏领事条约》中有一条冲突规范之外,直到1979年以前,我国参加或缔结的条约中再没有其他的类似规定。

党的十一届三中全会以后,我国实行对外开放政策,涉外民商事关系迅速发展,为国际私法的理论研究与立法生长提供了经济与社会基础。在改革开放所营造的良好舞台和社会历史背景下,我国开始真正重视国际私法立法工作,经过多年的努力,我国国际私法立法在2010年颁布《涉外民事关系法律适用法》以前就初步形成了一定的规模和体系。就我国国内立法而言,单行的国际私法出台前所形成的多层次的国际私法规范体系具体表现在如下四个层次。

第一层次为我国宪法中的有关规定,主要涉及外国人民事法律地位的规范。其中少数是直接的规定,如1982年《宪法》序言第12段以及第18条、第32条所表述的内容。但宪法中许多有关公民的规定,有关社会经济和民事生活的基本原则的规定,有关我国发展国际经济技术合作和文化交流的基本方针的规定,也都是我国处理国际私法关系时应该遵循的基本原则,在适用冲突规范、涉外民事诉讼程序规范和外国人民事法律地位的规范时,都有必要考虑宪法中的这些规定。①

---

① 关于保护在华外国人合法权益的规定,还有1979年颁布的《中外合资经营企业法》(1990年、2001年和2016年已三次修订)第1条和第2条(现已失效);1983年颁布的《中外合资经营企业法实施条例》(2001年和2014年已两次修订)第2条(现已失效);1982年颁布的《对外合作开采海洋石油资源条例》(2001年和2011年已两次修订)第4条和第5条等;1984年颁布《专利法》(1992年、2000年和2008年已三次修订)第18条和第19条等;1982年颁布的《商标法》(1993年、2001年和2013年已三次修订)第17条和第18条等;1993年颁布的《公司法》(1999年、2004年、2005年、2013年、2018年多次修订)第11章的有关规定;1986年颁布的《外资企业法》(2000年和2016年已两次修订)(现已失效)与1994年颁布的《对外贸易法》(2004年和2016年已两次修订)的有关规定。

第二层次包括《民法典》和《民事诉讼法》在内的许多民事基本法律的有关规定，主要涉及冲突规范问题。

在《民法通则》颁布前，中国的冲突法立法屈指可数，只有1983年民政部发布的《中国公民同外国人办理婚姻登记的几项规定》中关于涉外结婚必须遵守中国婚姻法的规定；1983年颁布的《中外合资经营企业法实施条例》第15条；[①]1985年颁布的《继承法》第36条和《涉外经济合同法》第5条；等等。[②] 1986年《民法通则》的颁布，才使中国冲突法的立法初具轮廓，标志着新中国的冲突法立法进入了一个崭新的阶段。《民法通则》中的冲突规范规定在第八章第142条至第150条，共9条13款。此外，在1992年颁布的《海商法》（第十四章，第268条至第276条）、1995年颁布的《票据法》（第五章，第95条至第102条）和《民用航空法》（第十四章，第184条至第190条）及1999年颁布的《合同法》（第126条）中，均有关于冲突规范的规定。1982年通过的《民事诉讼法（试行）》第五编就规定了"涉外民事诉讼程序的特别规定"。1991年颁布的《民事诉讼法》第四编对涉外民事诉讼程序做了特别规定。在这些法律中，含有直接适用于涉外民事关系或涉外民事诉讼关系的实体法规范，以及关于法律适用和管辖权确定的冲突规范等，覆盖了国际私法的主要领域，从而使这一领域的法律制度渐渐趋向完善。

第三层次为全国人大常委会或国务院颁布的条例或行政法规中调整涉外民事或诉讼关系的规范。前者如1986年通过的《外交特权与豁免条例》、1990年通过的《领事特权与豁免条例》等；后者如国务院为贯彻实施有关民事基本法律而发布的各种条例、细则、办法等。其中有许多赋予外国人民事实体法或诉讼法地位，或指定法律适用的规范（大多为只指定适用中国法的单边冲突规范），以及确定法院管辖权的规范，都属于国际私法。此外，国务院各部、委、局发布的有关办法或规定，也可划入这一层次，其中最重要的如民政部1985年

---

① 2019年12月12日国务院第七十四次常务会议通过的《外商投资法实施条例》第49条规定："本条例自2020年1月1日起施行。《中华人民共和国中外合资经营企业法实施条例》、《中外合资经营企业合营期限暂行规定》、《中华人民共和国外资企业法实施细则》、《中华人民共和国中外合作经营企业法细则》同时废止。"

② 1999年10月1日起施行的《合同法》第126条对涉外合同的法律适用做了跟原《涉外经济合同法》第5条相似规定。

发布的《婚姻登记办法》、民政部1983年发布的《中国公民同外国人办理婚姻登记的几项规定》《华侨同国内公民、港澳同胞同内地公民之间办理婚姻登记的几项规定》、民政部2003年8月8日发布的《婚姻登记条例》等。

第四层次为最高人民法院所作的大量司法解释。这包括其就个别重要涉外案件所作的批复,就有关机关对个别涉外问题所作请示的复函,以及就《民法通则》或《民事诉讼法》等许多法律在涉外民商关系中的适用所作的解答或提出的意见。最高人民法院还于1988年印发了《关于贯彻执行〈中华人民共和国民法通则〉若干问题的意见(试行)》,又就涉外民事关系的法律适用做了18条解释(第178条至第195条)。最高人民法院根据改革开放以来海事案件大量增加的实际需要,于1986年1月31日发布了《关于涉外海事诉讼管辖的具体规定》和《关于诉讼前扣押船舶的具体规定》,其中后一项规定已被1994年7月6日最高人民法院发布的《关于海事法院诉讼前扣押船舶的规定》代替。1999年12月25日,第九届全国人大常委会又通过了《海事诉讼特别程序法》,对海事诉讼程序作出了全面的规定,[①]2001年8月9日最高人民法院又通过了《关于海事法院受理案件范围的若干规定》。为了正确审理涉外民商事案件,适应"入世"的需要,根据《民事诉讼法》第19条的规定,最高人民法院于2002年2月25日发布了《关于涉外民商事案件诉讼管辖若干问题的规定》,依此人民法院将对涉外民商事案件实行集中管辖。随后,最高人民法院2006年7月17日发布《关于涉外民事或商事案件司法文书送达若干问题的规定》和2009年2月16日发布《关于涉港澳民商事案件司法文书送达问题若干规定》,专门规范涉外司法文书送达问题。而最高人民法院2007年6月11日发布《关于审理涉外民事或商事合同纠纷案件法律适用若干问题的规定》(因与涉外民事关系法律适用法相冲突,该司法解释于2013年4月8日正式废止)为规范民商事合同的法律适用问题进行了具体规定。另外,为了使

---

① 2000年2月28日最高人民法院发布的《关于学习宣传贯彻海事诉讼特别程序法的通知》第5条指出:"自2000年7月1日起,最高人民法院《关于海事法院诉讼前扣押船舶的规定》、《关于海事法院拍卖被扣押船舶清偿债务的规定》以及其他关于海事诉讼程序方面的司法解释,凡与海事诉讼特别程序法相抵触的,停止执行。"另据最高人民法院最近公布的被废止的司法解释目录,最高人民法院《关于海事法院诉讼前扣押船舶的规定》已被废止。

经济确有困难的当事人能够依法充分行使诉讼权利，维护其合法权益，确保司法公正，根据《民事诉讼法》《行政诉讼法》《人民法院诉讼收费办法》《〈人民法院诉讼收费办法〉补充规定》，最高人民法院于2000年7月12日发布了《关于对经济确有困难的当事人予以司法救助的规定》。随着修订的《婚姻法》的实施，最高人民法院又于2001年12月25日发布了《关于适用〈中华人民共和国婚姻法〉若干问题的解释（一）》和2003年12月25日发布了《关于适用〈中华人民共和国婚姻法〉若干问题的解释（二）》，也对涉外婚姻的准据法选择有指导价值。[①]

最高人民法院、外交部、司法部1986年8月14日发布的《关于中国法院和外国法院通过外交途径相互委托送达法律文书若干问题的通知》，最高人民法院、外交部、司法部1992年3月4日发布的《关于执行〈关于向国外送达民商事司法文书与司法外文书公约〉有关程序的通知》和1992年9月19日司法部、最高人民法院、外交部联合发布的《关于执行海牙送达公约的实施办法》对中国与外国相互委托送达法律文书做了补充规定。最高人民法院于1991年7月5日发布了《关于中国公民申请承认外国法院离婚判决程序问题的规定》对中国公民申请承认外国法院离婚判决程序做了规定。1999年12月1日最高人民法院通过了《关于人民法院受理申请承认外国法院离婚判决案件有关问题的规定》，取代了1998年最高人民法院发布的《关于人民法院受理申请承认外国法院离婚判决案件几个问题的意见》，对人民法院受理申请承认外国法院离婚判决案件的有关问题重新做了规定。

此外，在区际司法协助方面，最高人民法院还通过了下列司法解释：经最高人民法院与香港特别行政区代表协商达成的《关于内地与香港特别行政区法院相互委托送达民商事司法文书的安排》（1998年12月30日通过）、《关于内地与香港特别行政区法院相互认可和执行当事人协议管辖的民商事案件判决的安排》（2006年6月12日通过）和《关于内地与香港特别行政区相互执行仲裁裁决的安排》（1999年6月18日通过），经最高人民法院与澳门特别行政区代表协商达成的《关于内

---

① 最高人民法院审判委员会第1825次会议通过并公布了《最高人民法院关于适用〈中华人民共和国民法典〉婚姻家庭编的解释（一）》与《最高人民法院关于适用〈中华人民共和国民法典〉继承编的解释（一）》等一系列司法解释，均自2021年1月1日起施行，取代了婚姻家庭领域原有的相关司法解释。

地与澳门特别行政区法院就民商事案件相互委托送达司法文书和调取证据的安排》(2001 年 8 月 7 日通过)、《关于内地与澳门特别行政区相互认可和执行民商事判决的安排》(2006 年 2 月 13 日通过)和《关于内地与澳门特别行政区相互认可和执行仲裁裁决的安排》(2007 年 9 月 17 日通过)。我国最高人民法院颁布了《关于人民法院认可台湾地区有关法院民事判决的规定》(1998 年 1 月 15 日通过)、《关于当事人持台湾地区有关法院民事调解书或者有关机构出具或确认的调解协议书向人民法院申请认可人民法院应否受理的批复》(1999 年 4 月 9 日通过)、《关于当事人持台湾地区有关法院支付命令向人民法院申请认可人民法院应否受理的批复》(2001 年 3 月 20 日通过)、《关于涉台民事诉讼文书送达的若干规定》(2008 年 4 月 17 日通过)、《关于人民法院认可台湾地区有关法院民事判决的补充规定》(2009 年 3 月 30 日通过)、《关于审理涉台民商事案件法律适用问题的规定》(2010 年 12 月 29 日通过)等。由于立法工作还存在许多具体问题,因而最高人民法院的这类司法解释成了我国国际私法的一个十分重要的组成部分。

另外,国际商事仲裁制度也在中国获得了全面发展。我国早在 1956 年和 1959 年,便已分别由中国国际贸易促进委员会下设的对外贸易仲裁委员会和海事仲裁委员会制定了各自的仲裁程序暂行规则。改革开放以后,中国根据形势的发展,在 1988 年 9 月 12 日重新发布了《中国国际经济贸易仲裁委员会仲裁规则》和《中国海事仲裁委员会仲裁规则》。在 1994 年,中国国际贸易促进委员会(中国国际商会)第二届第一次常委会会议修订并通过《中国国际经济贸易仲裁委员会仲裁规则》,使中国的国际商事仲裁制度与当前国际社会的普遍实践更趋一致。1982 年通过的《民事诉讼法(试行)》、1991 年颁布的《民事诉讼法》(第四编)和 1992 年最高人民法院《关于适用〈中华人民共和国民事诉讼法〉若干问题的意见》对中国涉外仲裁裁决和外国仲裁裁决的承认与执行做了特别规定。[①] 1994 年 8 月 31 日,第八届全国人大常务委员会第九次会议通过了《仲裁法》,其第七章即为“涉外仲裁的特别规定”,并自 1995 年 9 月 1 日起实施。为与该法相衔接,中国国际商会于

---

① 2015 年最高人民法院发布了《关于适用〈中华人民共和国民事诉讼法〉的解释》。

1995年9月4日又对《中国国际经济贸易仲裁委员会仲裁规则》予以修订,并自同年10月1日起施行,而后又于1998年5月6日、2000年9月5日、2005年1月11日、2012年2月3日和2014年11月4日对其进行了多次修订。[①] 中国国际商会也分别于1988年、1994年、2000年、2008年、2012年、2014年和2018年对《中国海事仲裁委员会仲裁规则》进行了多次修订,此外,2020年1月1日颁行了《中国海事仲裁委员会网上仲裁规则》。中国国际商会还于2000年制定了《中国国际商会调解规则》。中国国际经济贸易仲裁委员会2000年12月还成立了域名争议解决中心,并制定了《中国国际经济贸易仲裁委员会域名争议解决中心域名争议解决程序规则(试行)》,2009年1月8日颁布《中国国际经济贸易仲裁委员会网上仲裁规则》(2014年修订)。不仅如此,中国国际经济贸易仲裁委员会还针对行业领域的独特性发布了专门的仲裁规则,如2003年5月8日颁布的《中国国际经济贸易仲裁委员会金融争议仲裁规则》(2014年修订),2017年9月12日通过的《中国国际经济贸易仲裁委员会国际投资争端仲裁规则》等。与此相关的还有最高人民法院发布的一系列涉及国际商事仲裁的司法解释。

可见,自20世纪80年代中期起步至21世纪初,我国国际私法的国内立法以《民法通则法》第八章为核心,相继在《继承法》《合同法》《票据法》《民用航空》《专利法》《著作权法》《商标法》《海商法》等其他民商事法律中设立涉外法律适用条款,涉及内容十分广泛,逐渐形成了国际私法分散立法模式下的多层次的法律体系。但是,这种在不同单行法中分散规定国际私法规范的立法方式,因碎片化、分散化、陈旧化、非系统化、非集群化、非协调化和非科学化等局限性,与当代国际私法的统一化、体系化或法典化的趋势不相适应。正是由于分散立法导致了不同时期、不同效力、不同类型的法律法规及司法解释中的国际私法规范各自为政乃至相互矛盾,加之立法内容欠完备和欠科学,造成实践操作的巨大困境。因此,为了克服和消除我国国际私法立法中的上述弊端,在国际私法学界和实务界同仁的共同努力下,吸收已有的立法成果

---

① 中国国际经济贸易仲裁委员会现行的仲裁规则为2014年11月4日修订,2015年1月1日施行。

和借鉴国际社会先进的立法经验,①第十一届全国人大常委会第十七次会议 2010 年 10 月 28 日正式通过《涉外民事关系法律适用法》,2011 年 4 月 1 日生效实施。这样就宣告结束了新中国缺乏单行国际私法的历史,标志着中国国际私法立法进入一个新时代。可以说,党的十一届三中全会以后,我国对外开放政策和世界全球化进程的融合,全面促进了我国国际私法立法与司法实践,其成就十分显著。《涉外民事关系法律适用法》单行法的出台,不仅填补了中国国际私法立法的空白,尤其是它与其他部门法中的涉外法律适用条款有机结合而组建了我国国际私法规范的集合群,初步形成了富有中国特色的法律适用规范体系,而且更加可喜的是中国国际私法司法实践也获得了长足发展,尤其是最高人民法院 2012 年还出台了相关司法解释即《关于适用〈中华人民共和国涉外民事关系法律适用法〉若干问题的解释(一)》,进一步丰富了中国的涉外法律适用机制。不过,目前的中国国际私法的立法并非十全十美,其不完善和不健全之处尚存不少,②与构建全面系统、有机统一和科学完备的涉外民事关系法律适用制度的目标还有相当大差距。特别是 2020 年 5 月 28 日颁布的《民法典》打破了拟设涉外专章或专篇的构想,并未将《涉外民事关系法律适用法》纳入民法典,依然维持了国际私

---

① 2000 年中国国际私法学会拟定并公开出版《国际私法示范法》,表明中国对国际私法立法的探讨跨出了重要的一步。该示范法分为五章,共 166 条,包括总则、管辖权、法律适用、司法协助和附则,其中每个条款都附带学理说明的“立法”理由。《国际私法示范法》是学术性的建议条文,仅供立法、司法机关及科研究机构等参考使用。

② 2010 年 10 月 28 日第十一届全国人大常委会第十七次会议通过的《涉外民事关系法律适用法》,2011 年 4 月 1 日生效实施。这是一部独具中国特色的国际私法单行立法,采用民商合一的大国际私法体例,内容丰富、范围广泛。该法包括八章 52 条,涉及一般规定、民事主体、婚姻家庭、继承、物权、债权、侵权、金融、信托、证券、知识产权和商事仲裁等内容。我国这部单行的国际私法法规虽有一定的创新,但在立法体例、立法理念、立法技术和立法质量等方面依然存在诸多不足,如体系支离破碎、系统化不彻底、协调性差、条款粗疏、用语欠精确、可操作性差和内容缺漏等。特别是,现行的国际私法规范,除了《涉外民事关系法律适用法》以外,同时还存在《民法典》《民事诉讼法》《专利法》《商标法》《著作权法》《海商法》《公司法》《票据法》《民用航空法》等法律包含的涉外法律适用条款或国际民事管辖权条款,如此众多的、零散的国际私法规范的协调、融合和整合问题迫在眉睫。所有这些问题均有待于未来的修法或国际私法法典化进程中予以彻底解决。可以说,中国国际私法的立法完善是一个动态的、渐进的历史过程,并非一蹴而就,急需国际私法理论研究人员和实务工作者以及立法人士齐心协力、砥砺前行,共同催生一部现代化、系统化、科学化、规范化和国际化的中国特色国际私法典。

法单行法的现状,因而在我国修订和完善涉外民事关系法律适用规范或推动国际私法法典化的进程中,应考虑进一步顺应国际私法立法的世界潮流,逐渐与世界先进范例接轨。

进入20世纪80年代以后,我国也积极参与国际私法与实体法的国际统一运动。在国际私法的国际法源方面,中国缔结或加入的有关国际私法的条约逐年增多,有助于消除缔约国间冲突规范之间的抵触。在外国人民事法律地位方面,缔结或参加的公约主要有:1925年《本国工人与外国工人关于事故赔偿的同等待遇公约》、1951年《关于难民地位的公约》、1957年《已婚妇女国籍公约》及1967年《关于难民地位的议定书》、1979年《消除对妇女一切形式歧视公约》等。在冲突法方面,我国尚未加入专门的冲突法公约,但所参加的有关国际条约中涉及冲突法条款,如《1969年国际油污损害民事责任公约的议定书》。由于加入大量民商事实体法条约有助于减少实体法律冲突,因而在实体法方面,我国参加的国际条约也较多,主要集中在国际货物买卖、国际货物运输、知识产权的国际保护等方面。我国缔结或加入的国际民商事实体性条约主要有:1980年《联合国国际货物销售合同公约》、1966年《国际船舶载重线条约》、1972年《国际海上避碰规则公约》、1974年《联合国班轮公会行动守则公约》、1929年《统一国际航空运输某些规则的公约》及1955年《关于修订统一国际航空运输某些规则的公约的议定书》、1883年《保护工业产权巴黎公约》、1886年《伯尔尼保护文学和艺术作品公约》、1891年《商标国际注册马德里协定》、1952年《世界版权公约》、1967年《建立世界知识产权组织公约》、2005年9月6日加入1993年海牙《跨国收养方面保护儿童及合作公约》、2014年4月24日加入2012年世界知识产权组织《视听表演北京公约》、2017年1月5日加入1975年《联合国国际公路货运公约》等。在国际民商事程序法方面,我国也缔结或加入了大量国际条约,如1986年加入了1958年《承认和执行外国仲裁裁决公约》、1991年加入了1965年《关于向国外送达民商事司法文书与司法外文书公约》、1997年加入了1970年海牙《关于从国外获取民事或商事证据公约》、2017年9月12日签署了2005年海牙《选择法院协议公约》,等等。

此外,我国还同许多国家签订了双边投资保护协定、贸易协定等,也包含了大量的调整涉外民事关系的实体法规范。[①] 从 1987 年起,我国还加快了与有关国家谈判签订司法协助协定的步伐。[②] 截至 2020 年年初,中国已同法国、波兰、蒙古国、比利时、罗马尼亚、意大利、西班牙、俄罗斯、土耳其、古巴、泰国、澳大利亚、秘鲁等 77 个国家缔结了 138 项司法协助协定或引渡条约,其中 106 项已经生效。在我国签订的司法协助协定或条约中,涉外民商事司法协助协定 20 项,其中 17 项已生效;民商事和刑事并存的司法协助协定 19 项且均已生效。[③]

另外,我国台湾地区 1953 年 5 月 22 日制定"涉外民事法律适用法"(1953 年 6 月 6 日实施)并于 2010 年 4 月 30 日全文修改(2010 年 5 月 26 日公布)。我国台湾地区 2011 年 5 月 26 日生效实施的"涉外民事法律适用法"及其他相关规定,现在是台湾地区解决法律冲突的主要"法律"依据。澳门特别行政区的国际私法集中在 1999 年 11 月 1 日生效的《澳门民法典》第 24 条至第 62 条中。此外,1999 年实施的《澳门民事诉讼法典》以及其他相关规定也构成澳门国际私法的渊源。此外,澳门特别行政区还实施了一些涉及国际私法问题的国际公约,如《海牙国际私法会议关于国际诱拐儿童的民事方面的公约》(1999 年 3 月 1 日)、《海牙国际私法会议关于对子女抚养义务的法律适用公约》(1974 年 2 月 24 日)、《海牙国际私法会议关于承认和执行外国有关子女抚养义务的判决的公约》(1974 年 2 月 24 日)、《海牙国际私法会议关于国际民事诉讼程序公约》(1968 年 4 月 23 日)、《海牙国际私法会议关于废除要求认证外国公证书的公约》(1969 年 2 月 4 日)、《海牙国际私法会议关于保护未成年人主管机关和法律适用的公约》(1969 年 2 月 4 日)、《海牙国际私法会议关于民商事司法及非司法文书国外送达的公约》(1999 年 4 月 12 日)、《海牙国际私法会议关于民商案件域外取证

---

① 参见中华人民共和国外交部政策研究室编:《中国外交》,世界知识出版社 2004 年版,第 328 页。

② 1987 年 5 月 4 日,中国与法国缔结《关于民事、商事司法协助的协定》,这是我国改革开放后签订的第一个司法协助协定或条约。

③ 参见《最高法院解读民商事司法文书送达调查取证司法协助协定》,载《法制日报》2013 年 4 月 28 日;http://www.fmprc.gov.cn/, accessed 27, August 2015; http://www.moj.gov.cn/(accessed January 30, 2021)。

的公约》(1999年12月14日)等。[①] 香港特别行政区的国际私法主要沿袭英国的判例法传统,适用的国际私法方面公约主要有:《海牙国际私法会议关于国际诱拐儿童的民事方面的公约》(1997年9月1日)、《海牙国际私法会议关于信托的法律适用和承认的公约》(1990年6月1日)、《海牙国际私法会议关于以遗嘱处分财产的方式法律冲突公约》(1968年8月23日)、《海牙国际私法会议关于废除要求认证外国公证书的公约》(1965年4月25日)、《海牙国际私法会议关于承认离婚与司法别居的公约》(1972年4月1日)、《海牙国际私法会议关于民商事司法及非司法文书国外送达的公约》(1970年7月19日)、《海牙国际私法会议关于民商案件域外取证的公约》(1978年8月22日)等。[②]

(二)日本

日本最早的国际私法立法名称为《法例》,1898年2月21日公布,同年7月16日施行,共计31条。1898年的《法例》是从1890年的日本旧《法例》(公布后未施行)脱胎而来的,修改工作主要是由穗积陈重在其弟子山田三良帮助下完成的。穗积陈重修改旧《法例》的基本方针是回避各国法律的冲突,制定各国通用的法律。1898年《法例》的制定,对日本具有深远的意义:一是对废除自日本明治维新后西方列强加于日本的领事裁判权起到了促进作用;二是使涉外民事案件的审理在确定准据法标准方面更为明确;三是使此后日本国际私法学研究倾向于德国学派,这种倾向一直继续到第二次世界大战结束为止。1898年《法例》是19世纪的产物,内容方面显得陈旧且落伍于时代发展,其中更有很多封建残余。随着社会经济的发展,客观上对日本国际私法提出了新的要求,如促进男女平等、消除对妇女的歧视等,故此日本《法例》不断的修订,其中以1989年的修订最为重要。[③] 进入21世纪,日本对国际私法进行了大改革,2006年6月21日通过了《法律适用通则法》

---

① 中华人民共和国政府向海牙国际私法会议确认澳门特别行政区自1999年12月20日继续适用这些公约。

② 中华人民共和国政府向海牙国际私法会议确认香港特别行政区自1997年7月1日继续适用这些公约。

③ 1989年修订后《法例》的中译本,载李双元、徐国建主编:《国际民商新秩序的理论建构》,武汉大学出版社1998年版。

(2007 年 1 月 1 日生效实施),全部替代了旧国际私法。此外,日本 1970 年 6 月 5 日的第 115 号令公布的《关于实施国际民事诉讼程序公约的特别规定》也是日本解决国际私法问题的依据。日本 2011 年 5 月 1 日对《日本民事诉讼法典》第 3 条至第 24 条有关国际民事诉讼问题的规定也作了修订。① 另外,日本国际私法渊源还有 1963 年 3 月 22 日签订的《日美领事条约》(1964 年 8 月 1 日生效)以及《海牙国际私法会议关于民事诉讼程序的公约》(1970 年 7 月 26 日)、《海牙国际私法会议关于对子女抚养义务的法律适用公约》(1977 年 9 月 19 日)、《海牙国际私法会议关于以遗嘱处分财产的方式法律冲突公约》(1964 年 8 月 2 日)、《海牙国际私法会议关于废除要求认证外国公证书的公约》(1970 年 7 月 27 日)、《海牙国际私法会议关于民商事司法及非司法文书国外送达的公约》(1970 年 7 月 27 日)、《海牙国际私法会议关于抚养义务法律适用的公约》(1986 年 9 月 1 日)、《海牙国际私法会议关于国际诱拐儿童的民事方面的公约》(2014 年 4 月 1 日),《联合国承认及执行外国仲裁裁决公约》(1961 年 9 月 18 日)、《联合国国际货物销售合同公约》(2009 年 8 月 1 日)、《联合国国家及其财产管辖豁免公约》(2007 年 7 月 11 日)和《解决国家和他国国民间投资争端公约》(1967 年 9 月 16 日)等,都属于日本国际私法渊源。②

(三)韩国

韩国早在 1962 年 1 月 15 日就颁行了《韩国冲突法》,主要承受了德国与日本的国际私法传统。随着国际贸易环境的变化与全球化的发展,尤其是韩国在 1997 年 8 月 1 日加入了海牙国际私法会议后,修改原来的《韩国冲突法》的呼声日益高涨。于是,韩国司法部在 1999 年 4 月 1 日成立了 9 人专家小组负责国际私法的修订工作。该修法小组全力以赴展开变法的研究与具体程序,自 1999 年 6 月 26 日开始,至 2000 年

---

① See Jürgen Basedow, Giesela Rühl, *Franco Ferrari and Pedro de Miguel Asemsio*, *Encyclopedia of Private International Law*, Chapter B, Edward Elgar Publishing, 2017, pp. 2219 – 2221.

② See Thomas H. Reynolds, Arturo A. Flores, *Foreign Law: Current Sources of Codes and Basic Legislation in Jurisdictions of the World*, William S. Hein & Co., Inc. 2004, Ⅲ Japan, p. 26.

5 月 13 日完成《韩国冲突法》的修订草案，共召开了 17 次重要会议。[①] 韩国司法部在 2000 年 6 月成立了 11 人专家小组对《韩国冲突法》的修订草案进行审查，经过 14 次重要会议的反复斟酌，终于在 2000 年 11 月 4 日完成了提交立法会议审议的建议稿。经韩国国会按修法程序审议讨论后，于 2001 年 4 月 7 日颁布修订后的《韩国冲突法》，韩国于 2001 年 7 月 1 日正式实施新的《韩国冲突法》，韩国新修订的《韩国冲突法》将 1962 年《韩国冲突法》的三部分 47 条扩展为九大部分 62 条，具体包括总则、自然人与法人、管辖、物权、债权、婚姻家庭、继承、票据、海商等内容。[②] 可见，韩国新国际私法不仅所涉及的领域拓宽了，而且在许多方面进行了革新，如强化最密切联系原则与当事人意思自治、软化冲突规范和增加连接点、导入惯常居所、全面考虑实体性规则与国际公约的适用等。此外，韩国许多国际私法学者还将韩国民事诉讼程序方面的规则视为其国际私法的渊源。韩国 2002 年 7 月 1 日颁布了新的《韩国民事诉讼法典》（2016 年 2 月 3 日修订），将原法分成两大部分：一部分是民事诉讼程序法典；另一部分是民事裁判执行法典。韩国的一些国际私法学者将涉及外国法院判决的承认与执行的条款也视为韩国解决法律冲突的依据。[③] 另外，韩国也签署和实施了一些涉及国际私法问题的国际性条约或公约。例如，《联合国承认及执行外国仲裁裁决公约》（1973 年 5 月 9 日）、《联合国国际货物销售合同公约》（2005 年 3 月 1 日）和《解决国家和他国国民间投资争端公约》（1967 年 3 月 23 日），以及《海牙国际私法会议关于废除要求认证外国公证书的公约》（2007 年 7 月 14 日）、《海牙国际私法会议关于民商事司法及非司法文书国外送达的公约》（2000 年 8 月 1 日）、《海牙国际私法会议关于民商案件域外取证的公约》（2010 年 2 月 12 日）、《海牙国际私法会议关于国际诱拐儿童的民事方面的公约》（2013 年 3 月 1

---

① See Kwang Hyun Suk, *The New Conflict of Laws Act of The Republic of Korea*, in Petar Šacevic and Paul Volken, *Yearbook of Private International Law*, Vol. Ⅴ, 2003, Kluwer Law International and Swiss Institute of Comparative Law, 2004, p. 102.

② See Kwang Hyun Suk, *The New Conflict of Laws Act of The Republic of Korea*, in Petar Šacevic and Paul Volken, *Yearbook of Private International Law*, Vol. Ⅴ, 2003, Kluwer Law International and Swiss Institute of Comparative Law, 2004, pp. 99 – 141.

③ See Jürgen Basedow, Giesela Rühl, *Franco Ferrari and Pedro de Miguel Asemsio*, *Encyclopedia of Private International Law*, Chapter B, Edward Elgar Publishing, 2017, p. 2243.

日),等等。[①]

(四)亚洲其他国家的国际私法变革走势

许多国家在民法典中对国际私法问题作了规定,例如,1977 年的《阿富汗民法典》第 16 条至第 35 条、1971 年的《巴林民事诉讼法典》(1990 年修订)第 14 条至第 17 条以及第 22 条、1928 年《伊朗民法典》(1991 年修订)第 1002 条至第 1010 条与 2013 年《伊朗家庭法》第 14 条和第 15 条、1953 年生效的《伊拉克民法典》(1977 年修订)第 17 条至第 18 条以及第 24 条至第 33 条、1949 年 5 月 15 日的《叙利亚民法典》第 11 条至第 30 条、1997 年 3 月 1 日生效的《乌兹别克斯坦民法典》(2019 年 10 月 22 日修订)第 1158 条至第 1199 条和 1998 年 9 月 1 日生效的《乌兹别克斯坦家庭法典》(2019 年 8 月 28 日修订)第 234 条至第 238 条均对国际私法问题作了规定。还有一些国家在民商法典以及婚姻家庭法典中对国际私法问题作了规定。例如,1977 年 1 月 1 日生效的《约旦民法典》第 11 条至第 29 条与 1988 年的《约旦民事诉讼法典》第 28 条,1983 年 9 月 1 日生效的《黎巴嫩民事诉讼法典》第 74 条至第 107 条,1986 年 3 月 29 日生效的《阿拉伯联合酋长国民法典》第 1 条至第 28 条、第 318 条至第 336 条与 1992 年 6 月 8 日生效的《阿拉伯联合酋长国民事诉讼程序法典》第 20 条、第 30 条,1995 年 10 月 28 日通过的《越南民法典》(2015 年 11 月 24 日修订)第五部分第 663 条至第 687 条与 2004 年 6 月 15 日通过的《越南民事诉讼法典》(2015 年 11 月 25 日修订)第 35 条至第 36 条、第 343 条至第 413 条以及 1986 年 12 月 29 日通过的《越南婚姻与家庭法》(2015 年 8 月 5 日修订)第 100 条至第 106 条,1963 年 2 月 9 日通过的《蒙古国民法典》(2002 年 1 月 10 日修订)第 539 条至第 552 条和 1973 年 7 月 16 日通过的《蒙古国家庭法典》(1999 年 6 月 11 日修订)第 6 条至第 23 条、第 58 条、第 67 条,[②]1999 年 7 月 1 日通过的《哈萨克斯坦民法典》(2019 年 12 月 27 日修订)第

---

① See Thomas H. Reynolds, Arturo A. Flores, *Foreign Law: Current Sources of Codes and Basic Legislation in Jurisdictions of the World*, William S. Hein & Co., Inc. 2004, Ⅲ Korea, pp. 19 – 20.

② See William E. Butler, *The Mongolian Legal System: Contemporary Legislation and Documentation*, Martinus Nijhoff Publishes, 1982, pp. 266 – 267; Symeon C. Symeonides, *Codifying Choice of Law Around the World: An International Comparative Analysis*, Oxford University Press, 2014, p. 11.

1084 条至第 1124 条与 1999 年 7 月 13 日通过的《哈萨克斯坦民事诉讼法典》(被 2015 年 10 月 31 日修订的法律所取代,2019 年 12 月 27 日再修订)第 413 条至第 426 条以及 1968 年的《哈萨克斯坦家庭法典》(2011 年 12 月 26 日修订)第 195 条、第 199 条、第 216 条至第 281 条,都分别对国际私法问题作了具体规定。此外,菲律宾国际私法的直接渊源涉及 1950 年的《菲律宾民法典》与 1888 年的《菲律宾商法典》等相关规定。① 1908 年的《巴基斯坦民事诉讼程序法典》第 13 条、第 14 条和第 44 条与 1925 年的《巴基斯坦继承法》第 4 条至第 18 条以及 1921 年的《巴基斯坦抚养令执行法》等对国际私法问题作了规定。以色列国际私法主要依 1952 年《以色列国籍法》第 4 条、1959 年《以色列家庭扶养法》第 2 条、1969 年《以色列离婚案件管辖法》第 2 条和第 5 条、1973 年的《以色列夫妻财产法》、1965 年《以色列继承法》第 35 条至第 44 条、1977 年的《以色列外国法律援助法》和 1986 年的《以色列外国裁判证据法》及相关条例,此外还适用一系列国际公约。② 1961 年 2 月 14 日的《科威特关于涉外法律关系的规定》及 1980 年的《科威特民事诉讼法典》(1994 年修订)对国际私法问题做了规定。另外还有一些国家受普通法系传统影响,无国际私法的具体规定,主要依判例和学说与实施的一系列公约调整。例如,马来西亚、孟加拉国、缅甸、印度等国家的国际私法就主要是判例法。而新加坡是 1979 年《证据与民事程序的管辖规则》及 1951 年与英美签订的领事条约。斯里兰卡的国际私法主要为判例与学理,此外还有 2000 年的《斯里兰卡民商事案件的共同援助法案》。③ 只有土耳其较为特别,早在 1982 年 5 月 20 日就颁行了单行的《土耳其国际私法和国际民事诉讼法》,但该法 2007 年 11 月 27 日经过修订并于同年 12 月 12 日生效实施。④ 印度尼西亚在国际私法方面也无单独的专门性法规,只是分散在不同法律法规中。不过,印度尼西亚

---

① See Edgardo L. Paras, *Philippine Conflict of Laws*, 8th ed., Pex Book Store, 1996, pp. 16 - 18.

② Talia Einhorn, *Private International Law in Israel*, Kluwer Law International, 2012, p. 43.

③ See Thomas H. Reynolds, Arturo A. Flores, *Foreign Law: Current Sources of Codes and Basic Legislation in Jurisdictions of the World*, William S. Hein & Co., Inc. 2004, Ⅲ Indonesia, p. 21.

④ See G. Tekinalp et al., *Private International Law in Turkey*, Kluwer Law Intenational, 2012, p. 1.

曾起草过国际私法单行法,只不过在1990年放弃了,最近尚无新的进展。[①]

三、大洋洲与非洲国家的国际私法修立走势

(一)大洋洲国家的国际私法修立走势

大洋洲各国深受普通法系与古老的习惯法影响,很少制定成文的国际私法法规。大部分国家的国际私法都是依判例和学说与实施的一系列公约,其中澳大利亚最为典型。澳大利亚的国际私法属于普通法系范畴,仅国际民事诉讼方面颁行了1991年《澳大利亚外国判决的承认与执行法》(2012年修订)等制定法,其他主要依判例和学说以及缔结的一系列国际公约。[②] 1980年《新西兰证据法》第486条,2010年8月31日《跨塔斯曼程序法》以及2017年11月29日《国际私法(侵权行为法律选择)》等法律涉及新西兰国际私法问题的规定。巴布亚新几内亚1963年的《关于地方习惯承认的法例》是该国解决法律冲突问题的主要依据。至于瓦努阿图等国就均无国际私法具体规定,完全依普通法系的办法来处理国际私法问题。

(二)非洲各国的国际私法修立走势

非洲许多国家采用专章式立法模式在民法典或民事诉讼法典中对国际私法问题进行规定。例如,1975年的《阿尔及利亚民法典》(2015年修订)第9条至第24条和1966年的《阿尔及利亚民事诉讼法典》(1990年修订),1966年的《安哥拉民法典》第16条至第58条与1961年《安哥拉民事诉讼法典》第49条和第99条以及第1094条至第1101条,1948年7月16日颁布的《埃及民法典》第6条至第28条与1968年5月7日颁布的《埃及民事诉讼法典》第28条至第61条以及第296条至第301条、1965年的《埃塞俄比亚民事诉讼法典》第123条至第131条、1972年的《加蓬民法典》(1989年修订)第16条至第70条(还适用

---

① See Jürgen Basedow, Giesela Rühl, *Franco Ferrari and Pedro de Miguel Asemsio*, *Encyclopedia of Private International Law*, Chapter B, Edward Elgar Publishing, 2017, pp. 2165 - 2167.

② See Peter Nygh, *Choice of Law in Torts in Austrailia*, in Petar Šacevic and Paul Volken, *Yearbook of Private International Law*, Vol. Ⅱ, 2000, Kluwer Law International and Swiss Institute of Comparative Law, 2000, pp. 55 - 73.

1993 年的《非洲统一商法条约》)、1953 年的《利比亚民法典》(1984 年修订)和 1953 年的《利比亚民商事诉讼程序法典》、1805 年 9 月 25 日颁布的《毛里求斯民法典》(1808 年 4 月 21 日重新颁行,2018 年 10 月 23 日修订)第三部分及其以后的条款、1913 年的《摩洛哥民事诉讼法典》(1974 年修订)、1976 年 1 月 1 日生效的《塞舌尔民法典》(1951 年与英美签订的领事条约也属于其国际私法法源)、1973 年的《索马里民法典》和 1974 年的《索马里民事诉讼法典》、1995 年的《津巴布韦民事法律条例》、1989 年的《毛里塔尼亚合同义务法律条例》与 1984 年的《毛里塔尼亚民事诉讼程序法典》、1984 年的《苏丹民法典》第 7 条至第 16 条等均涉及国际私法的规定。还有一些非洲国家在婚姻家庭法中对国际私法作了规定。例如,1980 年 1 月 15 日的《布隆迪家庭法典》、1964 年的《科特迪瓦婚姻法》(1983 年修订)与 1993 年的《科特迪瓦非洲统一商法条约》、1960 年的《塞内加尔关于成文法与习惯法的冲突条例》和 1972 年的《塞内加尔家庭法典》第 853 条至第 859 条、1961 年的《刚果共和国法律冲突条例》和 1984 的《刚果共和国家庭法典》第 807 条至第 833 条及 1993 年的《非洲统一商法条约》等。而南非 1939 年的第 22 号法令《婚姻案件的管辖条例》、1979 年《南非离婚法》第 7 条、1988 年《南非外国民商事判决的执行法》以及 1992 年的《南非住所法》第 4 条,1933 年的《多哥关于成文法与习惯法的冲突规定》、1980 年的《多哥家庭法典》(国际冲突部分)及 1993 年的《非洲统一商法条约》涉及国际法律冲突问题的规定。布基纳法索的国际私法法源主要为 1990 年 8 月 4 日生效的《布基纳法索家庭法典》第 998 条至第 1066 条、1931 年的《关于成文法与习惯法的冲突规定》和 1993 年的《非洲统一商法条约》。还有一些非洲国家对解决成文法与习惯法的法律冲突问题作了具体规定。例如,喀麦隆解决法律冲突主要依 1927 年的《关于成文法与习惯法的冲突规定》(1969 年修订)和 1993 年的《非洲统一商法条约》;乍得解决法律冲突主要依 1967 年的《关于成文法与习惯法的冲突规定》、1967 年的《冲突法规则》和 1993 年的《非洲统一商法条约》;刚果民主共和国解决法律冲突主要依 1952 年的《关于成文法与习惯法的冲突规定》等。尼日尔解决法律冲突主要依 1962 年的《关于成文法与习惯法的冲突规定》与 1971 年 12 月 10 日实施的《海牙国际私法会议关于国际货物销售法律适用公约》。此外,非洲有的国家采用不同方式对国际私法问题进行规制。例如,贝宁无国际私法的具体规定,主要受1993年的《非洲统一商法条约》等国际条约或公约调整;莫桑比克无国际私法具体规定且主要依国际条约或公约;博茨瓦纳在国际私法方面主要依习惯法与1969年的《博茨瓦纳国内冲突法》;冈比亚的《冈比亚外国人法》与美英的领事条约是国际私法的渊源;加纳1971年的《关于外国判决的法例》、1960年的《关于外国裁决的法例》以及与美英的领事条约;几内亚解决法律冲突主要依1962年的《国际法律冲突规则》;纳米比亚共和国1995年的《外国法院证据法》涉及国际私法问题的规定;尼日利亚解决法律冲突主要依1914年《尼日利亚婚姻法》第49条至第53条、1976年的《涉及外国裁判的民事程序规则》以及1951年与英美签订的领事条约;等等。只有少数非洲国家制定了专门的国际私法法规,如《突尼斯国际私法典》。而突尼斯的国际私法自1956年开始一直采取分散立法方式,1998年11月27日专门颁布《突尼斯国际私法典》(1998年12月1日实施),共76条,这在穆斯林国家是相当特别的。[①] 此外,中非解决法律冲突主要依1962年的《关于成文法与习惯法的冲突规定》和1965年的《国际冲突规则》和1993年的《非洲统一商法条约》。马达加斯加解决法律冲突主要依1960年的《关于成文法与习惯法的冲突条例》与1962年的《关于解决国际私法问题的规则》。

四、美洲国家的国际私法修立走势

美洲许多地区曾属于英国、法国、西班牙、荷兰等国家的殖民地。虽然美洲国家后来相继摆脱了殖民主义统治并获得独立,但其立法与司法仍或多或少地带有原殖民主义国家的影响。因此,美洲国家当代国际私法的立法与司法实践呈现出五彩缤纷的局面。近年来,美洲国家的国际私法修立运动也开展得轰轰烈烈。

---

① See Jürgen Basedow, Giesela Rühl, *Franco Ferrari and Pedro de Miguel Asemsio*, *Encyclopedia of Private International Law*, Chapter B, Edward Elgar Publishing, 2017, pp. 2582 – 2584.

(一)美国

美国是联邦制国家,每个州都因有自己的立法权而成为相对独立的法域,因此,各州之间以及美国与外国之间,法律冲突不免时时发生。因此,1934 年由比尔主持完成了美国《第一次冲突法重述》。但令人遗憾的是《第一次冲突法重述》自问世起便遭到美国其他一些学者的猛烈抨击。于是,美国法学会在 1952 年撤销了 1934 年的《第一次冲突法重述》,并举荐哥伦比亚大学里斯教授和哈佛大学奥斯汀·W. 斯科特(Austin W. Scott)教授负责起草美国《第二次冲突法重述》。里斯主持编纂的这部《第二次冲突法重述》,主要以最密切联系原则作为理论基础。这是对美国各种国际私法学说综合甚至折中的结果。在里斯等学者的努力下,美国国际私法界自《第一次冲突法重述》以后所出现的吵吵嚷嚷局面暂趋平静和相对稳定。《第二次冲突法重述》中的许多条款被美国众多州法院的法官所接受,成为美国法官处理法律冲突问题的重要指导思想和指导性规范。1986 年美国学者又对《第二次冲突法重述》进行了修订。[①] 近年来,不断有美国学者对冲突法重述进行案例引证和注释,在美国的国际私法实践中产生了重要影响。[②] 2015 年美国法学会决定正式着手进行《第三次冲突法重述》的制定工作,由宾夕法尼亚大学法学院教授科米特·罗斯福三世(Kermit Roosevelt Ⅲ,1971—)任报告员,天普大学法学教授劳拉·E. 利托(Laura E. Little,1957—)和加利福尼亚州立大学埃尔文分校法学教授克里斯托弗·A. 维托克(Christopher A. Whytock)担任助理报告员,共同对美国《第三次冲突法重述》进行整理编纂。[③]

美国的国际私法主要以判例法为主,只有俄勒冈和路易斯安那州

① 参见徐冬根:《论欧、美国际私法法典化的不同进路及其法哲学思想》,载《河南省政法管理干部学院学报》2004 年第 3 期。

② See Marianne McGettigan Walker, *Case Citations to Restatement of the Law: Conflict of Laws*, American Law Institute Publishers, 2004, p. Ⅴ.

③ See Jürgen Basedow, Giesela Rühl, *Franco Ferrari and Pedro de Miguel Asemsio*, *Encyclopedia of Private International Law*, Chapter B, Edward Elgar Publishing, 2017, p. 2640.

实施具有制定法性质的“冲突法”。[①] 在美国实施的海牙国际私法会议制定的公约主要有《海牙国际私法会议关于废除要求认证外国公证书的公约》(1981 年 10 月 15 日)、《海牙国际私法会议关于民商事司法及非司法文书国外送达的公约》(1969 年 2 月 10 日)、《海牙国际私法会议关于民商案件域外取证的公约》(1972 年 10 月 7 日)、《海牙国际私法会议关于国际诱拐儿童的民事方面的公约》(1988 年 7 月 1 日)、《海牙国际私法会议关于跨国收养方面保护儿童及合作公约》(2008 年 4 月 1 日)、《海牙国际私法会议中介人持有证券的若干权益法律适用的公约》(2017 年 4 月 1 日)和《海牙国际私法会议关于国际追索儿童抚养费用及其他形式的家庭抚养公约》(2017 年 1 月 1 日)。美国早在 1988 年 6 月 13 日就签署了《海牙国际私法会议关于信托法律适用和承认公约》、2009 年 1 月 19 日签署了《海牙国际私法会议选择法院协议公约》、2010 年 10 月 22 日签署了《海牙国际私法会议关于父母责任和保护儿童措施的管辖权、法律适用、承认执行与合作的公约》,但均未批准实施。与此同时,在美国实施的联合国有关国际私法方面的公约主要有《联合国承认及执行外国仲裁裁决公约》(1970 年 12 月 29 日)、《联合国国际货物销售合同公约》(1988 年 1 月 1 日)、《联合国国际货物销售时效期公约》(1994 年 12 月 1 日)、《联合国移动设备国际利益公约》(2005 年 4 月 1 日)和《解决国家和他国国民间投资争端公约》(1966 年 10 月 14 日)等。此外,美国也批准实施了美洲国家组织的一些公约,如《美洲国家间关于调查委托书法律冲突的公约》(1988 年 8 月 28 日)及议定书(1988 年 8 月 28 日)、《美洲国家间关于国际商事仲裁的公约》(1990 年 10 月 27 日)等。

(二)阿根廷

阿根廷早期的国际私法主要沿袭了欧洲大陆德国法的模式,散见于 1871 年 1 月 1 日生效的《阿根廷民法典》和 1890 年 5 月 1 日的《阿

---

① 路易斯安那州 1991 年的《民法典》第 4 卷第 3515 条至第 3549 条就是专门有关“国际私法”的立法规定。俄勒冈也有关于合同、侵权等法律冲突法的成文立法。美国也颁布了 1997 年《统一有关儿童监护方面判决承认的法令》、《统一商法典》,2005 年的《统一有关外国国家金钱方面判决承认的法令》以及 2008 年的《统一区际家庭扶养法》等涉及国际私法问题的成文法。See Jürgen Basedow, Giesela Rühl, *Franco Ferrari and Pedro de Miguel Asemsio*, *Encyclopedia of Private International Law*, Chapter B, Edward Elgar Publishing, 2017, pp. 3948 – 3984.

根廷商法典》的有关规定。但是,阿根廷的国际私法立法活动一直非常活跃,1973 年曾完成了一部国际私法典草案,却始终未能获得批准并予以实施,[①]直至 2003 年被国会彻底否决,才宣告了阿根廷国际私法的法典化历程的终结。不过,2011 年阿根廷法律改革委员会启动了《阿根廷民法典》和《阿根廷商法典》的革新工作,并对其中的国际私法规则进行大修。2014 年 10 月 1 日通过了《阿根廷民商法典》,2014 年 10 月 7 日颁布,2015 年 8 月 1 日生效实施。该法典第四卷第 2591 条至第 2671 条(共 78 个条文)集中规定了国际私法的一般规则、国际民商事关系权与具体法律选择规则。[②]《阿根廷民商法典》国际私法规则的实施,也正式宣告了欧洲国际私法模式特别是德国国际私法传统在阿根廷的终结。此外,1973 年《阿根廷民商事程序法典》、1995 年《阿根廷破产法》和 1998 年《阿根廷知识产权法》也有涉及国际私法的规定。

美洲国家组织以及联合国和海牙国际私法会议的一系列国际公约都是阿根廷国际私法不可或缺的法律渊源。只是阿根廷早在 1928 年 2 月 28 日已签署了《布斯塔曼特法典》,但一直未予以批准。目前,阿根廷批准和实施的国际性公约主要有:《美洲国家间关于国际商事仲裁的公约》(1995 年 2 月 5 日)、《美洲国家间关于汇票、本票及发货单据法律冲突的公约》(1983 年 4 月 10 日)、《美洲国家间关于调查委托书法律冲突的公约》及议定书(1987 年 8 月 17 日)、《美洲国家间关于国外取证的公约》(1987 年 4 月 25 日)及议定书(1992 年 11 月 29 日)、《美洲国家间关于代理人国外行使代理权法律制度的公约》(1983 年 1 月 7 日)、《美洲国家间关于商业公司的冲突法公约》(1984 年 1 月 1 日)、《美洲国家间关于保全措施的公约》(1984 年 1 月 1 日)、《美洲国家间关于国际私法一般规则的公约》(1984 年 1 月 1 日)、《美洲国家间关于外国法的查明与信息的公约》(1987 年 10 月 4 日)、《美洲国家间关于外国判决与仲裁裁决的域外有效性的公约》(1984 年 1 月 1 日)、《美洲国家间关于国际返还儿童公约》(2001 年 3 月 15 日)、《美洲国家间关

---

① 参见黄进主编:《国际私法》,法律出版社 1999 年版,第 142 页。

② See Jürgen Basedow, Giesela Rühl, *Franco Ferrari and Pedro de Miguel Asemsio*, *Encyclopedia of Private International Law*, Chapter B, Edward Elgar Publishing, 2017, p. 1867.

于抚养之债公约》(2002 年 10 月 5 日)、《美洲国家间关于国际诱拐未成年人公约》(2000 年 3 月 28 日)、1889 年《蒙得维的亚国际民法条约》(1894 年 12 月 6 日)、1940 年《蒙得维的亚国际民法条约》(1956 年 4 月 27 日),《联合国自海外获取赡养公约》(1972 年 12 月 29 日)、《联合国关于婚姻同意、结婚最低年龄及婚姻登记公约》(1970 年 2 月 26 日)、《联合国承认及执行外国仲裁裁决公约》(1989 年 6 月 21 日)、《联合国货物销售合同公约》(1988 年 1 月 1 日)、《联合国国际货物销售时效期公约》(1988 年 8 月 1 日)[①],以及《海牙国际私法会议关于民事诉讼程序的公约》(1988 年 7 月 9 日)、《海牙国际私法会议关于废除要求认证外国公证书的公约》(1988 年 2 月 18 日)、《海牙国际私法会议关于民商事司法及非司法文书国外送达的公约》(2001 年 12 月 1 日)、《海牙国际私法会议关于民商案件域外取证的公约》(1987 年 7 月 7 日)、《海牙国际私法会议关于代理的法律适用公约》(1992 年 5 月 1 日)、《海牙国际私法会议关于国际诱拐儿童的民事方面的公约》(1991 年 6 月 1 日),等等。[②]

(三)巴西

巴西的国际私法曾受葡萄牙法的影响,具有欧洲大陆法系特征。在 1916 年 1 月 5 日的《巴西民法典》颁行以前,其不仅一直沿袭葡萄牙国际私法制度,而且因协调不同移民等因素而热衷于法院地法。[③] 目前巴西国际私法的主要法律渊源为:1942 年的《巴西民法典施行法》(经 1952 年、1961 年、1964 年、1977 年、1995 年、2009 年、2010 年和 2017 年多次修订),2015 年 3 月 16 日修订的《巴西民事诉讼法典》(2016 年 3 月 1 日生效实施)第 21 条至第 29 条、第 63 条以及 1929 年 9 月 3 日实施的《布斯塔曼特法典》。此外,巴西还适用联合国、海牙国际私法会议、美洲国家组织以及南美共同市场经济一体化组织的一系列公约或议定书。例如,《美洲国家间关于国际商事仲裁的公

---

① See Thomas H. Reynolds, Arturo A. Flores, *Foreign Law: Current Sources of Codes and Basic Legislation in Jurisdictions of the World*, William S. Hein & Co., Inc. 2004, Ⅲ Argentina, p. 22.

② 1986 年 12 月 22 日通过的《海牙国际私法会议国际货物销售合同法律适用公约》,阿根廷于 1991 年 4 月 4 日签署并批准,但该公约一直未生效。

③ See Jürgen Basedow, Giesela Rühl, *Franco Ferrari and Pedro de Miguel Asemsio, Encyclopedia of Private International Law*, Chapter B, Edward Elgar Publishing, 2017, p. 1931.

约》(1995 年 12 月 27 日)、《美洲国家间关于调查委托书法律冲突的公约》及议定书(1995 年 12 月 27 日)、《美洲国家间关于代理人国外行使代理权法律制度的公约》(1994 年 6 月 3 日)、《美洲国家间关于商业公司的冲突法公约》(1995 年 12 月 27 日)、《美洲国家间关于国际私法一般规则的公约》(1995 年 12 月 27 日)、《美洲国家间关于外国法的查明与信息的公约》(1995 年 12 月 27 日)、《美洲国家间关于支票的冲突法公约》(1994 年 4 月 17 日)、《美洲国家间关于外国判决与仲裁裁决的域外有效性的公约》(1995 年 12 月 27 日)、《美洲国家间关于未成年人收养的法律冲突公约》(1997 年 8 月 8 日)、《美洲国家间关于国际私法上法人人身资格和能力的公约》(1997 年 4 月 20 日)、《美洲国家间关于国际返还儿童公约》(1994 年 6 月 3 日)、《美洲国家间关于抚养之债公约》(1997 年 8 月 11 日)、《美洲国家间关于国际诱拐未成年人公约》(1997 年 8 月 8 日),《海牙国际私法会议关于废除要求认证外国公证书的公约》(2016 年 8 月 14 日)、《海牙国际私法会议关于民商事司法及非司法文书国外送达的公约》(2019 年 6 月 1 日)、《海牙国际私法会议关于民商案件域外取证的公约》(2014 年 6 月 8 日)、《海牙国际私法会议关于对国际诉讼提供便利公约》(2012 年 2 月 1 日)、《海牙国际私法会议关于国际诱拐儿童的民事方面的公约》(1999 年 7 月 1 日)、《海牙国际私法会议关于国际追索儿童抚养费用及其他形式的家庭抚养公约》(2017 年 11 月 1 日),以及《联合国自海外获取赡养公约》(1960 年 12 月 14 日)、《联合国已婚妇女国籍公约》(1969 年 3 月 4 日)、《联合国关于婚姻同意、结婚最低年龄及婚姻登记公约》(1970 年 5 月 12 日)、《联合国承认及执行外国仲裁裁决公约》(2002 年 9 月 5 日)、《联合国国际货物销售合同公约》(2014 年 4 月 1 日),等等。

(四)智利

智利的国际私法体系较为完备,既有国内法渊源又有国际法律渊源,既有管辖权规范和统一实体规范以及强制性规范又有冲突规范。智利在 1928 年 2 月 20 日出台了一部国际私法典草案,但一直未公布实施。1985 年也曾由官方编纂公布了国际私法法典,其中就包括 1933 年 10 月 6 日实施的《布斯塔曼特法典》以及一系列涉及国际私法问题的国际条约或公约。[①] 1855年12月14日颁布的《智利民法典》(2015年10月22日修订)、1902年8月24日颁布的《智利民事诉讼法典》(2015年4月21日修订)第76条以及第242条至第245条、2004年5月7日颁布的《智利婚姻法》(2015年4月21日修订)第80条至第845条与2004年9月24日颁布的《智利国际商事仲裁法》以及2014年1月9日颁布的《智利跨境破产法》第199条至第326条均涉及国际私法的相关规则。在智利实施的国际条约或公约有:《联合国自海外获取赡养公约》(1961年2月8日)、《联合国承认及执行外国仲裁裁决公约》(1975年12月3日)、《联合国国际货物销售合同公约》(1991年3月1日)、《联合国海上货物运送公约》(1992年11月1日)、《解决国家和他国国民间投资争端公约》(1991年10月24日),《美洲国家间关于国际商事仲裁的公约》(1976年6月17日)、《美洲国家间关于汇票、本票及发货单据法律冲突的公约》(1976年6月17日)、《美洲国家间关于调查委托书法律冲突的公约》(1976年9月13日)及议定书(1990年2月11日)、《美洲国家间关于国外取证的公约》(1976年9月13日)、《美洲国家间关于代理人国外行使代理权法律制度的公约》(1976年9月13日)、《美洲国家间关于外国法的查明与信息的公约》(1997年2月28日)、《美洲国家间关于支票的冲突法公约》(1996年10月6日)、《美洲国家间关于未成年人收养的法律冲突公约》(2002年2月17日),《海牙国际私法会议关于废除要求认证外国公证书的公约》(2016年8月30日)、《海牙国际私法会议关于国际诱拐儿童的民事方面的公约》(1994年5月1日)、《海牙国际私法会议关于跨国收养方面保护儿童及合作公约》(1999年10月1日),以及南美共同市场经济一体化组织制定的一些议定书等。[②]

(五)哥伦比亚

哥伦比亚国际私法具有浓厚的西班牙法特色,其法律渊源主要为1887年4月20日的《哥伦比亚民法典》第18条至第22条、第1012条、第1519条,1970年《哥伦比亚民事诉讼法典》第23条、第25条、第188条,2012年《哥伦比亚一般程序法典》第28条至第30条、第177条至第

---

① See Thomas H. Reynolds, Arturo A. Flores, *Foreign Law: Current Sources of Codes and Basic Legislation in Jurisdictions of the World*, William S. Hein & Co., Inc. 2004, I, Chile, p. 20.

② See Jürgen Basedow, Giesela Rühl, *Franco Ferrari and Pedro de Miguel Asemsio*, *Encyclopedia of Private International Law*, Chapter B, Edward Elgar Publishing, 2017, p. 1959.

179 条等。另外，1889 年《蒙得维的亚国际民法条约》（1934 年 10 月 25 日）与 1997 年哥伦比亚外交部颁发的关于法律文书的域外效力的规定，也是哥伦比亚国际私法的渊源。[①] 不仅如此，哥伦比亚也缔结了一系列涉及国际私法问题的国际条约或公约，如《美洲国家间关于国际商事仲裁的公约》（1987 年 1 月 29 日）、《美洲国家间关于调查委托书法律冲突的公约》及议定书（1995 年 5 月 28 日）、《美洲国家间关于国外取证的公约》（1991 年 12 月 1 日）、《美洲国家间关于保全措施的公约》（1987 年 1 月 29 日）、《美洲国家间关于国际私法一般规则的公约》（1981 年 10 月 10 日）、《美洲国家间关于外国法的查明与信息的公约》（1983 年 5 月 28 日）、《美洲国家间关于外国判决与仲裁裁决的域外有效性的公约》（1981 年 10 月 10 日）、《美洲国家间关于未成年人收养的法律冲突公约》（1988 年 5 月 26 日）、《美洲国家间关于国际返还儿童公约》（2009 年 4 月 11 日）、《美洲国家间关于抚养之债公约》（2010 年 8 月 28 日）、《美洲国家间关于国际诱拐未成年人公约》（2000 年 9 月 23 日），《海牙国际私法会议关于废除要求认证外国公证书的公约》（2001 年 1 月 30 日）、《海牙国际私法会议关于民商事司法及非司法文书国外送达的公约》（2013 年 11 月 1 日）、《海牙国际私法会议关于民商案件域外取证的公约》（2012 年 3 月 13 日）、《海牙国际私法会议关于国际诱拐儿童的民事方面的公约》（1996 年 3 月 1 日）、《海牙国际私法会议关于跨国收养方面保护儿童及合作公约》（1998 年 11 月 1 日），以及《联合国自海外获取赡养公约》（1999 年 12 月 10 日）、《联合国承认及执行外国仲裁裁决公约》（1979 年 12 月 24 日）、《联合国国际货物销售合同公约》（2002 年 8 月 1 日）和《解决国家和他国国民间投资争端公约》（1997 年 8 月 14 日）等。只是哥伦比亚 1928 年 2 月 28 日就已签署了《布斯塔曼特法典》，但是一直未予以批准。

（六）哥斯达黎加

哥斯达黎加的国际私法主要依 1885 年 4 月 19 日颁布的《哥斯达黎加民法典》（1888 年 1 月 1 日生效）第 31 条至第 61 条、1989 年 8 月

---

① See Jürgen Basedow, Giesela Rühl, *Franco Ferrari and Pedro de Miguel Asemsio*, *Encyclopedia of Private International Law*, Chapter B, Edward Elgar Publishing, 2017, pp. 1981 – 1982.

16 日颁布的《哥斯达黎加民事诉讼法典》(2018 年 10 月 8 日修订生效),1853 年 6 月 6 日颁布的《哥斯达黎加商法典》(2018 年 12 月 20 日修订)以及 1930 年 3 月 27 日实施的《布斯塔曼特法典》。此外,哥斯达黎加还批准和实施了一系列国际公约,如《美洲国家间关于国际商事仲裁的公约》(1978 年 2 月 20 日)、《美洲国家间关于汇票、本票及发货单据法律冲突的公约》(1978 年 2 月 20 日)、《美洲国家间关于调查委托书法律冲突的公约》(1978 年 2 月 20 日)、《美洲国家间关于支票法律冲突的公约》(1978 年 2 月 20 日)、《美洲国家间关于国外取证的公约》(1978 年 2 月 20 日)、《美洲国家间关于代理人国外行使代理权法律制度的公约》(1978 年 2 月 20 日)、《美洲国家间关于国际返还儿童公约》(2001 年 5 月 26 日)、《美洲国家间关于抚养之债公约》(2001 年 5 月 26 日)、《美洲国家间关于国际诱拐未成年人公约》(2001 年 10 月 4 日),《海牙国际私法会议关于废除要求认证外国公证书的公约》(2011 年 12 月 14 日)、《海牙国际私法会议关于民商事司法及非司法文书国外送达的公约》(2016 年 10 月 1 日)、《海牙国际私法会议关于民商案件域外取证的公约》(2016 年 5 月 15 日)、《海牙国际私法会议关于对国际诉讼提供便利公约》(2016 年 6 月 1 日)、《海牙国际私法会议关于国际诱拐儿童的民事方面的公约》(1999 年 2 月 1 日)、《海牙国际私法会议关于跨国收养方面保护儿童及合作公约》(1996 年 2 月 1 日)、《欧洲理事会外国法公约》(1976 年 3 月 15 日),以及《联合国承认及执行外国仲裁裁决公约》(1988 年 1 月 24 日)、《联合国国际货物销售合同公约》(2018 年 8 月 1 日),等等。

(七)厄瓜多尔

厄瓜多尔的国际私法与拉丁美洲一些国家一样受西班牙法的影响,其相关规定主要集中在《厄瓜多尔民法典》中。1857 年 11 月 21 日通过的《厄瓜多尔民法典》几乎照搬或“复制”了《智利民法典》。1860 年 12 月 4 日生效实施的《厄瓜多尔民法典》(2005 年 6 月 24 日修订)第 14 条至第 16 条、第 43 条至第 45 条、第 91 条至第 93 条、第 129 条、第 139 条、第 1067 条、第 1505 条和第 1561 条对国际私法的准据法选择进行了具体规定。而 1987 年 5 月 18 日通过的《厄瓜多尔民事诉讼法典》(2005 年 6 月 12 日修订)第 189 条至第 190 条、第 414 条以及 2009 年 3 月 3 日通过的《厄瓜多尔司法组织法典》第 143 条至第 144 条、第 167 条则专门就涉外民商事案件管辖权问题作了规定。厄瓜多尔的国际私法渊源还有 1933 年 6 月 31 日实施的《布斯塔曼特法典》。① 此外，厄瓜多尔还批准和实施了一系列国际公约，如《美洲国家间关于国际商事仲裁的公约》(1991 年 11 月 23 日)、《美洲国家间关于汇票、本票及发货单据法律冲突的公约》(1975 年 10 月 10 日)、《美洲国家间关于调查委托书法律冲突的公约》(1975 年 10 月 10 日)及议定书(1982 年 6 月 18 日)、《美洲国家间关于国外取证的公约》(1975 年 11 月 3 日)及议定书(1996 年 3 月 28 日)、《美洲国家间关于代理人国外行使代理权法律制度的公约》(1975 年 9 月 6 日)、《美洲国家间关于保全措施的公约》(1982 年 7 月 1 日)、《美洲国家间关于国际私法一般规则的公约》(1982 年 6 月 18 日)、《美洲国家间关于外国法的查明与信息的公约》(1982 年 6 月 11 日)、《美洲国家间关于外国判决与仲裁裁决的域外有效性的公约》(1982 年 7 月 1 日)、《美洲国家间关于支票法律冲突的公约》(1982 年 6 月 18 日)、《美洲国家间关于国际私法上自然人住所的公约》(1982 年 7 月 1 日)、《美洲国家间关于国际返还儿童公约》(2002 年 4 月 8 日)、《美洲国家间关于抚养之债公约》(2001 年 2 月 1 日)、《美洲国家间关于国际诱拐未成年人公约》(2002 年 6 月 28 日)，《海牙国际私法会议关于废除要求认证外国公证书的公约》(2005 年 4 月 2 日)、《海牙国际私法会议关于国际诱拐儿童的民事方面的公约》(1992 年 4 月 1 日)、《海牙国际私法会议关于跨国收养方面保护儿童及合作公约》(1996 年 1 月 1 日)、《海牙国际私法会议关于父母责任和保护儿童措施的管辖权、法律适用、承认执行与合作的公约》(2003 年 9 月 1 日)，以及《联合国自海外获取赡养公约》(1974 年 7 月 4 日)、《联合国已婚妇女国籍公约》(1960 年 6 月 27 日)、《联合国承认及执行外国仲裁裁决公约》(1962 年 4 月 3 日)、《联合国国际货物销售合同公约》(1993 年 2 月 1 日)，等等。

(八)萨尔瓦多

萨尔瓦多的国际私法也深受西班牙法的影响，主要体现在 1858 年 2 月 4 日通过的《萨尔瓦多民法典》(1859 年 8 月 23 日生效实施)第 94 条和第 95 条。该民法典 2004 年 11 月 11 日修订，同年 12 月 17 日颁

---

① See Jürgen Basedow, Giesela Rühl, *Franco Ferrari and Pedro de Miguel Asemsio*, *Encyclopedia of Private International Law*, Chapter B, Edward Elgar Publishing, 2017, p. 2043.

行。萨尔瓦多的国际私法渊源还有1931年12月16日实施的《布斯塔曼特法典》。此外,萨尔瓦多还批准和实施了一系列国际公约,如《美洲国家间关于国际商事仲裁的公约》(1980年9月11日)、《美洲国家间关于汇票、本票及发货单据法律冲突的公约》(1980年9月11日)、《美洲国家间关于调查委托书法律冲突的公约》(1980年9月11日)及议定书(2002年2月24日)、《美洲国家间关于国外取证的公约》(1980年9月11日)、《美洲国家间关于代理人国外行使代理权法律制度的公约》(1980年9月11日)、《美洲国家间关于国际诱拐未成年人公约》(2006年1月22日),《海牙国际私法会议关于废除要求认证外国公证书的公约》(1996年5月31日)、《海牙国际私法会议关于国际诱拐儿童的民事方面的公约》(2001年5月1日)、《海牙国际私法会议关于跨国收养方面保护儿童及合作公约》(1999年3月1日),以及《联合国承认及执行外国仲裁裁决公约》(1962年4月3日)、《联合国国际货物销售合同公约》(2007年12月1日)等。

(九)危地马拉

危地马拉的国际私法主要沿袭《西班牙民法典》和《西班牙民事诉讼法典》的相关规定。此外1929年12月9日实施的《布斯塔曼特法典》和一系列有关国际私法的双边协定或国际公约也是危地马拉处理国际私法问题的依据。目前,危地马拉主要适用《美洲国家间关于国际商事仲裁的公约》(1986年9月20日)、《美洲国家间关于汇票、本票及发货单据法律冲突的公约》(1977年3月18日)、《美洲国家间关于调查委托书法律冲突的公约》(1980年6月8日)及议定书(1988年3月6日)、《美洲国家间关于国外取证的公约》(1980年1月17日)、《美洲国家间关于代理人国外行使代理权法律制度的公约》(1980年2月10日)、《美洲国家间关于支票法律冲突的公约》(1980年1月17日)、《美洲国家间关于商业公司的冲突法公约》(1984年12月7日)、《美洲国家间关于保全措施的公约》(1989年2月30日)、《美洲国家间关于国际私法一般规则的公约》(1988年2月13日)、《美洲国家间关于外国法的查明与信息的公约》(1988年2月13日)、《美洲国家间关于国际私法上自然人住所的公约》(1991年8月26日)、《美洲国家间关于国际私法上法人人身资格和能力的公约》(1992年8月9日)、《美洲国家间关于抚养之债公约》(1996年3月5日),《海牙国际私法会议关于废除要求认证外国公证书的公约》(2017 年 9 月 18 日)、《海牙国际私法会议关于国际诱拐儿童的民事方面的公约》(2002 年 5 月 1 日)、《海牙国际私法会议关于跨国收养方面保护儿童及合作公约》(2003 年 3 月 1 日),以及《联合国自海外获取赡养公约》(1957 年 5 月 25 日)、《联合国已婚妇女国籍公约》(1960 年 10 月 11 日)、《联合国关于婚姻同意、结婚最低年龄及婚姻登记公约》(1983 年 4 月 18 日)、《联合国承认及执行外国仲裁裁决公约》(1984 年 6 月 19 日)、《联合国国际货物销售合同公约》(2021 年 1 月 1 日)和《解决国家和他国国民间投资争端公约》(2003 年 2 月 20 日)等国际公约。

(十)洪都拉斯

洪都拉斯国际私法的主要渊源为 1930 年 6 月 20 日实施的《布斯塔曼特法典》以及 1898 年 12 月 31 日通过的《洪都拉斯民法典》(1906 年 3 月 1 日生效实施)和《洪都拉斯民事诉讼法典》的相关规定中。此外,洪都拉斯还批准和实施了一系列涉及国际私法问题的国际公约或双边协定。例如,《美洲国家间关于国际商事仲裁的公约》(1979 年 4 月 22 日)、《美洲国家间关于汇票、本票及发货单据法律冲突的公约》(1979 年 4 月 22 日)、《美洲国家间关于调查委托书法律冲突的公约》(1979 年 4 月 22 日)、《美洲国家间关于国外取证的公约》(1979 年 4 月 22 日)、《美洲国家间关于代理人国外行使代理权法律制度的公约》(1979 年 4 月 22 日)、《美洲国家间关于支票法律冲突的公约》(1979 年 4 月 22 日)、《美洲国家间关于未成年人收养的法律冲突公约》(2008 年 10 月 5 日)、《美洲国家间关于国际诱拐未成年人公约》(2008 年 12 月 21 日),《海牙国际私法会议关于废除要求认证外国公证书的公约》(2004 年 9 月 30 日)、《海牙国际私法会议关于国际诱拐儿童的民事方面的公约》(1994 年 3 月 1 日)、《海牙国际私法会议关于跨国收养方面保护儿童及合作公约》(2019 年 7 月 1 日)、《海牙国际私法会议关于父母责任和保护儿童措施的管辖权、法律适用、承认执行与合作的公约》(2018 年 8 月 1 日)、《海牙国际私法会议关于国际追索儿童抚养费用及其他形式的家庭抚养公约》(2018 年 10 月 19 日),以及《联合国承认及执行外国仲裁裁决公约》(2001 年 1 月 1 日)、《联合国国际货物销售合同公约》(2003 年 11 月 1 日)和《解决国家和他国国民间投资争端公约》(1989 年 3 月 16 日)等。

(十一)墨西哥

墨西哥的国际私法主要依 1928 年 5 月 26 日的《联邦民法典》(1932 年 10 月 1 日生效实施,2019 年 6 月 3 日修订)第 12 条至第 19 条、第 1593 条、第 2736 条,1889 年 12 月 13 日的《联邦商法典》(2017 年 9 月 1 日修订)第 7 条至第 10 条,1943 年 2 月 24 日的《联邦民事诉讼法典》(2009 年 9 月 10 日修订)第 23 条至第 27 条、第 86 条、第 568 条至第 571 条以及各州的相关法律。① 墨西哥早在 1928 年 2 月 28 日就已签署了《布斯塔曼特法典》,但一直未予以批准。目前,墨西哥实施的一系列有关国际私法的双边条约或国际公约主要有:《美洲国家间关于国际商事仲裁的公约》(1978 年 4 月 27 日)、《美洲国家间关于汇票、本票及发货单据法律冲突的公约》(1978 年 4 月 27 日)、《美洲国家间关于调查委托书法律冲突的公约》(1978 年 4 月 27 日)及议定书(1983 年 4 月 9 日)、《美洲国家间关于国外取证的公约》(1978 年 4 月 27 日)及议定书(1987 年 7 月 12 日)、《美洲国家间关于代理人国外行使代理权法律制度的公约》(1987 年 7 月 12 日)、《美洲国家间关于商业公司的冲突法公约》(1983 年 4 月 9 日)、《美洲国家间关于国际私法一般规则的公约》(1984 年 5 月 19 日)、《美洲国家间关于外国法的查明与信息的公约》(1983 年 4 月 9 日)、《美洲国家间关于外国判决与仲裁裁决的域外有效性的公约》(1987 年 7 月 12 日)、《美洲国家间关于国际私法上自然人住所的公约》(1987 年 7 月 12)、《美洲国家间关于国际私法上法人人身资格和能力的公约》(1987 年 7 月 12 日)、《美洲国家间关于未成年人收养的法律冲突公约》(1987 年 7 月 12 日)、《美洲国家间关于在国际范围内实现外国判决域外效力的管辖权公约》(1987 年 7 月 12 日)、《美洲国家间关于国际返还儿童公约》(1994 年 11 月 5 日)、《美洲国家间关于抚养之债公约》(1994 年 11 月 5 日)、《美洲国家间关于国际合同法律适用公约》(1996 年 12 月 15 日),《海牙国际私法会议关于废除要求认证外国公证书的公约》(1995 年 8 月 14 日)、《海牙国际私法会议关

---

① See Thomas H. Reynolds, Arturo A. Flores, *Foreign Law: Current Sources of Codes and Basic Legislation in Jurisdictions of the World*, William S. Hein & Co. Inc., 2004, Ⅰ Mexico, pp. 29 – 30.

于民商事司法及非司法文书国外送达的公约》(2000 年 4 月 1 日)、《海牙国际私法会议关于民商案件域外取证的公约》(1989 年 9 月 25 日)、《海牙国际私法会议关于国际诱拐儿童的民事方面的公约》(1991 年 9 月 1 日)、《海牙国际私法会议关于跨国收养方面保护儿童及合作公约》(1995 年 5 月 1 日)、《海牙国际私法会议选择法院协议公约》(2005 年 10 月 1 日),以及《联合国自海外获取赡养公约》(1992 年 8 月 22 日)、《联合国已婚妇女国籍公约》(1979 年 7 月 3 日)、《联合国关于婚姻同意、结婚最低年龄及婚姻登记公约》(1983 年 5 月 23 日)、《联合国承认及执行外国仲裁裁决公约》(1971 年 7 月 13 日)、《联合国国际货物销售合同公约》(1989 年 1 月 1 日)、《联合国国际货物销售时效期公约》(1988 年 8 月 1 日),等等。由于墨西哥国际私法的分散立法模式存在诸多弊端,加之各州适用起来相当困难,因此,墨西哥的国际私法学者们早在 20 世纪 70 年代就贡献了数部国际私法立法草案,其中不少条款被 1987 年修订的《墨西哥民法典》吸收。经过多年的努力,墨西哥还在 2006 年颁布了《墨西哥国际私法示范法典》,供立法者和法律实践工作者参考。[①]

(十二)巴拉圭

巴拉圭 1985 年 12 月 23 日通过的《巴拉圭民法典》(1987 年 1 月 1 日生效)第 1 条至第 27 条以及第 132 条至第 276 条与第 2443 条至第 2809 条和 1988 年 10 月 20 日的《巴拉圭民事诉讼法典》第 3 条至第 7 条、第 129 条至第 130 条对国际私法问题进行了具体规定。此外,2015 年1 月 20 日还颁布了《巴拉圭国际合同法律适用法》,专门规制涉外合同的准据法选择问题。不仅如此,巴拉圭缔结和实施了 1889 年《蒙得维的亚国际民法条约》和 1940 年《蒙得维的亚国际民法条约》与南美共同市场经济一体化组织的议定书以及一些双边协定。[②] 巴拉圭 1928 年 2 月 28 日就已签署了《布斯塔曼特法典》,但一直未予以批准。与此同时,巴拉圭还适用美洲国家组织、海牙国际私法会议和联合国的一系列有关国际私法的国际公约。例如,《美洲国家间关于国际商事仲裁的公

---

① See Jürgen Basedow, Giesela Rühl, *Franco Ferrari and Pedro de Miguel Asemsio*, *Encyclopedia of Private International Law*, Chapter B, Edward Elgar Publishing, 2017, p. 2334.

② See Jürgen Basedow, Giesela Rühl, *Franco Ferrari and Pedro de Miguel Asemsio*, *Encyclopedia of Private International Law*, Chapter B, Edward Elgar Publishing, 2017, pp. 2397 – 2340.

约》(1977 年 1 月 15 日)、《美洲国家间关于汇票、本票及发货单据法律冲突的公约》(1977 年 1 月 15 日)、《美洲国家间关于调查委托书法律冲突的公约》(1977 年 1 月 15 日)及议定书(1985 年 9 月 16 日)、《美洲国家间关于国外取证的公约》(1977 年 1 月 15 日)、《美洲国家间关于代理人国外行使代理权法律制度的公约》(1977 年 1 月 15 日)、《美洲国家间关于商业公司的冲突法公约》(1985 年 9 月 16 日)、《美洲国家间关于保全措施的公约》(1985 年 9 月 16 日)、《美洲国家间关于支票的冲突法公约》(1985 年 9 月 16 日)、《美洲国家间关于国际私法一般规则的公约》(1985 年 9 月 16 日)、《美洲国家间关于外国法的查明与信息的公约》(1985 年 9 月 16 日)、《美洲国家间关于外国判决与仲裁裁决的域外有效性的公约》(1985 年 9 月 16 日)、《美洲国家间关于国际私法上自然人住所的公约》(1985 年 9 月 16 日)、《美洲国家间关于国际返还儿童公约》(1996 年 11 月 8 日)、《美洲国家间关于抚养之债公约》(1997 年 6 月 20 日)、《美洲国家间关于国际诱拐未成年人公约》(1998 年 6 月 12 日),《海牙国际私法会议关于废除要求认证外国公证书的公约》(2014 年 8 月 30 日)、《海牙国际私法会议关于国际诱拐儿童的民事方面的公约》(1998 年 8 月 1 日)、《海牙国际私法会议关于跨国收养方面保护儿童及合作公约》(1998 年 9 月 1 日)、《海牙国际私法会议关于父母责任和保护儿童措施的管辖权、法律适用、承认执行与合作的公约》(2019 年 7 月 1 日),以及《联合国承认及执行外国仲裁裁决公约》(1998 年 1 月 6 日)、《联合国国际货物销售合同公约》(2007 年 2 月 1 日)、《联合国国际货物销售时效期公约》(2004 年 3 月 1 日)、《联合国海上货物运送公约》(2006 年 8 月 1 日)、《联合国国际合同使用电子通信公约》(2019 年 2 月 1 日)和《解决国家和他国国民间投资争端公约》(1983 年 2 月 6 日)等。

(十三)秘鲁

秘鲁的国际私法源于 1852 年的《秘鲁民法典》,主要承袭了法国 1804 年的《拿破仑民法典》。随着全球民商事法律法典化进程的演变,秘鲁吸收了其他国家民法典的元素,对 1852 年的《秘鲁民法典》进行修改并于 1936 年颁行。进入 20 世纪末期,秘鲁又根据社会经济发展变化的新情况对 1936 年《秘鲁民法典》进行了革新。新制定的《秘鲁民法典》在1984年7月24日颁布，1984年11月14日生效实施。[①] 目前，秘鲁现行国际私法规范集中体现在1984年《秘鲁民法典》（2008年6月27日修订）第10卷第2046条至第2111条中。除此之外，还有1991年《秘鲁移民法》（2008年6月26日修订），1996年《秘鲁仲裁法》（2008年6月27日修订），1929年9月19日实施的《布斯塔曼特法典》和1889年《蒙得维的亚国际民法条约》，均属于秘鲁国际私法的渊源。[②] 此外，秘鲁还实施了一系列有关国际私法的双边协定或国际公约，如《美洲国家间关于国际商事仲裁的公约》（1989年6月22日）、《美洲国家间关于汇票、本票及发货单据法律冲突的公约》（1977年9月25日）、《美洲国家间关于支票法律冲突法的公约》（1977年9月25日）、《美洲国家间关于调查委托书法律冲突的公约》（1977年9月25日）及议定书（1980年6月15日）、《美洲国家间关于国外取证的公约》（1977年9月25日）、《美洲国家间关于代理人国外行使代理权法律制度的公约》（1977年9月25日）、《美洲国家间关于商业公司的冲突法公约》（1980年6月15日）、《美洲国家间关于保全措施的公约》（1980年6月15日）、《美洲国家间关于外国法的查明与信息的公约》（1980年6月15日）、《美洲国家间关于国际私法一般规则的公约》（1980年6月15日）、《美洲国家间关于外国判决与仲裁裁决的域外有效性的公约》（1980年6月15日）、《美洲国家间关于国际私法上自然人住所的公约》（1980年6月15日）、《美洲国家间关于国际返还儿童公约》（2005年4月2日）、《美洲国家间关于抚养之债公约》（2006年1月21日）、《美洲国家间关于国际诱拐未成年人公约》（2004年6月4日），《海牙国际私法会议关于废除要求认证外国公证书的公约》（2010年9月30日）、《海牙国际私法会议关于国际诱拐儿童的民事方面的公约》（2001年8月1日）、《海牙国际私法会议关于跨国收养方面保护儿童及合作公约》（1996年1月1日），以及《联合国承认及执行外国仲裁裁决公约》（1988年10月5日）、《联合国国际货物销售合同公约》（2000年4

① See Thomas H. Reynolds, Arturo A. Flores, *Foreign Law: Current Sources of Codes and Basic Legislation in Jurisdictions of the World*, William S. Hein & Co. Inc., 2004, Ⅰ Peru, pp. 24–25.

② See Jürgen Basedow, Giesela Rühl, *Franco Ferrari and Pedro de Miguel Asemsio*, *Encyclopedia of Private International Law*, Chapter B, Edward Elgar Publishing, 2017, p. 2411.

月 1 日)等。

(十四)乌拉圭

乌拉圭的国际私法主要依 1868 年 1 月 1 日颁布的《乌拉圭民法典》(2019 年 8 月 30 日修订)第 2393 条至第 2404 条,1988 年 10 月 18 日颁布的《乌拉圭民事诉讼法典》(2017 年 11 月 1 日修订)第 524 条至第 543 条,以及 1889 年《蒙得维的亚国际民法条约》与 1940 年《蒙得维的亚国际民法条约》(1941 年 12 月 3 日)。不过,乌拉圭虽然早在 1928 年 2 月 28 日就已签署了《布斯塔曼特法典》,但是一直没有批准实施《布斯塔曼特法典》。[①] 经过多年努力,乌拉圭在 2009 年 1 月 19 日颁布了《乌拉圭国际私法草案》。此外,乌拉圭还加入并实施了美洲国家组织、海牙国际私法会议和联合国的一系列有关国际私法的公约以及南美共同市场经济一体化组织的议定书等。目前,乌拉圭适用的国际私法方面的国际公约主要有:《美洲国家间关于国际商事仲裁的公约》(1977 年 5 月 25 日)、《美洲国家间关于汇票、本票及发货单据法律冲突的公约》(1977 年 5 月 25 日)、《美洲国家间关于支票法律冲突法的公约》(1977 年 5 月 25 日)、《美洲国家间关于调查委托书法律冲突的公约》(1977 年 5 月 25 日)及议定书(1980 年 6 月 15 日)、《美洲国家间关于国外取证的公约》(1977 年 5 月 25 日)及议定书(2009 年 8 月 16 日)、《美洲国家间关于代理人国外行使代理权法律制度的公约》(1977 年 5 月 25 日)、《美洲国家间关于商业公司的冲突法公约》(1980 年 6 月 15 日)、《美洲国家间关于保全措施的公约》(1980 年 6 月 15 日)、《美洲国家间关于外国法的查明与信息的公约》(1980 年 6 月 15 日)、《美洲国家间关于国际私法一般规则的公约》(1980 年 6 月 15 日)、《美洲国家间关于外国判决与仲裁裁决的域外有效性的公约》(1980 年 6 月 15 日)、《美洲国家间关于国际私法上自然人住所的公约》(1980 年 6 月 15 日)、《美洲国家间关于未成年人收养的法律冲突公约》(2009 年 7 月 16)、《美洲国家间关于在国际范围内实现外国判决域外效力的管辖权公约》(2004 年 12 月 24 日)、《美洲国家间关于国际返还儿童公约》(2001 年 9 月 31 日)、《美洲国家间关于

---

① See Jürgen Basedow, Giesela Rühl, *Franco Ferrari and Pedro de Miguel Asemsio*, *Encyclopedia of Private International Law*, Chapter B, Edward Elgar Publishing, 2017, p. 2628.

抚养之债公约》(2001年9月31日)、《美洲国家间关于国际诱拐未成年人公约》(1999年1月7日),《海牙国际私法会议关于废除要求认证外国公证书的公约》(2012年4月14日)、《海牙国际私法会议关于国际诱拐儿童的民事方面的公约》(2000年2月1日)、《海牙国际私法会议关于跨国收养方面保护儿童及合作公约》(2004年4月1日)、《海牙国际私法会议关于父母责任和保护儿童措施的管辖权、法律适用、承认执行与合作的公约》(2010年3月1日),以及《联合国自海外获取赡养公约》(1995年10月18日)、《联合国承认及执行外国仲裁裁决公约》(1983年6月28日)、《联合国国际货物销售合同公约》(2000年2月1日)、《联合国货物销售时效期公约》(1997年11月1日)和《解决国家和他国国民间投资争端公约》(2000年9月8日),等等。

(十五)委内瑞拉

委内瑞拉的国际私法具有较浓厚的法国法特色,现行国际私法主要是1942年7月13日颁布的《委内瑞拉民法典》[①](1982年7月26日修订)第8条至第11条及第26条、1863年8月1日颁布的《委内瑞拉民事诉讼法典》(1990年9月18日修订)、1919年12月21日颁布的《委内瑞拉商法典》(2010年6月16日修订)和1998年8月6日颁布的《委内瑞拉国际私法》。[②] 委内瑞拉早在1932年4月12日就实施了《布斯塔曼特法典》。而1999年2月6日生效的《委内瑞拉国际私法》基于《布斯塔曼特法典》和《美洲国家间关于国际私法一般规则的公约》所确定的基本规则对委内瑞拉国际私法制度进行了综合性改革,从住所、

---

① 第一部《委内瑞拉民法典》于1862年10月1日颁布,原定于1863年1月1日生效却被推迟至1863年4月19日。该法典曾受1855年《智利民法典》和1851年《西班牙民法典草案》的影响,但其国际私法规范却沿袭了1804年《法国民法典》有关冲突规范的模式。随后1867年又颁布了第二部《委内瑞拉民法典》,不久又将前面的民法典整合为1873年的版本。1973年的《委内瑞拉民法典》历经1880年、1896年和1904年三次大的修改。1916年又参照《意大利民法典》制定和颁行了《委内瑞拉民法典》,1922年对其进行了修订。一直到1936年,委内瑞拉全面着手民法典的本土化,1942年7月13日颁布了现行的《委内瑞拉民法典》,1942年8月13日生效实施。See Julio César Rivera, *The Scope and Structure of Civil Codes*, Springer, 2013, pp. 455 – 457.

② 参见李双元、欧福永、熊之才主编:《国际私法教学参考资料选编》(上册),北京大学出版社2002年版。

国籍、民商事实体问题与程序问题等多方面予以更新。[①]《委内瑞拉国际私法》革新了其《委内瑞拉民法典》第9条至第11条、第26条的部分内容、第104条至第108条和第1179条中有关国际私法的规定。不仅如此,它还更新了委内瑞拉1955年的《委内瑞拉商法典》第116条和第483条至第485条以及1990年的《委内瑞拉民事诉讼法典》第2条、第4条、第6条、第53条至第59条与第850条至第851条涉及国际私法问题的规定。可以说,1999年2月6日生效的《委内瑞拉国际私法》为美洲国际私法改革开创了新局面。[②]

委内瑞拉国际私法的国际性特征也非常明显,不仅加入和实施了南美共同市场经济一体化组织制定的一些议定书,而且融入了不少涉及国际私法的双边协定和国际公约的元素。目前,委内瑞拉适用的美洲国家组织、海牙国际私法会议和联合国有关国际私法的公约主要有:《美洲国家间关于国际商事仲裁的公约》(1985年6月16日)、《美洲国家间关于汇票、本票及发货单据法律冲突的公约》(1985年6月16日)、《美洲国家间关于调查委托书法律冲突的公约》(1984年11月4日)及议定书(1991年11月16日)、《美洲国家间关于国外取证的公约》(1985年6月16日)及议定书(1993年9月10日)、《美洲国家间关于代理人国外行使代理权法律制度的公约》(1986年1月18日)、《美洲国家间关于商业公司的冲突法公约》(1985年6月16日)、《美洲国家间关于外国法的查明与信息的公约》(1985年6月16日)、《美洲国家间关于国际私法一般规则的公约》(1986年1月18日)、《美洲国家间关于外国判决与仲裁裁决的域外有效性的公约》(1985年3月28日)、《美洲国家间关于支票法律冲突的公约》(1985年3月28日)、《美洲国家间关于国际返还儿童公约》(1996年7月26日)、《美洲国家间关于国际合同法律适用公约》(1996年11月26日),《海牙国际私法会议关于废除要求认证外国公证书的公约》(1999年3月16日)、《海牙国际私法会议关于民商事司法及非司

① See Jürgen Basedow, Giesela Rühl, *Franco Ferrari and Pedro de Miguel Asemsio*, *Encyclopedia of Private International Law*, Chapter B, Edward Elgar Publishing, 2017, p. 2650.

② See Gonzalo E. Parra-Aranguren, "The Venezuelan Act on Private International Law of 1998," in Petar Šacevic and Paul Volken, *Yearbook of Private International Law*, Vol. Ⅰ, 1999, Kluwer Law International and Swiss Institute of Comparative Law, 1999, pp. 103 – 117.

法文书国外送达的公约》(1994年7月1日)、《海牙国际私法会议关于民商案件域外取证的公约》(1993年12月31日)、《海牙国际私法会议关于国际诱拐儿童的民事方面的公约》(1997年1月1日)、《海牙国际私法会议关于跨国收养方面保护儿童及合作公约》(1997年5月1日),以及《联合国已婚妇女国籍公约》(1983年8月29日)、《联合国关于婚姻同意、结婚最低年龄及婚姻登记公约》(1983年8月29日)、《联合国承认及执行外国仲裁裁决公约》(1995年5月9日)和《解决国家和他国国民间投资争端公约》(1965年6月1日),等等。

(十六)其他美洲国家的国际私法变革情况

加拿大的法律冲突包括国际冲突与省际冲突,而解决法律冲突的途径主要采取法官造法、学理解释与国际条约或公约等办法。加拿大的魁北克曾着手制定国际私法典,但经过多年努力并未取得实效。① 目前魁北克的国际私法规则仍集中在其1774年《民法典》第10卷第3076条至第3186条。此外,加拿大还批准和实施了一系列涉及解决法律冲突问题的国际性条约或公约。近年来,加拿大国际私法也在全球化进程中不断革新。②

1994年5月17日的《巴拿马家庭法典》第6条至第11条对国际私法问题作了规定,并自1928年10月26日实施《布斯塔曼特法典》。进入21世纪后,巴拿马在国际私法法典化方面的努力卓有成效,2014年5月8日颁布了《巴拿马国际私法典》(2014年11月6日生效)。此外,巴拿马还批准实施了一系列国际私法方面的条约或公约。尼加拉瓜的国际私法主要依1904年2月1日的《尼加拉瓜法典》、1906年的《尼加拉瓜民事诉讼法典》与1917年的《尼加拉瓜商法典》以及1930年2月28日实施的《布斯塔曼特法典》。阿鲁巴1967年的《有关公司的冲突法》(1999年修订)与2001年的《不法行为冲突法》。③ 玻利维亚的国际

---

① See J. G. Castel, *Canadian Conflict of Laws*, 4th ed., Butterworths Canada Ltd., 1997, pp. 59–60.

② See Joost Blom, "Private International Law in A Globalizing Age: The Quiet Canadian Revolation," in Petar Šacevic and Paul Volken, *Yearbook of Private International Law*, Vol. Ⅳ, 2002, Kluwer Law International and Swiss Institute of Comparative Law, 2003, pp. 81–115.

③ http://www.nblonline.com/.

私法主要依1976年4月2日生效的《玻利维亚民法典》(1980年修订)、1889年《蒙得维的亚国际民法条约》以及1932年3月9日实施的《布斯塔曼特法典》。[①] 古巴的国际私法具有西班牙法的痕迹,主要依1987年7月16日通过的《古巴民法典》(1988年4月12日生效)第11条至第21条、1984年的《古巴家庭法典》、1977年的《古巴民事、经济和劳动关系程序法》(2006年修订)第2条至第4条与第372条和第483条以及1928年4月20日实施的《布斯塔曼特法典》。多米尼加的国际私法主要依2014年10月15日通过的《多米尼加国际私法》(2014年12月19日生效)和1929年3月12日实施的《布斯塔曼特法典》以及其他国际条约或公约。海地的国际私法主要依1929年11月28日实施的《布斯塔曼特法典》。而荷属安的列斯群岛承袭荷兰国际私法传统,主要采取法官造法、学理解释与适用国际条约或公约来解决法律冲突问题。此外,安圭拉、安提瓜和巴布达、巴哈马、巴巴多斯、伯利兹、百慕大、英属维尔京群岛、开曼群岛、多米尼克、[②]格林纳达、牙买加、蒙特塞拉特、圣基茨和尼维斯联邦、圣卢西亚、圣文森特和格林纳丁斯、特立尼达和多巴哥、特克斯和凯科斯群岛都基本上承袭英国普通法系传统,采取法官造法与学理解决法律冲突问题,所以至今也未签署和适用《布斯塔曼特法典》。

世界各主要国家(地区)国际私法革新情况详见表3-1。

---

① See Thomas H. Reynolds, Arturo A. Flores, *Foreign Law: Current Sources of Codes and Basic Legislation in Jurisdictions of the World*, William S. Hein & Co. Inc., 2004, Ⅲ Bolivia, p. 15.

② 多米尼克1997年还颁布了《跨国产品责任法例》。

表 3－1　2000～2021 年世界各主要国家(地区)国际私法革新情况

序号	国家(地区)	法规名称		变化情况	通过时间	颁布时间	生效时间
		单行法	其他形式				
1	阿尔巴尼亚	《阿尔巴尼亚国际私法》		新立	2011 年 7 月 2 日	2011 年 7 月 17 日	
2	阿尔及利亚		《阿尔及利亚民法典》(1975 年 9 月 26 日通过)第 6 条至第 24 条	修订	2015 年 4 月 21 日		
3	阿根廷		《阿根廷民商法典》第 6 卷第 2594 条至第 2671 条	新立	2014 年 10 月 1 日	2014 年 10 月 7 日	2015 年 8 月 1 日
4	亚美尼亚		《亚美尼亚民法典》(1998 年 7 月 14 日通过,1999 年 1 月 1 日生效)第 1253 条至第 1293 条	修订	2019 年 9 月 30 日		2020 年 3 月 1 日
5	奥地利	《奥地利联邦国际私法法规》(1978 年 6 月 15 日通过,1979 年 1 月 1 日生效)		修订	2015 年 1 月 1 日	2015 年 1 月 12 日	2015 年 10 月 1 日
6	阿塞拜疆	《阿塞拜疆国际私法》		新立	2000 年 6 月 6 日	2000 年 10 月 29 日	2000 年 10 月 29 日

续表

序号	国家（地区）	法规名称		变化情况	通过时间	颁布时间	生效时间
		单行法	其他形式				
7	白俄罗斯		《白俄罗斯民法典》（1998年12月7日通过，1999年7月1日生效）第七卷第1093条至第1135条	修订	2019年5月4日		2019年11月1日
8	比利时	《比利时国际私法典》		新立	2004年7月16日		2004年10月1日
9	巴西		《巴西民法典》（1916年1月5日） 《巴西民法典施行法》（1942年9月4日通过，1957年、1961年、1964年、1977年、1995年、2009年修订）第7条至第19条； 《巴西民事诉讼法典》（1939年9月18日通过）第21条至第25条、第63条	修订	2017年11月9日 2015年3月1日	2017年11月21日 2015年3月16日	2016年3月1日
10	保加利亚	《保加利亚国际私法典》		新立	2005年5月4日	2005年5月17日	2005年5月21日

续表

序号	国家（地区）	法规名称		变化情况	通过时间	颁布时间	生效时间
		单行法	其他形式				
11	智利		《智利民法典》（1855年12月14日通过，1857年1月1日生效）第14条至第18条、第57条、第135条、第955条、第997条至第998条、第1027条至第1028条	修订	2015年10月22日		
12	克罗地亚	《克罗地亚冲突法》1991年沿袭南斯拉夫《国际法律冲突法》（1982年7月23日制定，1983年1月1日生效）		修订	2017年1月10日	2017年10月12日	2019年1月29日
13	捷克	《捷克国际私法》		新立	2012年1月25日		2014年1月1日
14	多米尼加共和国	《多米尼加共和国国际私法》		新立	2014年10月15日	2014年12月18日	2014年12月19日

续表

序号	国家（地区）	法规名称		变化情况	通过时间	颁布时间	生效时间
		单行法	其他形式				
15	东帝汶		《东帝汶民法典》第 13 条至第 62 条	新立	2011 年 8 月 23 日	2011 年 9 月 14 日	
16	厄瓜多尔		《厄瓜多尔民法典》（1857 年 11 月 21 日通过，1860 年 12 月 4 日生效）第 14 条至第 16 条、第 43 条至第 45 条、第 91 条至第 93 条、第 129 条、第 139 条、第 1067 条、第 1505 条、第 1561 条	修订	2005 年 5 月 10 日	2005 年 6 月 24 日	
17	萨尔瓦多		《萨尔瓦多民法典》（1858 年 2 月 4 日颁布，1859 年 8 月 23 日生效）第 14 条至第 18 条、第 1576 条至第 1624 条	修订	2004 年 11 月 11 日	2004 年 12 月 17 日	
18	爱沙尼亚	《爱沙尼亚国际私法》（2002 年 3 月 27 日通过，2002 年 7 月 1 日生效）		修订	2004 年 4 月 22 日		2004 年 5 月 1 日

续表

序号	国家(地区)	法规名称		变化情况	通过时间	颁布时间	生效时间
		单行法	其他形式				
19	德国		《德国民法施行法》(1896年8月18日制定,1900年1月1日施行)第3条至第48条、第220条、第230条和第236条	修订	2017年6月11日	2017年6月17日	
20	匈牙利	《匈牙利国际私法》(1979年5月31日通过,1979年7月1日生效)		修订	2017年4月4日	2017年4月11日	2018年1月1日
21	日本	《日本法律适用通则法》(《法例》1898年2月21日颁布,1898年7月16日生效)		修订并更名	2006年6月15日	2006年6月21日	2007年1月1日
22	哈萨克斯坦		《哈萨克斯坦民法典》(1999年7月1日通过并生效实施)第1084条至第1124条; 《哈萨克斯坦民事诉讼法典》(2015年10月31日通过,2016年1月1日生效)第413条至第426条	修订	2019年12月27日 2019年12月27日		2020年3月1日

续表

序号	国家(地区)	法规名称		变化情况	通过时间	颁布时间	生效时间
		单行法	其他形式				
23	吉尔吉斯斯坦		《吉尔吉斯坦民法典》(1998 年 1 月 5 日通过,1998 年 3 月 1 日生效)第 1167 条至 1208 条	修订	2019 年 4 月 19 日		2019 年 6 月 1 日
24	立陶宛		《立陶宛民法典》(2000 年 7 月 18 日通过,2001 年 7 月 1 日生效)第 1.10 条至第 1.62 条;此前适用 1965 年《立陶宛苏维埃社会主义民法典》	修订	2011 年 4 月 12 日	2011 年 6 月 21 日	
25	毛里求斯		《毛里求斯民法典》(复制于《法国民法典》,1805 年 9 月 25 日颁布)第三部分第 102 条至第 111 条	修订	2018 年 10 月 23 日		2019 年 4 月 15 日
26	摩尔多瓦		《摩尔多瓦民法典》(2002 年 6 月 6 日通过,2002 年 6 月 13 日生效)第五卷第 1576 条至 1625 条	修订	2019 年 12 月 19 日	2019 年 12 月 26 日	2020 年 3 月 1 日
27	摩纳哥	《摩纳哥国际私法典》		新立	2017 年 6 月 28 日	2017 年 7 月 7 日	2017 年 7 月 8 日

续表

序号	国家（地区）	法规名称		变化情况	通过时间	颁布时间	生效时间
		单行法	其他形式				
28	蒙古国		《蒙古国民法典》（1963年2月9日通过，1963年4月1日生效）第539条至第552条； 《蒙古国家庭法典》（1973年7月16日通过，1973年10月1日生效）第6条、第12条、第14条、第23条、第58条、第67条	修订	2002年1月10日 1999年6月11日		2002年9月1日 1999年8月1日
29	黑山	《国际私法》		新立	2013年12月23日	2014年1月9日	2014年7月9日
30	荷兰		《荷兰民法典》（1838年10月1日生效）第10卷第1条至第165条	修订	2011年5月19日	2011年6月8日	2012年1月1日
31	新西兰	《国际私法（侵权行为法律选择）》		新立	2017年11月29日	2017年12月4日	2017年12月20日
32	北马其顿共和国	《关于国际私法的法律》		新立	2007年7月4日	2007年7月12日	2008年7月19日

续表

序号	国家(地区)	法规名称		变化情况	通过时间	颁布时间	生效时间
		单行法	其他形式				
33	阿曼		《阿曼民法典》第10条至第28条	新立	2013年5月6日	2013年5月12日	2013年8月13日
34	美国俄勒冈州	《合同冲突法》; 《侵权与其他非合同请求的法律选择法》		新立	2009年	2001年 2009年	2010年1月1日
35	巴拿马	《巴拿马国际私法典》		新立	2014年5月6日	2014年5月8日	2014年11月6日
36	巴拉圭	《巴拉圭国际合同法律适用法》		新立	2015年1月15日	2015年1月20日	
37	波兰	《波兰国际私法》(1926年8月2日颁行,1965年修改)		修订	2011年2月4日(2014年修订第30条第1款,2015年修订第64条至第68条)	2011年4月15日	2011年5月16日
38	波多黎各		《波多黎各民法典》(1889年7月31日颁布,1890年1月1日生效)第七卷,国际私法	修订		2002年5月25日	

续表

序号	国家（地区）	法规名称		变化情况	通过时间	颁布时间	生效时间
		单行法	其他形式				
39	卡塔尔		《卡塔尔民法典》第10条至第38条	新立	2004年6月30日	2004年8月8日	2004年8月18日
40	罗马尼亚		《罗马尼亚民法典》（1864年12月4日通过，1865年12月1日生效）第8条和第七卷第2.557条至第2.663条；《罗马尼亚民事诉讼法典》（1865年9月9日通过，1865年12月1日生效；2010年7月15日修订通过，2013年2月15日修订生效）第1065条至第1132条	修订	2009年7月17日 2015年4月10日	2009年7月24日	2011年10月1日 2016年1月1日
41	俄罗斯		《俄罗斯民法典》（2001年11月26日通过，2001年12月1日颁布，2002年3月1日生效）第三部分第1186条至第1224条	修订	2018年12月25日	2018年12月30日	2019年6月1日

续表

序号	国家(地区)	法规名称		变化情况	通过时间	颁布时间	生效时间
		单行法	其他形式				
42	塞尔维亚	《塞尔维亚国际私法草案》1996 年沿用《南斯拉夫国际法律冲突法》(1982 年 7 月 23 日制定,1983 年 1 月 1 日生效)		修订	2012 年 7 月 20 日	2014 年 6 月 1 日	
43	斯洛伐克	《斯洛伐克国际私法与国际民事诉讼法》(1963 年 12 月 4 日通过,1964 年 4 月 1 日生效)		修订	2014 年 5 月 21 日		
44	韩国	《韩国冲突法》(1962 年 1 月 15 日通过)		修订	2001 年 4 月 7 日		2001 年 7 月 1 日
45	西班牙		《西班牙民法典》(1889 年 7 月 24 日颁布,1889 年 8 月 13 日生效)第 8 条至第 15 条、第 107 条; 《民事方面的国际合作法》	修订 新立	2019 年 3 月 1 日 2015 年 7 月 30 日		

续表

序号	国家(地区)	法规名称		变化情况	通过时间	颁布时间	生效时间
		单行法	其他形式				
46	瑞士	《瑞士联邦国际私法法规》(1987年12月18日通过,1988年1月12日颁布,1989年1月1日生效)		修订	2017年5月24日	2018年3月16日	2019年1月1日
47	塔吉克斯坦		《塔吉克斯坦民法典》(1999年6月30日通过,2000年1月1日生效)第1191条至第1234条	修订	2020年1月2日		2020年7月2日
48	土耳其	《土耳其国际私法和国际民事诉讼法》(1982年5月20日通过,1982年11月22日生效) 《土耳其商法典》(1956年6月29日通过,1957年1月1日生效)第766条至第775条、第819条至第823条		修订	2007年11月27日 2011年1月13日	2007年12月12日 2011年2月14日	2007年12月12日 2012年7月1日

续表

序号	国家（地区）	法规名称		变化情况	通过时间	颁布时间	生效时间
		单行法	其他形式				
49	乌克兰	《乌克兰国际私法》(2005年6月23日通过,2005年9月1日生效)		修订	2019年10月3日		2019年12月1日
50	乌拉圭	《乌拉圭国际私法草案》		新立	2009年1月19日		
51	乌兹别克斯坦		《乌兹别克斯坦民法典》(1996年8月29日通过,1997年3月1日生效）第1158条至第1199条; 《乌兹别克斯坦家庭法典》(1998年4月30日通过,1998年9月1日生效)第234条至第238条	修订	2019年10月22日 2019年8月28日		2020年3月1日
52	越南		《越南民法典》(1995年10月28日通过,1996年7月1日生效)第663条至第687条	修订	2015年11月24日		2017年1月1日

续表

序号	国家（地区）	法规名称		变化情况	通过时间	颁布时间	生效时间
		单行法	其他形式				
53	中国	2020 年《民法典》（第 467 条、第 594 条、第 683 条、第 1099 条和第 1109 条）以及 1992 年《海商法》（第 268 条至第 276 条）、1995 年《票据法》（第 95 条至第 102 条）等 《涉外民事关系法律适用法》		新立	2010 年 10 月 28 日	2010 年 10 月 30 日	2011 年 4 月 1 日

第三节　国际私法统一化运动的发展

一、国际私法统一化拓展的表象

(一)海牙国际私法会议的发展

1951年第七届海牙国际私法会议通过《海牙国际私法会议章程》(1955年7月15日生效,2005年6月30日修订),重新定位海牙国际私法会议并朝向政府间国际组织转型。这次会议决定将海牙国际私法会议改为常设国际机构,原则上每四年举行一次全体会议。在早先,荷兰政府发起召开海牙国际私法会议,主要目的在于制定出若干关于国际私法问题的欧洲统一法典,即仅从事统一欧洲各国国际私法的工作。直到1951年,海牙国际私法会议才开始致力于国际范围内的国际私法统一化工作。自海牙国际私法会议成立至今,已召开了二十二届大会及数次特别会议。

截至2020年年初,海牙国际私法会议共有成员方83个,包括82个国家和1个区域经济一体化组织(欧盟)。自海牙国际私法会议1955年正式成为政府间国际组织以后,冰岛于1955年、希腊和土耳其于1956年、前南斯拉夫于1960年、埃及于1961年参加会议。美国在1956年、1960年的第八届与第九届会议上首先派观察员出席,继而于1964年第十届会议上正式参加。加拿大于1968年、巴西与阿根廷于1969年也先后参加会议。中国1981年开始以观察员身份参加海牙国际私法会议活动,1987年7月3日向荷兰政府交存了对该会议章程的接受书,从而成为海牙国际私法会议的正式成员国。

海牙国际私法会议在1893年至1904年制定的有关婚姻法律冲突、未成年人监护法律问题等7个国际公约已被后来的海牙相关公约所取代。自1951年第七届海牙国际私法会议至今,已先后通过了1项组织章程、38项国际私法公约和2项与公约相关的议定书以及1项示范法性质的法律原则。海牙国际私法会议已经通过的公约和议定书有:1954 年《海牙国际私法会议关于民事诉讼程序的公约》(修改 1905 年的相应公约);1955 年《海牙国际私法会议关于国际货物销售法律适用公约》、《海牙国际私法会议关于解决本国法与住所地法冲突的公约》和《海牙国际私法会议海牙国际私法会议章程》;1956 年《海牙国际私法会议关于承认外国公司、社团和财团法律人格的公约》《海牙国际私法会议关于对子女抚养义务的法律适用公约》;1958 年《海牙国际私法会议关于承认和执行外国有关子女抚养义务的判决的公约》《海牙国际私法会议关于国际货物销售中权利转移的法律适用公约》《海牙国际私法会议关于在国际货物销售中选择法院管辖权的公约》;1961 年《海牙国际私法会议关于保护未成年人主管机关和法律适用的公约》《海牙国际私法会议关于以遗嘱处分财产的方式法律冲突公约》《海牙国际私法会议关于废除要求认证外国公证书的公约》;1965 年《海牙国际私法会议关于收养的管辖权、法律适用和判决承认的公约》、《海牙国际私法会议关于民商事司法及非司法文书国外送达的公约》(本公约取代了 1954 年上述公约第 1 章的规定)、《海牙国际私法会议关于选择法院的公约》;1970 年《海牙国际私法会议关于民商案件域外取证的公约》《海牙国际私法会议关于承认离婚与司法别居的公约》;1971 年《海牙国际私法会议关于承认并执行外国民商判决的公约及补充议定书》《海牙国际私法会议关于交通事故法律适用的公约》;1973 年《海牙国际私法会议关于遗产国际管理的公约》《海牙国际私法会议关于产品责任的法律适用公约》《海牙国际私法会议关于承认并执行外国抚养义务判决的公约》《海牙国际私法会议关于抚养义务法律适用的公约》;1978 年《海牙国际私法会议关于代理的法律适用公约》《海牙国际私法会议关于夫妻财产制的法律适用公约》《海牙国际私法会议关于婚姻仪式及婚姻有效性承认的公约》;1980 年《海牙国际私法会议关于国际诱拐儿童的民事方面的公约》《海牙国际私法会议关于对国际诉讼提供便利公约》;1985 年《海牙国际私法会议关于信托的法律适用和承认的公约》;1986 年《海牙国际私法会议关于国际货物销售合同法律适用的公约》;1989 年《海牙国际私法会议关于死者遗产继承法律适用公约》;1993 年《海牙国际私法会议关于跨国收养方面保护儿童及合作公约》;1996 年《海牙国际私法会议关于父母责任和保护儿童措施的管辖权、法律适用、承认执行与合作的公约》; 2000 年《海牙国际私法会议成年人保护国际公约》;2005 年《海牙国际私法会议选择法院协议公约》;2006 年《海牙国际私法会议中介人持有证券的若干权益法律适用的公约》;2007 年《海牙国际私法会议抚养义务法律适用公约的议定书》《海牙国际私法会议关于国际追索儿童抚养费用及其他形式的家庭抚养公约》;2019 年《海牙国际私法会议关于承认和执行外国民商事判决的公约》;等等。另外,海牙国际私法会议于2015 年3 月19 日还通过了具有示范法性质的《海牙国际私法会议国际商事合同法律选择原则》。目前,海牙国际私法会议通过的1 项组织章程和38 项公约中已有 28 项公约生效,尚有11 项公约未生效。[①] 另外,海牙国际私法会议通过的2 项议定书也已生效,分别是:1971 年《海牙国际私法会议关于承认并执行外国民商判决的公约的补充议定书》于 1979 年 8 月 20 日生效,[②]2007 年《海牙国际私法会议关于抚养义务法律适用公约的议定书》于 2013 年 8 月 1 日

---

① 1951 年以后海牙国际私法会议制定且尚未生效的公约共11 项,除新通过承认及执行外国民商事判决公约外,有的公约也许永远会悬置而无法生效实施了。目前尚未生效的海牙公约有:1955 年6 月15 日通过的《海牙国际私法会议关于国际货物销售法律适用公约》、1955 年6 月15 日通过的《海牙国际私法会议关于解决本国法与住所地法冲突的公约》、1956 年6 月1 日通过的《海牙国际私法会议关于承认外国公司、社团和财团法律人格的公约》、1958 年4 月15 日通过的《海牙国际私法会议关于国际货物销售中权利转移的法律适用公约》、1958 年4 月15 日通过的《海牙国际私法会议关于在国际货物销售中选择法院管辖权的公约》、1965 年11 月25 日通过的《海牙国际私法会议关于选择法院的公约》、1965 年11 月15 日通过的《海牙国际私法会议关于收养的管辖权、法律适用和判决承认的公约》、1985 年7 月1 日通过的《海牙国际私法会议关于信托的法律适用和承认的公约》、1986 年12 月22 日通过的《海牙国际私法会议关于国际货物销售合同法律适用的公约》、1989 年8 月1 日通过的《海牙国际私法会议关于死者遗产继承法律适用公约》、2019 年7 月1 日通过的《海牙国际私法会议关于承认和执行外国民商事判决的公约》(乌拉圭已于2019 年 7 月 2 日率先签署了该公约)。参见 http://www. hcch. net/en/instruments/conventions/full-text/(accessed January 30,2021)。

② 截至2020 年1 月31 日,该议定书的缔约方只有4 个:塞浦路斯1971 年2 月1 日签署、1976 年6 月8 日批准、1979 年8 月20 日生效,科威特2002 年5 月8 日加入、1979 年8 月20 日生效,荷兰1972 年7 月12 日签署、1979 年6 月21 日批准、1979 年8 月20 日生效,葡萄牙1983 年6 月21 日签署、1983 年6 月21 日批准、1983 年8 月20 日生效。参见 http://www. hcch. net/en/instruments/conventions/full-text/(accessed January 30,2021)。

生效。[①] 近期海牙国际私法会议在民商事管辖权及外国判决承认与执行问题方面所取得的显著成就，进一步彰显了其在世界范围统一国际私法的影响力和效果。可以说，海牙国际私法会议已成为在世界范围内谋求国际私法统一的重要组织，而且成就非凡，影响广泛，其方法与途径也在不断发展和完善。[②] 海牙国际私法会议所通过的许多公约不仅在成员国已生效，而且非洲、亚洲、美洲及东欧的一些非成员国也逐渐有选择地接受并实施海牙国际私法会议所制定的公约。[③]

（二）美洲国家组织国际私法会议的统一化成就

美洲国家组织一直坚持和发扬美洲国家特别是拉丁美洲国家统一国际私法的优良传统，自 1948 年波哥大会议固化其法律地位以后，为统一成员国的国际私法进行不懈的努力，在国际私法的统一化运动中发挥的作用越来越明显，影响也越来越大。

第九次美洲国际会议在 1948 年 5 月 2 日一致通过的《美洲国家组织宪章》于 1951 年 12 月 13 日正式生效实施。由 21 个创始成员国签署的《美洲国家组织宪章》不仅确定了美洲国家组织的名称和法律地位，而且明确了美洲国家组织的宗旨和目标。《美洲国家组织宪章》第 4 条对美洲国家组织的宗旨作了具体规定："美洲国家组织，为了实践建立本组织的原则及履行其在联合国宪章下的区域义务，特宣告下列各主要宗旨；（甲）加强美洲大陆的和平与安全；（乙）防止会员国间所能引起困难的可能原因并保证会员国间可能发生的争端的和平解决；（丙）为遭到侵略的那些国家规定共同行动；（丁）寻求会员国间所引起的政治、法律

---

① 截至 2020 年 1 月 31 日，该议定书的缔约方已有 30 个。欧盟（European Union）2010 年 4 月 8 日签署、2010 年 4 月 8 日批准、2013 年 8 月 1 日生效，因欧盟批准实施而绑定生效的国家共 28 个：奥地利、比利时、保加利亚、克罗地亚、塞浦路斯、捷克、爱沙尼亚、芬兰、法国、德国、希腊、梵蒂冈、匈牙利、冰岛、意大利、日本、拉脱维亚、立陶宛、卢森堡、马耳他、荷兰、波兰、葡萄牙、罗马尼亚、斯洛伐克、斯洛文尼亚、西班牙、瑞典。其他因本国签署、加入和批准生效的缔约方共 3 个：塞尔维亚 2012 年 4 月 18 日签署、2013 年 4 月 10 日批准、2013 年 8 月 1 日生效，哈萨克斯坦 2016 年 12 月 12 日批准、2017 年 4 月 1 日生效，巴西 2017 年 7 月 17 日签署、2017 年 7 月 17 日批准、2017 年 11 月 1 日生效。另外还有两个国家签署了该议定书但尚未批准：乌克兰 2016 年 3 月 21 日签署、北马其顿共和国 2019 年 12 月 9 日签署。参见 http://www.hcch.net/en/instruments/conventions/full-text/（accessed January 30,2021）。

② 参见李双元：《海牙国际私法会议统一国际私法的方式与途径》，载《武汉大学学报》1993 年第 3 期；李双元：《走向 21 世纪的国际私法——国际私法与法律趋同化》，法律出版社 1999 年版，第 392～404 页。

③ See Valentovic da Costa Cerqueira, *A Conferencia da Haia de Direito International Privado*, Revista da Faculdade de Direito da UFRGS, Vol. 20, Qutubro, 2001, p. 21.

及经济问题的解决；并（戊）以合作行动来促进它们经济、社会及文化的发展。”[①]这就是说，美洲国家组织将加强美洲大陆的和平与安全、确保成员国之间和平解决争端、成员国遭侵略时组织声援行动、谋求解决成员国之间的政治经济法律问题、促进各国间经济与社会文化的合作、加速美洲国家一体化进程作为基本目标。[②] 为了强化其统一、统筹和协调职能，1967年2月27日第三次泛美特别会议通过的《美洲国家组织宪章修订议定书》第52条至第58条，正式决定以“美洲国家组织大会”取代“美洲国家间会议”，常设机构改称“美洲国家组织大会秘书处”。[③] 美洲国家组织的主要机构设置为：一是作为最高权力机构的大会（General Assembly），每年召开一次年会，由各成员国参加。经三分之二成员国同意，可召开特别大会。二是外长协调会议（Meetings of Consultation of Ministers of Foreign Affairs），根据《泛美互助条约》的规定，经常设理事会绝对多数赞成即可召集会议，就共同关心的紧急问题进行协商。[④] 三是大会的直属机构，具体包括常设理事会（Permanent Council），由成员国各派一名大使级代表组成，正、副主席由各国代表轮流担任，任期半年；泛美一体化发展理事会（Inter-American Council for Integral Development，CIDI），由成员国各派一名部级代表组成；由泛美法律委员会（Inter-American Juridical Committee，IAJC）和泛美人权委员会（Inter-American Commission on Human Rights，IACHR）组成的咨询机构；作为常设机构的秘书处（General Secretariat），受大会、外长协调会议和两个理事会领导和监督，正、副秘书长均由大会选举产生，任期五年，只能连任一次。[⑤] 此外，美洲国家组织还有泛美人权法院（Inter-American Court of Human Rights）、泛美防务委员会（Inter-American Committee on Ports，CIP）、泛美反恐委员会（Inter-American Committee

① Carlos Closa, Lorenzo Casini, *Comparative Regional Intergration: Governance and Legal Models*, Cambridge University Press, 2016, pp. 311–312.

② See Philippe Sands, Pierre Klein, *Bowett's Law of International Institutions*, Sweet & Maxwell, 6th ed., 2009, pp. 212–213.

③ See Jan Wouters, Cedric Ryngaert, Tom Ruys and Geert De Baere, *International Law: A European Perspective*, Hart Publishing, 2019, p. 335.

④ See Richard Gordon QC, *Michael Smyth CBE QC and Tom Cornell, Sanction Law*, Hart Publishing, 2019, p. 16.

⑤ See Carlos Closa, Lorenzo Casini, *Comparative Regional Intergration: Governance and Legal Models*, Cambridge University Press, 2016, pp. 320–322.

against Terrorism,CICTE)、美洲开发银行(Inter-American Development Bank,IDB)等一系列专门机构。①

美洲国家组织在1948年5月1日正式成立时的创始成员国只有阿根廷、巴拉圭、巴拿马、巴西、秘鲁、玻利维亚、多米尼加、厄瓜多尔、哥伦比亚、哥斯达黎加、古巴、海地、洪都拉斯、美国、墨西哥、尼加拉瓜、萨尔瓦多、危地马拉、委内瑞拉、乌拉圭和智利等21个国家,截至2020年年初已有35个成员国②和69个常任观察员。③ 目前,一年一度的美洲国

① See Henry G. Schermers, Niels M. Blokker, *International Institutional Law*, 4th ed., Martinus Nijhoff Publishers, 2003, pp. 393 – 394.

② 古巴原系美洲国家组织创始成员国,由于美国推行孤立古巴的政策,1962年美洲国家组织宣布中止古巴的会籍以后,古巴未再参加该组织活动。直到2009年美洲国家组织以民主改革为条件同意古巴可以重新申请入会,但古巴拒绝重返由美国主导的美洲国家组织,只愿意参加美洲国家首脑会议。因而有的资料未将古巴列为美洲国家组织成员国,往往公布其统计的美洲国家组织数据为34个成员国。不过,美洲国家组织公布的成员国表中仍将古巴列入其中,只是特别作了说明。2009年7月4日美洲国家组织宣布中止洪都拉斯的会籍,直到2011年6月洪都拉斯军事政变平息后民选政府上台才又予以恢复。2017年4月27日,委内瑞拉总统尼古拉斯·马杜罗指责美洲国家组织干涉内政并宣布启动退出美洲国家组织的程序。马杜罗在2019年4月27日对外宣布已完成退出美洲国家组织的所有手续并彻底退出,永不重返。但美洲国家组织依然任命马杜罗政府的反对派指定人古斯塔沃·塔雷(H. E. Gustavo Tarre Briceno)为委内瑞拉在美洲国家组织的常任代表。根据美洲国家组织官方的公布资料,截至2019年年底,美洲国家组织成员国有:阿根廷、安提瓜和巴布达、巴巴多斯、巴哈马、巴拉圭、巴拿马、巴西、秘鲁、玻利维亚、多米尼加、多米尼克、厄瓜多尔、哥伦比亚、哥斯达黎加、格林纳达、古巴、海地、洪都拉斯、加拿大、美国、墨西哥、尼加拉瓜、萨尔瓦多、圣卢西亚、圣文森特和格林纳丁斯、圣基茨和尼维斯联邦、苏里南、特立尼达和多巴哥、危地马拉、委内瑞拉、乌拉圭、牙买加、智利、圭亚那、伯利兹。参见 http://www.oas.org/en/(accessed 31 January, 2021)。

③ 2004年5月26日,美洲国家组织常设理事会举行会议,讨论由阿根廷、玻利维亚、巴西、智利、哥伦比亚、墨西哥、秘鲁、乌拉圭和委内瑞拉9国提出的支持中国成为该组织常任观察员的决议案。会议最后以协商一致的方式决定正式接纳中国为美洲国家组织常任观察员。2004年6月6日至8日,第三十四届美洲国家组织大会在厄瓜多尔首都基多举行。"在反腐斗争中争取社会和民主发展"是这一届大会的主题。中国首次以观察员身份参加第三十四届美洲国家组织大会,随后经常参与该组织的活动并给予其多方支持,拓展了全面合作关系。截至2019年年底,美洲国家组织常驻观察员共有70个:阿尔巴尼亚、阿尔及利亚、安哥拉、亚美尼亚、奥地利、阿塞拜疆、比利时、贝宁、波斯尼亚和黑塞哥维那、保加利亚、中国、克罗地亚、塞浦路斯、捷克、丹麦、埃及、赤道几内亚、爱沙尼亚、欧盟、芬兰、法国、德国、格鲁吉亚、加纳、希腊、梵蒂冈、匈牙利、冰岛、印度、爱尔兰、以色列、意大利、日本、哈萨克斯坦、韩国、拉脱维亚、黎巴嫩、列支敦士登、立陶宛、卢森堡、马耳他、摩纳哥、摩洛哥、黑山、尼日利亚、荷兰、挪威、巴基斯坦、菲律宾、波兰、葡萄牙、卡塔尔、北马其顿共和国、罗马尼亚、俄罗斯、沙特阿拉伯、塞尔维亚共和国、斯洛伐克、斯洛文尼亚、西班牙、斯里兰卡、瑞典、瑞士、泰国、突尼斯、土耳其、乌克兰、瓦努阿图、英国、也门。此外,美洲国家组织还视具体情况,邀请一些国家作为特别观察员,出席全体会议。参见 http://www.oas.org/en/ser/dia/perm_observers/entry.asp (accessed 31 January, 2021)。

家组织大会也已召开了49届,即2019年6月26日至28日在哥伦比亚麦德林(Medelilin)召开的第49届美洲国家组织大会。① 而由泛美法律委员会负责的美洲国家组织国际私法特别会议在从事国际私法统一化工作方面也非常活跃,全面承担起消除美洲地区国家间私法冲突和推进私法一体化进程。自1975年第一届美洲国家组织国际私法特别会议召开至今已经召开了7届会议,先后通过了20项国际私法公约、3项议定书、1项示范法和2项法律统一文件,另外在1989年第四届特别会议上还建议成员国考虑签署、批准或加入4项国际公约。美洲国家组织国际私法特别会议的努力及其所取得的成果,对美洲地区乃至全球性法律冲突问题的解决与法律趋同化或统一化产生了积极的影响和作用。②

美洲国家组织于1975年1月在巴拿马城举行了第一届国际私法特别会议,会上通过了六个涉及票据、仲裁和取证等方面的国际私法公约,即《美洲国家间关于汇票、本票及发货单据法律冲突的公约》(1976年1月16日生效,阿根廷等15国)、《美洲国家间关于支票法律冲突的公约》(1976年1月16日生效,智利等9国)、《美洲国家间关于调查委托书法律冲突的公约》(1976年1月16日生效,智利等18国)、《美洲国家间关于国外取证的公约》(1976年1月16日生效,阿根廷等15国)、《美洲国家间关于国际商事仲裁的公约》(1976年6月16日生效,阿根廷等19国)、《美洲国家间关于代理人国外行使代理权法律制度的公约》(1976年1月16日生效,阿根廷等16国)。

1979年5月在乌拉圭的蒙得维的亚召开了第二届国际私法特别会议,厄瓜多尔、阿根廷、乌拉圭、哥伦比亚、海地、墨西哥、巴西、巴拿马、秘鲁、尼加拉瓜、萨尔瓦多、委内瑞拉、巴拉圭、危地马拉、多米尼加、洪都拉斯和智利等20个国家参会。美洲国家组织第二届国际私法特别会议共通过了7项国际私法公约和1项附加议定书,即《美洲国家间关于支票的冲突法公约》(1980年6月14日生效,智利等8国)、《美洲国

---

① 第49届美洲国家组织大会于2019年6月26日至28日在哥伦比亚麦德林(Medelilin)召开。See The 49th General Assembly of the Organization of American States, http://www.oas.org/en/42ga/(accessed 30 January,2021).

② See Philippe Sands, Pierre Klein, *Bowett's Law of International Institutions*, Sweet & Maxwell, 6th ed., 2009, pp. 216 – 218.

家间关于商业公司的冲突法公约》(1980年6月14日生效,阿根廷等8国)、《美洲国家间关于外国判决与仲裁裁决的域外有效性的公约》(1980年6月14日生效,乌拉圭等10国)、《美洲国家间关于保全措施的公约》(1980年6月14日生效,阿根廷等7国)、《美洲国家间关于外国法的查明与信息的公约》(1980年6月14日生效,巴西等12国)、《美洲国家间关于国际私法上自然人住所的公约》(1980年6月14日生效,秘鲁等6国)、《美洲国家间关于国际私法一般规则的公约》(1981年6月10日生效,委内瑞拉等10国)以及《关于调查委托书的议定书》(1980年6月14日生效,墨西哥等15国)。美洲国家组织第二届国际私法特别会议还讨论了其他公约草案,如《关于特种提单海上运输公约》《关于国际私法上身份与能力的公约》《关于国外取证公约的附加议定书》等,但终究由于在利益和法律制度上的严重分歧与对立,而未能达成协议,留待以后作进一步的研究。

1984年5月在玻利维亚的拉巴斯召开了第三届国际私法特别会议,通过了3项公约和1项附加议定书,即《美洲国家间关于未成年人收养的法律冲突公约》(1988年5月26日生效,巴西等9国)、《美洲国家间关于国际私法上法人人身资格和能力的公约》(1992年8月9日生效,巴西等4国)、《美洲国家间关于在国际范围内实现外国判决域外效力的管辖权公约》(2004年12月24日生效,墨西哥和乌拉圭)和《美洲国家间关于国外取证的附加议定书》(1992年11月28日生效,阿根廷等5国)。

1989年7月在乌拉圭首都蒙得维的亚召开了第四届美洲国际私法特别会议。这次会通过了3项公约,即《美洲国家间关于国际返还儿童公约》(1994年11月4日生效,阿根廷等14国)、《美洲国家间关于抚养之债公约》(1996年3月6日生效,玻利维亚等13国)、《美洲国家间关于国际货物公路运输合同公约》(尚未生效,哥伦比亚等9国1989年7月15日签署了该公约)。这次会议还通过了一个关于对国际合同法律适用进行进一步研究的文件。会议还建议美洲国家组织成员国考虑签署、批准或加入以下几个国际公约:1988年渥太华的《国际债权转让和国际融资租赁公约》、1980年维也纳的《联合国国际货物销售合同公约》、1974年纽约的《联合国国际货物销售时效期公约》及其1980年《维也纳议定书》、1986年海牙的《国际货物销售合同法律适用公约》。

由此来看,美洲国际私法会议对美洲国家国际私法与国际社会接轨采取明确的支持态度。

1994年3月美洲国家组织在墨西哥城召开了第五届国际私法特别会议,通过了《美洲国家间关于国际合同法律适用公约》(1996年12月15日生效,墨西哥和委内瑞拉)、《美洲国家间关于国际诱拐未成年人公约》(1997年8月15日生效,玻利维亚等15国)①。

2002年2月美洲国家组织在美国华盛顿召开了第六届国际私法特别会议,通过了《美洲国家间关于担保交易的美洲国家间示范法》《美洲国家间关于统一国际货物公路运输提单的统一规则》以及《美洲国家间关于非合同民事责任(Extracontractual Civil Liability)的国际管辖权及准据法》等一系列法律文件。

2003年6月的美洲国家组织第三十三届大会就提议筹备召开第七届国际私法特别会议,②2004年6月8日的美洲国家组织第三十四届大会第四次全会再次通过决议呼吁尽快召开国际私法特别会议。因此,泛美法律委员会通过广泛征求各成员国的意见并提出八个主要议题,具体涉及电子商务、国际贸易中的有形与无形货物的可转让性、跨境投资与破产、国际移民、自然人跨国流动、登记制度的发展、成年人权益保护和国际商事仲裁等领域。但2005年第三十五届美洲国家组织大会只授权其集中解决消费者保护的管辖权和准据法以及担保交易的相关问题的两大议题。③ 2009年10月7日至9日美洲国家组织第七届国际私法特别会议在美国华盛顿召开,虽然广泛讨论了消费者救济机制与法律选择示范法公约、电子登记公约、国际商事争端有效解决的法律规制、小额诉讼示范法、跨境消费网络仲裁和国际管辖权等问题,但最后只通过了《美洲国家间担保交易示范法下的示范登记条例》。④ 尽管近十年美洲国家组织国际私法特别会议未召开会议,但泛美法律委员

① 参见李双元主编:《中国与国际私法统一化进程》,武汉大学出版社1998年版,第292页。

② See "Preparations for the Seventh Inter-American Special Conference on Private International Law" [AG/RES. 1923 (XXXIII-0/03)], http://www.oas.org/(accessed December 30,2003).

③ See "Seventh Inter-American Special Conference on Private International Law" [AG/RES. 2065 (XXXV-0/05)], http://www.oas.org/(accessed 30 December,2019).

④ See http://www.oas.org/dil/CIDIPVII_documents_diplomatic_conference_secured_transactions.htm (accessed December 30,2019).

会及其美洲的一批国际私法专家一直在忙于酝酿以联合国、海牙国际私法会议及罗马国际统一私法协会有关合同法律适用规则为基础统一国际商事合同准据法，2019 年 2 月 18 日至 22 日第九十四次泛美法律委员会的常设会议通过了《美洲国家间国际商事合同法律适用指南》。此外，美洲国家组织还在制定简易公司示范法和农产品电子仓单原则的统一化工作方面颇有建树。这不仅充分表明美洲国家组织是当今世界从事国际私法统一化工作的重要的区域性国际组织，而且也充分表明美洲国家组织在统一国际私法和寻求法律一体化或趋同化方面仍在不断努力进取。美洲国家组织所构建的统一国际私法的独特机制和规则体系，特别是美洲国家组织国际私法特别会议的贡献，全面影响了全球国际私法统一化运动，深入推动了全球国际私法统一化进程。

（三）联合国统一国际私法的进程与成就

联合国作为当今国际社会最重要的国际组织，虽然其主要在公法方面功盖全球，但在世界范围统一国际私法方面也并非毫无作为。实际上，联合国系统制定的多边公约影响力比较大、参与的国家数量比较多、适用的范围比较广泛。如专门致力于国际法律统一工作的联合国国际法委员会（International Law Commission of the United Nations, ILC）就在国籍、外国人法律地位、国家财产豁免等方面推动了私法的国际统一。国际法委员会隶属于联合国的一个国际法研究机构，依据 1947 年 11 月 21 日联合国大会通过的第 174（Ⅱ）号决议而建立。1949 年 4 月 12 日联合国国际法委员会举行了第一届年会，2019 年 4 月召开了第七十一届会议。该委员会委员由联合国会员国政府提名，联合国大会选举产生，任期 5 年，可连选连任。不过，这些委员不是以国家代表的资格而是以个人身份参加工作的。但该委员会由国际公法专家组成，不能不说是一大缺陷。由联合国国际法委员会拟定草案经联合国主持缔结的多边公约及相关议定书，其中就有一些涉及国际私法的统一化的。例如，1950 年《关于失踪人死亡宣告公约》、[①]1951 年《关于难

① 因第二次世界大战战乱与种族迫害而失踪以至生死不明者甚众，为求法律关系的稳定并确保国际协作而通过该公约，但当时批准的仅中国台湾地区、西德、危地马拉、法国、巴基斯坦等国与地区。

民地位的公约》、[1]1954 年《关于无国籍人地位的公约》、1956 年《自海外获取赡养公约》、[2]1957 年《已婚妇女国籍公约》、1958 年《承认及执行外国仲裁裁决公约》(取代了 1923 年议定书和 1927 年公约)、1961 年《欧洲国际商事仲裁公约》、1961 年《减少无国籍状态公约》、1962 年《关于婚姻的同意、结婚最低年龄和婚姻登记的公约》、1965 年《解决国家和他国国民间投资争端公约》、1989 年《儿童权利公约》、1990 年《保护所有迁徙工人及其家庭成员权利国际公约》、2000 年《国家继承涉及的自然人国籍问题公约》、2001 年《关于继承问题的协定》、2004 年《国家及其财产管辖豁免公约》、2006 年《残疾人权利公约》、2006 年《保护所有人免遭强迫失踪国际公约》,等等。此外,联合国致力于国际私法统一工作的还有联合国贸易和发展会议(United Nations Conference on Trade and Development,UNCTAD)、贸易法委员会等。其中,联合国国际贸易法委员会依据联合国大会通过的第 2205(XXⅠ)号决议于 1966 年 12 月 17 日成立,现有成员国 60 个,中国属于其成员国之一。它的主要活动集中在国际贸易法、国际商事仲裁法、国际海运法等领域,核心目标是促进适用于国际交往中私人当事方的法律的协调或统一。[3] 在国际贸易法委员会努力下通过的与国际私法统一化相关的国际公约主要有:1974 年《联合国国际货物销售时效期公约》、1975 年《联合国关于国际公路货运通行证制度下国际货运海关公约》(国际公路货运公约)、1978 年《联合国海上货物运输公约》(汉堡规则)、1980 年《联合国国际货物多式联运公约》、1980 年《联合国国际货物销售合同公约》、1988 年《联合国国际汇票和本票公约》、1991 年《联合国国际贸易运输港站经营人赔偿责任公约》、1995 年《联合国独立担保和备用信用证公约》、2001 年《联合国国际贸易应收款转让公约》、2005 年《联合国国际合同使用电子通信公约》、2008 年《联合国全程或者部分海上国际货物运输

---

① 为确保难民的法律地位,必须解决他们的属人法问题,规定用他们的住所地法或居所地法来确立他们的身份。该公约 1951 年 7 月 28 日开放给各国签字、批准和加入,1954 年 4 月 22 日生效。目前签署公约的国家 19 个、批准和加入公约的国家 146 个。

② 随着国际交通的发达,这个问题日趋多见,因而需要解决依哪一国法律来确定抚养义务问题。该公约主要规定实体法问题,如抚养申请、国际性代办免除手续费、取消抚养金的外汇限制等,但关于抚养金的催收或缴纳,规定适用法院地法。

③ 参见中华人民共和国外交部政策研究室编:《中国外交》(2004 年版),世界知识出版社 2004 年版,第 350 页。

合同公约》(鹿特丹规则)、2014年《联合国投资人与国家间基于条约仲裁透明度公约》、2018年《联合国关于国际商事调解所产生的国际和解协议公约》(新加坡调解公约),等等。国际贸易法委员会发布的与国际私法统一化相关的国际示范法主要有:1985年《国际商事仲裁示范法》(2006年修订)、1992年《国际贷记划拨示范法》、1996年《电子商务示范法》、1997年《跨国界破产示范法》(2013年修订)、2001年《电子签名示范法》、2002年《国际商事调解示范法》(2018年修订)、2011年《公共采购示范法》、2016年《担保交易示范法》、2017年《电子可转让记录示范法》、2018年《关于承认和执行与破产有关的判决的示范法》、2019年《公私伙伴关系示范法》、2019年《企业集团破产示范法》,等等。尽管这些示范法既非国际公约又非国际立法,但是其发布后常常被许多国家或地区采用抑或以示范法作为范本或参照依据来制定国内立法或相关的区域性一体化规则。可以说,联合国这类"示范法"性质的法律文件的推出,同样促进和推动了统一国际私法运动。不仅如此,国际贸易法委员会还推出了一些对统一私法富有指导价值的立法指南、解释性法律规则和法律行为标准。

在联合国的专门机构中,尚有国际劳工组织(International Labour Organization, ILO)、国际民航组织(International Civil Aviation Organization, ICAO)、国际海事组织(International Maritime Organization,IMO)、[①]世界贸易组织(World Trade Organization,WTO)、世界知识产权组织(World Intellectual Property Organization,WIPO)、世界旅游组织(World Tourism Organization,UNWTO)以及世界银行属下的国际投资争端解决中心(The International Center for Settlement of Ivestment Disputes,ICSID)等在各自领域从不同层次与不同角度开展统一国际私法的工作。

(四)欧洲联盟的统一国际私法工作

欧洲联盟(European Union,EU)实际上是在欧洲共同体的基础上

① 1993年4月19日至5月6日国际海事组织与联合国贸易与发展会议在日内瓦召开的国际船舶优先权和抵押权外交大会通过了《船舶优先权和抵押权国际公约》,但一直未生效;1999年3月1日至12日国际海事组织与联合国在日内瓦召开的的国际船舶扣押权外交大会通过了《国际扣船公约》,2011年生效,缔约国11个。参见http://www.un.org/treaties/pages/ViewDetails.aspx? src=TREEAT&mtdsg/htm(accessed January 30,2021)。

发展而来的。欧洲共同体(European Community)由欧洲煤钢共同体(European Coal and Steel Community, ECSC)、欧洲原子能共同体(European Atomic Energy Community, EURATOM)和欧洲经济共同体(European Economic Community, EEC)三个共同体组成。1965年4月8日,法国、联邦德国、意大利、荷兰、比利时和卢森堡六国签订《布鲁塞尔条约》,决定将三个共同体的机构合并,统称为欧洲共同体,简称欧共体。不过,三个组织仍各自存在,具有独立法人资格。1991年12月9日至10日,欧共体马斯特里赫特首脑会议通过了以建立欧洲经济货币联盟和欧洲政治联盟为目标的《马斯特里赫特条约》(又称《欧洲联盟条约》)。该条约于1993年11月1日生效后,欧共体并未就其称谓的变更问题作出决定,但欧共体内部与国际社会越来越广泛地使用"欧洲联盟",简称欧盟。在过渡时期,欧洲共同体与欧洲联盟两种称谓曾同时使用,只是法律文件和对外签署协议多用欧共体。[①] 2009年12月1日生效的《里斯本条约》决定将"欧洲共同体"的法律地位和职权全部交由欧洲联盟承袭。毋庸置疑,欧洲一体化进程全方位推动了国际私法统一化运动。事实上,欧洲区域性统一国际私法的进程远远走在世界其他洲前列,面对欧洲联盟在欧洲共同体基础上掀起的声势浩大的统一冲突法走势,国际私法学者大多将其称为"欧洲冲突法革命"。[②] 欧洲联盟从事国际私法统一化工作的尤以欧盟委员会(European Commission)、欧盟理事会(European Council)、欧洲议会(The European Parliament)、欧洲法院(European Court of Justice)的努力和成效最为突出。

一般而言,欧盟国家的区域性统一国际私法历程可划分为两大阶段:一是《马斯特里赫条约》1993年生效前的欧洲经济共同体时期,二是《马斯特里赫条约》实施以后的欧洲联盟时期。在第一阶段即欧洲经济共同体时期,欧洲经济共同体在促进成员国之间包括国际私法在内的法律的协调和统一方面表现得十分活跃,主要通过订立国际公约、制定"条例"(Regulation)和颁布"指令"(Directive)或"决定"(Decision)等方式来开展统一国际私法的工作。1957年《罗马条约》就明确设定

---

① 参见王家成主编:《世界知识年鉴》(2003/2004),世界知识出版社2003年版,第1126页。

② 参见李双元主编:《国际私法》(第5版),北京大学出版社2018年版,第69页。

“使各国立法趋于一致”的目标,倡导并推动运用国际公约的方法和手段来协调和统一国际私法规则。而对于采取“条例”与“指令”的方式来协调和统一国际私法规则,也是欧共体所提倡的。有的学者认为这两种统一法律的方式属于“超国家性”的国际组织立法。但《罗马条约》第100条至第102条对运用“条例”与“指令”的方式来协调和统一国际私法规则也有明确规定,欧洲共同体理事会可以根据共同体委员会的建议颁布指令,以实现共同体成员国的法律和行政管理规定的协调和统一。这种指令对有关成员国具有约束力,但是,它不具有直接适用的效力,必须由有关成员国采取自己选择的形式和方式来贯彻和实施。制定条例是欧洲共同体进行私法统一的另一种方法,它是欧洲共同体法最重要的“二级渊源”。1957年的《罗马条约》第189条特别强调,欧洲共同体制定的这类条例具有普遍适用效力,具有完全约束力,并可在成员国直接适用。尤其是对于共同体法院的判决,条例具有“直接效力”(Direct Effect),甚至优于国内法的适用。可见,在促进成员国统一国际私法方面,欧洲共同体的指令和条例的效力略有区别:一是条例具有直接适用的效力,而指令则缺乏此类功能;二是指令旨在协调和促进成员国修订国内立法,谋求法律制度的趋同或统一,并不要求独创一套独立于成员国的法律制度,而条例并不迫使成员国修改国内立法,只是力求在成员国各自的国内法以外构建一套欧洲共同体法律制度。①因此,在欧共体期间推出了一些统一国际私法的重要公约,其中最有影响的当数1968年欧共体六个原始成员国(比利时、联邦德国、法国、意大利、卢森堡和荷兰)签订的《关于相互承认公司和企业实体的公约》和《关于民商事管辖权和判决的执行公约》(1973年生效)。1988年为将1968年在布鲁塞尔签订的《关于民商事管辖权和判决的执行公约》扩大适用于欧洲的自由贸易联盟国家,欧共体有关国家又签署了《卢加诺公约》。1980年欧共体又制定了一个非常重要的《关于合同义务法律适用的公约》,并于同年6月19日在罗马对成员国开放签字。

进入欧洲联盟时期,1993年《马斯特里赫条约》生效以后,欧洲联盟的范围也从最初的12国不断扩大,加盟的国家数量逐渐增多,法律

① See Geert van Calster, *European Private International Law*, 2nd ed., Hart Publishing, 2016, p. 64.

的协调和统一任务日益繁重,促使欧盟委员会下设的司法与内务部长理事会在欧盟框架下日益强化成员国间立法与司法的紧密合作,不断完善包括统一国际私法在内的全面合作机制。为了更好地实现欧盟范围的法律协调与统一,欧盟在 1997 年 10 月 2 日缔结了《阿姆斯特丹条约》(1999 年 5 月 1 日生效)。该条约赋予欧盟在国际私法领域的直接立法权,欧盟可以条例的形式制定统一的国际私法,避开订立条约的谈判、签署、批准等复杂程序。虽然欧洲联盟成立后在统一国际私法方面做了许多富有建设性的工作,制定并通过了一系列有影响的统一国际私法公约,如欧盟理事会于 1995 年在布鲁塞尔通过的《破产诉讼公约》、1997 年的《关于民商事司法文书和司法外文书送达公约》、1998 年《婚姻管辖权和判决承认及执行公约》等。

2009 年《里斯本条约》生效以后,欧盟更多的是借助条例和指令来实现其统一国际私法的目标。实际上,为了避免《欧盟宪法》所遭遇的困境,欧洲联盟在统一国际私法方面早就意识到了这一问题,早在 2000 年就将破产公约、送达公约和判决认可公约等原来的公约转化为欧盟条例或指令。此后,欧盟统一国际私法的方式主要依靠的是条例、指令或决定。[①]

近年来,欧洲联盟制定并颁布的有关国际私法方面的统一性规则主要有:2000 年 5 月 29 日通过的《关于民商事案件管辖权及判决承认与执行条例》(《布鲁塞尔条例Ⅰ》,2001 年 3 月 1 日生效实施,2012 年 12 月 12 日修订并于 2015 年 1 月 10 日生效)、2000 年通过的《关于破产程序的条例》(2015 年修订,2017 年 6 月 27 日生效)、2007 年 11 月 13 日通过的《关于成员国间民商事司法文书和司法外文书送达的条例》(2001 年 5 月 31 日生效)、2001 年 5 月 28 日通过的《关于成员国法院间在民商事案件取证方面合作的条例》(2004 年 1 月 1 日生效)、2003 年 11 月 27 日通过的《关于婚姻事项及父母责任事项的管辖权和判决承认与执行条例》(《布鲁塞尔条例Ⅱa》,2005 年 3 月 1 日生效)、2007 年 7 月 11 日通过的《关于非合同之债法律适用的条例》(罗马条例Ⅱ,2009 年 1 月 11 日生效)、2008 年 6 月 17 日通过的《关于合同之

① See http://www.eur-lex.europa.eu/(accessed August 27,2015).

债法律适用的条例》(罗马条例Ⅰ,2009 年 12 月 17 日生效)、[①]2008 年 5 月 24 日通过的《关于民商事调解相关问题的指令》(Directive 2008/52/EC)、2008 年 12 月 18 日通过的《关于抚养义务事项的管辖权、准据法、判决承认与执行条例》(罗马条例Ⅳ,2009 年 1 月 30 日生效)、2010 年 12 月 20 日通过的《关于离婚和司法别居法律适用的条例》(罗马条例Ⅲ,2012 年 7 月 14 日生效)、2012 年 7 月 4 日通过的《关于继承事项管辖权、准据法、判决承认与执行的条例》(2015 年 8 月 17 日生效)、[②]2013 年 6 月 12 日通过的《关于相互承认民事保护措施的条例》(2015 年 1 月 11 日生效)、2013 年 5 月 21 日通过的《关于消费者争端替代性解决机制的指令》(Directive 2013/11/EU)、2013 年 5 月 21 日通过的《关于在线解决消费者争议的条例》(《消费者 ODR 条例》,2015 年 7 月 9 日生效)、2015 年 12 月 16 日通过的《关于小额诉讼程序和支付令程序的条例》(2017 年 7 月 14 日生效)、2016 年 7 月 6 日通过的《关于简化在欧盟内部提供公共文书的要求以促进公民自由流动的条例》(2016 年 8 月 15 日生效)、2016 年 4 月 27 日通过的《关于涉及个人数据处理方面对自然人保护和此类数据自然流动的条例》(2018 年 5 月 25 日生效)、2017 年 12 月 12 日通过的《关于各国消费者保护法律执行机关合作的条例》(2020 年 1 月 17 日生效),等等。

此外,欧洲法院在欧洲区域性统一国际私法方面的作用也不可小觑。欧洲联盟国际私法实践也缺乏经典的先例,欧洲法院的相关判例也在一定程度上影响或引导欧盟成员国法院的判决。[③] 特别是对于欧盟基础条约或者欧盟条例和指令等立法空白或盲点,欧洲法院在处理有关案件时对于条约解释或具体事项所形成的观点和审理意见,也有可能成为成员国的国内立法或司法实践的依据,从而起到统一国际私法的效果。[④]

---

① See Ulrich Magnus, Peter Mankowski, *European Commentaries on Private International Law ECPIL*, Ottoschmidt, 2017, p. 6.

② See Anatol Dutta, Wolfgang Wurmnest, *European Private International Law and Member State Treaties with Third States*, Intersentia, 2018, p. 3.

③ See Geert van Calster, *European Private International Law*, 2nd ed., Hart Publishing, 2016, pp. 12 – 15.

④ See Jean-Sylvestre Bergé, Stéphanie Francq and Miguel Garderies Santiago, *Boundaries of European Private International Law*, Juridiques Bruyiant, 2015, pp. 565 – 567.

(五)罗马国际统一私法协会的新进展

罗马国际统一私法协会一直坚守其最初的定位,不断谋求实体私法的国际统一。尤为可贵的是它不只是依靠自己单打独斗,而是非常注意与其他国际组织的通力合作。一是罗马国际统一私法协会与海牙国际私法会议的合作非常成功,极大地推动和加快了世界范围的国际私法统一化进程的步伐。两者均已经成为联合国组织以外的最重要的从事国际私法统一化工作的组织。海牙国际私法会议 1964 年通过的两个有关国际货物销售统一法律公约,就是罗马国际统一私法协会数年从事私法统一化的巨大成就。鉴于罗马国际统一私法协会的影响和作用越来越大,中国于 1985 年 7 月 23 日正式接受该协会章程,并从 1986 年 1 月 1 日起正式成为其成员国。二是随着欧盟一体化进程的加速和扩展,特别加强了同欧盟及其相关组织的合作,共同助力国际私法的统一化。尤其是罗马国际统一私法协会与欧洲法学会(ELI)的合作还联合成立了专门的工作组并构建长效的合作机制,近年在制定统一的欧洲民事诉讼规则方面卓有成效。不仅如此,它还跨洲与美国法学会(ALI)进行合作,为谋求全球民事诉讼规则的统一和协调而努力,2004 年共同完成了《跨国民事诉讼规则》。

罗马国际统一私法协会在统一国际私法方面的主要成果表现在其制定的一系列国际公约及相关法律行为指南,主要有:1983 年的《国际货物销售代理公约》、1988 年的《国际保付代理公约》、1970 年的《国际旅游合同统一公约》、1988 年的《国际融资租赁公约》、1995 年的《国际文物保护公约》、1994 年的《国际商事合同通则》(2016 年修订)、2001 年的《移动设备国际利益公约》、2009 年的《间接持有证券实体规则公约》(《日内瓦公约》)、2015 年的《订单农业法律指南》等。罗马"国际统一私法协会"在统一私法方面的活动富有成效,涉及国际货物买卖法、国际运输法、国际仲裁法国际民事诉讼法及国际民事责任等十分广泛的领域。可以说,罗马"国际统一私法协会"在国际私法统一化运动中发挥了十分重要的作用。[①]

(六)国际民事身份委员会统一国际私法的贡献

国际民事身份委员会(International Commission on Civil Status,

① 参见李双元等:《中国国际私法通论》(第 1 版),法律出版社 1996 年版,第 296 ~ 297 页。

CIEC/ICCS)的前身是 1926 年成立的国际民事身份协会(International Civil Status Association),主要负责比利时、法国、德国、荷兰、卢森堡、瑞士和意大利等国的个人民事身份登记工作,在第二次世界大战期间遭到破坏,直到 1948 年 4 月 30 日才由比利时、法国、荷兰、卢森堡和瑞士等国政府一起出面着手重建,1948 年 9 月 30 日在荷兰的阿姆斯特丹挂牌成立。当时面对"二战"后出现的成千上万的难民和失踪人员,为了更好地解决各国间关于结婚、离婚、出生、死亡和国籍等民事身份官方文件有效性、类型的认可与交换问题,1950 年 9 月 25 日比利时等五国政府签订《伯尔尼议定书》(Bern Protocol on International Commission on Civil Status),将其提升为政府间国际组织。随后,通过 1952 年 9 月 25 日《卢森堡附加议定书》(Luxemburg Additional Protocol)进一步巩固其法律地位。① 目前,国际民事身份委员会的总部设在法国的斯特拉斯堡(Strasbourg),每年召开一次成员国大会。② 该组织在 2010 年的成员国数量一度达到 17 个,目前有成员国 6 个,即比利时、希腊、卢森堡、西班牙、瑞士和土耳其;③有观察员 8 个,即塞浦路斯、立陶宛、摩尔多瓦、梵蒂冈、罗马尼亚、俄罗斯、斯洛文尼亚和瑞典。

国际民事身份委员会与海牙国际私法会议、欧洲联盟、欧盟理事会(European Council)、欧洲理事会(Coucil of Europe)和联合国难民事务高级专署(United Nations High Commission for Refugees)等国际组织建

---

① See Jürgen Basedow, Giesela Rühl, *Franco Ferrari and Pedro de Miguel Asensio*, *Encyclopaedia of Private International Law*, Edward Elgar Publishing, 2017, pp. 330 – 331.

② See Jacques Massip and Frits Hondius, *Commission Internationale de l'État Civil* (*CIEC*), Kluwer Law International, 2018, p. 9.

③ 奥地利 1961 年 10 月 14 日加入,2008 年 4 月 8 日退出;比利时 1950 年 10 月 1 日创始成员国;克罗地亚 1999 年 4 月 24 日加入,2015 年 1 月 21 日退出;法国 1950 年 10 月 1 日创始成员国,2019 年 11 月 17 日退出;德国 1956 年 10 月 27 日加入,2015 年 6 月 30 日退出;希腊 1959 年 10 月 3 日加入;匈牙利 1999 年 10 月 15 日加入,2012 年 12 月 6 日退出;意大利 1958 年 10 月 4 日加入,2014 年 10 月 2 日退出;卢森堡 1950 年 10 月 1 日加入;墨西哥 2010 年 10 月 15 日加入,2017 年 12 月 16 日退出;荷兰 1950 年 10 月 1 日创始成员国,2018 年 5 月 15 日退出;波兰 1999 年 10 月 15 日加入,2017 年 12 月 14 日退出;葡萄牙 1973 年 9 月 13 日加入,2015 年 1 月 10 日退出;西班牙 1974 年 10 月 13 日加入,2017 年 12 月 14 日退出;瑞士 1950 年 10 月 1 日创始成员国;土耳其 1953 年 12 月 23 日加入;英国 1996 年 10 月 11 日加入,2014 年 12 月 22 日退出。参见 http://www.ciec1.org/SITECIEC/page_Statuts/htm(accessed January 30, 2021)。

立良好的合作机制,而且这些组织经常参加其成员国大会。①

国际民事身份委员会的宗旨是:加强民事身份事务方面的国际合作,深化民事登记信息的交换和共享。通过制定公约、发布建议来协调和促进成员国在家庭、国籍和民事登记方面的运作措施与流程趋同化,特别是督促成员国在民事身份事务方面的立法与判例的统一化。② 该组织已制定和通过了34项多边公约(其中28项已生效)、11项建议和一系列格式文本。自该组织2014年缔结《有关公民身份及其法律地位证书的多语言登记与编码摘录问题的公约》后,近年在国际公约方面尚未有新的建树。③

除此以外,欧洲理事会(Council of Europe)自1949年成立以来,④在专利法、仲裁、民事义务、家庭法、公司法、破产法、司法协助方面也都先后签署了有关统一实体私法和统一国际私法的若干公约,在统一国际私法进程中发挥了重要作用。⑤ 北欧理事会、斯堪的纳维亚国家统一国际私法组织、荷比卢统一国际私法组织、国际商会(International Chamber of Commerce, ICC)、国际法律协会(International Law Association)、国际法学会(Institute Droit International)、国际海事委员会(Comité Maritime International,CMI)等也从事了大量的国际私法统一化工作。⑥ 事实上,民间团体、非政府间组织或机构以及国际私法学术组织的倡议和推动一直是全球统一国际私法不可忽视的重要力量或加

---

① See Henry G. Schermers, Niels M. Blokker, *International Institutional Law*, 4th ed. Martinus Nijhoff Publishers,2003,p. 898.

② See Art. 1 of The Rules of the International Commission on Civil Status (adopted in Strasbourg on 16 September), http://www. ciec1. org/SITECIEC/page_Statuts/htm (accessed January 30,2021).

③ 国际民事身份委员会2014年3月14日在法国斯特拉斯堡(Strasbourg)通过的《有关公民身份及其法律地位证书的多语言登记与编码摘录问题的公约》,目前只有德国2014年3月14日签署、2017年10月31日批准,比利时2014年3月14日签署、2017年6月26日批准,西班牙2014年3月14日签署,法国2015年2月12日签署,瑞士2014年4月24日签署。参见http://www. ciec1. org/SITECIEC/page_Statuts/htm(accessed January 30,2021)。

④ Council of Europe,翻译为"欧洲理事会"。参见梁西:《国际组织法》,武汉大学出版社1998年版,第202页。

⑤ 参见李双元主编:《中国与国际私法统一化进程》,武汉大学出版社1998年版,第296~297页。

⑥ 它们通过的有关公约及国际惯例详见李双元主编:《国际私法学》,北京大学出版社2000年版,第137~145页。

速器。而国际私法统一化进程最为关键的在于各个国家的立场和态度,国家间的双边贸易、通商、航海等协定也是影响全球国际私法统一化的基本要素和重要因子。

二、现代国际私法统一化运动的走势

无论是政府间组织还是非政府间组织,均在国际私法统一化运动的发展中发挥了重要作用,极大地推动了国际私法在区域乃至全球的统一化。从当今从事国际私法统一化的各主要组织的工作特别是新近通过的国际私法公约来看,与早期的国际私法统一化运动相比,呈现出许多崭新的特点。

首先,从统一内容来看,自第二次世界大战后,统一国际私法的重点与范围日新月异,不断从传统的亲属法、继承法等领域,逐渐扩展至国际贸易、国际运输、国际金融、国际知识产权、国际破产、国际电子商务、国际产品责任与侵权行为责任等领域,而且表现出向更广泛的领域铺开的趋势。[①] 可以说,国际私法的统一化也不仅仅局限于冲突法范畴,而是渗透到了统一实体法和程序法之中的全方位的统一。

其次,从统一范围来看,通过国际社会各种力量的共同推动,国际私法统一化运动,正从区域性向全球性方向发展。这一现象反映在联合国有关机构已越来越积极地参加到国际私法的统一化运动中来。海牙国际私法会议与其他从事统一化工作的国际组织的协调与合作进一步加强。海牙国际私法会议全球范围内的影响力不断扩大,成员国日益增多,签署、批准或加入海牙国际私法会议公约的国家日益增加。海牙国际私法会议公约的地域效力与范围效力的扩张,对国际私法统一化运动产生了巨大的推动作用。

再次,从统一方式来看,在新的统一国际私法公约或条约中,统一化的方式也日趋灵活多样。这种现象首先表现在大陆法系国家与普通法系国家之间呈现出在属人法方面的矛盾得到一定程度调和的新趋势,即本国法和住所地法的尖锐对立得到一定程度的调和。例如,1955年通过的《海牙国际私法会议关于解决本国法与住所地法冲突的公约》第 1 条便规定:“当事人住所地国规定适用他的国籍国法,而他的国籍

---

① 参见黄进主编:《国际私法》,法律出版社 1999 年版,第 160 页。

国规定应适用他的住所地法时,各缔约国应适用他的住所地国的内国法。”该公约第 2 条则进一步规定:“当事人住所地国和国籍国都规定适用他的住所地法时,各缔约国应适用他的住所地国的内国法。”该公约第 3 条还特别强调:“当事人住所地国与他的国籍国都规定应适用他的本国法时,各缔约国应适用他的国籍国的内国法。”这种做法表现出一定程度的住所地法优先的倾向。这反映出大陆法系对英美法系在属人法连接点上的重大让步,即国籍原则对住所原则的重大让步。不过,这种让步也是以普通法国家同意把“住所”解释为包括“习惯居所”(Habitual Residence)在内来换取的。由于属人法在连接点上提高了住所地和习惯居所的地位,对于国际贸易与商务行为显然是有利的。然而,真正要实现上述原则,还需要克服许多的困难。目前在该公约上签字的还只有五个国家,而批准的国家则只有比利时与荷兰两国。这一公约虽未生效,但它所展现出的统一国际私法的走势则有着重大而深远的价值。不仅如此,通过国际努力寻求合作机制并避开实体问题的硬性规定的做法越来越流行。例如,划分民事管辖权和承认与执行外国判决制定统一规范就比统一国际私法规则似乎更受各国关注且较易取得成果。这主要是因为民商事关系方面涉及面甚宽,制定任一国际私法公约都颇为耗时费事,不如管辖权及判决的承认与执行那样简单。加之在管辖权及判决的承认和执行方面,各国一般都用国内法作了明确的规定,而且都只适用自己的程序法,因此一旦发生冲突,法院很难有自由裁量以求伸缩的余地,因而相对而言,更迫切需要通过国际公约加以调整。更何况许多涉外判决需要到外国执行,许多涉外案件需要到国外调查与搜集证据,因而更迫切地要求通过国际公约加以解决。

最后,从统一导向来看,在统一国际私法公约或条约中大多体现了趋同化、现代化和全球化特征。因为国际私法的趋同化乃至整个法律的趋同化既是国际社会本位理念和人类命运共同体发展的客观要求,也是国际私法适应当今世界政治经济社会形势发展变化的内在需要。因此,国际私法的统一化势必体现趋同化特性。国际私法的趋同化是世界各国国际私法在国际民商事交往中,彼此相互影响、相互借鉴、相互吸纳、相互渗透,从而趋于接近甚至趋于一致的现象。[1] 各国国际私法规范趋向接近、一致,是国际私法趋同化的初级表现;各国积极参与国际私法逐渐统一活动,力争用自己的国际私法观点、立场、主张影响国际私法的统一,将自己的国际私法观点、立场、主张渗透到国际私法统一规则之中,是国际私法趋同化的中级程度;各国在某一国际私法领域彼此协调、达成共识,订立统一的国际私法条约,是国际私法趋同化的高级形式。例如,在统一国际私法的各种公约中,已越来越多地规定公共秩序保留条款。20 世纪 60 年代以后所缔结的海牙国际私法会议公约和美洲国家组织通过的公约,无一例外地都规定了公共秩序保留条款。虽然一方面这会使公约的普遍效力受到一些限制,但另一方面却有利于吸引更多的国家参加这些统一国际私法公约。对于各个国家而言,这既使各国通过公约取得了在某些国际私法问题上的统一做法,又允许各国在认为适用公约中的统一规则会与自己的公共秩序相抵触时排除公约中的规定。正是在这种内在矛盾和博弈中,因更多的国家参加到统一国际私法的国际行动中而不断扩大国际私法的统一化成就。国际私法的统一进程中趋同化特征的另一重要表现则是各国国际私法对“最密切联系原则”的接受和认可度越来越高。此外,各国国际私法立法与司法实践都越来越重视国际民商事交往的人权保护特别是弱者权益的保护,这也属于国际私法统一化进程中趋同化的典型范例。

同样,国际私法统一化进程中的现代化方向也是其题中应有之义。除了国际私法统一的理念、原则、内容、范围和体系需要现代化外,全球范围国际私法统一的方式、方法、技术和手段等同样需要现代化。这在联合国、海牙国际私法会议、欧洲联盟、美洲国家组织和罗马国际统一私法协会等国际组织统一国际私法的成果中均有所体现。纵观国际私法理论学说及立法与司法实践发展的历史,从萨维尼“法律关系本座说”对巴托鲁斯“法则区别说”进行的“哥白尼式革命”,再到“美国冲突法革命”和“欧洲冲突法革命”,无不体现与时俱进的时代特色。特别是 21 世纪各国国际私法的革新也在法典化的历程中不断闪耀出现代化的火花。换言之,21 世纪的国际私法统一化呈现法典化走势并紧贴现代

① 参见李双元、李新天:《当代国际社会法律趋同化的哲学考察》,载《武汉大学学报》(人文科学版)1998 年第 3 期。

化的时代脉搏。据初步统计,目前全球60多个国家或地区进行了国际私法革新,其中30多个国家或地区制定了国际私法法典或单行法规。如瑞士、德国、奥地利、比利时、土耳其、捷克、保加利亚、波兰、黑山、北马其顿共和国、斯洛文尼亚、多米尼加共和国、日本、韩国和中国等具有代表性的国家颁行的国际私法法典或单行法规,进一步强化了国际私法法典化的基本走向和现代化的发展趋势。当前国际私法革新的历程实际上也是国际私法统一化运动现代化进程的重要组成部分。

由于国际私法通过调整涉外民商事法律关系和解决涉外民商事法律冲突来构建国际民商新秩序,以确保和促进全球国际民商事交流正常运行。因此,国际私法的统一化不可局限于某一国家或某一地区,而应扩展至整个世界范围。事实上,国际私法统一化的全球性特征越来越明显。如海牙国际私法会议通过的公约的缔约方呈现日益增加的趋势,不仅海牙国际私法会议成员国签署、加入和批准公约的数量在增加,而且非成员国签署、加入和批准海牙国际私法会议公约的数量也在不断增加。尤为可喜的是联合国系统的专门机构和附属组织也越来越热衷并积极参与国际私法统一化运动,其他国际组织也在不断加强与海牙国际私法会议的合作,共同推进全球国际私法的统一化和国际社会的法治进程。

可见,自19世纪初开始,国际私法理论学说与实践获得了空前的发展。无论是各国的国际私法的修订与革新,还是国际私法的统一化或趋同化,都呈现出一派繁荣景象。不过,国际私法进一步发展与完善还需要更多杰出的国际私法学家与实务工作者共同努力,继续丰富和更新国际私法的理论和方法。

第四章　国际私法的概念

第一节　国际私法的名称与定义

一、国际私法的名称

国际私法作为调整各种含有涉外因素的民商事关系的一个独立的法律部门，也是现代法学中历史较为悠久的学科之一。虽然国际私法已有六七百年的发展历史，然而，其名称至今仍难以统一。直到目前为止，不同学者、不同国家和地区，对国际私法仍保留着各种不同的称谓。德国国际私法学家弗朗兹·卡恩（Franz Kahn，1861—1904 年）曾明确指出：国际私法是“从书名页起就有争论的一个法律学科”。[①] 一般来说，大陆法系各国比较普遍地称之为“国际私法”（Private International Law），而普通法系各国则更多地称其为“冲突法”（Conflict of Laws）。从国际私法产生与发展的历史来看，其常见的名称主要有如下六种。

（一）法则区别说（Theory of Statutes）

这是国际私法最早使用的名称。远在十三四世纪，国际私法学的创始人、意大利注释法学派的代表人物巴

---

① 关于国际私法名称的演变与歧异，参见梅仲协：《国际私法新论》，台北，三民书局 1982 年版，第 18 ~ 22 页；Franz Kahn, Abhandlungen zum, *Intemationalen Priratrecht*, Duncker & Humblot, 1928, S. 6; Arthur Nussbaum, *Grundzüge des Intemationalen Priratrechts*, C. H. Beck'che Verlagsbuchhandlug, München und Berlin, 1952, pp. 7 – 9。

托鲁斯(Bartolus)最先使用这一术语。不仅意大利的大部分国际私法学者接受和使用这一名称,而且法国和荷兰的许多国际私法学者也相继认可和使用"法则区别说"(traite de statuts)来称谓国际私法。由于巴托鲁斯主要是从区别"法则"(Statuta)的性质入手来确定它们是否可以在域外适用,故当时的"国际私法学"被称为"法则区别说"或"法则说"。而法则区别说所要解决的主要是当时意大利半岛各城邦法则之间法律适用问题,并非19世纪频繁发生的内外国私法的适用问题。所以,19世纪以后几乎再无学者使用"法则区别说"或"法则说"来称谓国际私法。

(二)冲突法(Conflict of Law)

这一名称是荷兰学者克里斯蒂安·罗登伯格(Christian Rodenburg)最早提出来的。1653年,他在《关于婚姻的法则或因习惯冲突而产生的法律问题》一书中,第一次使用了"冲突法"(de Conflictu legum)这一名称。另一位荷兰著名国际私法学者胡伯(Ulicus Huber)也于1684年使用过这一名称。美国国际私法学的奠基者约瑟夫·斯托里(J. Story)在其著作中也使用过"冲突法"这一名称。号称"近代国际私法之父"的德国著名法学家弗里德里希·卡尔·冯·萨维尼(Friedrich Carl von Savigny)对斯托里非常推崇,萨维尼在1849年的《现代罗马法体系》(第8卷)一书中也未对"冲突法"这一名称提出任何异议。不过,英国国际私法泰斗戴西(Albert Venn Dicey)认为,与其把国际私法称为"法律冲突论",不如命名为"法律选择论"(Choice of Law)更为恰当。①

(三)私国际法(Private International Law)

这个英文名称,最早是美国国际私法奠基人约瑟夫·斯托里(Joseph Story)于1834年在其《冲突法评论》(Commentaries on the Conflict of Laws)中提出的,直译为"私国际法"。但他自己并未用它来给这本书命名,相反,他仍采用欧洲大陆17世纪荷兰学者首倡的"冲突法"(de Conflictu legum)这个名称。首先用"私国际法"这个名称的是法国学者弗利克斯(Jean Jacques Foelix),他正式使用"Droit International privé"

---

① See J. H. C. Morris et al., *Dicey and Morris on the Conflict of Laws*, 10th ed., Sweet & Maxwell Ltd., 1980, pp. 29 – 30.

来称谓这一法律部门。因为他是一个把国际私法看作国际法的学者,他在 1840 年发表的一篇论文,其题目就是《论内外国法律的冲突》(Du conflict des lois de différentes nations en matiére de droit international privé)。[①] 这一名称在法国以及其他一些拉丁语系国家较为流行,而英美等普通法系国家也有部分学者如戚希尔、诺斯、威斯特洛克和沃尔夫就热衷于使用这一名称。[②]

(四)国际私法(Internationales Privatrecht)

真正称"国际私法"的却是德国一位叫威廉·雪佛的学者,1841 年,他在一本研究国际私法的历史的著作《国际私法的发展》中首先称这一法律部门为"Internationales Privatrecht",而直译为英文,则成了"International Private Law"。现在,德国学者都沿用这一名称。此外,中国、日本、俄罗斯以及东欧一些国家的学者也广为使用这一名称。

(五)涉外私法(Foreign Private Law)

日本有的学者认为,国际私法既然是规定内外国交往的私法关系,就应该称之为涉外私法。瑞士学者曼利(Friedrich Meili,1848—1914 年)也对这一称谓倍加赞赏,明确地以"涉外私法或对外私法"命名其国际私法著作。我国国际私法前辈学者陈顾远同样主张将国际私法这一法律部门称为涉外私法较为适宜。[③]

(六)外国法适用论(Application of Foreign Laws)

德国国际私法学者奥斯塔特(Örstadt)在 1822 年出版的国际私法专著中,将其命名为"外国法适用论"。他的立意在于认为国际私法无非规定对于涉外民事关系在何种情况下可以适用外国法。当然,这一名称也招致了不少非议。一些学者认为国际私法是规定内外国法律的适用问题,而不是仅仅规定外国法在什么情况下得以适用。[④]

除上述较普遍使用的名称外,对国际私法这一法律部门还有许多不同的称呼。例如,19 世纪中叶,萨维尼认为这个法律部门是规定法律

---

① See Rafael Domingo, *The New Global Law*, Cambridge University Press, 2010, p. 33.

② See Geoffrey Chevalier Cheshire, *Private International Law*, Oxford Clarendon Press, 1935, p. 1; J. Westlake, *Private International Law*, Sweet & Maxwell Ltd., 1925, p. 1; Martin Wolff, *Private International Law*, Oxford University Press, 1945, p. 1.

③ 参见陈顾远:《国际私法总论》(上册),会文堂新记书局 1933 年版,第 103 ~ 104 页。

④ 参见唐纪翔:《中国国际私法论》,商务印书馆 1934 年版,第 12 页;Gerhard Kegel, Klaus Schuring, *Internationales Privatrecht*, 9. Auflage, 2004, pp. 24 – 25。

的场所效力的,所以也将国际私法学称为"法律的场所效力论"(die reaumliche herrschaft der rechtsnormen)。与此相仿,19 世纪学者还有把国际私法学称为"法律的域外效力论"(Extraterritorial Effect of Law)的。此外,还有把它叫作"私法关系的国际处理法"(Internationale rechtsbehaudlung der privatrecht lichen verpaltnisea)、"私间法"(zwisechen privatrecht)、"跨国法"(Trans-national Law)、[①]"界限法"(grenzrecht)、"体系间法"(droit intersystematique)以及"国际民法"(International Civil Law)、"国际商法"(International Commercial Law)、"国际民商法"(International Civil and Commercial Law)的。

对于国际私法这个法律部门的称谓,即使在英美学者之间也是存在差异的。尽管"Private International Law"这个名称为美国斯托里所首倡,但直到今天,"冲突法"(Conflict of Laws)在美国使用得更广泛。而在英国,这两个名称的使用率几乎不分轩轻。例如,英国两部最重要的关于这个法律部门的巨著,戴西和莫里斯的取名为《冲突法》,[②]而戚希尔和诺斯的却取名为《国际私法》。[③] 究其原因,很重要的一点,是美国的这个部门法主要是为解决它自己的各个州之间的法律冲突的,自不宜称为《国际私法》,而在英国则不存在这种情况。这一点,同样可以解释为什么欧洲国家比较普遍地使用"国际私法"这个名称的原因。[④]

就国际私法的立法来说,德国最早称为"民法施行法",日本最初称为"法例"(2007 年更名为"法律适用通则法"),奥地利和瑞士等国则称为"国际私法"(这也是当今国际社会较为常见的立法名称),我国台湾地区沿袭旧中国的立法而称为"涉外民事法律适用法"。直接以"冲突法"作为立法名称的并不多见,主要有 1938 年泰国"冲突法"、1962 年韩国"冲突法"、1982 年南斯拉夫"国际法律冲突法"与"区际法律冲突

---

① See P. C. Jessup, *Trans-national Law*, Yale University Press, 1956, p. 2.

② See Albert Venn *Dicey*, *John Humphrey Carlile Morris*, *Dicey's Conflict of Laws*, 6th ed., Stevens & Sons; Sweet & Maxwell Ltd., 1949, p. 2.

③ See Geoffrey Chevalier Cheshire, *Private International Law*, Oxford Clarendon Press, 1935, p. 1.

④ See Lawrence Collins et al., *Dicey and Morris on the Conflict of Laws*, 13th ed., Sweet & Maxwell Ltd., 2000, p. 32.

法”以及1991年克罗地亚“冲突法”等。

总之,国际私法这个法律部门或法学学科的名称如此分歧,主要是由于不同时代、不同国家或地区、不同学者对于国际私法所要解决的问题和任务存在不同的看法而产生的。了解这些名称,可以帮助我们从不同侧面认识国际私法这一法律部门或法学学科的性质和作用。然而,这些名称绝大多数源于的认知为:由调整涉外民商事关系、解决涉外民商事关系法律适用冲突的冲突规范及其相关制度所构成的共同体。无论是坚持称为“冲突法”的学者还是主张将其命名为“国际私法”或“私国际法”的学者均无出其左右。不过,如今使用这些名称时,必须历史性地进行分析,不可生搬硬套,必要时还得注入现实的理念。

二、国际私法的定义

由于对国际私法的调整对象、功能、方法及范围的理解不同,中外学者从不同角度给国际私法下过种种定义。美国学者比尔曾写了一本《冲突法专论》(Treaties on the Conflict of Laws,1935年),他在著作中收集了不同学者从不同侧面给国际私法下的定义,而在比尔之后,又有各种各样的新定义出现。但概括起来,古今中外有关国际私法的定义不外以下几类:

(1)根据国际私法的调整对象加以定义,即国际私法是调整涉外民事关系的法律部门。① 之所以这样下定义,实际上反映了这些学者们对国际私法范围的看法。他们大多主张把所有调整涉外民法和商法关系的法律全部纳入国际私法范畴。章尚锦教授对国际私法的定义就是立足于国际私法的调整对象而作出的:“简言之,它是国际私法规范的总称;对于一个具体国家来说,国际私法是该国调整涉外民事关系的一个特殊的法律部门。”②

(2)从解决涉外民事关系中法律冲突的角度下定义,即国际私法是解决各国私法冲突的规范总和。法国学者弗里克斯曾将国际私法定义

---

① 参见姚壮、任继圣:《国际私法基础》,中国社会科学出版社1981年版,第8页;[苏联]隆茨等:《国际私法》,吴云琪等译,法律出版社1986年版,第6~7页;折茂丰:《国际私法的统一性》,有斐阁1955年版,第4~7页;István Szászy, *Private International Law in the European People's Democracies*, Publishing House of The Hungarian Academy of Sciences 1964, pp. 13-16。

② 章尚锦、徐青森主编:《国际私法》,中国人民大学出版社2002年版,第8页。

为是供判定不同国际私法之间冲突的规范的总和。[1] 就传统的国际私法来说,这样下定义的方法是比较切合国际私法的本意的。因为在国际社会中,国际私法这个法律部门本来就是在解决涉外民事法律关系法律冲突的基础上产生的,如果在涉外民事关系中,不出现法律冲突,国际私法就不会产生。黄进教授指出:"国际私法是以直接规范和间接规范相结合来调整平等主体之间的涉外民商法律关系并解决涉外民商事法律冲突的法律部门。"[2]

(3)从有关涉外民事关系应服从外国法的效力的角度下定义,如沃顿(Francis Wharton)就认为国际私法是规定在有关情况下或多或少要服从(或让位于)别国的法律的规范。[3] 例如,比尔 1934 年主持编纂的美国《第一部冲突法重述》也把国际私法定义为"每一国家在处理某一法律问题时,决定是否应该承认某一外国法律的效力这样一个法律部门"。

(4)从法律适用的角度下定义。荷兰法学家阿瑟把国际私法定义为提供判定什么法律能适用于不同国家的当事人之间的法律关系或者能适用于在国外所为的行为的原则的法律,换言之,就是提供在一国领域内适用他国法律的规则的法律。他就是从法律适用的空间范围这个角度来下定义的。我国著名国际私法学家李浩培教授也把国际私法定义为"在世界各国民法和商法互相歧义的情况下,对含有涉外因素的民法关系,解决应当适用哪国法律的法律"。[4] 我国台湾地区著名国际私法学家刘铁铮大法官也将国际私法定义为:"国际私法者,乃对于涉外法律关系,就内外国之法域及法律,决定其由何国法院管辖及适用何国法律之国内公法。"[5]同样,我国台湾地区著名国际私法学家曾陈明汝教授也把国际私法定义为"国际私法本身并不在于直接解决系争问题,而在于就国际社会之私人间的关系,指定应适用之法律。换言之,国际私

---

① See Rafael Domingo, *The New Global Law*, Cambridge University Press, 2010, p. 33.

② 黄进主编:《国际私法》,法律出版社 2005 年版,第 33 页。

③ See Francis Wharton, *A Treatise on the Conflict of Laws or Public International Law, Including a Comparative View of Anglo-American*, Roman, German and French Jurisprudence, Kay & Brother Philadephia, 1872, p. 46.

④ 中国大百科全书出版社编辑部编:《中国大百科全书 · 法学》,中国大百科全书出版社 1984 年版,第 228 页。

⑤ 刘铁铮、陈荣传:《国际私法论》,台北,三民书局 2004 年版,第 3 页。

法乃系就各种具有涉外因素之司法关系，指定应由何国法院管辖及适用何国法律之法则也”。[①] 日本国际私法学者山田三良也持类似观点：“国际私法者，可一言以蔽之曰，规定可以适用于涉外的法律关系之法律之法则也。”[②]

(5)用列举国际私法的范围的方式下定义。英国的戚希尔(Cheshire)和戴西等都认为国际私法是处理涉外民事案件管辖权、法律适用和外国判决的承认与执行的规范的总和。[③] 美国当代国际私法学家温特劳布(Bussell J. Weintraub，1929—2012 年)在他的《冲突法评论》(Commentary on the Conflict of Laws，1980 年)中提出，冲突法的三个主要问题就是：可以在什么地方起诉，可以适用什么地方的法律以及其他管辖权对案件作出的判决有什么效力？我国有些国际私法理论工作者也试图通过这种方式来给国际私法下定义，只是由于他们对国际私法的范围理解不同，因而列举的内容也有所不同而已。例如，中国人民大学法律系编写的《国际私法》教科书便把国际私法定义为：“国家在同其他国家交往过程中形成的，表现这个国家统治阶级意志的，调整国际民事法律关系的冲突规范、规定外国人民事权利地位的规范和国际民事诉讼程序规范的总称。”沈涓教授则将国际私法界定为：“国际私法是综合运用直接规范或间接规范调整平等主体之间的国际民商法律关系和民商法律冲突，集中外国人的民事法律地位规范、冲突规范、国际统一实体规范、国际民事诉讼程序与国际商事仲裁规范于一体的法律部门。”[④]我国台湾地区国际私法学者赖来焜教授也持类似观点，他主张：“国际私法是以平等主体间国际民商法律关系为适用对象，以解决法律冲突为中心任务，以冲突法选择适用何国‘法域’之法律为核心，同时包括规定外国人民事法律地位规范为前提、避免或消除法律冲突之统一

---

① 曾陈明汝：《国际私法原理(上集、总论篇)》，台北，新学林出版有限公司 2008 年版，第 6 页。

② [日]山田三良：《国际私法》，李倬译，中国政法大学出版社 2003 年版，第 3 页。

③ See James J. Fawcett (Consultant Editor), Paul Torremans, Uglješa Grušić, Christian Heinze, Louise Merrett, Alex Mills, Carmen Otero García-Castrillón, Zheng Sophia Tang, Katarina Trimmings, and Lara Walker, Others, Cheshire, *North & Fawcett: Private International Law*, 15th ed., Oxford University Press, 2017, p. 7; Lord Collins of Mapesbury, Adrian Briggs Andrew Dickson, Jonathan Harris et al., *Dicey, Morris and Collins on the Conflict of Laws*, 15th ed., Sweet & Maxwell Ltd., 2012, pp. 3 – 6.

④ 沈涓主编：《国际私法》，社会科学文献出版社 2006 年版，第 12 页。

实体规范、并经由国际民事诉讼与仲裁程序规范进行司法程序之独立的法律总称。”①

(6)从全面概括国际私法的调整对象、功能、方法及范围的本质特点的角度下定义。我国台湾地区国际私法学者刘甲一明确指出:“国际私法定义谓其系统规范涉外关系而分配有关国家之制法及管辖权限并制约其行使之法律也。”②我国著名国际私法专家韩德培教授则主张:“国际私法以直接规范和间接规范相结合来调整平等主体之间的涉外民商事法律关系并解决涉外民商事法律冲突的法律部门。”③全国杰出资深法学家和著名国际私法学家李双元教授则为国际私法下了一个非常全面的定义:“国际私法是以涉外民商事关系为调整对象,以解决法律冲突为中心任务,以冲突规范为最基本的规范,同时包括规定外国人民事法律地位的规范以及国际民事诉讼与仲裁程序规范在内的一个独立的法律部门。”④

综合分析上述不同的定义方式及相关内容,大体上可以看出,既有从国际私法所调整的关系来下定义的,也有从它要处理的法律冲突或区分的内外国法律效力抑或法律适用范围来下定义的,还有兼顾它所调整的社会关系或其所包含的规范种类来下定义的。无论从何种角度来界定国际私法,上述种种定义都不足以反映我国目前较为通行的理论与实践。尤其是我国大多数学者对国际私法范围的认知和看法,是与传统的国际私法观点与看法迥异的。因此,综观大中小国际私法理论的各种表述,依据有关国际私法范围定位的主流学说和观点,对我国国际私法的定义可予以如下界定:国际私法是以涉外民商事关系为调整对象,以解决法律冲突为核心任务,以冲突规范为最基本的规范,同时包括外国人民商事法律地位规范、避免或消除法律冲突的统一实体规范以及国际民事诉讼与国际商事仲裁程序规范在内的一个独立的法律部门。

这个定义,一方面强调了国际私法调整对象的特殊性(含有外国因素的民事关系),而调整对象的不同,正是区别不同法律部门的基础。

---

① 赖来焜:《基础国际私法学》,台北,三民书局2004年版,第27页。

② 刘甲一:《国际私法》,台北,三民书局1986年版,第2页。

③ 韩德培:《国际私法新论》,武汉大学出版社1997年版,第22页。

④ 李双元主编:《国际私法》(第5版),北京大学出版社2018年版,第14~15页。

另一方面突出了国际私法的本质特征，就是它的中心任务是解决因各国民商法规定不同而产生的法律冲突的。有的学者指出，在讲什么是国际私法时，如果不强调国际私法主要是解决法律冲突问题的这一最本质特征，不强调冲突法是国际私法最重要的组成部分，就像在讲罗马法时不讲罗马民法一样。[①] 而日本的池原季雄也采取类似的定义方式，只是他认为国际私法只包括两类规范，即"所谓国际私法，就是有关国际的私法交往的立法，它以解决（私法）冲突的法则（冲突规范或准据法选择规范）为中心，同时包括与其有关联的程序法的这一法的体系"。[②] 另外，上述定义也反映了国际私法最基本的规范或者最主要的调整方法的特殊性，为了解决好法律冲突问题，还必须同时兼有其他几类规范。无论以何种方式给国际私法下定义，都必须全面、客观地理解和把握这一法律部门或法律学科的内涵与外延。

第二节　国际私法的调整对象

一、涉外民商事法律关系的内涵与外延

在法学理论研究与立法司法实践中，人们习惯于依法律的调整对象来划分不同的法律部门。这主要是因为每一个部门法都是借助各自的调整对象的特殊性或调整的特殊社会关系而相互区别开来的。在人类进入全球化时代的今天，调整各种国际关系的法律部门也在迅速地向前发展，一些以特定国际关系为对象的传统法律部门，不仅在内容上不断地完善和丰富，而且分化出众多的新的或处于边缘的或具有交叉性的已自成体系的分支，与此同时，许多新的国际法律部门也在相继诞生。然而，从国际私法产生历程与其发挥的最具本质意义的功能和作用来看，国际私法与其他部门法的根本区别就在于其调整对象为涉外民商事法律关系（Civil and Commercial Legal Relations Involving Foreign Elements），或者称国际民商事法律关系（International Civil and

---

① 参见李双元：《国际私法（冲突法篇）》（修订版），武汉大学出版社2001年版，第52~54页。

② ［日］池原季雄：《国际私法（总论）》，有斐阁1973年版，第1~3页。

Commercial Legal Relations),或者称国际私法关系(Relations of Private International Law)。

所谓涉外民商事法律关系,是指基于国际社会的人流与物流而产生的一种社会关系,即在民商事关系的主体、客体和权利义务据以发生的法律事实中至少有一个因素与外国有联系或含有跨国性。因此,也有学者将涉外民商事法律关系称为跨国民商事法律关系。主要是因为,各国政府和整个国际社会必须适应这一时代的需要,构筑起一种新的国际法律秩序,致力于解决各国共同面对的问题,并且保证人类社会在和平、平等、公正的环境中求得共同的可持续的发展。例如,民商事法律关系当事人的一方可能是拥有外国国籍者或拥有外国住所地者;一个商人在美国国内宣告破产,却有无数的债权人在日本、德国、加拿大等国;诉讼可能涉及位于外国的财产或在外国就位于内国的财产作出处分;如果诉讼涉及一份支票,则其外国因素可能包括签发、承兑或背书是在外国发生的;一份合同可能在一国签订而在另外的国家履行;等等。

一般地说,从民商事法律关系构成的角度分析,凡具有下列要素之一的便构成涉外民商事法律关系:

(1)作为民商事法律关系的主体的一方或双方是外国自然人、法人或无国籍人。有时,国际组织或外国国家也可能成为这种民商事关系的主体。例如,一个中国人与一个英国人在我国登记结婚;德国公司在我国成立合资企业;俄罗斯一公民在我国持有中国某公司发行的股票;等等,均属于这种情况。

(2)作为民商事法律关系的客体或标的是位于外国的物、财产或需要在外国实施或完成的行为。例如,长沙市公民柳某继承其父遗留在日本的房产;法国某建筑公司承建印度的一项油田开发工程;中国某企业将其所有的位于意大利的一块土地转让给希腊人;等等。

(3)民事法律关系的内容即权利义务据以产生的法律事实发生在外国。例如,婚姻或收养的成立在外国;引起继承的死亡发生于被继承人有外国住所的期间;引起损害赔偿责任的侵权行为发生在外国;合同的缔结或履行在外国;判决在外国取得;等等。

这里有必要强调的是,将涉外民商事法律关系作为国际私法的调整对象,一是着眼其最普遍的一般意义,二是立足于广义视角。① 因此,国际私法所调整的涉外民商事法律关系,既包括物权关系、国际破产关系、国际信托关系、国际海商事关系、国际票据关系,又包括发生在国际民商事领域的各种债权关系、知识产权关系、婚姻家庭关系、财产继承关系以及劳动关系,还包括新兴领域的涉外民商事关系诸如国际人工智能的法律关系、国际互联网的法律关系、国际电子商务法律关系、国际海底开发的法律关系以及国际太空探索的私法关系,等等。

国际私法中所讲的外国因素中的"外国"(Foreign),也应作广义的理解,实际上包括"含有其他法域"的意思。例如,在联邦制国家中,其含不同民商法的各组成单元也包括在内,即往往包含有"其他法域"这一含义。这在美国这样的联邦制国家中表现十分明显。在私法上,美国每一个州都可以说是一个"法域"(Territoria Legal Unit)。英国的国际私法中所指称的"外国",即使是涉及苏格兰和北爱尔兰的民商事关系,它也是把它们当作涉及德国或法国一样的民商事关系来对待的。

---

① 一是国际私法调整的涉外民事法律关系内容的广义性,二是其调整和规制的方式和方法的广泛性。首先,国际私法所调整的涉外民事法律关系在内容方面是广义的民事法律关系,包括那些采取民商分立的国家所指的一般民事法律关系和商事法律关系;"涉外"的含义也应作广义的理解,既包括国境外又包括法域外,如英国国际私法就把苏格兰和北爱尔兰也当作德国、法国等"外国"一样对待。其次,对于涉外民商事法律关系应从总体情况来分析,国际私法必须对涉外民商事法律关系从总体上进行规制和调整。随着全球化的发展,涉外民商事法律关系多样化与细分化现象突出,调整其法律规范也随之而变化,甚或结合其他法律规范而形成新的、相对独立的法律部门,如国际海商法、国际商法和国际航空法等。这些新兴法律部门的产生,也可以视为国际私法进化的自然结果。但它们的存在并非就不需要国际私法再去调整已由国际海商法、国际商法和国际航空法等新兴法律部门所调整的有关涉外民商事法律关系。相反,国际私法仍然需要确定调整这类涉外民商事法律关系的总原则或一般制度,而国际海商法、国际商法和国际航空法等新兴法律部门自身制度的健全和完善以及调整有关的法律关系也需要借助于国际私法的总原则或一般制度。换言之,不可将从国际私法中分离出的这些部门所调整的涉外民商事法律关系排除在国际私法调整范围之外。同理的推导可以国际法与海洋法为例:海洋法已形成为相对独立的法律部门,但在国际公法中依然还在讨论领海、公海、大陆架和专属经济区等问题。事实上,当今国际社会任何一项涉外法律关系的法律调整与任何一项涉外争议的解决,通常涉及多方面的法律问题,须借助多方面的法律手段和途径予以解决。如此,对于同一对象,不同的法律部门可以从不同的角度加以调整,形成新兴法律部门,理论学说也可从不同的角度展开研究,构建不同的理论体系。因此,作为国际私法调整对象的涉外民商事法律关系也无出其外,应从广义角度对待之,不可将那些已由其他法律部门交叉或重叠调整的涉外民商事法律关系从国际私法的调整对象中简单地剔除掉。

在我国的司法实践中,国际私法规范也常常适用于我国台湾地区、香港特别行政区和澳门特别行政区的民商事关系。因此,我国最高人民法院2014年12月18日《关于适用〈中华人民共和国民事诉讼法〉的解释》第522条和2012年1月8日《关于适用〈中华人民共和国涉外民事关系法律适用法〉若干问题的解释(一)》第1条均规定,具有下列情形之一的,人民法院可以认定为涉外民事关系:(1)当事人一方或双方是外国公民、外国法人或者其他组织、无国籍人;(2)当事人一方或双方的经常居所地在中华人民共和国领域外;(3)标的物在中华人民共和国领域外;(4)产生、变更或者消灭民事关系的法律事实发生在中华人民共和国领域外;(5)可以认定为涉外民事关系的其他情形。

法院在处理一个含有多国因素的民商事案件时,如果所涉各国民商法上的规定完全相同,适用其中任何一国的法律,都会得出相同的判决结果,势必难以出现法律冲突,自然也就谈不上要进行法律选择了。由于在实际生活中,各国民商法规定千差万别,常常在处理同一个民商事法律关系时,依所涉一国的法律,它已有效成立或已有效解除,而依所涉的另一国法律,它却尚未有效成立或有效解除;或者依一国法律,当事人应承担法律责任,而依另一国法律,却可以不负法律责任或承担另一类责任。这时,究竟应该适用哪一国家的法律来作出判决呢?这就提出了法律选择的问题,也就是通常所讲的法律冲突或法律抵触的问题。国际私法在许多国家又被称为"法律冲突法"或"冲突法",就是因为它主要是解决在处理涉外民商事关系时发生的法律冲突问题的。所谓法律冲突,讲的就是对于同一民事关系因所涉及各国立法不同且都主张对它管辖,从而产生的法律适用上的冲突。许多学者都指出,如果严格地按照"冲突"这个词的字面来解释和理解,讲"法律冲突"便是不正确的了,因为,这里讲的"冲突",只是指在同一事实涉及的两个以上不同的国家的情况下,因其法律制度不同,究竟应该适用哪一个来支配该社会关系的问题。正是因为这个原因,国内有些学者主张把"法律冲突"换成"法律抵触",把"冲突法"换成"抵触法",把"冲突规范"换成"抵触规范"。① 但是,"法律冲突"这一术语在我国已约定俗成,所以

① 中国大百科全书出版社编辑部编:《中国大百科全书·法学》,中国大百科全书出版社1984年版,第228页。

这里仍主张沿用“法律冲突”这一概念。

在处理涉外民商事关系时,在许多问题上会因所涉各国都因其包含有自己的因素而主张对它行使立法管辖权,从而出现法律的竞相适用情形,而它们的立法又各不相同而发生法律冲突,从而需要做出法律的选择。例如,在法律适用涉及人的身份或能力问题时,会提出究竟应适用当事人的本国法即当事人国籍所属国法,还是适用他的住所地法或他为法律行为的行为地法的问题;在法律适用涉及物权问题时,会提出究竟应适用物之所在地国的法律,还是应适用物的所有人的本国法或住所地法或为物权行为的行为地法的问题;在法律适用涉及合同的成立与效力的问题时,会提出究竟应适用合同缔结地法或合同履行地法,或当事人的本国法或住所地法,或其他可以适用的法律的问题;在法律适用涉及侵权行为责任时,会提出究竟应适用加害行为地法还是损害发生地法,或受害人的本国法或住所地法,或其他可以适用的法律的问题;在法律适用涉及仲裁或诉讼程序方面的问题时,会提出是否适用仲裁机构或法院所在地的法律的问题;等等。

当前世界格局的多极化、文化的多元化、经济的全球化和信息的智能化趋势日益明显,与此同时,我国在推进“沿带沿路”共建与人类命运共同体构建过程中的人员交往和货物交流日趋频繁,后 WTO 时代的对外经济贸易关系越来越广泛和多样化,各种企业或经济组织与外商谈判和签订投资、买卖、贸易、服务、运输合同与日俱增。[①] 在任何一个涉外民商事合同关系中,都需要解决如下法律问题:涉外合同当事人的资

---

① 截至 2016 年 8 月,全国累计批准设立外商投资企业 85 万家;2017 年,我国境内投资者共对全球 174 个国家和地区的 6236 家境外企业进行非金融类直接投资,累计实现投资 8107.5 亿元人民币。截至 2017 年 5 月末,我国在外各类劳务人员将近 93 万人,外派劳务累计派出各类人员超过 868 万人次,遍及 200 多个国家和地区。2016 年,我国入境旅游人数为 1.38 亿人次,我国公民出境总人数为 1.22 亿人次。上述行为基本上都是通过涉外合同关系来实现的。2001 年 1 月至 2005 年 6 月,全国各级人民法院共受理一审涉外商事海事案件 63,765 件,比 1979 年至 2001 年受理案件数增加 40,425 件;2015 年,全国法院审执结涉外,涉港、澳、台地区一审、二审、再审、执行案件共计 47,097 件,其中,涉外案件 23,693 件,涉港案件 14,846 件,涉澳案件 1642 件,涉台案件 6916 件。2016 年全国 251 家仲裁机构共受理案件 20.8 万件,标的总额为 4695 亿元,其中 62 家仲裁委员会受理涉外及涉港、澳、台地区案件 3141 件,其中涉外案件 1546 件,双方均为外方的 141 件,涉及全球 57 个国家和地区。受案量的大幅增长,从一个重要侧面反映了我国加入世贸组织后,对外经济往来日益频繁的趋势。参见李双元主编:《国际私法》(第 5 版),北京大学出版社 2018 年版,第 4 页。

格与能力应依哪国法律来确定、涉外合同应依什么法律所规定的方式签订、涉外合同的成立应依哪国法律来衡量、涉外合同的解释和效力应适用哪国的法律、涉外合同发生争议后可以在哪些国家仲裁或诉讼,等等。而在解决上述法律问题时,都会面临一个最核心的问题即法律冲突问题需要在谈判与签订涉外合同时予以明确回答或给出解决答案。而国际私法正是回答这些问题的法律部门。因此,随着涉外民商事法律关系的深化和泛化,国际私法也必然随着其调整对象的发展变化而不断革新,在构建国际民商事新秩序中发挥其独特作用。

二、涉外民商事关系的法律冲突产生的原因和条件

关于涉外民商事关系的法律冲突产生的原因和条件,各国学者的概括和总结并不统一。有学者认为,法律冲突的产生有五个条件或原因:内外国人的频繁交往、外国人民事权利地位得到承认、内外国法律存在差异、国家司法权的独立自主以及允许内外国法律的并用。[①] 而另外一些学者认为法律冲突产生的最基本的条件或原因只有两个:一是世界上并存许多具有平等主权的国家,它们各自有自己独特的法律制度;二是这些国家的自然人和法人,需要在民法、家庭法及劳动法等关系中建立接触与联系,并希望得到外国的保护。[②] 此外,还有学者从内外国两方面的立场来分析这个问题,就内国来说,它应该承认外国人在自己境内的平等的法律地位,在一定的民商事关系中,承认外国法律与自己的法律具有同等的价值;而就外国来说,它也要承认自己在他国的公民必须服从他国的管辖,同时也希望他国在一定范围内承认自己的公民依自己的法律在本国已取得的权利。还有学者认为法律冲突的产生主要有四方面的条件或原因:各国人民往来频繁、有些民商事法律关系含有涉外因素、各国民法互相歧异、对含有涉外因素的民商事法律关系在一定范围内有适用外国法的必要和可能。[③] 虽然,对于涉外民商事关系的法律冲突产生的原因或条件有不同的看法,但实际上大同小异。

---

① 参见翟楚:《国际私法纲要》,国立编译馆1935年版,第1章第1节。

② See Pavel Kalensky, *Trends of Private International Law*, Chapter Ⅱ, Martinus Nijhoff Publishers, 1971.

③ 中国大百科全书出版社编辑部编:《中国大百科全书·法学》,中国大百科全书出版社1984年版,第228页。

通说认为，在处理涉外民商事关系时之所以会产生法律适用上的冲突，主要存在以下四个方面的条件或原因：一是在现实生活中大量出现含有涉外因素的民商事关系；二是所涉各国民商法上的规定并不完全相同；[①]三是各主权国家的司法权独立；四是各主权国家为了发展对外经济贸易关系，需要赋予外国人在内国的平等的民商事权利地位，并且在一定范围内承认所涉外国法的域外效力（Extraterritorial Effect）。就这四个条件来看，前两者可以说是发生法律冲突的客观原因，但如果主权国家在这样的现实生活面前，不采取后面两项政策，则法律冲突仍然是不会发生的。

实际上，我国早在汉唐以前，就已有涉外民商事关系发生。到唐朝便有“诸化外人同类自相犯者，各依本俗法（按现代话语体系解读，即各依他们的本国法）；异类相犯者，以法律论（即依唐朝的法律论处，按现代话语体系解读，就是适用法院地法）”的规则，这类立法规范实际上可视为典型的冲突法规范。可是，后来由于我国资本主义生产关系长期得不到发展，及至明清时期涉外民商事关系的产生和发展受到种种限制，从而使冲突规范也就失去了存在的基础与价值。到 19 世纪下半叶以后，清王朝与国民党政府均相继奉行“屈膝投降”政策，许多国家通过不平等条约在中国攫取了领事裁判权（Consular Jurisdiction），使外国人在中国处于超越中国立法与司法管辖之上的特权地位。在这种情况下，国家主权都不完整，自然也就无法谈法律适用上的自主决定的权力。旧中国的北洋政府虽曾于 1918 年颁布过一个《法律适用条例》，后来蒋介石的国民政府又予明令以援用，但因有外国在中国的领事裁判权存在，实际上未发生什么作用。直到第二次世界大战后，废除了不平等条约和领事裁判权，才使我国涉外民商事法律关系得以初步发生，自

---

① 如世界各国关于结婚年龄的规定就差别较大，当今世界 168 个国家法定最低婚龄为 18 岁（《瑞士民法典》第 96 条规定为男 20 岁，女 18 岁；而中国《民法典》婚姻家庭篇第 1047 条规定为男 22 周岁，女 20 周岁），16 个国家法定最低婚龄为 16 岁或 17 岁（《日本民法典》第 731 条规定为男 18 岁，女 16 岁），科威特等两个国家法定最低婚龄为 15 岁，伊朗的法定最低婚龄为 13 岁（美国新罕布什尔 1902 年《家庭法》第 457 条规定为男 14 岁，女 13 岁），黎巴嫩的法定最低婚龄为 9 岁。参见 Megan Arthur et al.，*Child Marriage Laws around the World：Minimum Marriage Age，Legal Exceptions and Gender Disparities*，Journal of Women，Politics & Policy，Vol. 39，No. 1，2018；http://www. worldpolicycenter. org/topics/marriage/policies/htm（accessed January 30，2021）。

1946年1月至1948年4月,上海法院审判涉外案件并适用国际私法者,已有187次。[①] 中华人民共和国成立之后,不但彻底废除了各种不平等条约,真正取消了外国人在华的一切特权,而且出于发展与各国人民的友好交往和经济联系的需要,一方面通过《中国人民政治协商会议共同纲领》和《宪法》以及各种有关的特别法赋予外国人、外国企业与经济组织在我国从事法律所允许的各种民商事活动的平等权利地位;另一方面在许多民商事关系中于一定条件下也承认外国法的域外效力,这时,法律冲突才在我国各种涉外民商事关系中成为一个现实的问题。1986年《民法通则》之所以专设第八章“涉外民事关系的法律适用”,便是为了适应这一需要。

欧洲的情况也差不多,从出现含有涉外因素的民商事关系到产生法律适用上的冲突,也经历了一个漫长的历史发展过程。早在奴隶制国家产生后,在商品交换过程中,便已经出现了一些涉外民商事关系,但并未占据主导地位。因为:第一,在当时交通还很不便利的情况下,这种涉外民商事生活还未成为国家民商事生活的一个重要方面;第二,古罗马国家也不承认外来人(Peregrin)在罗马境内享有罗马市民法(Jus Civile)上的各种权利;第三,它更不承认罗马以外国家的法律与罗马法具有同等的价值。因此,尽管到了3世纪以后,对罗马人与外来人之间、外来人与外来人之间的民商事关系,已经适用一种不同于市民法的万民法,但这种万民法也只是罗马国家的国内法,根本不会发生法律冲突或法律选择的问题。只是到了十二三世纪以后,意大利北部居于当时东西方贸易孔道的各城市取得了相当大的自治权力并发展成为城邦(City State),并且各城邦都制定了自己的特别法即“法则”(Statuta),为了保护和发展这种当时已大量发生的涉外民商事关系,彼此相互承认这种特别法的域外效力时,法律适用上的冲突才成为法学家们注意与研究的重要问题。解决这种法律冲突的国际私法才逐渐产生和发展起来。

因此,就上述产生法律冲突的几个条件来看,含有涉外因素的民商事关系大量发生和所涉各国法律规定的不同,只是提供了产生法律冲

---

① 参见洪应灶:《国际私法》,台北,中国文化大学出版社1980年版,第4页;阮毅成《中国国际私法制度的建立》一文,对中国国际私法制度,在不平等条约及领事裁判权存在时期的情况,有较详细的论述,参见马汉宝主编:《国际私法论文选辑》(上),台北,五南图书出版股份有限公司1984年版。

突的客观可能性,而要使这种可能性成为现实,还必须有后面两个条件。因为如果世界各国不发生民商事往来,不仅一个国家的公民及其财产不会与其他国家产生任何关系,而且其他国家的公民及其财产也不会出现在这个国家的国内,也不会在其国内产生与其他国家有关联的法律事实。这样,各国民商事法律只在本国范围内实施,民商事法律冲突自然也就无法产生。只有在世界各国涉外民商事关系大量出现,才会提出依哪个国家的法律解决涉外民商事争议问题,才会面临法律冲突问题。可见,含有涉外因素的民商事关系大量发生是法律冲突产生的前提条件。如果只存在涉外民商事关系和各国法律的差异,而缺乏司法权独立和承认外国法的域外效力这两个条件,也不会产生法律冲突。因为当今世界,在各国不赋予外国人平等的民商事权利地位的领域,或在主权国家出于重大利益与安全考虑而不承认有关外国法的域外效力的社会生活关系中,依然不可能产生法律适用上的冲突与法律选择问题。

因此,在处理涉外民商事争议的过程中,应在必要时尽可能承认外国法的域外效力并适用外国法。这主要是由于国际经济交往在现今所有各国的经济生活中都已占据极为重要的地位,为了发展平等互利的经济关系,他们彼此之间都迫切希望依自己的法律设定的某些权利义务关系能够得到对方的承认与保护。在涉外民商事生活领域中,各国相互承认彼此法律的域外效力,并根据需要适用对方的法律,已是国际社会的普遍现象。既然国际私法调整的是一种含有外国因素的社会关系,就不应该忽视它的这一本质特征而把它当作纯国内关系去对待和处理。不仅如此,对于一个涉外关系来说,其成立往往在一个国家,而争议的提出往往在另一个国家,当事人常常不能预料他们在甲国成立的法律关系,竟会在一个原来与该关系毫无所涉的乙国法院争讼,在管辖法院纯属偶然的情况下,要求一概只适用法院国的内国法,①也是不公正不合理的。如果这样,便会引起当事人去挑选法院,就会引起国

---

① 从国际私法的角度,可把法律划分为:国际法和国内法(National Law 或 Municipal Law)。而国内法又可作以下的划分:内国法(Domestic Law)和冲突法(Conflict of Laws)。可见"国内法"这个概念,主要是在与"国际法"相对称的意义上使用的。但在国际私法中有时还必须从国内法中把属于冲突法的那一部法律划分出来。因而除冲突法之外的那些国内法,就只有称为"内国法"了。所以在国际私法上称"内国法"的,只是除去冲突法以外的那些"国内法"。参见李双元:《国际私法(冲突法篇)》(修订版),武汉大学出版社 2001 年版,第 5 ~ 10 页。

际私法关系法律秩序的混乱,就会有害于国际民商事法律秩序的安全。因此,在处理国际民商事法律关系时,在一定条件下,承认外国法的域外效力,完全是必要和合理的。

三、涉外民商事关系的法律冲突的实质

由于各国民法规定的不同,加上内国法院在处理涉外民商事法律关系时,又承认外国民法的域外效力,这就产生了法律适用方面的冲突。国内一些学者曾明确地指出:这种法律适用方面的冲突实质就是"外国法律的域外效力与内国法律的域内效力,或内国法律的域外效力与外国法律的域内效力之间的冲突"。[①] 所谓法律的域内效力(Territorial Effect),就是指一国法律所具有的及于其管辖领土内一切人、物和行为的效力。法律的域内效力主要表现为国家的属地优越权(Territorial Supremacy)。而所谓法律的域外效力(Extra-territorial Effect),则是一国法律在制定者管辖领土以外尚能发生的效力。法律的域外效力则主要表现为国家的属人优越权(Personal Supremacy)。国家在行使自己的属人优越权时会与他国的属地优越权发生抵触,或者相反,国家在行使自己的属地优越权时会与他国的属人优越权发生抵触。因此,在处理国际私法关系时,体现主权权力的属地优越权与属人优越权,实际上是一个矛盾统一体的两个不同方面。但是必须指出,在这两个方面之间,国家的属地优越权居于矛盾的主要方面,因为国家要对其在外国领域内的公民行使属人优越权时,必然会受到他国属地优越权的抵制或限制。依据国际法,一切外国公民除依所在国法律或依所在国已接受的国际条约或国际惯例享有外交豁免权者外,必须服从所在国的法律,并且接受所在国的司法管辖。国际法还认为,只要本国公民在他国受到公正合理的待遇,或者在本国公民于他国遭到非法侵害时,他国并非拒绝司法(Denial of Justice)或不当地迟延审判(Delay of Justice),本国政府就不能对其公民行使外交保护权。在国际民商事关系方面,尽管各国常常根据自己的属人优越权,在自己的立法中规定某些内国法要对其在外国的公民适用,不过,这种规定若得不到有关国家的承认,是不会发生

---

① 姚壮、任继圣:《国际私法基础》,中国社会科学出版社 1981 年版,第 23 页。

什么作用的。例如,《法国民法典》第3条规定,关于个人身份与能力的法律,适用于全体法国人,即使其居住于外国时亦同。如果一个法国商人离开法国而去到一个法律依住所原则适用属人法的国家并在该国建立了住所,那么在有关该法国商人身份与能力的诉讼中,该国法院只有在承认法国法上述规定的域外效力的情况下,法国法的上述规定才能得到适用。这一点,在判决的国外承认与执行问题上表现得十分明显。沃尔夫曾经指出,在国际私法的一切问题中,一国判决在他国的承认与执行,可能是最为重要的问题。因为判决如果得不到有关外国的承认,它就只能在法院国发生效力,它所确认的法律关系一旦到了外国就会被否定。而对于涉外案件的许多判决,法院国原本是希望能发生域外效力的。要发生这种域外效力,就非得到外国的承认不可。因此,反过来说,如果上述适用住所地法作属人法的国家的法院,要判决一个法国人的身份与能力问题,同时又希望它的判决在法国也得到承认,它便会对自己法律的域内效力作出限制,而承认法国法上述规定的域外效力。① 所以,各国在行使自己的属地优越权时,出于发展正常国际民商事交往的需要,往往自愿通过国内法中的特别规定尤其是通过冲突法的规定,或国际条约的规定而加以适当的限制,但这毕竟只是一种自我限制。正如法国国际私法学家巴丁所指出,法院适用外国法乃是一种对于自己国家主权的自愿的自我限制,②而不能说外国法或外国判决当然要在内国发生域外效力。有些学者还认为,在含有外国因素的案件中,应当承认外国法的效力,是由于在这个世界上存在如此众多的独立的国内法制度,而它们的差别又如此重大,各种各样的日常生活中发生的法律关系又需要由它们来调整,这就使一国法院必须去考虑有关另一国的法律规则。在自己所辖的领域之内,主权虽是"至高无上"的,但对当今世界的民商事生活,也是不可躲在主权原则的背后,而仅以外国法与自己的不同而加以拒绝。首先,如果在审理涉外案件时一概只适用法院国自己的法律,往往会导致司法的严重的不公正的;其次,法院如果要以一种理性的态度来执行审

① See Martin Wolff, *Private International Law*, Clarendon Press, 1950, p. 528.

② See Ronald Harry Graveson, *Conflict of Laws: Private International Law*, 7th ed., Sweet & Maxwell Ltd., 1974, p. 46.

判包含有外国因素案件的有关的政策,它也理所当然地应当考虑到与案件相关的外国法。正是外国法的域外效力与内国法的域内效力或内国法的域外效力与外国法的域内效力之间的冲突这一实质催生了冲突法或国际私法,并使其在不断地解决涉外民商事关系纠纷过程中彰显特殊功能并日益走向成熟和发达。

四、涉外民商事法律冲突的类型

国际私法意义上的法律冲突(Conflict of Laws),主要指对同一涉外民商事关系因所涉各国立法不同且都有可能对它进行管辖而产生的法律适用上的冲突。[①] 它主要涉及不同国家的法律之间的冲突,属于国际性冲突。当两个或两个以上国家的法律同时调整同一涉外民商事法律关系时,两者竞相要求适用,从而导致该涉外民商事法律关系在法律适用上的抵触现象,就是国际私法意义上的法律冲突。对于该涉外民商事法律关系究竟应适用哪一个国家的法律,裁判时应作出明确的选择,这就会出现法律选择问题。从一定程度上说,法律选择与法律适用都是属于同一层面的,即在涉外民商事法律关系出现纠纷以后解决法律冲突所应采取的行动,两者含义大同小异,法律选择注重过程,法律适用则更倾向于结果而已。匈牙利国际私法学者伊斯特万·萨瑟(István Szászy,1899—1976年)对法律冲突的界定独具特色,他指出:“法律冲突一词必须在比喻意义上加以理解。它仅仅是明喻,指出由法律支配的事实或法律关系与几种法律制度相联系,并且必须决定几种法律制度中的哪一种应适用于实际案件。”[②]实际上,法律冲突的表现形式是多种多样的,按照不同的划分标准,可分成不同类型,如国际法律冲突与国内法律冲突、空间法律冲突与时间法律冲突、静态法律冲突与动态法律冲突、积极法律冲突与消极法律冲突、真实法律冲突与虚假法律冲突、[③]实

---

① 参见蒋新苗主编:《国际私法》,北京大学出版社2018年版,第55页。

② István Szászy, *Conflict of Laws in the Western, Socialist and Developing Countries*, Kluwer Academic Publishers, 1974, p. 25.

③ 美国冲突法学者柯里将法律冲突划分成“真实冲突”和“虚假冲突”。参见李双元:《国际私法(冲突法篇)》(第3版),武汉大学出版社2016年版,第246页。

体法律冲突与程序法律冲突，等等。[①] 对于法律冲突的分类问题，在此不过多予以讨论。考虑国际私法解决国际法律冲突时通常会遇到难以回避的区际冲突、人际冲突和时际冲突等问题，这里分别对其在解决涉外民商事法律关系法律适用过程中的地位与作用进行简要分析。

（一）法律的区际冲突

法律的区际冲突（Interregional Conflict of Laws）是指一国内部不同的地区或法域之间私法的冲突。解决一国内部不同地区之间民商事法律冲突问题的区际冲突法又称区际私法（Private Interregional Law）。实际上，在西方许多国家国际私法首先就是在解决其内部不同地区的区际法律冲突的基础上发展起来的。这种区际法律冲突，美国称为“州际法律冲突”（Interstate Conflict of Laws），而有些国家则称为“省际法律冲突”（Interprovincial Conflict of Laws）。在日耳曼帝国时代，各省之间、省的某一部分与其他部分之间、不同教区之间，甚至在同一个城市的不同区域之间各有自己的特别法，从而发生区际法律冲突。例如，在Braaslan，直到1840年1月1日，在继承、夫妻财产制等方面，便共有五种不同的特别法和习惯法，它们的适用均只限于一定地域。邻居之间常因坐落于不同的法域而要适用不同的法律，甚至一座房子位于不同法域的交界处，房子的一部分隶属此法，而另一部分却隶属另外的法律。[②] 如今，这种区际法律冲突多见于联邦制国家。例如，美国各州因都保留有相对独立的立法权，各有自己的民商法制度，法律冲突便不免时常发生。美国的国际私法也是在这种内部的州际私法冲突的基础上发展起来的，而且主要也是解决州际冲突的。不仅如此，这种区际法律冲突在一些单一制国家中也可能发生。例如，第一次世界大战刚结束时的波兰就存在德国法、奥地利法、匈牙利法、俄国法、法国法等不同法域，因此，1926年波兰颁布单行国际私法时，同时还颁布了一个波兰的区际私法。在英国，其内部的英格兰、苏格兰和北爱尔兰的民商法制度

---

① 有的学者将国际私法中的法律冲突区分为：国际法律冲突、区际法律冲突、人际法律冲突与时际法律冲突等。参见李双元主编：《国际私法》（第5版），北京大学出版社2018年版，第125页。也有国际私法学者对法律冲突作了如下划分：公法冲突和私法冲突，积极冲突和消极冲突，立法冲突、司法冲突和守法冲突，平面的法律冲突和垂直的法律冲突。参见韩德培主编：《国际私法》，高等教育出版社、北京大学出版社2007年版，第84～85页。

② 参见[德]萨维尼：《现代罗马法体系》（第8卷），法律出版社1999年版，第10～11页。

也不一致。而我国香港特别行政区、澳门特别行政区及将来海峡两岸统一之后的台湾地区,必然存在几个不同法律区域,也会出现这种一国之内不同法律区域之间的法律冲突现象。

在19世纪以前,国际私法主要是作为区际私法发展起来的,直到现在,两者在大多数原则与制度上还是共通的。因而,有学者将区际私法称为准国际私法,"准国际私法者,谓虽非国际私法而可准用国际私法的原则之法则也;换言之,即同一国家内解决法律冲突之规则也"。[①]在国际私法运用国籍作属人法的连接点指引一个内部存在多数法域的国家的法律时,它有时还需要求助于该国的区际私法中的有关规定来解决当事人属人法的确定问题。

但是,国际私法与区际私法二者也还存在一些差别。首先,适用范围不同。区际私法是解决一国内部不同的地区或法域之间私法的冲突,而国际私法是解决不同国家的法律之间私法的冲突。例如,一个在纽约州有住所的人与一个在伊利诺伊州有住所的人结婚,其结婚实质要件是依纽约州法还是依伊利诺伊州法,就是区际法律冲突,需要用区际私法来调整;而一个在纽约州有住所的美国人与一个在东京有住所的日本人结婚,其结婚实质要件是依美国法还是依日本法,就是国际法律冲突,需要由国际私法来调整。其次,制约因素不同。区际私法解决的既然是一国之内不同地区或法域的法律冲突,在许多情况下,不同地区或法域的法律的近似性会更大,而且往往还要受到中央宪法的制约。例如,在美国,它的冲突规则在适用于解决内部州际冲突时,就要受到联邦宪法中"充分诚意与信任条款"(The Full Faith and Credit Clauses)、"适当程序条款"(The Due Process Clauses)、"优惠与豁免条款"(The Privileges and Immunities Clauses)和"平等保护条款"(The Equal Protection Clauses)的限制。这表现在"公共政策"(Public Policy)运用于内部州际之间的法律冲突远比运用于国际之间的法律冲突有更为特别的要求。最后,连接点不完全相同。在解决区际私法冲突时,国籍这个连接点也完全不起作用,而在国际私法冲突中,国籍却是一个很重要的连接点。

---

① 陈顾远:《国际私法总论》,会文堂新记书局1933年版,第37~39页。

（二）法律的人际冲突

法律的人际冲突（Interpersonal Conflict of Laws）是指一国之内适用于不同宗教、种族甚至不同阶级的人的法律之间的冲突。调整这种人际法律冲突的法律制度又被称为人际私法（Private Interpersonal Law）。欧洲国家早期曾在法律适用方面采取绝对属人主义。当时尽管日耳曼人已征服欧洲，但由于他们未能建立起强大的统一的政权，在其辖区内，罗马人仍适用罗马法，日耳曼人适用日耳曼种族法（Tribe Law），法兰克人适用法兰克种族法。9世纪时，里昂的亚戈巴特大主教曾写道："常常有走在一起或坐在一起的五个人中，每人都在他自己法律的效力下生活。在人口混杂的地方，如在意大利，惯常在契约中得写明当事人各自所服从的法律。审案人员也得讯问原告和被告各受什么法律支配。"①因此，在一个法律关系中，如果主体来自两个种族，就会提出适用其中每一人所属法律的问题。这种现象在近现代仍可找到。例如，在第二次世界大战以前，奥地利一国之内的天主教徒、基督教徒和犹太教徒就适用不同的婚姻法；在印度、土耳其、叙利亚等国，当事人也往往因宗教不同而适用不同的婚姻法。对于这种人际私法冲突的解决，在6～10世纪便形成了一些类似于现代冲突规范的原则，如当事人缔约能力各依其习惯法、侵权行为责任依加害人的习惯法、继承依被继承人的习惯法、婚姻的缔结依丈夫的习惯法、财产转移依转移人的习惯法，等等。尽管这些原则在形式上与现代冲突规范有相同之处，而且也具有法律适用法或法律选择法的性质，但是由于它要解决的不是两个国家或两个不同法域的法律冲突问题，而是在一个主权之下，哪一个当事人所属的法律应适用于有关法律关系的问题，所以，不能简单地认为这种解决人际法律冲突的原则就是国际私法的冲突法原则或国际私法的冲突规范。②

实际上，人际私法与国际私法具有本质的区别：第一，适用对象不同。国际私法解决的是不同国家法律的空间冲突问题，而人际私法所要解决的是一个国家内部不同类别的人适用不同法律的问题，一般不含有涉外因素。第二，连接点的功能不同。国际私法依靠传统的连接

---

① ［苏联］隆茨：《国际私法》，顾世荣译，人民出版社1955年版，第55页。

② 参见李双元：《国际私法（冲突法篇）》（修订版），武汉大学出版社2001年版，第12～16页。

点决定法律适用,而人际私法的连接点不是具有空间或地域意义的事实因素,则是以所涉及的有关当事人来指引应适用该人所属的法律。不过,人际私法与国际私法并非毫不相干,两者还是具有一些共同之处,诸如均采用间接调整方法来解决法律冲突问题。

(三)法律的时际冲突

法律的时际冲突(Intertemporal Conflict of Laws)是指可能影响同一民商事关系的新法与旧法、后法与前法之间的冲突。解决这种法律时际冲突的法律制度称为"时际私法"(Private Intertemporal Law)或"时际法"(Intertemporal Law)。例如,在法国,直到1912年以后才通过法律允许非婚生子对其父提起确认父子关系的诉讼,现在假如一个1910年出生的法国人于1960年在纽约州法院对一个住所在纽约的美国人提起此种诉讼,这时,该法院就不仅首先要考虑美国纽约州的法律和法国法的冲突问题,即法律的空间冲突问题,而且在确定应适用法国法后,还要考虑1912年以前和以后的法国法中不同规定之间的冲突,即法律的时间冲突问题。时际法法律冲突也是国际私法中需要解决的一个重要问题。德国学者奥托·康·弗罗因德曾指出:国际私法中"Where"这个词固然十分重要,但"When"这个词也不容忽视。这也就是说,国际私法固然主要解决应适用"什么地方"的法律这个问题,但往往也会提出应适用"什么时候"的法律的问题。[①] 萨维尼的国际私法名著《现代罗马法体系》(第8卷)的书名便称为《法律规则的地域效力与时间效力问题》。他在该书中,不但首次系统研究了法律的空间或地域冲突,而且也最早着手同时研究法律的时际效力冲突问题。时际法律冲突主要不是解决法律的场所冲突的,尽管有时也会提出究竟应适用前一国籍(或住所、或所在地等)还是后一国籍(或住所,或所在地等)的法律的问题,但这种情况在时际法上又叫"动态冲突"(Conflicts Mobiles),似乎应包含有场所冲突在内。例如,在对动产的可转让性问题适用所在地法的情况下,一项动产从甲国移至乙国,在对人的能力适用其国籍国法或住所地法时,某人由甲国国籍或住所改为乙国国籍或住所,在这些情况下,都会提出究竟应适用前一国法律还是后一国法律

---

① See Otto Kahn-Freund, *General Problems of Private International Law*, Sijthoff & Noordhoff, 1980, pp. 150 - 160.

的问题。国际私法主要解决的法律冲突是指同一场所可能同时发生效力的两个法律之间的冲突，与时际法所要解决的前后两个场所或同一场所前后两个法律之间的冲突，在性质上是不相同的。而究竟如何解决时际法律冲突问题，国际私法理论与实践尚无定论。各国一般根据法律关系的不同性质，从有利于案件的公正合理解决出发，视情况采取可变更主义和不可变更主义两种截然相反的立场。所谓“可变更主义”就是允许采用变更后的新连接点指定的准据法。所谓“不可变更主义”是指准据法的指定不应因连接点的改变而改变，以防止当事人之间的权利义务关系发生不合理的改变，并防止当事人通过改变连接点达到改变准据法而规避法律的目的。例如，2007 年修订的《土耳其国际私法和国际民事诉讼法》第 3 条规定，除法律另有规定外，当需要依据国籍、住所或惯常居所来决定法律适用时，则以审理案件时的国籍、住所或惯常居所为准。再如，2015 年修订的《奥地利联邦国际私法法规》第 7 条规定，对选择法律有决定意义的必要条件后来发生变化的，对已完成的事实不发生影响。①

总之，虽然区际私法、人际私法、时际私法，都属于国际私法中所涉及的问题，但是必须看到，它们所要解决的已不是和国际私法处于同一平面的问题，而是在冲突规范指定应适用某一国法律之后才提出的，所以，匈牙利国际私法学家萨瑟把它们统统归入“二级冲突”之中，而国际私法的冲突要解决的则是属于“一级冲突”的问题。②

五、解决涉外民商事关系法律冲突的主要途径

解决涉外民商事关系法律冲突的途径也就是解决涉外民商事关系法律冲突方法。纵观古今中外各国的理论与实践，解决涉外民商事关系法律冲突的途径主要有两种：间接调整的方法与直接调整的方法。

（一）间接调整的方法

在历史上，为了解决涉外民商事关系中的法律适用冲突问题，最早开始采用且一直沿袭至今的办法就是运用冲突规范来指定应适用的法

---

① 参见李双元、欧福永主编：《国际私法》（第 5 版），北京大学出版社 2018 年版，第 131 页。

② See István Szászy, *Private International Law in the European People's Democracies*, Publishing House of The Hungarian Academy of Sciences, 1964, pp. 115 – 118.

律的间接调整方法。

所谓间接调整方法(Indirect Regulating Method),就是指在解决涉外民商事关系中的法律适用冲突问题时,通过冲突规范来指定各种不同性质涉外民商事关系应该适用的准据法,而不直接规定当事人的权利义务关系。例如,公元652年完成的《唐律疏义》中的"诸化外人,同类自相犯者,各依本俗法;异类相犯者,以法律论"这一兼用于民刑事的冲突规则;14世纪意大利法则区别说的集大成者巴托鲁斯在他的学说中提出的"契约方式依行为地法、契约的预期效果依缔约地法以及契约的履行依履行地法等冲突规则";1804年《拿破仑法典》第3条第2款规定"不动产,即使属于外国人所有,仍适用法国法律"的冲突规则;等等,都只起指定有关涉外民商事关系应适用的某国实体法作准据法的间接调整作用。在解决涉外民商事法律关系的司法实践过程中,运用冲突规范进行间接调整的方法,一般需要经过两个基本步骤:第一,适用冲突规范找出某个涉外民商事关系应以何国法作准据法;第二,适用该准据法来确定该涉外民商事关系当事人之间的权利义务。

由于这种解决途径,只指出有关的民商事关系应适用哪一国家的法律,而没有明确地直接规定当事人的权利义务,因而它只起到一种"间接调整"的作用。而且这种冲突规范主要只做管辖权选择,即只就有关民商事关系指定一个立法管辖权,而不问该管辖权国家调整这种民商事关系的立法的有无以及立法的具体内容;加之这种指定准据法的冲突规范又为各国国内法所规定,往往并不一致,这就给国际私法司法实践增添了无数难题。例如,被指定的国家的法律是否也包含了它的冲突法,被指定的国家有无有关的立法,查明这些外国立法的责任究竟应该由谁来承担,或被指定的国家虽有有关立法,但并不符合案件的具体情况,或者其适用会带来与法院国国家或社会的重大利益、法律制度或道德准则严重抵触的后果,这时究竟应如何处理?更大的难题还在于,当事人在争议发生并诉诸法院之前,会一直不知道有一个什么样的命运落到他的头上,即不知道会有一个什么样的法律用来决定他们之间的具体权利义务关系;或者在他早已知道这种命运时,他就会到一个能适用对他最为有利的法律的法院提起诉讼,从而又导致产生大量发生挑选法院(Forum Shopping)甚至规避法律(Evasion of Law)等现象。为了解决作为间接调整手段的冲突规范所带来的这些问题,又相继产生了反致、公共秩序保留、外国法的查明与法律规避等一系列相关的制度。所有这些都有可能造成涉外民商事法律关系问题解决的不确定性。

一般而言,早期的冲突规范纯属各个国家自己的规定且彼此相差甚大。正是由于各国冲突法律规范各不相同,难免导致同一涉外民商事法律关系,在不同国家涉讼,可能适用不同的冲突规范,从而形成不同的判决结果。这实际上还仍然属于"法律的冲突丝毫未得到解决"。于是,19世纪中叶开始,意大利孟西尼、荷兰阿瑟等法学家便积极倡导通过国际条约、制定各国统一适用的冲突规范,来防止各国因适用不同的冲突规则导致适用不同国家的实体法得出相互矛盾的判决结果,并且借以防止当事人挑选法院。尽管这方面的国际努力已取得一定的成果,但并未彻底改变上述状况。从理论上说,由于在缔约国之间根据统一冲突规则,对同一涉外民商事法律关系,无论在其中哪一国处理,均会指定适用同一国家的法律,判决结果自然地也就可以一致起来。因此,在实践中,统一冲突法的活动已日趋发展,但是,这种统一的冲突规范指引的某个国家的法律仍然只是该国的国内法,并不是专门针对国际社会情况而制定的,也就难以达到理想的效果,甚至还不一定符合国际社会民商事法律关系产生和发展的实际情况。冲突规范作为一种间接规范,与实体规范相比较,因其不直接规范当事人的权利义务,还难以使当事人预见法律行为的后果,而且由于受国家主权观念、案件结果与法院国的利害关系以及调查和适用法律上的司法便利等因素的影响,使冲突规范最初指引的法律同法院最终用来调整某涉外民商事关系当事人权利义务的法律也往往不相一致。例如,一个中国人在1990年死亡时在日本东京设有住所,并在东京留下若干动产,未立遗嘱,其继承人因析产不均于当年诉诸日本法院。日本法院受理该涉外继承案件后,便要适用1989年《日本法例》第26条关于"继承依继承人本国法"的规定,从而认定应适用中国法律处理该涉外继承案件。但日本法院在案件审理过程中,查明中国1986年《民法通则》第149条规定"遗产的法定继承,动产适用被继承人死亡时住所地法律",从而将应适用的法律指回日本法。这时,日本法院究竟应依被继承人的本国法(中国法)还是他的住所地法(日本法)来处理这个继承案件呢?其判决的结果,是否能为中国继承人所接受?符不符合公正原则?如此等等,常常在一个涉外民商事案件中发生。因此,在采用以冲突规范作间接调整方法时,其司法程序也相对复杂。所以,自19世纪末以来,国际私法的理论研究者和实务工作者便开始探寻解决法律冲突的其他途径。这样就有学者提出了与间接调整方法相对应的另外一种方法,即运用统一实体法规范的直接调整方法。无论出现何种调整涉外民事法律关系的方法,但只要世界上还存在不同的主权国家,只要各个国家的法律还没有完全统一,那么,冲突规范就还将继续发挥其他法律规范所无法替代的特有功能。

(二)直接调整的方法

所谓直接调整方法(Direct Regulating Method),主要是指有关国家间通过双边或多边国际条约的方式,制定统一的实体法,用以直接支配涉外民商事法律关系当事人权利义务关系,从而避免或消除法律冲突和法律选择。由于适用统一实体法规范避免了在国际民商事交往中可能发生的法律冲突,有的学者称其为"避免法律冲突的规范",而冲突规范则被称为"解决法律冲突的规范"。美国国际私法学者塞缪尼德斯(Symeon C. Symeonides,1949—)教授曾指出:在调整涉外民商事法律关系以及解决法律适用的冲突方面,统一实体法的方法更早于冲突法的解决办法。在罗马帝国消亡和冲突法产生之前,罗马外事法官最早就是运用"实体法方法"来调整罗马涉外民事关系的。只是这种实体法是由审理案件的外事裁判官直接综合所涉各国与案件有关的实体法,从而形成一种与所涉各国有关实体规范都不相同的,同时也只适用于本案的实体法。[①] 实际上,为了共同对付这种法律冲突现象,19世纪末和20世纪初,国际上才真正出现了与间接调整方法不同的另一种实践,从而又产生了另一种解决法律冲突问题的途径,就是有关国家间通过国际条约,制定一些统一的实体规范(Uniform Substantive Rules),把彼此在实体民商法上的歧异规定统一起来,并供缔约国的当事人直接适用于有关民商事法律关系,从而消除法律冲突,避免在不同国家的国内法之间进行艰难的选择。由于这种统一实体法直接、明确地规定了

---

① See Symeon C. Symeonides, *Private International Law at the End of the 20th Century: Progress or Regress?*, Kluwer Law International, 2000, pp. 20 - 21.

当事人之间的权利义务关系,因此,对有关涉外民商事法律关系的调整,就出现了一种国际统一的直接规定的方式。例如,1980 年《联合国国际货物销售合同公约》第 52 条就是统一实体法性质的法律规范,[①]对于国际货物销售合同关系中的卖方和买方在卖方提前交货和多交货物时的权利义务进行了明确规定。国际货物销售当事人可以直接根据其处理卖方提前交货和多交货物方面的权利义务关系,而不需要借助冲突规范指引准据法。这就属于处理涉外民商事法律关系的直接调整方法。再如,在解决国际贸易合同关系中的违约责任时,有关国家之间事先在贸易协定中约定,一旦发生这种情况,直接适用协定中规定的实体规则,从而既不适用甲国法,也不适用乙国法。这也是一种直接调整方法。因此,有学者认为,这种统一实体法较之通过冲突规范来指定适用某一国家的国内法,更为明确、更加具体,更有利于消除国际经济贸易关系的法律障碍。但是,必须指出,在民族国家还存在的历史时代,在与国际贸易直接或间接有关的一些领域中,通过国际条约制定这种统一实体法,因其有利于国际经济的交往,肯定是有很大发展前途的。但统一实体法的发展不可能迅速蔓延,因为其他如婚姻家庭与继承等领域,则至少在可以预见的将来,还很难有这种统一实体法产生的可能性。可见,用统一实体法规范调整涉外民商事关系较之适用冲突规范确实前进了一步。但是,这并不意味着统一实体法规范可以起完全取代冲突规范的作用,因为采用直接调整方法在国际私法关系上,也有其自身的局限性。概言之,直接调整方法的不足之处主要表现在两个方面:第一,直接调整方法的适用领域具有一定局限性。直接调整方法并不能解决国际私法领域的所有法律冲突,这在婚姻家庭法领域表现较为明显。在继承、婚姻等带有人身性质的法律制度方面,因不同民族和不同国家的历史传统与风俗习惯均不相同,且已渗透到每一个法律条文,尽管人们在这些领域做了许多努力,至今尚未能制定出统一实体法。因此,在涉外婚姻和继承领域,仍然需要依靠冲突规范这种古老而又特有的间接调整方法。此外,统一实体法适用领域的局限性还表现

---

① 《联合国国际货物销售合同公约》第 52 条规定:(1)如果卖方在规定的日期前交付货物,买方可以收取货物,也可以拒绝收取货物。(2)如果卖方交付的货物数量大于合同规定的数量,买方可以收取也可以拒绝收取多交部分的货物。如买方收取多交部分货物的全部或一部分,他必须按合同价格付款。

在一个实体法公约常只适用于某种法律关系的某一方面,而在其他方面依然还需要依靠运用冲突规范的间接调整方法。例如,1980年的《联合国国际货物销售合同公约》第2条、第3条就明确规定了它不适用于所列举的多种合同,而对它所适用的合同,也只限于合同的形式、成立和因合同而产生的买卖双方的权利和义务,同时还将产品责任也排除在外;1883年的《保护工业产权的巴黎公约》也仅规定了工业产权国际保护的四项基本原则和制度。因此,在这两个领域中的其他许多问题的解决,仍得适用有关的冲突规范来指引应适用的法律。第二,直接调整方法的功能具有一定局限性。即使在已经制定并适用统一实体法规范的那部分涉外民商事领域,冲突规范的间接调整方法仍将起作用。统一实体法主要见之于国际公约,但国际公约原则上只对条约的缔结国或参加国有约束力,如果涉外民商事法律关系有一方当事人并非该公约缔约方的法人或自然人,那么,公约中的统一实体法规则就不一定能用来调整该涉外民商事法律关系当事人的权利和义务。更何况有些统一实体法公约并不排除当事人另行选择法律的权利。而对于统一实体法性质的国际惯例,其作用同样相当有限。因国际经济贸易方面的国际惯例多是任意性的,需要当事人选择后才得以适用,且当事人在选择适用这种统一公约或国际商事惯例时还有权加以减损。毋庸置疑,统一实体法规范仍无法取代冲突规范在调整涉外民商事法律关系方面的重要功能。因此,近年美国一些学者如利托教授等就在奔走呼号,希望重振冲突法的雄风。[①] 2015年利托教授发表《冲突法的结构和视野:复兴一门值得重视的学科》的论文明确提出,冲突法学科具有越来越重要的作用,当前人们关注的很多热点问题都涉及这一学科,比如同性婚姻、互联网、跨国侵权集体诉讼等。很多热门课题研究也离不开冲突法,如全球化、全球治理、人权保护等。因此,冲突法学科需要得到复兴(Reinvigorating)。[②]

上述两种解决法律冲突的方法和途径是有着本质区别的。因为,从严格意义上讲,采取直接调整方法能起到消除与避免法律冲突的作

---

① See Laura E. Little, *Conflict of Laws Structure and Vision: Updating a Venerable Discipline*, Georgia State University Law Review, Vol. 31, 2015.

② 参见杜涛:《国际私法国际前沿年度报告(2011~2016)》,法律出版社2017年版,第158页。

用,因而已不属于发生法律适用上的冲突后如何解决法律选择的问题了。正因如此,西方许多国际私法学家从传统的冲突法观点出发,并不主张把这种统一实体法的方法纳入解决法律冲突的国际私法的范畴。不过,这种观点只是从一种狭隘的立场来讨论国际私法的调整手段或方法问题。如果从广义的角度看,统一实体法也是在涉外民商事生活中大量出现法律冲突,现实提出了如何解决这种冲突的任务后而产生的。因此,我国与苏联、东欧一些国家的国际私法学者认为,国际私法可以通过以上两种途径来解决法律冲突问题。此外,在国际私法上还有采用管辖权方式来解决法律适用上的冲突的。例如,英国的国际私法在相当长的时期,就是由法院仅仅把法律适用问题当作一个司法管辖权的从属问题来对待和处理。早先的英国普通法法院,只有在它认为自己对含有外国因素的案件有管辖权时,才会受理这个案件,而一旦受理,它也就只适用英国法了,根本不去考虑外国法有什么不同的规定。尽管一些学者把采取这种做法划到英国国际私法产生以前的时代中去,但必须看到的事实是,直到今天,英国法院对于涉外婚姻家庭关系中离婚、别居、监护、收养等问题,依然只受理它认为自己有司法管辖权的案件,而且也还只适用英国的法律。因为,受理这类案件,大都以当事人在英国有住所为条件,而适用的法律也一律只限于当事人住所地法。奥托·康·弗鲁因德曾指出,对于涉外婚姻家庭关系中的许多问题,欧洲大陆罗马法国家都是通过寻求对不同问题指引不同的法律来解决的,而英美普通法国家,却是通过确定司法管辖权来解决的。[①]意大利国际私法学者维达(Edoardo Vitta)在他的《美国冲突法的"革命"对欧洲的冲击》一文中,在评述欧洲学者对美国新理论的批判时指出,美国的冲突法新理论也过分夸大了管辖权问题的重要性,而这种情况,已早在英国存在。他说,在英国,对于某些种类的案件,其管辖权的行使,同时也意味着只适用英国的法律;而采取这种做法,法律选择问题虽然仍旧存在,但是它已退居第二位,并且成了从属于管辖权的一个问题。在我国,许多国际私法学者认为,国际私法可以通过间接调整的方法与直接调整的方法这两种最基本的途径来解决法律冲突问题。

---

① See Otto Kahn-Freund, The *Growth of Internationalism in English Private International Law*, Magness Press 1960, p. 33.

另外,在讨论涉外民商事关系的调整方法时,还有必要进一步探讨各国国内法中那些直接适用于涉外民商事关系的实体规范。对于国内法中直接调整涉外民商事法律关系的实体规范,有学者将其称为"国内专用于调整涉外民商事法律关系的实体规范",[①]而著名国际私法学者弗朗西斯卡基斯(Phocion Francescakis)则将其称为"直接适用的法"。弗朗西斯卡基斯在1958年发表《反致理论和国际私法的体系冲突》(La théorie du renvoi et conflits de systémes en droit international privé)时率先创造并使用了"直接适用的法"(Loi d'application immédiate)这一术语。他认为,为了使法律在国际经济和民商事交往中更好地维护国家利益和社会经济利益,国家制定了一系列具有强制力的法律规范,用以调整某些特殊的法律关系,这些具有强制力的法律规范在调整涉外民事关系中,可以撇开传统冲突规范的援引,而直接适用于涉外民事法律关系。这种能被直接适用的法律规范,就是"直接适用的法"或强制性规范。

可见,所谓"直接适用的法",就是指那些不必经过冲突规范的指引而可"直接"适用的法律,属于国际私法上"法律选择的另一种全新的方法"。[②] 它们之所以构成"直接适用性":一是不受国际私法上公共秩序制度的制约;二是不需要依赖于"连接因素"的指引,它们在空间上的适用范围是"自我界定"的。这样,它们当然就与冲突法完全不同,更不属于统一实体法的范畴了。还有一些学者提出了与这类调整方法类似的"自我限界的法"(Self-Limiting Rules)、"空间上有条件的法"(Specially Conditioned Rules)、"限定自身适用范围的规范"、"自我限定规范"、"特殊法律选择条款"、"必须适用的法"、"强制性法律"以及"专属规范"等不同的概念或术语。这些学者大多并不完全否定其与冲突法制度的关系,只是主张适用界限或空间是由该法自己决定的,而不需要经过冲突规范指引。对于这类法律,目前普遍认为乃"起源于现代国家的干预直接深入到了传统上本属民法范畴的事项","主要是保障一个国家的政治、经济或社会的重大利益或基本制度的法律"。追根溯源,这种法律的适用,早在国际私法产生之时,就已在法则区别说的考虑之中,甚至整个法则区别说就是从法律的性质来区分其可否在域内直接适用。

---

① 姚壮、任继圣主编:《国际私法基础》,中国社会科学出版社1981年版,第5~12页。

② 参见李双元:《国际私法(冲突法篇)》(第3版),武汉大学出版社2016年版,第29页。

早先,只是把“直接适用的法”作为公共秩序制度的一部分,而且仅涉及法院地国自己的这种实体规范。如 1987 年《瑞士联邦国际私法法规》第 18 条涉及社会保障的有关瑞士法规定就视为直接适用的强制性规定,即“不论本法所指的法律为何,因其特殊目的应予适用的瑞士法律的强制性规定,应予以保留”。在日本,卡特尔法、外汇法、劳动标准法、工会法、最低劳动工资法、因公事故保险法、利息限制法、承租人保护法和关于消费者保护的特别法属于此类直接适用的强制性规定。然而,随着本应适用的“外国强行法”不得借冲突规范而加以排除的观念与立法的逐渐推广,把各国国内法中的“直接适用的法”纳入对涉外民商事法律关系进行法律调整的国际私法范畴的观点常有所见。[①] 目前,对这种“直接适用的法”在他国的适用已呈现出放宽的趋势,而且当代国际私法直接适用的强制性规范不仅包括法院地国的强制性规范,还包括准据法所属国与第三国的强制性规范。例如,1987 年《瑞士联邦国际私法法规》第 19 条规定:“(1)依瑞士法律观念为合理且明显占优势的利益要求考虑本法所指定的法律以外的另一法律的强制性规定时,如果所涉及的情况与该另一法律有密切的联系,得考虑其强制性规定。(2)为决定前款所称的外国法的强制性规定是否应予考虑,应考虑其所要达到的目的及其适用对于作出依瑞士法律观念为适当的判决所可能产生的后果。”我国 2010 年颁布的《涉外民事关系法律适用法》第 4 条也规定:“中华人民共和国法律对涉外民事关系有强制性规定的,直接适用该强制性规定。”[②]

---

① 参见齐湘泉:《〈涉外民事关系法律适用法〉原理与精要》,法律出版社 2011 年版,第 77 页。

② 2012 年最高人民法院《关于适用〈中华人民共和国涉外民事关系法律适用法〉若干问题的解释(一)》第 10 条规定:“有下列情形之一,涉及中华人民共和国社会公共利益、当事人不能通过约定排除适用、无需通过冲突规范指引而直接适用于涉外民事关系的法律、行政法规的规定,人民法院应当认定为涉外民事关系法律适用法第四条规定的强制性规定:(一)涉及劳动者权益保护的;(二)涉及食品或公共卫生安全的;(三)涉及环境安全的;(四)涉及外汇管制等金融安全的;(五)涉及反垄断、反倾销的;(六)应当认定为强制性规定的其他情形。”这里的“强制性规定”与我国《合同法》上的所谓效力性或管理性强制性规定不同,一定是适用于涉外民事关系的那类强制性规定,对此要从立法目的上考察。“强制性规定”的直接适用,与公共秩序保留条款一样,都是能够达到排除外国法适用目的的一项制度,因此,对于“强制性规定”的理解应当严格、谨慎,如果滥用,将会大大折损国际私法的积极作用,甚至带来消极后果。参见李双元、欧福永主编:《国际私法》(第 5 版),北京大学出版社 2018 年版,第 9 ~ 10 页。

可见,如果把国际私法的性质与功能定位在构筑整个国际民商新秩序上,而不是只解决法律冲突问题,那么,把各国国内法中这种"直接适用的法"纳入国际私法范畴就成为现实的需要。这既是国际私法理论学说发展的结果,又是国际私法立法与司法实践的必然趋势。因为,直接适用法与国际统一实体规范都同样起着直接调整涉外民商事关系的作用。不过,对于这类"直接适用的法",无论是法院国的还是外国的,目前尚无足够的证据证明其完全不受国际私法公共秩序制度的制约。因为,就"直接适用的法"这类规定的制定国而言,虽有其政治、经济、社会、道德上的种种根据,但并不一定与适用国的政治、经济、社会、道德上的要求相一致。这其中最典型的当属美国的《赫尔姆斯·伯顿法》。不仅如此,"直接适用的法"的适用至少不至于破坏当今国际社会所追求的内外国法律平等和法律适用上的国际协调原则,否则,由于这种"法"的大量"直接适用","单边主义"与"属地主义"倾向就必定会重新滋长,法律冲突不但不会减少或化解,反而将重新加剧并阻碍国际民商事交往的进一步发展。

在一定程度上,直接适用的强制性规范与公共秩序保留条款一样,都具有排除外国法适用的目的和效用,但在司法实践中必须限制其适用范围和领域,决不可滥用。但直接适用的法作为涉外民商事法律关系直接调整方法相关联的或所包含的一种调整手段,在不依靠冲突规范决定法律适用时有其独特的存在价值和意义。① 因此,在调整涉外民商事法律关系时,应将直接适用法纳入直接调整方法之中,不可脱离直接调整方法与间接调整方法的有机体系来解决涉外民商事法律冲突。总体而言,直接调整方法与间接调整方法作为国际私法调整涉外民商

---

① 对于直接适用的法属于哪一种调整方法的归类问题,我国国际私法学界见仁见智,莫衷一是。有人认为:"直接适用的法属于直接调整方法",参见田曼莉:《再论国际私法中的"直接适用的法"》,载《同济大学学报》(社会科学版)2003年第6期;另有人提出:"直接适用的法与国际统一实体法、冲突规范并列为国际私法的又一种调整方法",参见朱丛琳:《国际私法中直接适用的法的性质》,载《山西省政法管理干部学院学报》2012年第3期;也有学者认为:"直接适用的法具有实体规范和冲突规范的特征,是介于两者之间的边缘规范""直接适用的法与传统冲突规范的间接调整方法不同,它是一种必须适用的单边法律适用规范",参见屈广清:《国际私法》,吉林大学出版社2014年版,第29~30页;还有学者认为,"不能简单地将'直接适用的法'划分为直接调整方法或间接调整方法,它是二者的结合",参见杜焕芳主编:《国际私法关键问题》,中国人民大学出版社2012年版,第57页。

事法律关系的基本方法，都是国际私法解决法律适用不可或缺的方法。这两种方法是国际私法的有机统一体，两者属于相互联系、相互依赖、相互补充及相辅相成的关系。这主要在于冲突规范并不直接规定国际民商事法律关系当事人的权利与义务，在解决法律冲突时缺乏具体的确定性和预见性。在当今国际社会的民商事交往中，只依靠运用冲突规范的间接调整方法难以实现解决或消除法律冲突的最终目标。因而直接调整涉外民商事法律关系的统一实体规范就应运而生，直接调整方法也就成为解决涉外民商事法律纠纷的另一种选择。然而，因为涉外民商事法律关系含有涉外因素，与两个或两个以上的国家或法域存在关系，特别是不同国家或不同法域的法律制度千差万别且难以完全统一，因此，直接调整方法也不可能实现对所有涉外民商事法律关系的调整，势必需要运用冲突规范的间接调整方法来解决与协调法律冲突。换言之，这两种调整涉外民商事法律关系方法在整个国际私法中是并存的，何时何地何种情况运用哪一种调整方法则需视具体情形而定。而对于涉外民商事法律关系的个案而言，间接调整方法与直接调整方法只能择一用之，难以在实践中实现两者同时并用。[①]

第三节　国际私法的性质

一、国际私法的定性

自19世纪中期开始，各国的国际私法学者与实务工作者对国际私法的性质问题便一直争论不休，至今尚未取得统一的认识。长期以来，争议的问题主要集中在三大方面：国际私法是国际性法律还是国内性法律？国际私法究竟是实体性法律还是程序性法律？国际私法是公法性法律还是仅仅属于私法性法律？对于这三个问题，应将历史与现实相结合、国际与国内情况相结合，科学而客观地加以解决。

（一）国际私法是国际性法律与国内性法律的复合体

对于国际私法到底是国内性法律还是国际性法律的问题，无论历

---

①　参见李双元、欧福永主编：《国际私法》（第5版），北京大学出版社2018年版，第10页。

史上还是在今天,国内外学者都有不同的观点。这些观点大致可以划分为三种:国内法论、国际法论、二元论或综合论。

1. 国内法论的主要观点

这一学派通常被称为“民族主义学派”或“国内法学派”,主张国际私法属于国内性质的法律,主要代表人物包括:德国的卡恩(Franz Kahn)、努斯鲍姆(Nausbaum)、沃尔夫(Wolff)、梅尔希奥(Melchior)、法国的巴丁(E. Bartin)、尼波耶(J. P. Niboyet)、巴蒂福尔(Batiffol),英国的戴西(Dicey)、戚希尔(Cheshire),美国的比尔(Beale)、库克(Cook)等。这一学派中的绝大多数学者断然否认有一种凌驾于一切国家之上的“超国家的国际私法”的存在,认为国际私法只是国内法中的一个部门。他们认为每个国家都有权制定本国的国际私法,各国国际私法只是本国国内法的一个分支。其主要理由与依据是:第一,国际私法调整的是非主权者的民商事法律关系;第二,国际私法的渊源主要是国内法;第三,国际私法方面的争议一般由一国的法院处理,不属国际法院管辖范围;第四,国际私法规范的制定和适用取决于该国的国内自身利益与意志。对此,我国台湾地区国际私法学者梅仲协先生就特别指出:“国际私法,非规定国家间关系之法则,故非国际法。国际私法之为物,乃一国之立法者,就内外国私法之适用,予以制定或认定之法则也,故就其国内法之一点言,与特别民法等毫无差异。”①曾陈明汝教授则更明确地断言:“国际私法虽冠有‘国际’字样,但国际私法就现阶段而言,仍属国内法,尤以其法源多为国内法。更无可置疑。”②

正是由于在传统上,一直认为只有规范国际社会中以国家为主体的国家间的法才是国际法,从而一些学者要否定国际私法也包含有国际法的内容和兼具国际法的性质,断然认为“国际私法”根本就不是“国际的”。我国一些学者也将这种观点奉为圭臬,只是其根源主要在于前苏东国际私法学说的影响,如苏联学者彼列切尔斯基与隆茨等都曾认为国际私法实质上既“非国际法,又非私法”。受其影响,我国著名国际公法学家王铁崖教授也持类似的观点,还有学者甚至认为国际私法乃

---

① 梅仲协:《国际私法新论》,台北,三民书局1990年版,第10页。

② 曾陈明汝:《国际私法原理》(上集、总论篇),台北,新学林出版有限公司2008年版,第12页。此外,中国台湾地区的马汉宝大法官、刘铁铮大法官、陈荣传教授、苏远成教授和陆东亚教授等均持类似观点。

"国内公法。"[①]不过,这种看法已背离现代国际国内的实践,难以成立和自圆其说。

2. 国际法论的主要观点

这一学派通常被称为"世界主义学派"或"国际法学派",明确主张国际私法是国际性法律,其主要代表人物有:德国的萨维尼、巴尔,意大利的孟西尼,法国的魏斯、毕耶等。这些学者从不同角度论证国际私法是具有国际性质的法律,其主要论据可归纳如下:

第一,从国际私法调整的社会关系的性质来说,已经超出一国范围而具有国际性,并且这种社会关系跟国际公法所调整的社会关系在本质上并无区别。苏联学者克雷洛夫指出:"在国际交往中,在每一个具体的公司,每一个个人背后……都有它自己的国家,而在这民事法律关系中发生的任何争议,甚至有关离婚的家庭纠纷,最终都可能转变为国家之间的冲突。"[②]

第二,就国际私法的渊源而言,国际条约和国际惯例已成为国际私法的重要渊源,并有趋向表明国际条约作为国际私法的渊源将占越来越多的比重。

第三,国际私法的作用同国际法一样在于划分国家之间主权的效力范围,或认为冲突法既然只规定何种民事法律关系应适用哪国的法律,所以,它只赋予国家以适用或不适用特定法律的权利与义务。毕耶认为,国际私法和国际公法一样,都是解决主权冲突的,国际私法是一个从调整各个主权国家关系的国际公法规则中获取调整个人关系的规则的法律部门。他甚至认为,如果国际私法在国际范围内得不到统一,就等于法律不存在。

第四,从国际私法本身所包括的原则、制度来说,其中不少是与国际公法一致的,诸如条约必须信守、主权原则、内外国公民平等的内外法律平等原则、互惠原则等。

根据以上列举的论据及其他一些理由,持国际私法属于国际法的

① 参见李双元:《国际私法(冲突法篇)》(修订版),武汉大学出版社 2001 年版,第 31 页。

② [苏联]隆茨等:《国际私法》,吴云琪等译,法律出版社 1986 年版,第 9 页。

观点的学者认为,国际法分为国际公法和国际私法两个平行的部门,[①]恰好像同一树干上长出来的两个分枝,因而国际私法是国际性质的法律。我国国际私法学者章尚锦教授就明确指出:“国际私法具有国际性,它是国际法中具有部门法性质的法律部门。”[②]

3. 二元论或综合论的主要观点

这一学派主要代表人物有德国的齐特尔曼(Zitelmann)和前捷克斯洛伐克的贝斯特里斯基(R. Bystricky)等人,他们主张,国际私法是介于国际法与国内法之间的一个独立的法律部门。坚持这种观点的主要依据是:第一,就国际私法的基本原则而言,既有属于国际法方面的,也有属于国内法方面的;第二,就国际私法规范而言,既有国际条约与国际惯例方面的渊源,也有国内冲突法及与之相关的法律渊源;第三,就国际私法的体系而言,既非单一的国际法体系又非单一的国内法体系,而是兼顾多个领域或法律部门相关部分的丰富多样的体系。

综合分析研究可知,二元论或综合论的观点较前二者各执一端的主张,是更为可取的。因为对一个法律部门的具体定性,明确其属于哪一类法律体系时,既不应该固守于不是国际法就是国内法(抑或相反)的这种绝对的、僵化的二分法分析,又不应该只停留于抽象的理论探究,更不宜完全拘泥于各自调整社会关系的性质的不同,而应该从生动的现实社会生活和实践出发来进行科学的分析和揭示。例如,国家豁免、外交豁免等问题就牵涉外国国家和外交人员从事民商事活动的问题,而对这个问题,既是国际公法上的课题,也是国际私法上的课题。再如,从国际私法渊源上看,目前它仍主要由国内法构成,但它的国际法因素正在日益增加:许多新的立法已明确规定,在有国际条约存在的情况下,应优先适用条约中的冲突规范。这在 1986 年《德国民法施行法》第 3 条、1995 年《意大利国际私法》第 2 条、1998 年《委内瑞拉国国际私法》第 1 条和第 5 条、2005 年《保加利亚共和国国际私法典》第 3 条、2007 年修订的《土耳其国际私法和国际民事诉讼法》第 1 条、2007 年《北马其顿国际私法》第 2 条、2014 年《斯洛伐克共和国国际私法与

---

① 我国国际私法学者袁成第就曾指出:“国际私法是国际性质的法律部门,并且和国际公法一起,构成了国际法的两个分支。”参见袁成第:《国际私法原理》,法律出版社 2003 年版,第 85 页。

② 章尚锦、徐青森主编:《国际私法》(第 3 版),中国人民大学出版社 2007 年版,第 29 页。

国际民事诉讼法》第 2 条、2012 年《捷克国际私法》第 2 条与 2013 年《黑山国际私法》第 2 条等立法中都非常明确地规定了国际条约的适用问题。因此，国际私法所应担负的功能，在 21 世纪，肯定将在建立国际民商新秩序方面，与国际公法、国际经济法等，发挥同样重大的作用，而这无论如何都是将国际私法仅定位为国内法所无法阐释清楚的。因此，戚希尔和诺斯曾明确指出：将国际私法和国际法二者看作完全无关的两个法律部门是非常错误的。因为，随着国际联系的加强，国际关系日益丰富多样，已经在国际法与国内法之间产生了许多相互渗透以至跨越几个领域的综合性法律部门。而国际私法发展到今天，恰好已成为这样一个综合性独立法律部门，既具有国际法律性质的一面，又具有国内法律性质的一面。

（二）国际私法是以私法为主导并兼有公法性质的独特法律部门

尽管国际私法在名称上仍仅称“私法”，但无疑在当今时代，它已兼具公法和私法的两重性。但过去有的学者把国际私法完全归入私法范围；有的则相反，认为国际私法完全属于公法的范畴；也有学者诸如德国的卡恩，则认为国际私法既不属于公法也不属于私法，而是自成一类的法律。[①] 主张将国际私法定性为私法的基本理由就是其所调整民商事私法关系，只不过这种私法关系含有涉外因素或跨国因素。[②] 不过，这类观点已难以囊括现行国际私法立法与司法实践的发展变化，因为国际私法现在还包含了国际民事诉讼法等公法规范，以及现在已有越来越多的国际私法的国内立法已明确规定，在冲突规范指定应适用外国法时，不得以该外国法具有“公法”性质而加以排除等事实的存在。而主张将国际私法定性为兼具公法与私法二重性的基本理由，主要是认为国际私法上的法律适用规范即旨在指示法官如何适用法律，故当属“公法”，似无疑义，但这只是问题的一个方面。问题的另一方面是，既然国际私法乃对涉外案件所可适用的实体法予以“决定”，据此乃得间接确定实体法上的权利义务，而此处的实体法即指一国的“私法”，则国际私法，谓其系私法，自亦非妄言。故有的学者的最后结论乃是：国

---

① 参见陆东亚：《国际私法》，台北，正中书局 1979 年版，第 13 页。

② 我国北京大学教授张潇剑就明确指出：“国际私法虽然是一个独立的法律部门，但它主要还是属于私法的范畴。”参见张潇剑：《国际私法论》，北京大学出版社 2004 年版，第 53 页。

际私法“非仅为‘法官之法律’,同时亦当为‘当事人之法律’而具有私法的性质”。[①]

而我国大陆有学者则主张,国际私法不仅应为公法(因为它是指示法官如何适用法律的法),而且还是一种“国内公法”的观点。其理由是:“严格说来,‘国际私法’中包含的法律规范,通常既不是‘国际’的,也不是‘私法’的。它只是间接地调整跨越一国国界的私人间关系,即通过解决不同国家对同一私人关系具有不同法律规定而引起的冲突,包括管辖权上的冲突,来解决上述私人关系;而且主要依靠各国自己的国内立法来解决。因此,在这个意义上,国际私法既是国内法,又属于西方传统分科中公法的范畴。”[②]这种观点已受到我国国际私法学界的强烈抨击。为此,我国台湾地区部分国际私法学者回避国际私法的公私法之争,将其属性定位为“法律适用法”。马汉宝大法官就明确提出:“国际私法系属公法或私法,似甚难断定。虽然国际私法终究不过一种适用法规,而民商法之为私法者,不可同日而语;至多仅能称其为一种有关内外国‘私法’之适用法规而已。”[③]曾陈明汝教授则更直接,她断言:“国际私法似宜归属于另一种法律,曰‘法律之适用法’。”[④]我国台湾地区的国际私法学界还有刘甲一、林益山、柯泽东和苏远成等持类似观点。[⑤]

从某种程度上分析,德国学者卡恩的观点更为可取,即主张国际私法既不完全属于公法,也不完全属于私法;或反过来说,它既包含公法的性质,也包含私法的性质。而且它所包含的公法与私法性质,都不能仅仅依靠某一种规范、某一方面的性质或作用予以证成,而是应当立足于多维视角来进行全方位的、客观科学的分析和论证。

---

① 马汉宝:《国际私法总论》,台北,汉荣书局有限公司1983年版,第19~20页。

② 陈安主编:《国际经济法论丛》(第1卷),法律出版社1998年版,第27页。

③ 马汉宝:《国际私法总论与各论》,台北,汉林出版公司2004年版,第16页。

④ 曾陈明汝:《国际私法原理》(上集、总论篇),台北,新学林出版有限公司2008年,第13页。

⑤ 参见刘甲一:《国际私法》,台北,三民书局1995年版,第32页;林益山:《国际私法新论》,台北,翰芦图书出版有限公司2014年版,第10页;柯泽东、吴光平增修:《国际私法》,台北,元照出版有限公司2016年版,第35页;苏远成:《国际私法》,台北,五南图书出版股份有限公司2002年版,第9页。

(三)国际私法是实体法与程序法的融合体

国际私法究竟是实体法还是程序法,学者之间也是有争论的。最初,争论的目的只在于如果认为国际私法只是程序法,那么根据当时"程序问题只适用法院地法"的观点,当然也就只应该由法院适用法院所在地的国际私法规则了。但如今对这个问题的争论已具有更新的意义了。尽管仍有一些学者如刘铁铮大法官、陈荣传教授、洪应灶教授、林益山教授和陆亚东教授等倾向于认为国际私法是程序法,其理由是它只指示法院如何解决这种民商事关系的管辖权和法律适用问题;①另一部分学者如李双元教授、丁伟教授和刘晓红教授等则认为国际私法首先是起着实体法作用的法律部门。② 这是因为,当一国法院接受某一涉外民商事案件后,在确定管辖权和适用什么法律作准据法后,最终还得用该准据法去解决涉外民商事关系当事人具体的权利义务关系。也还有学者认为,无论哪一个国家的国际私法在立法体例上作何种安排,都不能改变它首先是起规范人们在涉外民商事活动中的行为和关系的作用。从这个意义上讲,它与其他实体法并无本质的区别。只是在当事人发生涉外民商事争议而求助于司法或仲裁解决时,法院或仲裁机构才会运用国际私法中那些规范国际民事诉讼或国际商事仲裁程序的规范,并且根据国际私法中起着指定实体民商法的间接行为规范的冲突规则来最终判决案件。据此,当然不能认为国际私法只是"法官的法",即程序法。

对于把国际私法纯粹当作指导法院如何解决案件的管辖权和法律适用问题的程序性的观点,沃尔夫 20 世纪中叶在撰写其名著《国际私法》时就已意识到并力主予以澄清。③ 他指出,尽管所有的英美国际私法著作都是从阐述法院的管辖权开始的,他在该书中也将遵循这一实践途径,但是,决不能据此认为只有在诉讼中才有必要确定应该适用的法律,在以下各种情况下,都会提出法律适用的问题,从而发挥其规范

---

① 参见刘铁铮、陈荣传:《国际私法论》,台北,三民书局 2003 年版,第 18 页;洪应灶:《国际私法论》,台北,三民书局 1995 年版,第 15 页;林益山:《国际私法新论》,台北,翰芦图书出版有限公司 2014 年版,第 10 页;陆亚东:《国际私法》,台北,正中书局 1992 年版,第 13 页。

② 参见李双元等:《中国国际私法通论》,法律出版社 2003 年版,第 34 页;丁伟主编:《国际私法学》,上海人民出版社、北京大学出版社 2013 年版,第 17 页;刘晓红主编:《国际私法》,法律出版社 2012 年版,第 26 页。

③ See Martin Wolff, *Private International Law*, Clarendon Press, 1950, p. 33.

人们行为的作用:如一个外国人只是想就其在他国的法律地位问题咨询法律上的意见,但他可能尚无提起诉讼的意思;或两个住所或国籍不在同一国家的男女去婚姻登记机关要求登记结婚,登记机关需要确定他们的请求能否应予满足(可能按照其中一方的属人法,他们的婚姻存在障碍);或者土地所在地的登记机关需要决定一个依死者住所地法成立的遗嘱应否允许进行登记,可能依不动产所在地法该遗嘱无效。[①] 这种例子在当今国际民商事交往更加频繁的情况下随时随地可见,在进入包括诉讼、仲裁、登记等程序之前,需要在进行投资、签订各种民商事合同、成立婚姻或收养关系或为在国外保护自己的知识产权时充分了解和咨询有关国家的法律适用规则。例如,一个外国人欲将其专利、商标在中国注册,或欲在中国进行项目投资,或在中国购置房产,或将其处于外国的财产通过遗嘱处分给他在中国的近亲属,等等,都需在进行相关的法律行为时,了解中国国际私法的规则,使他在为有关的法律行为时有一个准则或法律上的依据,不致因中国法律适用规则的不同规定而导致其所为行为无效或易生争议。这是国际民商事关系的主体防范法律风险的观念大大加强了的表现,也是人们对国际私法这个法律部门的知识日益强化的结果。

正是根据这种观点,我国学者在中国国际私法学会议起草示范法时,力主改变目前为大陆法系和英美法系许多国家所奉行的国际私法的第一板块为"国际民事管辖权",第二板块才是"法律适用"的体例,而建议把"法律适用"放在第一板块,从而体现出国际私法首先仍然是规范人们的实体行为和实体关系,其次在发生争议时才导致法院或仲裁机关对种种冲突规则和程序规则的适用。应该说,这种见解是有可取之处的,并且有利于帮助人们对国际私法的性质和作用作出正确的理解。

不管怎样,依照现在的观点来分析,国际私法除了解决法律适用的冲突法外,还包括有统一实体法、国家的外国人法(既含有一般意义上的实体法,又含有间接规范人的行为和关系的冲突法)以及解决涉外民商事争议的程序法在内,它明显地既包含实体法,又包含程序法。因此,在这个问题上,大体亦可区分出三大理论派别,即程序法学派、实体

---

① See Martin Wolff, *Private International Law*, Clarendon Press, 1950, p. 264.

法学派和综合法学派。程序法学派把国际私法或者完全视为“法官的法”,或者认为它是指示法官的“路标法”或“桥梁法”;实体法学派的主要观点是它虽在争议发生后起指示法官如何适用法律的作用,但它首先还是以实体涉外民商事关系为规范对象的,只是在这种关系发生争议时,才发挥其“路标法”的作用,因而国际私法毫无疑义是实体民商法的适用法,理应属于实体法;综合法学派在基本上支持实体法学派观点的基础上主张,因当代国际私法已纳入许多程序法性质的内容,故认为国际私法除实体法性质外还兼具程序法性质。越来越多的国际私法学家已承认国际私法规范包括规定涉外民事诉讼与商事仲裁程序问题的规范。我国著名国际私法学家李双元教授认为,国际私法中的冲突法也确实还具有程序法性质的一面,即冲突法本身就包括国际民事管辖权与诉讼及仲裁中许多程序问题的法律适用制度。可以说,国际私法是冲突法、实体法以及程序法的混合体,这正是国际私法的独特性所在。

二、国际私法与相邻法律部门的关系

国际私法与邻近法律部门既有区别又有联系,弄清其相互关系,对深入而全面地把握国际私法的性质与特点,有十分重要的意义。下面着重探讨国际私法与国际公法、国际经济法、国内民法的区别和联系的问题。

(一)国际私法与国际公法的联系和区别

要准确把握国际私法和国际公法的关系,除需要明确二者之间的区别之外,关键还在于要弄清楚国际公法究竟与国际私法存在何种联系。

首先,国际私法和国际公法在调整对象、法律关系的主体、法律渊源以及法律规范的形式、内容和效力范围等方面,都存在重大的或本质的差别,这是毫无疑问的。

其次,必须认识到,国际私法与国际公法虽是两个不同的法律部门,但二者之间同样存在十分密切而重要的联系:

第一,国际私法与国际公法在内容上具有部分共性。在国际私法的渊源和基本原则甚至具体规定上,已有不少属于国际公法的内容。国际法的权威学者就曾明确指出:“国际法是从各国并列中产生的,而国际私法则是从各种法律体系的并列状态中产生的。虽然国际私法规则是有关国家的国内法的一部分，但它们如果包含在条约之中，就可能具有公法的性质。在这样的情况下，缔约国一方如果不遵守条约所规定的国际私法规则，就可能引起关于违反对另一方所负国际义务的诉讼。即使国际私法本身不能被视为国际公法规则，一个国家将它们作为其国内法一部分予以适用，却可能直接涉及该国在国际公法事项上的权利和义务，如关于外国人的财产权或国家管辖的范围事项。”①这是因为，国际私法所调整的社会关系，既然也是一种超出一国管辖范围的关系，具有多国的甚至国际的因素，当然也不可能完全脱离国际法的一般原则，如国际法确认的主权原则、内外国人平等以及内外国法律平等的原则、国家及其财产豁免原则、条约必须信守原则等，国际私法也是必须遵守的。针对这种情况，我国台湾地区国际私法学者刘铁铮大法官曾提出：“国际私法除划分实质法适用之区域外，复规定各国法院之管辖权，其性质有国家主权，而凡规定国家主权之法律，概为公法，故学者多主张国际私法为公法而非私法。”②事实上，国际私法如果违反国家主权原则等国际法原则，有关国家有权拒绝承认和执行另一国法院地未遵守上述各项原则所作出的判决或裁决。而且从当今国际社会的发展趋势来看，在国际私法的国内立法中，明确规定有国际私法条约的，必须优先适用这些条约的国家已越来越多，如 1984 年的《秘鲁国际私法》、1979 年《匈牙利国际私法》、1996 年《列支敦士登国际私法》、2012 年《捷克国际私法》和 2013 年《黑山国际私法》等。这是在过去那种把国际私法只当作国内法的立法模式中难以见到的。

第二，国际私法与国际公法在范畴上均无法脱离国际性。国际私法学界一直主张，14 世纪时最早以“法则区别说”形态出现的理论，就是站在普遍主义——国际主义立场，试图探寻解决法律适用的普遍原则或规则的。也就是说，国际私法在最初也与后来的国际公法一样，是以追求建立起国际社会共同遵守的“超国家”的冲突法规则体系为目标的。只是后来因特殊主义——国家主义的兴起以及欧洲大陆代表这种

① ［英］奥本海：《奥本海国际法》（詹尼斯・瓦茨修订），王铁崖等译，中国大百科全书出版社 1995 年版，第 4 页。

② 刘铁铮、陈荣传：《国际私法论》，台北，三民书局 2003 年版，第 16 页。

思想的几个大法典的产生，才开始把国际私法完全视为各个主权国家自己的国内法。但在比较法学派的眼里，虽然他们中仍有人认为国际私法只是国内法的一部分，但大多数比较法学派的学者主张国际私法是不能脱离国际性的，沃尔夫便是典型的代表。

第三，国际私法与国际公法的功能与作用具有互动性。在国际政治、经济和民商事关系广泛发展和全球化的时代，国际私法同国际公法、国际经济法一样，也需要去解决人类社会共同面对的许多新的国际问题。[①] 在这一前提下，国际私法与国际公法的相互渗透与“分工合作”关系无疑更会大大增强。

（二）国际私法和国际经济法的联系和区别

关于国际私法与国际经济法关系的认识，也因对国际私法和国际经济法各自所调整的社会关系的性质、内容和规范的形式理解不同，还存在种种分歧。例如，在我国，有的学者认为国际私法纯粹是由指引法律选择的冲突规范所构成，而国际经济法却是泛指调整国际经济交往中发生的一切关系的法律，因而其范围包括：关于外国人在国际经济关系中法律地位或待遇的国内立法和国际立法；关于国际商业交易的私法方面的规范和制度，诸如调整各种国际货物买卖的合同法、海商法、保险法、公司法，等等；关于国际商业交易的公法方面的法律规范和制度，诸如关于各种涉外税法、外汇管制法、进出口管制法，等等；关于外国人投资的国内立法和国际立法；关于调整国际贸易制度、国际货币金融制度、国际机构投资制度的国际法和国际经济机构法，如世界贸易组织法、国际货币基金组织法、世界银行法、区域性国际开发银行的法律以及国际商业协定等；关于区域经济一体化的法律；关于解决双重课税的国际税法以及关于解决国际投资争端和国际经贸合同争议的司法与仲裁法等。从这种观点出发，他们还主张，国际私法中调整发生在国际经济、贸易和海事、运输过程中的许多私法制度以及国际民事诉讼和商事仲裁的法律制度，当然也被包括进了国际经济法的范围。可见，国际私法与国际经济法至少在两大方面存在内容一致或重叠，一是在调整发生于国际经济贸易过程中的各种私法关系方面，二是在国际民事诉

---

① 参见李双元等主编：《国际民商新秩序的理论建构》，武汉大学出版社 1998 年版，第 2～3 页。

讼程序和国际商事仲裁程序方面。

从比较法的角度看,国际经济法和国际私法的划分正如同国内经济法和国内民法的划分一样,国际经济法应主要由实现国家或国际组织对发生在国际经济贸易过程中的各种法律关系的管理和干预的公法性质的规范构成,而国际私法主要是由调整平等主体之间的各种民法关系或私法关系以及规定国际民事诉讼和国际商事仲裁的一般制度的法律规范所构成。这种对国际经济法内容的界定,不仅国外学者大多认同,而且一些国家的立法与司法实践也遵循之。例如,日本《国际法辞典》在“国际经济法”的条目中就直接将国际经济法界定为“约束国家之间经济关系的法律”,并将其所包含的内容分成八个以上的法律部门:国际贸易法、国际投资法、国际货币法、国际资源法、国际劳动法(包括国际移民法)、国际援助法、国际交通法(国际运输法、国际通讯法)和国际经济机构法,等等。当然,这一划分并非十分科学,但从该词条如此划分所要实现的目的来看,还是有一定可取之处且较全面地界定了国际经济法的重要内容和目的。结合这些主要法律部门的划分和重要职能可知,国际经济法主要是指“约束国家之间经济关系的法律”,起着“在国际范围内组织经济的法律”的作用,而国际私法则是为国际社会具有民商事主体地位的个人与个人、个人与法人(包括放弃了主权豁免的国家)、法人与法人之间创造在自由、平等、互利基础上进行民商事或私法交往以及确定准据法的法律。概言之,国际私法的调整对象属于平等主体之间的私法关系,而国际经济法的调整对象则为国家之间的经济关系;国际私法主体之间具有平等性,而国际经济法主体之间则为非平等性或非平位性;国际私法的调整方法是由间接调整方法和直接调整方法构成的有机体系,而国际经济法的调整方法是直接调整方法。

(三)国际私法与国内民法的联系和区别

国际私法之所以产生,就是在发生涉外民商事关系或民商事诉讼关系时,为了确定当事人之间实体民商事权利义务,要解决到底应依内国民法还是应依外国民法的问题而出现的。所以,从传统上讲,二者之间联系的密切程度可以说是一目了然。这个法律部门之所以叫做私法,也是因为当初它所调整的民商法关系,自古罗马时代起,就被认为属于私法的范畴,至今也一直沿用。凡以保护私人利益为目的法律,或凡调整主体双方均为私人或私人团体的关系的法律均属私法。国际私法与国内民法的联系还表现在它最早是作为国内民法的适用法而诞生的,因此,每一个国家民法的基本原则与制度都对其国际私法有着直接的影响,国际私法中的反致制度、公共秩序保留制度与法律规避制度等一系列制度,也是为了保证国内民法基本原则不被违背而产生的。这种联系的密切程度,更表现在至今仍有许多国家的国际私法就包含在它们的民法典之中并作为民法典的重要组成部分而存在。

不过,国际私法与国内民法的区别也是很明显的:第一,国际私法所调整的民商法关系都是含有涉外因素的,而民法调整的主要是完全不包含外国因素的纯国内民法关系。第二,国际私法既然是国内民法的适用法或施行法,主要由间接性质的冲突规范所构成,而民法全部为实体规范。第三,国内民事争议中,程序问题的解决只适用一般民事诉讼法,而国际私法争议程序问题的解决,许多还要适用国家关于国际或涉外民事诉讼程序法的规定。正因如此,一个国家的民法和它的民事诉讼法是分属两个相对独立的法律部门的,而为了解决涉外民商事争议,常常将实体问题和程序问题的法律适用从国际私法的统一立场上去加以解决。关于涉外民事诉讼的种种特别规定,虽也有在国内的民事诉讼法中加以规定的,但现在已不断出现把这部分内容一并归入国际私法的立法模式,这在一些从事统一国际私法工作的国际组织所制定的统一程序法公约中也偶有所见。第四,国际私法既然调整的是涉外民商事法律关系,因而除了坚持民法的一些基本原则外,还特别需要强调主权原则与内外国人和内外国法律平等等国际法原则,而民法则主要强调遵循其国内民事法律的基本原则。第五,国际私法的渊源有国际条约和国际惯例两方面,而民法的渊源大多为国内立法。

第四节　国际私法的现实价值与研究方法

一、国际私法的现实价值

21 世纪是国际民商事流转日趋频繁和发达的时代,只要和平与发展这两大主题在国际社会保持不变,只要全球一体化和市场国际化的走势不被强行扭转,只要建立在国际社会本位理念基础上的全人类共同的可持续发展能成为每一个国家和每一个民族发展的共识,那么,在建立国际政治新秩序和国际经济新秩序的同时,客观上呼唤构筑国际民商新秩序。在人类进入全球化时代的今天,调整各种国际关系的法律部门也在迅速地向前发展,一些传统的以特定国际关系为对象的法律部门,不仅在内容上不断地完善和丰富,而且分化出众多的新的或处于边缘的或具有交叉性的已自成体系的分支,与此同时,许多新的国际法律部门也相继诞生。由于国际公法主要起构建国际政治新秩序的作用,国际经济法(包括如 WTO 这种世界贸易组织法及其活动规则)主要起构筑国际经济新秩序的作用,而国际私法自然也会把它的功能从解决个案的法律适用扩大到构筑国际民商新秩序上来。这就必然会使国际私法在整个国际秩序建构中的基础性地位越来越显著,国际私法规范或调整国际民商秩序的手段和方法将在不断创新的机制中拓展。例如,目前在世界贸易组织(WTO)自由贸易的推动下,各国都在加大力度发展对外经济贸易关系,各种企业和经济组织与外商谈判和签订投资、买卖、贸易、服务、运输合同正在与日俱增。在每一个这样的涉外合同关系中,都需要解决好以下几方面的法律问题:涉外合同当事人的资格与能力应依哪国法律来确定?涉外合同应依什么法律所规定的方式签订?涉外合同的成立应依哪国法律来衡量?涉外合同的解释、效力又应适用哪国的法律?一旦发生争议,涉外合同可以在哪些国家仲裁或诉讼?如此等等,都有一个法律冲突的问题需要在谈判与签订合同时做出明确回答。国际私法便正是处理这些问题的法律部门。从国际私法产生历程与其发挥的最具本质意义的功能和作用来看,加强国际私法的学习是现实的需要,其意义是显而易见的。

二、国际私法的研究方法

长期以来,国际私法学理论也主要分为大陆法系与普通法系两大法系,表现在研究方法上,大陆法系学派比较侧重于从法理学的角度出发,试图推导出各种普遍适用的国际私法规则;而英美普通法系学派则以研究分析判例材料为主,试图归纳出一些带共同性的国际私法原则。大陆法系国际私法学派最著名的代表如萨维尼,英美普通法系学派最著名的代表如美国的斯托里和英国的戴西。这种研究方法上的差异到目前仍未消失。这两种不同的研究方法各有长处,也各有缺陷。依据马克思主义的观点,这两种方法实际上是不可分割的。只强调前一种方法,有可能摆脱不了历史唯心主义的束缚;而只强调后一种方法,也会陷入狭隘的实用主义的泥淖。对于国际私法这门实践性极强的学科,它不只是源于实践,而且必须能进一步指导实践。因此,在研究国际私法的过程中,离不开综合运用多元化研究方法,即离不开科学方法论的正确指导。

1. 历史分析法

在国际私法学的研究工作中,历史分析的方法无疑也是十分重要的方法。这一方法能使我们正确了解国际私法产生和发展的历史条件,揭示出不同制度与理论产生的社会背景和它们的历史作用,使我们能透过似乎是纯粹抽象的公式,了解不同立法的处理具有特定的生活内容和社会关系的职能。国际私法之所以自十三四世纪在意大利北部城邦国家之间发展起来,就是反映了当时对自由贸易的需要。而此后出现的一段停滞期,则是因为欧洲的封建统治阶级企图保护他们自己的利益以对抗正在崛起的资产阶级而造成的。16 世纪法国的杜摩兰提出"意思自治"说,反映了法国南部比较发达的资产阶级的利益;而同时代的另一个法国人达让特莱则特别强调法律的适用应与其制定者主权管辖范围的一致,便纯粹出于保护北部封建势力的需要。此后的发展,也无不表现出各个时代、各个国家的政治、经济对国际私法学说与制度的直接的影响。因此,研究国际私法的历史的方法,要求我们必须把国际私法作为一定经济基础的上层建筑来对待它的各种学说与制度,必须到当时的社会物质生活条件中去探求其根源。不仅如此,这种研究方法,还有助于我们通过了解国际私法的过去和现在,预见它未来的发展道路和前景。

2. 比较分析法

在国际私法的理论研究与实践中,比较研究的方法或比较法理学(Comparative Jurisprudence)的方法,具有突出的意义,一些国际私法学者甚至称比较研究的方法为"国际私法之母"。这是因为,国际私法的理论与实践,常常需要对各有关国家的实体民商法进行比较分析,从而找出它们之间的差异和发生法律冲突的根源;同时,还需要比较研究有关各国的冲突法,从而判定是否需要采用某项一致的冲突原则以寻求判决结果的统一,以及是否需要采用反致的制度等。而就立法工作来说,这种比较研究也能提供有益的借鉴。一些学者认为,自19世纪以来,在国际私法的研究中,已经出现一种把研究重点从找出个别问题的解决方法转到揭示不同解决方法所依据的一般原则上来的趋势。这本是所有科学发展的共同规律,在国际私法理论研究中出现这种趋势,正好说明它已逐渐发展成为一门相当成熟的法学学科。而为了揭示不同解决方法所依据的一般原则和寻求一致的解决方法在不同法系国家之间如何才能达成,国际私法理论研究中就不可须臾离开运用比较的方法。拉贝尔不仅将比较法贯穿于国际私法的始终,全方位发展和深化了比较国际私法学的思想理论体系,而且将其广泛运用并使之成为真正的科学。[①] 还有德国学者曾把从事国际私法统一工作的国际组织进行具体的统一工作的全过程划分为四个阶段,即一般性考虑阶段(或研究具体统一项目的阶段)、项目准备工作阶段、评估阶段及起草草案的阶段。他指出,所有这些阶段都离不开比较法的研究、比较法方法的运用以及比较法的知识。在国际私法统一化运动中,如在海牙国际私法会议制定的一些条约中,比较国际私法学派的思想渗透得最为彻底,而且取得了非常有影响的成就。[②] 在论及比较法在国际私法中的重要地位时,巴蒂福尔就明确指出:既然国际私法的国内法还具有决定性的作用,从而每个国家都(应)有自己的国际私法立法、判例和学说,这就不但产生了对各国不同的国际私法制度进行比较研究的必要,而且也有进行比较研究的条件。他还指出,和其他比较法的所有分支一样,比较国际私法也在于力求找到各国采用不同解决办法的原因,分析这些解决办法对具体问题的处理是否合适,探索在相关问题的处理上能否寻找到统一各国国际私法的可能,或至少使各国规则相互接近,以及向什么方向统一或接近。他甚至指出,比较国际私法较之比较民法或比较商法更有其特殊的地方。首先,各种国际私法规则的目的都是调整国际关系的,故在一般情况下,它们在同一案件中往往是共同发挥作用的,从而使国际私法的国际性必然要提出各种制度或理论的相互协调

---

① See David J. Gerber, *Sculpting the Agenda of Comparative Law: Ernst Rabel and the Façade of Language, in Mark Camercon Love, Rethinking the Masters of Comparative Law*, Hart Publishing 2001, pp. 195 - 198.

② 参见李双元主编:《中国与国际私法统一化进程》,武汉大学出版社1998年版,第341~345页。

的问题。其次,由于各国国际私法要解决的问题更为相似,进行比较研究就显得更为容易、更加富有成效。这也是由国际关系对各国来说都具有共同性一样,各国所要解决的问题也表现出许多共同的因素,这就使国际私法展开比较研究有了现实的基础和有价值的出发点。

3. 马克思主义辩证分析方法

对我国国际私法的理论与实践工作者来说,无疑应该以马克思列宁主义作为总的指导思想,运用辩证唯物主义和历史唯物主义的观点和方法,坚持从我国顺应时代的潮流和国家的全面实现小康的实际出发,加强"一带一路"建设和努力构建人类命运共同体,密切关注人类社会的进步和时代的发展,并不断总结我国和国际社会处理涉外民商事法律关系的实践经验,并且比较研究和借鉴外国国际私法的理论与实践,建立起具有中国特色的国际私法制度和内容丰富的国际私法学新理论以及形式多样的新方法体系。

总之,国际私法既不同于一般的国际法又不同于一般的国内法,理所当然应有指导其理论研究和司法实践的方法论。而这种方法论的客观根据,就是它所调整的涉外民商事关系及其所涉及的许多平行而又相互不同的法律制度。具体而言,国际私法的研究方法是由演绎法、归纳法、比较分析法、实证分析法、规范分析法、经济分析法与辩证分析法等多种方法构成的有机体系。因此,仅仅依靠或运用单一的研究方法难以完成国际私法的研究任务,必须综合运用国际私法的各种科学的方法才能实现理想的研究目标。在综合运用国际私法多种方法展开研究的过程中,一定要善于抓住 21 世纪国际私法的重大理论与实践问题进行全面、深入、系统的研究,要善于把国际私法的宏观问题、中观问题以及各种微观问题的研究与剖析有机结合起来。只有这样,才能认真领会、理解和掌握国际私法的已有成果,才能开拓性地思考和探索国际私法的种种前沿和热点问题,并以极其科学而严谨的态度去促进国际私法理论与实践的繁荣和发展。

第五章　国际私法的范围与渊源

第一节　国际私法的范围

一、国际私法范围的确定依据

国际私法的范围问题,同样是一个分歧观点颇多的问题,国内外的有关争论也一直未停止过。全面分析当代国际私学界对国际私法范围的不同看法及其定位,具有十分突出的理论价值和实践意义。简言之,国际私法的范围有两种含义:一是指对象范围,即国际私法所调整的社会关系的范围;二是指国际私法应当包括哪些法律规范,即国际私法应包括的规范的范围和种类。

无论如何,必须首先肯定的是,国际私法虽然是解决法律冲突问题的,即使是在那些将国际私法与冲突法这两个概念完全等同起来的国家里,他们的国际私法学家也大多认为,应该把冲突规范以外且与解决法律冲突有密切联系的一些规范,诸如管辖权规范、判决的承认与执行规范,纳入国际私法之中。因此,在分析和讨论国际私法的范围问题时,既不可采取绝对化的观点,也不可采取静止化观点,而是必须采取发展的观点。由于国际私法是在解决法律冲突的基础上发展起来的,因而可以毫不犹豫地断言:“没有冲突法,就没有国际私法。”但是历史发展到今天,如果依然坚守“国际私法就是冲突法”或“国际私法只是冲突法”的结论,无异于墨守几百年前意大利法则区别说的成规,难免妨碍国际私法的进一步发展,尤其是不利于国际私法发展成为一个能有效调整涉外民商事法律关系的法律部门。

普通法系国家的国际私法学家认为国际私法就是冲突法,但他们也认为关于涉外民事案件管辖规范和外国民商事判决的承认和执行的规范,也应该包括在国际私法之中。不过他们反对把国籍问题和外国人民事法律地位规范归入国际私法。戚希尔在他的《国际私法》一书序言中就表明"本书不涉及英国国籍法问题",因为"国籍问题属于宪法的范畴,与国际私法关系不大,一个人究竟有哪个国家的国籍,既与法律选择无关,也与法院管辖权无关"。这显然是因为在英美等国在属人法的适用与管辖权的划分上,一般是以住所为根据的。因此,他们虽反对把国籍问题归入国际私法,却又让住所问题在国际私法中占有重要的地位。如美国的《第二次冲突法重述》与英国戴西和莫里斯《论冲突法》等带有准成文法性质或带有判例汇编法性质的重要著作,都在书的前面部分用相当篇幅讨论了住所问题。①

而大陆法系国家特别是法国、意大利和比利时等国,却对国际私法范围作广义的理解,认为它除了冲突规范外,还应包括"适用于国际关系中私法主体间的所有规范"。因此,外国人民事法律地位规范与国籍问题都应包括在国际私法之中。此外,关于管辖权规范,他们认为也应归入国际私法的范围。不过,他们认为法律适用规范仍是国际私法中最重要的规范。20 世纪中后期,德国与法国还有些国际私法学家主张统一实体私法也应包括在国际私法范围之中,如出生于布达佩斯且长期在德国执教的法学家弗朗克·马热罗斯(Ferenc Majoros,1923—2008 年)就在其 1975 出版的著作《国际私法》(*Le droit international privé*)中明确指出:除冲突规范、管辖权规范、国籍问题的规范、外国人民事法律地位规范外,国际私法还应包括统一私法。② 他认为,从定义上讲,将国内具体私法规范列入国际私法范围从而使它提到了国际化的高度,就没有理由认为国际私法可以撇开这些统一的私法规范。

德国的国际私法学说一直认为,国际私法只解决法律冲突问题,而

---

① See Lord Collins of Mapesbury, Adrian Briggs Andrew Dickson and Jonathan Harris, et al., *Dicey*, *Morris* and Collins *on the Conflict of Laws*, 15th ed., Sweet & Maxwell., 2012, pp. 15 - 19.

② See Ferenc Majoros, *Le droit International Privé*, Presses Universitaires de France, 1975, p. 27.

把国籍问题归入宪法,外国人民事法律地位规范归入外国人法(Fremdenrecht),同时又反对把国际民事诉讼程序规范归入国际私法中。日本大部分学者的观点与德国国际私法学者的观点相似,但在一些具体问题上又有所不同。日本大部分学者认为国际私法既然并不直接从实质上和内容上去规定涉外的社会关系,因而属于以直接方式从实体内容上规定外国人法律地位的这类实体法就不应该包括在国际私法范围之内,更何况外国人在公法方面的地位,更不属私法调整的对象。至于国籍问题,尽管在公法上和政治上起着更重要的作用,因为它关系到国家的居民的构成问题,是国籍法规定的对象,但由于在现代国际社会中,人的国籍对他在私法上的地位也往往有着决定性的影响,如许多大陆法系国家都用国籍作属人法的连接点,因而国际私法不能不涉及国籍问题。不过,国际私法不应就国籍的取得、丧失与变更作出规定,这属于国籍法的范围,它所应规定的只是在一个人的国籍发生冲突时如何确定其本国法的问题。至于涉外民事诉讼程序法,他们认为在调整国际民事关系并保证国际民事交往安全方面,与冲突规范(指定实体法适用)犹如一辆车子的两个轮子,是缺一不可的。而且有关适用外国法的事项,也有许多直接与管辖权问题、判决在外国承认与执行问题有密切的关系。因此,他们认为,在讨论外国法适用的这一国际私法传统范围中的问题时,兼及国际民事诉讼法上的一些问题是非常必要的,但是不主张超出这个限度。

苏联和东欧国家学者比较一致的观点是认为国际私法至少应包括冲突规范、外国人民事法律地位规范、调整涉外民商事关系的统一实体规范和国际民事诉讼程序规范。此外,有人主张还应把国内法中直接规定涉外民商事关系的实体规范归入国际私法。但也有人主张国际民事诉讼程序的规范虽可在国际私法学中加以讨论,但它并不属于这些国家国际私法的范围,因为依隆茨的观点,苏联的国际私法学所涉领域要比作为苏维埃法律的一个部门的国际私法的领域宽一些。可见,在这些国家内部,有关国际私法范围的看法也并不完全一致,存在各种分歧的观点。①

① 参见屈广清:《国际私法:涉外民事关系法律适用法后的立法完善》,吉林大学出版社2014年版,第16~17页。

主张将统一民商法规范归入国际私法范围的,除了苏联和东欧国家的国际私法学者外,在西欧国家中也不乏其人。出生于罗马尼亚布加勒斯特的法国学者贝特霍尔德·戈得曼(Berthold Goldman,1913—1993年)与出生于德国柏林的英国学者克利夫·马克西未利安·施密托夫(Clive Maximilian Schmitthoff,1903—1990年)就属于较典型的代表,都倡导将统一民商法规范纳入国际私法范围之中。他们认为,随着统一国际民商实体法公约和在实践基础上形成的国际贸易惯例不断增加,应该把国际私法的范围加以扩展,而把这些统一实体法也包括进国际私法。德国学者奥托·康·弗罗因德也认为国际私法是由三个方面的基本事实构成的:第一,人们在处理涉外民事案件时,需要选择法律;第二,需要选择法院司法管辖权;第三,许多国家鉴于法律选择范围的不断扩大而同意制定的统一实体法。

戈得曼(Berthold Goldman,1913—1993年)

施密托夫(Clive Maximilian Schmitthoff,1903—1990年)

为了解决涉外民商事关系的法律适用问题,历史上固然最早采用的是通过国内法中的冲突规范来指引应适用的法律的。但是,在采用这种方法时,由于各国国内法中的冲突规则彼此相异,同一案件在不同国家起诉,会因冲突规则的不同而作出不同的判决,法律适用上的冲突并未得到彻底解决。因此,从19世纪中叶起,人们又致力于通过国际立法,统一各国的冲突规则,以寻求一致适用某一国家的实体法判决案件。不过,由于经统一冲突规则指定的实体法仍是某一国的国内法,并不一定能适应国际民商事关系的实际情况和发展的需要,因而随着国际经济交往的日趋发达,便开始通过条约来制定一些统一的民商法规范。这种统一的民商法规范被应用于解决涉外民商事法律关系的纠纷,当然便可以消除或避免法律冲突的发生。因此,统一民商实体规范也是在解决法律冲突的基础上发展起来的,与冲突法相比可以说是规定含有涉外因素民商事关系的两种并列的不同方式——间接规定的方式和直接规定的方式。二者相辅相成,互为补充。如果硬把它们截然对立起来,在国际私法实践中,显然并不利于去选取一种更能适合具体情况的法律。

冲突规范与统一实体规范二者相辅相成、互为补充的关系,也为许多国际条约所承认。因为适用统一实体法固然可避免法律选择的复杂过程,有助于减少国际交往中的法律障碍,但是也应该看到,对涉外民商事关系究竟适用什么法律,终究是国家主权范围内的事,许多国家为了维护自己的利益,为了达到能适用对自己更为有利的法律,往往愿意在这个问题上保留更大的回旋余地,有时更愿意适用灵活性大的冲突法制度,而不愿受统一私法的约束。因此,国家间即使缔结了一项统一实体法公约,其适用范围却往往要受到有关国家的冲突法的制约。正因为这样,一些著名的从事国际私法统一工作的国际组织,也都主张从国际私法的统一立场上去对统一冲突法、统一国际民事诉讼程序法和统一实体法等问题展开有机结合的研究工作。例如,美洲国家组织1979年第二届国际私法特别会议因未能通过《关于特种提单海上运输公约》而作出的有关决议便指出:“要求大会采取必要的步骤,保证泛美司法委员会与秘书长就海上货物旅客运输进行专门研究,其研究应按下述顺序进行:一是法律冲突的解决,二是管辖权冲突的解决,三是统一实体法。”①之所以如此,无非是因为法律冲突、管辖权和统一实体法这三个方面的法律规范,都是在解决法律冲突的基础上产生的,而且后二者与解决涉外民商事关系的法律冲突问题还有着更加直接的关系。苏联学者隆茨在他所著《苏联国际私法教程》一书中也谈道:“把冲突法规范和统一实体规范结合到国际私法里去的根据是,这里谈到的是规定具有涉外因素民法关系的两种不同方法,没有理由认为其中一种规定方法(冲突规范)是国际私法,而另一种(依靠国际法上的协定而统一的规范)却是民法……共同一致地(在同一法律部门内)看待这两种规

① “Second Inter-American Special Conference on Private International Law”[AG/RES. 1790(Ⅸ-0/79)],http://www.oas.org/(accessed December 30,2019).

定的方式，有助于确定哪一种方式在调整某种关系时具有相对优点的问题。”他甚至认为，以消除法律冲突为目的统一实体规范，在调整对外贸易关系方面，“是一种更高的规定方式”。①

至于谈到如果国际私法也去研究这类调整国际货物买卖中发生的各种关系的统一实体法规范，会与目前已单独出现的国际贸易法、国际商法、国际经济法发生重叠现象，其中尤其是在我国一些国际经济法学著作中，主张国际经济法对发生在国际经济交往中的纵向管理或宏观调控的关系与横向国际商事关系都应纳入它的范畴，就更与我国国际私法发生严重的重叠了。在科学发展过程的一定阶段，相邻学科之间不可避免的一些重叠现象，在客观上总是存在的，并不是因为把这种统一私法规范纳入国际私法而发生的唯一例外。有关学科为了保持自己的体系的完整，不应该单纯从避免重叠出发而将自己的有机整体中的一部分割让出去。

综上所述，关于调整外国人法律地位的规范，有属于公法范畴的，如外国人的出入境、居留、驱逐等，这些当然与私法无关。但关于外国人民事法律地位的实体规范，却是发生法律冲突的前提条件之一，当然应该在国际私法中一并加以研究。与外国人法律地位有联系的一个问题是自然人的国籍与住所问题。关于国籍问题的实体法制度应属国籍法，而住所问题应属国内民法，这是毫无疑义的。因此，对于国籍或住所的取得、丧失和恢复的制度，法国国际私法和中华人民共和国成立前的国际私法均不主张在国际私法中涉及。② 但是国际私法在解决自然人的权利能力与行为能力应适用的法律时，常常要适用他的本国法或住所地法，这就需要确定他的国籍与住所，因而关于如何解决自然人国籍冲突和住所冲突，必须由国际私法来解决，这是国籍法和实体民法一般不加规定的问题。此外，尽管程序法所调整的社会关系带有公法性质且不属于单纯的民商事关系范畴，在国内法中，民法与民事诉讼法也明显地属于两个不同的法律部门，但是，在国际私法中，却必须包括调整涉外民事诉讼和商事仲裁程序的规范。其原因在于：首先，就涉外民事诉讼程序法所包含的几类特别规定来看，除了期间与财产保全等少数问题外，其他如诉讼时效、证据制度、司法协助、（直接）管辖权问题、

---

① ［苏联］隆茨：《苏联国际私法教程》，陆丰译，大东书局 1951 年版，第 62 页。

② 参见李双元、蒋新苗主编：《现代国籍法》，武汉大学出版社 2016 年版，第 16 页。

外国判决的承认与执行(间接管辖问题)等,都有法律冲突或法律适用问题存在。法国国际私法学家尼波耶也认为:“不适当的司法管辖,与法律冲突的错误解决,是同样不幸的。它甚至会使正确的法律选择的可能带来的一切利益面临全部丧失的危险。”而日本学者江川英文则指出:“实体权利关系因外国法院的判决而被变更时,该判决的效力承认与否的问题,仍然是国际私法上的问题。”因为,许多国家要考虑该判决的作出,其法律的选择和管辖权的确定是否符合国际私法的规则。何况如识别、反致、公共秩序保留、外国法的查明与法律错误适用的救济,既是冲突法上的重要制度,又是程序问题。其次,把涉外民商事关系中所呈现的实体法上的问题以及需要解决的涉外民商事争议的程序法上的问题,放在同一个法律部门,从国际私法的统一立场上去加以规定和进行研究,也是可取的且有利于理论研究和方便司法实践操作。最后,由于规制涉外民事诉讼和商事仲裁程序的规范,不但直接与实体关系的法律冲突的解决有关,而且它本身也有许多法律冲突问题需要解决,因此,将它们都归入国际私法的范围也是顺理成章的。更何况在法学理论与实践中,国内外大部分研究国内民事诉讼法的学者,对涉外民事诉讼程序和国际商事仲裁程序这两部分内容所涉及的问题往往浅尝辄止,唯有国际私法学才对这两方面内容进行更为系统、更加深入的研究。

为此,我国国际私法学者出于对国际私法的范围理解和界定的不同而形成了“小国际私法观”、“中国际私法观”和“大国际私法观”三种不同的学说。一般认为,“小国际私法观”将国际私法范围限集中探讨涉外民商事关系的法律适用问题,只包括管辖权规范和冲突规范;①而“中国际私法观”则主张国际私法除研究法律适用问题外,还涉及相关的程序问题,其范围包括外国人民商事法律地位规范、冲突规范和国际民事诉讼程序与国际商事仲裁程序规范;②至于“大国际私法观”则认

① 我国台湾地区的国际私法学者大多持此观点,如刘甲一、刘铁铮、陈荣传、曾陈明汝、林益山、陆东亚和洪应灶等。参见赖来焜:《基础国际私法学》,台北,三民书局 2004 年版,第 34 页。

② 我国国际私法学者余先予教授、董立坤教授和赵相林教授等持此观点,参见余先予主编:《冲突法》,法律出版社 1989 年版,第 9 页;董立坤:《国际私法论》,法律出版社 2002 年版,第 18 页;赵相林主编:《国际私法》,中国政法大学出版社 2005 年版,第 13 页。

为国际私法研究领域涵盖甚广，其范围应包括外国人民商事法律地位规范、冲突规范、统一实体规范、国际民事诉讼程序与国际商事仲裁程序规范。[①] 有学者还主张将国内法那些直接为调整涉外民商事关系而制定的实体规范（或称国内法中的专用实体规范、直接适用的法）都纳入国际私法的范围。[②]

二、国际私法规范的种类

国际私法的规范种类和国际私法的范围是两个有紧密联系的问题，或者说是同一个问题的两个侧面。既然不同学者对国际私法范围理解不一致，那么，他们对国际私法规范种类问题也自然会持有不同主张。根据21世纪国际社会形势的发展变化和法律全球化与趋同化的特点，结合有关国际私法定义与功能及范围的科学理解，国际私法规范种类主要应包括如下四大类：

（一）外国人民商事法律地位的规范

所谓外国人民商事法律地位的规范，是指规定在内国的外国自然人和法人在什么范围内享有民商事权利，承担民商事义务的法律规范。外国人在内国依据此类规范的规定取得民商事法律地位，从而享有民商事权利和承担民商事义务，是外国人在内国从事民商事活动的法律前提。关于外国人民商事法律地位的规范，各国根据本国的国情、利益和政策，多在内国立法中作出规定，但也出现在国际条约中。不过，对这类规范多数国家的做法不是把它们集中起来规定在一个法律中，而是分散规定在各种法律中，诸如宪法、民法、商法、经济法、民事诉讼法及有关单行法规中。例如，我国1986年《民法通则》第8条第2款规定“本法关于公民的规定，适用于在中华人民共和国领域内的外国人、无国籍人，法律另有规定的除外”，就是一条关于外国人民商事法律地位的规范。再如，2020年

---

① 我国国际私法学者韩德培教授、李双元教授、章尚锦教授、黄进教授、金彭年教授、屈广清教授和沈涓教授等持此观点。参见韩德培主编：《国际私法新论》，武汉大学出版社2002年版，第22页；李双元等：《中国国际私法通论》，法律出版社2007年版，第20页；章尚锦主编：《国际私法》，中国人民大学出版社2002年版，第8～9页；黄进主编：《国际私法》，法律出版社2005年版，第33页；屈广清：《国际私法》，吉林大学出版社2014年版，第18～19页；沈涓主编：《国际私法》，社会科学文献出版社2006年版，第12页。

② 参见李双元、欧福永主编：《国际私法》（第5版），北京大学出版社2018年版，第12～13页。

5 月 28 日颁布的《民法典》第 4 条规定:“民事主体在民事活动中的法律地位一律平等。”该法典第 1109 条规定:“外国人依法可以在中华人民共和国收养子女。”这表明了外国人在中国享受国民待遇,在民商事权利义务方面,在中国的外国人跟中国人一样,凡是《民法典》中赋予中国公民的民商事权利,外国人在中国也同样可以享有;凡是《民法典》规定的中国公民应当承担的民商事义务,在中国的外国人也应当承担。

(二)冲突规范

所谓冲突规范,是指在调整涉外民商事关系时,指定应该适用哪一国家的法律作为准据法的各种规范的总称。冲突规范是国际私法特有的规范。例如,《涉外民事关系法律适用法》第 28 条规定:“收养的条件和手续,适用收养人和被收养人经常居所地法律。”这就是一条典型的冲突规范,并未指明收养应满足何种要件和基本要求,仅仅指出收养条件和手续应当适用什么法律来确定。在这一规定中既无法知道收养人的权利义务是什么又无法知道被收养人的权利义务是什么。可以说,冲突规范就是一种间接规范,既是国际私法的特有规范,又是国际私法的不可或缺的组成部分。传统的国际私法甚至只包括冲突规范。国际私法学最初就是从研究冲突规范发展起来的。在当今世界,各国的国际私法也仍以冲突规范为核心的最基本、最主要的组成部分。

(三)统一实体规范

所谓统一实体规范,也称统一私法规范或国际统一实体法规范,是指国际条约和国际惯例中直接调整涉外民商事关系的实体规范。如 1980 年《联合国国际货物销售合同公约》有关适用合同的订立和因合同而产生的买卖双方的权利和义务的规范,就是属于国际统一实体规范。由于运用统一实体规范直接调整涉外民商事关系,具有明确、方便的优点,比起冲突规范的间接调整方法,的确是前进了一步。因适用统一实体规范可以直接避免国际民事交往中可能发生的法律冲突,所以,有学者将其称为“避免法律冲突的规范”。因此,尽管这种统一实体规范是在 19 世纪后期的一些国际条约中才开始出现的,但目前在国际经济贸易、海上货物运输和知识产权等领域发展较快,并呈现出日益扩展的趋势。统一实体规范在调整涉外民商事关系中的作用日渐增大,从而成为国际私法中的又一类重要规范。

(四)国际民事诉讼程序规范和国际商事仲裁规范

所谓国际民事诉讼程序规范,是指规定司法机关在审理涉外民事案件时专门适用的程序规范。尽管从法律性质而言，国际民事诉讼程序规范属于程序法，但管辖权规范、外国人民事诉讼地位规范、外国法院判决的承认与执行规范更是与法律冲突直接相关，这就有必要把国际民事诉讼程序规范纳入国际私法规范序列之中。

所谓国际商事仲裁程序规范，就是指规定国际商事仲裁机构的仲裁程序的规范，即仲裁机构、仲裁当事人以及其他仲裁参与人将各种国际商事活动的争议提交仲裁解决时所应遵循的规范。它具体包括仲裁事项范围、仲裁协议、仲裁机构、仲裁程序、仲裁法律适用、仲裁裁决等方面的规则。至于国际经济贸易仲裁和海事仲裁程序规则，有的是由民间团体性质的仲裁机构制定的，有的规定在有关的国际条约中，也跟涉外民商事纠纷的解决有着密切关系，因而同国际民事诉讼程序规范一样也包括在国际私法中。

具体而言，国际私法在范围上呈现下列状态（见图5－1）：

- 国际私法规范类型
  - 冲突规范
    - 各国国内冲突规范
    - 国际统一冲突规范
  - 实体性规范
    - 各国专用涉外实体法规范（含“直接适用的法律规范”）
    - 国际统一实体法规范
  - 程序性规范
    - 国际民事诉讼程序规范
      - 各国涉外民事诉讼程序规范
      - 国际统一民事诉讼程序规范
    - 国际商事仲裁程序规范
      - 各国国际商事仲裁程序规范
      - 国际统一商事仲裁程序规范

图5－1　国际私法规范类型

第二节　国际私法的渊源

在西方法学中，法律的渊源（Sources of Law）是一个含义十分混乱的概念，既可以指法律的历史渊源又可以指法律的理论或思想渊源，还可以指法律的本质渊源或法律的效力渊源（又称正式渊源），有时也可以指法律的文献渊源或法律的学术渊源。不过，通常所讲的法律渊源主要是指法律的效力渊源,即指法律由不同机关创制或认可而具有不同效力,从而也就可以划分为各种类别,如制定法(宪法、法律、行政法规等)和判例等,有时也包括经认可的习惯、法理等。[1] 而作为行为规范的国际私法,必须由国家以一定的形式表现出来,才能为人们所了解,也才具有法律上的效力。因此,一般认为,国际私法的渊源也就是指国际私法规范的存在及其表现形式。换言之,各种用以表现国际私法规范的具体形式就是国际私法的渊源。

由于国际私法的调整对象是超出一国领域的含有外国因素的民商事法律关系,在其发展的过程中,逐渐产生了国际统一规范,从而决定了国际私法在渊源上具有两重性。首先,尽管国际私法是作为国内法而存在的,但是到当代,国际私法在渊源上无疑体现出国内性与国际性双重属性,即除了国内立法与判例这两个主要渊源外,国际条约或国际惯例也已成为国际私法的渊源。这是它不同于一般国内法的第一个特点。其次,从国际私法的历史看,大体上在18世纪上半叶以前,国际私法除了在中国唐代《永徽律》中有个别成文法规定外,在西方还只处在“法理学与学说的国际私法”的阶段,亦即仅表现为一种学说的或学理的形态。只是到了18世纪下半叶以后,才开始进入“立法的国际私法”阶段,但学说仍在国际私法的立法与审判实践中起着重要的作用。所以,又可把18世纪以前的国际私法称为“学说法”,18世纪以后,国际私法才出现制定法。这是国际私法在渊源方面不同于一般国内法的又一个特点。此外,还有学者认为,学说、一般法理或国际私法的基本原则也是国际私法的渊源。[2]

一、国内立法

国际私法规范最早是在国内立法中出现的,而且直到今天,国内立法仍是国际私法最主要的渊源。纵观国际私法产生与发展的历史,无论是大陆法系国家还是普通法系国家的国际私法规范都首先反映在其国内法中。换言之,国际私法规范在大陆法系的成文法国家大多集中

① 参见沈宗灵:《比较法研究》,北京大学出版社1998年版,第161页。

② 参见李双元、欧福永主编:《国际私法》(第5版),北京大学出版社2018年版,第24~25页。

由国内立法予以规定，而英美普通法系国家的国际私法规范也在其国内立法中有所体现。

首先，国际私法所包括的外国人民商事法律地位规范就集中于国内立法。在一些国家国内立法中，有关外国人民商事法律地位规范就集中反映在单行的冲突法或国际私法中，而大多数国家，则分别通过宪法、民法、经济法、劳动法、民事诉讼法等部门法对外国人民商事法律地位规范加以规定。我国有关外国人民商事法律地位规范就采取了后一种立法方式。例如，《宪法》《民法典》《民事诉讼法》《中外合资经营企业法》《外资企业法》[①]《对外合作开采海洋石油资源条例》《专利法》《商标法》等各种类似规定，都是这方面的重要立法。

其次，有关国际民事诉讼程序规范的国内立法，大部分国家都在其民事诉讼法中加以规定。例如，我国 1991 年颁布的《民事诉讼法》第四编就对涉外民事诉讼程序进行了具体规定，集中涉及外国人诉讼地位、司法管辖权、送达与取证、诉讼期间、财产保全、外国判决的承认与执行等规范。此外，1986 年发布的《外交特权与豁免条例》、1990 年发布的《领事特权与豁免条例》、最高人民法院《有关海事案件管辖权和诉讼前扣押船舶的具体规定》等，也是我国国际民事诉讼法的重要渊源。而关于国际商事仲裁程序规范的国内立法，大多数国家都在其仲裁法或民事诉讼法中加以规定。例如，我国 1994 年颁布的《仲裁法》就是这方面的重要立法。此外，1987 年《瑞士联邦国际私法法规》专设一章即第十二章集中规定了国际商事仲裁程序规范，而 1996 年《英国仲裁法》和 1994 年《意大利民事诉讼法典》也有相关规定。

最后，国际私法的冲突规范大多反映在国内立法中，最早在国内法中明文规定冲突规范的是欧洲 1756 年《巴伐利亚法典》以及 1794 年《普鲁士法典》。目前，大多数国家按照如下四种不同的立法方式，在国内法中对冲突规范加以规定：第一，将冲突规范分散规定在民法典的有

---

① 2019 年 3 月 15 日第十三届全国人大代表大会第二次会议审议通过了《外商投资法》。依据该法第 42 条规定："本法自 2020 年 1 月 1 日起施行。《中华人民共和国中外合资经营企业法》、《中华人民共和国外资企业法》、《中华人民共和国中外合作经营企业法》同时废止。本法施行前依照《中华人民共和国中外合资经营企业法》、《中华人民共和国外资企业法》、《中华人民共和国中外合作经营企业法》设立的外商投资企业，在本法施行后五年内可以继续保留原企业组织形式等。具体实施办法由国务院规定。"

关章节中,1840 年《拿破仑法典》就是该立法类型的代表。此外,还有 1991 年《加拿大魁北克民法典》、1991 年《美国路易斯安那州民法典》、1995 年《越南民法典》、1997 年《乌兹别克斯坦民法典》、1999 年《白俄罗斯民法典》、1999 年《哈萨克斯坦民法典》、2001 年《俄罗斯联邦民法典》(2018 年修订)、2009 年《罗马尼亚民法典》、2011 年《荷兰民法典》和 2014 年《阿根廷民商法典》,等等。第二,以专门法典或单行法规的形式制定系统的冲突法规范,最早采用这种做法的是 1896 年《德国民法施行法》和 1898 年《日本法例》。此外,还有 1938 年《泰国冲突法》、1978 年《奥地利联邦国际私法法规》(2015 年修订)、1979 年《匈牙利国际私法》(2017 年修订)、1987 年《瑞士联邦国际私法法规》(2017 年修订)、1995 年《意大利国际私法制度改革法》、1996 年《列支敦士登国际私法》、1998 年《委内瑞拉国际私法》、1998 年《突尼斯国际私法》、1998 年《格鲁吉亚国际私法》、2001 年《荷兰侵权冲突法》、1982 年《土耳其国际私法和国际民事诉讼法》(2007 年修订)、2011 年《波兰国际私法》、2012 年《捷克国际私法》、2013 年《黑山国际私法》和 2014 年《巴拿马国际私法典》等。第三,在民法典或其他法典中以专篇或专章,比较系统地规定国际私法规范,如 1966 年《葡萄牙民法典》和 1984 年《秘鲁民法典》等就采用这种做法。尽管这种规定冲突规范的立法方式比较集中且有一定的系统性,但受民法典本身内容与模式的限制,难以全面体现和反映国际私法规范的特性。第四,在不同单行法规中就有关方面的涉外民商事关系制定法律适用规范,英国的有关成文国际私法是此一立法类型的代表,如 1990 年《英国合同法》和 1995 年《英国国际私法(杂项规定)》等。就立法技术和实际运用的方便而言,冲突规范的国内立法应以第二种立法形式最为可取。根据近年世界各国国际私法立法走势,以专门法典或单行法规形式构建系统的冲突规范,将是未来国际社会各国冲突规范立法的取向。

我国目前主要采取国际私法单行法与其他法律法规中的涉外法律适用规则共同规制的的立法形式。例如,2010 年《涉外民事关系法律适用法》与 1992 年《海商法》第 270 条至第 272 条,1995 年《民用航空法》第 185 条至第 188 条,1995 年《票据法》第 95 条、第 97 条、第 98 条、第 100 条至第 102 条,2019 年《外商投资法》第 2 条、第 31 条等规定以及 2020 年《民法典》第 467 条、第 594 条、第 683 条、第 1109 条,都是我国国际私法的重要国内法律渊源。

二、国内与国际判例

所谓判例,是指法院的某判决具有法律约束力,可以成为以后审判同类案件的依据。一国法院的判例是否可以成为该国国际私法的渊源,在国际私法实践中是有分歧的。大陆法系国家早先一般不承认判例可以成为法律的渊源,而普通法系国家却一直是以判例法为主。但是,由于判例繁多、杂乱、零散,甚至互相抵触,因而这些国家的国际私法学者就自动担负起整理编纂判例的工作,形成了一些富有实践指导价值的巨著,诸如英国国际私法学者戴西 1896 年编著出版的《冲突法论》就是这方面杰出的建树,号称英国国际私法最高权威的"黄金标准"。该书第 1 版 1896 年在伦敦出版,前两版(1902 年第 2 版)都是戴西独著。直到 1992 年戴西逝世当年出版第 3 版才增加合作者贝利戴尔·凯斯(Arthur Berriedale Keith,1879—1944 年),凯斯担任了该书第四版和第五版的主编。莫里斯(J. H. C. Morris)1949 年在该书出版第六版时才担纲修订工作的主编,自 1949 年至 1980 年第十版都由莫里斯主持修订。自 1987 年至今一直由科林斯(Lawrence Antony Collins,1941—)大法官担任总主编主持修订该书,2012 年出版第十五版时才增加乔纳森·哈里斯(Jonathan Harris)教授为修订的主编。尽管当今英国已颁布了《英国国际私法(杂项规定)》等单行的国际私法立法,但在司法实践中仍以《戴西、莫里斯和科林斯论冲突法》为判案依据。① 同样,美国的国际私法也是以判例为主要渊源,其中尤以冲突法重述的影响广泛。在美国,民间学术团体美国法学会(ALI)一直承担和负责美国国际私法的整理与编纂工作,哈佛大学法学院教授比尔任报告员主持编纂并出版了 1934 年的《第一次冲突法重述》(Restatement of the Law, First, Conflict of Laws);哥伦比亚大学法学院教授里斯(W. L. M. Reese)任报告员主持编纂并出版了 1971 年的《第二次冲突法重述》(Restatement of the Law, Second, Conflict of Laws),1986 年美国法学会对《第二次冲突法重述》进行了修订;宾夕法尼亚大学法学院教授科米

① See Lord Collins of Mapesbury and Jonathan Harris, *Dicey*, *Morris* & Collins *on the Conflict of Laws* 5th *Cumulative Supplement*, Sweet & Maxwell Ltd., 2018, p. 2.

特·罗斯福三世(Kermit Roosevelt Ⅲ)任报告员,在2015年启动了美国《第三次冲突法重述》整理编纂工作。

有学者指出,在国际私法这个领域,不管成文法如何发达,以及如何强调编制成文法的意义,都不能免除法院或法官造法(Judge-making Law)的作用,都不能免除法院或法官的自由裁量权。[①] 其之所以如此,在于没有哪一个法律部门像国际私法这样容易受到政治事件和经济活动的影响,没有哪一个法律部门像国际私法这样涉及极其广泛而复杂的生活领域。因此,立法者不可能预见并提出一切可能发生的情况。法院和法官在19世纪曾对国际私法的发展做出过重要的贡献,许多重要的冲突原则与冲突法制度都在那时通过判例而确定起来。可以说,这些原则和制度至今仍在发挥着作用。实际上,大陆法系国家如法国、德国、瑞士、比利时和日本等法院的实践也逐渐重视国际私法判例的先例作用,有的甚至以其作为成文立法的补充。[②]

可见,不仅普通法系国家一直将国内法院有关国际私法判例视为主要的法律渊源,而且部分大陆法系国家也对国内法院有关国际私法判例的渊源意义有一定认知。然而,对国际判例是否可以构成国际私法的法律渊源,国内外尚无定论。尽管人们一般认为遇有国际私法上的争议,通常是求助于国内司法机关或国际商事仲裁机构,但有的学者主张国际法院等国际司法机构的判例也可作为国际私法的渊源。正如巴蒂福尔所指出,国际法院也作出过许多有关国际私法的判决,虽然其中多涉及法人国籍、外国人法律地位及外交保护方面的问题,但也有涉及应适用法律的判例。例如,1955年4月6日国际法院对诺特鲍姆案(Nottebohm Case)的判决和1970年2月5日对巴塞罗那案(Barcelona Traction Case)的判决就涉及外交保护问题;1926年5月25日关于波兰在西里西亚征用德国工厂案的判决就涉及外国人的待遇问题;1929年7月12日关于塞尔维亚和巴西政府在法国发行公债所发生争议的由国际争端法院作出的两项判决以及1958年11月28日关于波尔监护权一案(Boll Case)的判决等,就都涉及法律适用问题。国际法院的这些涉

---

① See Ernst Rabel, Ulrich Drobnig, *The Conflict of Laws: A Comparative Study*, Vol. 1, 2nd ed., University of Michigan Press, 1958, p. 42.

② See Jürgen Basedow, Giesela Rühl, *Franco Ferrari and Pedro de Miguel Asensio*, *Encyclopaedia of Private International Law*, Edward Elgar Publishing, 2017, p. 1396.

及国际私法的判例尽管不是专门针对国际私法的,但其原则往往也发展成为现代国际私法的重要渊源。[①] 还有学者主张,海牙常设仲裁院以及其他国际性的常设仲裁机构(如国际商会仲裁院)的仲裁裁决所形成的法律意见也可视为国际私法的法律渊源。与此同时,也有学者严格恪守国际公法原则,持完全相反的观点。其主要理由为:一是依照《国际法院规约》第38条规定,国际司法判例仅仅作为确定法律原则的辅助资料;二是依照《国际法院规约》第59条规定,国际法院的裁判除对当事国及本案外不存在法律约束效力。然而,在当代国际私法的实践中,国际法院1958年有关波尔案的判决,不仅在国际私法理论界和实务部门引起了激烈的争论,而且对国际私法的理论学说和司法实践产生了非常深远的影响。

我国一般不承认判例可以作为国际私法的法律渊源,但从整个国际社会来看,应充分认识到判例在国际私法中的作用。这主要是因为国际私法领域的情况错综复杂,光依靠成文法是不足以应付司法实践的需要的,在必要时应该允许法院通过判例来弥补成文法的缺漏。另外,在案件涉及普通法系国家的法律时,更需直接用他们的判例作为判决的根据。而且国际私法的原则与制度,也需要通过案件来加以发展。我国国际私法理论研究与立法司法实践工作相对较为落后,在一定程度上,是与我们至今仍不重视整理、研究我国处理涉外民商事案件的判决案件材料或案例有关。可见,我国国际私法的原则与制度,也需要通过判例来加以发展。

三、国际条约和国际惯例

从国际社会的角度看,国际条约作为国际私法的渊源,已占有越来越大的比例。在我国,因为实行对外开放政策,特别是"一带一路"倡议和加快构建人类命运共同体的进程,均需要积极参与国际事务,不但已经并将继续参加和签订一些国际私法或含有国际私法内容的多边公约或条约,而且已经并将继续和有关国家签订专门的或含有这方面规定的双边条约或协定。根据"条约必须信守"(pacta sunt servenda)的原

① See Henri Batiffol, *Traité élémentaire de droit international privé*, Librairie générale de droit de jurisprudence, 1949, pp. 42 – 43.

则,我国在有关调整涉外民商事关系的立法中常常明确规定,我国参加或接受的国际条约同中华人民共和国法律有不同规定的,除我国声明保留的外,应适用该国际条约的规定。而在我国1986年《民法通则》第132条以及《票据法》第95条第2款、《民用航空法》第184条第2款和《海商法》第268条第2款等一些民商事单行法的条文中则规定,如果我国法律和我国所参加的条约均无规定时,可以适用“国际惯例”。这就表明,就我国国际私法立法来说,国际法方面的渊源也是非常重要的。概而言之,国际私法的国际性法律渊源包括国际条约和国际惯例。

(一)国际条约

自19世纪以来,国际社会就已开始着手统一冲突法、统一程序法和统一实体法的工作,并取得了显著成效。通过联合国、海牙国际私法会议、罗马国际统一私法协会、美洲国家组织与欧洲联盟等国际组织的共同努力,已经制定或缔结了大量与国际私法相关的国际公约或条约。目前,包含国际私法规范的国际公约或条约可以分门别类地归纳为:

(1)关于外国人法律地位的条约,诸如1928年《关于外国人地位的公约》、1951年《关于难民地位公约》、1954年《关于无国籍人地位的公约》、1956年《承认外国公司、社团和财团法律人格的公约》、1966年《经济、社会、文化权利国际公约》等。

(2)关于国际贸易和投资的条约,诸如1965年《解决国家和他国国民间投资争端公约》、1974年《联合国国际货物销售时效期公约》、1980年《联合国国际货物销售合同公约》、1986年海牙《国际货物销售合同法律适用公约》以及海牙国际私法会议2015年通过的具有示范法性质的《国际商事合同法律选择原则》、2005年《联合国国际合同使用电子通信公约》等。

(3)关于国际运输的条约。调整国际海上货物运输关系的公约主要有:1924年《统一提单的若干法律规则的国际公约》(海牙规则)、1968年《关于修改〈统一提单的若干法律规则的国际公约〉的议定书》(维斯比规则)、1978年《联合国海上货物运输公约》(汉堡规则)、2008年《联合国全程或部分海上国际货物运输合同公约》(鹿特丹规则)等;调整国际航空货物运输关系的公约主要有:1929年《统一国际航空运输某些规则的公约》(华沙公约)、1955 年《关于修改 1929 年 10 月 12 日在华沙签订的〈统一国际航空运输某些规则的公约〉的议定书》(海牙议定书)、1961 年《统一非缔约承运人所办国际航空运输某些规则以补充华沙公约的公约》(瓜达拉哈拉公约)、1999 年《统一国际航空运输某些规则的公约》(蒙特利尔公约)等;调整国际铁路货物运输关系的公约主要有:1957 年《国际铁路货物联运协定》(国际货协)、1980 年《国际铁路货物运输公约》(国际货约)等;调整国际货物多式运输关系的公约主要有:1980 年《联合国国际货物多式联运公约》等;调整国际公路货物运输关系的公约主要有:1975 年《联合国国际公路货运公约》、1971 年海牙《关于交通事故法律适用的公约》、1989 年《美洲国家间关于国际货物公路运输合同公约》等。

(4)关于海事的条约。例如,1910 年《统一船舶碰撞若干法律规定的国际公约》(碰撞公约)、1952 年《统一船舶碰撞中民事管辖权方面若干规定的国际公约》(碰撞民事管辖权公约)、1957 年《海船所有人责任限制国际公约》、1969 年《国际油污损害民事责任公约》、1972 年《国际海上避碰规则》、1989 年《国际海上救助公约》,等等。

(5)关于财产权的条约,大多为海牙国际私法制定的公约。例如,1958 年《国际货物销售中权利转移的法律适用公约》、1985 年《关于信托的法律适用和承认的公约》、2006 年《中介人持有证券的若干权益法律适用的公约》,等等。

(6)关于国际支付的条约。例如,1930 年《解决汇票和本票的某些法律冲突公约》、《统一汇票和本票法公约》以及《汇票和本票印花税公约》,1931 年《解决支票的某些法律冲突公约》、《统一支票法公约》以及《支票印花税公约》(日内瓦公约),1988 年《联合国国际汇票和本票公约》,1998 年《国际保理公约》、2001 年《联合国国际贸易应收账款转让公约》、2010 年《国际保理业务惯例规则》,等等。

(7)关于知识产权国际保护的条约。例如,1883 年《保护工业产权的巴黎公约》(巴黎公约)、1886 年《保护文学艺术作品的伯尔尼公约》(伯尔尼公约)、1891 年《商标国际注册马德里协定》、1952 年《世界版权公约》、1967 年《成立世界知识产权组织公约》、1970 年《国际专利合作条约》、1973 年《商标注册条约》、1994 年《商标法条约》、1994 年《与贸易有关的知识产权协议》、1996 年《世界知识产权组织版权公约》、

2000 年《专利法条约》、2006 年《商标法新加坡条约》,等等。

(8)关于婚姻、家庭和继承的条约,大多为海牙国际私法会议制定。例如,1902 年《婚姻法律冲突公约》和《关于离婚与别居法律适用与管辖权公约》、1965 年《收养管辖权、法律适用和判决承认公约》和 1961 年《遗嘱处分方式法律冲突公约》、1973 年《抚养义务法律适用公约》、1978 年《夫妻财产制法律适用公约》、1989 年《死者遗产继承法律适用公约》、1993 年《跨国收养方面保护儿童及合作公约》、1996 年《关于父母责任和保护儿童措施的管辖权、法律适用、承认执行与合作公约》、2000 年《成年人保护国际公约》、2007 年《关于国际追索儿童抚养费用及其他形式的家庭抚养公约》、2007 年《〈抚养义务法律适用公约〉议定书》,等等。此外,还有 1984 年《美洲国家间关于未成年人收养的法律冲突公约》、1967 年欧洲理事会《关于儿童收养的欧洲公约》(2008 年修订)等区域性公约。

(9)关于国际民事诉讼的条约,大多为海牙国际私法会议所制定。例如,1954 年《民事诉讼程序公约》、1965 年《关于民商事司法及司法外文书国外送达的公约》、1970 年《关于民商事案件域外取证的公约》、1971 年《民商事外国判决的承认和执行公约》、1980 年《关于对国际诉讼提供便利公约》、2005 年《选择法院协议公约》、2019 年《关于承认和执行外国民商事判决的公约》,等等。此外,欧洲联盟 2000 年 5 月 29 日通过的《关于民商事案件管辖权及判决承认与执行条例》(《布鲁塞尔条例Ⅰ》)又在 2012 年 12 月 12 日进行了修订并于 2015 年 1 月 10 日生效,2016 年 7 月 6 日通过的《关于简化在欧盟内部提供公共文书的要求以促进公民自由流动的条例》(2016 年 8 月 15 日生效),均属于国际民事诉讼程序的区域性统一法律渊源。

(10)关于国际商事仲裁的条约。例如,1923 年《日内瓦仲裁条款议定书》、1927 年《关于执行外国仲裁裁决的公约》(日内瓦公约)、1958 年《承认及执行外国仲裁裁决公约》(纽约公约)、1965 年《解决国家和他国国民间投资争端公约》(华盛顿公约)、1975 年《美洲国家间关于国际商事仲裁的公约》、1976 年《联合国国际贸易法委员会仲裁规则》(2010 年修订)、1980 年《联合国国际贸易法委员会调解规则》、1985 年《联合国国际贸易法委员会国际商事仲裁示范法》(2006 年修订)、2002 年《世界知识产权组织仲裁规则》、2014 年《联合国投资人与国家间基于条约仲裁透明度公约》,等等。

(11)关于国际商事调解的条约,诸如2018年《联合国关于国际商事调解所产生的国际和解协议公约》(新加坡调解公约)以及2002年《联合国国际贸易法委员会国际商事调解示范法》(2018年修订)等。

中华人民共和国自成立以来,特别在党的十一届三中全会改革开放的推动下,尤其是成为世界贸易组织成员以后,我国在国际社会的参与度不断扩大。目前,我国已缔结或加入、批准与国际私法有关的国际公约主要有:1883年《保护工业产权巴黎公约》(1984年12月19日签署);1925年《本国工人与外国工人关于事故赔偿的同等待进公约》(1984年6月11日签署);1929年《统一国际航空运输某些规则的公约》(1958年7月20日签署);1955年《修改1929年10月12日统一国际航空运输某些规则的华沙公约的议定书》(1975年8月20日签署);1969年《国际油污损害民事责任公约》(1980年1月30日签署);1967年《建立世界知识产权组织公约》(1980年3月4日签署);1980年《联合国国际货物销售合同公约》(1981年9月30日签署);1967年《关于难民地位的议定书》(1982年2月24日签署);1951年《关于难民地位的公约》(1982年9月24日签署);1973年《国际纺织品贸易协议》(1984年1月18日签署);1925年《本国工人与外国工人关于事故赔合的同等待遇公约》(1984年6月11日签署);1984年《修正1969年国际油污损害民事责任公约的议定书》(1985年11月27日签署);1940年《国际统一私法协会章程》(1986年1月1日签署);1976年《1969年国际油污损害民事责任公约的议定书》(1986年9月29日签署);1958年《承认及执行外国仲裁裁决公约》(1987年1月22日签署》;1951年《海牙国际私法会议章程》(1987年7月3日签署);1984年《多边投资担保机构公约》(1988年4月28日签署);1891年《商标国际注册马德里协定》(1989年7月1日签署);1965年《解决国家和他国国民间投资争端公约》(1990年2月9日签署);1989年《关于集成电路的知识产权条约》(1990年5月1日签署);1989年《联合国儿童权利公约》(1990年8月29日签署);1951年《男女同工同酬公约》(1990年9月7日签署);1965年《关于民商事司法及司法外文书国外送达的公约》(1990年3月2日签署);1886年《伯尔尼保护文学和艺术作品公约》(1992年7月1日签署);1952年《世界版权公约》(1992年7月1日签署);1970年《专利合作条约》(1993 年 8 月 2 日签署);1975 年《关于商标注册用商品和服务国际分类的尼斯协定》(1995 年 5 月 5 日签署);1993 年《1993 年船舶优先权和抵押权国际公约》(1994 年 8 月 18 日签署);1965 年《便利国际海上运输公约》(1994 年 12 月 29 日签署);1989 年《关于商标国际注册马德里协定的议定书》(1995 年 9 月 1 日签署);1970 年《关于民商事案件域外取证的公约》(1997 年 7 月 3 日加入);1993 年《跨国收养方面保护儿童及合作公约》(2005 年 4 月 15 日签署);1999 年《蒙特利尔统一国际航空运输规则公约》(2005 年 6 月 1 日签署);2012 世界知识产权组织《视听表演北京公约》(2014 年 4 月 24 日签署);1975 年《联合国国际公路货运公约》(2016 年 6 月 24 日签署);2005 年海牙《选择法院协议公约》(2017 年 9 月 12 日签署);等等。

可见,到目前为止,中国加入的大多是涉及外国人的法律地位、国际统一实体私法、国际民事诉讼程序和国际商事仲裁程序的国际公约,尚未加入任何专门的冲突法国际公约。我国不仅未加入任何专门的冲突法国际公约,而且,即使缔结或参加的含有冲突规范的国际公约也为数不多。其中,上述 1951 年《关于难民地位的公约》(第 12 条)就是属于含有冲突规范的国际公约。

1949 年中华人民共和国成立以后,我国政府与其他国家签订了大量双边条约和协定,涉及领域相当广泛,既有双边投资保护协定或贸易协定,又有刑事司法协助协定或引渡条约,还有许多涉外民商事协定。[①]在涉外民商事方面,我国与其他国家签订的双边协定或条约主要有商务条约、通商航海条约、贸易协定、支付协定和贸易支付协定、交货共同条件议定书、贷款协定、经济援助协定、领事条约与协定、关于相互赋予最惠国待遇协定、关于商标注册的换文和议定书、关于保护知识产权的协定、关于投资保护的协定以及民商事司法协助协定,等等。在这些双边条约或协定中,既含有关于外国人民商事法律地位规范和调整涉外民商事法律关系的实体规范,又含有冲突规范,甚至还包括国际民事诉讼程序规范和国际商事仲裁程序规范。自 1987 年中国同法国签订司

① 参见中华人民共和国外交部政策研究室编:《中国外交》(2004 年版),世界知识出版社 2004 年版,第 328 页。

法协助协定以来，我国加快了与有关国家谈判签订司法协助协定的步伐。[①] 截至2020年，中国已同法国、波兰、蒙古国、比利时、罗马尼亚、意大利、西班牙、俄罗斯、土耳其、古巴、泰国、澳大利亚、秘鲁等77个国家缔结了138项司法协助协定或引渡条约，其中106项已经生效。在我国签订的司法协助协定或条约中，涉外民商事司法协助协定20项，其中17项已生效；民商事和刑事并存的司法协助协定19项且均已生效。[②]

综上所述，实际上我国参加的国际公约或条约，涉及冲突法或法律适用的较少，只是在一些双边司法互助协定中，有关于请求提供司法协助时可适用的程序法方面的规定。由此可见，我国对缔结或加入国际民商争议法律适用公约，是持比较谨慎与保守的态度的。也许正是因为如此，我国2010年颁布的《涉外民事关系法律适用法》对国际条约的适用未作任何规定，而将任务留给了司法解释。我国最高人民法院当仁不让地总揽了该项艰巨任务，不仅对已缔结生效的国际条约适用问题作了规定，而且对尚未针对中国生效的国际条约的适用问题也作了规定。2012年最高人民法院《关于适用〈涉外民事关系法律适用法〉若干问题的解释(一)》第4条规定："涉外民事关系的法律适用涉及适用国际条约的，人民法院应当根据《中华人民共和国民法通则》第一百四十二条第二款以及《中华人民共和国票据法》第九十五条第一款、《中华人民共和国海商法》第二百六十八条第一款、《中华人民共和国民用航空法》第一百八十四条第一款等法律规定予以适用，但知识产权领域的国际条约已经转化或者需要转化为国内法律的除外。"该司法解释第9条则规定："当事人在合同中援引尚未对中华人民共和国生效的国际条约的，人民法院可以根据该国际条约的内容确定当事人之间的权利义务，但违反中华人民共和国社会公共利益或中华人民共和国法律、行政法规强制性规定的除外。"可以说，我国国际私法理论界与司法实务部门对于国际条约作为法律渊源的认可度还是较高的。

---

① 1987年5月4日，中国与法国缔结《中华人民共和国和法兰西共和国关于民事、商事司法协助的协定》，这是我国改革开放后签订的第一个司法协助协定或条约。

② 参见《最高法院解读民商事司法文书送达调查取证司法协助协定》，载《法制日报》2013年4月28日，http://www.fmprc.gov.cn/(accessed August 27,2015)；http://www.moj.gov.cn/(accessed January 30,2021)。

(二)国际惯例

在国际私法的理论与实践中,普遍认可国际惯例可以作为国际私法的法律渊源。而国际私法中的国际惯例一般由两部分构成,一是《国际法院规约》所提到的"作为通例"(General Practice)并"经接受为法律"的那些国际习惯(International Custom),二是国际贸易惯例。作为国际私法渊源的国际惯例(International Usage),[①]按照是否强制适用的标准划分,可以将其分为任意性国际惯例与强制性国际惯例两类。所谓强制性国际惯例,就是不需要经过当事人选择而适用且当事人必须遵循的国际惯例,如"国家及其财产豁免"原则;而所谓任意性国际惯例则是仅仅在当事人选择适用时才对其发生法律拘束力的惯例,如 CIF(到岸价格)、FOB(离岸价格)等国际贸易条件。国际经济贸易中的国际惯例大多为任意性的国际惯例。[②] 一般情况下,国际贸易惯例只具有任意法的性质,而且严格地说,它们只有经当事人接受于合同中,才具有法律上的约束力。正因为如此,以国际惯例形式出现的统一实体规范,往往没有国际条约中的统一实体规范那么具体、明确,因而在解决国际民商事法律冲突方面的效果也略逊于国际条约。虽然国际惯例存

---

① 国际法学家王铁崖教授和梁西教授都将"International Custom"翻译为"国际习惯",将"International Usage"翻译为"国际惯例";而周鲠生先生和陈安教授则将"International Custom"翻译为"国际惯例",将"International Usage"翻译为"国际习惯"。这些学者的翻译正好相反。国际法学家梁西先生在分析该术语时指出:《国际法院规约》第 38 条被认为是关于国际法渊源的权威解释,根据该条规定,"International Custom"是具有法律约束力的国际法的渊源之一,其形成必须包括两个要件:第一,通例的存在,即各国对在其相互关系中,对某种事项重复采取类似行为(或不行为)这一客观事实的存在,也就是所谓的"物质因素";第二,存在的通例已被各国接受为法律,即各国在主观上对这种通例有一种法的信念,也就是所谓的"心理因素"。至于"International Usage",在具有最高权威的国际法巨著《奥本海国际法》中,被认为是不具有法律约束力的,因为尽管存在某种行为的惯行,但这种惯行不是在这些行动按照国际法为必需的和正当的信念下形成的。参见梁西主编:《国际法》(第 2 版),武汉大学出版社 2004 年版,第 33 页。

② 在国际贸易实务领域,一般不对"Custom"(习惯)与"Usage"(惯例)作出具体区分,但意思非常明确,即指不具有法律约束力的贸易惯例,也即通常所称的商事惯例(Commercial Custom or Usage)。它们主要是在长期商业实践的基础上产生,后来又经国际组织统一编纂和解释而得到统一。但是,国际商会曾特别警告说:这种惯例仅是私人机构所制定,不可轻率地肯定其具有法源的地位或法律约束力,只有在当事人之间直接引用时,才对他们具有约束力。为了避免理论和实务上的混乱,有必要统一"International Custom" 和"International Usage"的译法,前者翻译为"国际习惯",指具有法律约束力的国际习惯法规范;后者翻译为"国际惯例",指尚不具有法律约束力的通例。而国际惯例主要为国际商事惯例,属于任意性规范。参见李双元、欧福永主编:《国际私法》(第 5 版),北京大学出版社 2018 年版,第 21 ~ 22 页。

在诸多不足，但其可构成国际私法渊源已是不争的事实。

就强制性国际惯例而言，在国际私法的管辖权与法律适用方面，对于什么案件可以行使管辖权和应适用什么法律并没有直接的肯定性的冲突规则，而只有一些限制性的国际习惯，如不允许违反国际法而行使一国的立法、司法管辖权等。因此，尽管一些对国际私法持“普遍主义”或“国际主义”观点的学者认为，像“不动产的法律的属地原则”“个人身份的法律的域外原则”“场所支配行为原则”“尊重既得权原则”“国家公共秩序原则”“适用于契约关系中的意思自治原则”等，应是一些“具有普遍约束力的惯例法”。但是更多的学者认为，这种由法律适用的“普遍规则”或“共同规则”组成的“国际惯例法”并不存在。这是因为，任何国家的法官在处理上述几个方面的问题时，如不受条约的约束，尽管也常会考虑这些原则，但主要还是根据他的国内法的指示行事的。

就任意性国际惯例而言，它是在长期商业实践的基础上产生的，后来又经过统一编纂和解释而变得更为准确，从而在国际上起着统一实体私法的重要作用。概括起来，起着统一实体私法作用的国际惯例中调整国际贸易条件的主要有：1932 年《华沙—牛津规则》、1936 年国际商会《国际贸易术语解释通则》（2019 年修订，Incoterms 2020）；调整共同海损理算的有：《1974 年约克—安特卫普规则》（2016 年修订）；调整国际贸易支付的有：1967 年《商业单据托收统一规则》（已有 1995 年修订的第 522 号出版物，URC522）、1933 年《跟单信用证统一惯例》（现为 2007 年修订的第 600 号出版物，UCP600 2015 年 10 月 13 日 700）、1995 年《联合国独立担保和备用信用证公约》、1999 年《国际备用信用证惯例》（ISP98）、2010 年《国际保理业务惯例规则》；等等。

这类国际惯例，大多为我国实践所接受。我国《民法通则》（2021 年失效）第 142 条第 2 款及 1985 年《涉外经济合同法》（1999 年失效）第 5 条第 3 款规定：“中华人民共和国法律未作规定的，可以适用国际惯例。”[①]这里所说的国际惯例即指这类国际贸易惯例。

尽管我国 2010 年颁行的《涉外民事关系法律适用法》在国际惯例适

---

① 目前在各国立法中有类似规定的有：1995 年《朝鲜涉外民事关系法》第 6 条、1995 年《越南民法典》第 827 条、2002 年《蒙古国民法典》第 540 条、1999 年《哈萨克斯坦民法典》第 1084 条、2000 年《阿塞拜疆国际私法》第 1 条和 2002 年《俄罗斯民法典》第 1186 条，等等。

用问题的规定付之阙如,但是,2012 年最高人民法院《关于适用〈中华人民共和国涉外民事关系法律适用法〉若干问题的解释(一)》第 5 条却明文规定:“涉外民事关系的法律适用涉及适用国际惯例的,人民法院应当根据《中华人民共和国民法通则》第一百四十二条第三款以及《中华人民共和国票据法》第九十五条第二款、《中华人民共和国海商法》第二百六十八条第二款、《中华人民共和国民用航空法》第一百八十四条第二款等法律规定予以适用。”这就充分表明,我国在立法和司法实践中仍然坚持在处理涉外民商事法律纠纷和解决法律冲突时可以适用国际惯例。换言之,国际惯例是我国立法与司法认可的国际私法渊源,尽管只是处于补缺的地位。

根据我国国际私法规则及其他相关法律规定,适用国际惯例处理具体涉外民商事案件时的程式可归纳为:第一,涉外民商事关系属于我国缔结或参加的有关国际条约的适用范围,应按照该国际条约的规范来处理;第二,如果该国际条约对处理该涉外民商事关系或案件没有相应的规范,这时应适用法院地国家(中国)的冲突规范,而首先应考虑适用国际条约中的统一冲突规范,没有统一冲突规范时则适用国内冲突规范,既没有统一冲突规范又没有国内冲突规范时则适用有关冲突规范的国际惯例;第三,如果根据冲突规范所指引的中国法律对该涉外民商事关系或案件无相应的规范,这时就可以适用实体性的国际惯例处理。此外,该涉外民商事关系的当事人还可以根据有关意思自治的冲突规范在争议发生前后选择适用国际惯例。无论如何,在适用国际惯例解决涉外民商事法律关系的法律争议时,均不可违反中华人民共和国的法律规定和社会公共利益。这是我国 1986 年《民法通则》第 150 条曾明文规定的。不过,由于国际惯例是在国际民商事活动中经长期实践和广泛采用而逐渐形成和发展的,属于各种价值取向、利益追求以及信用机制折中和博弈所产生的行为准则,带有商业社会自治法的性质,国家为了保证其在规范国际商事活动时不至失去信誉,一般不会运用“公共秩序制度”来排除它们的效力。①

---

① 参见李双元、欧福永主编:《国际私法》(第 5 版),北京大学出版社 2018 年版,第 23 页。

四、国际私法一般法理、一般原则及特定学说

一般情况下,学说并不是法律的渊源,只有特殊条件下才有可能成为法律渊源。在国际公法中,《国际法院规约》第38条第1款就规定:法院可适用“各国权威最高之公法学家学说,作为确定法律原则之补助资料者”。在西方一些国家的国际私法判决中,也常引用学者的学说作为论证的渊源。①

在国际私法领域,由于许多制度和规则尚处于形成和发展阶段,而法官在处理涉外民商事案件时常拥有较大的自由裁量权,因此,司法机关有时需要借助国际私法学说或理论作为解决实际问题的指导和依据。这在以判例法为主的普通法系国家更为突出。奥托·康·弗罗因德甚至指出,在国际私法方面,学者的学说或著作的真正价值,表现在它们对普通法国家的法院所发挥的具有决定性的作用。在国际私法方面,既有学者引述国家的司法实践来论证或推翻某一理论,也有国家司法部门在实践中引述学者的学说来论证和推翻某一成文法或判例法所确定的冲突法原则。② 可以说,国际私法渊源除上述国内立法、判例、国际条约或国际惯例三大类法律渊源外,根据一些国家的传统或立法以及有关国际条约的规定,一般法理(或一般法律原则)、国际私法的原则以及特定学者(或学派)的学说等,在法无明文规定时,也可作为解决国际私法争议问题的依据。

对于一般法律原则或原理作为国际私法的法律渊源问题,国际私法理论与实践的态度大体一致。因为,一般法律原则应为各国国内法律体系和国际法中所包含的共同原则或法律理念。一般法律原则应为各国所承认,它决不着眼于只是偶然一致的一切法律规定,而只是着眼于那些以一般的法律理念为基础并可以移用于国际往来的法律原则。随着国际交往的不断增加,各国法律会在一些领域逐渐趋同,一致的法

---

① See Jürgen Basedow, Giesela Rühl, Franco Ferrari and Pedro de Miguel Asensio, *Encyclopaedia of Private International Law*, Edward Elgar Publishing, 2017, p. 424.

② See Otto Kahn-Freund, *General Problems of Private International Law*, Sijthoff & Noordhoff, 1980, p. 146.

律原则的数量会逐渐增多,适用一般法律原则的机会也会越来越多。①实际上,当今世界已有一些国家的国际私法立法明确允许适用“一般法律原则”或“国际私法原理”进行裁判。早在1938年《泰国冲突法》第1条就规定,在法无规定时,允许适用国际私法的一般原理。1982年《南斯拉夫国际法律冲突法》第2条也允许在法无规定时,允许参照南斯拉夫法律的原则和它的国际私法原则裁判案件。1984年《秘鲁国际私法》也允许在其缺乏相应的冲突规则时,以国际私法的原则及公认的准则作补充的适用。1987年《约旦国际私法》第2条第2款规定,其国际私法若无规定,可依穆斯林法律的原则,以及在无此种原则时,依公平原则裁判国际私法案件。《阿拉伯联合酋长国国际私法》第1条甚至允许在该法无规定时,依穆斯林法,但最好按照其所指定的两个学派的解决方法判决案件。1971年《美国第二次冲突法重述》第6条“法律选择的原则”也允许在宪法和本州成文法没有规定时,可根据该条提出的七项因素(大多为国际私法一般原则)来决定应适用的法律。1999年《斯洛文尼亚共和国国际私法与国际民事诉讼法》第3条规定:“本法对法律适用未作规定的,参照适用本法的规定与原则、斯洛文尼亚共和国法制原则及国际私法原则。”2007年《北马其顿国际私法》第4条规定:“如果本法对第1条第1款所指关系的准据法未作任何规定,则类推适用本法的规定和原则、马其顿共和国的法律原则以及国际私法原理。”2013年《黑山国际私法》第3条规定:“对于本法第1条所指的关系,本法未作规定应适用的法律,则比照适用本法的规定与原则、黑山法律制度的原则和国际私法原则。”可见,一般法律原则或国际私法原理也可作为弥补立法空缺而成为国际私法渊源。只是由于司法实践对于一般法律原则或国际私法原理的确立依据和标准难以把握,故我国2010年《涉外民事关系法律适用法》等立法采取了回避的态度,对一般法律原则或国际私法原理是否构成国际私法渊源问题未作任何规定。

在国际商事仲裁中,允许友好仲裁和依公平原则进行仲裁已不罕见。例如,1987年《瑞士联邦国际私法法规》第187条规定,在国际商事仲裁中,允许当事人授权依公平原则裁决实质问题。1976年《联合国

---

① 参见[奥]阿·菲德罗斯等:《国际法》(上),李浩培译,商务印书馆1981年版,第183～186页;王铁崖主编:《国际法》,法律出版社1981年版,第32页。

国际贸易法委员会仲裁规则》(2010 年修订)第 35 条规定:“仲裁庭应适用各方当事人指定适用于实体争议的法律规则。各方当事人未作此项指定的,仲裁庭应适用其认为适当的法律。只有在各方当事人明确授权仲裁庭的情况下,仲裁庭才应作为友好仲裁或按照公平合理的原则作出裁决。所有案件中,仲裁庭均应按照所订立的合同条款作出裁决,并应考虑到适用于有关交易的任何商业惯例。”

可见,在当今国际社会,国际私法的一般法理、一般原则、公平与善良原则及特定的学说,在一定程度上也可成为国际私法的渊源。关键在于有关国家的法律或国际条约是否有这方面的明确授权。不过,我国在处理涉外民商事争议时,至今尚无以国际私法学说、一般法理或原则作为依据进行裁判的先例。换言之,目前国际私法学说、一般法理或原则尚未成为我国国际私法的法律渊源。

第三节　国际私法的基本原则

一、确立国际私法基本原则的原由

英美和欧洲各国的国际私法学很少有专门讨论国际私法的基本原则的。因为,这些国家的学者和实务工作者通常认为,适用外国法的理论或指导法律选择的原则已经起到国际私法基本原则的作用。在西方国家的传统国际私法中,不同的适用外国法的理论,也就是国际私法的基本原则或指导思想。但在现代国际私法中,由于它的范围已超出传统冲突法的范围,而同时涉及外国人的民商事法律地位问题、统一实体法的适用问题、国际民事诉讼与国际商事仲裁程序问题,要解决的已并非只有适用外国法或仅仅进行法律选择的问题,因而需要有自己的基本原则,作为立法机关或司法(仲裁)机关解决各种国际私法实践问题的主导价值取向。

主张确定国际私法基本原则的不同国家的学说对于国际私法的基本原则做过不同的概括。苏联和东欧国家的国际私法学曾就国际私法的基本原则做过广泛的探讨。例如,匈牙利国际私法学家萨瑟就认为社会主义国家的国际私法基本理论和基本原则应该包括七项:第一,社会主义国家的国际私法是规定产生于国家间斗争和合作过程中的法律关系的法律;第二,它的理论源于这些国家的对外政策;[①]第三,它的前提或根据是并存两种不同的社会制度的这一基本事实;第四,在社会主义国家之间,通过条约方式使国际私法规则得到加强与统一,是这些国家处理他们彼此之间关系的基本原则;第五,这些国家的立法机关在国际私法领域中的一个重要目标就是建立国际的法律保障(International Legal Security),而这种法律保障的一个重要条件便是通过制定明确的统一的实体法或冲突法规则,以便尽可能消除法律的冲突,而在不可能消除法律冲突时,也应该尽可能适用那种不是只对法院国家自己有利的统一实体法或冲突规则;第六,社会主义国际私法的另一个基本原则就是反对在社会主义国家的法律和非社会主义国家的法律之间采取差别的措施;第七,社会主义国家国际私法的最后一个基本原则是尽可能限制援用公共秩序保留来排除外国法的适用。[②] 苏联学者隆茨则曾把苏联国际私法的基本原则归纳为"严守各国平等和独立的原则"、"国家及其财产豁免原则"和"互惠原则",等等。此外,其他苏联和东欧国家的学者还认为"管辖权合理划分""适用法律的同一"(按法律所属国的解释去适用外国法)、"外国人民事权利平等"这类原则也是国际私法的基本原则。他们归纳或强调的上述各项原则中,许多是基于在一个时期内,当时社会主义国家的许多法律(如关于没收或征收个人财产的国有化法等)不被西方资本主义国家所承认的歧视性判例和司法政策而提出来的。[③]

无论对国际私法的基本原则做何种概括和归纳,但是,从总体上看,作为国际私法的基本原则应是贯穿于国际私法各项制度中的共同的指导思想或理论原则,而不应包括那些只在某一方面制度中起指导作用的准则。由于国际私法是国际经济关系发展到一定历史时期和国家间商业贸易的交往已在国家经济生活中占有重要地位的时代的产

---

① 有的学者将苏联和东欧国家的国际私法学说或理论称为"对外政策学派"。参见李双元:《国际私法(冲突法篇)》,武汉大学出版社 1987 年版,第 47 页。

② See István Szászy, *Conflict of Laws in the Western*, Socialist and Developing Countries, A. W. Sijthoff, 1974, pp. 60 – 61.

③ 参见李双元:《国际私法(冲突法篇)》(修订版),武汉大学出版社 2001 年版,第 65 ~ 66 页。

物,因而,国际私法是整个法律制度中的一个重要组成部分,其首要的任务既是在国际民商事活动中,维护自己国家和人民利益的有效的法律工具,又是在人类社会进入信息化与全球化时代成为促进国家间平等互利交往和有利于建立新的国际民商秩序的法律制度以及保障全人类福祉的有利的法律手段。因此,在国际私法中,其基本原则除了包括国内民法、民事诉讼法的总原则外,还包括国际关系的基本准则,主要应有国家主权独立原则、平等互利原则、国际协调与合作原则以及保护弱方当事人正当利益的原则等。目前,在经济全球化迅速发展的同时,意识形态的对立并未消除,政治上的多极化也正在形成,国际格局在冷战结束以后,许多地区民族冲突、宗教冲突有所加剧。在国际经贸关系中,民族保护主义和单边主义仍得不到有效的扼制,加上科学技术方面的优势集中在少数发达国家手中,南北差距与贫富矛盾有继续扩大与激化的趋势,这就更要求国际私法在进一步全面推进国际社会的民商事交往和求得整个人类社会共同的可持续的发展过程中深入而全面地贯彻上述国家主权独立原则、平等互利原则、国际协调与合作原则和保护弱方当事人正当利益的原则等四项最基本的原则。[①]

二、国际私法基本原则的分类与定位

(一)国家主权独立原则

法国著名思想家和法学家让·博丹(Jean Bodin,1530—1596 年)在 1576 年出版的《共和六论》(Les Six Livres de la République)中创立的现代主权学说,经过荷兰国际法学创始人胡果·格老秀斯(Hugo Grotius,1583—1645 年)的发展而奠定了"国家主权原则"(Principle of State Sovereign)的理论基石。自 1684 年《威斯特伐利亚和约》确立国家主权原则以后,经 1945 年《联合国宪章》的确认和 1970 年《国际法原则宣言》的系统阐述,"国家主权原则"已经得到现代国际社会的普遍承认并成为处理国际关系的根本准则。在当今世界,国家主权独立并相

① 我国资深法学家李双元教授近年还主张将"条约信守原则"也纳入国际私法基本原则的范围。因为,该原则要求各国对于其所缔结或参加的国际条约应善意、忠实地履行和遵守,而不得任意背弃或违反,所以,鉴于当今国际社会出现的国际私法条约数量越来越多,强化条约的遵守原则的意义与价值就显得尤为突出。参见李双元、欧福永主编:《国际私法》(第 5 版),北京大学出版社 2018 年版,第 33 页。

互尊重,一直是调整国际公法关系最基本的、最重要的原则。由于国际私法所调整的也是一种涉及不同国家立法、司法管辖权的关系,因此,国家主权独立原则也是国际私法中的一项重要原则。因国际私法主要还是以国内法形式存在的,各国在解决涉外民商事问题时,不可避免地要坚持和维护自己国家的主权。否则,不仅涉外民商事法律关系冲突无法产生,而且一旦丧失了国家主权就更无法谈独立的管辖权和法律适用了。

将国家主权原则作为国际私法基本原则的根本要求在于:第一,任何主权国家都有权通过国内立法或参加国际条约,确立各自的冲突规范与冲突法机制。除非通过签订各种统一法公约,否则,任何国家都无权要求他国放弃或改变自己的冲突规则。第二,各国除一般应遵守国际习惯法的一些基本限制外,都有权从自己国家和公民的利益出发去规定国际民事争议的管辖权和法律适用原则,并且在它们自己的管辖权受到侵犯的情况下,坚决拒绝承认和执行有关外国的判决。第三,在民商事法律地位方面,国家应赋予外国人以国民待遇,但国际法也允许各国根据自己的具体情况,在某些领域中,对外国人的民商事权利地位作出必要的限制,以维护自己国家的主权与安全。同时,内国公民如在外国受到歧视,内国也完全有权对对方公民依对等原则作出处理。第四,在国际民事诉讼制度方面,国家及其财产是享有豁免权的。在国家没有通过明示或默示的方式放弃国家及其财产的豁免权时,一旦这种豁免权被侵犯,完全有权拒绝参加诉讼或拒绝有关判决的承认与执行,甚至可以采取报复措施,等等。

国际私法的产生与发展历史表明,国际私法在一定程度上就是为了解决国家立法和司法主权与适用外国法二者之间的矛盾而产生的。首先,只有在所涉国家之间具有主权上完全平等的地位,所涉各国法律完全具有平等的地位,并彼此具有独立的立法和司法管辖权的情况下,才会发生法律适用上的冲突,才有进行法律选择的必要。其次,国际私法上的许多冲突原则与制度的产生与确立,都离不开尊重他国主权。例如,物之所在地法用来解决物权关系、行为地法用来解决行为方式问题、属人法用来解决人的身份与能力方面的问题、法院地法用来解决程序问题等,均源于尊重他国主权或与国家主权独立原则存在密切的关系。因此,不少学者曾指出,国际私法正是在坚持国家主权原则的基础上发展起来的。国家是主权者并不意味着它在对外关系中可以为所欲为。主权作为最高权力是对内而言的，在国际关系中，所有的主权国家都是平等的，任何一国都不得以主权意志强加于他国。依据国家主权独立原则，各国自己主权应该受到他国尊重，同时也负有尊重他国主权的义务。此外，各主权国家为了开展国际合作，发展彼此间平等互利的关系，其主权的行使还应该受到国际共同行为准则与国际习惯法的限制。正是在尊重国家主权独立原则的基础上，各国依据自己的主权考虑去制定各种国际私法规范。

国家主权独立原则在国际私法关系中的行使，并不是国际私法本身所产生的，而是国际公法赋予各主权国家的。因而，将国家主权独立原则作为国际私法的一项重要原则时，决不能把国家主权原则夸大到国家在立法和司法活动中可以不受任何限制的地步，否则，势必会导致各国民商法律制度的差别与对立进一步扩大和在国际私法中法院地法适用的过度膨胀，导致内国法成为国际私法的唯一或最高的法律渊源，最终，陷入狭隘的主权观念，导致国际私法的特殊主义或国家主义的扩展。

当前，随着发展中国家的兴起，国家主权理念有了新的发展，因而国际私法中也相应出现了一些新的原则与理论。例如，第三世界国家在时际法问题上的观点，以及对引进外资和技术的法律关系多主张适用东道国的法律等，便都是这种新理念的表现。正是基于国家主权原则，我国《宪法》第 18 条规定："在中国境内的外国企业和其他外国经济组织以及中外合资经营的企业，都必须遵守中华人民共和国的法律。"不仅如此，《对外合作开采海洋石油资源条例》第 3 条更明确地规定了在中华人民共和国境内从事中外合作开采海洋石油资源活动，必须尊重中华人民共和国的有关法律、法规和规章，参与实施石油作业的企业和个人，都应该受中国法律的约束，接受中国政府有关主管部门的检查、监督。

可见，国家主权独立原则，作为国家之间发展平等互利的国际政治经济、文化和民商事关系的前提，不仅是国际法的基本原则，而且也是国际私法的基本原则。根据这一原则，国家之间应相互尊重对方国家的立法及司法管辖权。因此，外国人必须遵守所在地国家的法律，其合法权益受所在地国家的法律保护。在司法管辖权方面，每一个主权国家都享有独立的管辖权,外国人不得在所在地国家年享有有损于该国司法主权的特殊权利,如领事裁判权。在法律适用上,一方面多积极主张适用本国法,另一方面又要在适当的情况下承认和适用有关的外国法,但是适用外国法律不得违背本国的公共秩序,如我国1986年《民法通则》第150条规定:"依照本章规定适用外国法律或者国际惯例的,不得违背中华人民共和国的社会公共利益。"而我国《涉外民事关系法律适用法》第5条则更直接地规定:"外国法律的适用将损害中华人民共和国社会公共利益的,适用中华人民共和国法律。"当事人在参与涉外民商事活动中既要维护本国主权,又要尊重他国主权。如在签订涉外合同时积极主张适用本国法,选择本国的法院管辖,使用本国的语言文字,合同的内容不得违背本国的法律规定,等等。

基于各国进步的国际私法学家的共同的认识,在当今全球化时代,各国国际私法不仅要全面贯彻国家主权独立原则,而且必须牢牢把握住"国际社会本位"的理念,国际私法才能成为整个新的国际秩序得以建立、巩固和发展的不可缺少的一个法律部门。[①]

(二)平等互利原则

国际私法中的平等互利原则是指,在制定和实施国际私法规范,进行涉外民商事活动和解决涉外民商事争议时,必须遵循地位平等和利益互惠的原则。这一原则既是国际私法中的一项首要原则,又是国际私法得以产生和发展的前提。在处理涉外民商事关系时,平等互利原则的基本要求是:首先,平等对待外国民商法。从有利于发展国家间平等互利的经济交往关系出发,力求各国民商法处于平等的地位,在可以而且需要适用外国法时就予以适用。其次,建立平等互利的交往关系。在涉外民商事活动中,应建立相互之间平等、共享、共赢的利益关系,既要承认外国当事人的平等法律地位并赋予平等待遇,又要对其合法权益给予同等保护。我国通过宪法及其他法律,明文规定保护外国自然人、外国企业与经济组织在我国的合法权益,并对他们实行合理待遇。在我国1986年《民法通则》和2010年《涉外民事关系法律适用法》中,也根据平等互利原则,通过双边冲突规范,允许在特定连接因素存在的情况下,承认外国法的效力和适用外国法。最后,赋予外国自然人和法人平等诉讼定位。

---

① 参见李双元:《国际私法(冲突法篇)》(修订版),武汉大学出版社2001年版,第70页。

在解决国际民事诉讼问题时,要求承认和保护外国当事人的平等诉权。我国《民事诉讼法》就明确规定赋予外国人平等的诉讼地位。因为,在涉外民商事关系中,既然自己国家的公民依内国法已经合法取得的权益能在外国得到承认与保护,因而对于外国人已依外国法合法取得的某些权利,如果承认与保护这种权利是当事人的正当期望,且不与内国公共秩序相抵触,也应该对等地承认和保护外国人相应的权利。

因此,尽管依国家主权原则,各个国家的法律并不当然具有域外效力,但是,在国际民商事交往大量发生且不可避免的时代,出于互利的考虑,依据一定的条件承认外国法的域外效力是非常必要的,甚至还要适用外国法。在许多情况下,一个国家的法院在承认并适用外国法时,并不是以对方的法院在同一问题上也适用法院国的法律为条件的。不过,不能据此而否定整体上的平等互利关系。就整体而言,国际私法关系必须建立在国家间平等互利的基础上。这就要求在处理涉外民商事法律关系时,坚持主权原则的同时注意有利于发展平等互利的关系的立足点和出发点。在构建国际经济新秩序和国际民商新秩序的过程中,涉外民商事关系就所涉国家间来说,必然也是一种对等关系、一种互利关系、一种互动关系、一种共赢关系、一种共享关系。在这种关系中,站在狭隘的民族利己主义或单边霸权主义的立场来解决各种法律问题,在一时一事上可能取得某种短暂的局部利益,但就国家的长远发展而言却并非利大于弊。事实上,历史上漠视或否定平等互利原则给涉外民商事交往造成的危害十分严重。在国际私法的实践中大量采用仅仅指定适用内国法的单边冲突规范、不适当地扩大对涉及内国公民案件的专属管辖以及完全由意识形态或政治因素支配公共秩序保留制度的运用等作法,就严重妨碍了国际民商新秩序的构建和国际民商事交往的正常发展。因此,著名法学家萨维尼在《现代罗马法体系》(第8卷)中就对"法官只适用自己国家的法律规则"的做法提出了严厉的批评。他明确指出:绝对主权原则要求该国法官只根据本国法律来判决案件,而不管与此案相关的外国法的不同规定。然而,这种规则(要求法官只适用自己国家的法律规则)无法在任何国家的立法特别是国际私法中找到。它之所以缺乏,是由于随着国际交往关系愈趋频繁活跃,人们会愈加坚信这种严格的规则并不适宜,故而应代之以相反的原则,即世界各国和整个人类的共同利益决定了各国在处理国际私法案件时,最好采取互惠原则,并坚持内外国人之间的平等。[①]

总而言之,在国际民商事活动中,坚守平等互利原则,是解决法律冲突和促进国际社会发展的客观需要。换言之,为了充分发挥国际私法这一重要法律手段或制度的作用,应要求在进行国际私法立法与司法实践的整个过程中,特别是在处理涉外民商事纠纷的过程中,自始至终坚持贯彻平等互利原则。

(三)国际协调与合作原则

许多国际私法学家对国际间的合作问题进行过探讨,萨维尼和沃尔夫都曾有过经典论述。例如,沃尔夫就指出:虽然既没有一个国际法规则,也没有一个假定的礼让原则禁止国家采用它认为适宜的任何国际私法规则,但是公道要求每个国家在制定这些规则时,都要考虑它们将怎样影响任何人与人(无论是本国人或外国人)之间的社会和经济往来。国际私法的立法者必须记住一个社会的利益,而那个社会既不是他本国人的社会,也不是某个国家或某个民族的社会,而是全体个人和整个人类的社会。因此,沃尔夫认为:"国际私法本身并不是国际的,但是,毫无疑问,它不应该脱离国际思想而拟订。"他还多次提到国际私法应追求"法律的协调"。[②]

在全球化时代,任何一个国家根据自己的法律赋予当事人的权益,难以在其他国家被任意否定或取消;同样,任何一个国家的法院作出的国际私法判决或裁决也不可能完全不需要其他国家的承认与协助执行。随着经济和信息越来越向国际化、全球化、一体化方向发展,客观上要求营造一个有利于国际民商事往来的国内、国际法律环境,或至少是国际民商事法律日趋协调和有利于开展合作的法律环境。可见,根据国际协调与合作原则处理涉外民商事关系已成为国际社会的普遍实践或习惯做法。具体而言,国际私法中的国际协调与合作原则主要通过以下三种途径来实现:第一,各个国家为借助国际的资源或各种生产要素而自发或自觉地通过国内立法发展出一套与国际普遍实践更为接近或一致的冲突法、实体法和程序法制度;第二,通过多边的或双边的、

① 参见[德]萨维尼:《现代罗马法体系》(第8卷),李双元等译,法律出版社1999年版,第13~17页。

② 参见[德]沃尔夫:《国际私法》,李浩培等译,法律出版社1988年版,第26页。

世界性的或地区性的国际条约或公约,共同努力达成各种有关统一的冲突法、实体法和程序法;第三,通过像 WTO 这类世界性经贸组织,在国际公法和国际经济法的层面上为共同构筑国际民商法律新秩序作出安排与进行调控,从而进一步促进国际化市场活动中民商法律的协调和合作。因为,如果不在国际社会中树立并坚持贯彻国际合作理念,就可能使市场机制失控或产生巨大的负面效应,甚至会使全球经济趋于混乱与失控。这样,不但会严重阻碍发展中国家国际民商事活动的推进,而且也会给发达国家带来严重的灾难。因此,在 21 世纪的国际私法关系中,在国际社会本位理念导引下的国际协调与合作原则,必然会发挥其应有的作用,全面提升其在国际私法立法与司法实践中的地位。

(四)保护弱方当事人正当利益的原则

进入 21 世纪的人类社会,发达国家和发展中国家贫富的差距,资本和技术输出国与输入国经济实力的差距,各国中的富人和穷人的差距,雇主与劳动者的差距,以及企业与消费者、男性与女性、父母与子女之间的利益上的矛盾和对立,依然没有彻底消除。因此,在国际私法处理上述种种跨国性的私法问题时,强调保护弱方当事人的合法权益的原则,不应该被视为一个无关紧要的问题。事实上,许多新近的国际私法的国内和国际立法,都力求在有关制度中贯彻这一原则。目前,一些西方发达国家的实体法,出现了保护妇女、子女、消费者利益的条文。相应于此种变化,在国际私法中也出现了这种动向。例如,德意志联邦共和国由于其 1949 年宪法第 3 条第 2 款规定了“男女享有平等权利”,导致了许多学者主张在《德国民法施行法》中也应贯彻这一原则。1978 年《奥地利联邦国际私法法规》第 21 条、第 22 条、第 25 条和第 41 条就直接规定,在一定情况下应适用有利于弱方的法律。而《也门民法典》第 27 条第 3 款将人权保护原则纳入立法中予以规定:“若外国法的适用会明显损害人权,则应适用也门人民民主共和国的法律。”此外,在国际民事诉讼方面,因涉外判决或裁决明显违反保护原则而被他国拒绝承认与执行的例证也越来越常见。

我国宪法和许多重要法律,特别强调对弱者权利进行保护,诸如保护妇女和儿童的权益、保护消费者的权益、保护劳动者的权益等。我国 2010 年颁行的《涉外民事关系法律适用法》第 25 条就明确规定:“父母子女人身、财产关系,适用共同经常居所地法律;没有共同经常居所地的,适用一方当事人经常居所地法律或者国籍国法律中有利于保护弱者权益的法律。”可见,我国国际私法已经将“保护弱方当事人合法权益原则”通过立法形式予以确认。实际上,我国国际私法在解决法律适用问题时,除强调在婚姻家庭领域中坚持贯彻保护弱方当事人利益原则外,还提倡应将此原则扩展到发展中国家及其当事人在国际民商事法律关系中正当利益的维护。例如,在解决国际开发合同、技术转让和资金引进合同等关系的法律适用问题时,应坚持选择更有利于保护开发项目所在国和技术与资金引进方的法律。这样就会更加全面地反映出我国国际私法在服务于建立新的国际经济秩序和国际民商新秩序方面所具有的时代特色和个性化的功能。①

人类社会在全球化和信息化时代应着重注意弱国利益或弱方当事人利益的保护,否则,贫富差距、南北对立以及各种社会矛盾将有可能进一步激化,彻底破坏和平与发展的环境。因此,在处理涉外民商事关系法律冲突时,坚持并贯彻保护弱方当事人的合法权益原则便具有十分重要的价值和现实意义。

总之,国际私法的基本原则是由国家主权独立原则、平等互利原则、国际协调与合作原则以及保护弱方当事人合法权益原则等构成的有机整体。一方面,这些原则并非孤立的,而是相互联系、相互补充、相辅相成的关系,共同构成有机统一的国际私法原则体系;另一方面,这些原则并非静态的、固化的,需要在实践中不断发展,也许在国际私法的发展变化中某一原则上升为基本原则,丰富其体系。尽管各项国际私法原则都可以独立发挥作用,指导国际私法的立法与司法实践,不过,在信息化、多元化、全球化的时代,仅仅依靠或运用单一的基本原则已难以实现其价值和理想目标,必须综合运用国际私法的基本原则来决定和引导其制度构建与解决涉外民商事法律冲突的具体实践。只有如此,才能促使国际私法的一般原则和具体制度建设不断走向繁荣与发展。

---

① 参见李双元:《国际私法(冲突法篇)》(修订版),武汉大学出版社 2001 年版,第 70 页。

第六章　国际私法的主体制度

第一节　外国人的民商事法律地位

外国人的民商事法律地位，是指外国自然人与法人能在内国享有民商事权利和承担民商事义务的法律状况。这里的外国人包括外国自然人、法人以及以民商事主体身份参与国际民商关系的外国国家和国际组织。外国人民商事法律地位这一制度，主要解决外国人作为民商事法律主体参与国际民商事关系时，在一国享有何种权利并承担何种义务的问题。在内国的外国人能否成为民商事法律关系的主体，一般应由所在国实体法律规范或国际条约来加以规定，但由于这类规范是解决涉外民商事关系法律冲突和适用法律的重要前提，因而也属于国际私法的重要研究课题之一。外国人在内国获得民商事法律地位，享有民商事权利和承担相应义务，经历了一个从无到有、从少到多的变化发展过程。在当前的国内与国际实践中，有关外国人民商事法律地位的制度主要有国民待遇制度、最惠国待遇制度、优惠待遇和普遍优惠待遇制度、歧视待遇与非歧视待遇制度。我国亦承认外国人在我国享有民商事法律地位，并相继采取了国民待遇、最惠国待遇、优惠待遇和非歧视待遇制度，给予在我国的外国人以亲属权、人身权、财产继承权、知识产权、土地使用权、经营权和自然资源开发权、劳动权以及民商事诉讼权等具体的民商事权利。

一、外国人民商事法律地位的内涵与外延

(一)外国人的界定

外国人(Foreigner,Alien)一般是指在一国境内但不具有该国国籍的人。通常,国籍是区分本国人和外国人的根本标志。1985 年《外国人入境出境管理法》第 31 条规定:“本法所称的外国人是指依照《中华人民共和国国籍法》不具有中国国籍的人。”由此可见,凡具有内国国籍的人即为本国人,而不具有内国国籍的人为外国人。按照国籍的取得情况,外国人又可分为单一国籍的外国人、多国籍的外国人和无国籍的外国人。具有单一国籍的外国人自然应视为外国人。对于多国籍者,如果其国籍中有一个为内国国籍,则需要采取措施来解决其国籍冲突。根据多数国内立法和国际条约的规定,各国一般依照“本国国籍优先原则”,将其视为内国人而非外国人。例如,1930 年《关于国籍法冲突的若干问题的公约》第 3 条规定:“除公约另有规定外,凡具有两个以上国籍的人,得被他(她)所具有国籍的每一个国家视为各该国家的公民。”这就是说,如果当事人有两个以上的缔约国国籍,或者其中一个为非缔约国国籍,则无论其居留于哪一缔约国国境内,均只能是本国人,不可能是外国人,除非居留在非缔约国而又不具有该国国籍的当事人,才可能被视为外国人。此外,对于居留在一国境内而又无任何国籍的无国籍人,各国通常视其为外国人。1954 年《关于无国籍人地位的公约》第 7 条第 1 款规定:“除本公约载有更有利的规定外,缔约国应给予无国籍人以一般外国人所获得的待遇。”而 1969 年《罗马尼亚外国人管理法》第 2 条也规定,不具有罗马尼亚国籍的人,不论其是有外国国籍或者没有外国国籍,均是外国人。2012 年《捷克国际私法》第 26 条第 1 款规定:“外国人,系指非捷克共和国国民的自然人。外国法人,系指其注册登记地在捷克共和国领域以外的法人。”

值得注意的是,国际私法意义上的外国人,除了外国自然人之外,还包括外国法人。由于依属人法成立的法人与外国自然人相比,所享有的民商事权利存在较大的差异,因此,有必要把外国人区分为外国自然人和外国法人。反过来,由于自然人与法人在外国所享有的民商事地位基本相似,故外国人这一概念又可以同时涵纳外国自然人和外国法人。

(二)外国人民商事法律地位的定义

外国人的民商事法律地位,是指外国自然人与法人能在内国享有

民商事权利和承担民商事义务的法律状况。换言之,是指外国自然人、法人在居留国依法享有民商事权利并承担民商事义务的实际状况。外国人的民商事法律地位,主要由各国根据本国国情、政策和利益分析,以及与之相关的国际法基本原则,在国内法中作出规定,但有时也通过国际条约对此直接加以规定。在国际法领域,除作为外交官员、领事官员以及国际组织官员的外国人依照国际法一般原则和国际惯例享受外交(领事)特权或豁免权以外,一般外国人无特殊法律地位。而外国自然人和法人在内国依据国内法或国际条约的规定,享有一定的民商事权利和承担一定的民商事义务,是外国人得以在内国从事民商事活动的法律前提。对此,外国学者称为"外国人地位",并将此种民商事法律地位之内容归纳为"享受权利和行使权利"。法国国际私法学者巴蒂福尔将其解释为:"弄清一个外国人是否享有某种权利是一回事,而确定其依据哪个法律行使该项权利却是另外一回事。第一个问题即权利享受问题,取决于法国冲突法的规定,只有法国法才能解决这个问题,因为所涉及的是要弄清在何种程度上外国人在法国法律制度中被视为权利主体。""第二个问题即权利行使问题,通常取决于法律冲突规则。法国冲突法体系规定权利的行使问题适用某一国家的法律。这些冲突规则可将有关的权利行使系属于某一适用于调整该问题的外国法。"①

可见,国际私法在解决外国人民商事法律地位这一问题时,同时运用实体规范和冲突规范,从不同角度解决外国人在内国应当享有的民商事权利和承担的民商事义务。

首先,实体规范直接规定外国人是否在内国享有民商事权利,以及在何种范围和程度内享有哪些民商事权利,如国内法中有关允许外国人在内国投资设厂、经商贸易、购置动产不动产、通婚以及财产继承的规定。这些规定在法律上明确赋予外国人在内国具有合法的民商事地位并享有民商事权利,从而确保了国际民商事交往关系的正常发展,维护了外国人在内国的民商事权利,并进一步成为解决法律适用问题的前提条件。

其次,冲突规范间接规定外国人可依属人法所赋予的民商事地位

---

① [法]亨利·巴蒂福尔、保罗·拉加德:《国际私法总论》,陈洪武等译,中国对外翻译出版公司1989年版,第213页。

的各项待遇原则,行使其享受的民商事权利,并通过多种途径制定关于确定外国人民商事地位的冲突规则加以解决。特别是在当事人具有多重国籍时,需要确定究竟应该适用哪一个国家的法律作为其行使具体权利或承担某项具体义务的准据法,从而有可能因其属人法与所在国法律规定不同而导致法律冲突。这样就必须由解决国籍冲突的冲突法规范来决定多重国籍人是内国人还是外国人,以便最终解决外国人在内国的民商事法律地位。

总之,只有在整体上承认外国人在内国的民商事法律地位,外国人才能在内国成为民商事法律关系的主体,并因此而享受民商事权利和承担民商事义务。至于在何种范围内或以何种方式赋予外国人在内国拥有民商事法律地位,则是需要国内立法和国际立法共同解决的问题。一般情况下,各国赋予外国人在内国大体与内国人同等的民商事权利和义务,但在某些情况下,某些方面的民商事权利可能限制外国人行使,而在特殊情况下,外国人甚至可以享有内国人所不能享有的某些民商事权利。

二、外国人民商事法律地位的历史沿革

外国人在内国从民商事法律关系的客体上升为权利主体,从毫无权利到享有较为广泛的权利,并最终获得民商事法律地位,经历了一个漫长而曲折的发展过程。

在原始社会,由于生产力水平的极度落后,没有私有制,没有阶级和国家的产生和存在,也就不存在有关外国人民商事法律地位的问题。而在奴隶社会,由于奴隶社会前期生产力发展水平仍然低下,各国之间的交往既无可能也无需要,各奴隶制国家往往对外国人采取敌视态度而对其任意加以处置,在内国的外国人不能成为法律关系的主体,更不用说赋予外国人民商事法律地位。例如,古希腊时期各城邦国家的法律就不保护外国人的婚姻和财产,甚至海盗抢劫外国人的财产也不被认为是违法行为。到了奴隶社会后期,随着社会分工的出现,商业有了一定程度的发展,生产力水平逐渐提高,商品交换的规模不断扩大并开始跨越一国国界,内外国人之间的交往也日渐增多。此时,奴隶制国家开始赋予外国人一定的民商事法律地位,开始承认外国“臣民”或“自由民”享有一定的民商事权利。如公元前3世纪,古罗马的万民法把“外

来人”分为“友民”和“蛮民”两部分。“友民”可获得万民法的保护，而将“蛮民”排除在万民法的保护之外，即“蛮民”在古罗马不享有任何民商事权利。可以说，古罗马前期也是同古希腊一样轻视外国人的。罗马法只承认罗马市民是权利主体，外国人也视同敌人。但是，随着社会分工的发展带来了商业的独立和生产力的进步，商品交换渐渐超越了一个国家的国界，内外国人的交往增多，这时再把外国人视同敌人的做法已在实践中遇到无数障碍。因此，后期的奴隶制国家也承认外国人具有一定的民商事法律地位。例如，古罗马在征服了大片领土后，为了发展商业贸易，从公元前3世纪以后，逐渐给予外国人（外来人，即非罗马市民）一定的法律地位，开始用“万民法”来调整罗马市民与外国人之间以及外国人之间的民商事关系。不过即使在此时，也只把外国人（外来人）当作罗马帝国的属民对待。例如，公元212年，罗马皇帝卡拉卡拉（Marcus Aurelius Antoninus Caracalla，186－217年）就颁布敕令宣布在罗马帝国境内的所有自由人都是罗马帝国的市民。① 又如中国的春秋战国时期，将外国人划分为“臣民”和“化外民”。只有外国“臣民”才享有通婚、经商乃至从政的权利，而大量“东夷”“南蛮”“西戎”“北狄”则属于“化外民”，丝毫无法享受“臣民”的法律地位。总的说来，在整个奴隶社会时期，外国人在内国几乎都处于无民商事法律地位的状态，内国对外国人采取的是敌视待遇。

在封建社会，占统治地位的是自给自足的自然经济，各国大都闭关自守，割据称雄。国家之间的经济、贸易和文化交往很少。这一时期，各国在法律管辖问题上采取绝对的属地主义原则，任何人或物只要一进入某国领地，便须受该国法律支配。在法律适用上则采取差别待遇，外国人要在内国享有某些民商事权利，必须经封建君主的特许或恩赐，而且外国人所享有的民商事权利极为有限，一般仅仅限于居住、经商及航运等方面的权利。概言之，在当时的封建国家中，内外国人的民商事法律地位的差别相当大，而且通常是外国人所享有的待遇要远远低于内国人。

到了资本主义时期，由于商品经济是资本主义社会存在的必要条件，商品经济条件下高度发达的商品生产不仅要求国内的通商自由，而

---

①　郑玉波编译：《罗马法要义》，台北，汉林出版社1985年版，第149～153页。

且也要求商品和人员享有国际流通的自由。实际上,杜摩兰在16世纪提出“意思自治说”以及胡伯在17世纪提出“国际礼让说”,都是当时资产阶级要求自由国际贸易的愿望在国际私法理论上的反映。在实践中,封建时代盛行的差别待遇不仅阻碍了商品和人员的国际流通,而且也不利于国内经济进一步发展。于是,资本主义国家开始在其国内立法中相互承认对方国家商人在本国的民商事法律地位,从而,外国人在内国的民商事法律地位也从封建社会的差别待遇衍变为资本主义社会的平等和互惠待遇。例如,1804年《法国民法典》就率先以国内法形式规定外国人在内国享有平等的民商事法律地位。该法第11条规定:“外国人在法国享有与本国根据条约给予法国人的同样的民事权利。”

在自由资本主义进入帝国主义阶段之后,各资本主义国家虽然打着平等、自由、人权的旗号,主张人生而平等,无论是内国人还是外国人均享有平等的法律地位和民商事权利,但是,这一时期帝国主义国家依靠其强大的政治经济军事实力,打着“平等待遇”“利益均沾”的幌子,对外推行殖民侵略政策,强迫弱小国家签订不平等的国际条约,以取得在对方国家的特殊待遇,严重背离了其法律赋予外国人平等待遇的原则。具体表现为:一方面不断单方扩大内国人及其公司在外国取得的各种特权;另一方面又对位于其国内的外国自然人和法人实行歧视待遇,或形式上给予“平等”待遇,事实上却对这种待遇施加种种不合理的限制。因此,这一时期资本主义各国广泛采取的平等待遇原则,只属于形式上的“平等”,而实质上是不平等的。①

三、国际法关于外国人民商事法律地位的规定与实践

一国给予外国人何种民商事法律地位,主要由各国国内法加以规定,是一国主权范围内的事,他国无权干涉。然而,各国在给予外国人民商事待遇时,却不能不考虑相关的国际通行做法、国际法的一般原则以及本国应承担的国际义务。

目前,有关外国人法律地位的一些国际法基本原则,主要是通过相关案例得以确定的,如有关外国人财产征收的艾尔西(ELSI)公司案、有

---

① 李双元等:《中国国际私法通论》(第3版),法律出版社2007年版,第192～193页。

关"用尽当地救济原则"的国际工商业投资公司案等。这些国际法基本原则主要有:对外国人的财产进行征收或国有化时应给予适当的补偿;不得禁止外国人合法出入境或在本国居留;任何国家不得违反其本国法而歧视外国人;一国对在其境内的外国人所负的责任以该国对本国人所负的责任为限等。

除了通过国际法案例确立有关外国人民商事法律地位的一般国际法原则之外,各国之间还常通过缔结双边或区域性条约,规定彼此在某些方面赋予对方国民相应的民商事法律地位,但这些双边或区域性条约仅能约束缔约国,其效力范围尚不能及于非缔约方和整个国际社会。鉴于此,各国又缔结了一些有关外国人民商事待遇的多边公约,如1951年《联合国关于难民地位的公约》、1954年《联合国关于无国籍人地位的公约》、1948年《世界人权宣言》等。

具体而言,《联合国关于难民地位的公约》明确规定,难民不分种族、宗教或国籍,均适用本公约。随后该公约分别对难民的法律地位及相关权利进行了具体规定,一是对难民的法律地位进行了规定,难民的个人身份,应受其住所地国家的法律支配,如无住所,则受其居所地国家法律支配。二是对难民的财产权作了规定:缔约各国在动产与不动产的取得及相关权利、动产与不动产的租赁和其他合同方面,应给予难民尽可能优惠的待遇,且无论如何,此项待遇不得低于在同样情况下给予一般外国人的待遇。三是对难民涉及工业产权的保护及对文学、艺术和科学作品的权利进行了规定,难民在其惯常居所地国家内,应获得惯常居所地国家的国民所享有的同等保护。四是特别对难民的民商事诉讼地位作了具体规定,难民有权向所有缔约各国领土内的法庭提出申诉,难民在其设有惯常居所的缔约国内,就有关向法院请求的事项,包括诉讼救助和免于提供诉讼担保在内,应享有与本国国民相同的待遇。除了《联合国关于难民地位的公约》对难民的法律地位作了相关规定外,1948年《世界人权宣言》也有一些与外国人民商事法律地位有关的规定。这些规定主要表现为:人人于任何所在地有被承认为法律主体的权利;在法律上一律平等,且应一体享受法律的平等保护;在其宪法或法律所赋予的基本权利受侵害时,有权享受国家法庭的有效救济;成年男女,不受种族、国籍或宗教的任何限制,有权婚嫁或成立家庭;人人有权单独享有或与他人共有财产,任何人之财产不容无理剥夺;等等。

一旦外国人民商事法律地位及相关权利受到侵害,究竟由东道国(或所在国)还是外国人所属国行使保护权的问题,也是值得重点关注的。虽然国际法规定,在外国的自然人与法人,在其合法权益受到东道国或其他外国的侵害时,其所属国有权行使外交保护权,但是,根据国际法确认的"用尽当地救济原则"(Exhaustion of Local Remedies Rule),在行使外交保护权前,应先寻求所在国的司法保护。只有当所在国拒绝司法保护、无正当理由故意拖延审理或出于歧视外国人而拒绝给予他们充分的司法救济时,所属国才能行使外交保护权。

四、外国人民商事法律地位所涉及的具体待遇

外国人民商事法律地位通常由国内立法和国际条约确定。给予外国人什么样的民商事法律地位本属于内国主权范畴,但是各国在确定外国人民商事法律地位时,必须考虑其缔结或参加的国际条约所规定的国际义务及当时的国际关系和相关国际实践或惯例。自 19 世纪以来,在各国的立法和实践中逐步形成了以下几项关于外国人民商事法律地位的制度。

(一)国民待遇(National Treatment)

1. 国民待遇的概念

国民待遇,又称平等待遇,是指内国给予在内国境内的外国公民、企业和商船的民商事权利方面,与内国公民、企业和商船一样享有同等的待遇。国民待遇作为有关外国人民商事法律地位的传统待遇制度之一,是在漫长的历史发展过程中逐渐形成的。最初,根据这一待遇标准,东道国应给予外国人以内国公民享有的同等的民商事权利地位。在 18 世纪和 19 世纪,欧美各国签订的"通商条约",大都含有适用范围与对象不尽相同的国民待遇条款。国内立法率先对国民待遇作出明确规定的,当属 1804 年《法国民法典》第 11 条和第 13 条。传统的国民待遇是赋予与本国有特定关系的外国人享有与本国国民同等的民商事权利的一种制度。但随着国际政治、经济、文化交往的不断扩大与发展,国民待遇制度的范围和内涵渐渐突破了原来的民商事权利的范畴,逐渐延伸到众多的经济社会生活领域。现在通行的国民待遇的基本含义是:东道国通过国内立法授予或通过签订双边或多边的国际条约承担义务承诺给予外国自然人、法人、商船和产品的权利,不得低于本国的

自然人、法人、商船和产品的权利。1953 年《日美友好通商航海条约》就规定，国民待遇是指在缔约一方领土内所给予的待遇不低于该方的国民、公司、产品、船舶或物品在相同情形下所享有的待遇。这一待遇制度已为当今世界各国所普遍确认与采用。

国际私法意义上的国民待遇，专指外国人在民商事方面的待遇，即私法上的地位，其目的在于通过赋予外国人和内国人平等的民商事权利地位，以实现外国人与内国人之间在民商事权利地位上的平等，从而避免对外国人实行不公正的歧视待遇。同时，它也可以避免外国人在内国获得不合理的特权地位，有利于促进各国及其公民之间民商事交往关系的正常进行。

国民待遇制度是有关外国人民商事法律中较为古老的一项制度。它基于平等、自由的思想，最早由资产阶级国家为追逐全球商业利润而提出。自 1804 年《法国民法典》第 11 条首次在国内立法中加以确认后，各国竞相仿效。目前，在各国之间的民商事交往中，国民待遇制度已得到了十分广泛的适用，它如今也已成为世界贸易组织法律制度的一项基本原则。

2. 国民待遇的主要特点

从当前各国有关国民待遇制度的立法和实践来看，国民待遇主要表现出以下三大特点：

第一，当今的国民待遇一般以互惠原则为基础。这种互惠并非一定要以条约或法律的规定为前提，各国通常是在互惠的基础上给予对方国家的自然人和法人以国民待遇。所谓互惠（Reciprocity），就是彼此之间相互给予优惠的意思。而互惠的国民待遇，是指一国赋予外国人国民待遇，要以该外国人所属国也给予该内国的国民以国民待遇为条件，两国相互在民商事领域中给予对方国民以一定的对等的民商事权利和待遇。[①] 可见，国民待遇将互惠原则作为基础，这表明了国民待遇本身并不构成习惯国际法，它对世界各国没有法律拘束力，而只是一种约定才产生的或者说约定创设的权利与义务关系。例如，关税与贸易总协定与世界贸易组织（GATT/WTO）中都有国民待遇的条款，但与此

① 张庆麟：《论当代国际投资法中的国民待遇》，载武汉大学法学院主编：《珞珈法学论坛》（第 1 卷），武汉大学出版社 2000 年版，第 181 页。

同时,它们也有“互不适用”条款(《关税与贸易总协定》第35条,马拉喀什建立世界贸易组织协定第13条),从而给了各成员方不适用国民待遇条款的自由。[①] 而实施国民待遇,必须以互惠原则作为基础,似乎已成为了一种习惯国际法,反映于各国的具体实践之中。

与此同时,各国为了防止内国自然人或法人在外国遭受歧视待遇,还同时采取对等原则,限制外国人在内国的民商事地位,规定如果内国自然人或法人在外国受到歧视待遇时,有权对在内国的该外国的自然人或法人的民商事权利加以相应的限制。

采用互惠原则给予外国人国民待遇,在各国立法及有关双边或多边的国际条约上主要有三种表现形式:一是内国法规定外国人在东道国享有的对等的民商事权利须以条约为依据。如《法国民法典》第11条规定:“外国人在法国享有与其本国依条约给予法国人的同样的民事权利。”可以看出,外国人要享受《法国民法典》中规定的国民待遇,前提条件是该外国人所属国同法国签订的条约中约定相互给予对方国民以国民待遇。该规定确立了国民待遇应以签订了相互给予国民待遇的条约为前提条件的原则。二是内国法规定外国人在内国所享有的国民待遇以其所属国遵循互惠原则在其立法中向他国公民提供国民待遇为前提条件。如1811年《奥地利民法典》第13条就规定:“外国人得享有与国内人同样之权利,须经证明其本国亦准予奥国国民享有同一之权利。”可见,外国人在内国享有国民待遇,是以其所属国遵循互惠原则在本国立法中向他国公民提供国民待遇为前提的。三是在双边或多边国际协定中规定国民待遇的条款,而缔约方又规定国际条约应优先于国内法得到适用,从而在缔约方之间实施了互惠的国民待遇。如《保护工业产权的巴黎公约》《伯尔尼公约》《关税与贸易总协定》等多边公约中都有国民待遇的条款。

第二,国民待遇仅就一般原则而言,它确立的是内外国人之间同等而非完全同样的权利。因此,在具体的民商事权利的享有和行使上,外国人并不能与内国人一样在内国享有完全相同的民商事权利。事实上,凡是实行国民待遇制度的国家,出于自身利益,均或多或少地规定

---

① 赵维田:《WTO不歧视规则的新发展——论〈中国入世议定书〉有关“不歧视”的规定》,载《政法论坛》第20卷第4期。

了国民待遇的若干例外,以对外国人的某些权利加以限制。例如,1998年《格鲁吉亚关于调整国际私法的法律》第21条规定:"在同等条件下,外国人自然人、法人以及无国籍人在格鲁吉亚与本国人一样具有权利能力和行为能力。但在无互惠的情形下允许有例外,这种例外须由法律作出明确规定。"2005年《保加利亚国际私法典》第49条第2款规定:"外国人和无国籍人在保加利亚共和国享有与保加利亚国民同等的权利,但法律另有规定的除外。"2007年修订的《斯洛伐克国际私法与国际民事诉讼法》第32条第1款和第2款规定:"外国人在其人身权利和财产权利方面,享有与斯洛伐克公民同等的权利和义务,但本法或特别法另有规定的除外。如果一国给予斯洛伐克公民不同于其本国公民的差别待遇时,斯洛伐克外交部可同主管当局协商决定,对该国公民不适用本条第1款的规定。"2012年《捷克国际私法》第26条第2款规定:"外国人和外国法人在人身权和财产权方面享有与捷克国民和法人同等的权利和义务,但本法或特别法另有规定的除外。"中国1986年《民法通则》第8条第2款也规定:"本法关于公民的规定,适用于在中华人民共和国领域内的外国人、无国籍人,法律另有规定的除外。"而中国2020年颁布的《民法典》第4条则未区分内外国人一律规定:"民事主体在民事活动中的法律地位一律平等。"中国2019年颁布的《外商投资法》第4条更加明确地规定:"国家对外商投资实行准入前国民待遇加负面清单管理制度。"

第三,当今的国民待遇范围常在条约中作出限制。正如国民待遇本身不构成习惯国际法一样,有关国民待遇的范围,也并不存在任何统一的标准与惯例。唯一能够确定的是,对国民待遇作出某种限制,完全是一国主权之内的事项,每个国家都可基于自身特定利益对国民待遇作出某种限制。这种限制首先表现在将国民待遇限定于某些领域;其次表现在适用国民待遇的领域,仍可根据本国的具体情况规定若干例外,从而排除国民待遇的适用。一般来说,国民待遇只适用于民商事方面而非政治方面;给予外国人不低于内国人的待遇,也只仅就一般原则而言,各国完全可通过法令规定某些权利只能由内国人享受而外国人不得享有。

以往世界各国限于在公民人身权保护、诉讼权保护等方面赋予外国人国民待遇地位,其后,各国通过订立双边或多边条约逐渐扩大了国民待遇的适用范围。根据当前的国际实践,各国普遍把国民待遇原则限定在船舶遇难救助、商标注册、申请发明专利权、版权、社会保险、金融证券、营利性服务以及民商事诉讼权利方面。如《保护工业产权巴黎公约》第2条规定:“本联盟任何国家的国民,在保护工业产权方面,在本联盟所有其他国家内应享有各该国法律现在授予或今后可能授予各该国国民的各种利益。”但是上述各种权利的保护,一般应当在法律和条约规定的范围内,外国人才能享有,而且国际上仍然允许各国根据本国特定利益的需要自主决定在何领域与何等程度上适用国民待遇制度。因此,在过去各国的实践中,在沿海贸易、领水渔业、内水航运、公用事业及自由职业等领域,各国一般不赋予外国人国民待遇。如日本和美国的许多州就规定外国人不得享有土地所有权,而在英国,外国人不得拥有船舶所有权,不能担任商船船长、总工程师、引水员等。

在中国的立法和对外缔结的条约均有互惠的国民待遇之规定,对在华外国人、外国企业和其他经济组织的合法权益给予法律保护,并在比较广泛的民商事经济领域赋予外国人以国民待遇。如中国1986年《民法通则》第8条第2款就规定,本法关于公民的规定,除法律另有规定的外,同样适用于在中国领域内的外国人。中国2017年《民事诉讼法》第5条规定:“外国人、无国籍人、外国企业和组织在人民法院起诉、应诉,同中华人民共和国公民、法人和其他组织有同等的诉讼权利义务。”在中国缔结或参加的双边或多边国际条约中,也不乏此类规定。例如,1956年《中华人民共和国和尼泊尔王国保持友好关系以及关于中国西藏地方和尼泊尔之间的通商和交通的协定》第4条的规定,“双方并同意对其领土内的对方侨民的正当利益依照侨居国法律予以保护”,就是实行国民待遇制度。中国还常通过国际条约就特定事项规定相互赋予国民待遇。中国和美国的贸易协定就商标注册规定相互赋予对方法人和自然人以国民待遇。又如,1979年《中华人民共和国和美利坚合众国贸易关系协定》(以下简称《中美贸易关系协定》)第6条第2款规定:“缔约双方同意在互惠基础上,一方的法人和自然人可根据对方的法律和规章申请商标注册,并获得这些商标在对方领土内的专用权。”这表明我国采用国民待遇制度的立场和态度是非常鲜明的。不过,与此同时,我国也从维护国家安全和公共利益出发,在某些领域限制外国人享有国民待遇,如禁止外国人在中国的军事、外交、公安和机要部门服务,禁止外国人在中国以律师身份出庭代理诉讼,等等。

(二)最惠国待遇(Most-Favoured-Nation Treatment)

1. 最惠国待遇的概念与历史沿革

最惠国待遇是指缔约一方根据条约之规定,把它已给予或将要给予第三国或与之有确定关系的人或事的优惠待遇,同样给予缔约他方或与之有确定关系的人或事。根据这个定义可以看出,最惠国待遇主要涉及三方关系:一是给惠国,亦称优惠授予国,是指承担给予最惠国待遇的缔约一方;二是最惠国,即第三国,是指给惠国已向它或今后将要向它提供最优惠待遇的国家;三是受惠国,是指依第三国所享有的最优惠待遇为标准而享受优惠的缔约另一方。最惠国待遇通常在双边或多边国际条约中加以规定,条约中规定此种待遇的条款,就是所谓的"最惠国条款"。最惠国待遇源于12世纪欧洲国家间贸易交往,15世纪开始在双边条约中加以规定并逐渐流行,第二次世界大战以后被世界各国普遍采用。

从词源上考察,"最惠国"一词虽然直到17世纪末才开始明文出现在国家之间的通商协定中,但其萌芽可追溯到11世纪。当时的最惠国体现为外国商人有要求市场竞争"机会均等"的权利。这也正是最惠国的根本所在,无论日后该权利的取得条件和方式如何改变,"市场竞争、机会均等"的核心一直贯穿该制度的始终。只是后来逐渐演变成给惠国单方面地给予受惠国商人的个人权利和管辖的优惠。

随着15世纪和16世纪世界商业的迅猛发展,英国和荷兰日趋强大,与老牌强国西班牙和葡萄牙竞争日趋激烈;继而法国和斯堪的纳维亚人与汉萨同盟和意大利共和国分庭抗礼。相互竞争的各国为了谋求贸易的最大优势,被迫以减让关税作为回报。出口国不仅想使自己享有优惠待遇,而且希望其他国家享有的待遇不优于自己享有的待遇。于是,最惠国待遇条款开始出现在特定大国之间的条约当中,非歧视概念也逐渐形成,但这时的最惠国待遇主要是满足强国之间商业扩张的需要。到18世纪,国际贸易规模日趋扩大,相互给予"最惠国地位"的意思表示开始在一些条约中出现。1713年《英法乌特勒支通商条约》规定,一方保证给予第三国在通商与航运方面的好处,也给予另一方。[1]

---

① 赵维田:《最惠国与多边贸易体制》,中国社会科学出版社1996年版,第1页。

而1750年的英国与西班牙的协定则更具有现代模式:一方允许并同意给予或将要给予其他任何国家的所有权利、特许权、免税和豁免将同样给予另一方的国民;反之亦然。该条款被称为欧洲或"无条件"的最惠国条款。[①] 而与此相对应的是1778年《美法同盟条约》中确立的,被称为"有条件"的最惠国条款,《美法同盟条约》作为美国独立后签订的第一个条约,包含了与欧洲最惠国条款不同的最惠国条款:双方相互承诺在通商和航海方面不授予其他任何国家特别的、协定另一方不能立即取得的优惠。如果减让是无偿取得的,另一方可无偿享有同样的优惠;如果减让是有条件的,在给予同样补偿之后享有同样的优惠。欧洲式的无条件的最惠国待遇条款比美国式的有条件的最惠国条款,显然更有利于国际经贸交往。因为,依美式最惠国条款,某一贸易协定减让并不自动延伸到其他国家,而仅给予履行了特定条件的国家,而无条件的最惠国条款不要求直接的互惠补偿,保证了平等对待。美国采用的有条件的最惠国条款,平等待遇依赖于充分补偿,从而以通过拒绝提供无偿的准入特权,最大限度地加强了其讨价还价的能力。[②] 随着美国对外贸易势力日趋强大,美国的有条件的最惠国贸易政策对国际贸易的影响不断增大,1860年达到登峰造极的地步。

直到19世纪中期,最惠国待遇才发生质的飞跃,其标志是1860年英法两国签订的旨在实行自由贸易的"科尔登-切维利尔(Cobden-Cheralier)条约"。该条约第一次形成"相互给予无条件的最惠国待遇"这个现代国际贸易中的最惠国模式,而"最惠国条款是现代通商条约的柱石",也成了一句著名格言。随后以无条件最惠国待遇为其要件的贸易自由主义渐次席卷欧洲和其他地区,只是美国坚守有条件的最惠国条款一直到1923年。[③]

自19世纪末以来,由于美国经济的日趋强盛,最惠国原则的多样性解释在相当大程度上是美国和欧洲经济关系的表现。特别是第一次世界大战后,最惠国待遇制度进入了一个新的发展阶段,在饱受战争创伤的欧洲各国为恢复其被破坏的经济而竞相实行贸易限制的情况下,

---

① Bruce E. Clubb, *United States Foreign Trade Law*, Vol. 1, Llittle, Brown & Company, 1991, pp. 9 - 10.

② 韩立余:《美国外贸法》,法律出版社1991年版,第89页。

③ 在该年美国与德国签订的友好通商条约时,才放弃有条件的最惠国待遇制度。

美国提出建立平等贸易关系的计划。1918 年“威尔逊十四点计划”中就有一点是敦促在所有同意缔结和约的国家中建立平等的贸易关系。无论一国视何种关税为其经济所必需，无论关税税率高低，都应平等地适用于所有国家。国际联盟也提出了所有成员国公平贸易待遇的目标，1919 年签署的一系列和约中也包含了最惠国条款。国联经济委员会曾把最惠国待遇问题作为专题研究。1936 年国际联盟出版了一份研究报告，讨论了多种多样的问题，并提供了最惠国条款的法律建议文本。虽然，国际联盟因自身体制的种种缺陷以及 19 世纪三四十年代的国际特殊关系而以失败告终，但是，它作为人类历史上首次在多边体制中尝试最惠国待遇的贡献毕竟不可否认。这一种尝试也为后来建立多边贸易关系的最惠国待遇提供了有益经验。其实国际联盟的失败还有一个重要的客观原因，就是 1929 年爆发的西方有史以来最严重的经济大危机。当时的经济大危机给各国造成的破坏是空前的，被迫纷纷构筑贸易保护壁垒，其中最臭名昭著的要数美国 1930 年制定的《斯穆特－霍利关税法》。该法将美国的进口关税规定到美国历史上的最高水平，从而掀起世界贸易保护的狂潮。最后，当时世界上最坚持“自由贸易”的英国，也不得不放弃最惠国原则，而实行英联邦特惠区制度。

第二次世界大战后，美国把废除贸易优惠作为对外贸易政策的主要目标，特别是英联邦的贸易优惠制度，同时也把废除这些优惠作为接受哈瓦那宪章的一个条件，但遭到英联邦国家的拒绝。尽管由于种种原因，国际贸易组织夭折了，但在日内瓦会议上通过的 GATT 还是得到实施，从而奠定了世界贸易制度的基础。GATT 中的最惠国条款顺理成章地成为国际贸易原则的基石。GATT 第 1 条规定：任何缔约方对产自其他任何国家的任何产品所授予的利益，应立即无条件地授予产自所有其他缔约方的相同产品。这一规定禁止缔约方通过双边条约的形式进行不对全体缔约方生效的优惠安排，除自由贸易区和关税同盟外。希望建立优惠安排的缔约方，必须首先从其他成员方取得总协定第 1 条最惠国要求的豁免。GATT 的最惠国待遇是在总结历史基础上的集大成之作，把双边最惠国待遇扩展到多边最惠国待遇，属于最惠国待遇发展的一次历史性的飞跃。

此后，为了促进最惠国待遇制度的进一步发展和完善，联合国国际法委员会历经十余年的编纂，完成了《关于最惠国条款的条文草案》。

早在1964年,联合国国际法委员会就着手主持研究制定《关于最惠国条款的条文草案》,最后在1978年获得通过。它不仅建议各国就此草案缔结一项国际公约,而且给最惠国下了明确的定义,即“给惠国给予受惠国或者与该受惠国有确定关系的人或物的优惠,不低于该给惠国给予第三国或者与该第三国有同样关系的人或物的待遇”。而“一国据以对另一国承诺在约定关系范围内给予最惠国待遇的一种条约规定”(第4条)即为最惠国条款。此外,该草案还就最惠国待遇的分类、最惠国待遇的法律依据、来源和范围、优惠权利的取得、终止和中断以及有关限制或不适用最惠国待遇的情况等方面作了相应规定。①

除此之外,作为“现代通商条约的柱石”的最惠国条款更是被视为现代多边贸易体制的一项基本原则。例如,GATT 94 第1条第1款就将传统的双边最惠国待遇纳入多边贸易体制的框架中。它规定在进口货物清关过程中和国民待遇方面:“任何缔约方给予原产于或运往任何其他国家的产品的任何好处、优惠、特权或豁免,应当立即地和无条件地给予原产于或运往所有其他缔约方境内的相同产品。”

世界贸易组织的成立使得最惠国待遇这一多边贸易规则的发展又有了一次新的飞跃。自1995年1月1日起,这一规则不仅适用于传统的货物贸易领域,还扩展适用于与货物贸易相关的领域(如知识产权)和服务贸易领域。最惠国待遇的发展史向人们揭示了最惠国待遇确有其产生的经济基础和存在的客观需要。更何况在日益蓬勃发展壮大的国际贸易和日趋全球化、一体化的国际市场中,任何形式的歧视都可能招致更大的歧视。从长远来看,所有国家都将承受因歧视产生的不可避免的贸易格局扭曲的恶果,即使他们暂时能从中获益。国际大市场本身所要求的共同遵守的公平竞争、机会均等的运行机制,正是最惠国待遇真谛之所在。②

2. 最惠国待遇的主要特点

根据有关公约以及各国缔结的最惠国条款的立法与实践,通过与国民待遇相比较,可以发现最惠国待遇具有如下特点:

---

① 该草案共30个条文,对最惠国待遇制度有详细规定。

② 李双元、蒋新苗:《世贸组织(WTO)的法律制度》(修订版),中国方正出版社2003年版,第109页。

第一,最惠国待遇是根据某项双边或多边条约的规定,给予受惠国约定范围的优惠待遇,而国民待遇制度则可分别在国内立法或国际条约中加以规定。

第二,受惠国享受给惠国的最惠国待遇是自动的,即给惠国给予任何第三方(最惠国)的最优惠待遇,受惠国可根据最惠国条款的规定,自动取得与该第三方相同的待遇,而无须向给惠国履行申请手续或另外就此订立新的条约。与此相反,国民待遇仅限于给惠国与受惠方两者之间,不涉及第三方。

第三,最惠国待遇的主要目的在于保障在内国的缔约他方的自然人、法人、商船、产品等所享受的优惠待遇不低于缔约前已给予,且现在仍然存在,以及将来可能给予第三国的自然人、法人、商船、产品等的最优惠待遇。它追求的是处在内国的外国自然人、法人同第三国自然人、法人之间彼此权利的平等待遇。这与国民待遇制度有所不同,国民待遇制度主要在于保障在内国的外国自然人、法人获得与内国自然人、法人平等的民商事法律地位。

第四,条约中的最惠国条款大多对最惠国待遇的适用范围加以限定,一般将其限于国际民商事交往中经贸领域的事项。具体体现在关税、捐税及有关费用的征收;海关手续的办理;商品进出口、过境、仓储、转换运输工具的许可证颁发;国际贸易支付、知识产权保护、外国公民、法人的民商事地位;司法协助等方面。由于受惠方所获得的最惠国待遇主要由其本国的自然人、法人、商船及产品等所享受的待遇具体表现出来,因此,最惠国待遇主要适用于贸易、投资、货物运输等商事关系的人和事方面。而国民待遇则侧重于概括性的一般事项,如物权、债权、婚姻家庭、财产继承等领域。

3. 最惠国待遇的分类

根据最惠国待遇的给予方法、范围和条件的不同,最惠国待遇在实践中表现出不同的形式。

从缔约双方承担的给惠义务来看,可分为互惠的和非互惠的最惠国待遇两种。互惠的最惠国待遇是指给惠国与受惠国相互给予对方以最惠国待遇。如 1979 年《中美贸易关系协定》第 2 条规定:“为了使两国贸易关系建立在非歧视性基础上,缔约双方对来自或输出至对方的产品应相互给予最惠国待遇……”非互惠的最惠国待遇是指缔约一方单方面给予对方以最惠国待遇,而不要求对方回报。也就是说,只有缔约一方承担把给予第三方的优惠同样给予受惠国的义务,而不要求对方承担同样的义务。这种非互惠的最惠国待遇形式多见于以往的不平等条约中,目前各国已很少采用。

从受惠的条件来看,最惠国待遇还可分为有条件的和无条件的最惠国待遇。有条件的最惠国待遇是指在最惠国条款中规定,只有受惠国像第三国那样,在接受给惠国的优惠待遇时,向给惠国提供同等的补偿,才能享受给惠国已给予或将要给予第三国的优惠待遇。美国曾在1923 年以前长期采用有条件的最惠国待遇,但后来在 1923 年的《美德友好通商条约》中放弃了这一制度。无条件的最惠国待遇则是指当缔约一方无报偿地将优惠给予第三国时,也应自动而且无报偿地给予缔约他方。由于 1883 年英国与意大利的通商航海条约对此作了比较有代表性的规定,因而无条件的最惠国待遇条款又称“英国—意大利条款”。当前世界各国较多地采用无条件的最惠国待遇制度。

除了上述划分之外,从给予最惠国待遇的范围来看,最惠国待遇还可以分为有限制的和无限制的最惠国待遇。有限制的最惠国待遇意指缔约双方将最惠国条款中的优惠权利,限制在特定的民商事领域或范围之内。其表述方式主要有两种:一是肯定性表述,即缔约双方在条约中明确规定在哪些方面给予最惠国待遇。例如,1979 年《中美贸易关系协定》就规定在进出口关税、费用及征收的手续和程序;进口货物的报关、过境、仓储和转运的规章、手续和程序;进出口税收(国内税)及其他国内费用;涉及进口货物在国内销售、购买、运输、分配、使用等方面的一切法律、规章和要求以及进出口许可证的行政手续等五个方面给予最惠国待遇。二是否定性或排除性表述,即在条约中规定在哪些方面不给予最惠国待遇。而无限制的最惠国待遇就是将给惠国授予第三国自然人、法人各方面的民商事经济权利,不加限制地全部给予受惠国。鉴于无限制的最惠国待遇给予的优惠权利过于宽松,有可能导致其他国家获得不合理的“免费搭车”利益,因此,目前世界上多数国家采取互惠、无条件且有限制的最惠国待遇制度。

4. 最惠国待遇的例外

当今,最惠国待遇制度已为各国普遍采用,但是,各国在缔结最惠国条款时,往往附加排除适用最惠国待遇的例外条款,明确规定某些不适用最惠国待遇的例外情形。这些例外主要包括:第一,一国给予邻国的特权与优惠。第二,边境贸易和运输方面的特权与优惠。第三,有特殊的历史、政治、经济关系的国家形成的特定地区的特权与优惠,如欧洲荷兰、比利时、卢森堡集团成员间以及斯堪的纳维亚国家之间的一些特权与优惠待遇。第四,经济集团内部各成员相互给予对方的特权与优惠,如欧洲联盟各成员之间相互给予的特权与优惠、北美自由贸易区的成员国间互相享有的特权与优惠。

在世界贸易组织框架内,关于最惠国待遇制度的区域经济安排例外可分为双边和区域两个层次。在双边层次方面,如美国和以色列之间签订的自由贸易协定,澳大利亚和新西兰之间签订的更紧密经济关系协定等;在区域层次方面,如欧盟、北美自由贸易区、东南亚联盟等。世界贸易组织成员方可参加此类区域经济一体化安排,对相互间的货物贸易或服务贸易实质上取消了所有限制,而区域外的世界贸易组织成员方则不能享受这些成果。当然,区域内部的成员方不能提高他在参加一体化安排之前对区域外成员方所设立的贸易限制。

第二次世界大战后,更多的发展中国家参加了关税与贸易总协定。这些国家在发展本国经济的过程中,面对着十分不利的国际贸易环境。"贸易与发展"成了重大国际课题,同时也对最惠国待遇原则提出了挑战。虽然最惠国待遇原则在处理经济实力相等国家之间的贸易关系时是平等和有效的,但却不适合于经济实力相差悬殊国家之间的贸易,即最惠国待遇只能达到形式上的平等,而实际上意味着歧视弱国。为解决这个问题,1979 年 11 月,在"东京回合"谈判即将结束之时,与会成员国代表通过了一项《对发展中国家的差别、更优惠待遇及对等和更充分参与问题的决定》。这一决定即通常所说的"授权条款"(Enabling Clause)。

"授权条款"规定:"尽管有总协定第 1 条的规定,发达国家缔约国仍可以给予发展中国家以差别的、更优惠的待遇,而对其他缔约国则不给予此种待遇。"给予发展中国家以差别的、更优惠的待遇范围包括:发达国家缔约国按照"普惠制"(GSP)原则,对来自发展中国家的产品,给予优惠税率待遇;其他多边贸易谈判的文件有关非关税措施的规定中,给予发展中国家以差别的和更优惠的待遇;根据发展中国家缔约国之间在进口对方产品方面做出全球或地区性的削减关税和非关税壁垒方面的安排;在有利于发展中国家的一般和特殊措施方面,给予发展中国家中最不发达国家以特殊待遇。

发展中国家享有的特殊和差别待遇在乌拉圭回合各个协定中都得到了不同程度的体现,如在知识产权领域,发展中国家可享有更长的过渡期;发展中国家可以根据本国服务业的发展情况确定在多大范围和多大程度上开放其服务市场,如可通过谈判不开放某些服务部门或对某种服务交付方式(如跨境交付)不作承诺。

另外,最惠国待遇的边境贸易例外似乎已经成为惯例,即一般指两国边境地区居民和企业在距边境线15千米以内地带从事的贸易活动,世界贸易组织允许其成员方为便利此种贸易而只对毗邻国家给予优惠,包括关税优惠。其目的是便利边境线两边的居民互通有无。但由于现实情况不一(如边境线15千米以内无人居住),因此,边境贸易的范围并不严格局限于上述15千米。

此外,在知识产权领域内,一成员方可对另一成员方在一般司法协助国际协定中享有的权利、《与贸易有关的知识产权协定》(TRIPs)未作规定的有关表演者和录音制品制作者和广播组织的权利、世界贸易组织正式运行前已生效的国际知识产权保护公约(包括《伯尔尼公约》和《巴黎公约》)中享有的权利等可以不适用最惠国待遇原则。

在我国,也有最惠国待遇的例外规定。中国最早是在1955年与埃及签订的贸易协定中开始采用最惠国待遇制度的(适用于颁发输出、输入许可证以及征收关税方面)。目前,因对外开放政策的实施,更在与许多国家签订的投资保护和贸易协定中广泛适用这一制度,当然也有例外事项的规定。如1984年《中华人民共和国政府和法兰西共和国政府关于相互鼓励和保护投资的协定》第3条规定:"一、缔约各方承诺在其领土和海域内给予缔约另一方的投资者的投资以公正和公平的待遇。二、缔约各方对于在其领土和海域内的缔约另一方投资者的投资,应给予不低于第三国投资者的待遇(最惠国待遇条款)。三、上述待遇不涉及缔约一方因加入自由贸易区、关税同盟、共同市场或其他任何形式的地区经济组织而给予第三国投资者的优惠待遇。"

(三)优惠待遇(Preferential Treatment)

1. 优惠待遇的概念

优惠待遇是指一国给予外国及其自然人和法人以特定的权利和优待的一种待遇。此种待遇常带有某种目的性,且主要限于进口限制、关税减免、商品过境、外商投资等方面。优惠待遇的给予，主要通过两种方式：一是在国内立法中加以规定。例如，我国2000年《外资企业法》第5条规定："国家对外资企业不实行国有化和征收；在特殊情况下，根据社会公共利益的需要，对外资企业可以依照法律程序实行征收，并给予相应的补偿。"该法第17条更明确地规定："外资企业依照国家有关税收的规定纳税并可以享受减税、免税的优惠待遇。外资企业将缴纳所得税后的利润在中国境内再投资的，可以依照国家规定申请退还再投资部分已缴纳的部分所得税税款。"二是在国际条约中加以规定。如1956年《中华人民共和国和尼泊尔王国关于两国关系中的若干有关事项的换文》第6项就规定："双方同意采取必要措施，以促进和扩大两国之间的贸易关系，并且各按本国政府规定的优惠税率对彼此出入口商品征收关税。"

2. 优惠待遇的主要特点

比较国民待遇和最惠国待遇而言，优惠待遇的特点主要表现在：

第一，在优惠待遇中，内国赋予外国自然人和法人的优惠不仅第三国自然人和法人不能当然地享有，甚至于内国自然人和法人也不能享有。而在国民待遇中，外国人获得的是与内国人同等的民商事权利地位。

第二，优惠待遇可以通过内国立法或国际条约直接赋予外国自然人和法人，而最惠国待遇的享有则必须依赖国家之间订立的最惠国条款。

第三，外国人享有优惠待遇仅限于在条约或国内立法中所规定的有限的领域内，而国民待遇则概括性地赋予外国人以与内国人平等的待遇。

（四）普遍优惠待遇（Generalized System of Preference）

1. 普遍优惠待遇的概念

普遍优惠待遇，简称普惠制，是指发达国家单方面给予发展中国家以减免进出口货物关税的一种优惠待遇。

普惠制的产生有其深刻的历史、经济原因，它是发展中国家为争取建立国际经济新秩序而不懈斗争的成果。在现代国际民商事交往关系中，虽然各国普遍采取国民待遇和最惠国待遇制度，赋予外国人与内国人及外国人之间平等的民商事权利地位，但是，由于发展中国家与发达国家在经济上存在巨大差距，这种平等的实现往往囿于各种条件的限制而难以落到实处,只能停留在形式的层面上。例如,假若某发展中国家与某发达国家在贸易协定中订有互惠条款,规定彼此的进口商品在对方享受关税减让优惠,但是,由于该发展中国家的产品国际竞争力要远远低于发达国家,它并无多少机会在发达国家享受关税减让的优惠,因而这种条款中规定的“平等待遇”并没有真正给发展中国家及其自然人与法人带来公平互利的结果。

为了实现发展中国家与发达国家在民商事关系领域中事实上的公平与互利,逐渐缩小南北差距,在发展中国家的积极推动下,1964 年联合国第一次贸易与发展大会提出了发达国家应给予发展中国家优惠待遇的提案。由于这一优惠观念有悖于最惠国待遇原则而遭发达国家的否决。不过,1968 年联合国贸发会议通过决议,认为发展中国家向发达国家出口制成品和半制成品时,发达国家应给予他们减免关税的优惠待遇。此后,1974 年第 29 届联合国大会通过了《各国经济权利与义务宪章》,正式确立了普惠制。该宪章第 19 条规定:“为了加速发展中国家的经济增长,弥合发展中国家与发达国家之间的经济差距,发达国家在国际经济合作可行的领域内应给予发展中国家普遍优惠的、非互惠的和非歧视待遇。”

在现代多边贸易体制中,GATT/WTO 以最惠国条款豁免的形式给予普惠制最终法律授权。该豁免授予每一个工业国家建立自己的普惠制项目,规定所有的“发展中国家均可受益于这些项目,然而,由各工业国家限定受益于普惠制项目的发展中国家”。据此,发达国家享有个别裁量权来选择实施普惠制,不存在任何授予普惠制的国际法要求,也不存在任何具体的、有关普惠制应该如何实施的统一规则。目前,发达国家在实施普惠制时,同时规定了一些限制性条款,如对受惠国和地区进行限制;对受惠商品的范围进行限制;限制受惠商品关税减免的幅度;严格实行原产地和直接运输规则,规定享受普惠制的产品必须完全产自作为受惠国的发展中国家或在该国经过实质性加工、制作并按规定条件直接运往授予国。自 1979 年欧共体国家正式宣布给予我国普遍优惠待遇以来,先后有澳大利亚、新西兰、瑞士、瑞典、加拿大、挪威、日本等国家给予我国以普遍优惠待遇。[①] 根据大多数给惠国的要求,享受普惠制待遇必须持有受惠国政府指定的机构签署的普惠制原产地证书。我国政府指定各地出口商品检验机构签发普惠制原产地证书。

2. 普遍优惠待遇的主要特点

普遍优惠待遇,主要是发达国家给予发展中国家进出口产品上的的一种普遍的、非歧视的、非互惠的关税方面的待遇。具体而言,普惠制的主要特点表现在如下三个方面:

第一,普遍性。普惠制的一个特点就是它的普遍性。普惠制虽然只适用于发达国家与发展中国家之间,但它规定所有发达国家对所有发展中国家出口制成品和半制成品给予普遍的优惠待遇。

第二,非互惠性。普惠制的另一个特点就是非互惠性。它只要求发达国家单方面给予发展中国家及其自然人与法人特殊优惠待遇,并不要求"对等回报"。

第三,非歧视性。普惠制还有一个特点就是非歧视性。它只要求发达国家在采取优惠待遇原则时对所有发展中国家自然人与法人一视同仁,无歧视、无例外地享受普遍优惠待遇。

第四,单向性。普惠制另外一个特点体现在其单向性上。普遍优惠待遇只是发达国家给予所有发展中国家的待遇,并不要求任何发展中国家给予发达国家的自然人与法人在产品进出口方面同等的待遇。

(五)非歧视待遇(Non-Discrimination Treatment)

1. 非歧视待遇的概念

非歧视待遇也称无差别待遇,是指缔约各方通过缔结条约约定彼

---

① 日本自2019年起全面终结对我国的普惠制政策。在当前的国际实践中,一般是由各给惠国(发达国家)根据本国的立法程序,分别制订给予受惠国(发展中国家)关税普惠待遇的具体方案。给惠国拥有相当大的自由裁量权和决定权,即可以单方面决定受惠国名单、受惠产品范围、受惠关税减免幅度以及反普惠的保护措施等。一般说来,在各种普惠制方案的制定上,作为普惠制倡议者的众多发展中国家很少有发言权,只是消极被动地认可或接受由发达国家单方制作的既定方案。因此,严格说来,国际上现行的关税普惠制实际上还只是各发达国家各种不同给惠方案的简单凑合,远非发展中国家原先所要求的普遍的、非互惠的和非歧视的关税优惠制度。目前全球给惠国共有42个,但随着我国综合国力的提升,大部分给惠国已停止给予中国普惠制待遇,仅剩下挪威、俄罗斯、白俄罗斯、乌克兰和哈萨克斯坦给予中国普惠制待遇。参见李双元、欧福永主编:《国际私法》(第5版),北京大学出版社2018年版,第157~158页。

此不得把低于内国或其他外国自然人、法人的权利以及某些限制或禁止措施,适用于对方国家的自然人和法人。《中华人民共和国和朝鲜民主主义人民共和国通商航海条约》第7条第1款规定:“缔约任何一方对从缔约另一方领土的输入或向缔约另一方领土的输出,都不应当采用对任何其他国家所不适用的任何限制或禁止。”非歧视待遇原则在当今国际社会特别是在世界贸易组织法律制度体系中占据着非常重要的地位。

与非歧视待遇相对立的就是歧视待遇(Discrimination Treatment),也称差别待遇,是指一国把低于内国人或低于其他外国自然人或法人的待遇专门适用于一切外国人或某一特定外国国家的自然人和法人,或者把给予内国或其他外国自然人、法人的某些优惠或权利,不给予特定的外国自然人或法人。① 实行歧视待遇所带来的结果是使某一外国人所享有的权利,不但低于内国人,而且可能也低于其他的一般外国人,这不利于国家之间或其国民、法人之间平等的民商事交往。为了防止在国际民商事交往中一国对他国采取歧视措施,各国多通过签订条约来规定不采取歧视待遇。如1986年《中华人民共和国和大不列颠及北爱尔兰联合王国政府关于促进和相互保护投资协定》第2条规定,缔约双方“对缔约另一方的国民或公司在其领土内对投资的管理、维持、使用、享有或处置不得采取不合理的或歧视性的措施”。

2. 非歧视待遇的主要特点

与国民待遇和最惠国待遇相比较,非歧视待遇的特点在于它带有预防性,只要求缔约国不对特定国家的自然人、法人的民商事权利施加不合理的限制或禁止性措施。换言之,非歧视待遇只要求缔约各方及其国民与法人在对方领土内获得与一般的外国人相同的地位。而国民待遇和最惠国待遇是从积极的角度,明确规定授予国必须保证在内国的外国自然人、法人与内国的自然人、法人权利平等,或者在内国的所有外国自然人、法人之间的权利彼此平等。

因此,为了促进国际经济贸易发展和各国的友好往来,应尽可能采用非歧视待遇制度,努力避免采用歧视待遇。

表6-1为外国人民商事待遇制度的比较。

---

① 李双元主编:《国际私法学》,北京大学出版社2000年版,第249~250页。

表 6－1　外国人民商事待遇制度比较

待遇类型	含义	主要内容	例外
国民待遇	内国给予在内国境内的外国公民、企业和商船的民商事权利方面，与内国公民、企业和商船一样享有同等的待遇。1804 年《法国民法典》第 11 条率先在国内立法中加以确认。	国际私法意义上的国民待遇，专指外国人在民商事方面的待遇，即私法上的地位。其目的在于通过赋予外国人和内国人平等的民商事权利地位，以实现外国人与内国人之间在民商事权利地位上的平等，从而避免对外国人实行不公正的歧视待遇。同时，它也可以避免外国人在内国获得不合理的特权地位。	国民待遇仅就一般原则而言，确立的是内外国人之间同等而非完全同样的权利。 在内水航运、领水渔业、沿海贸易、公用事业、领水员资格和外国律师执业等方面不给予外国人国民待遇。
最惠国待遇	缔约一方根据条约之规定，把它已给予或将要给予第三国或与之有确定关系的人或事的优惠待遇，同样给予缔约他方或与之有确定关系的人或事。最惠国待遇通常在双边或多边国际条约中加以规定，条约中规定此种待遇的条款，就是所谓的“最惠国条款”。	根据最惠国待遇的给予方法、范围和条件的不同，最惠国待遇在实践中表现出不同的形式，如互惠与非互惠的最惠国待遇、有条件与无条件的最惠国待遇、有限制与无限制的最惠国待遇等。目前世界上多数国家采取互惠、无条件且有限制的最惠国待遇制度。	第一，一国给予邻国的特权与优惠。第二，边境贸易和运输方面的特权与优惠。第三，有特殊的历史、政治、经济关系的国家形成的特定地区的特权与优惠，如欧洲荷兰、比利时、卢森堡集团成员间以及斯堪的纳维亚国家之间的一些特权与优惠待遇。第四，经济集团内部各成员相互给予对方的特权与优惠，如欧盟各成员之间相互给予的特权与优惠、北美自由贸易区的成员国间互相享有的特权与优惠。

续表

待遇类型	含义	主要内容	例外
优惠待遇	一国给予外国及其自然人和法人以特定的权利和优待的一种待遇。	优惠待遇的给予,主要通过两种方式:一是在国内立法中加以规定;二是在国际条约中加以规定。	此种待遇常带有某种目的性,且主要限于进口限制、关税减免、商品过境、外商投资等方面。
普遍优惠待遇	发达国家单方面给予发展中国家以减免进出口货物关税的一种优惠待遇。	普惠制主要体现在其普遍性上。普惠制虽然只适用于发达国家与发展中国家之间,但它规定所有发达国家对所有发展中国家出口制成品和半制成品给予普遍的优惠待遇。	普惠制是单向而非互惠的,只要求发达国家单方面给予发展中国家及其自然人与法人特殊优惠待遇,并不要求"对等回报"。
非歧视待遇	缔约各方约定彼此不得把低于内国或其他外国自然人、法人的权利以及某些限制或禁止措施,适用于对方国家的自然人或法人。	非歧视待遇的特点在于它带有预防性,只要求缔约国不对特定国家的自然人、法人的民商事权利施加不合理的限制或禁止性措施。	国民待遇和最惠国待遇是从积极的角度明确规定授予国必须保证在内国的外国自然人、法人与内国的自然人、法人权利平等,或者在内国的所有外国自然人、法人之间的权利彼此平等。而非歧视待遇正好从相反的方面加以强调。

五、外国人在中国的民商事法律地位

(一)外国人在我国的民商事法律地位的历史变迁

根据我国历史发展的特点及不同历史时期对外政策的变化,外国人在我国的民商事法律地位状况也经历了几个不同的历史时期。

1. 合理待遇时期(公元前 206 ~ 1518 年)

自汉朝张骞出使西域起至明朝郑和"七下西洋"止,这一时期不仅鼓励同其他国家开展一定范围的民商事交流，而且允许外国人来华生活和工作，甚至还设立专门负责处理外国人事务的机构。例如，西汉时期在长安专门设立接待外国商人的“蛮夷邸”，开辟张掖、武威、酒泉、敦煌等西域通商都市；唐朝时期在长安设立“鸿萨馆”作为处理外事和对外经济的专门机构，在各地设立“市舶使”负责管理中外远洋运输的船舶。总的说来，这一时期的历代封建君主对外国人基本上采取开放政策，鼓励同外国进行经济、文化交流，允许外国人来华经商、留学、周游、求佛等，甚至还允许外国人在朝为官，如意大利人马可·波罗曾先后在元朝供职达17年之久。自明朝郑和“七下西洋”以后，来华经商、侨居的外国人日渐增多，他们的民商事权利均获得了不同程度的承认和保护。因此，这一时期封建朝廷虽然也对外国人的民商事权利加以限制或禁止，但是与同时期的西方封建国家相比，我国赋予外国人民商事权利的做法显得更为开放与合理。

2. 闭关排外时期(1518~1840年)

这一时期从明末倭寇及葡萄牙、荷兰入侵起到鸦片战争爆发止。由于外国入侵及国力的日渐衰弱，中国主要采取闭关锁国的极端排外政策，对于外国人，不区分其是侵略者还是普通老百姓，一律限制或禁止他们在中国从事正常的民商事活动。譬如，清政府曾颁布“防夷五事”“防患夷人章程”等文件，限定外国人只能居住在指定的“商馆”，只能与指定的商行进行交易，甚至还禁止外国人向中国人贷款、禁止外国商人雇用中国人以及禁止外国人坐轿和外国妇女进入城市或货栈。总之，这一时期外国人在华受到严格限制且难以享受正常的民商事权利。

3. 特权待遇时期(1840~1949年)

从鸦片战争到新中国成立的这一段时期，随着西方列强对中国在政治、军事、经济、文化领域的全面入侵，清政府被迫签订了无数丧权辱国的不平等条约，规定了外国人在中国享有包括领事裁判权在内的许多特权。由此，美国、英国、德国、法国等帝国主义国家的自然人与法人在我国获得了广泛的非互惠的、片面的国民待遇、最惠国待遇和优惠待遇。

4. 平等待遇时期(1949年以后)

新中国成立后，一方面废除了各种赋予外国人特权的不平等条约，同时也明令保护外国人在华的合法权益，从而使在华外国人的民商事地位开始步入了真正的平等待遇时期。

(二)外国人在当代中国的民商事法律地位

新中国成立以后,中国政府允许在平等互利的基础上开展国际民商事交流和合作,对在华外国人的民商事权利进行合理、合法的保护。1949年新中国颁布了宪法性文件《中国人民政治协商会议共同纲领》,明确规定"中华人民共和国政府保护守法的外国侨民""中华人民共和国可在平等和互利的基础上与各外国的政府和人民恢复并发展通商贸易关系"。不仅如此,我国立法机关随后还相继颁布了宪法、法律、法令和条例,在许多领域赋予外国人平等的民商事法律地位。虽然"文化大革命"时期我国在赋予外国人待遇方面有所倒退,但在我国1978年改革开放以后便逐渐恢复正常。目前,除中国《宪法》和相关法律法规明确赋予外国人在中国具有合法的民商事法律地位外,我国还积极参加或缔结了一系列国际条约或双边协定,进一步确立了国民待遇、最惠国待遇、非歧视待遇等制度。根据我国有关法律法规和条约的规定,外国人在我国享有的具体民商事权利主要有:

第一,亲属权。外国公民,包括常驻我国和临时来华的外国人、华裔外国人和定居在中国的外国人,与我国公民以及外国公民之间,均可以在中国境内依我国婚姻法之规定申请登记结婚或解除婚姻关系;外国人的夫妻关系、父母子女关系、兄弟姐妹关系以及依收养法成立的涉外收养关系均可获得我国法律的保护。

第二,人身不可侵犯权。外国人的人身不可侵犯,是指外国公民的人格尊严、姓名和名誉权受法律的保护;外国法人的名称受法律保护等。我国1986年《民法通则》专门规定了公民的人身权,同时该法第8条又规定,本法关于公民的规定,适用于在中华人民共和国领域内的外国人、无国籍人。而我国2020年颁布的《民法典》第一编第五章(第109条至第112条)则未区分内外国人的情况,专门对人身权进行了具体规定。

第三,财产继承权。我国1985年《继承法》及其他调整涉外财产继承的规定均保护外国人的财产继承权,外国人可以继承在中国境内的动产和不动产。[①] 最高人民法院在1980年10月25日《关于对日本国询问有关继承的几个问题的答复》中就曾明确指出:中国婚姻法所规定的父母和子女有相互继承遗产的权利,不因国籍的不同而丧失,中国保

① 2020年5月28日颁布的《民法典》在第六编中用四章的篇幅(第1119条至第1163条)对继承权进行了具体规定。

护合法的遗嘱继承。

第四,劳动权。在我国,除了极少数的工种限制或禁止外国人从事之外,外国人可以从事各种社会劳动,可同中国人一样获得劳动报酬和劳动保障的权利。不仅如此,在外商投资企业工作的外籍职工,在工资和其他劳保福利待遇方面,还可以享有法律规定的特殊优惠待遇。

第五,经营权和自然资源开发权。这是指外国公民和法人经申请批准,可在我国兴办各种中外合资企业、中外合作经营企业和外资独资企业,[①]还可以在尊重我国主权,遵守我国法律和平等互利的条件下,参加合作开采石油、天然气等自然资源。

第六,知识产权。根据我国著作权法、专利法、商标法、外商投资法及我国参加的国际知识产权条约的规定,我国法律保护外国人的智力劳动成果。2019年《外商投资法》第22条明确规定:"国家保护外国投资者和外商投资企业的知识产权,保护知识产权权利人和相关权利人的合法权益;对知识产权侵权行为,严格依法追究法律责任。……"2019年12月12日国务院第七十四次常务会议通过的《中华人民共和国外商投资法实施条例》第23条也规定:"国家加大对知识产权侵权行为的惩处力度,持续强化知识产权执法,推动建立知识产权协同保护机制,健全知识产权纠纷多元化解决机制,平等保护外国投资者和外商投资企业的知识产权。"2019年10月8日国务院第六十六次常务会议通过的《优化营商环境条例》第15条则规定:"国家建立知识产权侵权惩罚性赔偿制度,推动建立知识产权快速协调保护机制,健全知识产权纠纷多元化解决机制和知识产权维权援助机制,加大对外国投资者和外商投资企业知识产权的保护力度。"

首先,外国人依法取得的专利和商标权受我国法律的保护。根据中国1984年《专利法》(2008年修正)第18条规定,在中国设有经常居所或营业所的外国人、外国企业或者外国其他组织,有权依法在中国就其发明创造取得专利权;而在中国没有经常居所或营业所的外国人、外

---

① 按照2019年3月15日第十三届全国人大代表大会第二次会议通过的《外商投资法》的规定,依据"三资企业法"设立的中外合资经营企业、中外合作经营企业和外资独资企业在该法2020年1月1日实施之日起的5年以内还可继续保留原企业组织形式等。但自2020年新设立的外资企业就只有《外商投资法》第2条第1款所规定的类型,即"外国投资者单独或者与其他投资者共同在中国境内设立外商投资企业"。

国企业或者外国其他组织,如其所属国与中国签订有关协议或共同受有关的国际条约的约束,或者两国存在互惠,也可就其发明创造在中国取得专利权。我国2020年颁布的《民法典》第123条则未区分内外国人一律规定:“民事主体依法享有知识产权。”中国法律同样保护外国人的发明、发现权,如1978年国务院发布的《发明奖励条例》第12条规定:“旅居外国的华侨和外国人士都可向国家科委申报发明,经审查批准后,按本条例规定给予奖励。”根据中国1982年《商标法》(2019年修正)第17条规定,外国人或外国企业,只要其所属国与中国签订有关协议,或共同受有关的国际条约的约束,或者双方按对等原则办理,可以在中国申请商标注册,其商标权受中国法律保护。中国1986年《民法通则》第96条未区分内外国人一律规定:“法人、个体工商户、个人合伙依法取得商标专用权受法律保护。”而2020年颁布的《民法典》第123条则统一纳入知识产权中加以规定,即“民事主体依法享有知识产权”。

其次,外国人在我国依法享有著作权,有发表、署名、保护作品完整、复制、发行、出版作品的权利。根据中国1990年《著作权法》(2010年修正)第2条规定,外国人、无国籍人的作品,在中国境内首次出版的,或者在中国参加的国际条约的成员国首次出版或在成员国与非成员国同时出版的,给予版权保护。中国1986年《民法通则》第94条则未区分内外国人一律规定:“公民、法人享有著作权(版权),依法有署名、发表、出版、获得报酬等权利。”而2020年颁布的《民法典》第123条则统一纳入知识产权中加以规定,即“民事主体依法享有知识产权”。

最后,我国在一些双边协定或文件,也对保护外国人的知识产权有所规定。例如,1973年《中意关于互惠商标注册问题的换文》规定,在平等互利的基础上,一方国家的公司、企业可在对方国家申请商标注册并可取得已注册的商标权和专利权。

第七,土地使用权。外国自然人、法人可以在中国享有取得土地使用、出让或转让的权利。我国1990年《城镇国有土地使用权出让和转让暂行条例》第3条和第4条规定,中国境内外的公司、企业、其他组织和个人依法可以取得土地使用权,进行土地开发、利用、经营,并且其使用权在使用年限内可以转让、出租、抵押或者用于其他经济活动,其合法收益受国家法律保护。而我国1990年《外商投资开发经营成片土地暂行管理办法》(2008年废止)第2条进一步规定,成片开发是指外商在取得国有土地使用权后,依照规划对土地进行综合性的开发建设,以形成工业用地和其他建设用地条件,然后进行转让土地使用权,经营公用事业;或者进而建设通用工业厂房以及相配套的生产和生活服务设施等地面建筑物,并对这些地面建筑从事转让或出租的经营活动。根据我国加入 WTO 对服务贸易所做的具体承诺,由于中华人民共和国的土地归国家所有,外国成员方的自然人和法人在我国境内取得的土地使用权的最长期限分别为:居住目的为 70 年,工业目的为 50 年,教育、科学、文化、公共卫生、体育目的为 50 年,商业旅游、娱乐目的为 40 年,综合利用或其他目的为 50 年。

第八,民商事诉讼权或仲裁权。民商事诉讼权实际上是一种司法保护权。根据中国 1991 年《民事诉讼法》、1994 年《仲裁法》、2014 年修订的《中国国际经济贸易仲裁委员会仲裁规则》及 2018 年修订的《中国海事仲裁委员会仲裁规则》的相关规定,外国人在我国人民法院起诉、应诉,享有与中国人同等的诉讼权利和诉讼义务。同时,外国人在解决国际商事、海事争端时,也可以选择指定中国的仲裁机构申请仲裁或向有管辖权的人民法院提起诉讼。

(三)关于规制外国人在中国的民商事法律地位的立法建议

通过梳理近年世界各国有关外国人民商事法律地位的立法规范,可以发现许多国家的法律对外国人的民商事法律地位问题都作了相应规定。首先,大多数国家对外国人在内国享有的民商事权利都赋予国民待遇,法国、罗马尼亚、葡萄牙、也门、越南、立陶宛、蒙古、哈萨克斯坦、波兰、格鲁吉亚、捷克、斯洛伐克和保加利亚等国家的法律都有明确规定,其中罗马尼亚法、也门法、哈萨克斯坦法和《法国民法典国际私法法规(第三草案)》还明文规定"国民待遇包括自然人和法人",也门法特别规定"外国人及法人、无国籍人在也门享有国民待遇",格鲁吉亚法也规定:"外国人自然人、法人以及无国籍人"在格鲁吉亚享受国民待遇,而哈萨克斯坦法明确规定"国民待遇包括外国人、外国企业和机构";其次,罗马尼亚、葡萄牙、也门、越南、哈萨克斯坦、捷克、斯洛伐克、波兰等大多数国家的法律对国民待遇的给予并不以条约或法律上的规定为条件,只有法国法要求赋予外国人国民待遇必须依所签订的条约为准;再次,大多数国家赋予外国人国民待遇以互惠为条件,即采取对等原则,如内国公民在某一外国受到歧视待遇,有权对在内国的该外国人的民商事权利地位等加以相应的限制,葡萄牙法、也门法、格鲁吉亚法、哈萨克斯坦法都有明文规定;最后,大多数国家赋予外国人国民待遇仅就一般原则而言,在具体的民商事权利的享有上外国人和内国人并非完全一样,如波兰、法国、越南、也门、葡萄牙、捷克、斯洛伐克、蒙古、保加利亚都规定“法律另有规定的除外”,也门对外国人国民待遇在立法时允许制定特殊的例外规定,《法国民法典国际私法法规(第三草案)》则要求赋予外国人国民待遇时将政治权利和专门禁止外国人享有的权利以及特别为法人规定的补充限制除外,《布斯塔曼特法典》对赋予外国人国民待遇规定:“公共秩序、各该国宪法和法律上没有限制者除外,执行公职、选举权和其他政治权利也不在此例。”参照和借鉴上述各国的立法范例,根据中国的具体情况,建议在我国立法确定规制外国人民商事法律地位的条款时可以参考或采用如下范例:

[外国人民商事法律地位]除法律另有规定外,外国人在我国领域内进行民商事活动享受国民待遇,其合法权益受中华人民共和国法律保护。外国对在其境内的中华人民共和国当事人的民商事权利加以不公平限制的,我国对在中华人民共和国的该外国当事人采取对等措施。

第二节 自 然 人

一、自然人的国籍冲突

在国际私法中,运用间接调整方法解决涉外民商事法律关系的法律冲突,需要通过冲突规范中的各种连接因素指引准据法来确定当事人的具体权利义务,以便解决法律冲突问题。而国籍则正是其中一个十分重要的连接因素。有关身份、能力、亲属和继承等涉外民事关系的准据法,很多国家都以自然人的国籍作为连接因素。这样,就需要深入研究国籍及当事人的国籍冲突的解决方法。

(一)自然人国籍与国籍冲突的概念

国籍(Nationality)是指自然人属于某一国家的国民或公民的法律资格。在国际公法上,国籍是一个人对国家承担效忠义务的根据,同时也是国家对他实行外交保护的根据。同样,国籍在国际私法中也占据着非常重要的地位,其意义主要表现为:

第一,国籍是区分涉外民商事关系的关键标准之一。当事人是否具有外国国籍是判断某一民商事关系是否具有涉外因素的根据。

第二,国籍是属人法中的一个重要连接点,是指引涉外民商事关系准据法的一个重要连接因素。

第三,国籍是国家行使涉外民商事诉讼管辖权的一种重要依据。尽管原告随被告是诉讼法中一条公认的管辖权原则,但是在涉外民商事领域,要求概依此原则来起诉,有时又不太可能或不大合理。在实践中,欧洲的一些国家常常允许自己的侨民回到本国起诉。

当在外国的侨民的民商事权益受到侵犯,侨民作为原告而回到本国来进行诉讼时,行使管辖权的根据之一就是国籍。1979 年《匈牙利国际私法》第 55 条、1987 年《瑞士联邦国际私法法规》第 3 条、1995 年《意大利国际私法制度改革法》第 9 条和 1998 年修订的《法国民法典》第 14 条和第 15 条均有类似规定。尽管自 1804 年开始,法国民法典就在属人法中一直坚持"本国法主义",而且这种"本国法主义"也为不少国家所继受并影响了其国际私法立法与司法实践,从而使国籍就成了自然人属人法的唯一连接点,不过,后来随着形势的发展和时代的变迁,这种状况有所改变。第二次世界大战后,法国最高法院 1953 年的一项判决中开始确认以共同住所地法解决不同国籍配偶之间的离婚,至 1963 年的另一项判决则将此解决方法扩展适用于婚姻的效力。此举,被称为法国国际私法的"一大变革"。① 但是,因传统的影响,国籍仍不失为属人法的最重要连接点之一。

在国际私法中,把一个人同时有两个或两个以上国籍的情况称为国籍的积极冲突,而国籍的消极冲突则是指一个人同时无任何国籍的情况。国籍的冲突(Conflict of Nationalities),完全是因各国对国籍的取得和丧失所采取的制度各异而发生的。

国籍的取得,可分为生来取得与传来取得。对生来取得国籍有的国家采取血统主义,有的国家采出生地主义,有的采合并主义。在采血统主义的国家中,也有双系血统主义和单系血统主义之别。在采出生地主义国家中,其认定生来取得国籍的标准也不免有差异。例如,依英国国籍

① 阮毅成:《中国国际私法制度之建立》,载马汉宝主编:《国际私法论文选辑》(上),台北,五南图书出版股份有限公司 1984 年版,第 12 页。

法,凡出生在英国商船上的人,不论该船是否在外国领海或港口,均认为是英国公民;而美国却认为在美国领海或港口内的外国商船上出生的儿童应取得美国国籍。因而,一旦一艘英国商船停泊在美国领域的港口,此时在该船上出生者不但同时可取得英国和美国两个国籍,而且还有同时取得三个或更多个国籍的可能。这就是典型的国籍积极冲突。

无论是国籍的生来取得还是传来取得均有可能出现国籍积极冲突,而且同样也有可能出现国籍的消极冲突。由于各国对国籍的取得与丧失的规定不一致,还有可能出现一个人没有任何国籍的情况,这时就会产生国籍的消极冲突。例如,一国规定凡本国妇女与他国公民结婚,当然丧失内国国籍;而其夫方国籍法规定,外国妇女与本国公民结婚并不当然取得夫方的国籍,这个妇女就会成为无国籍人,陷入国籍消极冲突的境地。

(二)自然人国籍冲突的解决

在解决自然人国籍的积极冲突和消极冲突时,首先,必须明确的是,一个人是否具有某一国家的国籍,当然只能依该国国籍法来判定。这是因为,根据国家主权原则,关于居民的法律资格的确定,属于国家权力范围的事情,通常由各国国内立法加以规定。这已成为国际法在国籍问题方面的一项公认的基本原则。例如,1930 年 4 月 12 日订立于海牙的《关于国籍法冲突的若干问题的公约》第 2 条就明确规定:"关于某人是否具有某一特定国家国籍的问题,应依照该国的法律予以断定。"2013 年黑山《国际私法》第 11 条第 1 款就明确规定:"一个自然人是否具有某特定国家的国籍,依该国法律确定。"其次,解决自然人的国籍冲突,在国际公法和国际私法上有着不同的方法和目的:[1]在国际公法上解决国籍冲突,其根本目的在于消除多重国籍和无国籍现象;在国际私法上解决国籍冲突,其根本目的只是在于确定应适用的当事人的本国法。至于当事人实际上存在的多重国籍或无国籍现象如何避免或消除,则并非国际私法所追究的。因此,不可想当然地认为,在国际公法上解决国籍冲突所适用的"国籍唯一原则"也是在国际私法上解决国籍冲突的"一个出发点"。[2]

---

① 李双元、蒋新苗主编:《现代国籍法》,湖南人民出版社 1999 年版,第 112 ~ 124 页。

② 余先予主编:《简明国际私法学》,中央电大出版社 1986 年版,第 55 页。

1. 国籍积极冲突的解决

第一,内国国籍优先的解决办法。一个人同时既具内国国籍,又具外国国籍时,国籍的解决,不问是同时取得还是异时取得的,国际上通行的做法是主张以内国国籍优先,以内国法为该人的本国法。例如,1986 年《德国民法施行法》第 5 条就规定:"当事人同时具有德国国籍和外国国籍的,则以德国法作为其本国法。"2004 年《比利时国际私法典》第 3 条规定:"自然人同时具有两个或者两个以上国籍,如果其中有比利时国籍,则比利时国籍为其国籍。" 2007 年《日本法律适用通则法》第 38 条第 1 款规定:当事人有两个以上国籍,但其国籍之一为日本国籍时,日本法为其本国法。2007 年《北马其顿国际私法》第 11 条第 1 款规定:"如果北马其顿共和国国民同时还具有某个其他国家的国籍,则在适用本法时应认为其只有北马其顿共和国国籍。"2007 年修订的《土耳其国际私法和国际民事诉讼法》第 4 条第 2 款规定:"对于同时具有土耳其国籍的多国籍人,适用土耳其法律。"2017 年修订的《瑞士联邦国际私法法规》第 23 条规定:"自然人取得瑞士国籍,同时又拥有外国国籍的,应以其瑞士国籍作为确定法院管辖权的依据。"此外,《泰国国籍法》第 6 条、《埃及民法典》第 25 条、《希腊民法典》第 31 条、《俄罗斯民法典》第 1195 条、《塞内加尔家庭法》第 849 条、《韩国冲突法》第 3 条第 1 款、《奥地利联邦国际私法法规》第 9 条、《匈牙利国际私法》第 11 条等,也有类似规定。

第二,无内国国籍时的解决办法主要是采取以最后取得的国籍优先、当事人住所或惯常居所所在地国的国籍优先以及与当事人最密切联系的国籍优先三种方式。具体而言,在当事人具有两个或两个以上的外国国籍且无内国国籍时,如何确定其本国法,世界各国的立法与实践并不完全一致,归纳起来大体有如下三种做法:

首先,最后取得的国籍优先。例如,1938 年《泰国冲突法》第 6 条第 1 款规定:"在应适用当事人本国法时,如当事人非同时取得两个以上外国国籍,则适用最后取得的国籍所属国家的法律。"在实际生活中,有时一个人有两个以上国籍并非先后取得,而是同时取得的,针对这种情况,该法第 6 条第 2 款接着规定:"在应适用其本国法时,如当事人同时取得两个以上国籍,则应以住所所在地法为其本国法。"2014 年修订的《斯洛伐克国际私法与国际民事诉讼法》第 33 条第 2 款规定:"同时具有几个他国国籍的人,以最后取得的国籍为准。"2012 年《捷克国际私法》第 28 条第 2

款也规定:“某人在(法院)作出裁决时同时具有多个外国国籍,则以最后取得的国籍为准,但该人的生活重心在具有其国籍的另外一外国的情形除外;此时,以其生活重心所在国的国籍为准。”

其次,当事人住所或惯常居所所在地国的国籍优先。例如,1979 年《匈牙利国际私法》第 11 条第 3 款也规定:“如果一个人具有多重国籍,但都不是匈牙利国籍或者无国籍,以住所地法为其属人法。”1992 年罗马尼亚《关于调整国际私法法律关系的第 105 号法》第 12 条规定:“具有多重国籍的外国人,其本国法为其住所所在国家的法律。若没有住所,则为其居所所在国法律。”[①] 2001 年《韩国冲突法》第 3 条规定:“当事人的国籍不能确认或当事人没有国籍时,适用其惯常居所所在国家的法律。”2001 年《俄罗斯民法典》第 1195 条第 4 款规定:“若某人有多个国籍,则该人的住所地国法为其属人法。”2005 年《保加利亚国际私法典》第 48 条第 3 款规定:“具有两个或多个国籍的自然人,若其惯常居所设在其中一国,则以该惯常居所地国法为其本国法。”

最后,与当事人最密切联系的国籍优先。在国籍发生积极冲突时,依最密切联系原则作出判断,既为许多学者所倡导,也为许多国家的立法和实践所采纳。例如,1978 年《奥地利联邦国际私法法规》第 9 条第 1 款就规定:“一个人同时具有几个外国国籍的,应以与之有最强联系的国家的国籍为准。”1987 年《瑞士联邦国际私法法规》第 23 条第 2 款规定:“当事人拥有几个国籍的,除本法另有规定外,以与当事人有最密切联系的国家的国籍作为确定所适用法律的依据。”1999 年《哈萨克斯坦民法典》第 1094 条第 1 款规定:“自然人的国籍国法为其属人法。出现双重或多重国籍时,与该自然人有最密切联系的国家法律为其属人法。”2000 年《阿塞拜疆国际私法》第 9 条第 1 款规定:“属人法指自然人的国籍国法。具有多个国籍者,以与其有最密切联系的国家的法律为属人法。”2001 年《韩国冲突法》第 3 条第 1 款规定:“应适用当事人本国法情况下,若当事人有两个以上国籍时,以与其具有最密切联系的国家的法律为其本国法。”2005 年《乌克兰国际私法》第 16 条第 2 款规定:“如果自然人具有两个或者更多国籍,则其属人法为与其有最密切

---

① 2009 年修订的《罗马尼亚民法典》第 2.568 条第 2 款规定:“如果自然人具有多重国籍,则本国法应为其最密切联系国法,特别是其惯常居所地国法。”

联系国法,其中包括住所地国法或主要营业地国法。”2005 年《保加利亚国际私法典》第 48 条第 4 款规定:“若该人在其国籍所属国中均无惯常居所,则适用与其有最密切联系的国家的法律。”2007 年《土耳其国际私法和国际民事诉讼法》第 4 条第 3 款也规定:“多重国籍人,不具有土耳其国籍的,则适用与其关系最密切的国家的法律。”2007 年《北马其顿国际私法》第 11 条第 2 款和第 3 款规定:“如果非北马其顿共和国国民之人具有两个或多个外国国籍,在适用本法时应以他既为其国民又在其领域有住所的那国的国籍为准。如果本条第 2 款所指之人在有其国籍的任何一国均无住所,在适用本法时应以他既为其国民又与之有最密切联系的国家的国籍为准。”此外,1966 年《波兰国际私法》第 2 条第 2 款、1986 年《德国民法施行法》第 5 条、1995 年《意大利国际私法》第 19 条第 2 款、1996 年《列支敦士登国际私法》第 16 条第 1 款、1999 年《斯洛文尼亚国际私法与国际民事诉讼法》第 10 条第 3 款、2004 年《比利时国际私法典》第 3 条第 2 款也采取了大体相似的规定。在司法实践中,海牙常设仲裁院 1912 年对卡内伐罗(Canevaro)案的裁决和国际法院 1955 年对诺特包姆(Nottebohm)案的判决就是采用最密切联系方法确定国籍冲突的典型例证。

2. 国籍消极冲突的解决

国籍的消极冲突,可分为三种情况:生来便无国籍;原来有国籍后来因身份变更或政治上的原因而变得无国籍;以及属于何国国籍无法查明。在国籍消极冲突的情况下,本国法的确定,一般主张以当事人住所所在地国家的法律为其本国法;如当事人无住所或住所不能确定的,则以其居住地法或惯常居所地法为其本国法。例如,1978 年《奥地利联邦国际私法法规》第 9 条第 2 款规定:“无国籍人,或国籍不能确定的人,其属人法应是他有习惯居所的国家的法律。”1995 年《意大利国际私法》第 19 条第 1 款规定:“如本法指定某人的本国法,而该人为无国籍人或难民,则应适用该人住所地国家的法律;如无住所,则适用其居住地国家的法律。”1995 年《朝鲜涉外民事关系法》第 8 条规定:“如果无国籍人在某一国家有居所,该居所地国法即为其本国法。但是,如果当事人在任何国家均没有居所或者在数个国家有居所时,该当事人现时所在地国法即为其本国法。”1996 年《列支敦士登国际私法》第 10 条第 2 款规定:“如果一个人无国籍或者国籍无法确定,则以其惯常居所所在国法律为其国籍法。”2000 年《阿塞拜疆国际私法》第 9 条第 2 款和第 3 款规定:“无国籍人,以其固定住所地国法为属人法。难民,以接受其避难的国家的法律为属人法。”2001 年《韩国冲突法》第 3 条第 2 款规定:“当事人的国籍不能确认或当事人没有国籍时,适用其惯常居所所在国家的法律。”2004 年《比利时国际私法典》第 3 条第 3 款规定:“对于根据法律或对比利时有拘束力的国际公约具有无国籍人士或难民身份的自然人,本法所指的国籍改指其惯常居所。对于其国籍不能确定的自然人,本法所指的国籍改指其惯常居所。”2005 年《乌克兰国际私法》第 16 条第 3 款和第 4 款规定:“无国籍人的属人法为其住所地国法,如无住所地,则为其居所地国法。难民的属人法为其避难地国法。”2005 年《保加利亚国际私法典》第 48 条第 4 款和第 5 款规定:“无国籍人以其惯常居所地国法为本国法,难民或寻求庇护者以其惯常居所地国法为本国法,无任何惯常居所或惯常居所无法查明,则适用与其有最密切联系的国家的法律。”2009 年《罗马尼亚民法典》第 2.568 条第 3 款规定:“如果自然人无国籍,则本国法以其惯常居所地国家的法律为准。”2013 年《黑山国际私法》第 11 条规定:“对于无国籍人或其国籍无法确定的人,依其经常居所确定应适用的法律。对于具有难民或者避难者身份的人,以其经常居所所在国法律为准。一个人的经常居所无法确定时,以与其有最密切联系的国家的法律为准。”

除此以外,有的国家提出以当事人起诉时所在国的国籍或负责处理该事务的国家的国籍为准。例如,1999 年《斯洛文尼亚共和国国际私法与国际民事诉讼法》第 11 条第 2 款规定:“对无国籍人或国籍不能确定者,适用其住所地法。本条第 1 款规定的人无住所或住所不能确定的,适用其居所地法。如果第一款规定的人的居所亦不能确定,适用斯洛文尼亚共和国法律。”2007 年修订的《土耳其国际私法和国际民事诉讼法》第 4 条第 1 款规定:“对于无国籍人和难民,适用住所地法;若无住所,则适用惯常居所地法;若无惯常居所,则适用当事人起诉时的所在地国法律。”2007 年《北马其顿国际私法》第 12 条规定:“如果某人无国籍或其国籍无法确定,则依其住所确定准据法。如果本条第 1 款所指之人无住所或其住所无法确定,则依其居所地确定准据法。如果本条第 1 款所指之人的居所也无法确定,则适用北马其顿共和国的法律。”2014 年修订的《斯洛伐克国际私法与国际民事诉讼法》第 33 条第

3 款规定:“无国籍、无法确定其国籍或者不能确定最后取得的国籍的人,应视为具有其住所地国家之国籍;不能确定其住所时,应视为具有其居所地国家之国籍;如居所亦不能确定时,则作为斯洛伐克公民对待。”1995 年《越南民法典》第 829 条第 1 款规定:“当本法典规定可适用外国人的本国法时,适用于有无国籍人参与的民事关系的法律应为该无国籍人的惯常居所地法;如果该无国籍人无惯常居所,则适用越南社会主义共和国法律。”1999 年《哈萨克斯坦民法典》第 1094 条第 2 款和第 3 款规定:“无国籍人以其定居地国法为属人法。难民以给予其避难地国法为属人法。”1998 年《吉尔吉斯斯坦民法典》第 1177 条第 2 款和第 3 款规定:“无国籍人,以其固定住所地国法为其属人法。难民,以给其提供避难的国家的法律为其属人法。”2001 年《俄罗斯民法典》第 1195 条第 5 款和第 6 款规定:“无国籍人以其住所地国法为属人法。难民以给予其避难的国家的法律为属人法。”还有的国家主张由法官自由裁量。例如,2004 年《卡塔尔民法典》第 35 条第 1 款规定:“当事人国籍不明或者经查明同时具有多国国籍的,由法官确定应适用的法律。”2015 年《阿尔及利亚民法典》第 23 条第 3 款规定:“无国籍人,由法官确定应适用的法律。”而瑞士和捷克等国则主张还应适用国际公约。例如,1987 年《瑞士联邦国际私法法规》第 24 条规定:“根据 1954 年 9 月 28 日《关于无国籍人地位的纽约公约》确认当事人为无国籍人的,或当事人与其本国关系中断的,即为无国籍人。根据 1979 年 10 月 5 日《关于难民地位的公约》被确认为难民的,即为难民。本法对无国籍人的法律适用,以当事人的住所作为连结因素。”2012 年《捷克国际私法》第 28 条第 3 款和第 4 款规定:“在(法院)作出裁决时不具有任何国家的国籍或者其国籍无法根据第 2 款确定者,视为作出裁决时其经常居所所在国的国民;如果其经常居所无法确定,则视为作出裁决时其居所所在国的国民。如果其居所也无法确定,则为本法之目的,视其为捷克共和国国民。如果某人为请求国际法保护者,受认可的避难者或其依照避难法而享受额外的保护,或者其依照其他法律或者国际条约的规定属于无家可归者,则其身份地位依照《关于难民地位的公约》和《关于无国籍人地位的公约》的规定确定。”

另外,1954 年《关于无国籍人地位的公约》第 12 条和 2000 年《国家继承涉及的自然人国籍问题》第 4 条以及 1938 年《泰国冲突法》第 6 条第 4

款、2011 年《波兰国际私法》第 3 条、1986 年《德国民法施行法》第 5 条第 2 款、1998 年《格鲁吉亚国际私法》第 22 条第 2 款等也作了类似规定,甚至还要求在当事人惯常居所、居所无法确定或缺乏时以法院地法为其本国法。

表 6 – 2 为世界各主要国家解决自然人国籍冲突的方法比较。

表 6 – 2 世界各主要国家解决自然人国籍冲突的方法比较

国家	自然人国籍积极冲突的解决办法	自然人国籍消极冲突的解决办法
奥地利	第一,具有内国国籍的多重国籍人,以奥地利国籍为准。 第二,不具有内国国籍的多重国籍人,以最密切联系国家的国籍为准。	第一,无国籍人或国籍不能确定的人,以其惯常居所地国家的国籍为准。 第二,难民或因重大原因而断绝与本国关系的人,以住所地国家的国籍为准;无住所时,则以惯常居所地国家的国籍为准。
德国	第一,具有内国国籍的多重国籍人,以德国国籍为准。 第二,不具有内国国籍的多重国籍人,以最密切联系国家的国籍为准。	无国籍人或国籍无法查明者,以其惯常居所地国家的国籍为准;无惯常居所时,则以居所地国家的国籍为准。
瑞士	第一,具有内国国籍的多重国籍人,以瑞士国籍为准。 第二,不具有内国国籍的多重国籍人,除法律另有规定外,以最密切联系国家的国籍为准。 第三,当事人具有多重国籍的,当需要承认和执行外国法院判决时,只要其中任何一个国籍使承认条件得到满足,就可以得到瑞士法院的承认。	无国籍人,以其住所作为连接因素确定国籍。
意大利	第一,具有内国国籍的多重国籍人,以意大利国籍为准。 第二,不具有内国国籍的多重国籍人,以最密切联系国家的国籍为准。	无国籍人或难民,以其住所地国家的国籍为准;如无住所,以其居住地国家的国籍为准。
比利时	第一,具有内国国籍的多重国籍人,以比利时国籍为准。 第二,不具有内国国籍的多重国籍人,以与惯常居所相关的最密切联系国家的国籍为准。	无国籍人或难民或者国籍无法确定者,以其惯常居所地国家的国籍为准。

续表

国家	自然人国籍积极冲突的解决办法	自然人国籍消极冲突的解决办法
保加利亚	第一,具有内国国籍的多重国籍人,以保加利亚国籍为准。 第二,不具有内国国籍的多重国籍人,以其惯常居所地国的国籍为准;无惯常居所,则以最密切联系国家的国籍为准。	第一,无国籍人,以其惯常居所地国家的国籍为准;无惯常居所,则以最密切联系国家的国籍为准。 第二,难民或寻求庇护者,以其惯常居所地国家的国籍为准;无惯常居所,则以最密切联系国家的国籍为准。
罗马尼亚	第一,具有内国国籍的多重国籍人,以罗马尼亚国籍为准。 第二,不具有内国国籍的多重国籍人,以最密切联系的国家的国籍为准,特别是应以其惯常居所地国的国籍为准。	无国籍人,以其惯常居所地国家的国籍为准;难民的国籍以其惯常居所地国家的国籍为准或依据罗马尼亚缔结的国际条约确定。
列支敦士登	第一,具有内国国籍的多重国籍人,以列支敦士登国籍为准。 第二,不具有内国国籍的多重国籍人,以最密切联系国家的国籍为准。	第一,无国籍或者国籍无法确定,以其惯常居所所在国的国籍为准。 第二,国际公约意义上的流亡者或者由于比较严重的原因而与母国中断了联系的人,以其拥有住所或者当缺乏此种住所时以其拥有惯常居所的国家的国籍为准;以此确定的属人法对其母国法的反致无效。
吉尔吉斯斯坦	具有双重国籍或多个国籍的人,以最密切联系国家的国籍为准。	第一,无国籍人,以其固定住所地国的国籍为准。 第二,难民,以给其提供避难的国家的国籍为准。
突尼斯	第一,多重国籍人具有突尼斯国籍,以突尼斯国籍为准。 第二,具有多重国籍者,法官只接受其实际国籍。	不确定。
哈萨克斯坦	具有双重或多重国籍的人,以最密切联系的国家的国籍为准。	第一,无国籍人,以其定居地国的国籍为准。 第二,难民,以给予其避难地国的国籍为准。

续表

国家	自然人国籍积极冲突的解决办法	自然人国籍消极冲突的解决办法
斯洛文尼亚	第一,具有内国国籍的多重国籍人,以斯洛文尼亚国籍为准。 第二,不具有内国国籍的多重国籍人,以其有住所的那个国家的国籍为准;无住所,以最密切联系国家的国籍为准。	第一,无国籍或国籍不能确定的,以其住所地国家的国籍为准;无住所或住所不能确定的,以其居所地国家的国籍为准。 第二,如果当事人居所也不能确定的,以斯洛文尼亚共和国的国籍为准。
阿塞拜疆	具有多个国籍者,以最密切联系国家的国籍为准。	第一,无国籍人,以其固定住所地国的国籍为准。 第二,难民,以接受其避难地国的国籍为准。
俄罗斯	第一,具有内国国籍的多重国籍人,以俄罗斯国籍为准。 第二,若某外国公民在俄罗斯联邦境内有住所,则俄罗斯法为其属人法。 第三,不具有内国国籍的多重国籍人,以其有住所的那个国家的国籍为准。	第一,无国籍人,以其固定住所地国的国籍为准。 第二,难民,以给予其避难的国家的国籍为准。
乌克兰	自然人具有两个或者更多国籍,以其最密切联系国家的国籍为准,其中包括住所地国或主要营业地国的国籍。	第一,无国籍人,以其住所地国的国籍为准;如无住所地,则以其居所地国的国籍为准。 第二,难民,以为其提供避难的国家的国籍为准。
卡塔尔	第一,具有内国国籍的多重国籍人,以卡塔尔国籍为准。 第二,当事人国籍不明或者经查明同时具有多国国籍的,由法官确定其国籍。	不确定。
阿尔及利亚	第一,具有内国国籍的多重国籍人,以阿尔及利亚国籍为准。 第二,不具有内国国籍的多重国籍人,由法官以其实际国籍为准。	无国籍人,由法官确定其国籍。

续表

国家	自然人国籍积极冲突的解决办法	自然人国籍消极冲突的解决办法
土耳其	第一,具有内国国籍的多重国籍人,以土耳其国籍为准。 第二,不具有内国国籍的多重国籍人,以最密切联系国家的国籍为准。	无国籍人和难民,以其住所地国家的国籍为准;无住所,以其惯常居所地国家的国籍为准;无惯常居所,以当事人起诉时的所在地国家的国籍为准。
北马其顿	第一,具有内国国籍的多重国籍人,以北马其顿国籍为准。 第二,不具有内国国籍的多重国籍人,以其有住所的那个国家的国籍为准;无住所,以最密切联系国家的国籍为准。	无国籍或国籍无法确定的,以其住所地国家的国籍为准;无住所或住所无法确定,以其居所地国家的国籍为准;无居所或居所无法确定,以北马其顿国籍为准。
黑山	第一,具有内国国籍的多重国籍人,以黑山国籍为准。 第二,不具有内国国籍的多重国籍人,以最密切联系国家的国籍为准。	第一,无国籍或国籍无法确定的,以其惯常居所地国家的国籍为准;无惯常居所,以最密切联系国家的国籍为准。 第二,难民或者避难者,以其惯常居所地国家的国籍为准;无惯常居所,以最密切联系国家的国籍为准。
波兰	第一,具有内国国籍的多重国籍人,以波兰国籍为准。 第二,不具有内国国籍的多重国籍人,以最密切联系国家的国籍为准。 第三,只要当事人所属国承认其为国民,就认定其满足具有该国国籍的条件。	第一,无任何国籍或者国籍无法确定,以其住所地国的国籍为准;无住所,以其惯常居所地国的国籍为准。 第二,在当事人本国被侵犯基本人权而长期中断与其本国联系,并因此在其本国外的其他国家受到保护的人,以其住所地国的国籍为准;无住所,以其惯常居所地国的国籍为准。
格鲁吉亚	多重国籍人,以最密切联系国家的国籍为准。	无国籍或国籍不明的,以其惯常居所地国家的国籍为准;无惯常居所,视为具有格鲁吉亚国籍。

续表

国家	自然人国籍积极冲突的解决办法	自然人国籍消极冲突的解决办法
捷克	第一,具有内国国籍的多重国籍人,以捷克国籍为准。 第二,不具有内国国籍的多重国籍人,以最后取得的国籍为准。	第一,无国籍或国籍无法确定的,以其惯常居所地国家的国籍为准;无惯常居所,以其居所地国家的国籍为准;无居所,视为具有捷克国籍。 第二,请求国际法保护者,受认可的避难者或其依照避难法而享受额外的保护,或者其依照其他法律或者国际条约的规定属于无家可归者,则其身份地位依照《关于难民地位的公约》和《关于无国籍人地位的公约》的规定确定。
斯洛伐克	第一,具有内国国籍的多重国籍人,以斯洛伐克国籍为准。 第二,不具有内国国籍的多重国籍人,以最后取得的国籍为准。	无国籍或国籍无法确定的,以其住所地国家的国籍为准;住所无法确定的,以其居所地国家的国籍为准;居所无法确定的,视为具有斯洛伐克国籍。
朝鲜	第一,具有内国国籍的多重国籍人,以朝鲜国籍为准。 第二,不具有内国国籍的多重国籍人,以其居所地国家的国籍为准;无居所,以最密切联系国家的国籍为准。	无国籍人,以其居所地国家的国籍为准;无居所或者在数个国家有居所,以其所在国的国籍为准。
日本	第一,具有内国国籍的多重国籍人,以日本国籍为准。 第二,不具有内国国籍的多重国籍人,以其惯常居所地国家的国籍为准;无惯常居所,以最密切联系国家的国籍为准。	无国籍人,以其惯常居所地国家的国籍为准。
中国	具有两个以上国籍的,以其经常居所地国的国籍为准;无经常居所,以其最密切联系国家的国籍为准。	无国籍或者国籍不明的,以其经常居所地国的国籍为准。

(三)有关涉及消除自然人国籍冲突的国际公约的主要内容

一个人具有多重国籍或无国籍,会给国际法和国际私法带来种种问题,因而,不少国家一直在进行不懈的努力,既通过国内立法又通过国际条约来解决或消除自然人的国籍冲突。

目前,国际上解决自然人国籍冲突的多边条约或公约主要有:1930 年的《关于国籍法冲突的若干问题的公约》和《关于双重国籍某种情况下兵役义务的议定书》、1933 年 12 月 26 日《美洲国家间国籍公约》、1963 年 5 月 6 日《关于减少多重国籍情况并在多重国籍情况下的兵役义务的(欧洲)公约》、1954 年《关于无国籍人地位的公约》、1961 年《减少无国籍状态公约》、1997 年《欧洲国籍公约》等。

在上述的几个多边公约中,《美洲国家间国籍公约》、《关于减少多重国籍情况并在多重国籍情况下的兵役义务的(欧洲)公约》及《欧洲国籍公约》为区域性的公约。这些公约分别在区域范围内对防止和消除国籍的冲突问题作出了某些规定。例如,《美洲国家间国籍公约》第 1 条规定:“在任何一个缔约国主管当局取得入籍许可的人,在入籍的同时,丧失其原有国籍。”又如,《关于减少多重国籍情况并在多重国籍情况下的兵役义务的(欧洲)公约》第 1 条指出:“缔约国公民已达成年并根据他们的自由意志,通过入籍,选择国籍或恢复国籍取得另一缔约国的国籍时,应丧失其原有的国籍,不应当准允他们保留以前的国籍。”该公约第 2 条规定:“具有两个或更多缔约国的国籍时,可以在这些国籍中放弃一个或更多的国籍,但需取得他意欲放弃国籍的那个缔约国的同意。”“缔约国对于法律上具有它的国籍的成年人,如果该成年人的经常居所设在该缔约国境外已经 10 年,而且他的经常居所设在他意欲保留国籍的那个缔约国境内,不得拒绝给予同意。缔约国对于符合前项规定条件的未成年人,如果他们本国法律准许他们以单纯的声明放弃国籍,并且他们依法有权提出声明或者有人依法代为提出声明,也不得拒绝给予同意。”

在解决自然人国籍冲突的全球性公约中,目前较有影响的是 1930 年的《关于国籍法冲突的若干问题的公约》及 1961 年的《减少无国籍状态公约》。1930 年在国际联盟主持下的海牙国际法编纂会议是国际法编纂历史上第一次国际法编纂会议。这次会议于1930年4月12日通过了4个有关国籍问题的公约或议定书,即《关于国籍法冲突的若干问题的公约》《关于双重国籍某种情况下兵役义务的议定书》《关于某种无国籍情况的议定书》《关于无国籍的特别议定书》。1930年的《关于国籍法冲突的若干问题的公约》主要内容大致可以归纳为如下五个方面:

(1)总则。它规定了国籍问题原则上属于国内管辖事项,只要"一国的法律与国际公约、国际习惯及普遍承认关于国籍之法律原则不相冲突"。并就第三国如何处理双重或多重国籍人的国籍问题作出规定,即"在第三国之领土内有一个以上国籍者,应视为只有一个国籍。在不妨碍该国于身份事件法律之适用及有效条约等范围之内,该国就此人所有之各国籍中,应择其通常或主要居所所在国之国家之国籍,或在各种情形下似与该人实际上关系最密切之国家之国籍,即承认其唯一之国籍"。

(2)出籍许可证。为了防止无国籍现象的发生,该公约第7条第1款和第2款分别规定:"一国之法律规定发给出籍许可证书者,倘领得证书之人非有另一国籍或取得另一国籍时,此项证书对之不应有丧失国籍之效果。"倘领得证书之人,在发给证书国家所规定之间内不取得另一国籍,则证书失其效力;但领得证书之时已有另一国籍者,不在此限。

(3)已婚妇女的国籍。该公约第8条和第9条规定:"如果妻的本国法允许为外国人妻者丧失国籍及妻因夫之国籍变更而丧失国籍,此项效果应以其取得夫之国籍为条件。"该公约第10条和第11条还规定:"夫在婚姻关系中归化,倘妻未曾同意,此项归化对妻之国籍不发生效果。""倘妻之本国法规定为外国人妻丧失国籍时,在婚姻关系消灭后,非经妻自行请求,并遵照该国法律,不得回复国籍;倘妻回复国籍,即丧失其因婚姻而取得之国籍。"

(4)子女的国籍。该公约第13条规定:"未成年人之子女可以因父母之归化而取得国籍,其条件由归化国法律予以规定,如果未成年子女不因其父母之归化而取得国籍,则应保留其原有之国籍。"此外,该公约

第12条、第14条和第16条还特别对享有外交豁免者的子女、父母不明的子女及私生子女的国籍问题予以明确的规定。

(5)养子女的国籍。该公约第17条规定:“倘一国之法律规定其国籍得因为外国人养子而丧失时,此种国籍之丧失,应以此人按照该外国人之本国法,关于立养子影响国籍之法律取得立养子者之国籍为条件。”也就是说,一国法律可以规定本国的子女因外国人的收养而丧失本国国籍,但这种规定应建立在这样的条件之上,即根据外国收养人的国籍法,被收养的本国子女已取得该外国的国籍。之所以如此规定,毫无疑问,主要是为了防止无国籍现象的发生。

1930年的《关于国籍法冲突的若干问题的公约》已于1937年7月1日生效,批准或加入该公约的国家主要有:比利时、巴西、英国、加拿大、澳大利亚、印度、摩纳哥、荷兰、挪威、波兰、瑞典、巴基斯坦等。有些国家,如比利时、荷兰、瑞典等,在加入该公约时,根据公约第20条的规定,对公约的某些条款做了保留。中国国民政府曾于1934年12月18日批准了该公约,并于1935年2月14日交存了批准书并声明保留第4条(国家关于本国人民之兼有他国国籍者,对于该第三国不得施加外交上之保护)。不过,中华人民共和国政府到目前为止并没有对该公约予以承认。

联合国成立以后,在国际法委员会于1949年第一届会议上拟定的一个临时的14个国际法编纂项目表中,就包含有国籍问题这一项。联合国分别于1959年3月24日在日内瓦及1961年8月15日在纽约召开了关于消除和减少无国籍的会议。由联合国大会1954年12月4日第896(Ⅸ)号决议于1959年举行并于1961年再次召开的全权代表大会于1961年8月30日通过了《减少无国籍状态公约》。该公约的条文共21条,自1961年8月30日至1962年5月30日在联合国总部开放签字。1961年8月30日当天签署公约的有荷兰、英国、以色列,随后多米尼加在1961年12月5日签署公约,法国在1962年5月31日签署公约。该公约于1975年12月13日生效实施,目前缔约国共76个,包括英国、瑞典、奥地利、澳大利亚、丹麦、爱尔兰、挪威、哥斯达黎加等国家。[1] 至今仍源源不断地还有国家加入该公约,如布基纳法索2017年8月3日加入、卢森堡2017年9月21日加入、西班牙2018年9月25日加入、安哥拉2019年10月7日加入等。《联合国减少无国籍状态公约》主要从如下五个方面来防止自然人成为无国籍人:

(1)出生。《减少无国籍状态公约》第1条第1款首先从原则上规定:缔约国对在其领土出生,非取得该国国籍即无国籍者,应给予其国籍。当然,对于这种人给予出生地国籍,既可以在出生时给予,也可以按出生地法规定的一定年龄给予;既可以依照法律规定当然地给予,也可以在经过申请后给予;既可以不附条件而给予,也可以在满足一定的

---

① 阿尔巴尼亚2003年7月9日加入、安哥拉2019年10月7日加入、阿根廷2014年11月13日加入、亚美尼亚1994年5月18日加入、澳大利亚1973年12月13日加入、奥地利1972年9月22日加入、阿塞拜疆1996年8月16日加入、比利时2014年7月1日加入、伯利兹2015年8月14日加入、贝利2011年12月8日加入、玻利维亚1983年10月6日加入、波斯尼亚和黑塞哥维那1996年12月13日加入、巴西2007年10月25日加入、保加利亚2012年3月22日加入、布基纳法索2017年8月3日加入、加拿大1978年7月17日加入、乍得1999年8月12日加入、智利2018年4月11日加入、哥伦比亚2014年8月15日加入、哥斯达黎加1977年11月2日加入、科特迪瓦2013年10月3日加入、克罗地亚2011年9月22日加入、捷克2001年12月19日加入、丹麦1977年7月11日加入、多米尼加1961年12月5日签署(未批准)、厄瓜多尔2012年9月24日加入、埃斯瓦蒂尼1999年11月6日加入、芬兰2008年8月7日加入、法国1962年5月31日签署(未批准)、冈比亚2014年7月1日加入、格鲁吉亚2014年7月1日加入、德国1977年8月31日加入、危地马拉2001年7月19日加入、几内亚2014年7月17日加入、几内亚比绍2016年9月19日加入、海地2018年9月27日加入、洪都拉斯2012年12月18日加入、匈牙利2009年5月12日加入、冰岛2021年1月26日加入、爱尔兰1973年1月18日加入、以色列1961年8月30日签署(未批准)、意大利2015年12月1日加入、牙买加2013年1月9日加入、基里巴斯1983年11月29日加入、拉脱维亚1992年4月14日加入、莱索托2004年9月24日加入、黎巴嫩2004年9月22日加入、利比亚1989年5月16日加入、列支敦士登2009年9月25日加入、立陶宛2013年7月22日加入、卢森堡2017年9月21日加入、马里2016年5月27日加入、黑山2013年12月5日加入、莫桑比克2014年10月1日加入、荷兰1961年8月30日签署(1985年5月13日批准)、新西兰2006年9月20日加入、尼加拉瓜2013年7月29日加入、尼日尔1985年7月29日加入、尼日利亚2011年9月20日加入、北马其顿共和国2020年1月3日加入、挪威1971年8月11日加入、巴拿马2011年6月2日加入、巴拉圭2012年6月6日加入、秘鲁2014年12月18日加入、葡萄牙2012年10月1日加入、摩尔多瓦2012年4月19日加入、罗马尼亚2006年1月27日加入、卢旺达2006年10月4日加入、塞内加尔2005年9月21日加入、塞尔维亚2011年12月7日加入、塞拉利昂2016年5月9日加入、斯洛伐克2000年4月3日加入、西班牙2018年9月25日加入、瑞典1969年2月19日加入、突尼斯2000年5月12日加入、土库曼斯坦2012年8月29日加入、乌克兰2013年3月25日加入、英国1961年8月30日签署(1966年3月29日批准)、乌拉圭2001年9月21日加入。参见http://www.un.org/en/treaties/pages/viewdetails.aspx(accessed January 31,2021)。

条件下给予。具体怎么规定，由出生地国依公约作出决定。

该公约第1条第3款采取了出生地主义和血统主义相结合的原则，即规定：凡在一缔约国领土出生的婚生子，非取得该国国籍即无国籍而其母具有该国国籍者，应于出生时取得该国国籍。该公约第1条第4款则采血统主义并具体规定：凡由于已超过申请取得国籍年龄或者不具备居住条件而不能取得出生地缔约国国籍的人，如果在其出生时其父母中一方具有另一缔约国国籍，而且该另一缔约国如果不给予该人以该国国籍，他将成为无国籍人时，该另一缔约国就应给予国籍。该公约第1条第5款则进一步规定："缔约国依照第4款给予本国国籍时应遵循下列几个条件之一：申请应于申请人未达到缔约国所规定的年龄——不低于23岁——提出；关系人在缔约国可能规定在提出申请前的一段时间内（不得超过3年），通常居住在该国境内；关系人一直无国籍。"

该公约第2条和第3条还对弃儿及出生在船舶和飞机内的子女的国籍问题作出了比较明确的规定，以避免他们成为无国籍者。该公约第2条规定："在一个缔约国领土内发现的弃儿，在没有相反证据的情况下，应认定在该领土内出生，其父母并具有该国国籍。"当然，毫无疑问，其弃儿也就具有该缔约国国籍。该公约第3条则规定："为确定各缔约国在本公约下所负义务的目的，凡在船舶上出生者，应视为是在船舶所悬挂国旗的国家领土内出生；在飞机上出生者，应视为在飞机登记国领土内出生。"

该公约第4条也采取了血统主义，它规定："缔约国对非取得该国国籍即无国籍者——该人非出生于任何缔约国的领土内——应给予该国国籍，如果其父母之一在他出生时具有该国国籍的话。倘关系人之父母在他出生时具有不同国籍，他本人的国籍究竟应跟父亲的国籍抑或跟母亲的国籍问题，应该依缔约国的国内法决定。"这样，按照亲子关系标准给予国籍，既可以在出生时依法律规定当然给予，也可以按当事人的父亲或母亲的本国法的规定，经过申请程序并在满足一定条件下给予。

（2）变更。为了防止由于个人身份的变更或家长丧失国籍而成为无国籍人，该公约第5条明确规定，缔约国的法律规定个人身份的变更，如结婚、婚姻关系消灭、取得婚生地位、认领或收养足以使其丧失国籍者，其国籍的丧失应以具有或取得另一国籍为条件。

(3)放弃国籍。为防止由于放弃国籍而产生无国籍现象,该公约第7条第1款规定,放弃国籍,只有在当事人具有或取得另一国籍的情况下,方能产生效果。不过,该规定的适用不得与《世界人权宣言》第13和第14条的原则相违背。

(4)剥夺国籍。为了防止因剥夺国籍而导致无国籍状态的出现,该公约第8条与第9条对剥夺国籍问题进行了具体规定。该公约第8条规定:“缔约国不应剥夺个人的国籍,如果这种剥夺使他成为无国籍人的话。”该公约第9条则要求缔约国不得以种族、人种、宗教或政治为理由而剥夺任何个人或一类人的国籍。然而,由于参加会议的各国不愿意为了消除无国籍状态而完全放弃剥夺个人国籍的权利,因此,在公约第8条原则规定上还设置了一些例外条款。这些例外可分为以下两类:

第一类例外为缔约国无须在签署、批准或加入公约时明白提出保留而当然可以行使剥夺国籍权的一些情形。凡是具有如下三种情形的便可剥夺其国籍:一是归化如果连续居住在外国7年以上而没有向主管机关声明保留国籍的意思,缔约国可剥夺其国籍;二是缔约国法律可以规定,凡出生在它的领土以外的人,从成年之日起满1年时,必须在该时在该国领土内居住,或者向主管机关登记,才能保留他的国籍,否则,缔约国可以剥夺其国籍;三是用虚伪的陈述或欺诈方法而取得的国籍,可以被剥夺。

第二类则是缔约国必须在签署、批准或加入公约时明白提出保留才能行使剥夺国籍权的一些情形。这些情形具体有如下两种:一是关系人违背对其缔约国尽忠的义务,而无视该缔约国的明白禁令,对另一国提供或继续提供服务,或接受或继续接受另一国发给的薪俸,或者曾经以严重危害该国重大利益的方式行事;二是关系人曾宣誓或发表正式声明效忠另一国家,或明确地表示他决心不对缔约国效忠。

(5)国家继承。该公约第10条第1款规定:“凡缔约国间所订规定领土移转的条约,应包括旨在保证任何人都不致因此项转移而成为无国籍人的条款。缔约国应尽最大努力保证,它同非本公约缔约国的国家所订的任何这类条约包括这种条款。”该条第2款接着指出:“倘无此项条款时,接受领土移转的缔约国和以其他方式取得领土的缔约国,对那些由于此项移转和取得以至于非取得各该国国籍即无国籍的人,应给予各该国国籍。”

此外,联合国《世界人权宣言》《消除一切形式种族歧视国际公约》《公民权利和政治权利国际公约》《儿童权利公约》《已婚妇女国籍公约》《消除对妇女一切形式歧视公约》《残疾人权利公约》《保护所有迁徙工人及其家庭成员权利国际公约》《国家继承涉及的自然人国籍问题》《关于取得国籍之任择议定书》《关于难民地位的议定书》等一系列国际法律文件对国籍问题有所规定,①其中1954年《关于无国籍人地位的公约》、1957年《已婚妇女国籍公约》、1963年《关于取得国籍之任择议定书》和2000年《国家继承涉及的自然人国籍问题》等对国籍法律冲突问题也作了相关规定。②

表6-3是自然人国籍冲突解决方案的归类。

表6-3　自然人国籍冲突解决方式归类

国籍冲突类型	含义	解决冲突的办法	例外
国籍的积极冲突	一个人同时有两个或两个以上国籍的情况。	内外国籍冲突:以内国国籍优先。 多个外国国籍冲突:最后取得的国籍优先;当事人住所或惯常居所所在地国国籍优先;与当事人最密切联系的国籍优先。	依条约处理、个案处理法。

① 联合国人权理事会2014年7月11日通过的《人权与任意剥夺国籍的决议》(A/HRC/Res/26/14)、2008年3月27日通过的《人权与任意剥夺国籍的决议》(A/HRC/Res/7/10)、2009年12月14日通过的《人权与任意剥夺国籍的决议》(A/HRC/Res/10/13)、2010年4月14日通过的《人权与任意剥夺国籍的决议》(A/HRC/Res/13/2)、2012年7月16日通过的《人权与任意剥夺国籍的决议》(A/HRC/Res/20/5)、2012年7月16日通过的《国籍权:妇女和儿童》(A/HRC/Res/20/4)等国际法律文件都涉及有关自然人的国籍问题。参见http://www.undocs.org/A/HRC/RES/(accessed January 31,2021)。

② 《关于无国籍人地位的公约》由联合国经济及社会理事会1954年4月26日第526A(XVII)号决议所召开的全权代表会议于1954年9月28日通过,1960年6月6日生效,该公约签署国23个、缔约国94个。《已婚妇女国籍公约》由联合国大会1957年1月29日通过,于1958年8月11日生效,目前该公约签署国29个、缔约国75个。《关于取得国籍之任择议定书》由联合国大会1963年4月24日通过,于1967年3月19日生效,目前该公约签署国19个、缔约国41个。参见http://www.ohchr.org/CH/Issues/Documents/other-instruments/(accessed January 31,2021)。

续表

国籍冲突类型	含义	解决冲突的办法	例外
国籍的消极冲突	一个人同时无任何国籍的情况。	一般主张以当事人住所所在地国家的法律为其本国法;如当事人无住所或住所不能确定的,则以其居住地法为其本国法;如居所无法确定或没有居所,也可以法院地国籍为当事人国籍,适用法院地法。	依条约处理、个案处理法。

(四)我国关于解决国籍冲突的现行规定与完善对策

1.我国对解决国籍冲突的现行规定

对于国籍的积极冲突,因我国坚持国籍唯一原则,一直不承认自然人具有双重或多重国籍,所以,我国采取了当事人住所或惯常居所所在地国的国籍优先以及与当事人最密切联系的国籍优先的办法来确定当事人本国法。

1988年最高人民法院《关于贯彻执行〈中华人民共和国民法通则〉若干问题的意见(试行)》第182条规定:"有双重或多重国籍的外国人,以其有住所或者与其有最密切联系的国家的法律为其本国法。"这是对于国籍积极冲突的解决对策的规定。而对于在国籍消极冲突下如何确定本国法的问题,上述司法解释第181条则规定:"无国籍人的民事行为能力,一般适用其定居国法律;如未定居的,适用其住所地国法律。"

而2010年《涉外民事关系法律适用法》也对国籍积极冲突的解决办法作了具体规定,该法第19条规定:"依照本法适用国籍国法律,自然人具有两个以上国籍的,适用有经常居所的国籍国法律;在所有国籍国均无经常居所的,适用与其有最密切联系的国籍国法律。"

对于国籍消极冲突,原则上主张以当事人住所所在地国家的法律为其本国法;如当事人无住所或住所不能确定的,则以其居住地法为其本国法。

我国最高人民法院1988年《关于贯彻执行〈中华人民共和国民法

通则〉若干问题的意见》第181条仅规定:"无国籍人的民事行为能力,一般适用其居住国法律,如未定居,适用其住所地国法律。"而2010年《涉外民事关系法律适用法》也对国籍消极冲突的解决办法作了具体规定,该法第19条规定:"自然人无国籍或者国籍不明的,适用其经常居所地法律。"

2. 关于我国解决自然人国籍积极冲突与消极冲突的立法建议

为了使我国解决自然人国籍冲突的立法建议行之有据,通过对世界各国有关解决自然人国籍冲突的立法规范进行梳理,现将与我国情况接近的7个国家的相关法律的具体规定分类如表6-4所示:

表6-4 与我国情况相近国家解决自然人国籍冲突的立法规范比较

国家	项目	
	自然人国籍积极冲突的解决办法	自然人国籍消极冲突的解决办法
泰国	第一,如国籍非同时取得,以最后取得国籍所属国法为其本国法。 第二,如国籍同时取得,以其住所所在地法为其本国法;如有两个以上住所,以诉讼开始时的住所地法为其本国法;如不知其住所,以居所所在地法为其本国法。 第三,如两个以上国籍中有泰国国籍,则以泰国法为其本国法。	无国籍的当事人依住所地法;不知其住所时依居所地法。
韩国	第一,如当事人有两个以上国籍,以最后取得的国籍为其本国法。 第二,如两个以上国籍中有韩国国籍,则适用韩国法。	无国籍人以其住所地法为其本国法;如其住所地无法确定,则适用其居所地法。
约旦	第一,多重国籍人的本国法由法院确定。 第二,如当事人两个以上国籍中有约旦国籍,应适用约旦法。	无国籍人的本国法由法院确定。

续表

国家	项目	
	自然人国籍积极冲突的解决办法	自然人国籍消极冲突的解决办法
越南	有多重国籍的外国人,适用民事关系发生时该人的常住并拥有该国国籍的国家的法律;如果该人不在其拥有国籍的国家常住时,适用该人与其所拥有国籍的国家中联系最密切的国家的法律。	无国籍人适用该人的常住国法;如无常住国法时,适用越南法。
埃及	第一,多重国籍人的国籍由法律确定。 第二,如果多重国籍人的国籍中具有埃及国籍,则适用埃及法。	无国籍人的本国法由法官确定。
塞内加尔	第一,多重国籍人的国籍中如有塞内加尔国籍,则适用塞内加尔法。 第二,多重国籍人的国籍都是外国国籍,则确定其国籍的因素是:居所、营业地、最密切联系地。	无国籍人以其住所地法为其本国法;如无住所,由居所地法调整;如无居所,由塞内加尔法调整。
阿尔及利亚	第一,当事人有多重国籍时,以实际国籍为准。 第二,如多重国籍中有阿尔及利亚国籍,应视为阿尔及利亚人。	无国籍人,由法官依实际情况处理。

从表6－4可以发现,这些国家关于解决自然人国籍冲突的立法规范具有如下特点:首先,关于自然人国籍积极冲突的解决办法,除越南外,埃及、塞内加尔、阿尔及利亚、泰国、韩国和约旦都规定"双重或多重国籍中如有内国国籍,则以内国国籍为准"。也就是说,大多数国家在确定自然人国籍积极冲突的准据法时,只要其中有内国国籍,就采取以内国法为其本国法的措施。约旦、埃及和塞内加尔三国的法律还规定,双重或多重国籍的外国人的本国法由法院或法官确定。为此,塞内加尔法还列举了法院或法官在确定双重或多重国籍的外国人的本国法时应考虑的因素,即居所、营业地、与当事人最密切联系地。此外,泰国与韩国法律分别规定,双重国籍或多重国籍的外国人,如其国籍为非同时

取得,则适用其最后取得的国籍国法。泰国立法还规定了双重或多重国籍的外国人,其国籍如同时取得,则以其住所地法为其本国法的情况。只有越南和阿尔及利亚关于双重或多重国籍的外国人的本国法的确定比较特殊。越南坚持对有多重国籍的外国人适用民事关系发生时该人的常住并拥有该国国籍的国家的法律;如果该人不在其拥有国籍的国家常住时,适用该人与其所拥有国籍的国家中联系最密切的国家的法律。而阿尔及利亚主张以实际国籍为准。其次,关于自然人国籍消极冲突的解决办法,泰国、韩国和塞内加尔的法律规定,无国籍人的住所地法为其本国法,如无住所地法,则以其居所地法为其本国法。而约旦、埃及、阿尔及利亚的法律则主张无国籍人的本国法由法院或法官确定。只有越南和塞内加尔两国法律特别强调对那些既无住所又无居所的无国籍人应以越南法或塞内加尔法加以调整。

以法国为代表的大陆法系国家特别重视解决自然人国籍冲突问题,并坚持纳入国际私法范畴。虽然其他大多数国家反对把国籍问题包括在国际私法的范围内,但在确定自然人权利能力和行为能力的法律适用问题时却是首先要解决的问题。因此,国际私法立法中应该反映该问题。根据对越南、埃及、塞内加尔、阿尔及利亚、泰国、韩国和约旦等国立法的考察,除双重或多重国籍中如有内国国籍,则应以内国法为其本国法,双重或多重国籍冲突以及无国籍冲突问题的解决,仍应交给法院或法官处理。鉴于此,我国立法在对关于解决自然人国籍冲突办法进行规制时,可以考虑赋予法院或法官在这方面更大的自由裁量权。因为,近年来,我国法官的知识水平和办案能力都有较大提升,立法可以不对此问题作出硬性规定,允许法官拥有自由裁量权。但为了防止法官的主观随意性或对自由裁量权的滥用,立法应对自由裁量权做出适当限制,即法官在确定当事人本国法时应考虑当事人的住所、居所、营业地以及与当事人最密切联系地等因素。

因此,参照和借鉴越南、埃及、塞内加尔、阿尔及利亚、泰国、韩国和约旦等国关于解决自然人国籍冲突问题的立法范例,根据中国的具体情况,建议在我国立法中既要考虑自然人国籍积极冲突的解决办法又必须考虑自然人国籍消极冲突的解决办法,在具体规定关于自然人国籍冲突的解决办法时可以采用如下范例:

[国籍冲突的解决]双重或多重国籍的自然人,如果其国籍中有内

国国籍,则以内国法为其本国法。如果其国籍都是外国国籍,则由法院或法官确定应适用的本国法。法院或法官应着重考虑当事人的住所、居所、营业地以及与当事人最密切联系地等因素。

无国籍的自然人,其本国法由法院或法官确定。法院或法官应着重考虑当事人的住所、居所、营业地以及与当事人最密切联系地等因素。

二、自然人的住所冲突

(一)国际私法中的住所的内涵与价值

所谓住所(Domicile),是指一人以久住的意思而居住的某一处所。[①] 从各国的立法与学说来看,一般都认为住所包含主客观两个构成因素,即一是在一定的地方有居住的事实,二是在一定的地方有久住的意思。[②] 不过,由于判定一个人是否有在某地久居的意思比较困难,近年来已有一种更重视客观因素的趋势,如《加拿大魁北克民法典》即取消了传统的意思因素,以“惯常居所地”为住所。[③]

英美两国内部法律不统一,一直以住所地法为属人法,故对住所的研究比较细致详尽。它们的判例对住所确立了以下四个原则:第一,任何人必须有一个住所;第二,一个人同时不能有两个住所;第三,住所一经取得,则永远存在,不得废弃,除非已取得了新的选择住所;第四,只有具有行为能力的人,才享有设立选择住所的权利。

住所在国际私法中占有重要的地位,它作为管辖因素和连接点,对管辖权和准据法的确定起着重要作用。[④] 自巴托鲁斯以后,直至1804

---

① 《法学词典》编辑委员会主编:《法学词典》,上海辞书出版社1980年版,第334页。

② 李双元先生认为:“在冲突法上,住所也表现当事人与特定法域(territorial legal unit)之间的法律上的联系。许多国家都用当事人的住所地法作为他们的属人法。”参见李双元:《国际私法(冲突法篇)》(修订版),武汉大学出版社2001年版,第361页。

③ 中国大百科全书出版社编辑部编:《中国大百科全书·法学》,中国大百科全书出版社1984年版,第815页。

④ 李双元先生提出“住所”的法律意义至少表现在十大方面,其中大多涉及国际私法:(1)是定属人法的一个重要标准;(2)是定司法管辖的一个重要标准;(3)是受送达的一个处所;(4)是决定特别审判期间的标准;(5)是决定失踪、死亡宣告的时间的标准;(6)往往是债务的清偿地;(7)是继承的开始地;(8)是法人设立时必登记的事项;(9)是决定破产事件管辖权的标准;(10)是归化而取得国籍的要件。参见李双元:《涉外民事关系法律适用法制定研究》,湖南人民出版社2016年版,第8页。

年《法国民法典》颁布的数百年间,国际私法上的属人法都定位在当事人的住所地法。德国法学家萨维尼在“法律关系本座说”中也曾提到“人的身份应该由其住所地法律决定。”[①]在实践中,当今世界采住所地法作为当事人属人法的,主要以英国、美国等普通法系国家为主。不过,在采用本国法主义的大陆法系国家里,住所也具有不可忽视的价值和作用。因为这些国家在当事人面临国籍消极冲突的情况下,一般转而适用其住所地法;在一个复合法域的国家里,适用当事人的本国法最终也常转而适用当事人在该国内的住所地法。有的国家甚至还把住所作为指定某些财产关系的准据法的连接点。例如,1992 年《罗马尼亚关于调整国际私法法律关系的第 105 号法》第 77 条规定,作为与合同有最密切联系的国家应该考虑到具有特征性履行的债务人在缔结合同时的住所地国。[②] 1998 年《突尼斯国际私法》第 62 条规定:“合同由当事人所选择的法律支配。当事人未依此指定准据法的,准据法为负有对合同的识别具有决定意义的债务的一方当事人的住所地国法;或者,如果合同订立于当事人的职业或商业活动中,为合同成立地法。”1999 年《斯洛文尼亚国际私法与国际民事诉讼法》第 20 条规定:“当事人未选择准据法的,适用与关系有最密切联系的法律。只要案件的特定情况未指引其他法律,则认为与具体合同关系中实施特征性履行的当事人的住所地或所在地国法律有最密切联系。”2002 年《蒙古国民法典》第 549 条第 4 款规定:“若当事人没有依照第 1 款选择合同的准据法,则适用下列当事人的住所地法或主要营业活动所在国的法律。”2004 年《卡塔尔民法典》第 27 条第 1 款规定:“就合同的实质有效要件及法律后果而言,适用缔约双方的共同住所地国法。”该法第 29 条还规定:“合同的形式,适用合同缔结地国法,亦可适用支配合同实质内容的法律、缔约各方的共同住所地或者本国法。”2015 年修订的《阿尔及利亚民法典》第 18 条第 2 款规定,关于合同之债,必要时可适用当事人的共同国籍国法或者住所地法。

---

① ［德］弗里德里希·卡尔·冯·萨维尼:《法律冲突与法律规则的地域和时间范围》,李双元等译,法律出版社 1999 年版,第 78 页。

② 2009 年修订的《罗马尼亚民法典》第 2.638 条第 2 款规定:“在当事人未选择准据法时,确定最密切联系地法律应考虑具有特征性履行的债务人在缔结合同时的惯常居所地国等因素。”

由此可见,住所不但是确定法律适用的重要连接点,而且对确定国际民事诉讼管辖权更具重要意义,很多国家都规定行使民事管辖权的根据首先是当事人在内国有住所,而且在一般的地域管辖中,多实行原告随被告的原则,即依被告住所地定一般管辖原则。[①]

(二)住所与国籍、居所和习惯居所在法律上的划界

住所属于私法上的概念,是自然人进行民事活动的中心地,反映了居民与特定地域的联系。从理论上分析,自然人可自由地更换其住所。国籍则属于公法上的概念,确定自然人的政治身份,反映了居民与特定国家的联系,非经法定程序不得随意变更国籍。至于居所(Residence),是私法上的概念,它是指居民暂时居住的某一处所,设定居所的条件比住所宽泛,不要求居民有久住的意思,只要有一定居住时间的事实即可。而习惯居所(Habitual Residence)又称"惯常居所",即指一个人惯常居住的处所,既不要求有久住的意思,也不强调久住的事实。正如英国学者戴西和莫里斯所指出的:习惯居所意味着"必须持续某段时间的一种经常的身体出现"。[②] 而1987年《瑞士联邦国际私法法规》第20条则明确规定:"本法所指的住所,就是当事人的利益中心所在地。本法所指的习惯居所,就是当事人在某国居住有一定期限的处所,即使该期限极为短暂。本法所指的营业机构、是指业务中心所在地。任何人都不能同时拥有数个住所。当事人没有住所的,依其习惯居所。民法典中有关住所和习惯居所的规定不适用本法所涉及的各种问题。"1996年《列支敦士登国际私法》第9条规定:"在本法意义上,自然人拥有其住所,位于其有久居意愿而居留之地;其惯常居所,位于其在较长期间内生活之地,即使该期间自始便已设定。"1998年《委内瑞拉国际私法》第11条规定:"自然人的住所,位于其惯常居所地国境内。"2001年《韩国冲突法》第4条规定:"在应适用当事人惯常居所地法的情况下,当事人没有惯常居所时,适用其居所所在国家的法律。" 2004年《比利时国际私法典》第4条第2款规定:"就本法而言,惯常居所系指:(1)自然人设立其主要居所的所在地,即使未进行登记并且与居住许可或无限期居

---

① 李双元:《国际私法(冲突法篇)》,武汉大学出版社2001年版,第361页。

② [英]J. H. C. 莫里斯主编:《戴西和莫里斯论冲突法》,李双元等译,中国大百科全书出版社1998年版,第187页。

住许可无关；为确定惯常居所地，应该考虑显示与该地具有持久联系或表明建立此类联系之意愿的个人或职业性质的情况。（2）独立法人机构的主要营业机构所在地。”2005 年《保加利亚国际私法典》第 48 条第 7 款明确规定：“在本法典的意义上，自然人的惯常居所系指自然人主要为了生存需要而设立住所之地，且与为居留或设立住所必需的注册登记或许可证无关。在确定该地点时，尤其应考虑个人或职业特征等情况，这些情况可从该人与该地点的稳固联系或者其创设这种联系的意图等推断出来。” 2007 年《日本法律适用通则法》第 39 条规定：“应依当事人经常居所地法，其经常居所不明时，依其居所地法。”2009 年《罗马尼亚民法典》第 2. 570 条则规定，自然人的惯常居所位于其主要家庭所在地，即使登记地法律中的形式要件并未满足。自然人在从事营业活动期间的经常居所是其主要营业地。为证明自然人的主要家庭所在地，应考虑自然人在人身上和职业环境上与该国所具有的持续联系以及建立此种联系的意图。不过，海牙国际私法会议在近年的多次会议提到：“在实践中，各国国内法律与实践对惯常居所的解释也五花八门。”①

在国际私法领域内，住所、国籍和居所及习惯居所，三者共同之处就在于都是指引准据法的连接点。世界上大部分国家的国际私法立法都规定，在适用当事人本国法而国籍存在冲突时，以住所为指引准据法的替代连接因素，而在适用住所地法的场合，如果当事人的住所不明或没有住所的则转而适用其居所地或惯常居所地法。（见表 6 – 5）

表 6 – 5　住所相关概念比较

比较项目	比较内容		
	含义	地位	作用
住所 (Domicile)	一人以久住的意思而居住的某一处所。	私法上的概念，是自然人进行民商事活动的中心地，反映了居民与特定地域的联系。	适用当事人本国法而国籍存在冲突时可以住所为指引准据法的替代连接因素。

① 杜涛：《国际私法国际前沿年度报告（2011 ~ 2016）》，法律出版社 2017 年版，第 190 页。

续表

比较项目	比较内容		
	含义	地位	作用
国籍 (Nationality)	自然人属于某一国家的国民或公民的法律资格。	公法上的概念,是确定自然人的政治身份,反映居民与特定国家的联系,非经法定程序不得随意变更国籍。	指引准据法的连接点。
居所 (Residence)	居民暂时居住的某一处所。	私法上的概念,指居民暂时居住的某一处所,设定居所的条件比住所宽泛,不要求居民有久住的意思,只要有一定居住时间的事实。	在适用住所地法的场合,如果当事人的住所不明或没有住所的则转而适用其居所地或习惯居所地法。
习惯居所 (Habitual Residence)	一个人惯常居住的处所。	又称"惯常居所",既不要求有久住的意思,又不强调久住的事实。	指引准据法的连接点。 习惯居所意味着"必须持续某段时间的一种经常的身体出现"。

(三)住所的种类

在国际私法上,根据住所的取得方式,可将住所分为三类。

1. 原始住所(Domicile of Origin)

原始住所是指自然人因出生而取得的住所,故又称"生来住所"。在英国法上,自然人的原始住所是指出生时父之住所所在地;出生时父已死或属非婚生子女,则以生母的住所为原始住所;如系弃婴,则以发现地为其原始住所。① 在未取得选择住所以前,原始住所始终存在,并不得因当事人的意思而放弃,即使当事人早已离开该地,但只要没有事

① Lawrence Collins, et. al, *Dicey and Morris on the Conflict of Laws*, 13th ed., Sweet & Maxwell Ltd., 2000, pp. 115 - 116.

实证明他已有在另一国设立一个永久之家的意思和事实，属人法便仍然是原始住所地法。

2. 选择住所（Domicile of Choice）

选择住所也称为“意定住所”，是指自然人因自主选择而取得的住所。在英国法上，选择住所需具备三个基本条件：一是有独立性的人才能选择住所，未成年人、精神病人等不能选择住所；二是对于新取得的住所有居住的事实，但不问居住的时间长短；三是对新取得的住所有永久居住的意思。久住，一般是指无期限或非预定期间，同时也必然包括在对原住所的永久放弃、毫无回复的意思。自然人在取得了选择住所后，原始住所甚至比国籍这个因素更为稳定。①

选择住所与原始住所相比，各有优劣。这两者区别主要表现在两个方面：第一，原始住所比选择住所更为牢固，要证明一个人放弃了他的原始住所，比证明放弃了他的选择住所要困难得多；第二，一个人如果离开其原始住所国，即打算永远不再返回那里，在未获得一个选择住所以前，他的原始住所始终保留。反之，如果一个人离开他的选择住所所在国，并意图不再返回那里，其选择住所权立刻丧失，并在获得一个新的选择住所之前，原始住所即刻恢复。对于这种一个人一旦放弃了选择住所而尚未获得新的选择住所之前就立即恢复其原始住所的制度，不仅在理论上遭到了抨击，而且实践中也在破除之。实际上，新西兰和澳大利亚法律已将该传统制度废除了，英格兰和苏格兰法律委员会也提出了类似的革新立法。②

每一个有独立性的人，都能通过把居住和永远或无限期居住该地的意图结合起来即可获得一个选择住所。但从法律上讲，并不要求居住的时间是长久的，或几天以上的，或甚至一天的部分时间的居住。但人们倾向于认为，非法居住不能获得选择住所。不过，英国法院只认为在英国非法居住不能获得一个英格兰的选择住所，却并不认为依某一外国法认为在该国为非法居住的不可以获得该外国的选择住所。就获得一个选择住所的动机，在英国冲突法上也有严格的限制，即他必须有

---

① P. M. North, *Cheshire and North's Private International Law*, 10th ed., Butterworths London Ltd., 1979, pp. 156 - 192.

② Sir Peter North, J. J. Fawcett, *Cheshire and North's Private International Law*, 13th ed., Butterworths London Ltd., 1999, pp. 140 - 143.

在一个国家永久地或无限期居住的意图。而且这种意图只能指向“一个国家”,如果他意图在好几个国家定居,英国法将不认为他在这些国家的任一国家中可获得住所。①

历史上,英国法学家曾认为“自由选择”是获得“选择住所”必须具备的条件,因而诸如受官方义务的支配、债权人的要求甚至解除疾病之类的外部需要,都不因此而构成获得选择住所的意图。但戴西和莫里斯在《论冲突法》一书中提出,既不可将此原则绝对化,更不可将其理解为只有能行使最充分的选择自由的人才能获得选择住所。如果犯人确已形成在被拘禁地永久居住的意图,他便可在该地建立一个选择住所;难民、政治逃亡者、为逃避其债权人而离开其原来住地的人、伤病员、驻外武装部队人员以及在他国工作的雇工或外交官等,依英国法,只要能确实证明他有在新地方永久居住的意图,都不是不可能获得选择住所的。

在英国法上,选择住所可以通过停止在一个国家和通过停止在那里永久或无限期居住的意图而放弃。不过,戴西和莫里斯《论冲突法》则主张,仅有放弃居住或者仅有放弃的意图,选择住所都不会因此而丧失。

由于英国法上原始住所曾被认为比“国籍”这个连接因素更为牢固,而选择住所制度又颇为复杂,在当前的国际交往日益发达的情况下,已出现改革的趋势。住所、惯常居所、习惯居所和国籍已常被使用,这也是英国冲突法受大量国际公约影响而做出的一种积极反应。②

3. 法定住所(Statutory Domicile)

法定住所是指依法律直接规定而取得的住所。在英国法上,法定住所又称“从属住所”(Domicile of Dependency),是指不具独立行为能力的人(Dependent Person)的住所。③ 通常,受抚养者的住所与他们在法律上所依靠的人的住所相同,并随后者住所的改变而改变。但

---

① 李双元:《国际私法(冲突法篇)》,武汉大学出版社2001年版,第362~364页。

② Sir Peter North, J. J. Fawcett, *Cheshire and North's Private International Law*, 13th ed., Butterworths London Ltd., 1999, pp. 175-176; Lawrence Collins, et. al, *Dicey and Morris on the Conflict of Laws*, 13th ed., Sweet & Maxwell Ltd., 2000, pp. 152-154.

③ 在英国法上,不具独立行为能力的人,一般指16岁以下的未成年人或精神失常的人。

1973 年《英国住所和婚姻诉讼法》颁布实施以后,“受抚养者”大大地减少了。目前,“从属住所”只适用于精神失常者或 16 岁以下且未婚的儿童,而英国在过去的成年年龄是 18 岁,1970 年以前为 20 岁。对于因收养而在法律上被视为其养父或养母的婚生子女的人,在 16 岁以前的住所仍适用与婚生儿童相同的规定。生来就精神失常或受抚养时才变得精神失常的人,其住所均适用从属住所的规定。此外,还有已婚妇女和军人的住所在英国传统上也属于“从属住所”之列。过去,就住所而言,即使已婚妇女是成年人,其住所也是随丈夫的住所,而不是随其父母的住所。即使夫妻双方已经别居,且各在不同国家多年,上述原则仍得适用。因此,有学者称其为“妻子受(丈夫)奴役的最后的粗俗的残迹”。不过,该原则后来被废除了,赋予已婚妇女设定选择住所的行为能力。即使已婚妇女与丈夫生活在一起,妻子仍有设立自己选择住所的自由,仍然可能各有自己的选择住所。

而对于未成年人的住所问题,英国也有其独特的做法。大陆法系国家认为,未成年人的法定住所应是父的住所,父亡则以父亡时的住所为住所,并不随其母或监护人的住所而变动。而英美等普通法系国家则认为,未成年人的住所,即属“从属住所”,完全依赖于各该不具独立性的人在法律上依靠着谁,因而是可以变动的,如在父死亡后应为其母的住所。

美国关于住所的制度基本与英国相同,但也存在些许差别。英美在住所制度上的主要区别表现在两个方面:一是美国不承认原始住所因选择住所的放弃而自动恢复的制度;二是虽也强调住所取得的意思条件,但并不太注重永久居住的意思。[①] 具体而言,在美国 1971 年《第二次冲突法重述》中,把住所(Domicile)定义为“一个人的家(Home)的所在地”,并认为任何人在任何时间都应有一个住所,但为同一目的,不能有两个以上的家。因为如不坚持上述原则,就不能用住所来规范一个人有重要关系的法律关系所属的单一的法域,并可能发生不同当事

---

① American Law Institute, *Restatement of the Law*, *Conflict of Laws*, *Second*, 1971, Section 11 - 33, American Law Institute Publishers 1971, pp. 41 - 97.

人各自在不同地方启动诉讼程序。[①] 但美国法给“家”所作的定义又与大陆法有点类似,即所谓“家乃一个人居住的处所,是他的家庭、社会与民事生活的中心”。所以,在判定他的家在何处时,应考虑的因素包括:物质特征(如一幢楼、一座公寓、一个房间、一个帐篷、船舶或拖车等);他在该处停留的时间(至少应是相当长的时间);他在该处从事的事情(如吃、住、经营、业务等,但这些都不是绝对的);在该处的人与物(家庭及家具、衣物之所在等);他对该处的心理状态(永久居住的意图,这是判定一个人家之所在的最重要因素,但也非永远是绝对的)。法院依自己的标准来判定一个人住所之所在。美国法上也有原始住所、选择住所、无独立生活能力人的住所等不同的种类,而且也认为“住所一经设定,便一直存在到被新住所取代为止”,但是不论其最后的住所是原始住所、选择住所或法定住所,在废止了选择住所而尚未设定一个新的选择住所时,原始住所并不自动恢复,其最后的选择住所仍是其住所。

可见,国际私法在住所的分类上主要沿袭了英国的传统制度,将其划分为原始住所、选择住所和法定住所三类。实际上,除了这三种类型外,并非不存在其他种类的住所,只是理论学说与立法涉及不多而已,诸如从属住所和指定住所。即使对于英国三种传统类型的住所的界定,不但大陆法系国家与普通法系国家的立法和司法实践差别较大,而且英美普通法系国家内部的立法和司法实践也并不完全一致。

(四)自然人住所法律冲突的外化

因各国法律对住所的具体规定以及对事实认定不尽一致,自然人的住所也与自然人的国籍一样存在法律冲突,并有积极冲突和消极冲突之分。住所的积极冲突,是指一个人同时具有两个或两个以上的住所;而一个人同时无任何法律意义上的住所,则称住所的消极冲突。住所冲突(Conflict of Domicile)产生的原因,一是由于各国有关住所的法律规定不同而产生的,二是对住所的事实认定的不同也可能导致住所的法律冲突。

---

① 美国1971年《第二次冲突法重述》(1986年修订)第11条规定:“住所通常是一个人家庭之所在地,由于该人与该地的密切联系,冲突规则赋予该住所以确定的意义。至少基于同一个目的,任何人均具有一个住所,任何人一次不得具有一个以上的住所。”

各国有关住所的法律规定不同而导致住所的法律冲突的现象并不少见。例如,大陆法系国家认为,某人是否在某国取得住所,主要看他是否在某地建立了生活根据地或业务中心。《意大利民法典》第12条规定,民事上的住所系个人业务及利益中心地;《日本民法典》第21条规定,各人生活的住所为其住所;《法国民法典》第102条规定,一切法国人,就行使其民事权利而言,其定居之地即为其住所;《意大利民法典》规定,民事上的住所为各人营利及其他业务上的中心地。而英国则强调住所取得的要件,主要在当事人是否有于某地久住亦即安唯一的永久的家(Sole Permanent Home)的意思。[①] 许多国家不允许一个人可以同时具有两个以上的住所,但《德国民法典》第7条第2款却规定一人也可同时于数地设立住所。德国法还允许无住所,而英国法则认为任何人必有一个住所,而且规定一人只能有一个住所。这是因为英国以住所地法作属人法,如果允许一个人无住所或有两个住所,其属人法就不便确定。因此,英国建立和发展了一套十分复杂的住所制度。

英国法认为,在住所问题上,作为"一般原则",它包括以下六项基本内容:第一,一般地说,一个人的住所是应依英格兰法认为他有永久的家所在的那个国家。第二,一个人有时也可以在一个国家里有住所,尽管他在那里并没有永久的家。第三,人人都应该有一个住所。第四,谁也不能同时为了同样的目的有两个以上的住所。由于英国法确定一个人的住所的目的,是要把那个人与某个法律体系联系起来,故不应允许一个人为同一目的有两个住所。但是也有人建议,一个人可以为了不同的目的而可以有不同的住所(如库克、波勒克和里斯等)。[②] 尽管在英格兰尚无判例支持这一见解,但是,在 *Lloyed v. Lloyed* 离婚案中,依据1959年《英联邦婚姻诉讼法》,有关当事人为了离婚管辖的目的,而在澳大利亚设立的住所被认为有效,但同时,为了其他目的,应承认他们在新南威尔士已设立的住所。第五,一个现存人应被视为一直存在到一个新住所已被证实时为止。第六,为了英格兰冲突法原则的目

---

① ［英］莫里斯:《法律冲突法》,李东来等译,中国对外翻译出版公司1989年版,第14页。

② Lawrence Collins, et. al, *Dicey and Morris on the Conflict of Laws*, 13th ed., Sweet & Maxwell Ltd., 2000, p. 111.

的,一个人住所在何处的问题要依据英格兰法决定。故依英国法,每个人于出生时即有了一个“原始住所”(Domicile of Origin),而且是不可改变的。但这个原始住所并不依赖于这个小孩出生的所在地。确定子女原始住所的依据主要分三类:一是在其父有生之年出生的婚生子女的原始住所,在其出生时其父住所所在的那个国家;二是不在其父有生之年出生的婚生子女,或一个非婚生子女的原始住所,在其出生时其母的住所所在的那个国家;三是弃婴的原始住所在其被发现的那个国家。但是在收养的情况下,被收养人的原始住所却是可以改变的。正因为如此,在英国法上,一个原始住所可以传给几代人,哪怕其中没有一个人曾在该原始住所所在的国家居住过任何一段时间。① 在这一点上,它似乎与中国的“籍贯”相像,不过中国的“籍贯”不具有任何法律上的意义。②

正因为如此,现代国际社会因各国有关住所的法律规定不同而导致住所的法律冲突在所难免。此外,由于事实认定的不同也可能导致住所的法律冲突。如一弃婴被发现于甲乙两国交界处,两国均可认为该弃婴的住所在(或不在)自己国内。可见,在各国之间人员往来频繁的情况下,住所的冲突常常是不可避免的。

(五)自然人住所的识别标准

对于国际私法上的住所究竟如何认定,曾有各种不同的主张,但大多数学者及法院的实践是采用法院地法说,即主张依照法院的住所概念去认定当事人的住所究竟在何处。例如,有学者认为,在住所发生冲突时当事人住所在何处,应依当事人自己的意思认定。③ 反对者则提出异议,这样将让当事人的意思左右其属人法的选择,是十分不妥的。而法国学者魏斯则主张应依当事人的本国法来决定其住所在何处。④ 但同样也有人公开反对魏斯的观点,因为在当事人发生国籍的积极冲突

① Lawrence Collins, et. al, *Dicey and Morris on the Conflict of Laws*, 13th ed., Sweet & Maxwell Ltd., 2000, p. 116.

② 李双元:《国际私法(冲突法篇)》(修订版),武汉大学出版社 2001 年版,第 363 页。

③ Loisseau, *Du domicile comme principe de competence legislative dansla doctrine et la juris prudence francaise*, 1893. 转引自李双元:《国际私法(冲突法篇)》(修订版),武汉大学出版社 2001 年版,第 366 页。

④ André Weiss, *Traité theòrique et pratique de droit international privé*, du recueil général des lois et des arrêts, en 4 vol., L. Larose & Tenin, 1912, p. 36.

与消极冲突时,往往还需要借先认定其住所而后才能认定其本国法,因而实践中会有困难。另外,尼波耶主张依属地法来认定其住所。[①] 但其反对者却提出,以住所地法做属人法,本为法院地国家的国际私法上的考虑,如果又用外国住所概念去认定当事人的住所,会带来与法院国冲突法的意图相反的结果;而且如果依属地法去认定当事人的住所,其住所的冲突更会大大增加,而使准据法的选择增加许多麻烦。因此,更多的人主张主要应依法院国的法律去认定当事人的住所,只有在个别情况下,才能依据有关的外国法。[②]

例如,美国1971年《第二次冲突法重述》第13条规定,在适用冲突规范时,法院依自己(州)的标准定住所,只有在争议涉及外州的法院或机关的管辖权以及它们的这种管辖权正是根据当事人有住所在该州(或国)才行使的时候,才适用外州的住所标准。英国国际私法也认为,一个人的住所的确定,只能依据英国法中的住所概念,而不能按外国法的概念来决定。因而对一个英国住所者可以认定他已在法国获得一个选择住所,但并不符合法国法关于在法国取得住所所必需的形式要件的规定;反之,对一个法国住所者也可以认定他已在英国取得选择住所,而不管法国法是否这样认为;只有涉及外国作出的离婚或别居的判决需要在英国承认时,英国法院才会去适用该外国法的住所概念。[③] 显然,依法院国的住所概念去认定当事人的住所,在一般情况下是合理的,但是,在某些特定情况下有可能导致违反国际私法上所追求的各国判决一致的宗旨。

(六)自然人住所冲突的解决原则与办法

1. 住所积极冲突的解决方法

对于住所的积极冲突的解决原则与办法,大体同解决国籍的积极冲突相类似:

第一,内国住所与外国住所之间发生的冲突,以内国住所优先,而不管其取得的先后顺序;

---

① Jean Hippolyte Paulin Niboyet, *Traité de droit international privé francaise*, Tome Ⅳ, La Territorialité Paris: Librairie du Recueil Sirey, 1947, p. 29.

② 李双元:《国际私法(冲突法篇)》(修订版),武汉大学出版社2001年版,第366~367页。

③ [英]莫里斯:《法律冲突法》,李东来等译,中国对外翻译出版公司1989年版,第19页。

第二,外国住所与外国住所之间发生的冲突,如果它们是异时取得的,一般以最后取得的住所优先;[①]如果是同时取得的,一般以设有居所或与当事人有最密切联系的那个国家的住所为住所。

2. 住所消极冲突的解决方法

对于住所的消极冲突的解决办法,一般以当事人的居所代替住所;如果无居所或居所不明时,一般以当事人的现在地代作住所。也有学者主张依法律关系的性质,即分别依人身关系和财产关系的顺序确定住所。例如,在住所地法适用于人身关系时,解决住所消极冲突的办法为:首先依其最后住所地法,如无最后住所,则适用其父母的现在或过去住所地法;依当事人现在或过去的居所地法;如其于数国均有居所,依最后取得的居所地法;如居所也没有,则以其现在地法为住所地法。在住所地法适用于财产关系时,解决住所消极冲突的主要办法有:依当事人现在居所地法;如其于数国均有居所,依最后取得的居所地法;如无居所,依现在地法为其住所地法。

(七)我国有关住所冲突的解决原则与办法

对于住所的积极冲突和消极冲突的解决措施,我国立法与司法实践进行了不懈的探索,形成了一套独特的办法。

对于住所的积极冲突问题的解决办法,从1986年《民法通则》开始到2010年《涉外民事关系法律适用法》均有设置相关解决对策。我国1986年《民法通则》第15条规定,公民以他的户籍所在地的居住地为住所;经常居住地与住所不一致,经常居住地视为住所。最高人民法院在1988年《关于贯彻执行〈中华人民共和国民法通则〉若干问题的意见》第183条中规定,当事人有几个住所的,以与产生纠纷的民商事关系有最密切联系的住所为住所。而中国2020年颁布的《民法典》第25条则规定:"自然人以户籍登记或者其他有效身份登记记载的居所为住所;经常居所与住所不一致的,经常居所视为住所。"2014年12月18日最高人民法院《关于适用〈中华人民共和国民事诉讼法〉的解释》第3条也同样明确规定:"公民的住所地是指公民的户籍所在地。"该司法解释第4条还继续沿袭了1992年7月14日

① 《法例》第28条第2款关于准用国籍积极冲突的规定以及《布斯塔曼特法典》第25条均有类似的规定。

颁行的最高人民法院《关于适用〈中华人民共和国民事诉讼法〉若干问题的意见》第5条的规定："公民的经常居住地是指公民离开住所地至起诉时已连续居住一年以上的地方，但公民住院就医的地方除外。"可见，我国在解决住所积极冲突问题上一直坚持最密切联系原则，主张以与涉外民事关系有最密切联系的住所为当事人的住所。

我国立法和司法解释对于住所消极冲突解决所创设的冲突规范也独具特色，在当事人经常居所地无法确定时以其"现在居所地"为准。[①] 2010年10月颁布的《涉外民事关系法律适用法》第20条明文规定："依照本法适用经常居所地法律，自然人经常居所地不明的，适用其现在居所地法律。"2012年1月8日最高人民法院《关于适用〈中华人民共和国涉外民事关系法律适用法〉若干问题的解释（一）》第15条明确规定："自然人在涉外民事关系产生或者变更、终止时已经连续居住一年以上且作为其生活中心的地方，人民法院可以认定为涉外民事关系法律适用法规定的自然人的经常居所地，但就医、劳务派遣、公务等情形除外。"

此外，我国台湾地区2010年"涉外民事法律适用法"第27条也对

---

① 李双元先生对此提出了严厉的批判："本法第二十条关于'经常居所'消极冲突的解决更可能给法院造成没有属人法可用的窘境。""本次立法（《涉外民事关系法律适用法》）为什么在属人法的适用上，以如此规模扩大'经常居所地法'的适用？在2010年6月第一稿上还是当事人的惯常居所地法，但紧随其后的第二稿便完全抛弃了'惯常居所'这个已在国际实践中颇有共识的'连接因素'。而据我们手边的资料，尽管已多有在国内立法中，也采用'惯常居所地'作属人法连接点的，但国籍与住所还是两个必不可少的连接点，突出对某种法律关系以适用'惯常居所'作连接点的，仅仅是从1902年以来的多种海牙国际私法公约。国籍国法与住所地法与当事人的法律生活及国家的立法与法律管辖的联系程度是远比'经常居所地法'更为牢固、更利益攸关的。可就是在这次立法中在40个采用连接点制定应适用法律的条文中，'国籍'（含'共同国籍'）仅使用过约12次，'经常居所地法'却使用了30多次，而'住所'这个连接点则干脆被完全废弃，以致连概念的出现都不存在。因而甚至可以得出这样的结论：本法在属人法的使用上，在绝大多数条文中使用的只是作为对'住所地法'起替代或补充适用作用的'经常居所地法'，这在很大程度上（且不说完全）是不反映'最密切联系原则'的，而是便于自然人的国际流动。更何况，在本法中连'经常居所地'的定义都未给出。""我国所界定的这种'经常居所地'，不但远比从1902年的《海牙婚姻法律冲突公约》起，几乎已被绝对多数的海牙公约采用作属人法的基本连接点'惯常居所'的取得与认定要困难得多，乃至比'住所'的确定都难。故而此二者的重要区别，'惯常居所'主要立意在于便利自然人流动，而'经常居所'却片面地强调联系的稳固、稳定。"参见李双元：《涉外民事关系法律适用法制定研究》，湖南人民出版社2016年版，第9～10页。

解决住所的法律冲突作了具体规定,当事人有多处住所时,依其关系最密切之住所地法,但在台湾地区有住所者,依台湾地区的规定;当事人有多处居所时,准用前项之规定,居所不明者,依现在地法。

(八)国际社会的统一路径

1.“习惯居所”的国际社会地位

正是由于住所冲突的复杂性及住所与国籍作为属人法连接因素的对立,使得无数国际私法学者以及以海牙国际私法会议为代表的国际组织不断探寻和倡议用“习惯居所”来取代国籍、住所的属人法的连接因素。《戴西和莫里斯论冲突法》指出,虽然“习惯住所”长久以来已成为海牙国际私法会议钟爱的一种连接点,但如何科学界定,尚待努力。莫里斯等学者认为“习惯的”只能指居住的性质,而不是时间的长度,它并不要求居住必须持续任何一个特定的最短时间。[①] 已有许多欧洲国家因加入了1955年海牙《解决本国法与住所地法冲突公约》而接受了“习惯居所”。[②] 海牙国际私法会议在20世纪中期以后制定的公约多使用“惯常居所”或“习惯居所”作为连接点,如1961年《关于保护未成年人主管机关和法律适用的公约》、1980年《国际诱拐儿童民事方面的公约》、1993年《跨国收养方面保护儿童及合作公约》、1996年《关于父母责任和保护儿童措施的管辖权、法律适用、承认执行与合作公约》、2000年《成年人保护国际公约》、2007年《〈抚养义务法律适用公约〉议定书》与2007年《关于国际追索儿童抚养费用及其他形式的家庭抚养公约》,等等。[③] 尽管海牙《跨国收养方面保护儿童及合作公约》采取“惯常居所”作为唯一的连接因素,但它并未对这一概念下一个确切的定义,而是按照海牙国际私法会议的传统来使用这一概念的。[④]《海牙跨国收养公约》承袭了1961年海牙未成年人主管机关和法律适用公约

---

① [英]J. H. C. 莫里斯主编:《戴西和莫里斯论冲突法》,李双元等译,中国大百科全书出版社1998年版,第186~187页。

② 陈隆修:《比较国际私法》,台北,五南图书出版股份有限公司1989年版,第91页。

③ Permanent Bureau, *Note on Habitual Residence and the Scope of the 1993 Hague Convention on Protection of Children and Co-operation in Respect of Intercountry Adoption*, The Hague, 2018, p. 8.

④ Jeremy Rosenblatt, *International Adoption*, Sweet & Maxwell Ltd., 1995, p. 33.

以及 1980 年海牙诱拐公约的做法。[①] 这两个公约在使用“惯常居所”这一概念时都未下确切的定义，它们实际上主张采用宽松、富有弹性的方式使用“惯常居所”这一概念，以便各国可根据具体情况灵活掌握。[②] 海牙跨国收养公约也就未在公约中为“惯常居所”下定义了。实际上，“惯常居所” 指的是一个人生活的中心所在地，它基本上是一个“事实概念”(Notion of Fact)。一个人与此有主要关系的地方，如上学、工作所在地，一般可看作“惯常居所”，度假或暂时在国外的停留地不能算作“惯常居所”，而应以其住所或家庭生活所在地为“惯常居所”。海牙跨国收养公约中的“惯常居所”这一概念实际上指的就是这类含义，其具体判定标准主要为当事人生活的时间、居留的条件、迁徙和生活的理由、居住的意图、工作地点、营业中心、商业利益的关系、家庭亲属关系、社会和文化联系、动产与不动产的关系、纳税关系、社会保障与保险关系、其他日常生活相关因素等。[③] 因此，1993 年《跨国收养方面保护儿童及合作公约》第 2 条第 1 款就明确规定：“公约适用于惯常居住在一个缔约国的儿童(儿童原住国)被惯常居住在另一缔约国(收养国)的夫妻或个人收养的情况。无论被收养儿童是在收养前还是收养后已经、正在或将要移住另一缔约国(收养国)，也不论收养是在儿童原住国还是在收养国进行，都适用于本公约的规定。”该公约还有其他条款也使用了“惯常居所”这一连接点。不仅如此，海牙国际私法会议的做法也影响了其他国际组织。1979 年美洲国家组织国际私法特别会议通过的《关于国际私法上自然人住所公约》也试图在缔约国之间达成一项统一的规则。该公约把“习惯住所”列为住所的首选地。[④] 1984 年美洲国家组织国际私法特别会议通过的《美洲国家间关于未成年人收养的法

---

① R. Schuz, *Habitual Residence of the Child Revisited: A Trilogy of Cases in the Uk Supreme Court*, Child and Family Law Quarterly, Vol. 26, No. 3, 2014.

② Joan Heifetz Hollinger, *Adoption Law and Practice*, Matthew Bender & Company Inc., 2006, Chapter 11, p. 48.

③ Permanent Bureau, *Note on Habitual Residence and the Scope of the* 1993 *Hague Convention on Protection of Children and Co-operation in Respect of Intercountry Adoption*, The Hague, 2018, p. 53.

④ 武汉大学国际法研究所编：《国际私法的理论与实践》，武汉大学出版社 1984 年版，第 91 页。

律冲突公约》也使用了"惯常居所"这一连接点,该公约第1条非常明确地规定:"本公约适用于对未成年人的完全收养、收养准正以及其他赋予被收养人合法地位的制度,并且收养人的住所在一个缔约国,而被收养人的惯常居所在另一个缔约国。"①该公约第3条还规定:"收养的资格和能力、同意权的行使以及收养的其他要件均依被收养的未成年人的惯常居所地法,而收养关系成立所必需的程序或形式也适用被收养的未成年人的惯常居所地法。"此外,联合国、欧洲联盟、②国际民事身份委员会、欧洲理事会和罗马国际统一私法协会也都在力推"惯常居所"。③

可见,海牙国际私法会议创设的协调本国法主义和住所地法主义的连接点"惯常居所",正在逐渐得以推广,已成为一个常用的连接点。

2.《解决本国法与住所地法冲突公约》的产生背景与主要内容

国际私法上的法律的域内效力与域外效力的矛盾斗争,在属人法的适用上,是以本国法主义与住所地法主义的对立形式表现出来的。自巴托鲁斯法则区别说以来直到1804年《法国民法典》颁布以前,欧洲国家的属人法就几乎都定位为当事人的住所地法。后来,随着《法国民法典》的颁布,特别是经过意大利著名政治家和法学家孟西尼的大力鼓吹,大陆法系各国便广为采用本国法作为属人法,而英美普通法系等国依然墨守成规,坚持住所地法原则。这样,国际社会就形成了属人法中的本国法主义与住所地法主义之间分庭抗礼的对立格局。在属人法方面所采取的法律政策完全相反,恰好反映了两大法系之间国家利害关

---

① Inter-American convention on conflict of laws concerning the adoption of minors, Article 1: This Convention shall apply to the adoption of minors in the form of full adoption, adoptive legitimation and other similar institutions that confer on the adoptee a legally established filiation, when the domicile of the adopter (or of the adopters) is in one State Party and the habitual residence of the adoptee is in another State Party.

② Art 8 (a) Rome Ⅲ Regulation and Art 4 (2) Rome Ⅰ Regulation, Jürgen Basedow, Giesela Rühl, Franco Ferrari and Pedro de Miguel Asemsio, *Encyclopedia of Private International Law*, Chapter B, Edward Elgar Publishing, 2017, p. 318.

③ H. Blackburn, *Habitual Residence: Re LC*, *International Family Law*, The Hague, 2014, pp. 8–10.

系的对立。为了解决本国法和住所地法之间的冲突,以统一国际私法为己任的海牙国际私法会议经过努力,终于在1955年6月15日于海牙订立了《解决本国法与住所地法冲突公约》。该公约第1条开宗明义规定:“如果当事人的住所地国规定适用当事人本国法,而其本国法规定适用住所地法时,凡缔约国均应适用住所地国的内国法。”从而表现出大陆法系国家与英美法系国家之间在属人法方面本国法主义与住所地法主义由过去的尖锐对立正渐渐趋向当今的调和与妥协,而且出现了一定程度的住所地法优先的倾向。这反映出大陆法系对英美法系在属人法连接点的重大让步,亦即国籍原则对住所原则的重大妥协。当然,作为大陆法系让步的条件,普通法系国家同意对“住所”作扩大解释而包括“习惯居所”(Habitual Residence)。应当说,由于在属人法的连接点上提高了住所和习惯居所的地位,对于国际贸易与商业行为显然是有利的。正因如此,欧洲一些新近颁布的国际私法立法,也抛弃了在属人法上的绝对僵硬的国籍主义原则,亦多兼采本国法与住所地法而为选择的适用。目前,该公约只有5个国家签署,即比利时1955年8月1日签署、法国1955年7月25日签署、卢森堡1955年6月15日签署、荷兰1955年6月15日签署和西班牙1957年4月12日签署,其中只有比利时(1962年5月2日批准)、荷兰(1960年12月22日批准)两国已批准了公约。1955年海牙国际私法会议通过的《解决本国法与住所地法冲突公约》至今尚未生效。①

在海牙国际私法会议1955年公约的影响下,美洲国家组织第二届国际私法特别会议1979年5月8日在乌拉圭的蒙得维的亚通过了《美洲国家间关于国际私法上自然人住所的公约》。它对区域性解决住所的法律冲突具有重要意义,在美洲国家之间产生了较大影响。目前,已经有17个美洲国家组织成员国签署了该公约,但其中只有6个国家批准了公约,即厄瓜多尔1982年5月5日签署批准公约、危地马拉1991年4月9日批准公约、墨西哥1987年2月11日批准公约、巴拉圭1985年7月5日批准公约、秘鲁1980年4月9日批准公约和乌拉

① http://www.hcch.net/en/instruments/conventions/full-text/(accessed January 30, 2021).

圭1980年2月12日批准公约,该公约已于1980年6月14日生效。[①]美洲国家组织1979年《美洲国家间关于国际私法上自然人住所的公约》第2条明确规定自然人住所的确定顺序为:(1)惯常居所所在地;(2)主事务所所在地;(3)在无上述两者时,其单纯居所地;(4)在无单纯居所时,该自然人的身体所在地。

三、自然人权利能力与行为能力的准据法选择

(一)自然人权利能力的法律冲突与解决对策

1. 自然人的权利能力的概念

权利能力是指自然人享有民事权利和承担民事义务的资格。权利能力和权利是既有联系又有区别的两个概念。权利是指构成任何民事法律关系的内容要素,是指民事主体参加民事活动时依法所取得的实体权利;而权利能力是指构成民事法律关系主体的主体形式要素,是指一个人取得民事权利的一种资格。因此,就权利能力而言,它是依附于公民人身的,与公民人身具有不可分离的性质,凡自然人,依照现代法的观点,都是有权利能力的。而权利则是可以与主体分离的,需要依一定的法律事件或法律行为而为主体所取得,并可为主体依法处分。

2. 自然人权利能力的法律冲突

自然人的权利能力是指自然人享有民商事权利和承担民商事义务的资格。由于现代国家都承认人的权利能力"始于出生,终于死亡",因而,就总体而言,似乎不大可能发生法律冲突,但是对于在什么状态下属于"出生"和"死亡",各国民法的规定并不尽相同,难免会引起自然

---

① 1979年《美洲国家间关于国际私法上自然人住所的公约》的签署、加入和批准情况:玻利维亚1983年8月2日签署公约,巴西1979年5月8日签署公约,智利1979年5月8日签署公约,哥伦比亚1979年5月8日签署公约,哥斯达黎加1979年5月8日签署公约,多米尼加共和国1979年5月8日签署公约,厄瓜多尔1979年5月8日签署公约、1982年5月5日批准公约,萨尔瓦多1980年8月11日签署公约,危地马拉1979年5月8日签署公约、1991年4月9日批准公约,海地1979年5月8日签署公约,洪都拉斯1979年5月8日签署公约,墨西哥1986年12月2日签署公约、1987年2月11日批准公约,巴拿马1979年5月8日签署公约,巴拉圭1979年5月8日签署公约、1985年7月5日批准公约,秘鲁1979年5月8日签署公约、1980年4月9日批准公约,乌拉圭1979年5月8日签署公约、1980年2月12日批准公约,委内瑞拉1979年5月8日签署公约。参见http://www.oas.org/en/(accessed January 31,2021)。

人权利能力的冲突。

例如,对于"出生",有的主张在婴儿露头之时,有的认为在婴儿独立呼吸之时。《德国民法典》第 1 条规定:人的权利能力,始于出生之完成。《西班牙民法典》则规定:胎儿出生后需存活 24 小时以上才取得权利能力。因此,如果涉及的某一民事主体,按照一国民法的规定,认为已经出生而取得权利能力,而按照另一国民法的规定,却认为他还未成为一个人,因而不具有权利能力。这就产生了自然人权利能力的法律冲突。

对于自然人的死亡,一般来说,在自然死亡方面不存在什么法律冲突,但在宣告失踪或宣告死亡方面,因各国规定不同而常导致冲突发生。例如,在宣告失踪或宣告死亡的时间上,各国民法的规定并不完全一致,难免出现法律冲突。法国法规定,凡停止在其住所或居所出现并杳无音信者,经 4 年即可宣告失踪;日本法却规定需满 7 年。而且法国和日本只有宣告失踪而无宣告死亡的制度,其宣告失踪的效力与宣告死亡相同。而中国《民法典》第 40 条和第 46 条规定,自然人下落不明满 2 年的,经利害关系人的申请可由人民法院宣告为失踪人;自然人下落不明满 4 年的,或因意外事件下落不明满 2 年的,利害关系人可向人民法院申请宣告其死亡。另外,宣告失踪或宣告死亡发生效力的日期以及在实体法上的效力,各国民法也有不同规定。

此外,许多国家还有一种"推定存活"(Presumption of Life)的制度,它是针对有相互继承权的数人同时死亡并且依事实情况不能确定其中谁先死亡谁后死亡的问题而规定的。例如,《德国民法典》第 20 条规定:"数人因共同危难而死亡者推定同时死亡。"《法国民法典》第 720 条至第 722 条则规定,如同时死亡者均不足 15 岁时,推定最年长者后死;均在 60 岁以上者,推定年龄最低者后死;如既有 15 岁以下的又有 60 岁以上的,推定最年少者后死;如年龄相等或相差不过一岁,而且其中既有男性也有女性时,推定男性后死;等等。1925 年《英国财产法》第 184 条则不分性别地规定,如年龄不同者同时死亡时,推定年幼者后死。我国目前也不区分男女但从另外的角度(有无其他继承人和辈分是否相同)作了规定。如我国最高人民法院 1985 年《关于贯彻执行〈中华人民共和国继承法〉若干问题的意见》就指出:凡相互有继承关系的数人在同一事件中死亡,如不能确定死亡先后时间的,应推定无继承人的先死;如他们均有继承人,则看他们的辈份是否相同——如辈份不同,应推定长辈先死;如辈份相同则应推定同时死亡,彼此不发生继承关系,而他们的财产即由各自的继承人继承。[①] 可见,因各国对"推定存活"制度的规定不同,也会使自然人的权利能力发生法律冲突。[②]

3. 自然人权利能力的法律适用

关于如何解决自然人权利能力法律冲突问题,各国的理论与实践并不一致,归纳起来,主要有如下三种解决办法:

第一,依该法律关系的准据法所属国法律予以解决。

在自然人权利能力发生法律冲突时,有主张应适用于各该法律关系的准据法所属国法律来加以解决。这一主张的理由是:所谓权利能力,不外乎是特定的人在特定的涉外民商事法律关系中能否享有权利和承担义务的能力问题,因此,较为妥当的做法是:权利能力涉及合同关系,则应适用合同准据法所属国的法律制度;权利能力涉及物权关系,则应适用物权关系准据法所属国的法律判定;权利能力涉及继承关系,则应适用继承关系准据法所属国法律判定;等等。在德国民法施行法的第一、第二,两次草案中,曾欲以专条规定权利能力依争讼法律关系的准据法,但在定案时却被删去,而未予以明文规定。待该法颁布之后,德国联邦各高等法院的判例虽不甚一致,但多数采此法,亦有适用当事人属人法的。在欧洲,还有区分一般权利能力(如人的法律地位与人格)和特殊权利能力的,在此情况下,也有主张前者依属人法(本国法),后者依相关法律关系的准据法的。[③]

第二,依据法院地法予以解决。

有的学者主张应适用法院地法来解决自然人权利能力发生法律冲突,其理由主要是:因自然人的权利能力关系到法院国法律的基本原则,关系到法院国的重要公益,故应由法院地法判定。瑞士学者曼利明

---

① 《中华人民共和国民法典(继承编)》吸纳了司法解释的成果并在该法典第1121条明确规定:"继承从被继承人死亡时开始,相互有继承关系的数人在同一事件中死亡,难以确定死亡时间的,推定没有其他继承人的人先死亡。都有其他继承人,辈份不同的,推定长辈先死亡;辈份相同的,推定同时死亡,相互不发生继承。"

② 李双元:《国际私法(冲突法篇)》(修订版),武汉大学出版社2001年版,第73页。

③ 洪力生:《论国际私法上能力之准据法》,载台湾地区《法学丛刊》1957年第2卷第4期。

确指出："凡人具有权利能力，在法律上乃视为有人格，此种能力专依其人所在地法，即法院地法决定。"

第三，依据当事人属人法予以解决。

坚持应适用当事人的属人法来解决自然人权利能力法律冲突的主要理由是：因为权利能力是自然人的基本属性，特定的人的这种属性是受一国伦理、历史、社会、经济、政治等方面的条件决定的，所以，应适用他的属人法尤其是本国法来判定。[①] 意大利的孟西尼把国籍因素提高到了国际私法指导原则的高度，并且认为"个人的权利能力是只能受到他所出生的那个社会的法律审判"的，就是这种主张的典型代表。这种观点在不少国家的立法和判例中得到体现。如《波兰国际私法》第9条、《罗马尼亚民法典》第2.572条以及《突尼斯国际私法》第43条均规定："人的权利能力依其本国法。"《奥地利联邦国际私法法规》第12条则笼统规定："人的权利能力，依其属人法。"《布斯塔曼特法典》第27条也是如此规定："自然人的能力，除本法典与当地法律对其行使有限制外，受属人法的支配。"英国法一般也认为人的身份决定能力，身份和能力结合在一起，以致沃尔夫还称属人法既决定人的身份自然也应用来决定人的能力。[②] 由于英国法是以住所地法为属人法的，所以也就是主张由当事人的住所地法来决定其身份能力。萨维尼则从各个方面来论证人的能力（包括权利能力与行为能力）应依其住所地法为本座法。[③]

不过，主张自然人权利能力法律适用依当事人属人法说者否定准据法说的主要理由在于：准据法说将导致人的权利能力的准据法会随案而异，不便进行统一处理。而主张自然人权利能力法律适用依当事人准据法说者对属人法说的批评主要集中在：本国法说在某些情况下更会导致同一案件歧义错杂的结果，如遇飞机轮船失事，设有不同国籍的（或不同住所的）亲属多人同时罹难而难以认定谁最后死亡，这时依其中以德国为属人法者即当依德国法推定为同时死亡；其中以法国法为属人法者当依法国法为推定，其情况就更为复杂了。所以，主张依法院法的认为，自然人权利能力只有依法院地法才更切合实际，且便于援

① 折茂丰：《国际私法"各论"》，日本，有斐阁1972年版，第1～2页。

② Martin Wolff, *Private International Law*, Scientia Verlag Aalen, 1977, pp. 279－280.

③ ［德］萨维尼：《现代罗马法体系》（第8卷），李双元等译，法律出版社1999年版，第65～74页。

用。现今文明各国,皆已废除奴隶制度及各种种族或种性之歧视,凡属自然人者,莫不承认其有民事权利能力,因而无论依其属人法或依各该法律关系的准据法,均会与法院地法无实质或重大的差异。加之,目前各国在外国人待遇上,均实行国民待遇,外国纵令在其属人法或在特定法律关系准据法所属国家,于法律人格上受到歧视,但进入法院国后,即应被承认有权利能力,否则,将与法院国的公共利益及法律之基本原则相抵触。不过,综观当今世界,因性别、宗教、种族、种性而在法律人格上仍有歧义的国家并非已完全绝迹,若一概依法院地法,如果法院国就属于此类国家,那么,必然会出现分歧和发生法律冲突。因此,我国资深法学家李双元先生认为,自然人的权利能力原则上一般应依属人法,但当以不违背法院法的基本原则及国际人权法和有关法律关系的准据法为辅助,当更为合理。[①] 为此,李双元先生近年对当今世界主要国家有关自然人权利能力法律适用的立法进行了全面梳理和深入分析后指出:“在当前国际社会的实践中,绝大多数国家的法律适用法都对自然人民事权利能力法律适用作了规定,且均适用当事人‘属人法’。而规定适用当事人属人法的,又以明确指定适用当事人本国法的占绝对多数,若干美洲国家则规定适用住所地法,少数国家则适用‘国民待遇’或‘对等待遇’。而强调自然人民事权利能力适用‘经常居所地法’的,唯中国《涉外民事关系法律适用法》第11条有此规定,即‘自然人的民事权利能力,适用经常居所地法律’。”

具体而言,规定自然人民事权利能力适用自然人住所地法作第一属人法的,如1985年《巴拉圭国际私法》第12条、《秘鲁民法典》第2070条、1941年《乌拉圭民法典》第2393条(它称“户籍与身份”和“行为能力”),《加拿大魁北克民法典》第3083条等都适用住所地法。但1991年《美国路易斯安那州民法典》第3519条则特别规定在自然人的身份上适用如不适用其法律将受到最严重损害的州的法律。

规定自然人民事权利能力适用“国民待遇”或“平等待遇”的国家有2002年《蒙古国民法典》第428条、《亚美尼亚民法典》第1262条、《立陶宛民法典》第1条和第15条、《法国民法典》第15条、1972年《塞内加尔家庭法》第840条、1995年《越南民法典》第830条等。

---

① 李双元:《国际私法(冲突法篇)》(修订版),武汉大学出版社2001年版,第73页。

除上述外，明确规定自然人民事权利能力适用自然人本国法的有：1938 年《泰国冲突法》第 10 条、1976 年《约旦民法典》第 12 条、2012 年《捷克国际私法》第 29 条、2014 年《斯洛伐克国际私法与国际民事诉讼法》第 3 条、2007 年《北马其顿国际私法》第 15 条、2013 年《黑山国际私法》第 13 条、2007 年《土耳其国际私法和国际民事诉讼法》第 9 条、2001 年《韩国冲突法》第 11 条、1948 年《埃及民法典》第 11 条、1962 年《马达加斯加国际私法》第 28 条、1965 年《中非共和国国际私法》第 40 条、1972 年《塞内加尔家庭法》第 840 条，1972 年《加蓬民法典》第 32 条（但它对已在加蓬居住生活 5 年以上的人要适用加蓬法）、1980 年《布隆迪国际私法》第 2 条、1998 年《突尼斯国际私法》第 39 条、2011 年《波兰国际私法》第 11 条、1979 年《匈牙利国际私法》第 10 条和第 11 条、2009 年《罗马尼亚民法典》第 2.572 条、1999 年《白俄罗斯民法典》第 1104 条、1986 年《德国民法施行法》第 7 条、1995 年《意大利国际私法》第 20 条、1946 年《希腊民法典》第 5 条、1966 年《葡萄牙民法典》第 28 和第 31 条、1978 年《奥地利联邦国际私法法规》第 9 条和第 11 条、2004 年《比利时国际私法典》第 34 条、1966 年《列支敦士登国际私法》第 12 条、1985 年《智利国际私法》第 15 条（但只限于在外国的智利人）、1987 年《哥斯达黎加国际私法》第 3 条、2001 年《俄罗斯民法典》第 1195 条、2002 年《摩尔多瓦民法典》第 1587 条、1998 年《吉尔吉斯斯坦民法典》第 1177 条、2004 年《卡塔尔民法典》第 11 条、2015 年《阿尔及利亚民法典》第 10 条、2000 年《阿塞拜疆民法典》第 10 条、1999 年《斯洛文尼亚国际私法》第 13 条、2005 年《保加利亚国际私法典》第 49 条以及 1951 年关于《荷兰、比利时、卢森堡国际私法统一法的公约》第 2 条等。

只有 1987 年瑞士法在这方面的规定比较特别，《瑞士联邦国际私法法规》第 34 条第 1 款规定：“自然人民事权利能力要适用瑞士法。”但该法第 2 款规定自然人此种权利能力的产生与终止，要适用调整民事权利义务关系的法律（各该应适用的准据法），亦即权利能力的内容和范围要由当事人本国法确定，只有权利能力的产生与终止则适用作为各系争权利义务关系的准据法确定。[1]

---

① 李双元：《涉外民事关系法律适用法制定研究》，湖南人民出版社 2016 年版，第 11～12 页。

综上所述,有关解决自然人权利能力法律冲突的法院地法说、准据法说与当事人属人法说三种办法见仁见智、各有利弊。客观分析,这三种学说和做法都有可取之处,但各自的不足之处也显而易见,因此,不宜片面地加以绝对化。在判定自然人的权利能力时,原则上必须肯定,应适用当事人属人法。因为只有这样,才有利于自然人权利能力的稳定,有利于发展国际民事交往。但在特定情况下,也并不能排除法院地法和有关法律关系准据法的适用。

4. 自然人权利能力的管辖权

不过,要探寻有效解决自然人权利能力法律冲突的对策,决不可忽视其管辖权问题。为此,通过对世界各主要国家有关确立自然人身份法律冲突的诉讼管辖权的立法规范进行梳理,可以发现如下规律:

第一,由当事人的住所地或居住地法院行使对此类案件的管辖权,如匈牙利、瑞士、英格兰、土耳其等国家。《匈牙利国际私法》第 58 条规定:“如果当事人一方的住所在匈牙利,匈牙利法院可以审理非匈牙利公民之间关于个人身份的诉讼,但有关保佐的案件除外。”2007 年修订的《土耳其国际私法和国际民事诉讼法》第 41 条规定:“在土耳其境内没有住所的土耳其人,有关其法律地位的诉讼,如果他们住所地(他们居住的国家)法院不管辖的,当事人在土耳其居所地的法院行使管辖权。当事人在土耳其没有居所的,由其在土耳其的最后住所地法院管辖,没有最后住所地的,由安卡拉、伊斯坦布尔或伊扎米尔法院管辖。”该法第 42 条还规定:“在土耳其境内没有住所的外国人,有关他们监护、照管、失踪和死亡宣告的诉讼,由当事人在土耳其境内居住地法院管辖,没有居所地的,由其财产所在地法院管辖。”2017 年修订的《瑞士联邦国际私法法规》第 33 条规定:“除本法另有规定外,自然人住所地的瑞士法院和主管机关对自然人的权利问题行使管辖权……”《英格兰冲突法》第 49 条规定:“高等法院有权根据《最高法院规程》第 15 号令第 16 条发出关于身份的宣告:只要诉讼开始之日,(a)原告的住所在英格兰,或(b)双方当事人的居所在英格兰,或只要有一个根据第 40 条法院有权受理的可供选择的离婚请求。”从上述国家的立法可以看出,由于自然人的身份和能力与住所地或居所地的关系较为密切,而有关自然人身份和能力诉讼的结果一般会涉及其居住地的种种其他法律关系,所以,由居住地法院来行使管辖权是比较适宜的。

第二,以国籍作为确定自然人权利能力的管辖原则,保加利亚、北马其顿、罗马尼亚、黑山、斯洛文尼亚和格鲁吉亚等国就采用这种做法。例如,2005 年《保加利亚国际私法典》第 49 条明文规定:“自然人权利能力,依其本国法。”2007 年《北马其顿国际私法》第 15 条明确规定:“自然人的权利能力和行为能力,依其国籍法”;该法第 92 条第 1 款还规定:“自然人作为当事人的能力和诉讼能力,依其国籍国法”。2009 年《罗马尼亚民法典》第 2. 572 条第 1 款规定:“自然人的民事法律地位和能力受其本国法支配。”2013 年《黑山国际私法》第 13 条也规定:“自然人权利能力,以其国籍法为准”;该法第 136 条第 1 款规定:“自然人作为诉讼当事人的能力和实施诉讼行为的能力,适用其国籍国法律”; 该法第 115 条还规定:“对涉及黑山公民或者在黑山领域内有经常居所的人的监护事项,黑山机关具有管辖权。为保护身处黑山领域内或者在黑山有财产的外国人之人身、权利和利益,黑山机关有权采取必要的临时措施。”①

第三,采用国籍管辖与住所地管辖相结合的原则。1999 年《哈萨克斯坦国际民事诉讼法》第 417 条规定:“本法第 25 ~ 29 节所规定的诉讼,哈萨克斯坦共和国法院对此类特别诉讼程序有权管辖,如果……与限制民事行为能力,无民事行为能力或移送精神病院问题有关的当事人,具有哈萨克斯坦共和国国籍或者在哈萨克斯坦共和国境内有固定住所的。”可见,对于涉及当事人身份的案件,只要当事人具有哈萨克斯坦国籍或在哈萨克斯坦内有固定住所,哈萨克斯坦就享有专属的管辖权。2012 年《捷克国际私法》第 33 条规定“对于行为能力的限制事项,如果所涉当事人在捷克共和国具有经常居所或者为捷克国民,即使其经常居所在外国,捷克法院均具有审判权。如果外国采取的措施能充分保护捷克国民的权利和利益,则捷克法院不必启动司法程序。”该法第 38 条还规定:“外国人的国籍国或者经常居所所在国的法院或机关就该外国人的禁治产或剥夺自由事项以及照管事项所作的具有法律效力的判决,无需其他程序一概予以承认。”

第四,采用与内国紧密联系原则,这是秘鲁与委内瑞拉的做法。

---

① 捷克斯洛伐克 1963 年的国际私法与国际民事诉讼曾主张以国籍为依据对自然人权利能力行使管辖权,但如今在 2012 年的《捷克国际私法》和 2007 年《斯洛伐克国际私法和国际民事诉讼法》均未见类似规定。

《秘鲁民法典》第2062条规定:"对自然人的身份和能力或家庭问题的案件,即使被告住所在国外,秘鲁法院在下列情况下有权行使司法管辖权:依秘鲁国际私法规定适用秘鲁法时;在当事人明示或默示接受法院管辖,而诉因与秘鲁有实际的联系时。"这也就是说,对于被告住所在国外的身份与能力案件,如果依秘鲁国际私法规定适用秘鲁法,或是当事人明示或默示接受法院管辖,而诉因与秘鲁又有实际联系时,秘鲁法院可行使管辖权。1998年《委内瑞拉国际私法》对此作了非常类似的规定,该法第42条规定:"对于有关民事地位或家庭关系的诉讼,委内瑞拉法院享有裁决管辖权:若依照本法规定,委内瑞拉法律适用于该争讼;各方当事人均明示或默示接受委内瑞拉法院的管辖,只要该争讼与共和国领域有实际联系。"

第五,突出本国的国家利益原则,这是朝鲜所独有的做法。1995年的《朝鲜涉外民事关系法》第51条规定:"任何因认定无行为能力、限制行为能力、失踪或死亡而产生的争议如果与朝鲜人民民主主义共和国境内的法人、公民或财产有关联的,无论当事人的国籍及住所如何,朝鲜人民民主主义共和国的主管机关对该类争议具有管辖权。"可见,朝鲜对有关身份与能力的案件,不管当事人的国籍及住所如何,只要与其境内的法人、公民或财产有关联,朝鲜就行使管辖权。这种做法与确定国际民事管辖权的国际协调原则不相符合。基于国际协调的原则,当案件的事实和诉讼程序与外国国家联系最为密切时,应尽可能地选择有关外国法院的管辖权,只有当有关的事实和诉讼程序与内国联系最为密切时,才能确定内国法院的管辖权。显然,朝鲜并未遵循此原则,而是过分地强调了国家主权的原则。朝鲜的这种做法在国际社会中并不具有典型性。

因此,我们可以看出,除了朝鲜之外,其他的国家对于由住所地国家特别是由被告住所地国家对此类案件行使管辖权有着近乎一致的意向。可以说,被告的住所是自然人身份与能力诉讼的基本管辖根据。

就我国具体情况而言,如果在自然人的身份和能力的诉讼问题上,仅以被告的经常居所地作为唯一管辖的根据,那么,有可能不利于保护在华当事人的利益,因为这样会导致中国的原告不能在中国法院提起有关不在中国居住的人的身份和能力的诉讼。因此,参考以上立法范例,我国有关部门在考虑相关修法时可采用如下建议模式:

[自然人的身份和能力的诉讼管辖]外国自然人或无国籍人在中华

人民共和国享有与中华人民共和国自然人同等的民事权利能力，但中国法律或缔结的国际条约另有规定的除外。若他国对中华人民共和国自然人的民事权利能力实施限制的，中华人民共和国主管机关可采取对等措施，对该国自然人施加相应限制。

对因自然人的身份和能力提起的诉讼，如原告或被告在中华人民共和国境内有住所或惯常居所的，中华人民共和国法院享有管辖权。

（二）涉外失踪或死亡宣告的准据法选择

失踪宣告是指法院依法认定离开自己的住所没有任何消息且符合法定期间要求的公民失踪的法律制度。死亡宣告属于一种推定死亡制度，它是指公民下落不明超过法律规定的时间，经利害关系人申请，由司法机构依照法定程序和方式宣告该公民死亡的一种法律推定制度。由于宣告失踪或死亡能够引起一定的民事法律后果甚至能终止自然人的权利能力，因此，在分析自然人权利能力的法律冲突问题时，如何解决涉外失踪或死亡宣告的管辖权和法律适用，也是国际私法需要重点关注的重要问题。

当对一个人是活着还是死亡发生疑问并且持续相当长的时间后，为了保护他本人及配偶、继承人、债权人或其他利害关系人以及社会的利益，为了使某种法律关系得而解除或确立，许多国家都有关于失踪宣告（Declaration of Absence）和死亡宣告（Declaration of Death）的制度。但是，对于这一制度的设立特别是各有关条件与法律效力，各国的立法与司法实践并不完全相同，甚至相差颇大。一方面，各国关于宣告失踪或宣告死亡的时间规定不一。如法国和日本只有宣告失踪的制度而无宣告死亡制度，在宣告的时间条件方面，法国法规定杳无音信 4 年即可宣告失踪，日本法则规定 7 年；我国《民法典》仅规定下落不明满 2 年即可宣告失踪，满 4 年即可宣告死亡。另一方面，各国关于宣告失踪或死亡发生效力的时间规定也相差较大。有的国家主张以宣告之日或宣告确定之日起发生效力，有的国家坚持从最后消息之日起发生效力，也有国家主张依宣告所认定的死亡之日起发生效力，还有国家主张以法律规定的对失踪期间届满之日起便发生效力的。此外，关于宣告失踪或死亡所发生的实体法上的效力，各国法律的规定也相差悬殊。就财产上的效力来看，有的国家规定，在宣告失踪的情况下，只能由法院判决为失踪人财产设立监护，而在宣告死亡的情况下，其财产所有权才发生转移;还有国家主张,在宣告失踪的情况下,其财产由继承人假占有,而在宣告死亡时,再发展为由继承人确定占有。就身份上的效力来看,如被宣告人生还,依过去的德国民法典(第1348~1351条,现已废除),他必须承认原来的婚姻已因妻的第二次结婚而解除。法国、西班牙、葡萄牙、意大利等国法律则追随过去宗教法(Canon Law)的影响,倾向于保护前一婚姻(1977年修改后法国民法已改为即使宣告失踪的判决已经撤销,失踪者的婚姻仍然解除,倾向于保护后一婚姻了)。瑞士民法则认为,受宣告人的配偶只有在法院通过判决确认前婚已解除的条件下,他(她)的后一婚姻才受到保护。[①] 中国2020年颁布的《民法典》第40条和第46规定公民下落不明满2年的,经利害关系人的申请可由人民法院宣告为失踪人。公民下落不明满4年的,或因意外事件下落不明满2年的,利害关系人可向人民法院申请宣告其死亡。不仅如此,各国国际私法关于失踪或死亡宣告立法体例也不统一。有的国家单单采取死亡宣告制度,而无失踪宣告制度,如波兰、斯洛伐克、罗马尼亚、黑山、北马其顿和奥地利等。有的国家只有宣告失踪的制度而无宣告死亡制度,如泰国、比利时、列支敦士登、荷兰、西班牙、希腊、法国和日本等国。有的国家立法同时规定宣告失踪和宣告死亡两种制度,如土耳其、保加利亚、匈牙利、乌克兰、哈萨克斯坦、突尼斯、吉尔吉斯斯坦、朝鲜、俄罗斯和立陶宛等国。最为特别的是土耳其法将失踪和死亡宣告合并设立。我国所采用的是第三种做法。正是由于各国对该问题存在种种不同规定,所以,涉外失踪或死亡宣告(Declaration of Absence or Death Involving Foreign Elements)的法律冲突在所难免。

1.涉外失踪或死亡宣告的管辖权

关于如何解决涉外宣告失踪或死亡案件的管辖权问题,各国的理论与实践并不一致,归纳起来,大体有如下三种解决办法:

第一,主张应由当事人国籍国管辖。因为个人的权利能力的开始与终止,只能由他的国籍国法律来决定。不过,如果该人远离其国籍国,已在外国设立了住所并发生了许多法律关系,而该外国竟无权宣告,就会使其在那里的许多法律关系处于不确定状态。主张以国籍为依据对涉外失踪或死亡宣告行使管辖权的国家主要以意大利、罗马尼亚、格鲁吉亚和黑

---

① Martin Wolff, *Private International Law*, Scientia Verlag Aalen, 1977, p. 277.

山等为代表。例如,1995年《意大利国际私法》第22条规定:“某人下落不明、失踪、死亡推定的条件和效力应由该人最后所属的本国法院支配。意大利法院对于第一款中提到的事项应具有管辖权:(1)如果该人最后所属的本国法为意大利法律……”1998年《格鲁吉亚国际私法》第11条规定:“对于失踪与死亡宣告,在下列情形下,格鲁吉亚法院具有国际管辖权:(1)失踪人为格鲁吉亚国民…”2010年《罗马尼亚民事诉讼法典》第1081条规定:“罗马尼亚法院对以下诉讼有管辖权:……对罗马尼亚公民的死亡宣告,即使该人是在国外失踪。在罗马尼亚法院作出采取临时措施的决定之后,外国法院所采取之临时措施即告失效。”2013年《黑山国际私法》第117条规定:“失踪者在其失踪时具有黑山国籍或在黑山有经常居所的,黑山法院对其死亡宣告具有管辖权。”

第二,主张应由当事人住所地国管辖。坚持对涉外宣告失踪或死亡案件由当事人住所地国管辖的,主要出于保护失踪人的住所国的公共秩序和经济利益需要。不过,如果当时其人实际上仍生存于他的国籍国或第三国,也会给这些国家带来诸多不便。1987年《瑞士联邦国际私法法规》第41条规定:“失踪人为人所知的最后住所地的瑞士法院,对宣告失踪有管辖权”,此外,“如有合法利益的需要,瑞士法院也对宣告失踪有管辖权”。2001年《立陶宛民法典》第1.18条规定:“宣告外国公民或无国籍人失踪或死亡,依其最后确切的固定住所地国法。”2007年修订的《土耳其国际私法和国际民事诉讼法》第42条规定:“在土耳其境内没有住所的外国人,有关其监护、照管、失踪和死亡宣告的诉讼,由当事人在土耳其境内居住地法院管辖,没有居所地的,由其财产所在地法院管辖。”2014年颁布的《阿根廷民商法典》第2619条规定:“推定失踪或推定死亡的宣告,由失踪人最后住所地或惯常居所地国法院的法官行使管辖权。如果失踪人最后住所地或惯常居所地无法确定,则由失踪人财产所在地国法院的法官行使管辖权。当阿根廷与此有正当利益时,由阿根廷法院的法官行使管辖权。”

第三,原则上由失踪者本国法院对涉外失踪或死亡宣告行使管辖权,但在一定条件和一定范围内,也可由其住所或居所国管辖。这是一种兼顾相关因素行使管辖权的做法。例如,1939年《德国关于失踪、死亡宣告及确定死亡时间法》第12条便规定,失踪者于最后消息时为德国人时,应由德国做死亡宣告;但同时它也规定,如该失踪人于最后消息时已成为外国国籍者时,则德国法院仅对他依德国法所成立的法律关系以及在德国的财产,有做死亡宣告的管辖权。2017 年修订的《德国民法施行法》第 9 条规定:“死亡宣告、死亡及死亡时间的确定以及推定存活与推定死亡,适用失踪者在根据现有信息获知其仍存活的最后时刻所属国的法律。如果失踪者在最后时刻为外国公民,则在存在正当利益的前提下可以由德国法院依照德国法审理。”1987 年《瑞士联邦国际私法法规》第 41 条规定:“失踪人失踪前在瑞士有住所的,其最后住所地的瑞士法院对失踪宣告案件具有管辖权。此外,为保护某项特殊利益的需要,瑞士法院有权做出失踪宣告。”1946 年《希腊民法典》第 6 条规定:“……外国人在失踪以前,如果在希腊有住所或者居所或者财产,希腊法院可以宣告他失踪。”《英格兰冲突法》第 48 条规定:“英格兰法院有权受理推定死亡和解除婚姻诉讼,只要(而且只有)原告:(a)诉讼开始之日的住所在英格兰,或(b)到诉讼开始之日为止在英格兰有惯常居所满一年。在英格兰法院有管辖权的所有情况中,英格兰法院将适用英格兰国内法。”1995 年《意大利国际私法》对失踪、下落不明推定死亡的意大利管辖权作了较严格的限定,即该人的最后本国法为意大利法时;或该人的最后惯常居所地在意大利;或对上述三种情事的确定能具有意大利法上的效力。[①] 1995 年《朝鲜涉外民事关系法》第 51 条规定:“任何因认定无行为能力、限制行为能力、失踪或死亡而产生的争议如果与朝鲜人民民主主义共和国境内的法人、公民或财产有关联的,无论当事人的国籍及住所如何,朝鲜人民民主主义共和国的主管机关对该类争议具有管辖权。”1999 年《哈萨克斯坦国际民事诉讼法》第 417 条规定:“下列诉讼,由哈萨克斯坦共和国法院专属管辖:……本法第 25 ~ 29 节所规定的诉讼,哈萨克斯坦共和国法院对此类特别诉讼程序有权管辖,如果……涉及宣告死亡或宣告失踪的当事人,具有哈萨克斯坦共和国国籍或者在哈萨克斯坦共和国境内有确切的最后住所,同时,在哈萨克斯坦共和国境内有固定住所或居所的个人或组织的权利与义务的确定,要待于宣告死亡或失踪问题的解决。”2014 年修订的《斯洛伐克国际私法与国际民事诉讼法》第 43 条规定:“宣告失踪的斯洛伐克公民死亡,由斯洛伐克法院专属管辖。斯洛伐克

① 李双元:《国际私法(冲突法篇)》(修订版),武汉大学出版社 2001 年版,第 377 页。

法院可根据斯洛伐克的实体法宣告失踪的外国人死亡,但此种宣告的法律效力仅限于定居在斯洛伐克共和国的外国公民以及位于斯洛伐克共和国境内的财产。”2007 年修订的《日本法律适用通则法》第 6 条规定:“在能够确认为生存的最后时间,生死不明者在日本有住所或者有日本国籍的,法院可以依日本法进行失踪的宣告。即使不符合前款规定的情况,生死不明者的财产在日本时,只限于此财产,与生死不明者相关的法律关系应依日本法时及其他综合考虑法律关系的性质,当事人的住所或者国籍及其他情况与日本有关时,只限于此法律关系,法院也可以依日本法进行失踪的宣告。”2012 年《捷克国际私法》第 39 条规定:“捷克公民的死亡或失踪宣告,由捷克法院专属管辖。捷克法院可宣告外国人死亡或失踪,其法律后果及于捷克国民、在捷克共和国境内有经常居所的人以及位于捷克共和国境内的财产。对于宣告死亡事项或宣告失踪事项,捷克法院始终适用捷克实体法。”2017 年修订的《匈牙利国际私法》第 58 条规定:“匈牙利法院可以对属人法并非匈牙利法的人宣告失踪或死亡,或者确定死亡的事实,如果匈牙利国内的法律利益要求这样做的话。”

关于确定涉外失踪或死亡宣告管辖权依据的三种做法散布在世界不同地区和不同国家,各国均基于各自的历史和现实采取适合本国的做法。无论哪一种做法都不是十全十美的,但目前采取第三种做法,应属当今国际社会大多数国家共同的实践。

另外,对于涉外宣告失踪或死亡案件的管辖问题,曾有联合国 1950 年《关于失踪人死亡宣告公约》作了相关规定。在第二次世界大战期间,因战乱和种族歧视及政治迫害,曾造成大批人失踪,为在法律上妥善处理这些人的死亡宣告问题,在联合国主导下,经济与社会理事会有关失踪人死亡宣告问题专门委员会在 1949 年 6 月的日内瓦会议上完成了公约的草案文本,1949 年 12 月 3 日提交给联合国。联合国大会 1949 年 12 月 3 日通过第 369(4)号决议案,决定召集各国政府代表举行国际会议就失踪人死亡宣告问题议订国际多边公约。于是,1950 年 3 月 15 日至 4 月 6 日在纽约成功湖召开了讨论失踪人死亡宣告公约的国际会议,比利时、法国、荷兰、希腊、丹麦、瑞典、土耳其、厄瓜多尔、玻利维亚、尼加拉瓜、古巴、巴西、委内瑞拉、乌拉圭、秘鲁、缅甸、印度、以色列、巴基斯坦、菲律宾、叙利亚、南斯拉夫、英国、美国和中国等 25 国政府派正式代表参加了会议,加拿大、埃及、泰国、墨西哥、伊朗、阿比西亚等6个国家和国际难民组织作为观察员派代表参加了会议。这次大会在1950年4月6日通过了《关于失踪人死亡宣告公约》(Convention on the Declaration of Death of Missing Persons),当天就向各国开放签署。该公约于1952年1月24日生效,按照公约第17条第1款规定的5年有效期,于1972年1月23日失效。① 实际上,依据1957年1月16日《延展失踪人死亡宣告公约有效期间之议定书》和1967年1月15日《再度延展失踪人死亡宣告公约有效期间之议定书》的规定,《联合国关于失踪人死亡宣告公约》效力一直延续到1972年1月24日。

《联合国关于失踪人死亡宣告公约》主要适用于1939年至1945年间最后居住在欧洲、亚洲或非洲的失踪者,对于1945年以后情形的适用则需另行通知联合国秘书长。该公约主张,凡失踪人的最后住所或居住地、国籍国、财产所在地、死亡地、失踪人相关亲属(直系血亲尊卑亲属、养子女及其后裔、兄弟姊妹及其后裔、叔婶或配偶)为申请人的住所或居所地,都可以行使对这些人的死亡宣告管辖权。而且一经宣告,则有关死亡及死亡日期等,在各缔约国间均应被承认具有法律效力。

可见,对于涉外失踪与死亡宣告的管辖问题,各国的规定并不完全相同。为了便于比较分析,通过对世界各主要国家有关涉外失踪与死亡宣告的管辖问题的立法规范进行梳理,如表6-6所示:

表6-6　有关涉外失踪或死亡宣告的管辖权立法规范比较

国家/地区	内容	
	是否并列设立失踪宣告与死亡宣告制度	是否对失踪或死亡宣告原则上由被宣告者本国法院管辖并采用居住地国管辖为辅的原则
奥地利	只设死亡宣告制度	是
波兰	只设死亡宣告制度	是
斯洛伐克	只设死亡宣告制度	是

① Article 17 of Convention on the Declaration of Death of Missing Persons, "The Convention shall be valid for a period years from the date of its entry into force under paragraph 1 of article 14", http://www.un.org/en/treaties/(accessed January 31, 2021).

续表

国家/地区	内容	
	是否并列设立失踪宣告与死亡宣告制度	是否对失踪或死亡宣告原则上由被宣告者本国法院管辖并采用居住地国管辖为辅的原则
黑山	只设死亡宣告制度	是
北马其顿	只设死亡宣告制度	是
法国	只设失踪宣告制度	是
比利时	只设失踪宣告制度	不确定
格鲁吉亚	是	是
西班牙	只设失踪宣告制度	不确定
荷兰	只设失踪宣告制度	不确定
列支敦士登	只设失踪宣告制度	不确定
日本	只设失踪宣告制度	是
泰国	只设失踪宣告制度	不确定
蒙古国	是	是
朝鲜	是	是
土耳其	是	是
瑞士	只设失踪宣告制度	是
斯洛伐克	只设死亡宣告制度	是
保加利亚	是	是
立陶宛	是	不确定
阿塞拜疆	是	不确定
吉尔吉斯斯坦	是	不确定
俄罗斯	是	不确定
突尼斯	是	不确定
斯洛文尼亚	只设死亡宣告制度	专属管辖
哈萨克斯坦	是	是
乌克兰	是	否,采用本国宣告主义

续表

国家/地区	内容	
	是否并列设立失踪宣告与死亡宣告制度	是否对失踪或死亡宣告原则上由被宣告者本国法院管辖并采用居住地国管辖为辅的原则
匈牙利	是	是
罗马尼亚	只设死亡宣告制度	否,采用本国宣告主义
德国	是	是
希腊	只设失踪宣告制度	是
英国	不确定	是
阿根廷	是	否,采用居住地宣告主义

从表6－6可以看出,绝大多数国家所采取的做法是,失踪或死亡宣告的管辖权原则上属于失踪者本国法院,但在一定条件和范围内也可以由其住所地国或居所地国管辖,即以本国为原则与以居住地为例外主义。之所以采取这种主次兼顾的办法,主要在于该原则具有足够的灵活性,是与国际民事诉讼复杂的现实情况相适应的。因为,那种主张应当由失踪人国籍国管辖的做法存在明显缺陷,容易造成离开国籍国多年的人的法律关系难以确定。另外,尽管由被宣告失踪或死亡者的居住地国法院管辖与失踪或死亡宣告的目的是相一致的,因宣告的目的无非是借以确定当事人的身份和财产关系,为确认被宣告人在所在地所引起的种种法律关系,以及为了维护被宣告人所在地的公共利益,更宜居住地法院进行管辖。但是,此种主张的不当之处在于完全置被宣告者的本国于不顾,而事实上一国国籍关系与其公民有着密切的关系。正是基于以上的考虑,世界各国立法大多采用本国法院管辖为主与居住地国管辖为辅的原则。

中国2017年修订的《民事诉讼法》在第十五章第三节第183条至第186条专门规定了有关宣告失踪和宣告死亡案件的特别程序,对于失踪或死亡宣告的案件,由下落不明人住所地基层人民法院管辖。但是,对于涉外失踪和死亡宣告案件应由何国法院管辖的问题,在中国《民事诉讼法》第四编“涉外民事诉讼程序的特别规定”中并未作出具体规定。

由于我国法律并没有关于涉外失踪和死亡宣告案件管辖权的具体规定,根据一般实践,在处理此类案件时,就涉外失踪和死亡宣告的管辖权来看,原则上也应属于当事人的本国法院,住所国只能就被宣告者在当地的法律关系和财产有权为宣告,且只应在其本国不愿过问的情况下才能行使此种权利。至于涉外失踪或死亡宣告适用的法律,主要也应是被宣告人的属人法,只是涉及我国境内的财产等法律关系的,则可考虑适用我国法律。因此,《涉外民事关系法律适用法》第 13 条规定:"宣告失踪或者宣告死亡,适用自然人经常居所地法律。"

因此,参照和借鉴当今世界各主要国家的立法范例,根据中国的具体情况,建议在我国修法规制有关涉外失踪或死亡宣告的管辖权时可以采用如下范例:

[涉外失踪或死亡宣告的管辖权]对于涉外失踪或死亡宣告的案件,如果被宣告者是中华人民共和国公民或者是在中华人民共和国境内有住所或惯常居所的外国人,中华人民共和国法院享有管辖权。

2. 涉外失踪或死亡宣告的法律适用

宣告失踪或死亡的原因和条件,一般是依属人法(尤其是国籍国法),但对涉及法院国境内的财产及法律关系的死亡宣告则依法院地法解决。目前,大部分国家直接规定采用被宣告者的本国法作为准据法,德国、奥地利、匈牙利、土耳其、斯洛文尼亚、罗马尼亚和波兰等国就是典型代表。例如,1998 年《突尼斯国际私法》第 44 条规定:"宣告死亡或宣告失踪的条件及效果由被宣告人最后本国法支配。"1999 年《斯洛文尼亚国际私法与国际民事诉讼法》第 16 条规定:"对失踪人的死亡宣告,依照该人失踪时的国籍国法。"2005 年《乌克兰国际私法》第 20 条"认定自然人失踪或者宣告自然人死亡的依据和法律后果,依该人最后为人所知的属人法。"2007 年《土耳其国际私法和国际民事诉讼法》11 条规定:"失踪或死亡宣告,依被宣告失踪或死亡者的本国法。"2007 年《北马其顿国际私法》第 18 条规定:"对于失踪者的死亡宣告,依该人失踪时的国籍国法。"2009 年《罗马尼亚民法典》第 2.574 条规定:"对死亡宣告、确定死亡时间或推定死亡时间,以及推定失踪人存活适用失踪人的最后本国法,如果此种法律不能确定,则适用罗马尼亚法。"2011 年《波兰国际私法》第 14 条规定:"自然人的死亡宣告或死亡认定,适用其本国法。"而比利时、保加利亚等国除了规定应适用本国法外,还主张兼顾惯常住所地法,尤其是针对无国籍人的准据法选择。例如,1998 年《格鲁吉亚国际私法》第 25 条规定:“失踪与死亡宣告,适用失踪者或者被宣告死亡者在其最后生存音讯时的国籍国法。对于无国籍人,适用其惯常居所地国法;无惯常居所时,适用格鲁吉亚法律。”2004 年《比利时国际私法典》第 41 条规定:“失踪适用自然人失踪时的本国法。失踪人财产的临时管理适用自然人在失踪时有惯常居所的国家的法律,如果该法对此没有规定的,则适用比利时法律。”2005 年《保加利亚国际私法典》第 55 条规定:“失踪或死亡宣告的条件和后果,依被宣告失踪或死亡者有最后确切消息时的国籍所属国法。若其为无国籍人,失踪或死亡宣告的条件和后果,依其最后的惯常居所地国法。”2013 年《黑山国际私法》第 18 条规定:“失踪者的死亡宣告,以该人失踪时的国籍国法律为准。失踪者无国籍时,宣告其死亡的条件和后果,适用该人最后的经常居所地国法律。”还有一些国家的立法坚持直接适用法院地法,以列支敦士登和哈萨克斯坦等国为代表。例如,1996 年《列支敦士登国际私法》第 15 条规定:“通过列支敦士登法院宣告某人失踪以及宣告的效力适用列支敦士登法律。”1998 年《吉尔吉斯斯坦民法典》第 1179 条第 15 条规定:“宣告自然人失踪或死亡,依照法院所在地国法。”1999 年《哈萨克斯坦民法典》第 1096 条第 15 条规定:“宣告自然人失踪或死亡,以法院地国法。”2000 年《阿塞拜疆国际私法》第 11 条第 15 条规定:“宣告某人失踪或死亡,依受理案件的法院国法。”2012 年《捷克国际私法》第 39 条规定:“对于宣告死亡事项或宣告失踪事项,捷克法院始终适用捷克实体法。” 2017 年修订的《匈牙利国际私法》第 58 条规定:“匈牙利法院可以对属人法并非匈牙利法的人宣告失踪或死亡,或者确定死亡的事实,如果匈牙利国内的法律利益要求这样做的话。”另外一些国家在坚持适用本国法时还兼顾适用法院地法,如 1995 年《意大利国际私法》第 22 条规定、2002 年《蒙古国民法典》第 543 条规定、2014 年《斯洛伐克国际私法与国际民事诉讼法》第 43 条规定和 2007 年《日本法律适用通则法》第 6 条的规定等。

虽然中国 2020 年颁布的《民法典》第一编第一章“自然人”中用第三节的 13 个条文专门规定了“宣告失踪”和“宣告死亡”两种制度的实体问题,2017 年 6 月 27 日修订的中国《民事诉讼法》在第十五章第三节中(第 183 条至第 186 条)用了 4 个条文规定了有关宣告失踪与宣告死亡的程序问题,均花费了一定篇幅,但是,我国涉外民商事关系的立法依然从简,只用一个条文对宣告涉外失踪或死亡的准据法选择作了规定。2010 年 10 月 28 日颁布的《涉外民事关系法律适用法》第 13 条规定:“宣告失踪或者宣告死亡,适用自然人经常居所地法律。”可以说,我国目前有关涉外宣告失踪或死亡法律适用的规定,不仅过于简略、粗疏,而且与当今国际社会的通行做法存在一定差距,加之只设置了“经常居所地”单一的连接点,更是值得修法时倍加斟酌。

因此,参照和借鉴当今世界各主要国家的立法范例,根据中国的具体情况,建议我国在修订有关涉外失踪或死亡宣告的准据法选择规则时可以参考如下范例:

[涉外失踪或死亡宣告的法律适用]宣告涉外失踪或宣告死亡,适用宣告时该自然人的国籍国法。无国籍或国籍无法确定的,适用其住所地法;无住所或住所无法确定的,适用其最后的惯常居所地法。

自然人被宣告失踪或者宣告死亡,其财产在中华人民共和国境内的,与该财产有关的事项适用中华人民共和国法律。

(三)自然人行为能力的准据法选择

1. 自然人行为能力的法律冲突

自然人的行为能力,是指自然人通过自己的行为取得民商事权利和承担民商事义务的能力,或者说是自然人能够独立为有效法律行为的资格。世界各国立法规定,要具有通过自己的行为取得民事权利、承担民事义务的完全的能力,一是必须达到一定的年龄,二是必须精神正常、心智健全。只有那种能够理智地进行民商事活动,认识到这种活动的后果,并能要求他对这种后果独立承担法律责任的人,才具备完全行为能力。而未具备或不完全具备这种条件的自然人,则分别属于无行为能力人或限制行为能力人。

由于各国法律对具有完全行为能力、无行为能力和限制行为能力规定的条件不尽相同,在自然人行为能力方面的法律冲突也并不罕见。由于自然人行为能力的有无往往以是否成年为分界线,而各国对成年年龄的规定并不统一,其中大多数国家的法定成年年龄为 18 周岁,如德国、英国、法国以及中国;也有国家的法定成年年龄为 15 周岁,如伊朗和也门等,似乎属于当今世界最低的法定成年年龄;而最高的法定成年年龄为 25 周岁,如西班牙、智利和丹麦等;另有国家规定 20 周岁为法定成年年龄,如瑞士和日本等;还有奥地利等国的法定成年年龄为24周岁,等等。如此,某一个国家成年且具有完全行为能力的人,在另一个法定成年年龄较高的国家则可能成为限制行为能力人。此外,各国有关完全无行为能力与限制行为能力的年龄界限或宣告条件的规定也存在一定差异,一是目前一些国家规定未成年人在7周岁以下为完全无行为能力者,也有国家规定未成年人在12周岁或10周岁以下为完全无行为能力者,中国《民法典》则规定未成年人在8周岁以下为完全无行为能力者,等等;二是有的国家明文规定了"成年宣告制度",而另一些国家则未作具体要求。所有这些,都难免导致自然人行为能力的法律冲突。

2. 自然人行为能力的法律适用

由于自然人的行为能力与其身份地位有着直接的关系,而自然人的身份地位既包括其自然状况,如是否成年,是否心智健全、精神正常等,也包括其法律地位,如是否已婚,是否为婚生子女等。所以,在国际私法中,一般多主张依解决自然人权利能力冲突的同一原则,即依当事人属人法来解决自然人行为能力的法律冲突。不过,在统一适用属人法原则下又有适用本国法与适用住所地法的区别,只是大多数国家主张适用当事人的国籍国法,少数国家主张适用当事人的住所地法。在当今世界主张自然人行为能力适用住所地法的国家主要有瑞士、委内瑞拉和立陶宛等。例如,1987年《瑞士联邦国际私法法规》第35条规定:"自然人的行为能力,适用自然人的住所地法律。自然人已经取得行为能力的,并不因其习惯居所地的变更而受影响。"1998年《委内瑞拉国际私法》第16条规定:"人的存活、民事地位及行为能力,依其住所地法。"2001年《立陶宛民法典》第1.16条规定:"外国公民或无国籍人的民事行为能力,依其固定住所地国法。"对于自然人行为能力适用本国法的做法,是当今国际社会比较通行的实践。例如,1995年《意大利国际私法》第23条规定:"自然人的法定能力应由其本国法支配。但是,如果一项行为由某一对于法定能力规定了特殊条件的法律支配,则此类条件由该法支配。"1995年《越南民法典》第831条规定:"外国自然人的民事行为能力由其国籍国法确定,但越南社会主义共和国法律另有规定的除外。外国自然人在越南签订和履行合同时,其民事行为能力由越南社会主义共和国法律确定。"1998年《突尼斯国际私法》第

40条规定:“自然人的行为能力由其本国法决定,法人的行为能力由其业务执行地国法律支配。根据金钱交易的缔结地国法,该交易的一方当事人为有行为能力的,该当事人即不能依据本国法或出生地国法或其业务执行地国法,提出自己为无行为能力或限制行为能力的主张,除非缔结合同时对方当事人已经或应当知道此种情况。”2001《韩国冲突法》第13条规定:“认定行为能力依据其本国法。当视为能力扩大到婚姻的行为时,也同样应适用当事人的本国法。已经取得的行为能力不因为当事人国籍的变更而丧失或受限制。”2002年《蒙古国民法典》第543条规定:“外国公民的行为能力依其国籍所属国法律确定。若涉及在蒙古国境内实施的法律行为或侵权债务关系,则依蒙古国法律确定外国公民或无国籍人的行为能力或侵权能力。剥夺或限制蒙古国境内的任何人的行为能力,须依照蒙古国法律。”2011年《波兰国际私法》第11条则未区分权利能力和行为能力统一规定:“自然人的权利能力与行为能力,依其本国法。”另外,在坚持本国法原则的国家中,因受“场所支配行为”的古老法则的影响,大部分立法主张“若依其本国法为无民事行为能力人或限制民事行为能力人,而依行为地法为完全民事行为能力人时,则适用行为地法”。卡塔尔、阿尔及利亚、保加利亚、日本、乌克兰、突尼斯、意大利、俄罗斯、瑞士和黑山等国法律的相应条款均直接纳入了上述规定;未有如此规定者,亦有意在补充适用行为地法的类似条款。[①] 例如,2004年《卡塔尔民法典》第11条规定:“民事身份和行为能力,依当事人的国籍国法。但是对于财产法上的行为,如果该行为在卡塔尔境内实施并在卡塔尔发生效力,合同当事人一方为不具有完全民事行为能力的外国人,且对其所缺乏的民事行为能力加以隐瞒而使得另一方当事人无法知晓,则其国籍国法对其民事行为能力无效。”2015年《阿尔及利亚民法典》第10条规定:“人的民事地位与行为能力,依其国籍国法。对于在阿尔及利亚进行的、并且在当地发生效力的商业交易,如果当事人一方依其本国法为无行为能力的外国人,而且这种无行为能力在客观上令对方当事人难以辨别,则该理由对行为能力的认定和交易的效力无任何影响。”2005年《保加利亚国际私法典》第50条规定:“人的行为能力,依其本国法。如果相关法律关系的准据法

① 李双元:《涉外民事关系法律适用法制定研究》,湖南人民出版社2016年版,第96页。

在行为能力方面规定有特别条件的,则适用该法律的规定。如果合同系由处于同一国境内的当事人所订立,一方当事人根据该国法律具有行为能力,则该当事人不得援引另一国法律主张无行为能力,除非缔约对方在订立合同时已知晓其无行为能力或由于疏忽而不知晓。第2款规定不适用于家庭关系或继承关系中的行为以及涉及行为实施地国以外的其他国家境内的不动产物权的行为。”该法第51条规定:“已依本国法取得的权利能力和行为能力,不受国籍变更的影响。”2007年《日本法律适用通则法》第4条规定:“人的行为能力,依其本国法而定。法律行为人依其本国法为限制行为能力人,依行为地法为行为能力人时,以该法律行为时所有当事人在同一法域的情况为限,尽管有前款规定,视该法律行为人为行为能力人。前款规定不适用于应适用亲属法或者继承法规定的法律行为及关于位于与行为地不同的法域的不动产的法律行为。”2013年《黑山国际私法》第14条规定:“自然人的行为能力,以其国籍国法为准。如果适用某特定法律关系的法律对行为能力有特别要求的,则适用该法律的规定。如果订立合同的双方当事人在同一国家领域内,则依照该国法律具有行为能力的一方当事人,不得援引另一国法律主张自己无行为能力,但对方当事人在订立合同时已知晓其无行为能力或因为重大过失而不知晓的除外。本条第2款的规定不适用于家庭关系、继承关系中的行为以及与位于行为实施地国以外的其他国家领域内的不动产之物权有关行为。”还有的国家立法只笼统地规定自然人行为能力适用属人法,并未区分究竟是是适用国籍国法还是住所地法,如哈萨克斯坦、俄罗斯和乌克兰就是典型代表。例如,1999年《哈萨克斯坦民法典》第1095条第2款规定:“自然人的行为能力依其属人法。”2001年《俄罗斯民法典》第1197条规定:“自然人的行为能力由其属人法决定。依照其属人法为无行为能力的自然人,若依行为实施地法为有行为能力的,不得主张自己为无行为能力,除非有情况表明对方当事人已承认或显然已经承认其为无行为能力。在俄罗斯联邦境内宣告无行为能力或限制性行为能力,依俄罗斯法律。”2005年《乌克兰国际私法》第18条规定:“自然人的民事行为能力依其属人法。有关法律行为和损害行为所生之债的自然人的民事行为能力,可依法律行为实施地国法或损害所生之债发生地国法,但法律另有规定的除外。认定自然人无行为能力或限制自然人的民事行为能力的依据和法律后果,依该人的属人法。”此外,德国、奥地利、西班牙、吉尔吉斯斯坦和阿塞拜疆等国家,不仅笼统地规定适用属人法,而且将自然人权利能力和行为能力法律适用也统在一起予以规定。例如,1978年《奥地利联邦国际私法法规》第12条规定:“人的权利能力和行为能力,依其属人法。”1986年《德国民法施行法》第7条规定:“人的权利能力和行为能力,适用该人所属国法,在行为能力因缔结婚姻而得以扩展时,亦适用此规定。”1998年《吉尔吉斯斯坦民法典》第1178条规定:“自然人的权利能力与行为能力,由其属人法确定。外国公民与无国籍人,在吉尔吉斯斯坦共和国享有与吉尔吉斯斯坦共和国公民同等的民事权利能力,但吉尔吉斯斯坦共和国法律或国际条约另有规定的除外。自然人在法律行为以及因造成损害所引起的义务方面的民事行为能力,依法律行为实施地国法或者因造成损害引起的义务产生地国法。”2000年《阿塞拜疆国际私法》第10条规定:“自然人的权利能力与行为能力,依其属人法。自然人的行为能力,涉及法律行为和侵权行为的,依法律行为实施地国法或者侵权行为发生地国法。宣告自然人为无行为能力,依受理案件的法院所在地国法。”这种不区分自然人权利能力与行为能力法律适用进行统一规定的国家还有罗马尼亚、列支敦士登、比利时、格鲁吉亚、阿塞拜疆、蒙古国、卡塔尔、斯洛文尼亚、北马其顿和土耳其等,且均主张适用当事人本国法。例如,2009年《罗马尼亚民法典》第2.572条规定:“自然人的民事法律地位和能力受其本国法支配。在某些特殊方面的无行为能力适用支配该特殊方面法律关系的法律。”1996年《列支敦士登国际私法》第12条规定:“自然人的权利能力和行为能力依其国籍法确定。法律行为实施者,尽管按照其国籍法为无行为能力,如果按照该法律行为实施地国家法律应有行为能力,则不得以无行为能力作为抗辩,除非对方当事人已经知道或者应当知道其无行为能力。本款规定不适用于家庭和继承法律行为以及其他涉及位于他国的不动产或与此同等的权利的法律行为。”1998年《格鲁吉亚国际私法》第23条规定:“自然人的权利能力和行为能力,适用其国籍国法。该规定也适用于行为能力因结婚而得以扩展的情形。”1999年《斯洛文尼亚国际私法与国际民事诉讼法》第13条规定:“自然人的权利能力与行为能力,适用其国籍国法。依照国籍国法为无行为能力的自然人,依义务产生地国法具有行为能力的,则为有行为能力。自然人行为能力的剥夺或限制,适用本条第1款规定的国家的法律。家庭与继承关系不适用本条第2款规定。”2007年《土耳其国际私法和国际民事诉讼法》第9条规定:“权利能力和行为能力,依当事人的本国法。如果某人依其本国法无行为能力,但依法律行为实施地国法有行为能力,则该人就该法律行为而言视为有行为能力。家庭法、继承法以及与位于另一国境内的不动产上的物权有关的法律行为,则不受该规定的影响。根据当事人本国法为成年的,则并不因为国籍的变更而丧失其成年资格。”2007年《北马其顿国际私法》第9条规定:“自然人的权利能力和行为能力,依其国籍国法。依照其国籍国法为无行为能力的自然人,如果依照债务发生地法具有行为能力,则视为有行为能力。对于自然人行为能力的剥夺或限制,适用本条第1款规定的法律。本条第2款之规定不适用于家庭关系及继承关系。”另外,对于自然人行为能力的法律适用,2014年《斯洛伐克国际私法与国际民事诉讼法》第42条和2012年《捷克国际私法》第33条的规定较为特别,坚持由法院地管辖并适用法院地的实体法。如2012年《捷克国际私法》第33条规定:“对于行为能力的限制事项,如果所涉当事人在捷克共和国具有经常居所或者为捷克国民,即使其经常居所在外国,捷克法院均具有审判权。”

可见,对自然人的行为能力适用当事人的属人法的观点,自巴托鲁斯的法则区别说以来,为所有国家的国际私法所接受。此规则也是国际私法中为各国采用的少有的共同规则之一。只是大陆法系与普通法系对属人法的理解各不相同,如大陆法系国家的属人法是指当事人的本国法或国籍国法,而英美普通法系国家的属人法则是指当事人的住所地法。按照自然人的行为能力依属人法的原则,在一般情况下,自然人只要依属人法有行为能力,无论到哪一个国家都应该被承认有行为能力;反之,如果依其属人法无行为能力,则无论到哪一个国家都应该被视为无行为能力。但是,随着国际经济贸易关系的进一步发展和扩大,内外国人杂居和相互交往日增,为了保护相对人或第三人不致因不明他的属人法的规定而蒙受损失,保护商业活动的稳定与安全,各国在适用人之行为能力依其属人法这一冲突规则时,仍有允许一些例外或限制:一是有关不动产处理的行为能力和侵权行为的责任能力,一般都不适用当事人属人法,而是继续坚持“处理不动产的行为能力适用物之所在地法”和“侵权行为的责任能力,适用侵权行为地法”;二是有关商事活动的当事人的行为能力也可适用商业行为地法,亦即商事活动当事人如依其属人法无行为能力,而依行为地法有行为能力,则应认为有行为能力。

我国立法对自然人民事行为能力的法律适用有较为明确的规定。《涉外民事关系法律适用法》第12条规定:“自然人的民事行为能力,适用经常居所地法律。自然人从事民事活动,依照经常居所地法律为无民事行为能力,依照行为地法律为有民事行为能力的,适用行为地法律,但涉及婚姻家庭、继承的除外。”实际上,我国立法对自然人民事行为能力的法律适用进行规定的可追溯到1986年《民法通则》,该法第143条规定:“中华人民共和国公民定居国外的,他的民事行为能力可以适用定居国法律。”此外,1988年最高人民法院《关于贯彻执行〈中华人民共和国民法通则〉若干问题的意见(试行)》又作了进一步的补充,其规定为:“定居国外的我国公民的民事行为能力,如其行为是在我国境内所为,适用我国法律;在定居国所为,可以适用其定居国法律;外国人在我国领域内进行民事活动,如依其本国法律为无民事行为能力,而依我国法律为有民事行为能力,应当认定为有民事行为能力;无国籍人的民事行为能力,一般适用其定居国法律;如未定居,适用其住所地国法律。”此外,1995年《票据法》第97条明确规定:“票据债务人的民事行为能力,适用其本国法律。票据债务人的民事行为能力,依照其本国法律为无民事行为能力或者为限制民事行为能力而依照行为地法律为完全民事行为能力的,适用行为地法律。”

3. 连接点的改变对自然人行为能力的影响

自然人的行为能力可能因为其国籍、住所或惯常居所乃至其他连接点的变更而出现行为能力有无的问题。例如,一个依其原属人法为未成年的人,后来在一个成年年龄较其原属人法规定低的国家取得了住所或国籍,依后一属人法他已达成年,在这种情况下,一般都主张应承认他已取得成年人资格而且有完全行为能力。再如,一个在成年年龄较低的国家已达成的人,因连接点的改变,依他的新属人法规定还未成年,依原属人法他已取得的完全行为能力能否得到保留,对于这种情形,有三种主张:第一,根据保护既得权说,认为当事人的新住所国或新国籍国应承认其已取得的完全行为能力;第二,依原属人法他已取得的完全行为能力不可保留,因为,承认其具有完全行为能力,会使该当事人比其新住所国或新国籍国的内国同等情况的人处于更为优越的地位;第三,依个案方法解决,应根据个案的具体情况具体分析,总的原则是既不宜使此种权利无条件地得到保留,但也不宜使过去已成立的法律关系遭到否定,诸如当事人在过去取得成年后已成立的遗嘱、已缔结的婚姻、已承担的责任等就不宜否定之。依法理和实践经验综合分析,最后一种主张也许更为合理和可行。

(四)涉外禁治产宣告的准据法选择

所谓禁治产(Interdiction),是指禁止为财产方面的法律行为。而禁治产者就是指被依法宣告禁止其为财产上的法律行为的人。禁治产制度是自然人民事行为能力制度的组成部分,它对于那些因特殊原因而意思能力有欠缺的人,可以基于利害关系人的申请和人民法院的宣告而被禁止管理和处分自己的财产。

这一制度,主要为保护已成年而因精神缺陷、心智不健全的自然人的利益而设立的。如《法国民法典》规定:“成年人,如其个人官能衰退以致无法独自保障其利益者,得或在某一特别行为时,或以持续的方式,受法律保护。”《德国民法典》第6条则规定,对有下列各种情况的成年人,均可通过一定的程序,由法院宣告为禁治产者,并应对他们设置监护:因精神病或心神耗弱或低能(Feeble-Mindedness)而不能管理自己财产的人;因其挥霍无度致使他自己或他的家庭生活发生困难的人;以及因酗酒成性或吸毒成癖而不能管理自己事务,或因此而使他自己或他的家庭生活发生困难,或危及他人安全的人。而英国除承认因心神失常(Mental Disordered)而作出的此种宣告外,其他各种禁治产原因概不为英国所承认,所以,在英国法中,只有“宣告精神病”(Declared Lunatic)这一概念,而无“禁治产”概念。但是,在日本、法国等国,还有禁治产与准禁治产之分,认为心神处于完全丧失状况的人(如精神病人等)为禁治产人,即相当于完全无行为能力人,而心神耗弱者(Mental Infirmity),包括精神上的障碍、低能者、老迈人,甚至聋、哑、盲人为准禁治产人,即相当于限制行为能力人。不过,我国目前不使用上述禁治产概念,而称为“宣告无行为能力人或限制行为能力人”。依据中国《民法典》第22条的规定,对完全不能辨认自己行为的成年人宣告为无行为能力人,并对不能完全辨认自己行为的成年人宣告为限制行为能力人,可以独立进行与他们的智力、精神健康状况相适应的民事活动。[①]

在国际私法上，对于涉外禁治产宣告的法律冲突问题，也可以区分管辖权与法律适用两方面加以解决。

如何确立涉外禁治产宣告的管辖权，国际私法理论与实践也形成了不同的观点。对于在内国的外国人的禁治产宣告，应由当事人本国法院管辖还是当事人居住地法院管辖，主要有两种主张：其一，只应由被宣告禁治产者的本国法院依本国法处理；[②]其二，由被宣告禁治产者居住地国家的法院依其法律兼管。不过，为了被宣告人个人利益和社会交易的安全，对于成年人为此种禁治产宣告，多数国家的实践与学说倾向于第二种主张，即原则上由本国法院管辖，但为了兼顾住所地或行为地的交易安全，也允许其居住地国法院管辖，并适用该人的本国法或居住地法。

例如，德国和希腊的立法实践都毫无例外地采纳了第二种主张，即在此问题上，并没有坚持本国专管的原则，而是认为，对于禁治产宣告，当事人之本国固然有权予以管辖，其居住地国也有权予以宣告。1896年《德国民法施行法》第 8 条规定："对在德国有住所或居所的外国人，德国法院依德国法为禁治产之宣告。"而《德国关于改革国际私法的立法》第 4 条则规定："德国法院负责宣告禁治产，如果应予宣告禁治产者：是德国人；或在内国有惯常居所或没有惯常居所而在内国有居所。这种管辖权并非专有。如果诉讼已由一个其他国家的法院负责审理时，内国法院停止宣告禁治产。"1946 年《希腊民法典》第 8 条规定："希腊法院对于住所在希腊的外国人，可以宣告禁治产。如果外国人在希腊有居所或者财产，对于他只能采取临时措施。"2007 年《土耳其国际私法和国际民事诉讼法》第 10 条规定："设立或撤消监护、禁治产的理由，依为之请求设立或撤消监护、禁治产者的本国法。外国人根据其本国法不得被设立监护或被禁治产的，如果该外国人的惯常居所在土耳其境内，则依土耳其有关设立或撤消监护、禁治产的法律作出决定。在当事人被迫居留于土耳其的情况下，也适用土耳其法律。涉及禁治产、监护以及照管的所有事件，依土耳其法律，但有关设立或撤消监护、禁

---

① 李双元主编：《国际私法》（第 5 版），北京大学出版社 2018 年版，第 172 页。

② 苏远成：《国际私法》，台北，五南图书出版股份有限公司 1988 年版，第 179 ~ 180 页。

治产的理由除外。”1905 年《海牙国际私法会议关于禁治产的法律适用与管辖权的公约》(1912 年 8 月 22 日生效)就采用这种以属人管辖与属人法为主兼顾属地管辖与属地法的原则。该公约规定:(1)宣告某人为禁治产者的管辖权属于他的国籍国,并且不管他的住所或居所,其宣告禁治产的条件,概依他的本国法决定;(2)但其人所在地国家,为保护其人身和财产,在依其本国法已具备宣告条件时,可以采取一些必要的临时措施,并及时通知其本国有关方面,一旦其本国采取措施如宣告为禁治产后,这种临时措施即行终止;(3)只有在其本国表示不愿予闻或于 6 个月内不做答复时,居住国才可以做正式的禁治产宣告。2012 年《捷克国际私法》第 33 条也采取类似立场。有的国家还规定,对在内国的外国人宣告禁治产,在由内国法院管辖时必须满足三个条件:一是该外国人在内国有住所或居所;二是依其本国法有禁治产的原因存在;三是依内国法也承认该人有禁治产的原因。例如,2001 年《韩国冲突法》第 48 条就规定“已在大韩民国作出限定治产或禁治产宣告的情况”应适用韩国法律。

对于涉外禁治产宣告的管辖原则,大多数国家的立法与实践主张由本国法院管辖兼顾住所地或行为地原则。因为,禁治产宣告的当事人若其作为外国人在一内国有住所或居所,那么,他在该内国的活动就应多于其本国的活动,他的利益就有可能会是在其有住所或居所的国家而不是在其本国受到侵犯,同样地,他也更有可能是在其有住所或居所的国家侵犯他人的利益和公共利益。禁治产宣告不与本国专管与设立禁治产人制度的目的是相一致的,禁治产宣告的目的不仅在于保护被宣告者之利益,而且也是为了预防被宣告者对他人造成损害。设立禁治产宣告制度的起因也不只在于保护个人利益,也有为了维护居住地国公共利益的因素。但是,从另一方面来说,不坚持本国专管,也并不意味着要坚持内国专管。坚持内国专管原则,会给远在异国的申请人与被宣告者带来很大的不便,也会给受理法院进行事实上的调查造成困难,从而与确定国际民事诉讼管辖权的基本原则之一的便利诉讼的原则不相符合。

对于禁治产宣告的域外效力,一般主张区分在内国和在外国宣告的两种不同情况分别对待。在内国对外国人为宣告的,尽管宣告的原因应适用该人的本国法,但在内国的效力,应依内国法,即法院地法;在外国所为的宣告,又可以分为对外国人的宣告和对内国人的宣告两种不同情况。在对内国人宣告属内国法院专属管辖时,则外国法院的宣告,当然不会承认其任何效力。例如,1963 年《捷克斯洛伐克国际私法与国际民事诉讼法》第 42 条就规定"对于捷克公民宣告禁治产、准禁治产及设置监护,即使居住在外国,均由捷克法院行使管辖权";但如为外国法院对外国人所作的宣告,则只要是该法院享有此种管辖权并且是依被宣告人的本国作出的,内国可以承认其效力。

关于禁治产宣告对被宣告人能力保护的范围,有主张概依其属人法决定的。因此,即令他被一个非本国或非住所法院宣告为禁治产者,他保留的行为能力的范围仍应取决于他的属人法,而不应取决于宣告国的法律。[①] 不过,就商业契约而论,还要结合考虑行为地法。但也有主张应区分三种不同情况分别处理的:一是在宣告地其保留能力的范围,应绝对地依宣告地法;二是在第三国其保留能力的范围,也不宜主张属人法的绝对的效力,而应结合行为地法所允许保留的范围加以考虑;三是外国被宣告人在内国参加民事活动,也不能主张属人法的绝对效力,而应结合内国法所允许保留的范围考虑,以保证内、外国被宣告者之间的权利平等。[②]

迄今为止,我国还没有建立起禁治产人制度,但在一些国家,这项制度却由来已久,这证明了有其存在的价值。事实上,如果不对虽已成年但由于神智丧失或精神耗弱或浪费的人的行为能力予以限制,就会使其本人、他人和社会经济秩序处于不安定状态。有鉴如此,我国有必要借鉴国外一些国家的立法,建立禁治产人的制度。

我国 2017 年 6 月 27 日第十二届全国人民代表大会常务委员会第 28 次会议修订的《民事诉讼法》第十五章第四节(第 187 条至第 190 条)规定了"认定公民无民事行为能力、限制民事行为能力案件"的特别审理程序,但是,我国至今尚无涉外禁治产宣告的管辖权和法律适用方面的立法。不过,在 1986 年《民法通则》中,一方面它在第 8 条中规定,本法关于公民的规定,适用于中华人民共和国领域内的外国人、无国籍人;另一方面在第 143 条中又规定在国外定居的中国公民,其行为能力

---

① 李双元:《国际私法(冲突法篇)》(修订版),武汉大学出版社 2001 年版,第 369 ~ 386 页。

② Martin Wolff, *Private International Law*, Scientia Verlag Aalen, 1977, pp. 286 – 289.

可以适用定居国法律,把这一原则作扩大解释而运用于无行为能力和限制行为能力的宣告上。这是否有可能被理解为在涉外禁治产宣告上,根本摒弃了属人法的管辖而概依被宣告人的居住地法?而我国的国际私法立法也缺乏关于无行为能力和限制行为能力的宣告的管辖权与法律适用方面的规定,2010 年《涉外民事关系法律适用法》第 12 条第 2 款仅规定:"自然人从事民事活动,依照经常居所地法律为无民事行为能力,依照行为地法律为有民事行为能力的,适用行为地法律,但涉及婚姻家庭、继承的除外。"

如果上述规定不足以规范涉外禁治产宣告的管辖权与法律适用,那么,可以说因我国尚未建立起禁治产人制度而导致这方面的管辖权与准据法选择的立法还存在空白。不过,即使我国建立起禁治产人制度后,也不必在该问题的立法上仿照希腊的做法。希腊法院对于住所在希腊的外国人,可以宣告禁治产,而对于在希腊有居所的外国人只能采取临时措施。其实,住所或居所都反映了被宣告人与住所地国或居所地国的联系,有时候,甚至由居所所体现出来的联系会更为密切,如惯常居所。中国 2020 年《民法典》第 25 条就规定,经常居所与住所不一致的,经常居所视为住所。综合以上的分析,建议我国有关部门在确定涉外禁治产宣告的管辖规则时可以参考或采用如下范例:

[涉外禁治产宣告的管辖权]中华人民共和国法院对于符合禁治产条件的中华人民共和国公民以及在中华人民共和国境内有住所或惯常居所的外国人,得宣告禁治产。

第三节 法 人

正如社会生活中的权利主体不仅仅限于自然人一样,涉外民商事法律关系的主体除自然人以外还有"人格化"的实体,即法人。法人(Legal Person, Artificial Person)一般是指依法定程序成立,具有自己的名称、组织机构、住所、财产或者经费,能够以自己的名义享有民事权利和承担民事义务,并能在法院起诉、应诉的人合或财合组织体。但实践中对法人的认定并不完全一致,如"合伙"这类组织,一些国家认为是法人,而另一些国家则并不认为它们是法人。如 1987 年《瑞士联邦国际私法法规》第150条就规定，对尚不具备一个组织的“合伙”，将只受该法关于合同法律适用规则的调整。中国2020年颁布的《民法典》第57条与1986年《民法通则》有关法人定义的规定一样，即“法人是具有民事权利能力和民事行为能力，依法独立享有民事权利和承担民事义务的组织”。对于法人，中国《民法典》区分为营利法人、非营利法人和特别法人，而将“合伙”归入“非法人组织”。因此，法人作为国际私法主体之一，各国立法与司法对其法律地位的规定仍有差异，尤其是有关法人国籍和住所的确定也存在法律冲突，需要从理论上弄清并加以解决。

法人是与自然人相对称的另一种民商事法律关系的主体。法人作为民商事法律关系的主体，在国际经济交往和合作中发挥着重要的作用。但法人作为涉外民商事法律关系的主体，其民事权利能力和民事行为能力尚需得到有关外国的认许。未经认许的外国法人在内国不得作为民商事主体进行民商事活动。不过，各国为了进行国际经济交往和合作，特别对已依他国法律成立的外国商业法人在内国的民商事主体的资格，一般都是可以依法或依互惠原则加以认可的。

一、法人国籍的确定依据

正如同区分内国人和外国人的标准是国籍一样，区分内国法人和外国法人的标准也是国籍。国籍的概念，本是表明自然人与特定国家之间某种固定的法律联系的标志，在国际经贸关系和民商事关系中，也同样用到法人这个法律的创造物(Statutory Creature)身上。

(一)法人国籍的概念

国籍本是属于自然人身份上的一种制度，但通说主张法人同样具有国籍。法人的国籍，是指法人与其所属国的一种永久、稳固的内在联系，是区分内国法人与外国法人的重要标志。有学者认为，法人的国籍是拟制的，因而许多大陆法系国家及其学者(如奥地利裔法学家凯尔森和德国大部分国际私法学者)否认法人具有国籍。一般来说，享有法人的权利并参加民商事活动的组织和公司，总是隶属于某一特定的国家及其法律秩序的。[1] 当今国际社会，无论是国际私法学界还是国际经济

---

① 李双元等主编:《国际私法》(第5版)，北京大学出版社2018年版，第175页。

法学界,主流观点还是对法人国籍持肯定态度的。特别是国际私法在涉及适用法人属人法时,大部分国家的立法与司法实践主张适用法人的国籍国法。例如,2007 年《北马其顿国际私法》第 16 条明确规定:"法人的权利能力和行为能力,依其国籍国法。"2009 年《罗马尼亚民法典》第 2. 568 条规定:"本国法是指自然人国籍所在国的法律或者法人国籍所属国的法律。" 该法典第 2. 571 条的标题就是"法人国籍",它明文规定:"(1)法人的国籍依据主营业中心所在地国家的国籍来确定。(2)法人若在多个国家拥有营业所,则根据其实际营业所确定其国籍。(3)实际营业所是指企业依照章程进行日常活动的主要经营管理中心所在地,即使其决策是根据外国股东或合伙人的指示而采取的。(4)若依第(2)款同样的方式确定法人国籍的外国法反致于法人成立地国家的法律,则适用于法人成立地法律。"①可以说,法人的国籍的理论价值和实践意义也是不容忽视的。具体而言,法人国籍的法律意义集中体现在以下四个方面:

首先,法人国籍是区分内国法人与外国法人的标准,是决定外国法人具体待遇的依据之一。内国赋予外国法人何种待遇,直接与法人的国籍相关。事实上,对外国法人在许多问题上要适用内国的外国人法以及依条约所承担的各种待遇制度。

其次,法人国籍是确定法人属人法的依据,是法人认许的先决条件。因为,法人作为一种组织体,其经济或社会活动能力远较作为个体的自然人强大,在一些海上贸易大国相继兴起之时,其海外公司就成了各自国家掠夺海外资源,拓展海外市场的工具,故后来对外国公司(或法人)来内国活动,一般均需得到"认许"。这就离不开确定法人的国籍。

再次,法人属人法上冲突的解决也依赖于法人国籍的确定。学界大多主张把法人冲突法方面的问题与外国人法方面的问题区分开来。因为,法人冲突法方面的问题主要涉及法人的权利能力的准据法的确定与适用,这属于法人属人法范畴;而法人属人法上的冲突则与法人的

---

① 1992 年《罗马尼亚关于调整国际私法法律关系的第 105 号法》第 40 条则规定:"法人根据其成立证书在某地建立起营业所则具有该地所属国国籍。法人若在多个国家拥有营业所,则根据其实际营业所确定其国籍。"

国籍有关。例如,某种组织体是否具有独立的法律人格即法人的资格,以及如果具有法律上的人格(能成为法人),它能享有何种权利能力,乃至法人内部组织之设立与权责、对外之关系及其行为能力与它的重组解散或消灭当依何种程序,一般认为都应由法人的属人法决定,而这个法人的属人法显然也应当是法人所属国法。

最后,确定法人的国籍也是内国决定对法人行使外交保护权和确定涉外民商事管辖权的依据。

(二)确定法人国籍的主要理论

无论是在理论上还是实践中,如何确定法人国籍的标准,众说纷纭、莫衷一是。由于国际经济活动范围不断扩大,某一公司由甲国人集资所组成,但其登记注册地却在乙国,董事会或管理中心设于丙国,而实际经营的业务却在丁国的情况屡见不鲜,特别是跨国公司的出现更给确定法人的国籍造成了极大的困难。目前,国际社会尚无确定法人国籍的统一标准,因而,在实践中提出了种种不同的学说:

第一,法人住所地说。这一学说认为法人的住所在哪一国家,便应认为该法人属哪国法人,即住所在内国的就为内国法人,住所在外国的就为外国法人。但对于何处为法人的住所,学者的主张和各国的实践尚未能统一,归纳起来,大致有三类不同观点:(1)认为法人的住所就是记载于章程中的成立地,即法人的"出生地",英美国家普遍认为这两个地点是重合的;(2)认为法人的住所应在其管理中心地(1986年《民法通则》第39条、2020年《民法典》第63条和1994年《公司登记管理条例》第12条均强调:法人以其主要办事机构所在地为住所);[①](3)认为法人住所应在其营业中心地或开发利用中心所在地。对于法人住所地说,也有学者持完全相反的意见。他们认为,一是住所是可由法人随意设定的;二是依法人住所定其国籍,可能助长法人通过虚设住所以达到改变其属人法和规避法律的目的。

第二,组成地说以及与之直接相关的登记国说或准据法说。法人

① 1986年《民法通则》第39条规定:"法人以它的主要办事机构所在地为住所。"2020年《民法典》第63条规定:"法人以其主要办事机构所在地为住所。依法需要办理法人登记的,应当将主要办事机构所在地登记为住所。"1994年《公司登记管理条例(2016年修订)》第12条规定:"公司的住所是公司主要办事机构所在地。经公司登记机关登记的公司住所只能有一个。公司的住所应在其公司登记机关辖区内。"

无非是模拟自然人而由法律赋予人格的拟制体(Fictitious Person),因此,法人的国籍应在其取得法律人格的地方即法人的组成国。不过,在实际生活中,有时一个法人的组成需要为多数行为,而这些行为往往并不在同一国家进行,如一个法人的章程订立于甲国,设立的核准在乙国,则两国都可能视其在本国组成。为了弥补组成地说的不足,学者们又提出了登记国说和准据法说。登记国说主张某一组织在哪一个国家登记注册则为哪一国的法人;准据法说则认为法人依据哪一国法律创立即取得哪国国籍,目前,英美和欧洲部分国家均采此说确定法人的国籍。例如,1971 年美国《第二次冲突法重述》就规定:"商业法人的有效成立,必须符合其成立所在州法律规定的条件,而不管其活动地,或者董事、经理及股东住所地的法律作何规定。"1979 年《匈牙利国际私法》第 18 条第 2 款则规定:"法人属人法按法人登记国家法律的规定。"当法人的规模和业务范围不断扩大时,法人的组成地与其活动中心可能并不一致,依此说确定的法人国籍并无多大实际意义。

第三,法人设立人国籍说。此说认为,法人的国籍应依组成法人的成员或依董事会董事的国籍决定。其理由是法人不能离开设立它们的自然人而独立存在。加之各国民法对于外国人的权利能力常进行一定限制,如果不以具组成人员的国籍定内外国法人的区别,外国人便会通过在内国组成法人,以取得外国自然人所不能享有的权利。过去,法国法院曾采此标志确定法人国籍。这种学说强化了人在法人中的重要地位,并强调限制外国人的权利,尽管有一定道理,但歪曲了现代公司法本质,且此说实行起来较难,在实践中运用得并不多。

第四,实际控制说。此说主张法人实际上由哪国控制,即应具有哪国国籍,故在战争时期用以判定敌性法人具有重要意义。在实际生活中,有时一些法人虽依敌国法律成立,并不足以判定其为敌性法人;反之,有些法人其股份虽为内国人所掌握,也不足以证明它就完全为内国利益服务。因此,持这种主张的人认为应透过这些现象看本质,即法人实际上为哪一国所控制就为哪国法人。例如,1916 年和 1925 年,瑞典曾通过有关立法,禁止在瑞典组成而实际上为外国所操纵的公司取得瑞典的土地与矿藏,因为当时德国工业巨头常常躲在瑞典公司的背后,大量购买瑞典的森林及矿产资源,以危害瑞典的民族经济。

第五,复合标准说。第二次世界大战后,随着法人在国际经济交往中的作用日益加强，出现了一种把法人的住所和法人的登记注册地结合起来定法人国籍的主张。采此说，或综合法人的住所和组成地两项标准定其国籍；或综合法人的住所地或设立地和准据法两项标准定其国籍。例如，中国 1983 年发布、2014 年修订的《中外合资经营企业法实施条例》第 2 条就规定，依照中外合资经营法批准并在中国境内设立的合资企业是中国法人。① 又如，日本一般采取准据法主义，但要取得日本内国法人的资格，除依日本法成立外，还需在日本设有住所，凡不符合这两个条件均被视为外国法人，也采复合标准说。② 1968 年布鲁塞尔《关于相互承认公司和法人团体的公约》也兼采准据法和住所重叠标准说。1970 年国际法院在审理巴塞罗那公司案时，认为对于公司的外交保护权，只能赋予该公司依据其法律成立并在其领土内有注册的事务所的国家。③

从上述各国关于法人国籍问题的理论与实践可以发现，无论是发达国家还是发展中国家在这方面均存在种种不尽如人意之处。

首先，每一种确定法人国籍的标准均有一定道理，但都具片面性，不能完整地解决法人国籍这一问题。因为，法人是由诸因素组成的，它必须有一定的独立财产，有自己的名称、管理机构和自己的成员，其业务经营是在一定的场所进行的。此外，还须经某一国法律的承认或批准，才具有法律人格，才能从事经营活动。而上述各种标准都是从某一因素出发的。法人设立人国籍说是以法人成员的成分为基础的，着眼于人的因素；组成地说是以章程的批准或登记这个法律的因素为根据的；实际控制说则是以财产这个物的因素为根据的；法人住所地说是以法人的一定经营场所或领导机关的处所为出发点，着眼于空间因素。这些理论都有一定的理由，都能维护一定的利益，但由于法人本身以及其参加国际经济交往的复杂性，决定了上述各种理论都不能完美地解决法人国籍问题。

---

① 2019 年 12 月 12 日国务院第 74 次常务会议通过的《外商投资法实施条例》第 49 条规定："本条例自 2020 年 1 月 1 日起施行。《中外合资经营企业法实施条例》、《中外合资经营企业合营期限暂行规定》、《中华人民共和国外资企业法实施细则》、《中华人民共和国中外合作经营企业法细则》同时废止。"

② 李双元：《国际私法（冲突法篇）》，武汉大学出版社 1987 年版，第 282 ~ 283 页。

③ 黄惠康、黄进编著：《国际公法国际私法成案选》，武汉大学出版社 1987 年版，第 66 ~ 71 页。

其次,各国采用的标准不是固定不变的,它随着条件的变化而变化。在合股公司的早期,公司的创设必须经国家明确批准,那时普遍认为公司是成立国的国民。到了19世纪末,考虑到那时许多公司在一国成立而在另一国从事活动的情况,大多数欧洲国家放弃了根据原始地决定法人国籍的理论,而采用住所地理论。不少国家在平时采某一标准,而在战时又采另一标准,或多种标准并用。

再次,由于各国文化传统,法律体系及其社会利益的不同,标准不统一是不可避免的。可以说,一国在法人国籍问题上采取何种标准,是由其利益决定的。法国、德国、意大利、瑞士、荷兰等欧洲大陆国家,它们之所以将法人的管理机关作为法人的住所地,并以此来确定法人的国籍,是因为这些国家在资本主义发展的历史上对外经济掠夺的办法之一,就是在弱小国家建立众多公司企业,而这些企业的管理机关大都设在本土。另一些欧洲国家采取这一标准并规定了较宽的条件,是为了使大量的公司企业规避其他国家的法律而划归本国管辖,以收取一定的管理费用。相反,埃及、叙利亚等一些弱小国家采取营业中心地标准的目的是为了控制那些发达国家设于自己国家的企业。英美等国采成立地标准是为了使众多的在内国成立而到别国营业的法人处于自己的法律管辖之下。苏联和东欧国家采取成立地标准,则是因为这些国家是计划经济国家,采用这一标准可以及时、有效地控制外国法人在其境内的活动,有利于维护本国经济秩序。所以,在法人国籍确定问题上出现冲突,是国际上不同利益并存的结果,是难以避免的。

最后,各国有关法人国籍的立法比较零散,很不完备。关于自然人的国籍问题,各国通常都有专门的立法,而对于法人,很多国家一般没有确定法人国籍的条款,即便有也很简单。其原因可能是认为赋予一个不行使政治权利和承担政治义务的法律实体以国籍不适当,但更有理由的解释可能是,在众多不同的情况中,规定一个统一适用的标准,会带来诸多不便。在历史上,1883年法国在起草一项法律时,就认为宁可不对公司"国籍"作规定,这样法院可以根据每一个案件的具体情况来做处理。① 这种立法现状与法人大量参加国际民商事活动的现实是

① The Nationality of International Corporations Under Civil Law and Treaty, *Harvard Law Review*, Vol. 74, 1961, p. 1429.

很不相适应的。随着世界经济一体化趋势的不断加强,法人国籍问题的立法现状势必要被打破,只有这样,才能充分保护日益增多的内外国法人的合法权益,维护正常的国际民商秩序,促进世界各国经济的稳步发展。①

总之,在现实生活中,各国并不只是依照单一标准来定法人国籍,而是往往依上述几种标准,根据具体情况,结合本国利益和需要,灵活加以运用。

(三)跨国公司的国籍确定

跨国公司(Transnational Company),主要是指以本国为基地,通过对外直接投资,在其他国家设立子公司或分支机构从事国际化生产和经营的国际垄断经济组织。跨国公司一般由总公司或母公司和分布在世界各地的子公司或分支机构组成。因跨国公司的经营中心通常散布在全球不同地区或国家,其国籍往往难以确定。

目前,对于跨国公司及其分布于其他国家的子公司或分支机构的国籍的确定,多主张依具体情况区别对待,按照内国确定法人国籍的标准,结合个案的实际情况分别确定跨国公司及其子公司的国籍。例如,1907年《瑞士民法典》第56条规定,法人的住所,依法人章程的规定(而在章程无规定时,则以执行其事务之处所为法人住所)。1896年《日本民法典》第50条规定,法人以其主事务所所在地为住所。1938年《泰国冲突法》在确定法人国籍时就以法人总店或主要营业所所在国为法人的国籍。1979年《匈牙利国际私法》认为法人应以其登记国法为属人法,而法人个别登记的分支机构或工厂的属人法亦乃它们各自的登记国法。2005年《保加利亚国际私法典》第56条第1款规定:"法人以其注册地国法为准",该条第4款则规定"对于法人的分支机构,以该分支机构注册地国法为准"。2009年《罗马尼亚民法典》第2.571条"法人国籍"规定:"(1)法人的国籍依据主营业中心所在地国家的国籍来确定。(2)法人若在多个国家拥有营业所,则根据其实际营业所确定其国籍。(3)实际营业所是指企业依照章程进行日常活动的主要经营管理中心所在地,即使其决策是根据外国股东或合伙人的指示而采取的。(4)若依第(2)款同样的方式确定法人国籍的外国法反致于法人

① 李双元:《国际私法(冲突法篇)》(修订版),武汉大学出版社2001年版,第396~411页。

成立地国家的法律,则适用于法人成立地法律。”该法典第 2.580 条第 2 款和第 3 款规定:“法人在国外成立的分公司的组织章程适用法人本国法。法人子公司的组织章程适用其子公司营业所建立地国家的法律,而不论成立该子公司的法人所适用的法律为何。”1993 年中国《公司法》第 191 条、第 194 条和第 195 条则规定:外国公司是指依照外国法律在中国境外设立的公司,其在中国设立的分支机构不具有中国法人资格,但外国公司的分支机构必须在其名称中标明该外国公司的国籍及责任形式。

(四)我国确定法人国籍的实践与有关规定

关于确定法人国籍的标准的理论学说分歧较大,有主张依法人组成成员的国籍定法人国籍的(此说显然未顾及许多法人可能由不同国家的人出资组成的事实);有主张以成立地(组成地)定法人国籍的(但组成行为可能连续在多国发生);有主张依法人实际上为何国人控制或操纵定法人国籍的(此说在战时确定敌性法人时常被采用)。但采用最多的还是根据法人依何国法律成立(准据法说)或根据法人住所、管理中心或主要营业所所在国定法人国籍。其中更有兼采准据法和住所重叠标准的,我国对外资在中国境内设立的公司为中国内国公司即是如此。不过,因实际情况复杂多变,各国在认定法人国籍时并不只是采用一个标准,而是根据具体情况,结合本国的利益,灵活加以运用。如中国历史上确定法人国籍的实践即是如此:

(1)中华人民共和国成立初期,在清理外国人在华企业时,为了肃清帝国主义在华特权,主要采法人资本实际控制说,以法人资本实际控制于何国人手中的情况来确定法人的国籍。例如,上海永安公司(中华人民共和国成立后定名为上海第十百货商店)原来成立时登记为美商,太平洋战争爆发后,又改为华商,抗战胜利后复登记为美商,但该公司实际上是中国人投资且一直为中国人所经营掌握,因此,中华人民共和国成立后中国政府将该公司定为中国私营企业,而未作外国法人对待。

(2)目前对外国法人国籍国法的确定,采注册登记国说。最高人民法院《关于贯彻执行〈中华人民共和国民法通则〉若干问题的意见(试行)》第 184 条规定,外国法人以其注册登记地国家的法律为其本国法,法人的民事行为能力依其本国法确定。外国法人在我国领域内进行的民事活动,必须符合我国的法律规定。同时对于在外国已根据它的法律取得了该外国国籍的法人,中国也都承认其已取得的国籍,而不问该外国适用何种确定法人国籍的标准。例如,我国1993年颁布的《公司法》(2018年10月26日第4次修订)第191条规定:“本法所称外国公司是指依照外国法律在中国境外设立的公司。”该法第194条还规定:“外国公司的分支机构应当在其名称中标明该外国公司的国籍及责任形式。”

(3)对中国内国法人国籍的确定,则采法人成立地和准据法复合标准,故只有依照中国法律组成并且在中国境内设立的法人才能取得中国内国法人的资格。例如,中外合资经营企业和中国境内的外资企业便是分别依照《中外合资经营企业法》和《外资企业法》,经中国主管部门批准并在中国工商行政管理机关登记注册而在中国境内设立的,故中国法律确定这两种企业是中国法人。而2019年3月15日第十三届全国人大代表大会第二次会议审议通过的《外商投资法》第42条规定:“本法自2020年1月1日起施行。《中华人民共和国中外合资经营企业法》、《中华人民共和国外资企业法》、《中华人民共和国中外合作经营企业法》同时废止。本法施行前依照《中华人民共和国中外合资经营企业法》、《中华人民共和国外资企业法》、《中华人民共和国中外合作经营企业法》设立的外商投资企业,在本法施行后五年内可以继续保留原企业组织形式等。具体实施办法由国务院规定。”同样,2019年12月12日国务院第七十四次常务会议通过的《外商投资法实施条例》第49条规定:“本条例自2020年1月1日起施行。《中华人民共和国中外合资经营企业法实施条例》、《中外合资经营企业合营期限暂行规定》、《中华人民共和国外资企业法实施细则》、《中华人民共和国中外合作经营企业法细则》同时废止。”因此,自2020年起,外国人在中国投资开办的外商投资企业都应依据中国《外商投资法》成立,适用《公司法》和《合伙企业法》等法律法规,理当属于中国法人。对此,我国《外商投资法》第2条非常明确地规定:“本法所称外商投资企业,是指全部或者部分由外国投资者投资,依照中国法律在中国境内经登记注册设立的企业。”

二、法人住所的定位理论

在确定法人国籍时,许多国家采住所地说,主张以法人的住所地法作为法人的属人法。在实践中,对于法人住所的确定,在国际私法上有着十分突出的现实价值和意义。因为,法人住所不仅是区分内外国法人的标准之一,而且也是影响国际税收管辖与司法管辖的重要因素。科利尔(J. G. Collier)曾说:公司的属人法即其住所地法,而其住所就是它的组成地。① 只是法人的住所究竟应如何确定,以何处作为法人的住所,各国的理论与实践并无统一主张。概括起来,大致存在如下不同学说:

第一,管理中心所在地说或主事务所在地说。这种主张认为,法人的管理中心是法人的首脑机构,故法人的住所应该是它的管理中心或主事务所所在地。西方发达国家多采这种主张。欧洲大陆绝大部分国家以及其他洲少数国家以法人的主事务所或管理中心所在地为住所。例如,《日本民法典》第50条规定:"法人以其主事务所所在地为住所。"《日本商法典》第54条还规定:"公司以其总公司所在地为住所。"1925年《泰国民商法典》第80条和第1098条规定,法人以其主事务所之所在地为住所,但其分事务所之所在地,亦得视为住所。法国法和德国法也规定,法人的住所,就商业法人而言应在其商业事务管理中心地;而就非商业法人而言,应是它履行其职能活动所在地。《瑞士民法典》第56条也持类似态度。不过,采此说确定法人的住所也存在弊端,因为法人管理中心或主事务所的所在地设在何处均由法人自己决定,这样就有可能使本在内国从事经营活动的法人,如欲规避内国法律的适用,只要将管理中心或主事务所设在国外,取得外国住所,便非常容易地实现其变更住所的目的。

第二,营业中心所在地说。这种主张认为,法人运用自己的资本从事经营活动的地方就是其实现其经营目的之所在,故法人的住所应是法人实际上从事经营活动的所在地。例如,埃及、叙利亚、罗马利亚、韩国和波兰等国就主张法人住所应为其营业中心地。与营业中心地说相近似的还有一种开发利用中心说。法国国际私法学者毕耶就是该学说的典型代表,他认为,开发利用中心是法人实现其目的的地方,一个企业的中心往往并不在董事会或股东会开会的地方,而是在它进行活动

---

① J. G. Collier, *Conflict of Laws*, 3rd ed., Cambridge University Press, 2001, p. 57.

的地方。[①] 不过，此说的弊端也是显而易见的。因为，有时一个公司，往往有几个中心营业点或开发利用中心，诸如从事保险业、运输业或银行业的法人，其营业范围常常跨越数国，往往缺乏唯一性的营业中心地，从而难以确定其营业中心地所在，也就导致法人的住所标准更不容易认定了。

第三，法人住所依其章程之规定说。这种主张认为，以法人登记时在其章程中所记载的住所为法人的住所；法人章程未规定的，一般以主事务所所在地为法人的住所。由于法人之登记，一般应于其章程中明确指明其住所，因此，《瑞士民法典》第 56 条就明确规定，法人的住所，依法人章程的规定。在实际生活中，不少法人通常规定其营业中心地或管理中心地为住所，但也可能不在这些地方。例如，1966 年法国最高法院受理有关某一银行国籍问题的案件，该银行的章程上规定住所在土耳其，而营业中心实际上却在英国。[②] 可见，该说的主要不足在于章程规定的住所与法人实际住所并不一定一致，从而导致确定法人住所的标准难以取舍。

第四，法人成立地说。这种主张认为，法人的住所类推于自然人的原始住所，即法人的住所，在其成立地。英国、美国和印度等国即采此说。戚希尔曾指出："每一个人，自然人和法人，在出生时取得原始住所，在自然人的情况下就是他父亲的住所，在法人的情况下，就是他出生（成立地）的国家。"但是，该学说的弊端也十分明显：法人的住所有可能由纯粹变成虚构的，从而导致其国籍和属人法可由当事人随意选择而定。[③]

此外，法人居所也是影响法人属人法的一个重要连接因素，在英国甚至被认为是"最重要的连接因素"。[④] 一般而言，法人居所与决定法人纳税义务或诉讼责任、诉讼费用担保、在战时敌对外人身份等有关。例如，英国法规定，公司的居所在公司管理和控制中心所在地，即使该地与成立地不同。但是如果公司的管理控制中心分别在两个主事务所

---

① 李双元：《国际私法（冲突法篇）》，武汉大学出版社 1987 年版，第 280 页。

② 曾陈明汝：《国际私法原理》，台北，五南图书出版股份有限公司 1975 年版，第 124 页。

③ 李双元、蒋新苗主编：《现代国籍法》，湖南人民出版社 1999 年版，第 173 页。

④ Ronald Harry Graveson, *Conflict of Laws: Private International Law*, 7th ed., Sweet & Maxwell Ltd., 1974, p. 181.

时,一个公司可以有两个居所。2009 年《罗马尼亚民法典》第 2.570 条第 3 款和第 4 款也规定,法人的惯常居所位于该法人的主要营业地。法人的主要营业地是该法人的管理中心所在地。

由于世界各国有关法人住所的理论与实践难以统一,国际民商事交往过程中也就不可避免遭遇法人住所的法律冲突。而究竟如何解决法人住所的法律冲突,当今国际社会也尚未达成共识,既无一般性原则又无统一化措施,完全听凭各国自由行事。由各个国家根据各自立法与司法实践所确立的法人住所规则加以解决。

从我国相关法律法规及实践分析,我国在确定法人住所标准时实际上采取了成立地说与营业中心所在地说相结合的立场。中国 1986 年《民法通则》和新颁布的《民法典》规定,法人以其主要办事机构所在地为住所。中国《公司法》第 10 条不仅作了相似规定而且在第 195 条中更加明确规定:“外国公司在中国境内设立的分支机构不具有中国法人资格。外国公司对其分支机构在中国境内进行经营活动承担民事责任。”我国最高人民法院 1988 年《关于贯彻执行〈中华人民共和国民法通则〉若干问题的意见》第 184 条规定,对于外国法人,由其注册登记地国家的法律决定。有时还需要考虑法人营业所所在地国的法律。该《意见》第 185 条还规定,当事人有两个以上营业所的,应以与产生纠纷的民商事关系有最密切联系的营业所为准;当事人没有营业所的,以其住所或者经常居住地为准。中国 2010 年《涉外民事关系法律适用法》第 14 条规定:“法人的主营业地与登记地不一致的,可以适用主营业地法律。法人的经常居所地,为其主营业地。”

三、外国法人的认许程序

(一)外国法人认许的概念

外国法人要取得在内国活动的权利,无论是大陆法系国家还是普通法系国家,都一致主张必须经过内国的认许。所谓外国法人的认许,是指对外国法人以法律人格者在内国从事民商事活动的认可,是外国法人进入内国从事民商事活动的前提。

对外国法人是否许可其在内国活动,应分别从两个方面加以解决:一方面是该组织是否已依外国法成立为法人;另一方面是依外国法已有效成立的外国法人,内国法律是否也承认它作为法人而在内国存在与活动。前者涉及外国法人是否存在的事实,这当然只能依有关外国法人的国籍国法来判定;后者涉及内国的法律和利益问题,即内国是否也在法律上承认其法人资格并允许其活动的问题。所以,国际私法上认许外国法人在内国活动,必须同时适用两个法律:一是外国法人的属人法,主要解决外国法人的权利能力与行为能力问题;二是内国的外国人法,主要解决外国法人能否在内国活动及其活动的范围与权利的限制以及对外国法人的监督等方面的问题。一般主张对外国法人的认许没有创设性质,而只有确认或宣示的性质。未经过内国认许的法人不得在内国以法人身份从事营业活动。

(二)外国法人认许的程序

随着世界经济一体化和全球化的发展,国际民商事交流日益频繁,外国法人进入内国活动的现象十分常见。当今世界各国普遍坚持外国法人要取得在内国活动的权利,必须经过内国的认许。至于以何种方式认许外国法人在内国活动,各国法律的具体规定并不一致,归纳起来,主要有特别认许程序、概括认许程序、一般认许程序和分别认许程序等不同程序。

第一,特别认许程序。这就是由内国对外国法人通过特别登记或批准程序加以认许。此主张为比利时学者劳伦特最先提出,立法实践中有苏联和奥地利等国采用。特别认许程序的优势在于有利于控制外国法人在内国的活动;而弊端则在于对外国法人逐一认许,任务繁重、程序烦琐,人为地增添了国际经济贸易活动的难度。

第二,概括认许程序,又称相互认许程序。这主要通过国内立法和国际条约两种方式对外国法人概括地加以认许。一是由内国依据相关法律对属于某一特定外国国家的法人概括地加以认可。例如,1857 年法国曾颁布一项法律,对比利时法人概括地予以承认:凡经比利时政府许可成立的法人,均可在法国行使其权利。对其他各国法人,也于同一法律中规定,只要是在有互惠关系的国家成立的法人,也应承认。① 二是通过国际立法进行概括认许也可,即有关国家缔结国际条约相互认许其他缔约国的法人。例如,1956 年《海牙国际私法会议承认外国公司、社团和财团法律人格的公约》以及 1968 年欧洲经济共同体《关于相

① 梅仲协:《国际私法新论》,台北,三民书局 1982 年版,第 183 页。

互承认公司和法人团体的公约》,都是有关国家通过条约规定了相互认许程序或概括认许程序的。

第三,一般认许程序。凡依外国法已有效成立的法人,不问其属于何国,只需根据内国法规定,办理必要的登记或注册手续,即可取得在内国活动的权利。凡未经内国认许的外国法人不得在内国享有权利(但并不妨碍其享有诉讼权),否则,如该外国法人在内国为法律行为,应与行为人负连带责任。

第四,分别认许程序。这就是对外国法人分门别类,或采特别认许,或相互认许,或一般认许。例如,法国对有条约关系的采取相互认许程序,对无互惠关系的采取特别认许程序。德国对商业法人采取一般认许程序,而对非商业法人必须经特别认许程序。

(三)我国对外国法人认许的有关规定

自实行对外开放政策以来,外国公司、企业、个人来我国进行商贸、投资活动的越来越多。外商的活动主要有三种方式:(1)临时来华进行经贸活动;(2)在我国直接投资,主要形式有中外合资经营企业、中外合作经营企业、外资企业、外商投资企业等;[①](3)在我国为进行连续的生产经营活动,以外国公司名义在我国设立分公司等分支机构。对于采取第一种方式的外国法人,我国立法采取自动承认其在本国的主体资格的政策,在程序上属于一般认许。在第二种方式下,因为“三资”企业和外商投资企业均为中国法人,故不存在认许问题。对于第三种方式,以前,我国法律规定不甚详尽,散见于行政法规、政策之中,其中主要有:1980年国务院《关于管理外国企业常驻代表机构的暂行规定》、2013年国务院《外国企业常驻代理机构登记管理条例》、2002年中国人民银行《外资金融机构驻华代表机构管理办法》、2014年国务院《外资银行管理条例》和2016年国务院《外资保险公司管理条例》,等等。

自1993年12月29日第八届全国人民代表大会常务委员会第五次

① 根据2019年3月15日第十三届全国人大代表大会第二次会议通过的《外商投资法》和2019年12月12日国务院第七十四次常务会议通过的《外商投资法实施条例》的规定,依据“三资企业法”设立的中外合资经营企业、中外合作经营企业法和外资独资企业在该法2020年1月1日实施之日起的5年以内还可继续保留原企业组织形式等。但自2020年新设立的外资企业就只有《外商投资法》第2条第1款所规定的类型,即“外国投资者单独或者与其他投资者共同在中国境内设立外商投资企业”。

会议通过《公司法》以后，我国对外国法人认许的立法日益规范并逐渐完善与发展。中国《公司法》已经过1999年、2004年、2005年、2013年和2018年多次修改，2018年10月26日第十三届全国人民代表大会常务委员会第六次会议通过了《关于修改〈中华人民共和国公司法〉的决定》。中国2018年修订的《公司法》设专章规定了外国公司的分支机构问题（第十一章第191条至第197条）。根据《公司法》第192条规定的设立程序，外国公司在中国境内设立分支机构，必须向中国主管机关提出申请，并提交其公司章程、所属国的公司登记证书等有关文件，经批准后，向公司登记机关依法办理登记，领取营业执照。外国公司分支机构的审批办法由国务院另行规定。我国政府主管机关受理审查外国公司在我国设立分支机构的申请时，应当遵循三项基本原则：第一，该外国公司必须是在中国境外的某个国家或地区依法正式登记注册并开展营业活动，其到我国申请设立分支机构必须提交公司章程和由登记国政府登记机关签发的公司登记证书及有关证明文件；第二，该外国公司设置的分支机构，应当有明确的经营目的和业务范围，并不得违反我国的法律、法规和社会公共利益；第三，分支机构的经营活动应当符合我国的产业政策。《公司法》第193条和194条还规定了外国公司在我国申请设立分支机构时必须具备的条件，主要有：(1)外国公司分支机构必须有标明其外国公司国籍和责任形式的名称；(2)外国公司必须指定在中国境内负责该分支机构的代表人或代理人，作为其公司总机构在中国境内的代表，代理其参加在中国境内发生的诉讼或非诉讼活动；(3)外国公司必须按照规定向其在中国境内的分支机构拨付经营活动或业务活动所需资金，国务院规定了营运资金最低限额的，必须达到最低限额标准；(4)外国公司分支机构必须在本机构中置备所属的外国公司的章程。关于外国公司分支机构的法律地位，中国《公司法》第195条作出了明确规定："外国公司在中国境内设立的分支机构不具有中国法人资格。外国公司对其分支机构在中国境内进行经营活动承担民事责任。"

可见，我国对外国法人在中国设立常驻代表机构等分支机构，采取的是特别认许程序，即必须先经批准，再行登记，而后才能以外国法人驻中国常驻代表机构的名义在中国境内进行活动。

四、法人权利能力与行为能力的准据法选择

(一)法人权利能力和行为能力的法律冲突

法人的权利能力是指法人作为民商事权利主体,享受民商事权利和承担民商事义务的资格。法人的行为能力是指法人以自己的意思独立进行民商事活动,取得民商事权利并承担相应义务的资格。各国民法或商法关于法人权利能力和行为能力的规定是不尽相同的。例如,有的国家(法国和意大利等)承认无限责任公司是法人,而有的国家(德国和瑞士等)则不承认无限责任公司是法人。德国商法规定登记是公司成立的要件,公司非经登记不得成立;而日本商法则规定登记并非公司成立的要件,仅为对抗第三人的要件。有的国家(比利时和法国等)规定有限责任公司不能向公众发行债券,而德国则没有这种禁止规定。还有,英国规定法人为"权限外的行为"无效,而德国却无此限制。因此,法人的权利能力和行为能力的法律冲突也是在实践中难以避免的。

由于法人的权利能力和行为能力同时开始,并且两者的范围也是一致的。因此,对于法人的权利能力和行为能力的法律冲突,国际私法上是采用同一冲突规则来解决的,即适用法人的属人法。但外国法人在内国活动,首先必须遵守内国的法律,所以,在具体的权利能力和行为能力等问题上,也还得同时受内国的外国人法的约束。在实践中,当今国际社会在贯彻属人法原则同时强化内国的外国人法的规制效力以及内国的管辖权。例如,1995 年《越南民法典》第 832 条规定:"外国法人的民事权利能力由其成立地国法确定,但越南社会主义共和国法律另有规定的除外。外国法人在越南签订和履行合同时,其民事行为能力由越南社会主义共和国法律确定。"1998 年《吉尔吉斯斯坦民法典》第 1185 条规定:"法人的民事权利能力,依照法人的属人法确定。"1999 年《哈萨克斯坦民法典》第 1101 条规定:"法人的民事权利能力,依公司属人法。在实施法律行为时,只要外国法人的机构或代表的行为完成地国法对限制代理权不熟悉,则该外国法人不得主张对其机构或代表的代理权进行限制。依照外国法不能视为法人的外国组织的民事权利能力,依该组织设立地国法。如果该组织的活动适用哈萨克斯坦共和国法律,则适用本法典有关调整作为商业组织的法人的活动的规定,但哈萨克斯坦法律或有关义务类型另有规定的除外。"1999 年《斯洛文尼

亚国际私法与国际民事诉讼法》第17条规定："法人的法律地位，适用法人国籍国法。法人的国籍，依照其设立地国法确定。法人在设立地以外的另一国有实际所在地，并依照该国法律具有其国籍，则法人以该国国籍为其国籍。"2000年《阿塞拜疆国际私法》第13条规定："法人的权利能力，依其属人法。该规定亦适用于法人的代表或分支机构。如果外国法人、外国法人代表或其分支机构所实施的法律行为被行为地国法所禁止，因而对其权利力施加限制的，外国法人不得不对这种限制采取对抗措施。"2001《立陶宛民法典》第1.19条规定："外国法人及其他组织的民事权利能力，依照该法人或组织设立地国法确定。在违背法人及组织的设立章程时，民事权利能力依照实际活动所在地法确定。子公司的民事权利能力，不论法人或其他组织的设立地位于何处。只要其分支机构，业务性活动或其他活动的主要场所位于立陶宛共和国境内，依立陶宛共和国法律。法人或其他组织的联合、合并或迁址，若其中一位于立陶宛共和国境内而其他处于外国，只要其行为依照两国法律规定也已实现，则不影响此类机构在立陶宛共和国境内的民事权利能力。"2002年《蒙古国民法典》第544条规定："外国法人，如依照其所在地国法律有权利能力，则蒙古国法律承认之。外国法人实施法律行为不得援引蒙古国法律中未规定之限制。"2004年《卡塔尔民法典》第12条规定："适用于诸如公司、社团、基金会等外国法人的规定，依其事实上的主要管理机构所在地国法确定。但是，如果法人的主要活动在卡塔尔实施，即使其事实上的主要管理机构所在地不在卡塔尔境内，亦适用卡塔尔法律。"2005年《乌克兰国际私法》第26条规定："法人的民事权利能力和行为能力，依法人的属人法。"该法第27条还规定："依外国组织成立地国法非为法人的外国组织，其属人法为其成立地国法。如果此类组织在乌克兰领域内从事活动，则对其活动的适用调整法人活动的乌克兰立法，除非根据立法精神或法律关系的事实另有结论。"2015年《阿尔及利亚民法典》第10条第4款规定："外国法人在阿尔及利亚实施的行为，依阿尔及利亚法律。"2007年《土耳其国际私法和国际民事诉讼法》第9条第4款和第5款规定："法人、团体的权利能力和行为能力，依其章程所规定的管理中心所在地的法律。如果管理中心的实际所在地位于土耳其境内，则可适用土耳其法律。无章程的法人、无法人人格的团体的能力，依其管理中心的实际所在地法律。"2007年

《北马其顿国际私法》第16条规定:“法人的权利能力和行为能力,依其国籍国法。法人具有其据以设立的法律所属国的国籍。如果法人的实际所在地不在其设立地国而在另一国,而且根据该另一国法律具有其国籍,则该法人应视为该另一国法人。”2013年《黑山国际私法》第19条规定:“法人,以其据以设立的国家法律为准。法人的实际主事务所不在其设立地所在国而在另一国,并且依照另一国的法律应以该国法律为准,则适用该法人的实际主事务所所在国的法律。”

可见,对于法人的权利能力与行为能力的法律适用问题,大部分国家主张适用法人的国籍国法、住所地法或设立地法或主事务所在地法。而我国也采取了大体一致的立场,但具体对于法人权利能力和行为能力适用法人属人法原则时依次按登记地法律、主营业地法律、经常居所地法律予以适用。例如,我国最高人民法院《关于贯彻执行〈中华人民共和国民法通则〉若干问题的意见》第184条就规定,法人的民事行为能力依其本国法确定,而对于外国法人,则以其注册登记地国家的法律为其本国法。由于在涉及法人的许多民事法律关系中,有时还需要适用法人营业所所在地国的法律,为此,我国最高人民法院在上述《意见》第185条中进而规定,当事人有二个以上营业所的,应以与产生纠纷的民商事关系有最密切联系的营业所为准;当事人没有营业所的,以其住所或者经常居住地为准。中国2010年《涉外民事关系法律适用法》第14条规定:“法人及其分支机构的民事权利能力、民事行为能力、组织机构、股东权利义务等事项,适用登记地法律。法人的主营业地与登记地不一致的,可以适用主营业地法律。法人的经常居所地,为其主营业地。”我国最高人民法院《关于适用〈中华人民共和国涉外民事关系法律适用法〉若干问题的解释(一)》第16条规定:“人民法院应当将法人的设立登记地认定为涉外民事关系法律适用法规定的法人的登记地。”

(二)法人属人法的适用范围

所谓法人属人法(Personal Law of Corporation),就是指法人的国籍国法或住所地法。当今国际社会各国的理论与实践一般主张,法人属人法是决定法人权利能力和行为能力的准据法,即确定法人身份、构成和法律地位的法律。具体而言,大陆法系国家坚持法人属人法即法人的国籍国法,英美普通法系则认为法人属人法就是指法人住所地法。例如,1889年《西班牙民法典》第9条规定:“法人的属人法由其国籍决定并且适用于其权利能力、成立、法律地位、行为能力、变更、解散和终止。不同国家的社会组织则适用其各自的属人法。”1978 年《奥地利联邦国际私法法规》第 10 条规定：“法人，或其他任何能随权利或负担义务的社团或财团，其属人法应是该法律实体设有事务所的国家的法律。”1979 年《匈牙利国际私法》第 18 条规定：“法人属人法为法人登记国法。”1998 年《吉尔吉斯斯坦民法典》第 1184 条规定：“法人以其设立地国法为属人法。”1999 年《白俄罗斯民法典》第 1111 条规定：“法人成立地国法为其属人法。”1999 年《哈萨克斯坦民法典》第 1100 条规定：“法人设立地国法为法人的属人法。”2000 年《阿塞拜疆国际私法》第 12 条规定：“法人的属人法，为法人设立地国法。”2001 年《俄罗斯民法典》第 1202 条规定：“法人以其设立地法为属人法。”2005 年《乌克兰国际私法》第 25 条规定：“法人住所地国法视为法人的属人法。”2009 年《罗马尼亚民法典》第 2. 568 条和第 2. 580 条规定：“法人的本国法是指法人国籍所属国的法律，法人的组织章程适用其本国法。”可见，尽管世界各国确定法人属人法的标准大同小异，但认可法人属人法的现实是共同的，而且对法人属人法支配法人的权利能力和行为能力以及法人属人法的适用范围也初步形成了一定程度的共识。实际上，法人属人法的适用范围相当广泛，一般而言，主要适用以下事项：

第一，法人属人法首先适用于法人的成立和法人的性质。这与适用属人法来解决自然人是否已取得权利能力基于同一道理。因此，凡依其属人法已取得法人资格的组织，便也可在外国被认为是法人；反之，依其属人法不具有法律上人格的组织，在其他任何国家也不会被认为是法人。例如，英国不承认合伙是法人，法国则承认之，因此，一个在英国成立的合伙即使在法国也不会被承认为法人；反之，一个在法国成立的合伙，在英国也会把它当作法人看待的。

第二，法人属人法适用于法人的权利能力。这包括法人能从事何种活动，能取得何种财产权利，法人能否为其“权限外的行为”（超出法人章程范围以外的行为），法人有无侵权行为责任能力，法人有无诉讼能力等问题，一般亦由法人属人法决定。如比利时、法国、意大利、卢森堡等国法规定，有限责任公司不能对外发行债券，而德国则没有这类禁止性的规定。据此，比利时、法国、意大利、卢森堡在德国的有限公司便不能向公众发行债券。对于法人的权利能力的范围及限制，各国大都适用自己的外国人法来加以控制,因而,一个甲国法人在乙国活动,其在乙国的权利能力范围,实际上必须重叠适用甲、乙两国的法律。因此,一个依其属人法能取得土地所有权的法人,并不能禁止外国法人在土地所有权的国家取得土地所有权。

第三,法人属人法适用于法人的内部体制和对外关系。由于各国法律对董事及经理的选任、公司股票的发行、先买权、董事和股东会议的举行、投票方法、股东检查公司记录的权利、股东参加管理与利润分配的权利、股东就股票对抗第三人的权利、股东对公司债务的债权人应承担的责任和范围以及董事及经理人员对公司、公司的债权人、股东的责任及范围等规定分歧颇多,难免产生法律冲突。如关于董事与公司的关系,有的国家法律规定,董事在职务范围内具有代表公司为一切法律行为之权,有代表公司为原告或被告或其他一切诉讼的权限;而美国法律则规定,董事没有代表公司的权力,董事非经董事会决议无权处理公司业务;关于经理人对第三者的责任问题,有的国家规定,经理人于执行业务范围内,如违反法令,致第三者受到损害,不管是直接故意、间接故意或过失,都必须与公司负连带赔偿责任,而另一些国家则规定,只有出于恶意或重大过失时,经理人才与公司负连带赔偿责任。对于这类问题的解决,也属于法人的属人法的适用范围。

第四,法人属人法适用于法人的解散。凡由其本国以法令加以解散的法人,别国也应承认此种解散的效力。法人可因种种事由而解散,如法人章程规定的解散原因已发生,法人的目的已完成或不可能完成,全体股东的同意,法人被行政撤销,破产等。但在立法上,各国对法人解散的理由不尽相同。例如,在法国,当股份公司的账目表明公司纯财产少于公司原始股本的1/4时,董事会必须召集股东大会报告这一情况,决定公司是否继续存在,若继续存在,它的亏损必须在法定期间内予以补偿,否则,任何有利害关系的人都可以要求法院命令公司解散。对于这种情况,大多数国家的公司法都有类似规定,但可命令解散的亏损额占公司原始股本的比例不同,如意大利规定为1/3,瑞典为2/3。对于法人的解散问题,英国法规定,公司只有在进行清算后才能解散,而在大陆法国家,解散是第一步,然后才清算。此外,对于公司终止后股东、董事和职员的权利义务问题,也适用法人的属人法来解决。

第五,法人的合并或分立对前法人债务的继承问题,也应该依法人属人法予以解决。由于各国法律对法人的合并与分立的规定不同,从而有可能产生法律冲突,在这种情况下,应依法人的属人法来解决这一问题。例如,1958 年英国法院判决梅特里斯莱诉希腊国家银行和雅典银行案(MetLiss v. National Bank of Greece and Athèrs S. A)就是典型案例。该案的具体情况为:1927 年希腊国家抵押银行发行利率为 7% 的英镑债券,规定本金在 1957 年偿还。这些债券由希腊国家银行担保,英国法为债券和担保的准据法。1953 年后希腊颁布了一个法令,该法令规定希腊国家银行和雅典银行合并为希腊雅典国家银行,该法规定,新银行成为前两个银行权利义务的"概括继承人"。雅典银行和新银行在英国有资产。一个债券持有者把新银行作为债券担保人起诉,要求偿付 14 年半的利息。1956 年 7 月 12 日,法院作出判决,适用该法人的属人法希腊法,维护了当事人的合法权益。后被告不服上诉,上诉法院和贵族院维持原判。①

可见,有关法人的内部和外部的基本事项一般应由法人属人法决定,包括法人的成立问题,如成立的实质要件和形式要件、成立无效的原因;法人的能力问题,如作为法人能享有什么权利义务,以及什么人以什么形式进行行为和对何人的何种不法行为应由法人本身承担赔偿责任;法人的组织问题,如大会、董事、监事等组织的构成、权限及与社员的地位等有关的事项;法人的合并和分立及其债权债务的继承问题;法人的解散问题,如解散的理由和有关清理债务事项;等等。

至于是否允许外国法人在内国活动及其范围、对外国法人的监督以及外国法人在内国享有权利承担义务的限制等问题,则是必须适用内国的外国人法的。例如,一外国法人依其属人法有购买和占有土地的权利,但内国法律禁止外国法人买卖和占有土地,则该法人就不能在内国取得土地。外国法人在内国活动,首先,必须符合内国的法律,因此,在具体的权利能力和行为能力问题上,除适用法人属人法外,还得同时受内国的外国人法的约束。例知,一般地说,对于与其本国没有真正联系的外国法人,受理案件的法院或有关机关对与该法人有关的事项,并不适用其属人法来解决。如在美国,把与当地有实质性联系与外

---

① Sir Peter North, J. J. Fawcett, *Cheshire and North's Private International Law*, 13th ed., Butterworths London Ltd., 1992, pp. 898 – 899.

国没有实质联系的外国公司,称为“伪装的外国公司”、“住在本地的外国公司”、“漂泊公司(Tramp Corporation)”或“名义上的外国公司”。即当公司与成立国(州)的联系,仅是“纯粹的成立”,没有别的联系时,法院有时便拒绝适用成立国(州)法。在美国的商业交易上,这种“漂泊公司”是一个普遍现象,它在一州成立而其全部活动在另一州。美国法院把这种公司的外国性说成是“形而上学的概念”(Metaphysical Concept),它在成立州的存在是“虚构的海市蜃楼”(Illusory Mirage),虚假多于实际。美国对“伪装外国公司”适用当地法的案例是很多的。在法国,如果设定的事务所不在高层次的管理活动的重要部分进行地,该设定事务所不能决定准据法。相反,如果真正和实际的主事务所在法国,则适用法国法。其次,对外国法人的特殊权利能力即经认许的外国法人在内国享有具体的权利的能力,如能从事哪些营业活动、享有何种待遇、能取得哪些财产权等,亦得以所在地国法规定为限。某种权利(如土地所有权),虽依其属人法可享有,但依所在地法不得享有者,它便不得享有。相反,某一权利虽依其属人法不能享有,依所在地法则可能享有。这是国际上公认的,也是各国的普遍实践。至于一国法律(包括条约)赋予外国法人的权利能力的范围如何,是由该国的对外政策以及它与法人本国间的关系决定的。[①] 再次,如外国法人从事非法人也可从事的法律行为时,往往要适用该行为的准据法。如1971年《美国冲突法重述》第301节认为,公司从事个人也可以做的行为而产生对第三者的权利和义务,由适用于非公司当事人的同样的法律选择原则决定。第三者指除成立国、公司的董事、职员或股东外的人。许多行为是法人和个人都可以做的,如签订合同、侵权行为、取得和转让资产等,当法人进行这些行为时,由适用于非法人当事人的同样的法律选择原则决定。也就是说,法人与第三者因合同发生纠纷像个人之间因合同发生纠纷一样,适用该合同关系的准据法。该准据法可能是其属人法,也可能是其他国家的法律。最后,如在适用属人法会导致违反当地的公共秩序时,也会排除其适用的。《美国冲突法重述》认为,“法人的存在是否终止或中止,依其成立州(国)的实体法判定”,但依成立州(国)法律的终止或中止严重违反法院地的公共政策,则不予承认。美国有一系列因

---

① 梅仲协:《国际私法新论》,台北,三民书局1982年版,第188~189页。

章程成立州法违反当地公共秩序而不能适用的判例。在法国，在涉及债权人利益时，法院认为法院地的重要政策要求适用本地法（法国法）。概言之，外国法人的活动受其章程、本国法以及当地法的调整。[①]

实际上，各国法律对法人属人法的适用范围的规定在大体一致的情况下，存在细微的差别。例如，1995 年《意大利国际私法制度改革法》第 25 条规定，支配该法人或非法人社团的法律（主要是其成立地国法，但如其总部或主要工作机构设在意大利，则应适用意大利法）支配以下事项：该法人或非法人团体的法律性质；商业或社团名称；成立、转让与解散；能力；组织的编制、权力及运作方式；机构、成员资格的取得与丧失及由此而发生的权利和义务；企业负债的法律责任；违反法律或公司章程的后果。2009 年《罗马尼亚民法典》第 2. 580 条、第 2. 581 条和第 2. 584 条则规定："法人的组织章程适用其本国法，而法人本国法的适用范围即适用于法人之组织章程的法律特别适用于：a）法人的能力，b）公司章程取得与终止的方式，c）根据公司章程而产生的权利与义务，d）法人组织的构成方式、管理权限以及作用方式，e）通过本身机构进行代理，f）法人及其机关对第三人的责任，g）创立文件的改变，h）法人的解散与清算，但对于具有不同国籍的法人的合并则要求累积满足适用于法人组织章程的本国法所规定的所有条件。"而中国 2010 年《涉外民事关系法律适用法》第 14 条概括性地规定："法人及其分支机构的民事权利能力、民事行为能力、组织机构、股东权利义务等事项，适用登记地法律。"

此外，国际社会也在试图探寻有关外国法人资格认定及允许其跨国活动的统一化规则，其中海牙国际私法会议、美洲国家组织和欧盟都在进行不懈的努力。目前，关于承认外国法人资格的国际公约主要有：1956 年《海牙国际私法会议承认外国公司、社团和财团法律人格的公约》、1968 年欧洲经济共同体订于布鲁塞尔的《关于相互承认公司和法人团体的公约》、1979 年美洲国家间订立的《关于商业公司的冲突法公约》等。其中尤以 1956 年海牙《承认外国公司、社团和财团法律人格的公约》的开创性规定引人注目，该公约在承认外国法人资格方面主张采取

---

① 李双元：《国际私法（冲突法篇）》（修订版），武汉大学出版社 2001 年版，第 411 ~ 434 页。

概括认许程序,并对实际所在地决定法人法律人格的取得问题、合并问题、诉讼的能力问题等作了具体规定。该公约在其实质性规定上,仍允许缔约国借公共秩序保留加以排除。该公约目前尚未生效,截至2020年1月30日,依然只有比利时、法国、卢森堡、荷兰和西班牙5个国家签署了公约,其中只有法国、荷兰和比利时3个国家已批准了公约。①

第四节　国家与国际组织

一、国家作为国际私法主体的特殊性

1. 国家参与涉外民商事活动的特殊性

随着国际经济关系的发展,以及国家的经济职能的不断加强,国家直接或间接地参加国际民商事活动的情况也日益增多。但国家作为主权者的本质属性,又使国家参与涉外民商事活动具有其特殊性。一是国家作为国际法上的主权者参与国际民商事活动,不仅常常是其授权的机关或责任人以国家名义进行,而且是以国库财产来承担涉外民商事责任的;二是国家虽以涉外民商事法律关系的主体参与国际民商事法律关系,但因主权者的财产及主体资格仍然享有一定的豁免权。因此,关于国家能否成为国际私法的主体的争议较大,有学者主张国家能成为国际私法的主体;但也有学者认为国家是主权者,只能作为公法主体,不能成为国际私法的主体。

2. 国家成为国际私法主体的必要条件

国家以民商事主体身份参与涉外民商事活动,既是现代国家履行职能的需要,也是其职能不断扩张的结果。如同自然人和法人一样,国家在一定的范围内也可以成为涉外民商事法律关系的主体。但国家要成为国际私法的主体必须具备如下条件:

第一,享受民商事主体的平等性。国家参加国际民商事交往且以

---

① 比利时1956年6月1日签署、1962年3月28日批准,法国1956年6月12日签署、1963年7月30日批准,卢森堡1956年6月12日签署,荷兰1956年9月20日签署、1959年10月23日批准,西班牙1957年4月12日签署。参见http://www.hcch.net/en/instruments/conventions/full-text/(accessed January 30,2021)。

涉外民商事法律关系的主体身份出现,需要遵守民商事法律关系的平等性,对其主权进行一定的自我限制。

第二,特定的授权。国家参加国际民商事活动,必须以国家本身的名义,并由其授权的机关或负责人进行。

第三,民商事法律责任的无限性。国家作为国际私法的主体时,应以国库的财产作为后盾,即以国库财产作为承担因此而产生的涉外民商事责任,并承担无限责任。

第四,国家享有豁免权。国家虽以涉外民商事法律关系的主体参与国际民商事法律关系,但它毕竟是主权者,国家及其财产仍然享有司法豁免权。

3. 国家及其财产的豁免权

国家作为国际私法的主体在国际民商事交往中,同样也可能与其他涉外民商事法律关系的主体发生纠纷,从而提出国家的豁免问题。国家豁免(State Immunity)包括司法管辖豁免(Immunity from Jurisdiction)和执行豁免(Immunity from Execution)。也有一些国家和学者把国家豁免分为司法管辖豁免、诉讼程序豁免和强制执行豁免,但其实质内容与前者是一致的。不过,世界各国有关国家豁免的理论和实践并不一致,甚至大相径庭。既有坚持绝对豁免说(Doctrine of Absolute Immunity),又有主张相对或限制豁免说(Doctrine of Relative or Restrictive Immunity),也有推崇平等豁免说(Doctrine of Equal Immunity),甚至还有倡导废除豁免说(Doctrine of Abolishing Immunity),不一而足。不过,在联合国主导下,目前国际社会的实践大体倾向于限制豁免说。2004 年第五十九届联合国大会通过的《联合国国家及其财产管辖豁免公约》①就是较好的例证,该公约采取了限制豁免原则。

我国一向坚持国家及其财产享有豁免权的国际法基本原则。例如,在处理"斯考特诉中华人民共和国"一案就较好地运用了国家豁免权原则。中国 1991 年《民事诉讼法》对享有司法豁免权的外国人、外国

---

① 我国政府不仅参与了《联合国国家及其财产管辖豁免公约》的创制工作,而且在 2005 年 9 月签署了该公约。

组织和国际组织在民事诉讼中的豁免权作了原则性规定,[①]而1986年颁布的《外交特权与豁免条例》只对外交豁免问题作了规定,但对国家豁免问题并未明确规定。2005年《外国中央银行财产司法强制措施豁免法》规定了外国中央银行财产的豁免问题。在实践中,我国法院尚未审理过涉及国家豁免问题的案件,但自新中国成立以来,中国曾多次被动地在其他一些国家或地区被诉,如贝克曼诉中华人民共和国案[②]、斯考特诉中华人民共和国案[③]、湖广铁路债券案,等等。

从我国处理国家豁免问题的立场与实践来看,以下四个方面的基本取向必须把握:首先,我国的一贯立场是坚持绝对豁免说。不过,我国如今所坚持的绝对豁免说已属于非传统意义的绝对豁免说。一是在国际贸易实践中,我国已开始把国家本身的活动与国有公司或企业的活动区别开来,认为国有公司或企业是具有独立法律人格的经济实体,不应享受豁免。二是赞成通过协商一致的方式来消除各国在国家豁免问题上的分歧,如根据1969年《国际油污损害民事责任公约》第11条规定,我国实际上已经放弃了油污损害发生地的缔约国法院的管辖豁免。其次,坚持国家及其财产享有豁免权是国际法上的一项基本原则,反对限制豁免说和废除豁免说。再次,不可将就管辖豁免的抗辩出庭视为放弃豁免权。按照国际私法的特别出庭程序,我国以管辖豁免为

---

① 2017年修订的《民事诉讼法》第261条规定:“对享有外交特权与豁免的外国人、外国组织或者国际组织提起的民事诉讼,应当依照中华人民共和国有关法律和中华人民共和国缔结或者参加的国际条约的规定办理。”

② 1954年10月4日,中国驻瑞典大使馆购买了位于斯德哥尔摩的不动产。但贝克曼声称该不动产属于其父亲所有的遗产,未经贝克曼同意而被其父的遗产管理人卖给中国驻瑞典大使馆。原告主张该遗产管理人没有出售原告父亲遗产的权利,因而贝克曼在瑞典斯德哥尔摩市法院对中华人民共和国提起诉讼,请求法院判决这一买卖关系无效。瑞典外交部向中国驻瑞典大使馆询问,中国大使馆认为自己享有外交豁免,拒绝应诉。法院认为,原告请求涉及中国驻瑞典大使馆的财产所有权,对此中国享有豁免权,裁定驳回原告诉讼请求。原告上诉,上诉法院维持原判。原告上诉到瑞典最高法院,瑞典最高法院裁定,该案涉及的财产为中华人民共和国驻中国大使馆所用,属其国家财产,该国有权对这一诉讼主张豁免。

③ 1977年7月2日,美国人马·司考特和朋友斯皮门在其住所地燃放烟火,烟火本来指向空旷地方,但点燃后突然改变方向,击伤司考特弟弟的右眼。所燃放的烟花是由中国进口的带响“空中旅行”。于是,司考特的父母于1979年在美国得克萨斯州向法院提起诉讼。他们将中华人民共和国当作制造厂商作为第一被告,以中国外交部长为中华人民共和国的代理人,并以进口烟火的美国远东进口公司和烟火经销商分别作为第二、第三被告,要求赔偿损害赔偿金100万美元,并判处惩罚性赔款500万美元,共计600万美元。

由在外国法院出庭对外国法院管辖权提出抗辩的，不得被视为放弃管辖豁免或接受外国法院的管辖。最后，主张在国家豁免问题上贯彻对等原则。如果其他国家无视中国的国家主权，对中国或其财产强制行使司法管辖权的，我国对该国采取对等措施。[①]

二、国际组织作为国际私法主体的特殊性

1. 国际组织参与涉外民商事活动的特殊性

国际组织是国际关系发展到一定阶段，主权国家或地区之间为了共同的政治、经济、军事、文化或其他利益，通过缔结国际条约规定他们共同享有权利和承担义务，并以这些国际条约为基础而结成的国际性社会组织。[②] 因国际组织的法律人格来源于组成国际组织的基本法律文件。国际组织参与涉外民商事活动有其自身的特殊性：一是权利能力和行为能力受基本法律文件的严格限制，常常是不完整的；二是国际组织在其财产限度内直接承担责任。关于国际组织能否成为国际私法的主体的争议也相当大，有学者主张国际组织能成为国际私法的主体；但也有学者认为国际组织的法律人格的特殊性使其不可成为国际私法的主体。

2. 国际组织成为国际私法主体的必要条件

作为国际关系中的一个实体，国际组织必然要与国家、其他国际组织、自然人和法人发生经济或民商事关系，因而，国际组织也是国际私法的主体之一。[③] 但国际组织又是一种特殊的涉外民商事法律关系的主体，要成为国际私法的主体必须具备如下条件：

第一，国际组织以自身的名义作为涉外民商事法律关系的主体参加涉外民商事活动。

---

① 屈广清主编：《国际私法》，吉林大学出版社 2014 年版，第 71 ~ 72 页。

② 也有学者界定为：国际组织是指跨越国界并提供制度框架的正式机构，目的在于加强成员之间在安全、经济、社会和相关领域的合作。

③ 根据国际协会联盟（Union of International Associations，UIA）的统计，2005 年，世界上所有类型的国际组织共有 58,859 个，比 1991 年翻了一番，其中全球性协定性组织（IGOs）数目为 7350 个，国际非政府组织（INGOs）有 51,509 个，分别比 1991 年多 61% 和 109%。国际社会的日益组织化不仅表现在国际组织数目的增长上，更重要的是体现在国际组织范围的扩大上，它早已冲破初创时期的地域、领域局限，活跃在当今人类社会的所有领域。中国、匈牙利、印度尼西亚、摩洛哥、巴基斯坦、罗马尼亚和南非（61.19%）并列排在参与全球性协定性组织（IGOs）第 12 位。参与国际非政府组织，中国（58.14%）排在第 31 位。参见王玲：《世界各国参与国际组织的比较研究》，载《世界经济与政治》2006 年第 11 期。

第二,国际组织所从事的民商事活动是执行职务及实现其宗旨所必需的。国际组织作为平等民商事主体的权利能力与行为能力,应遵循相关国际公约与章程的具体规定。例如,《联合国宪章》第 104 条规定:“本组织于每一会员国领土内,应享受于执行其职务及达成其宗旨所必须之法律行为能力。”

第三,政府间的国际组织在参与国际民商事法律关系时享有一定的特权和豁免。具体而言,国际组织作为涉外民商事法律关系特殊主体参与涉外民商事活动所享有的特权与豁免主要包括:国际组织的会所、公文档案不受侵犯;国际组织的财产和资产免受搜查、征用、侵夺和其他任何形式的干涉等。①

① 国际组织的特权与豁免源于外交特权和豁免。联合国制定了一系列以联合国为中心涉及国际组织法律地位、特权和豁免的公约,试图对国际组织的特权与豁免设立共同规则。1946 年《联合国特权及豁免公约》、1947 年与美国签订的关于联合国会址的协定以及 1954 年联合国教科文组织同法国签订的协定都对国际组织的特权与豁免问题提出了具体要求。由联合国国际法委员会起草并于 1975 年在维也纳外交会议上通过的《维也纳关于国家在其对普遍性国际组织关系上的代表权公约》,对国际组织的法律地位、特权与豁免问题作了较为明确、全面的规范。遗憾的是该公约至今未生效。由于国际组织不具有主权,有关其特权与豁免的依据,目前有两种不同观点:一种是职能说。这种观点认为,成员国为了使国际组织更好地履行其作为国际组织的职能,完成有关公约及其组织章程规定的宗旨和任务,而授予其主权国家才能享有的特权与豁免权。另一种是代表说。这种观点认为,成员国是因为国际组织在一定程度上或某些方面代表着成员国的愿望和利益,才授予国际组织以特权和豁免的。也有些学者主张应将这两种观点结合起来。现在得到较多支持的是职能说。如《联合国宪章》第 105 条和其他国际组织的章程及有关的公约中关于国际组织的特权与豁免的规定,都证明国际组织享有特权与豁免是执行其职务和实现其宗旨所需要的。国际法委员会在制定《维也纳外交关系公约》时也认为“国际组织的豁免权只能建立在职能的基础上”。

第七章　冲突规范的结构与功能

第一节　冲突规范的法律界定

一、冲突规范的定义与特征

（一）冲突规范概念的内涵与外延

对于冲突规范（Conflict Rules）的界定，国内外学术界与实务界的认识大同小异。有学者认为："凡在处理涉外民事关系及因涉外民事关系而发生的争讼时，指定对实体问题和程序问题应适用的法律以及划分涉外（或国际）民事管辖权的规范，均属冲突规范。"①也有学者认为："冲突规范是由国内法或国际条约规定的，指明某一涉外民事关系应适用何国（或何地）法律的规范。"②还有学者给冲突规范下的定义为："指定涉外民事关系应该适用哪一国法律作为准据法的法律规范。"③还

① 李双元：《国际私法（冲突法篇）》（修订版），武汉大学出版社2001年版，第156页。

② 李双元、金彭年：《中国国际私法》，海洋出版社1990年版，第102页；肖永平：《冲突法专论》，武汉大学出版社1999年版，第16页；赵生祥主编：《国际私法学》，法律出版社1989年版，第54页；蒋新苗、杨翔主编：《国际私法》，湖南人民出版社2002年版，第104页；黄进主编：《国际私法》，法律出版社1999年版，第231页；韩德培主编：《国际私法新论》，武汉大学出版社1997年版，第136页；余先予主编：《冲突法》，法律出版社1989年版，第79页。

③ 李双元等：《中国国际私法通论》（第2版），法律出版社2003年版，第100页。

有学者指出:“所谓冲突规范,就是指明某种涉外民商事关系应该适用何种法律的规范。”①还有学者界定为:“冲突规范是为解决法律冲突(各国之间或一个国家内各地区之间因法律规定不同而引起的矛盾或抵触)而制定的适用法律的原则,是一种解决法律冲突的原则规定。”②另有学者界定为:“冲突规范是处理涉外民事法律关系时,指定应该适用哪一国法律作为准据法的各种规范的总和。”③我国台湾地区国际私法学者刘甲一先生则将冲突规范定义为:“抵触法规范系就特定涉外案件,依选择法律指定准据法,以资解决所发生法律冲突之法规范。”④

对于这种种定义,几乎都毫无例外地肯定“冲突规范”是属于法律适用或准据法选择的规范,只是在具体语言表述上略有差别。唐表明先生特别指出:“国际私法中关于指示选择法律的规范,称为法律适用规范。许多国际私法著作,从法律冲突的理论出发,把这种法律适用规范称为‘冲突规范’(Conflict Rule)。其实是不准确的。”⑤此外,李双元先生对将冲突规范界定为“由国内法或国际条约规定的,指明某一涉外民事关系应适用何国(或何地)法律的规范”这一定义也予以过纠正。他曾着重强调:“自1990年《中国国际私法》出版后,国内不少著作在给冲突规范下定义时,便称:‘冲突规范是由国内法或国际条约规定的,指明某一涉外民事关系应适用何国(或何地)法律的规范’,应该说,这种定义中,‘由国内法或国际条约规定的’这个限定语是不必要的,加上反而以偏概全了。因为即使是就冲突法的渊源来看,国内不少论著或教材均认为除了国内法、国际条约以外,还有判例(国内或国际的)、一般法理、国际私法的一般原则及特定学者的学说。”这是从冲突规范的传统意义和主要适用对象上来给它作界定的。但在程序法律关系中,同样有法律冲突问题存在,解决程序法律关系的法律冲突(如国际民事管辖权的冲突,各种有关程序问题应适用法律的冲突)同样得运用冲突规范。所以更全面地讲,冲突规范虽然主要是处理涉外民事关系时指定应该适用哪一国的法律作准据法的规范,但指定管辖权的冲突规范和

① 黄进:《中国国际私法》,三联书店(香港)有限公司1997年版,第89页。
② 高树异主编:《国际私法》,吉林大学出版社1987年版,第51页。
③ 李双元:《国际私法(冲突法篇)》,武汉大学出版社1987年版,第112页。
④ 刘甲一:《国际私法新论》,台北,三民书局1986年版,第49页。
⑤ 唐表明:《比较国际私法》,中山大学出版社1987年版,第35页。

应适用哪一国程序法的冲突规范,也都在其列。如从这一广泛的视角来给冲突规范下定义时,便应认为,凡在处理涉外民事关系及因涉外民事关系而发生的争讼时,指定对实体问题和程序问题应适用的法律以及划分涉外(或国际)民事管辖权的规范,均属冲突规范。但现在我们既然首先在讨论实体涉外民事关系的法律适用问题,所以暂不涉及程序法中冲突规范的有关问题。不过,凡是关于冲突规范的基本理论和基本制度,都在同样适用于解决程序法冲突的冲突规范。在处理涉外民事关系遇有法律冲突的情况下,需要解决应该适用哪一国法律作为判定当事人之间权利义务关系的根据,因此,在国际私法上,把指定应适用哪一国法律的这种规范叫做冲突规范,或法律选择规范,或法律适用规范,而把被指定用来判定当事人之间具体权利义务关系的那个法律叫做准据法(Applicable Law,lex causae)。正是由于冲突规范只具有指引准据法的作用,所以它是一种调整涉外民商事关系的间接规范。①

总之,从冲突规范产生与发展历程及其适用范围和对象来看,冲突规范应属于在处理涉外民商事法律关系时指定适用何国法律作为准据法的各种规范的总称。这个定义既符合冲突规范的历史传统,又具有现代含义。鉴于其适用的功能与对象,冲突规范又被称为准据法选择规范或法律选择规范。② 由于在国际私法发展的过程中,冲突规范曾是唯一的规范形式,因而又被一些学者、立法者乃至国际公约的制定者命名为国际私法规范(Rules of Private International Law)。例如,《联合国国际货物销售合同公约》第 7 条第 2 款就规定:“凡本公约未明确解决的属于本公约范围的问题,应按照本公约所依据的一般原则来解决。在没有一般原则的情况下,则应按照国际私法规则规定适用的法律来解决。”这里提到的“国际私法规则”就是专指冲突规范。

(二)冲突规范的法律特征

冲突规范作为国际私法的特有规范,既有别于解决纯国内法问题的法律规范,又不同于调整解决主权国家间及国际组织之间关系的国际公法规范。它作为一种特殊规范,表现出如下明显特征:

---

① 李双元:《国际私法(冲突法篇)》(修订版),武汉大学出版社 2001 年版,第 156 ~ 157 页。

② John Greenwood Collier, *Conflict of Laws*, 3rd ed., Cambridge University Press, 2001, pp. 11 – 12.

第一,间接性。冲突规范不直接规定当事人的权利义务,必须借助于所指定适用的法律规范才能确定当事人的权利义务。例如,从“收养适用被收养人惯常居住地法”这一冲突规范中,无法明确收养人与被收养人的权利义务,只有依被收养人惯常居住地的收养方面的法律规定才能确定其权利义务关系。所以,冲突规范最明显的特征就是其间接性。冲突规范对某一实体法只起指引作用。当事人根据冲突规范无法明确自己的作为或不作为,也很难预见到法律关系的后果。这样,冲突规范实际上缺乏一般实体规范那样的可预见性和明确性。正是由于冲突规范对涉外民商事法律关系只能起间接的调整作用,因而它属于一种间接规范。

第二,非实体性。冲突规范是属于法律选择规范,只指明某种涉外民商事法律关系应适用何国或何地区或何法域的法律,并不具体涉及当事人的权利与义务。它需要结合所指引的实体规范来确定当事人的权利与义务。冲突规范必须结合准据法才能公平合理地解决涉外民商事法律冲突,并只有适用有关具体法律规范才可明确当事人的权利与义务,最终解决涉外民商事法律关系纠纷和促进国际民商新秩序的构建,乃至实现促进国际经济、文化和技术交流与合作的目的。因而,冲突规范不同于一般实体法规范,具有指引性规范的特性。

第三,非程序性。冲突规范不同于一般程序性规范。它作为一种法律适用规范,并不直接规定当事人的权利和义务,而是在可适用的多个法律中指定一个来调整某种涉外民商事法律关系。因此,冲突规范主要是规定法官如何选择和适用法律的,与以诉讼关系为调整对象的程序法规范有本质的区别。

第四,结构的独特性。冲突规范具有不同于一般法律规范的结构。关于一般法律规范的逻辑结构,法学理论界有两种观点:一种是传统的“三要素说”,即法律规范是由假定、处理和制裁三部分组成;另一种是新兴的“二要素说”,即法律规范由行为模式和法律后果两部分组成。但一个有效的法律规范应该包括三个既紧密联系又相互独立的部分,即适用的条件、概括的行为模式和法律后果。其中,行为模式主要有命令、禁止和授权三种,法律后果则包括对合法行为的肯定和对违法行为的制裁两个方面。[①] 冲突规范作为法律规范的一种，理应包括一般法律规范中的假定、行为模式和法律后果三个部分，但无论是国内立法还是国际条约中的冲突规范，一般都没有明确规定法律后果，也没有明确分开规范适用的条件和行为模式，而是将两者有机结合在一起，形成了一种独特的结构，即由范围和系属两部分组成。例如，中国《涉外民事关系法律适用法》第 19 条第 1 款规定，“依照本法适用国籍国法律，自然人具有两个以上国籍的，适用有经常居所的国籍国法律”，这属于一条在结构上十分完整的法律规范。它有假定部分“依照本法适用国籍国法律”，有处理部分“自然人具有两个以上国籍的”；也有法律后果部分“适用有经常居所的国籍国法律”。可是像“物权依物之所在地法”这条冲突规范就没有包括一般法律规范结构中的“制裁”或“法律后果”，其中“物权”是它的范围，“物之所在地法”是系属的表述公式。如果将范围视为假定，则只有假定部分是直接规定清楚了的，而其处理与法律后果都有待依各该冲突规则援引有关的准据法之后才能知道。因而冲突规范似乎像我们通常所讲的准用性规范。所以，冲突规范在结构上也具有特别之处。不过，冲突规范的这种独特结构，并非意味着其结构有何缺陷，而是由它对涉外民商事法律关系的间接调节作用决定的。也正是因为冲突规范的特殊性，它才得以产生并被广泛地应用于涉外民商事领域。

二、冲突规范的结构与类型

（一）冲突规范的结构

冲突规范的结构一般由范围、连接点和准据法三部分组成。[②] 所谓范围，又称指定原因、连接对象、起作用的事实、问题的分类等，是指冲突规范所要调整的民商事法律关系或所要解决的法律问题。通过冲突规范的“范围”可以判断该规范用于解决哪一类民商事法律关系。这一部分既可以是法律关系，也可以是法律事实，还可以是法律问题。例如，“侵权行为之债依侵权行为地法”这条冲突规范的范围是“侵权行为

---

① 张志铭：《法律规范三论》，载《中国法学》1990 年第 6 期。

② 关于冲突规范结构分析，可参见肖永平：《国际私法中冲突规范的结构剖析》，载《现代法学》1994 年第 4 期。

之债”,它既可以是侵权行为这一法律事实,也可以是侵权行为之债的当事人间的债权债务关系,还可以是侵权这一法律问题。马丁·沃尔夫就曾指出过,正与其他的法律规则一样,冲突规则也适用一些特定的事实,适用于一些未经法律调整过从而还未经认定为已产生某种法律关系(权利义务关系)的事实。所以,他特别提醒人们注意不要笼统地认为冲突法的职能只在于决定哪一法律体系应适用于哪一法律关系的法律。[①] 而冲突规范中规定“范围”所应适用的法律那一部分,其结构包括连接点和准据法,通常称为“系属”。它指令法院在处理涉外民商事法律问题时应如何适用法律,或允许法院在冲突规范规定的范围内选择应适用的法律。[②] 其语言结构常表现为“……适用……法律”或“……依……法律”。例如,在“人的行为能力依其本国法”这条冲突规范中,“人的行为能力”是范围,“依其本国法”是系属,其中“国籍”是连接点,“本国法”就是准据法。

李双元先生在评价了国内外有关冲突规范的结构的种种学说后,明确指出:“准据法部分包括连接点及它所指向的法律。我国以往的著作通常称为‘系属’(可理解为‘范围’中所列问题的解决‘系属’于某地的法律管辖或‘系属’于某一准据法),它在冲突规范中的作用,就在于指明‘范围’中所表示的法律关系或法律问题应该适用哪一个地方的法律作为准据法。冲突规范之所以是间接规范就在于它是通过指定另一系统的法律来规定自己的内容的。”[③]因此,作为一个完整的行为规范,它实际上是由两个规范所组成的,其中一个是“指定规范”,它表明该冲突规范应该如何适用,而另一个则是那个“被指定规范”,它才能具体规定该冲突规范所涉有关法律关系或法律问题的实体内容或实体结论。[④] 总之,将冲突规范的结构划分为范围、连接点和准据法三部分,而系属又是由连接点和准据法构成的,这才符合冲突规范的本性。不仅如此,这种划分既有助于正确理解和把握冲突规范,而且也是有利于法官充

---

① Martin Wolff, *Private International Law*, Scientia Verlag Aalen, 1977, pp. 413 – 416.

② Jürgen Basedow, Giesela Rühl, Franco Ferrari and Pedro de Miguel Asemsio, *Encyclopedia of Private International Law*, Chapter B, Edward Elgar Publishing, 2017, pp. 313 – 314.

③ 李双元:《国际私法(冲突法篇)》(修订版),武汉大学出版社 2001 年版,第 165 页。

④ Istvàn Szàszy, *Conflict of Laws in the Western, Socialist and Developing Countries*, A. W. Sijthoff Leiden, 1974, p. 34.

分发挥冲突规范的间接调整功能的。

（二）冲突规范的类型

按照冲突规范对所应适用的法律的指定情形，可将其划分为四种基本类型：即单边冲突规范、双边冲突规范、重叠适用准据法的冲突规范和选择适用准据法的冲突规范。

1. 单边冲突规范（Unilateral Conflict Rules）

单边冲突规范是直接规定某种涉外民商事关系只适用内国法或只适用外国法的冲突规范。德国法又将其称之为“不完全冲突规范”。① 单边冲突规范既可以明确指定适用内国法，如1804年《法国民法典》第3条第2款规定：“不动产即使属于外国人所有，仍适用法国法。”1896年《德国民法施行法》第15条规定“夫妻财产制，在结婚时夫为德国人的则依德国法。”2012年《捷克国际私法》第39条第3款规定：“对于宣告死亡事项或宣告失踪事项，捷克法院始终适用捷克的实体法。”单边冲突规范也可以明确规定适用外国法，如中国1986年《民法通则》第143条规定：“中华人民共和国公民定居国外的，他的民事行为能力可以适用定居国法律。”《苏俄婚姻家庭及监护法典》第162条第4款规定，外国人在苏联境外按照有关国家的法律结婚，在苏联承认有效。单边冲突规范还可以明确规定适用某一特定国家的法律，如《苏联和比利时、卢森堡经济同盟临时贸易专约》第13条规定：“关于苏联驻比利时商务代表处订立或担保的贸易合同的一切争议，如在该合同内设有关于司法管辖或仲裁的专门条款，应受比利时法院的司法管辖，并依比利时法解决。”

单边冲突规范明确规定了只适用内国法或只适用外国法，因而它的适用具有简便明了或直截了当的优点，但它有一个明显的缺陷，即给法院在适用法律上留下空缺。② 如《德国民法施行法》第15条的单边冲突规范就没有明确夫为外国人时应适用什么法律。同样，1896年《德国民法施行法》明确规定了“德国人的继承，虽于外国有住所，仍依德国法”，但它却没有规定德国法院审理一件在德国有住所的外国人的继承案件应适用什么法律。正因如此，1986年修订的《德国民法施行法》第

---

① 李双元：《国际私法（冲突法篇）》，武汉大学出版社1987年版，第116页。

② Martin Wolff, *Private International Law*, Scientia Verlag Aalen, 1977, p. 97.

25 条第 1 款对继承问题规定了一条双边冲突规范,即“继承适用死者死亡时之国籍国法律”。因此,随着国际经济关系的发展和国际私法的进步,大量运用单边冲突规范来指引准据法的现象正在逐渐减少。不过,并不能据此而完全否定其在国际私法中存在的价值。①

2. 双边冲突规范(Bilatetal Conflict Rules,All-sided Conflict Rules)

双边冲突规范并不直接规定某种涉外民商事关系适用内国法或外国法,它只规定一个可推定的系属,再根据此系属,结合实际情况去寻找应适用的法律。例如,“行为方式依行为地法”就是一条双边冲突规范,其中的“依行为地法”就是一个需要推定的系属。如果行为发生在内国,就适用内国法;反之,如果行为发生在外国,就适用外国法。可见,双边冲突规范是一种比较完备、比较方便的冲突规范,在法律适用上,它体现了对内外国法律的平等对待。因此,它是现代国际私法立法中最常用的一种规范。这种双边冲突规范特别符合萨维尼的理论。因为按照萨维尼的法律关系本座说,某种民事关系的本座在什么地方就适用什么地方的法律,而不管它是内国法或外国法。无论从理论还是实践来看,双边冲突规范是一种比较完备、使用方便的冲突规范,近年来的国际私法的立法已越来越多地采用了这种形式。②

在双边冲突规范中,还有一种不完全的双边冲突规范(Unvollstandig Zweiseitige Kollisionsnorm),既不像单边冲突规范只规定内国法的适用范围,也不像完全的双边冲突规范那样以广泛的涉外民商事关系为对象,而只限于与内国有某种联系的情况,却也规定内外国法律均可适用。例如,中国 1986 年《民法通则》第 148 条“中华人民共和国公民和外国人结婚适用婚姻缔结地法律,离婚适用受理案件的法院所在地法律”的规定便是一条不完全的双边冲突规范,它并不适用于含有任何涉外因素的结婚与离婚关系,而仅仅适用于主体一方是中国公民另一方是外国人的那种结婚关系与离婚关系。这种把双边冲突规范加以适当限制的立法方式,可以体现出法律适用上的原则性与灵活性的结合。但是这种不完全的双边冲突规范也有可能导致法律适用上的空缺。

---

① 李双元:《国际私法(冲突法篇)》,武汉大学出版社 1987 年版,第 119 页。

② 李双元等:《中国国际私法通论》(第 2 版),法律出版社 2003 年版,第 100 ~ 103 页。

此外,在双边冲突规范中,还有一种附带条件的或有限制的双边冲突规范,即对内国法或外国法均允许适用,但必须符合一定条件或在限定的情形下。例如,中国 1985 年《继承法》第 36 条规定"中国公民继承在中华人民共和国境外的遗产或者继承在中华人民共和国境内的外国人的遗产,动产适用被继承人住所地法律,不动产适用不动产所在地法律。外国人继承在中华人民共和国境内的遗产或者继承在中华人民共和国境外的中国公民的遗产,动产适用被继承人住所地法律,不动产适用不动产所在地法律",就属于有条件或有限制的双边冲突规范。再如,2010 年《涉外民事关系法律适用法》第 21 条第 3 款规定"没有共同国籍,在一方当事人经常居所地或者国籍国缔结婚姻的,适用婚姻缔结地法律",也是属于有条件或有限制的双边冲突规范。不仅如此,在目前一些国际公约中,这种有条件或有限制的双边冲突规范还常用来协调本国法主义和住所地法主义的对立。例如,1989 年《海牙国际私法会议关于死者遗产继承法律适用公约》第 3 条规定:"继承受死者死亡时的惯常居所地国家的法律支配,只要他那时也是该国的公民;或他在该国的惯常居所至其死亡时至少已有五年的时间;在其他情况下,继承受死者死亡时的国籍国法支配;但如那时死者与另一国有最密切联系,则应适用该另一国的法律。"

可见,这种附条件或有限制的双边冲突规范与上述不完全的双边冲突规范是不同的,它并没有留下法律适用上的空缺,附加上条件或限制,目的是保证被指定的准据法与继承更具有实质和密切的联系。①

从理论上分析,国际私法的双边冲突规范与单边冲突规范既有联系又有区别。首先,在具体案件中援引双边冲突规范时,需要从中分离出一个单边冲突规范来,因为其连接点只有一个,它只能或是指向内国法,或是指向某一个外国法,而不能同时适用两个法律,从而使双边冲突规范在适用时向单边冲突规范推移。其次,任何一个双边冲突规范都可分解为两个相对应的单边冲突规范。如根据"行为方式依行为地法"这条双边冲突规范,可以分解成两个单边冲突规范,即"在内国发生的行为,依内国法"和"在外国发生的行为,依外国法"。反之,一个单边冲突规范,经过有关机关的解释,也可以扩展为双边冲突规范。

---

① 蒋新苗主编:《国际私法》,北京大学出版社 2018 年版,第 83 页。

3. 重叠适用准据法的冲突规范(Double Rules for Regulating the Conflict of Law)

重叠适用准据法的冲突规范是指其系属中有两个或两个以上的连接点,并且对范围所指的法律问题或涉外民商事法律关系必须同时适用该两个或两个以上的连接点所指引的国家的法律的冲突规范。例如,1902 年海牙《关于离婚与别居的法律适用与管辖权公约》第 2 条规定:“离婚之请求,非依夫妇之本国法及法院地法均有离婚之原因者,不得为之。”即离婚必须同时适用夫妇之本国法和法院地法,只有两者均认为有离婚原因时,才准许当事人离婚。又如,1999 年《外国人在中华人民共和国收养子女登记办法》第 3 条规定:“外国人在华收养子女,应符合中国有关收养法律的规定,并应当符合收养人所在国有关收养法的规定。”这也是一条重叠适用的冲突规范。在许多情况下,重叠适用的冲突规范规定的两个应重叠适用的准据法中有一个是法院地法,因为立法者试图借此维护法院地的公共秩序。重叠适用准据法的冲突规范是在立法者认为某种法律行为或法律关系的成立或解除需要从严掌握时,才会采用的。因此,在冲突法立法中较少使用这种规范。①

4. 选择适用准据法的冲突规范(Choice Rules for Regulating the Conflict of Laws)

选择适用准据法的冲突规范是指其系属中有两个或两个以上的连接点,但只选择其中一个连接点所指引的国家的法律来处理相关涉外民商事法律关系的冲突规范。由于法院可以从这种冲突规范所指定的几个可以适用的准据法中选择一个加以适用,因而,有学者将这种指定准据法的方式又称为“选择指定”(Alternative Reference)。根据选择的方式,选择适用准据法的冲突规范又可以分为无条件的选择适用准据法的冲突规范与有条件的选择适用准据法的冲突规范两种类型。

---

① 英国法院在受理发生于外国的侵权行为案件时,对于什么构成侵权行为,便要求首先适用英国法,即只有在此种行为发生于英国会被认为是侵权行为,然后再重叠适用该侵权行为地法,但只要求行为地法认为该行为为不法或不正当的,英国法院便可当作侵权行为案件予以受理,并且在确定其责任范围时只适用英国法。该项规则是一百多年前在 Phillips v. Eyre 一案确立的。但现在的英国法对此还有另一项可被视为例外的规定,即在对外国发生的侵权行为的某些特殊事项(如可获得赔偿的问题),亦可适用与案件和当事人有最重要联系的国家的法律的支配。参见[英]J. H. C. 莫里斯主编:《戴西和莫里斯论冲突法》,李双元等译,中国大百科全书出版社 1998 年版,第 1377 页。

所谓无条件的选择适用准据法的冲突规范就是可以任意或无条件地选择系属中的若干连接点中的一个来确定准据法并调整某一涉外民商事法律关系。在这种规范中,连接点指定的可供选择的若干个地方的法律,具有同等价值,并无主次轻重之分。因此,无条件的选择适用准据法的冲突规范根据两个或两个以上的连接点所指向的法律处于平等地位,在适用上无主次或先后顺序之分。例如,1978 年《奥地利联邦国际私法法规》第 16 条第 2 款规定:"在国外举行的婚姻,其方式依结婚各方的属人法;但已符合婚姻举行地法关于方式的规定者亦属有效。"中国 2010 年《涉外民事关系法律适用法》第 28 条规定:"收养关系的解除,适用收养时被收养人经常居所地法律或者法院地法律。"

所谓有条件的选择适用准据法的冲突规范就是根据系属中两个或两个以上的连接点所指向的应适用的法律有主次或先后顺序之分,在选择适用时只允许依顺序或有条件地选择其中之一来确定准据法并调整某一涉外民商事法律关系。例如,中国 1986 年《民法通则》第 145 条规定:"涉外合同的当事人没有选择的,适用与合同有最密切联系的国家的法律。"这就是一条有条件的选择适用准据法的冲突规范,它要求法院在处理涉外合同纠纷时,首先应适用当事人选择的那个法律作为合同的准据法;只有在没有选择时,才能适用与合同有最密切联系的国家的法律。此外还有另一种有条件的选择方式,如 1984 年《秘鲁民法典》第 2083 条规定,婚姻中子女地位的确认,适用婚姻举行地法或子女出生时的住所地法,视其中哪一个法律最有利于子女的准正。这条冲突规范中选择准据法的条件是"产生对子女最有利的结果",体现了法律选择方法中的"结果选择"或"利益分析"的方法。选择适用准据法的冲突规范多用于立法者认为某种法律行为或法律关系应尽可能使其有效成立或解除的情形。①

除了上述四种基本类型的冲突规范外,根据不同划分标准还可将冲突规范作不同的分类。例如,以冲突规范的功能与作用为划分标准,可以将其区分为指定实体民事关系所应适用法律的冲突规范与指定司

---

① 国内有的著作认为,冲突规范只"分为两种类型",即单边和双边冲突规范,这是值得商榷的。应该指出,重叠适用和选择适用规范,尽管是双边冲突规范的变型或发展,但它们却都具有各自的特征,并不能都归入双边冲突规范之中。参见余先予主编:《简明国际私法学》,中央电大出版社 1986 年版,第 32 页。

法管辖权和程序问题所应适用法律的冲突规范。对于这两种类型的冲突规范,在国际条约或准国际私法(区际私法)与国内程序法中,常可见到。就各种冲突规范的独立性来看,又可以区分为独立的冲突规范与非独立的冲突规范。例如,上述四种基本类型的规范便属于独立的冲突规范;而有关公共秩序保留、反致等基本规范类型以外的一些冲突规范则属于不具独立性的冲突规范,即非独立的冲突规范。由于这些非独立的冲突规范虽然依附于几种基本的或主要冲突规范,但却能帮助那些基本的或主要的冲突规范更为完善的运作,因而又可称为辅助性质的冲突规范。这种辅助规范的本身并不直接指明准据法,但对准据法的最后确定却会起关键性作用。另外,根据冲突规范的地位来划分,冲突规范可以区分为处于准据法上位的冲突规范(Superordinated Conflict Rules)、处于准据法下位的冲突规范(Subordinated Conflict Rules)以及与准据法平行的冲突规范(Co-ordinated Conflict Rules)。处于准据法上位的冲突规范,如援用来指定内外国法的是国际统一冲突规范,或一个联邦国家中联邦法中的指定适用各成员国内国法的冲突规范;处于准据法下位的冲突规范,如指定适用国际法的国内法中的冲突规范,或地区法中指定适用中央法的冲突规范;与准据法处于平行地位冲突规范,如一个主权国家的法律中指定适用另一主权国家法律的冲突规范。将冲突规范作这种不同的分类,在一定程度上有助于理解冲突规范的性质和作用。[①]

目前一般将冲突规范划分为单边冲突规范、双边冲突规范、重叠适用准据法的冲突规范与选择适用准据法的冲突规范四种基本类型,主要是考虑国际私法实践的需要及其历史演变的积累。在具体运用冲突规范时,各国会依据需要处理不同的涉外民商事关系所采取的政策而灵活掌握。如果立法者认为应当对某些涉外民商事关系采取宽松政策,尽量解除或设立某些法律关系或法律行为,那么,往往会采用双边冲突规范或选择适用准据法的冲突规范;如果立法者认为必须对某些涉外民商事法律关系采取从严、从紧的严格政策,那么,就有可能采用单边冲突规范或采用重叠适用准据法的冲突规范。为了适应国家处理

① Istvàn Szàszy, *Conflict of Laws in the Western*, Socialist and Developing Countries, A. W. Sijthoff Leiden, 1974, pp. 36 – 38.

不同性质法律关系的政策需要,有时还可能把两种基本类型的冲突规范结合到一个法律条文之中。例如,中国 1999 年《合同法》第 126 条规定:"涉外合同的当事人可以选择处理合同争议所适用的法律,但法律另有规定的除外。涉外合同的当事人没有选择的,适用与合同有最密切联系的国家的法律。在中华人民共和国境内履行的中外合资经营企业合同、中外合作经营企业合同、中外合作勘探开发自然资源合同,适用中华人民共和国法律。"这条冲突规范一方面对一般的涉外经济、贸易合同用一条双边冲突规范指定应适用的法律,同时又对在中国履行的几种重要经济合同,通过一条单边冲突规范指定只能适用中国的法律。中国 1986 年《民法通则》第 146 条规定:"侵权行为的损害赔偿,适用侵权行为地法律。当事人双方国籍相同或者在同一国家有住所的,也可以适用当事人本国法律或者住所地法律。中华人民共和国法律不认为在中华人民共和国领域内发生的行为是侵权行为的,不作为侵权行为处理。"这条冲突规范首先对一般的涉外侵权行为的损害赔偿用一条双边冲突规范指引准据法,但它并不在任何情况下必须适用,然后又用一个无条件的选择适用准据法的冲突规范表明也可以适用当事人的共同本法国或共同住所地法。为了保护当事人的正当权益,防止无理索赔,该条第 2 款还明确规定在中国法院涉讼时,对发生于外国的侵权行为,要求重叠适用中国的法律。①

可见,冲突规范与国家的经济、政治活动密切相关,具体适用哪一种冲突规范常常取决于该国的实体政策。② 目前,双边冲突规范与选择适用准据法的冲突规范,在各国国际私法立法中所占的比重明显增加。一方面在于整个国际私法是通过肯定一定条件下某种民商事关系可以适用外国法的前提下产生和发展起来的,而双边冲突规范正是肯定此种前提的最完善的形式;另一方面,因双边冲突规范与选择适用准据法的冲突规范能够适应当今世界频繁而复杂的国际民商事交往的实际,在法律适用方面提供了较大的灵活性,从而有利于保障涉外民商事法律关系的稳定发展。加之双边冲突规范是属于最能体现和反映国际私

① 李双元等:《中国国际私法通论》,法律出版社 1996 年版,第 106 页。

② T. M. Yeo, *Choice of Law for Equitable Doctrines*, Oxford University Press, 2004, pp. 16 – 25.

法本质特征的规范类型,是国际私法系属公式产生的源泉。[①] 因此,国际私法最基本、最重要的法律规范也就是双边冲突规范。

三、冲突规范在国际私法中的地位与作用

冲突规范是一种间接调整涉外民商事法律关系的法律规范,它必须与准据法结合起来才能解决涉外民商事纠纷,因而缺乏明确性和可预见性。而单纯的立法管辖权选择使被选择的法律有时并不符合案件的实际情况,抑或违背法院国的政策与利益,甚至会在当事人间造成不公平的结果。国际私法特有的一系列与冲突规范相联系的制度,如反致、识别、法律规避、外国法内容的查明与公共秩序保留等,虽然可在一定程度上避免冲突规范在适用上的缺陷,增加了法律选择的合理性和灵活性,但是,这些辅助制度的运用也削弱了冲突规范的效力和稳定性,增大了法律选择的难度和复杂性。因此,不少学者对冲突规范曾提出过严厉的批判。他们或者认为,冲突规范本身存在一些难以克服的固有的缺陷,如它与实体法规范相比,过于简单,"不能构成当事人的行为准则";或者认为不能据冲突规范而预见行为的后果,"缺乏法律所应具有的预见性和明确性";或者认为冲突规范这样指定的法律往往"缺乏针对性";或者认为,在涉外民商事关系随着国际交往的发展而日益趋频繁与复杂的情况下,冲突规范已难以适应并促进这种关系的发展;等等。[②] 因此,一些学者主张把我国国际私法的理论研究和立法工作的重点,转到直接适用于涉外民商事关系的实体法上去。[③]

冲突规范因其某些缺陷遭受猛烈抨击,20 世纪中叶有些激进的美国学者掀起了一场"冲突法革命"。1933 年,美国学者凯弗斯发表了《法律选择问题批判》一文,认为传统的冲突规范只作"立法管辖权选择",即指定适用某一国家机关的法律来解决涉外民商事争议,但在确定准据法之前,法院并不知道该准据法的具体内容。很明显,其选择不可能恰如其分,也不可能使案件公正解决。因此,凯弗斯主张以"规则选择"或"结果选择"的方法取代"管辖权选择"方式,即直接选择有关

---

① Jürgen Basedow, Giesela Rühl, Franco Ferrari and Pedro de Miguel Asemsio, *Encyclopedia of Private International Law*, Chapter B, Edward Elgar Publishing, 2017, p. 1405.

② 姚壮、任继圣:《论国际私法的对象和规范》,载《法学研究》1980 年第 3 期。

③ 李双元:《国际私法(冲突法篇)》,武汉大学出版社 1987 年版,第 126 ~ 127 页。

国家的实体法规则，导致法院所追求的公正的结果。美国的另一法学家柯里认为所有的冲突规范全都是一些“不合逻辑的”“无内容的”“神秘主义的”东西，主张“彻底抛弃”整个冲突法制度。他主张采用“政府利益分析”方法来决定应该适用的实体法，从而废除冲突规范及与之相关的各种制度。美国的“冲突法革命”揭露了传统冲突法制度的缺陷，提出了一些选择法律的新方法，许多见解发人深思，但在整体上欲废除冲突法制度终究难以在实践中行得通，而且也难以为国际私法理论界完全接受。事实上，作为间接调整涉外民商事关系的冲突规范，其作用是其他任何法律规范或法律部门所不能取代的。

首先，冲突规范是解决法律冲突的不可或缺的方式之一。因为现代社会各国一般难以放弃依据自己主权因素去考虑解决涉外民商事关系的法律冲突，于是，便不得不借助于这种具有间接调整作用的法律规范。但是，并不能因为它是间接的只指引应适用法律的规范，而不直接规定当事人间权利义务关系的具体内容，就否认它是一种“行为规范”。法律作为“行为准则”或“行为规范”，是所有各个法律部门所共同具有的本性。这一点对于国际私法的冲突规范来说，也概莫能外。至于冲突规范缺乏法律所应具有的预见性、明确性、稳定性，这在与实体法规范相比较是不可避免的。正因为冲突规范本身存在种种缺陷，所以，各国国际私法理论研究工作者，就一直在持之以恒地寻找有效解决方案，努力克服缺陷，不断尝试改进对策。在涉外合同关系中，当事人自主选择法律的“意思自治”原则的采用，法律关系“本座”的揭示，主张保持已依外国法正当取得的权利，以及当前依最密切联系去选择法律的原则的采纳，可以说都是为了提高涉外民商事关系中法律适用的预见性、明确性与稳定性的。目前，在美国学说中，主张把“结果的可预见性”、“当事人正当期望的保护”以及“国际和州际民事关系的协调与维持”等作为选择法律时需要考虑的重要因素，也无非是为了求得法律选择及其后果的预见性、明确性与稳定性。这通过《美国第二次冲突法重述》第六节而得到了明显的表证。事实上，只要冲突规范指定应适用的法律是依据客观的合理的标准做出的，如对人的能力一般指定其属人法、对物权关系指定其所在地法等，也不能说这样指定的实体法对相关的问题就完全缺乏针对性。可以说，冲突规范在解决法律冲突中的作用是不容忽视的。

其次,冲突规范的灵活性更强化了其在国际私法中的地位。因为,国际私法调整的涉外民商事关系超出了一国的范围,加之各国的社会制度、意识形态、文化传统、宗教信仰、政治和经济利益千差万别、复杂多变,要求冲突规范具有实体法那样的明确性和稳定性是不切实际的。在国家之间的交往与合作中产生的冲突规范很大程度上受制于各国的对外经济或民商事政策。因为,各国既要维护自己的正当权益,又要发展平等互利的涉外民商事关系。国家要实现上述两方面的任务,必须求助于以调整涉外民商事关系为己任的国际私法,而冲突法是国际私法的核心或本体。各国在发展国际关系的进程中,既要维护自己的正当权益又要在无损于主权的前提下发展平等互利的对外民商事关系,从而需要在调整涉外民商事关系方面有一部十分精巧的法律机器,能够实现上述两方面的任务。这部法律机器便是以冲突规范为其核心或本体的国际私法。因此,冲突规范不如一般实体规范那样明确、具体、稳定,这正是其优势所在,也是国家调整涉外民商事关系所需要的,其作用是任何其他形式的法律规范所不能代替的。[①] 这正是目前国际社会统一实体规范大量增加却依然无法完全取代冲突规范的根源所在。具体而言,一方面,统一实体规范适用的领域比较有限,主要在国际经贸领域采用。而且即便是在这一领域,统一实体法的数量与其涵盖的内容也比较有限,即使如 1980 年《联合国国际货物销售合同公约》,它既不适用于所有类型销售合同,也不适用于货物销售合同关系的所有方面。更何况在婚姻和继承领域,由于各国法律深受本国风俗习惯、道德观念和历史传统的影响,要消除彼此间根深蒂固的差异,决非一朝一夕之事。所以在那些很难达成和尚未达成共识的领域,必然仍需要冲突规范发挥作用。另一方面,即使是已制定了一些统一实体法公约的那些领域,也并不是国际社会共同体的所有成员国均是缔约国或参加国,所以冲突规范仍将起作用。加之有些统一实体法公约本身具有任意性,并不一概禁止有关当事人另行选择法律的权利,所以,冲突规范仍是不可替代的。[②]

---

① Gerhard Kegel uad Klaus Schurig, *Internationales Privatrecht*, 9. Auflage, 2004, pp. 322 – 323.

② 蒋新苗主编:《国际私法》,北京大学出版社 2018 年版,第 85 页。

再次，美国"冲突法革命"本身存在难以克服的内在矛盾，无法推翻冲突规范的固有地位。对于美国出现国际私法革新理论，尽管其在揭露传统的冲突法制度的缺陷以及提出一些选择法律的新方法方面，引发了诸多发人深思的问题且一些见解尚有可取之处。但是，在整体上，美国"冲突法革命"中欲废除冲突法制度的思想终究是不可能为实践所接受的。[①] 既然国际私法调整的对象是涉外民商事关系，那么，除了在有限的领域内（如国际商贸领域），能够在有关国家之间通过国际条约制定一些统一实体规范外，绝大多数的涉外民商事关系还只能通过各国的冲突规范指定其应适用的法律这种间接途径来调整。在许多国家和许多法律或法域还存在的历史条件下，法院在处理涉及多国或多个法域的案件时，是不会无缘无故去直接考虑别的国家或别的法域的实体法规定的，也是不会无缘无故去直接考虑别的国家在案件中对于实施其法律有何"政府利益"或"合法利益"的。而且，即令如柯里所说，在处理存在法律冲突的案件时，法院用不着遵循什么机械的冲突规范，而可直接去分析所涉各国有关的实体法所体现的政策，并判定在案件中，有关各国对于实施其法律是否存在"利益"，或各国利益的大小，而决定适用谁的法律，表面上看，似乎抛开了冲突规范，但实际上，将柯里的这种"利益分析"的标准，上升为规范，还是一种指示法律选择的间接规范，只不过把含有空间场所意义的连接点转换为"合法利益""政策利益"这种抽象的连接点或标准罢了。[②]

最后，冲突规范的软化已将其适用领域不断扩大，进一步巩固了冲突规范的地位。第二次世界大战以后，由于国际民商交往和科学技术的新发展，法律关系逐渐向复杂和多样化发展，不仅一些新的法律部门不断涌现，而且同一类法律关系内部也开始分化。为此，一些国际私法学者对冲突规范进行了软化处理，将其从传统的领域扩展到侵权、合同、贸易、金融、税务、知识产权、网络、产品责任、不正当竞争、交通事故、环境污染、国际诽谤等领域，从而使冲突规范的可适用性与功能得

---

① 21 世纪宾夕法尼亚大学国际私法教授科米特·罗斯福三世和天普天大学法学教授利托等对美国冲突法革命的反叛就是相当好的例证。参见杜涛：《国际私法国际前沿年度报告（2011～2016）》，法律出版社 2017 年版，第 157～158 页。

② 李双元：《国际私法（冲突法篇）》（修订版），武汉大学出版社 2001 年版，第 106～164 页。

到更大程度的提升。

总而言之,冲突规范作为在处理涉外民商事法律关系时指定适用何国法律作为准据法的各种规范的总和,在解决法律冲突中的作用已得到了充分展现。无论从冲突规范的历史发展过程来看,还是立足于其现实价值与意义,都无法否定冲突规范过去的贡献与目前乃至未来的重大实践功能。虽然统一实体法规范与直接适用的法律规范在解决法律冲突问题时逐渐发挥越来越大的作用,但均不可能彻底取代冲突规范。因此,在国际私法的理论与实践中,必须对冲突规范的内在价值与外化功能进行客观、公正的定位。

四、系属公式的外在表征

(一)系属公式的概念

由于冲突规范的结构包括范围、连接点和准据法,后二者又习惯性地被称为系属,而“系属”需要借某种形式表现出来,这种形式就是系属公式(Formula of Attribution)。系属公式又叫准据法表述公式,就是把一些解决法律冲突的规则习惯化,使它成为国际上公认的处理原则,大多数国家采用它来解决同类性质的法律关系的法律适用问题。单边冲突规范明确规定了应适用的法律,其表述并不需要系属公式,因而,系属公式源于双边冲突规范并随其发展而发展。但系属公式仅是冲突规范的系属部分,只有结合范围部分才能构成完整的冲突规范。

(二)常用的准据法表述公式

最常用的准据法表述公式有属人法、行为地法、物之所在地法、法院地法、旗国法、当事人自主选择的法律、最密切联系地法等。

1. 属人法

属人法(Lex Personalis)一般用来解决人的身份、能力、婚姻、亲属和继承等方面的民商事法律冲突。属人法就是指以涉外民商事关系当事人的国籍、住所或惯常居所作为连接点的准据法表述公式。这是最传统的系属公式,通常分为“本国法”(国籍国法)、“住所地法”和“惯常居所地法”等。1804 年《法国民法典》颁布以前,大陆法系国家多以当事人的住所地法为其属人法。但《法国民法典》改用当事人的本国法(Lex Patriae)或国籍国法为属人法,因而 1804 年后受其影响的不少欧洲大陆国家和非欧洲国家随之采用本国法为属人法。英美法系国家和部分南美洲国家采用当事人的住所地法(Lex Domicilii)为属人法。为了调和两大法系在属人法上存在的本国法和住所地法两大派别的矛盾,用惯常居所地法来代替住所地法或本国法作为属人法已成为普遍趋势。

在属人法中,还有一种“法人属人法”(Personal Law of Legal Person),一般是指法人的国籍国法,常用来解决法人的成立、解散及权利能力和行为能力等方面的一些问题。

2. 物之所在地法

物之所在地法(Lex Rei Sitae)(Lex Situs)是指涉外民商事法律关系的客体所在国家的法律,这是解决物权关系,特别是不动产物权关系的系属公式。其适用范围包括不动产和动产的识别与划分、物权的客体与内容、物权的保护方法、物权的行使条件、物权取得或变更和消灭的条件,等等。

3. 行为地法

行为地法(Lex Loci Actus)是指当事人的法律行为发生地所属法域的法律,起源于“场所支配行为”(Locus Regit Actum)这一法律原则。这一系属公式通常用来解决行为方式的有效性问题。由于法律行为的多样性,行为地法又可细分四类:第一,合同缔结地法(Lex Loci Contractus),通常用来解决合同的成立、合同内容的有效性、合同的形式等方面的法律冲突问题;第二,合同履行地法(Lex Loci Solutionis),通常用来解决合同内容,特别是合同履行方面的法律冲突问题;第三,婚姻举行地法(Lex Loci Celebrationis),通常用来解决涉外婚姻关系尤其是婚姻形式方面的法律冲突问题;第四,侵权行为地法(Lex Loci Delicti),通常用来解决涉外侵权行为之债的法律冲突问题,侵权行为地法又可分为侵权行为实施地法和损害结果发生地法。

4. 法院地法

法院地法(Lex Fori)是审理涉外民商事案件的法院所在地国家的法律,常用来解决涉外民事诉讼程序方面的法律冲突问题。在过去,一般认为这是解决诉讼程序方面问题的唯一的准据法,但是现在也有学者反对这种观点。[①] 此外,法院地法这一准据法并非只能用来解决程序问题,各国尽可能适用法院地的实体法来解决各种实体问题,也是国际私法产生发展的新走势。随着国际商事仲裁的发展,在实践中逐渐形成了类似法院地法的系属公式"仲裁地法"(Lex Arbitri),主要用于解决涉外仲裁的法律冲突问题。

5. 旗国法

旗国法(Law of the Flag)就是船舶所悬挂的旗帜或航空器所属国家的法律,常用来解决船舶、航空器在运输过程中发生涉外民商事纠纷时的法律冲突问题。

6. 当事人自主选择的法律

当事人自主选择的法律(Lex Voluntatis)是指涉外民商事法律关系的当事人按其意愿自主合意选择的那个法律。这一系属公式也叫当事人"意思自治"(Autonomy of Will)(l'autonomie de la volonte),是目前大多数国家确定涉外合同法律适用的首要原则。现在有些国家在合同以外的领域,如侵权、婚姻和继承领域也有限制地使用当事人意思自治原则。不过,在当事人协议选择法律时,由于有些国家规定只能选择与当事人或合同有重要联系的法律,大都也不外乎在当事人的本国法、住所地法、物之所在地法、行为地法及法院地法之间进行选择。所以,本国法、住所地法、物之所在地法、行为地法及法院地法等仍属于最基本的准据法表述公式。

7. 最密切联系地法

最密切联系地法(Law of the Place of the Most Significant Relationship)是指与涉外民商事法律关系有最密切联系的地方的法律。作为一种灵活的、开放型的系属公式,它已经开始大量出现在各种新近颁布的国际私法规范当中。例如,1978 年《奥地利联邦国际私法法规》第 1 条开宗明义地规定"与外国有连结的事实,在私法上,应依与该事实有最强联系的法律(legal order)裁判",更是将最密切联系提到了基本原则的高度。1971 年《美国冲突法重述》第 145 节关于侵权行为之债的准据法则规定为:"侵权行为当事人之间的权利与义务适用与案件有最重要联系的州的法律。"最密切联系地法这一系属公式又可称为

① 李双元、谢石松:《国际民事诉讼法概论》,武汉大学出版社 1990 年版,第 320 ~ 321 页。

“最密切联系原则”或者被称为与案件或当事人有最密切联系的法域的法律,起源于萨维尼的“法律关系本座说”。但是,最密切联系地法作为系属而纳入立法并获得全面发展则始于20世纪初期。由于目前各国在法律选择方面的灵活性得到加强,因而在许多双边冲突规范中,都运用这一方式来指引应适用的准据法。这是因为在实践中,有时单纯适用当事人的国籍或住所、物之所在地、行为地、法院地等连接点,并不能使法院选择出最适合案件的法律。于是,便提出了这一更为灵活的准据法表述公式,赋予法院在处理涉外案件时选择法律的更大的自由裁量权。

不过,国内有学者认为这并不是一个“系属公式”,而只是一个法律选择的指导原则。这种看法只看到了问题的一个方面,却忽视了这种准据法表述公式已大量出现于各种双边冲突规范之中的事实。既然在立法中已经运用这一表述公式来构成双边冲突规范,那就不能把它只当作一个抽象的原则对待。① 目前,国外一些学者也承认“与案件或当事人有最密切联系的法律”已经成为一个新的、更为灵活的连接因素。国际私法的理论研究工作者与实务工作者大部分认为,像1971年《美国冲突法重述》第6条所提出的供法官选择法律时考虑的七方面的因素也是一种与传统冲突规范中连接因素相似的东西,也可以用它们分别构成一些准据法的表述公式。② 事实上,“与案件或当事人有最密切联系的法律”已经成为一种新的准据法表述公式或系属公式,在实践中得到了广泛的运用。

总之,最密切联系地法既是一个法律选择的指导原则,又作为一个系属公式大量出现于冲突规范之中,适用许多不同性质的涉外民商事法律关系。

---

① 李双元:《国际私法(冲突法篇)》(修订版),武汉大学出版社2001年版,第179～182页。

② Edoardo Vitta, *The Impact in Europe of the American "Conflicts Revolution"*, in The American Journal of Comparative Law, Vol. 30, No. 1, 1982.

第二节　连接点的法律意义

一、连接点的定位

(一)连接点的定义

连接点(Point of Contact),[①]又称连接根据(Connecting Ground)或连接因素(Connecting Factor),指冲突规范对其范围所涉及的法律关系或法律问题指定应适用何种法律所依据的一种事实因素。对此,也有学者将连接点界定为:“指冲突规范就范围中所指法律关系或法律问题指定应适用何地法律所依据的一种场所化或可场所化的事实因素。”[②]还有学者认为所谓“连接点”或“连接因素”,“就是指那些能在法院需要处理的事实情况和某一特定法域之间建立起自然联系(Natural Connexion)的明显事实”。[③]另有学者认为连接点就是“从法律关系的构成要素中选择其中之一作为选择准据法的媒介”。[④]对最后一种界定,我国资深法学家李双元先生曾进行了深入的剖析并指出:“因为法

① 也有不少国际私法著作、教材和论文习惯使用“连结点”。现代汉语词典将“连结”解释为:(1)衔接,连接;出自(汉)王充《论衡·超奇》:“采掇传书以上书奏记者为文人,能精思著文连结篇章者为鸿儒。”(宋)苏轼《八阵碛》:“英雄不相干,祸难久连结。”(2)联合,结交”;出自(晋)袁宏《后汉记·献帝纪一》:“韩馥、袁绍自称大将军,遣使推大司马刘虞为帝,不听,复劝虞承制封拜,又不听,然犹与绍连结。”(明)何景明《严治篇》:“于是豪暴擅制,富强肆行,宗党连结。”随着时代的发展变化,“连结”一词依国家语言文字委员 2001 年 12 月 19 日发布《第一批异形词整理表》(2002 年 3 月 31 日试行)规范定性为异形词。“连结”为“联结”的异形词,在书面使用过程中应以“联结”作为推荐使用词形。参见中华人民共和国教育部、国家语言文字委员主编:《第一批异形词整理表》,语文出版社 2002 年版,第 7 页。https://www.moe.gov.cn/ewebeabout-unidroit/membership/(January 30,2021).

② 李双元:《国际私法(冲突法篇)》(修订版),武汉大学出版社 2001 年版,第 183 页;李双元等:《中国国际私法通论》(第 2 版),法律出版社 2003 年版,第 108 页。

③ 戚希尔和诺斯特别指出“连接点”和“circumstance”是两个不同的概念。例如,一个法国住所者的英国人未留遗嘱而死亡,留下动产在英格兰,不动产(土地)在苏格兰,则其英格兰的动产将依法国法处理,而其在苏格兰的不动产(土地)将依苏格兰法处理,这是因为法国法为其住所地法,而苏格兰法为其不动产所在地法。P. M. Peter North, J. J. Fawcett, *Cheshire and North's Private International Law*, 10th ed., Butterworths London Ltd., 1979, pp. 41 – 42.

④ 肖永平:《冲突法专论》,武汉大学出版社 1999 年版,第 35 页、第 169 页。

律关系的构成要素一般认为只包括主体、客体和内容,而作为连接点的多为具有可场所化的事实因素,如‘国籍’、‘住所’只是与主体有关,而绝非主体本身;如‘物之所在地’只是与客体有关,而绝非客体本身;如‘行为地’则可能既与主体有关,亦可能与产生或形成某种法律关系的事实发生有关等,怎么可以把连接点说成是‘法律关系的构成要素’?”通常这些事实因素是用“国籍”“住所”“习惯居所”“缔约地”“履行地”“侵权行为地”“婚姻举行地”“遗嘱做成地”“物之所在地”这样一些含有场所意义的概念来加以表示的。但是,如果认为能作连接点的只是一些含有空间场所意义的事实因素,那么“当事人的自主选择”或“当事人的意思自治”就不能作为连接因素,这就过于片面了。“当事人的自主选择”,在实质上也是要把特定法律关系应适用的法律场所化(Localization)。当事人自主选择法律的过程,实际上就是这种场所化过程。[①] 与此相同,目前把“与案件和当事人具有最密切的联系”作为一种连接点来看待,也是正确的,它也是一个把应适用的法律场所化的过程。在准据法表述公式中,连接点起决定性的作用。在制定冲突规范或解决法律选择问题时,都要把一定的民事关系和某一特定的法律联系起来,才能确定应该适用的准据法。而这种联系,正是通过连接点的确定来实现的。如果借用萨维尼的“法律关系本座说”作一形象说明,也许就更好理解了。这些连接点或连接因素只是用来标示各种法律关系的“本座”所在,而它自身并不是法律关系的构成要素。[②] 因此,戴西和莫里斯在其冲突法论中也只是说“冲突规则是用法学上的概念或范围和场所化的因素或连接因素来表述的”。[③] 不论如何界定连接点的内涵与外延,学者们的共识是:连接点在冲突规范的系属公式或准据法的表述公式中起决定性作用。因为,在制定冲突规则或解决法律选择问题过程中,都要把一定的涉外民商事法律关系和某一特定国家的法律联系起来,才能确定应该适用的准据法。而要体现这种联系,常常

---

① Jürgen Basedow, Giesela Rühl, Franco Ferrari and Pedro de Miguel Asemsio, *Encyclopedia of Private International Law*, Chapter B, Edward Elgar Publishing, 2017, p. 318.

② 李双元:《国际私法(冲突法篇)》(修订版),武汉大学出版社 2001 年版,第 183 ~ 184 页。

③ [英]J. H. C. 莫里斯主编:《戴西和莫里斯论冲突法》,李双元等译,中国大百科全书出版社 1998 年版,第 23 页。

需要借助连接点或连接因素。

可见,连接点体现了某一涉外民商事法律关系和特定国家的法律间的联系,属于冲突规范就范围中所指的涉外民商事法律关系指定应适用哪个国家的法律所依据的一种事实因素。例如,中国 2010 年《涉外民事关系法律适用法》第 36 条规定:"不动产物权,适用不动产所在地法律。"这条冲突规范中的连接点是"不动产所在地"。但任何一个博闻强识的立法者都不可能熟悉所有国家的民法和商法的具体内容,在解决法律选择问题时,他们只能从原则上规定用什么地方的法律来调整这一法律关系或那一法律关系最为合适。从这个意义上说,国际私法中的法律选择过程,就是把不同的涉外民商事法律关系与不同的法律制度联系起来的过程。这种媒介作用需借助作为一种事实因素的连接点来实现,通常通过一些含有场所意义的概念来表示,如"国籍""住所""侵权行为地""惯常居所地""婚姻举行地""合同缔结地""物之所在地""遗嘱所在地""最密切联系地"等。正因为如此,在准据法的表述中,连接点的选择既不应是任意的,也不得是虚构的,而是必须在客观上确实能体现此种内在的联系。国际私法中的适用法律不当、法院管辖不当、反致与转致的发生、法律规避等,莫不与连接点的选择和确定有直接的关系。因此,2005 年 5 月 17 日颁布的《保加利亚国际私法典》第 42 条对有关连接因素的变更问题就明确规定:"据以确定准据法的情势事后发生变更的,无任何追溯力。"

(二)连接点的法律意义

连接点在冲突规范中是不可或缺的,它是系属的核心构成要素。从法律上来分析,连接点的存在价值和意义主要表现在如下两个方面:

第一,从形式上看,连接点具有"联系"功能。连接点是一种把冲突规范中"范围"所指的法律关系与一定地域的法律联系起来的纽带或媒介,具有桥梁式的联系或中介作用。冲突规范之所以是一种间接规范,是因为它并不直接规定当事人的权利义务,而只通过连接点去指引某一国家的法律来确定当事人的权利义务。因此,每一条冲突规范必须至少有一个连接点,否则,就难以将一定的法律关系与应适用的法律连接起来。

第二,从实质上看,连接点是涉外民商事法律关系内在隶属性质的外化。透过现象看本质,连接点这种纽带或媒介反映了该法律关系与一定的法律之间存在内在的实质联系或隶属关系，从而使某种法律关系应受一定国家法律的约束，应受一定主权者的立法管辖，否则，该法律关系就不能成立。因此，对不同法律关系连接点的选择不是主观随意的，更不是幻想虚构的，而必须在客观现实中发掘确实能体现这种内在联系的要素。可以说，国际私法正确运用冲突规范解决法律冲突与误用或滥用冲突规范的现象的产生，均离不开对连接点的把握。①

因此，连接点的法律价值与意义必须得到科学、客观的定位，只有这样才能充分发挥其应有的作用与功能。换言之，否定连接点在冲突规范中的关键性作用与地位，也就等于否定了冲突规范乃至整个冲突法或国际私法。

二、连接点的分类

根据不同的划分标准，可以将国际私法特有的连接点区分成不同种类。

（一）客观连接点与主观连接点

客观连接点是一种以客观实在为标志特征的连接点，主要有住所、居所、国籍、营业地、法院地、物之所在地、合同履行地、侵权行为地，等等。主观连接点为意定的连接点，主要指当事人之间的合意。最密切联系地的确定有时也需要借助法官的主观判断，但对它是否为主观连接点这一问题，现在有不同的看法。主观连接点主要作为确定适用涉外合同关系准据法的根据。

（二）静态连接点与动态连接点

静态连接点（Constant Point of Contact）就是固定不变的连接点，主要是指不动产所在地以及涉及过去的行为或事件的连接点，如婚姻举行地、合同缔结地、法人登记地、立遗嘱地、侵权行为发生地，等等。由于静态连接点是不变的，因而有助于据此确定涉外民商事法律关系应适用的法律。动态连接点（Variable Point of Contact）就是可变的连接点，如国籍、住所、居所、所在地、法人的管理中心地，等等。动态连接点的存在一方面加强了冲突规范的灵活性，另一方面也为当事人规避法

① 上海社会科学院法学研究所编译：《国际私法》，知识出版社1982年版，第120页。

律提供了可能。

由于一些连接点属动态连接点,有关的人、行为或事件可能与几个不同的时间相联系,于是提出了到底依什么时候的连接点为根据来确定准据法的问题,也就是连接点的时间限定问题。一般来讲,各国立法中的冲突规范和国际条约中的冲突规范,如有必要,都对连接点的时间限定加以规定。例如,2010 年《涉外民事关系法律适用法》第 31 条规定"法定继承,适用被继承人死亡时经常居所地法律",这就把连接点"经常居所地"限定在"死亡时"了。在冲突规范中,如立法者对连接点加以时间限定,表明立法者不允许当事人因连接点的改变而要求改变已设定的权利与义务关系。但是,有的冲突规范的连接点本有时间限定问题,但立法者对之未加以明确规定,于是就有可能需要在适用该类冲突规范时对连接点的时间限定进行推定。①

(三)单纯事实与法律概念

单纯事实主要包括物之所在地和法院地。因物之所在地即物的现实所在场所,法院地则是指提起和进行涉外诉讼案件的地点。这些连接点主要是从事实上来予以确定的,通常称之为冲突规范中单纯事实的连接点。另外,还存在一类并非单纯事实的连接点,而属于法律概念类的连接点,通常称之为连接概念,如国籍、住所和行为地等。②

(四)开放型连接点与硬性连接点

有些学者还将连接点分为开放型连接点与硬性连接点,这在倡导对传统冲突规范中的"硬性的"连接点进行软化处理的实践中比较常见。例如,当事人自主选择就是在合同的准据法选择上改变僵化固定的、封闭型的硬性连接点而向灵活多变的、开放型的软性连接点迈出的第一步。但这也仅限于合同领域,其他各个领域则仍沿袭传统的指定单一连接点的僵硬的方法。随着"最密切联系说"问世,开放型连接点才得到了彻底改变。目前甚至还用"利益分析"和"政策导向"的方法来建构开放型连接点。尽管采用开放型的连接点的做法始于涉外合同法律的领域,但后来它的发展已远远超越了该范围,渗透到侵权领域、知识产权领域和婚姻家庭继承领域等。侵权领域也早在 20 世纪中期

---

① 黄进主编:《国际私法》,法律出版社 1999 年版,第 238 ~ 239 页。

② 李双元:《国际私法(冲突法篇)》(修订版),武汉大学出版社 2001 年版,第 187 页。

便开始抛开传统的硬性连接点，主张适用与侵权有最密切联系的法律。英国学者据此而特别提出了“侵权自体法”（Proper Law of Torts）的主张，以选择适用与案件有最密切、最真实联系的法律，力图改变那种完全求助侵权行为地的硬性连接点的做法。

硬性连接点在法律选择中有稳定性、明确性和可预见性等可取之处，而开放型连接点则意味着灵活性。在具体实践中，必须将二者有机统一起来，不可片面化。凡主张开放型连接点就完全抛开硬性连接点，或坚持采用硬性连接点便彻底否定开放型连接点，都是不符合理论发展与实践要求的。

三、连接点的选择

在国际私法的产生与发展过程中，一直围绕解决法律冲突问题的中心而展开，而连接点的选择则是中心之中心，属于解决该中心问题的核心环节。连接点的选择在国际私法中占据十分重要的地位。所谓连接点的选择，就是在涉外民商事法律关系诸多构成要素中确定一个与“范围”中所要解决的问题有最佳联系的要素作为连接要素，以指引准据法的选择，从而公平合理地解决涉外民商事纠纷。因此，冲突法的中心任务就在于确定所涉及的人、事件和行为究竟与哪一个国家的法律有最密切的联系，并选择一个恰当的连接点。但连接点的选择有其客观现实基础和依据，并不是任凭主观随意选择的。各国国际私法的立法和实践表明，连接点的选择受国际民商事交往状况、各国政治经济发展情况以及冲突规范内在要素的影响。

（一）连接点的形成与国际民商事交往息息相关

一个新的连接点的形成与发展有其客观依据，并与一国的政治、经济、习惯及国际民商事交往密切相关，这可用“意思自治原则”（Doctrine of the Autonomy of Will）的产生加以论证。16世纪以前，合同关系同其他法律关系一样，都不允许当事人自由选择准据法。但此后随着商业发展的需要，从而产生了这个新的连接点。15世纪法国学者杜摩兰首创“意思自治原则”，反映了欧洲资本主义所要求的契约自由。根据资产阶级倡导的契约自由原则，无论合同的订立还是合同的内容，当事人有自主决定的权利。在商业领域，当事人特别期望能够预见法律行为的后果，维持法律关系的稳定，迅速解决发生的合同争议。这是当时经济社会发展特别是国际经济活动的发展所必需的,也正是“意思自治原则”所能提供的。因此,许多国家已明确接受这个连接点,并通过立法确认当事人选择法律的效力。此后,德国的萨维尼、意大利的孟西尼、美国的斯托里等都阐述了“意思自治原则”,并把它奉为选择合同准据法的首要原则,以反对法律适用上的封建属地主义和法律不统一的状况。随着商品经济和贸易的发展,“契约自由”及自由竞争不断推广,“意思自治原则”逐渐发展成为国际私法的合同制度的一项基本原则。由于各国在国际经济贸易方面的依赖性日益增加,进一步要求涉外民商事法律关系的稳定发展,加上涉外民商事法律关系日趋复杂,对同一性质的法律关系,已不像过去那样,只用一个连接点,而是允许选择适用多个不同的连接点。在早期的国际私法法规中,价值取向及功能较单向化,因而冲突规范一般具有较强的概括性,往往只给某一类法律关系规定一个连接点,冲突规则也显得非常简单。例如,不法行为之债,早期的法规都不对各种不法行为作具体的分析,而笼统地规定一般的法律适用规则:“不法行为之债适用不法行为地法”。实践证明,这种立法技术并不能保证法院在所有情况下都可以选择出最适合案件的准据法。现代学说已倾向废除这种做法,进而主张对各种性质不同的不法行为进行区分,根据其不同情况和条件,选择不同的连接点去指引不同法律作为准据法,并让“不法行为地”这个过去普遍适用的唯一连接点只起一般性作用。

(二)连接点的选择模式随着国家的政治经济环境的变化而不断发展

连接点的选择不是一成不变的,而是随着国家政治经济、人文历史和社会文化的客观情况的变化而变化。属人法连接点选择的历史演变就是明显的例证。在1804年《法国民法典》率先采用国籍作为属人法的连接点以前,欧洲国家自法则区别说时代就一直沿用住所作为属人法的连接点。这是因为当时许多欧洲国家还处于封建割据状态,没有形成后来统一的民族国家,内部法律很不统一,只有根据一个人的住所地法来确定其身份、能力方面的问题才是最合适的。到了18世纪,许多欧洲国家内部政治形势不但发生了根本改变,而且还成了大量向外殖民的国家,这就需要从法律上继续控制和保护这些移民,使当事人本国法的适用成为可能和必要,于是这些国家就相继改用国籍作为属人法的连接点。

随着商品经济的进一步发展以及全球化扩张，一个商人的活动可能遍及全世界，在这种客观形势下，如果有一种法律，不管一个人出现在哪里和从事什么法律行为，始终要对他进行支配，显然是不利于商业交往的。因此，又出现了对本国法主义的批判。特别是第二次世界大战以后，欧洲又出现了一种恢复住所这一属人法连接点的趋势。1955年海牙《关于解决本国法与住所地法冲突的公约》肯定了这种趋势，该公约第1条规定："如果当事人的住所地国规定适用当事人本国法，而其本国规定适用住所地法时，凡缔约国均应适用住所地国的国内法规定。"事实上，目前许多欧美国家立法及国际公约采取以惯常居所（Habitual Residence）地法代替住所地法的做法，如英国就采用惯常居所或习惯居所作为属人法的连接点，1955年海牙《关于解决本国法与住所地法冲突的公约》和1980年《国际合同义务和法律适用的公约》也采取类似做法，这也反映了属人法趋同化倾向。一些学者认为，住所与惯常居所的一个重要区别在于后者更易于依外部现象客观地加以认定，而前者却部分地依靠对当事人的心理状态进行分析，因此，采用惯常居所作为属人法的连接点对商业活动更为便利。然而，由于属人法的连接点受到各国具体政治、经济情况的制约，目前，试图让各国在属人法的连接点上采取一致做法，还远非易事。[①]

（三）连接点的选择受冲突规范内在要素的制约

国家立法机关选择连接点以指引准据法来解决涉外民商事纠纷时，通常要考虑冲突规范的"范围"所要解决的法律事实或法律问题的性质与分类、冲突规范所选择的连接点是否属于"范围"中法律关系的构成要素之一，是否受连接点的区分与作用等因素的影响。至于区分不同连接点的含义和作用，并要看有关连接点是否与特定的法律关系具有较本质的联系，对特定的问题是否具有相对重要性。要做到这一点，必须考虑有关的连接点是否属于各国立法机关经常作为自己行使立法管辖权的根据、有关的连接点是否与特定的地域相联系并便于认定和适用、有关的连接点是否符合各国处理涉外民商事法律关系的政策等因素。只有在客观而全面地考察了冲突规范内在要素后，才能根据具体环境的需要对连接点做出正确的选择。

---

① 韩德培主编：《国际私法新论》，武汉大学出版社1997年版，第147页。

四、连接点冲突的解决办法

历史证明,过去那种对各种法律关系都只分别采用一个连接点来指引准据法的做法,也因新的复杂情况的出现而不断被打破。[①] 许多国际私法理论学说围绕连接点的选择而展开,不少国家的国际私法立法通过增加连接点的选择来解决实践中难以处理的问题。有时,不同国家在立法上虽然规定同一个连接点指引准据法,以解决同一或类似性质的涉外民商事纠纷,但各国关于该连接点的含义可能并不一致,那么,对其解释与认定究竟应依哪一国的法律观点和法律概念;当两个国家都同样规定,侵权行为的民事损害责任适用侵权行为地法,其中一国把加害行为地作为侵权行为地,而另一国把损害发生地作为侵权行为地,那么,对此究竟应依据发生地还是加害地作连接点;尽管大部分国家规定自然人权利能力适用其属人法,但若一个人同时有两个以上国籍或住所,或者没有任何国籍或住所,那么,该自然人属人法的连接点究竟应如何确定,等等。所有这些问题的解决,都会面临连接点的选择问题,而由于各国均有各自选择或确定标准,因而难免会出现连接点的冲突。这也正是国际私法在选择连接点时不得不予以解决的难题。

一般说来,连接点究竟在何处,原则上都是依法院地法的概念进行解释和确定的。不过,在适用法院地法解决连接点的法律冲突时,应注意如下例外情形:第一,对一个人是否具有某国国籍必须依其国籍发生争议的该国国籍法的概念来加以判定;第二,特定案件需要援用外国冲突规范时,此外国冲突规范中所使用的连接点,应依该国法律概念进行解释;第三,特定案件需要适用条约中的冲突规范,而条约又对冲突规范中所使用的连接点作了定义,则应依条约中的定义,如《布斯塔曼特法典》第32条就对“住所”作了定义性解释。著名德国法学家奥托·康·弗罗因德曾指出:“在许多可能的连接因素中进行选择,乃是处理法律冲突的国际私法的本体或国际私法的本质;国际私法的全部思想都是建立在法律和领土之间的联系上;国际私法要回答的问题就是如一个人、一件事、一个行为究竟和哪一个地方的法

---

① 李双元:《国际私法(冲突法篇)》,武汉大学出版社1987年版,第164页。

律有关联。”[①]因此,解决连接点的冲突,理顺某种涉外民商事法律关系与一定地域的法律之间的联系,乃是冲突法甚至国际私法的核心任务。令人遗憾的是,我国现行立法尚无有关连接点的认定方面的立法规定。不过,由中国国际私法学会主持编制的《中国国际私法示范法》第10条对连接点的认定提出了如下立法建议:“对连接点的认定,除自然人的国籍外,适用法院地法。”[②]这对我国立法与司法实践部门应有所启示,在对解决连接点的冲突问题进行规制时可以参考借鉴该范例。

五、连接点的晚近发展取向

随着世界经济一体化和全球化进程的推进,科学技术迅猛发展,国际民商事关系日益纷繁复杂,产品、资本和人员流动规模空前高涨,传统的冲突规则暴露出了无数弊端或缺陷。因而需要全面消除或克服冲突法的缺失,努力健全和完善冲突规范,注入更多的灵活性元素,以适应迅速变化的社会现实。在日新月异的社会经济变革过程中,国际社会逐渐形成了一种通过变革连接点对冲突规范进行软化处理的潮流。[③]简言之,连接点的软化处理(Softening Process of Connecting Factor),就是通过在冲突规范中增加可供选择的连接点或规定具有弹性或灵活性的连接点等,以便克服传统冲突规范僵化的、闭合的缺陷。归纳起来,连接点的变革潮流主要呈现如下五种走势:

(一)用灵活的开放型的连接点取代传统冲突规范中僵固的、封闭型的连接点

传统国际私法涉外合同法律适用规范的演变就是通过增加灵活性连接点来进行软化处理的。最初,涉外合同的成立和效力是严格要求受合同缔结地法支配的,后来,由于交通和通讯工具的发展,使隔地合同和其他各种缔约地不好确定,或虽能确定但合同与缔结地的联系纯属偶然的情况大量发生,加上自由贸易的需要,产生了“意思自治原则”,因而,主张合同准据法应由双方当事人自主选择。这是在合同的

---

① Otto Kahn-Freund, *General Problems of Private International Law*, Sijthoff & Noordhoff, 1980, pp. 150 – 151.

② 中国国际私法学会:《中国国际私法示范法》,法律出版社2000年版,第13页。

③ 李双元、张明杰:《论冲突规范的软化处理》,载《中国法学》1989年第2期;李双元:《走向21世纪的国际私法:国际私法和法律趋同化问题》,法律出版社1999年版。

准据法选择上,由僵固的、封闭型的系属公式向灵活的、开放型的系属公式转变的第一步。不过,当时也仅只在合同领域采用这种灵活的系属公式,其他各个领域则仍大都沿袭传统的指定单一连接点的僵化的方法。直到"最密切联系说"问世,许多国家相继主张对各种法律关系适用与之有密切联系的国家的法律时,这种软化处理的方法又进入到一个新的阶段。目前,更有用"利益分析"和"政策导向"的方法来构成开放型的冲突规范的。

采用灵活的、开放型的连接点的做法,虽然始于合同法领域,现在却已远远超越了该范围。例如,在侵权领域,传统的做法是坚持对所有的侵权行为都主张适用侵权行为地法。但是,20 世纪中叶以后,美国的一些法院便开始抛开传统的硬性连接点,主张适用与侵权有最密切联系的法律。英国有学者更是比照合同自体法的理论,提出了"侵权自体法"(Proper Law of Torts)的主张,即在决定侵权的法律适用方面,不再完全求助侵权行为地这种封闭性连接点,而同时允许法院根据案件的具体情况,选择适用与案件有最密切、最真实联系的法律。不仅如此,在合同、侵权以外的其他领域也有以最密切联系作连接点的。例如,1987 年《瑞士联邦国际私法法规》就将意思自治扩大适用于侵权和继承的准据法选择;1989 年《海牙国际私法会议关于死者遗产继承法律适用公约》也允许在继承的准据法方面由被继承人生前通过遗嘱加以指定;1986 年《德国民法施行法》第 41 条在家事法方面就规定:"婚姻的效力总体上可依次选择适用以下几种法律:配偶双方共同本国法、双方婚姻存续期间的最后共同本国法、双方共同(或最后)习惯居所地法以及与双方有最密切联系的法律。"中国 1986 年《民法通则》在合同和扶养关系的法律适用上也采用了最密切联系作为指引准据法的连接点。

不过,采用灵活的、开放型的系属公式代替传统的僵化的、封闭型的系属公式来对连接点做软化处理还是有限度的,否则,整个国际私法都可归结为"涉外法律关系由与该法律关系具有最密切联系的法律支配",这样就会否定国际私法的存在。实际上,硬性连接点和开放性的连接点代表两种不同的法律价值取向:前者代表稳定性、明确性和可预见性,后者则代表灵活性、合理性、公正性,而法律必须是既具有稳定性、明确性和预见性,又应具有灵活性、合理性和公正性的,必须是有机的统一体。

对于法律的确定性与灵活性的矛盾,实际上任何时期、任何地方的法律制度都存在。这对于国际私法也不例外。塞缪尼德斯教授在1998年召开的第十五次比较法国际大会所作的总报告中就指出:"法律的确定性、可预见性及统一性的要求与法律的灵活性、衡平性,具体案件具体解决的需要之间的张力关系就像法律本身一样的古老。亚里士多德在2、3世纪以前讲到的制定法应具有衡平作用时就论述过这个问题。正如雷勒·大卫(Rene David)所指出的:'在所有的国家都存在并将经常存在两种正义要求之间的矛盾,一方面,法律必须是确定的和可预见的,另一方面,它必须是灵活的,并能适应环境的需要。'国际私法亦逃脱不了这一矛盾,实际上,它极有可能陷入这一矛盾。"[①]在20世纪初期,大多数国际私法制度,特别是在那些更多的依赖成文法的制度里,对法律确定性的重视高于灵活性,不断强调或提高确定性的价值与地位。但在20世纪末,几乎所有的制度都从不同程度上转向了灵活性。在美国的学者中,柯里最初曾通过对冲突规则的猛烈鞭挞来表现他对其确定性的憎恶态度。他甚至说:"规则(传统理论中的)没有用,也不能用,而且,这种困境在进一步加深。在试图使用这些规则……遇到了困难。而这种困难与其说来源于这些规范本身的不好,倒不如说是因为我们有了这些规则……如果去掉这些规则,我们将更好。"[②]他们还主张用各种各样不同的"临时方法来取代冲突规则,结果终于导致了美国的冲突法看起来像一千零一夜的故事那样,每一案件的判决都是独特的……每一案例都是独一无二的"。这无疑完全失去了法律的确定性。无论是成文法还是判例法,一旦完全失去了确定性,它也同时失去了法律的最本质特征和功能。[③] 于是,承认有必要重新制定一些具有一定灵活性的冲突规则的认识也在美国重新成为主流意识。美国《第三次冲突法重述》编纂的助理报告人利托教授就在呼吁重振冲突规范的价值

---

① Symeon C. Symeonides, *Private International Law at the End of 20th Century: Progress or Regress?* Kluwer Law International, 2000, p. 21; René David, *English Law and French Law: A Comparion in Substance*, Stevens & Sons Lt., 1980, p. 24.

② 美国的凯弗斯同样是这种观点的鼓吹者,参见 Cavers, Legislative Choice of Laws: Some European Examples, 44 *So. Calif. L. Rev.* 340, 1970, pp. 359-360。

③ 李双元:《国际私法(冲突法篇)》(第3版),武汉大学出版社2016年版,第173页。

和复兴冲突法学科的地位。①

20世纪美国掀起以不指明特定的准据法而仅提供法院选择准据法所应遵循的一种开放性的程式和方法来取代传统的冲突规范时,对传统的甚至每一种类的法律关系都只使用一个空间连接点的冲突规范确实是太缺乏法律所必需的灵活性的反思,也在欧洲成文法国家的国际私法学界悄悄地进行着。所不同的是他们在寻求冲突规范的确定性与灵活性之间的平衡点时,并不主张全盘抛弃冲突法制度,而是正如前面讲到连接点的软化处理方法那样,用"可替代的连接法"、"灵活的连接法"、"免予适用条款"和"临时方法"、种种"工具"来对传统的缺乏灵活性的只作管辖权选择的冲突规则加以改造,从而把确定性和灵活性恰当地结合起来。②

因此,在现代国际私法的理论与实践中,既不能完全抛开传统冲突规范固定的连接点,也不能不对冲突规范规定一些开放性的连接点。例如,《奥地利联邦国际私法法规》第1条一方面将最密切联系作为总的指导原则规定下来,另一方面却又规定:本联邦法规(冲突法)所包括的适用法律的具体规定,则应认为体现了这一原则。《瑞士联邦国际私法法规》第15条也要求首先适用它所规定的各具体冲突规则,只在案件的事实与规定的准据法有微弱的联系,而与另一个法律明显地有更密切联系的时候,该法所确定的准据法才可以不适用。总的说来,对开放型连接点的需要程度,制约着封闭型连接点的适用;反过来,封闭型连接点在它符合案件实际的情况下,又限制了开放型连接点的作用。

(二)通过增加连接点的数量来增加可供选择的法律

在冲突规范中规定两个或两个以上的连接点,可以增加连接点的可选性,也是对传统冲突规则进行软化处理的一种有效方法。目前,这种方法简单易行,受到越来越多的国家欢迎并在国际私法立法中予以

---

① Laura E. Little, *Conflict of Laws Structure and Vision: Updating a Venerable Discipline*, Georgia State University Law Review, Vol. 31, 2015.

② Kermit Roosevelt Ⅲ, *Brainerd Currie's Contribution to Choice of Law: Looking Back, Looking Forward*, Mercer Law Review, Vol. 65, 2014.

采用。[①] 之所以规定复数连接点,其动机和缘由也许是多种多样的,但归纳起来,最为常见的动因在于:使法院能够有机会适用确保法律关系有效成立的准据法;准确反映法律关系的重心所在;有利于实现国家特定的法律与政策。

在传统国际私法的立法与实践中,一直坚守法则区别说所确定的有关法律行为的法律适用准则:法律行为方式的效力依场所支配行为原则解决,即法律行为的方式如果依行为地法为有效则到处有效,法律行为的方式如依行为地法无效则到处无效。然而,后来受到国际简式主义立法政策的影响,各国在实践中越来越多地赋予这一规则以灵活性和弹性。例如,1982 年《土耳其国际私法和国际民事诉讼法》规定,法律行为的方式适用行为完成地法,但同时也可以适用调整该行为效力的法律。[②] 像土耳其这样规定,允许法律行为的方式采用多种连接点的立法还有 1965 年《波兰国际私法》第 12 条、[③]1978 年《奥地利联邦国际私法法规》第 8 条、[④]1982 年《南斯拉夫国际法律冲突法》第 12 条、1998 年《委内瑞拉国际私法》第 37 条、[⑤]1999 年《斯洛文尼亚国际私法与国际民事诉讼法》第 7 条、[⑥] 2015 年《阿尔及利亚民法典》第 19 条、[⑦] 2007 年《北

① Jürgen Basedow, Giesela Rühl, Franco Ferrari and Pedro de Miguel Asemsio, *Encyclopedia of Private International Law*, Chapter B, Edward Elgar Publishing, 2017, p. 1405.

② 2007 年修订的《土耳其国际私法和国际民事诉讼法》第 7 条规定:"法律行为,可以按照行为实施地法律或者调整法律行为的准据法中的实体规范所规定的方式完成。"

③ 2011 年修订的《波兰国际私法》第 25 条规定:"法律行为的形式,适用该行为本身的准据法。但只要遵从法律行为实施地国法所规定的形式即可。"

④ 2015 年修订的《奥地利联邦国际私法法规》第 8 条依然保留原规定:"法律行为的方式,依支配该法律行为本身的同一法律;但符合该法律行为发生地国对方式的要求者亦可。"

⑤ 1998 年《委内瑞拉国际私法》第 37 条规定:"满足下列任一法制规定要件的法律行为在形式上有效:1. 行为实施地法;2. 支配行为内容的法律;3. 行为发起人住所地法或多个发起人的共同住所地法。"

⑥ 1999 年《斯洛文尼亚国际私法与国际民事诉讼法》第 7 条规定:"法律行为,就其形式而言,只要其满足行为完成地法、行为实施地法或者支配法律行为内容的准据法的规定,则为有效,但法律另有规定的除外。"

⑦ 2015 年《阿尔及利亚民法典》第 19 条规定:"法律行为,就其形式而言,以行为实施地法为准。法律行为,也可以当事人的共同住所地法、共同国籍国法或适用于争讼问题的法律为准。"

马其顿国际私法》第7条、[①] 2009年《罗马尼亚民法典》第2.639条[②]等。可见,这些国家都更新了法律行为法律适用的传统规则,通过增加法律行为形式有效性可采用的连接点的数量而进行冲突规范的软化处理。实际上,在通讯和交通日益发达的情况下,有时一个法律行为的行为地可能会涉及多个地方,会给行为地法的确定造成困难。为使法律行为形式有效性和实质有效性统一起来,适用法律行为本身的准据法是一种可取的方法,如奥地利、波兰、土耳其等国的立法均采此做法。出于尽量使法律行为有效成立的立法政策,普遍放弃了对法律行为方式的严格要求,而采用多种连接因素及对连接点进行软化处理,以更为灵活、更富弹性的方法来确定法律行为方式的准据法;可以在行为地法、支配法律行为本身的法律或与该法律行为有最密切联系的法律之间做出选择,以尽量使法律行为有效。[③] 此外,表现在法律行为的内容或实质方面,增加连接点的可选性也是软化处理的一种趋势,尤其是在侵权领域,连接点的软化进程更为神速。例如,1979年《匈牙利国际私法》第32条规定:"(1)除本法另有相反规定外,在合同关系以外造成的损害,适用侵权行为或不法行为发生的时间和地点的法律;(2)如果损害发生地法对受害者更加有利,则以该法为准据法;(3)如果侵权行为人和受害人的住所在同一国家,适用该法律。"这条规定至少体现了两方面政策:一是使法院能够适用对受害人更为有利的法律,二是使法院适用与侵权有较为密切联系的法律。这条规定在灵活性方面不亚于仅仅规定"最密切联系"开放性的连接点。

在规定复数连接点以提高可选性时还出现了一种支持实现某种"实质正义"与目的的选择性冲突规范。通常的做法是在最后附"内容

---

① 2007年《马其顿国际私法》第7条规定:"法律行为,就其形式而言,如果按照行为完成地法律或行为实施地法律为有效,或者按照支配法律行为内容的准据法为有效,则在形式上视为有效,但本法或其他法律另有规定的除外。"

② 《罗马尼亚民法典》第2.639条"法律行为形式要件的准据法"规定:"(1)法律行为的形式要件适用支配其内容的法律。(2)法律行为只要符合以下任何一项要求,其形式为合法:a)法律文书起草或缔结地;b)对法律行为表示同意的人的本国法或惯常居所地法;c)对法律行为的有效性进行审查的公共机关所属国的国际私法指定应适用的法律。(3)如果适用于法律行为实质要件的法律要求法律行为具有特定形式,否则便归于无效,则第(2)款所确定的法律皆不应排除此种要求,即使该法律行为发生在外国。"

③ 李双元:《涉外民事关系法律适用法制定研究》,湖南人民出版社2016年版,第115~116页。

导向”或“结果导向”的指示,以求最可能达到某种“实质正义”或立法者所追求的目的的实现。例如,1987 年《瑞士联邦国际私法法规》第 94 条规定:“在遗嘱处分时,只要该人依其住所地法、惯常居所地法或国籍国法有此能力,则该人在任何地方均得处分其遗产。”1980 年《关于合同义务法律适用的罗马公约》第 9 条规定,除某些限制外,只要合同形成符合支配合同实质效力的法律,或符合一方或双方据而表示同意适用于合同的法律,应均为有效。[①] 此外,还出现了许多允许适用支持子女为婚生的法律,支持非婚生子女亲子关系确认的法律,支持收养成立的法律,支持适用有利于侵权受害人的法律,支持适用有利于抚养请求权人、消费者、雇员或其他弱方与需要保护的一方当事人的法律。这类做法对促进国际私法冲突规范的发展与可适用性均发挥了重要作用。[②]

(三)依不同性质对同类法律关系进行划分而规定不同的连接点

传统的冲突规范的硬性连接点缺少可选性,常常对同一类法律关系只规定一个准据法。随着科学技术日新月异的发展和政治经济社会关系的变化,不仅新的法律关系层出不穷,而且同一类法律关系内部也逐渐分化,因而,就需要对同一类法律关系进行更深层次的细分,分别规定各自应适用的法律。对同类法律关系进行划分,依其性质规定不同连接点,已经成为现代国际私法选择准据法的一种常见的发展趋势。

第二次世界大战以后,由于国际民商交往和科学技术的新发展,法律关系逐渐向复杂和多样化发展,从宏观上讲,一些新的法律部门不断涌现;从微观上讲,同一类法律关系内部也开始分化。当时这种现象在侵权领域和合同领域较为常见。因此,1987 年《瑞士联邦国际私法法规》就顺势而变,采用了细分法律关系确立连接点的方法。例如,《瑞士联邦国际私法法规》第 110 条关于知识产权的法律适用就分别规定:有关因侵犯知识产权的行为产生的请求,在侵害事件发生后,或适用知识产权在哪国请求保护的该国家的法律,或适用当事人在任何时候约定

---

① 欧洲议会和欧洲联盟理事会 2008 年 6 月 17 日颁布《关于合同之债法律适用的第 593 号条例》取代了欧共体 1980 年 6 月 19 日缔结的《关于合同义务法律适用的罗马公约》。http://www. eur-lex. europa. eu/(accessed January 31,2021).

② Jürgen Basedow, Giesela Rühl, Franco Ferrari and Pedro de Miguel Asemsio, *Encyclopedia of Private International Law*, Chapter B, Edward Elgar Publishing, 2017, pp. 318 – 319.

适用的法律;有关知识产权的合同,则适用瑞士有关合同准据法的规定。

在侵权领域,产品责任、不正当竞争、交通事故、环境污染、国际诽谤等方面逐渐发展成为重要的独立领域,从而使侵权这一类法律关系更加多样化。如果一味坚持侵权行为地法这样的传统规律,肯定难以适应社会发展变化的现实。因此,一些国家也同瑞士一样,在国际私法立法过程中就尽可能地对同类法律关系进行划分,分别规定各自应适用的法律。

在合同领域,许多国家也已着手对其进行划分,并规定不同的法律选择原则。如1982年《南斯拉夫国际法律冲突法》就将合同细分成21类,在当事人未选择适用的法律,而案件的具体情况也指向其他法律时,对不同的合同规定了不同的指引法律选择的连接点。但是,在合同领域的立法与司法实践中,各国对合同划分的精细情况不一,规定的连接点也不尽相同,一般多规定适用特征履行地国家的法律或特征性履行一方当事人的住所、居所或营业地的法律。

把同一类法律关系依不同性质加以区分,规定不同的连接点,已为许多国家的国际私法法规所接受。连接点的这种从简到繁、从单一到多样的发展,无疑应看作是国际私法上的一种最具根本意义的重大进步。因为,这种软化连接点的做法能使准据法的选择更符合日趋复杂的法律关系的各种具体情况,从而使案件得到更公正、更合理的解决。

(四)对同一法律关系的不同方面进行分割,对不同部分或不同环节规定不同的连接点

对于同一法律关系的不同方面进行分割(Dépecage)而分别采用不同的连接点,在国际私法发展过程中出现得较早,而且如今也已成为普遍现象。这种分割做法虽古已有之,如巴托鲁斯就曾经主张关于对契约可预期之效力,依契约订立地法,关于契约履行和时效问题,依履行地法。[①] 事实上,采用分割方法,实际上相对地增加了连接点的数量,不失为对连接点软化处理的一种方法。据考证,采用分割方法综合所涉各国实体法而形成的法律的这种做法,与罗马帝国灭亡前曾出现过的

① 马汉宝:《国际私法总论》,台北,汉林出版公司1982年版,第248页。

由罗马外事法官所采用的实体法方法似乎具有某种程度的相似之处。①

早在中世纪时,有些学者就主张有关违反合同的问题由履行地法支配,有关合同的其他问题由合同订立地法支配。这种对法律关系自身的不同方面进行分割,对其不同方面适用不同法律的做法,被称为分割规则。但是,这种做法传入美国后,曾遭遇不同程度的批评。有学者指出:对同一法律关系的不同方面进行区分是困难的,不仅会使法律适用更加麻烦,而且会破坏法律适用的稳定性,特别是这种方法在合同领域的适用就更加困难。无论从经济学还是从法学的角度来分析,合同都是一个整体,因此,关于合同的制定、解释和解除等,都应由一个法律支配。尽管如此,美国冲突法理论与实践仍主张重新回到分割原则。1971 年《美国冲突法重述》第 188 节就规定:“在缺乏当事人的法律选择时,合同‘某个具体问题’上的当事人的权利和义务,由在这个问题上根据第 6 节规定的七种因素所确定的与同该交易和当事人有最重大联系的州的法律支配。这些可以分割的具体问题包括:缔约能力、缔约方式、合同形式、合同诈欺、不正当影响、错误、非法、高利贷、合同用语的解释、合同义务的性质、履行的细节、赔偿标准等。”该重述在侵权问题上也有类似的规定。

其实,分割方法并非为美国所独有,许多国家的国际私法理论与实践也采用了这种方法。由于法律关系或法律行为往往由不同的方面构成,并且部分与部分之间难免具有相对的独立性,它们常常各有自己的重心,一概要求所有的方面受同一个连接点所指引的法律支配,已越来越不合时宜。因而,对同一个法律关系的不同方面进行划分,对不同的方面在法律适用上规定不同的连接点,相对地增加连接点的数量,也是一种对传统冲突规范进行软化处理的有效的方法,这种方向现在已有了更大的发展,也代表了连接点的发展方向。②

(五)依据网络及人工智能的特性合理运用属人性连接点

在颠覆性创新层出不穷的 21 世纪,电子化、网络化、信息化、智能化等渗透到社会生活的各个领域。国际私法特别是其连接点的软化处

① 李双元:《国际私法(冲突法篇)》(修订版),武汉大学出版社 2001 年版,第 183 ~ 193 页。

② 韩德培、李双元:《应该重视对冲突法的研究》,载《武汉大学学报》1983 年第 6 期;李双元、张明杰:《论法律冲突规范软化处理》,载《中国法学》1989 年第 2 期。

理,也不可置身网络人工智能与信息化人工智能延伸与扩张的现实之外。实际上,随着网络技术和人工智能技术的普及与广泛应用,人们对互联网与人工智能的依赖性与日俱增,在互联网空间产生的涉外民商事法律关系也有增无减。由于因特网特别是人工智能化网络是面向全世界所有人开放的一种独立的自主网络,拥有任何一个国籍或住所的人在任何一台联网的计算机上均可从事网上活动。换言之,只要拥有一台卫星电话和一台可以上网的手机,就可以在地球的任何一个角落进行涉外民商事活动。通过互联网而产生的涉外民商事法律关系的连接点的选择,面临十分严峻的挑战。传统冲突规范中扮演着十分重要角色的与地域因素和空间场所有关的连接点,在网络空间中并无太大的实际意义。因国际私法传统连接点一般分为属人连接点与属地连接点,其中属人连接点强调国籍、住所或惯常居所与当事人之间的联系,而属地连接点则强调与空间位置的紧密联系。[①] 通过互联网而产生的涉外民商事法律关系在网络空间中进行,强调地域因素和空间场所的连接点似乎在网络空间中难以发挥作用,甚至毫无用武之地。同时,在涉及互联网的案件中,基于地缘因素的连接点也往往难以确定。以网络侵权案件为例,由于互联网的特殊性,只要某个用户在网上实施侵权行为,所产生的影响可能扩展至全世界,因而使许多地方都可能成为侵权行为地。然而,对于受害者而言,这些地方并非都具有法律价值和意义。更何况有时要在网上确定一个地点,即使并非不可能,至少也是相当困难的。因此,运用国籍、住所或惯常居所这类属地连接点指定支配互联网交易的准据法,并不一定有利于网络空间法律纠纷的合理解决。面对互联网及人工智能的严峻挑战,一些国际私法学者主张继续采用传统的冲突法方法,将具体的互联网案件通过识别归入既有法律体系中,如确定为合同案件、侵权案件或知识产权案件等,并根据各自现有的冲突规范来寻找应予适用的法律;还有一些学者主张各国通过国内立法与判例以及国际条约制定“网络空间法”,形成一个独立的法律部门,专门适用于发生在网络空间中的案件。例如,美国乔治城大学法学教授帕斯特就提出了一个叫作“电子邦联制”的网络空间立法和法律适

---

① Peter Hay, *Advanced introduction to Private International Law and Procedure*, Edward Elgar Publishing, 2018, pp. 13–16.

用体制理论。[1] 相对而言,属人连接点直接通过当事人的国籍、住所地或惯常居所地确定准据法的方式在有关网络案件中具有方便、快捷、有效乃至合理的特性,似乎值得强化这类连接点在网络环境中的适用。例如,中国2010年《涉外民事关系法律适用法》在确定网络侵权的准据法时就采用属人连接点。该法第46条规定:“通过网络或者采用其他方式侵害姓名权、肖像权、名誉权、隐私权等人格权的,适用被侵权人经常居所地法律。”[2]不过,化繁就简,排除各种繁杂多变的联系因素,更为直接的方法就是将通过互联网特别是人工智能化网络产生的涉外民商事法律关系的连接点归向法院地,这是无数复杂的涉外民商事法律关系难以最终确定准据法的一种简单解决办法。[3]

第三节　准据法确定的程式与方法

一、准据法的内涵与特征

(一)准据法的含义

准据法(Lex Causae,Applicable Law)是指经冲突规范指引用来具体确定涉外民商事法律关系当事人的权利与义务的特定法域的实体法律。冲突规范是一种间接规范,不能直接调整涉外民商事法律关系,只有结合它所指引的准据法才能发挥这种作用。因此,准据法的确定在国际私法中具有重要意义。

准据法是经冲突规范指引的特定法域的实体法律,它包括国内实体法和国际统一实体法。国内实体法包括内国法和外国法,国际统一实体法包括国际条约和国际惯例。在国际经济贸易活动中,以国际惯例形式出现的统一实体规范大多为任意性规范,只有当合同当事人按“意思自治原则”选择它们作为准据法时,它们才对合同当事人具有法律拘束力,否则,国际惯例不具有法律约束力。而以国际条约形式出现

---

① 李双元等主编:《国际私法》(第5版),北京大学出版社2018年版,第85～86页。

② 蒋新苗主编:《国际私法》,北京大学出版社2018年版,第88页。

③ Jürgen Basedow, Giesela Rühl, Franco Ferrari and Pedro de Miguel Asemsio, *Encyclopedia of Private International Law*, Chapter B, Edward Elgar Publishing, 2017, p. 319.

的统一实体法直接适用于缔约国及其自然人和法人,但在特殊情况下,如果某一条约缔约国国内法被冲突规范指引作为准据法,那么该缔约国参加的这一条约可视同该国国内法的一部分,成为冲突规范的指引对象。如1980年《联合国国际货物销售合同公约》第1条第1款规定,如果国际私法规则导致适用某一缔约国的法律,该公约也可以适用于营业地在不同国家的当事人之间所订立的货物销售合同。但是,对于当事人能否直接根据意思自治原则选择某一国际统一实体公约作为其交易的准据法的问题,法学界尚有不同的主张。有的学者认为应该允许当事人在某些涉外民商事领域根据意思自治原则选择某一国际统一实体公约作为准据法,但也有学者对此持明确的反对态度。

(二)准据法的法律特点

准据法作为国际私法上的一个基本概念,在冲突规范的结构与法律适用中占据重要的地位。从准据法产生的历程与现实价值来看,它具有如下基本法律特征:

第一,准据法必须是经过冲突规范指定的法律。从国际私法的角度来说,不经冲突规范的指定或援用,直接适用于涉外民商事法律关系的法律,无论是国际统一实体规范还是国内法的实体规范,都不能被称为准据法,只能叫作"直接适用的法律"。[①]

第二,准据法是能够具体确定涉外民商事法律关系的当事人的权利与义务的实体法。冲突规范之所以指定或援用准据法,是因为准据法是具体确定当事人的权利与义务的实体法,可以通过它来调整国际民商事法律关系,解决涉外民商事法律冲突。虽经冲突规范的指定或援用,但不能用来直接确定当事人的实体权利与义务的法律,譬如,在反致情况下,经内国冲突规范所援用的外国冲突规范,就不是准据法。

第三,准据法一般是依据冲突规范中的系属并结合有关涉外民商事案件的具体情况来确定的。换言之,准据法就是涉外民商事法律关系应具体予以适用的实体法律,并非冲突规范所指定的抽象法律。例如,在"不动产物权适用不动产所在地法"这样一条冲突规范中,"不动产所在地法"是系属,为了确定某一涉外不动产物权的准据法,法院需要将该系

---

① 韩德培主编:《中国冲突法研究》,武汉大学出版社1993年版,第29~32页。

属中的“不动产所在地”与该案件中的具体情况结合起来考虑。如果不动产所在地是在中国境内，那么，中国法就是规范该不动产的准据法。因此，“准据法”和“系属”不同。“准据法”是具体的，就具体涉外民商事法律关系而特指的。“系属”则是抽象的和泛指的。决不可将冲突规范结构中的“系属”这一概念同“准据法”这一概念等同起来。[①]

二、准据法确定的内外影响因子

（一）先决问题对确定准据法的影响

1. 先决问题的构成要件

先决问题（Preliminary Question）是指在国际法私法中有的争讼问题的解决必须以解决另外一个问题为前提，这个争讼问题称为本问题或主要问题，而另外一个问题就是先决问题或附随问题（Incidental Question）。先决问题或称附随问题，是与国际私法中的主要问题（Principal Question）相对应的。[②] 关于先决问题的概念、构成与解决对策的研究，最早始于德国学者梅尔希奥（Melchior）和汪格尔（Wengler）。他们在 1932 年至 1934 年最先发现了该问题并进行了较深入的探讨。随后，许多国际私法学者从不同角度和方面对该问题展开过研究。[③]

先决问题的解决对国际私法中争讼的主要问题或本问题的解决有着重要的影响。马丁·沃尔夫曾用一个生动的案例阐释了“先决问题”。一个住所在希腊的希腊公民未留遗嘱而死亡，在英国留有动产，其“妻”主张继承此项动产。本来，无论依英国的有关冲突规范即“动产继承依死者住所地法”或希腊的有关冲突规范即“继承依死者死亡时的

---

① 黄进主编：《国际私法》，法律出版社 1999 年版，第 297 ~ 298 页。

② Jürgen Basedow, Giesela Rühl, Franco Ferrari and Pedro de Miguel Asemsio, *Encyclopedia of Private International Law*, Chapter B, Edward Elgar Publishing, 2017, p. 316.

③ 我国近年关于先决问题探讨的文章主要有，裴蕾：《论国际私法上的附随问题》，载《法学评论》1990 年第 6 期；刘卫国：《论国际民事关系中“先决问题”的冲突法适用》，载《法商研究》1998 年第 1 期；王立志：《先决问题的理论、实践与探索》，载《当代法学》2003 年第 5 期；王葆莳：《论国际私法条约中的先决问题》，载《时代法学》2007 年第 1 期；刘艳娜等：《论国际私法上的先决问题》，载《燕山大学学报》（哲学社会科学版）2007 年第 3 期；周江：《论先决问题的处理方法》，载《江西社会科学》2007 年第 1 期；向明：《冲突法中“先决问题”的质疑》，载《黑龙江政法管理干部学院学报》2010 年第 12 期。

本国法”,都应适用希腊的继承法,其财产的一部分应归属于死者的妻子。但现在需要首先确定她是不是死者的妻子。由于他们是在英国按民事方式而不是按希腊法所要求的宗教仪式缔结的婚姻关系,因而对于他们之间是否存在夫妻关系,如果适用作为法院地法的英国法的冲突规范即“婚姻方式依婚姻举行地法”指定的准据法(英国法),他们的婚姻是有效的,她可以取得这部分遗产;但依“主要问题”准据法所属国(希腊)的冲突规范即“婚姻方式依当事人本国法”指定的准据法(希腊法),他们的婚姻是无效的,她就不能取得这部分遗产。这个关于“妻子”与死者之间是否存在合法夫妻关系的问题,便叫做本案继承问题的“先决问题”。①

先决问题在冲突法中具有独立性,其准据法需要单独考虑,而准据法的选择直接影响主要问题的解决。多数国际私法学者认为,要构成一个冲突法中的先决问题,应具备三个条件:第一,主要问题依法院地国的冲突规则适用外国法作为准据法。第二,该问题含有涉外因素,对主要问题来说本身具有相对的独立性,可以作为一个单独的问题向法院提出,并有它自己的冲突规范可以援用。第三,依法院地国适用于先决问题的冲突规范和依解决主要问题的准据法所属国关于先决问题的冲突规范,会选择出不同国家或法域的法律作该先决问题的准据法,且结论完全相反,导致主要问题的判决结果截然不同。这三个条件缺一不可,否则,便不可能构成一个先决问题。

2. 先决问题的准据法选择

“先决问题”是援用法院地国的冲突规范还是援用主要问题准据法所属国的冲突规范来指引它应适用的准据法,不但各国立法与实践并无一致做法,而且国际私法理论学说的分歧也相当大。② 归纳起来,大致有如下三种主张:

第一种主张,坚持将先决问题与主要问题的冲突规范按同一模式处理。一些学者如梅尔希奥、汪格尔、罗伯逊、沃尔夫、安东等认为,先决问题应由解决主要问题的准据法所属国的冲突规范指引准据法。换

---

① Martin Wolff, *Private International Law*, Scientia Verlag Aalen 1977, p. 206.

② 实际上,法院很少在实践中讨论先决问题。在英格兰、英联邦或美国的判例法中,涉及先决问题的判决或哪怕是法官意见,都是十分罕见的。参见[英]J. H. C. 莫里斯主编:《戴西和莫里斯论冲突法》,李双元等译,中国大百科全书出版社 1998 年版,第 63 页。

言之,先决问题的准据法紧随主要问题冲突规范的指引,"先随主便"。因为,先决问题和主要问题彼此相连,不应该在确定先决问题的准据法时人为地将其割裂开来。既然法院地国的冲突规范指定了主要问题的准据法,那么,先决问题也就应依该准据法所属国的冲突规范来指定应适用的法律,以求得与主要问题的国际一致的判决结果。从英国、加拿大、美国和澳大利亚等普通法系国家的司法实践来看,在大多数的情况下,先决问题的准据法为支配主要问题的准据法所属国的冲突规范指定的实体法,而不是由法院地国的冲突规范另行确定的准据法。加拿大法院在审理施韦伯尔诉昂加尔案时,解决主要问题(女方的再婚能力问题)的准据法为以色列法,先决问题(再婚的效力问题)则按以色列的冲突规范来处理,而不是依法院地国即加拿大的冲突规范来处理的。①

第二种主张,坚持将先决问题与主要问题的冲突规范按分离模式处理。一些学者如拉贝尔(Rabel)、努斯鲍姆(Nussbaum)、科马克(Cormack)与莫利(Maury)等认为,先决问题的准据法应由法院地国的冲突规范决定。换言之,先决问题的冲突规范与主要问题的冲突规范分别处理,"先主分离"。因为先决问题既然是冲突法中一个具有相对独立性的问题,它应与解决主要问题的准据法一样,由法院地国的冲突规范决定。如果法院将先决问题作为一个独立的问题受理,通常情况下会适用法院地国的冲突规范来确定其准据法,否则就会出现这种矛盾的情形,即同样一个问题在同一个法院,以先决问题出现时的处理结果与以独立问题出现时的结果完全不一致。1979 年美洲国家组织国际私法特别会议通过的《美洲国家间关于国际私法一般规则的公约》第 8 条也规定:"因主要问题而提出的先决问题,不一定按适用于主要问题的法律解决。"

第三种主张,坚持具体情况具体分析,采取个案处理模式。也有一些学者主张对先决问题的准据法的确定,不应拘泥于一个机械的或统一的方法,而是应采用个案分析的方法,即考察先决问题究竟是与法院地法还是与主要问题准据法关系更为密切,然后再来决定是适用法院

---

① Sir Peter North and J. J. Fawcett, *Cheshire and North's Private International Law*, 13th ed., Butterworths London Ltd., 1999, pp. 65 - 69.

地国还是主要问题准据法所属国的冲突规则指定的法律。[①]

我国立法对先决问题未加以具体规定,只有司法解释中涉及了该问题。从目前的实践来看,我国坚持第二种主张和立场,采取以法院地的冲突规范来指引先决问题的准据法。2012 年我国最高人民法院《关于适用〈中华人民共和国涉外民事关系法律适用法〉若干问题的解释(一)》第 12 条规定:"涉外民事争议的解决须以另一涉外民事关系的确认为前提时,人民法院应当根据该先决问题自身的性质确定其应当适用的法律。"该解释第 13 条还规定:"案件涉及两个或者两个以上的涉外民事关系时,人民法院应当分别确定应当适用的法律。"可见,我国法院是根据法院地(中国)的冲突规则来确定先决问题的准据法的。

通过对当今世界各主要国家的国际私法立法进行考察,只有意大利、委内瑞拉、阿根廷、列支敦士登、斯洛伐克和北马其顿等少数国家的立法涉及先决问题,而有明文规定的仅见之于列支敦士登法和委内瑞拉法。1998 年《委内瑞拉国际私法》规定,先决问题不必依支配主要问题的法律解决。[②] 而 1996 年《列支敦士登国际私法》则规定,决定适用某一特定法律的事实上和法律上的先决问题应由法院确定。[③] 可见,委内瑞拉和列支敦士登都主张解决主要问题的冲突规范并不一定扩大适用于先决问题的准据法选择,而应由法院地法的冲突规范决定。鉴于此,对于先决问题的准据法,《中国国际私法示范法》第 15 条建议非常具有针对性,即国际民商事案件或者事项的主要问题的解决依赖另一先决问题的解决时,先决问题所涉及的民商事关系的法律适用应根据本法依照该民商事关系的性质加以确定。我国相关部门在构建先决问题法律适用机制时,可以参照《中国国际私法示范法》的范例来规制先决问题的准据法选择。

(二)实体与程序问题的界分对确定准据法的影响

1. 国际私法中区分实体与程序问题的理论和实践意义

程序问题依法院地法,似乎已经成为冲突法理论与实践无可争议

---

① 李双元等:《中国国际私法通论》(第 2 版),法律出版社 2003 年版,第 149 ~ 150 页。

② 1998 年《委内瑞拉国际私法》第 6 条规定:"主要问题中可能出现的预先问题、先决问题或附带问题,不必依支配主要问题的法律解决。"

③ 1996 年《列支敦士登国际私法》第 2 条规定:"决定适用某一特定法律的事实上和法律上的先决问题应由法院确定,除非在某一需要进行法律选择的事件上根据程序法条款当事人事实上的意愿被认为是真实的。"

的原则。一国法院在处理涉外民商事案件时,只适用本国法律的程序规则,而不适用外国的程序规则。除非在非常特殊情况下,当依外国的特别请求并经法院地国允许时,才适用外国法的特别程序规则。之所以如此,主要在于内国法官一般不熟悉外国的程序规则,适用外国程序规则审理涉外案件会给法院造成不便,而且对于涉外案件和纯国内案件适用不同的程序规则既是不公正的也是行不通的。① 程序问题依法院地法原则的确定带来另一个冲突法问题,即在冲突法上区分实体问题和程序问题,或者说区分权利问题和救济问题。② 这个问题本属定性或识别范畴,但普通法系国家的国际私法学者注意到其特殊性而专门加以讨论。因为普通法系国家的法律中实体问题和程序问题界限模糊,往往难以区分。

在冲突法上区分实体和程序问题主要有两方面的重要价值:第一,区分实体问题和程序问题有利于准据法的确定。在冲突法中,当事人的实体权利可以由外国法支配,即实体问题的准据法可以在内国法和外国法中做出选择,但所有程序问题一般依法院地法,没有选择余地。第二,程序规则是各国法律制度中专门性或技术性最强的部分。尤其是各国程序法的一些特殊机制与规则常常按各自情况进行不同的方式设计,从而很难为外国法律工作者所理解。例如,各国程序规则都规定,在有关涉外民商事法律关系纠纷的诉讼中,外国当事人与国内当事人具有相同的诉讼地位,外国当事人必须遵守内国诉讼程序规则,而不能享有其本国程序规则规定的优待。因此,区别程序问题和实体问题是程序问题的特殊性在准据法的选择上的合理要求,程序问题依法院地法可获得公正合理的结果。

事实上,从国际私法诞生时起,区分实体和程序问题即属国内法的范畴,加上国际私法案件也一直由各国国内法院审理,因而即令在其最早建立于自然法学派基础上并具有强烈的普遍主义——国际主义色彩的意大利法则区别说的理论,也未停止寻找对实体与程序问题的区分办法和标准。因为,如果不这样做便有违法则区别说的性质,而且也不

---

① J. H. C. Morris, *The Conflict of Laws*, 5th ed., Sweet & Maxwell Ltd., 2000, pp. 471 – 472.

② Sir Peter North and J. J. Fawcett, *Cheshire and North's Private International Law*, 13th ed., Butterworths London Ltd., 1999, p. 87.

符合自然法的精神。所以,在传统的法则区别说理论中对“法则”作不同性质的划分时,首先把程序法分离了出去,主张凡属程序性质的法则,在其制定者的法院中是一定要加以适用的,但实体法则不一定也一概适用法院地法。只是后来在把实体法进一步区分为物法、人法与混合法时,法院地法的适用仍大大多于外国法适用的机会。直到19世纪中叶,萨维尼法律关系本座说提出要平等地对待内外国法律的思想之后,情况才有所改变。不过,在法律适用上,内外国法律平等主义一直处于法院地法主义的强势阴影的笼罩之下,甚至长期处于劣势状态。无论是法院地法主义还是内外国法平等主义,在面对涉外民商事法律关系的争议的解决过程中,都无法回避实体与程序问题。因此,现代社会的法律选择实践充分表明,区分实体和程序问题比以往任何时候都重要。①

通常情况下,准据法为外国法,则法院便须确定某一内国法律规则的性质。如果内国规则是非程序性的,则外国准据法应适用;如果内国规则是程序性的,则外国准据法不予适用,而适用内国法律规则。例如,在英国法院审理的“莱罗克斯诉布朗”(*Leroux v. Brown*)案中,被告(英国居民)和原告(法国居民)在法国订立了一项口头合同,被告同意雇用原告,为期1年以上。依合同准据法(即法国法),该合同是有效的和可执行的。但按照《英国欺诈法》(Statute of Frauds),如果该合同是一项英国国内合同,它虽然有效,却不可执行。由于《英国欺诈法》的程序规则规定,该法约束所有在英国进行诉讼的诉讼当事人,原告在英国提起的违反合同之诉以失败告终。不过,在准据法为外国法没有争议时,只是无法确定该外国法是实体性规则还是程序性规则,这种情况下也必须区分清楚实体和程序问题才能较好地确定准据法。如果该外国法是程序性规则,则不予适用;如果是实体性规则,则应适用。又如,原告(一家纽约银行)向被告银行追讨误付至被告账上的200万英镑,问题在于原告银行是否有追讨收益权。尽管英国法院认为英国法和纽约法在追讨权方面的规定差别不大,但法院需要判断原告依纽约法所享

---

① Jürgen Basedow, Giesela Rühl, Franco Ferrari and Pedro de Miguel Asemsio, *Encyclopedia of Private International Law*, Chapter B, Edward Elgar Publishing, 2017, pp. 1667–1668.

有追讨该笔金钱的衡平法上的权利是实体性的还是程序性的。英国法院最后认为,原告纽约银行作为信托财产受益人依纽约法所享有的衡平法上的利益,具有实体性质。因此,该案最终适用纽约法。① 所有这些情况均充分显示必须在确定准据法时解决好实体和程序问题的界分。

2. 区分实体和程序问题的方法

在国际私法的立法与司法实践中,准确而快捷地区分实体问题和程序问题实属不易。各国国际私法理论研究者与实务工作者,尤其是法院的法官常常为之伤透脑筋。一般来说,各国法院都依其自身的标准尤其是依法院地法规则区分实体问题与程序问题。只是在具体操作过程中,不同国家或地区的法律工作者的做法并不一致,甚至花样百出。归纳起来,大致有下列不同的主张或做法:

第一,目的论。有些国家或地区的法律工作者主张,实体和程序的界限可以根据其目的来划分。不仅可以依据冲突法目的来划分,而且可以依据其他目的来划分。例如,从有无溯及力这个目的来划分,有溯及力的是程序性法规,没有溯及力的是实体性法规。法院在审理涉外民商事案件时,区分实体和程序问题,主张程序问题依法院地法的主要目的,在于避免适用它不熟悉的程序规则所引起的不便。因此,如果适用一条外国规则或不适用一条内国规则,不会造成这种不便的话,就不一定要为了冲突法的目的将这些规则定性为程序规则。②

第二,具体论。也有些国家或地区的法律工作者认为,很难具体明确地区分实体与程序问题。因为实体问题与程序问题两者没有预先设定的分界线,既不能凭空划分,又无先例或固定统一的结论可依,因此,应采取具体问题具体分析的办法来进行划分。实际上,法院在划分实体与程序问题时不得不考虑法律术语的相关性和作这种划分的实际目的。法院只有对面临的具体问题进行具体分析,全面考量其法律背景和事实情形,才能对实体和程序问题作准确划分。通常情况下,区分实体与程序问题就是为了方便法院的工作。对于法律冲突问题,法院既

---

① Sir Peter North and J. J. Fawcett, *Cheshire and North's Private International Law*, 13th ed., Butterworths London Ltd., 1999, p. 72.

② J. H. C. Morris, *The Conflict of Laws*, 5th ed., Sweet & Maxwell Ltd., 2000, p. 472.

无义务一定要适用依据法律选择规则所选定的法律,又不可能引进外国法的所有相关规则。例如,适用外国法中涉及送达、取证和进行判决的方式等问题的规则,不仅是不方便的,而且是不可行的。①

第三,结果论。还有一些国家或地区的法律工作者认为,实体问题和程序问题的区分须由法院依其自身的标准决定,依据实质影响案件结果来划分实体与程序问题。例如,辩护(Pleading)、送达(Service of Process)等问题适用法院地法是合理的。因为这类问题仅影响向法院提出诉讼的方式。区分实体问题与程序问题,然后决定是否依法院地法判决,其目的在于追求公平合理的案件结果。一般来说,那些会在实质上影响案件结果的所有争议都被确认为实体性的,而关于诉讼的日常例行规则,即对案件结果影响很小的方面,则应受法院地法支配,理由是方便和实际,并能保证司法工作的顺利进行。② 例如,与当事人的诉讼能力、辩护的充分性、诉讼形式、送达诉讼文件等相关的例行问题,显然可归类为程序性问题。③

3. 在确定准据法时需要具体区分的实体与程序问题

大陆法系国家是成文法国家,实体法和程序法在立法上是分立的,因而区分实体与程序问题,追求冲突法的公平与正义价值,相对来说较为容易。但普通法系国家,实体问题和程序问题的区分并非易事,因为普通法和衡平法中的实体问题和程序问题常常纠缠交结,夹杂不清。因此,普通法系国家的冲突法学者常常将区分实体与程序的划分作为特别问题加以分析和研究。在实践中,两大法系国家及其他国家对实体问题和程序问题的识别或定性差别较大,对同一问题,大陆法系国家认为是实体问题,而普通法系国家认为是程序问题。因此,探讨区分实体和程序的一些具体问题,在涉外民商事纠纷的解决中意义重大。

第一,时效规则的实体性与程序性。

大陆法系国家民法通常将时效区分为取得时效和消灭时效。取得

---

① Herma Hill Kay, *Conflict of Laws*, 13th ed., Harcourt Brace Jovanovich Law and Professional Publictions, 1980, p. 129.

② 韩德培、韩健:《美国国际私法(冲突法)导论》,法律出版社 1994 年版,第 237 ~ 238 页。

③ Sir Peter North and J. J. Fawcett, *Cheshire and North's Private International Law*, 13th ed., Butterworths London Ltd., 1999, pp. 72 – 90.

时效,又称为占有时效,是指占有他人财产经过一定时间而取得财产所有权的一种时效制度。消灭时效,又称为诉讼时效或请求时效,是指权利人不行使权利,经过一定时间而丧失权利的一种时效制度。取得时效和消灭时效制度在大陆法系民法中均是实体性的。① 而普通法系国家将传统的时效规则分为两类:一类是为阻止原告寻求救济方法的规则,属于程序性的;另一类是取消原告权利的规则,属于实体性的。② 在英国,诉讼时效规则一般被视为程序性的,直到 1984 年还一直主张"规定权利不能通过诉讼救济的时效法规是程序性的"。这意味着,这类时效问题由英国法即法院地法支配。如果英国法规定时效已过,即使外国的准据法认为诉讼仍可继续,则不得在英国进行诉讼。③ 但 1984 年《英国涉外时效期间法》规定,除了公共政策外,准据法的时效规则应在英国诉讼中适用;除非英国法为准据法或准据法之一,否则不能在英国诉讼中适用。外国准据法中有关时效的规定,既有程序性规定,也有实体性规定。因此,在英国冲突法中,所有的外国时效期限,无论该外国定性为实体规则还是程序规则,英国都定性为实体规则。

第二,审理方式和救济方法的实体性与程序性。

两大法系国家的立法与实践对于审理方式属于程序问题没有多大争议,即一国法院如何审理或按何种程序审理某一涉外民商事案件,无疑是程序性的,应由法院地法决定。在普通法系国家,救济方法属于程序问题,如损害赔偿、恢复原状、返还原物、依约履行或者强制执行等均归属程序性问题,原告只能在法院地法许可的救济方法范围内获得救济。但是,在大陆法系国家,有些救济方式却被视为实体性问题。一些大陆法系国家的学者认为,损害赔偿等救济方式与当事人权利义务直接相关,理应属于实体性问题,应适用支配该涉外民商事关系的准据法。④

---

① 黄进:《中国国际私法》,三联书店(香港)有限公司 1997 年版,第 160~163 页。

② J. H. C. Morris, *The Conflict of Laws*, 5th ed., Sweet & Maxwell Ltd., 2000, pp. 487–489.

③ Sir Peter North and J. J. Fawcett, *Cheshire and North's Private International Law*, 13th ed., Butterworths London Ltd., 1999, pp. 73–74.

④ Jürgen Basedow, Giesela Rühl, Franco Ferrari and Pedro de Miguel Asemsio, *Encyclopedia of Private International Law*, Chapter B, Edward Elgar Publishing, 2017, pp. 1673–1674.

第三,证据规则的实体性与程序性。

在各国立法和实践中,证据问题属于程序问题,应受法院地法支配,这是不容置疑的。但与证据有关的所有问题并非都属于程序问题。也就是说,争执事实的内容由准据法确定,而争执事实的证明方式由法院地法决定。例如,如果准据法规定证据的复制文件是不可接受的,但法院地法却认为可以接受,那么该复制文件仍可能接受为证据。英国立法和实践主张对用于解释合同的外部证据与用于增加、更改或否定合同的外部证据进行区分,前者具有实体性,属于合同的解释问题,由合同准据法决定;后者具有程序性,属于证据问题,由法院地法支配。尽管两大法系国家在举证方式和举证责任方面还存在较大分歧,但也不乏共识,如有关书面证明要求、证人资格、委托取证等问题,大体都认可应由法院地法支配。①

第四,损害赔偿的实体性与程序性。

各国的立法和实践对损害赔偿问题的规定千差万别,因为损害赔偿问题涉及许多具体问题,如损害赔偿的范围,损害赔偿费的标准和定量,取得损害赔偿的条件,损害赔偿的限制等。在美国,由于上述问题对诉讼结果有重要影响,通常被识别为实体问题,并受准据法支配。②但在英国,损害赔偿的范围被定性为由准据法支配的实体问题,而损害赔偿费的标准或定量则被定性为由法院地法支配的程序问题。③ 损害赔偿中还有一个特殊的优先受偿问题,即优先权(Priorities)问题,它涉及不同法律领域,如公司破产清算中债权人的优先受偿权,海事诉讼中的船舶优先权等。但各国法律对优先权的内容各有不同规定,如在普通法系国家,尽管大多数优先权问题被视为程序问题,主张由法院地法支配,但对于外国土地提出的权利要求的优先次序,仍主张由物之所在地法支配。因此,对于优先权问题不能一概视之为实体问题,也不能一概视之为程序问题。

---

① Richard Garnett, *Substance and Procedure in Private International Law*, Oxford University Press, 2012, pp. 189 - 192.

② 韩德培、韩健:《美国国际私法(冲突法)导论》,法律出版社 1994 年版,第 248 页。

③ J. H. C. Morris, *The Conflict of Laws*, 5th ed., Sweet & Maxwell Ltd., 2000, pp. 484 - 485.

三、不同类型法律冲突的准据法确定对策

在法律选择的过程中，法院或其他主管机关不可避免地会遇到一些这样或那样的复杂问题，这就进一步提出准据法的确定问题。在具体实践中，对不同类型的法律冲突的准据法的确定必须采取具体问题具体分析的方法，决不可强求一律。

（一）区际法律冲突中的准据法确定

世界上，因种种不同的原因，不少国家内部法制不统一，这种不统一主要表现为两种情况：一是国家内部存在两个或两个以上的具有自己独特法律制度的地区或区域，在国际私法上，大家通常把这种地区或区域叫做“法域”或“法区”；二是国家内部存在两个或两个以上的适用不同法律制度的人员集团，在前一种情况下，由于一个国家内部的不同地区都有自己独特的法律制度，在分属不同地区的人民进行交往的过程中，难免产生区际法律冲突。所以，区际法律冲突是指一个国家内部具有不同法律制度的地区之间的法律冲突。[①] 为了解决区际法律冲突，不少法制不统一国家制定区际私法（又称区际冲突法或准国际私法），或者是全国统一的区际私法，或者是各法域自有的区际私法。可见，区际私法就是解决区际法律冲突的法律规则的总称。[②]

国际私法同区际法律冲突或区际私法有较为密切的联系。当国际私法的冲突规范指定应适用某一外国的法律时，而该外国国内法制不统一且具有不同的法域，则会遭遇区际法律冲突，这时候，就会面临究竟应适用该外国的哪一个法域的法律作为准据法的问题。在具体实践中，解决该问题的途径与方法大致有如下六种：

第一，依该外国的区际私法确定准据法。例如，2009 年《罗马尼亚民法典》第 2.560 条规定：“若在外国法律所属国内有多种法律制度同时并存，则依该国法律确定应适用的规范。若该国法律缺乏此类规定，则适用与该法律关系最密切联系的法律制度。”这里提到的“该国法律”就是指该外国的区际私法。这是最普遍的一种做法，其他做法多为这种做法的补充。同类立法还有委内瑞拉、吉尔吉斯斯坦、哈萨克斯坦和

---

① 黄进主编：《国际私法》，法律出版社 1999 年版，第 307 页。

② 陆东亚：《国际私法》，台北，正中书局 1979 年版，第 67 页。

卡塔尔等。例如,1998 年《委内瑞拉国际私法》第 3 条规定:“若所指定的外国法同时存在数个法制,则数个法制间产生的法律冲突依相应外国法中的有效原则解决。”1998 年《吉尔吉斯斯坦民法典》第 1175 条规定:“若应适用某国法律,而该国存在多个区域性的或其他法律制度的,则适用依照该国法规定应予适用的法制。”1999 年《哈萨克斯坦民法典》第 1092 条第 2 款规定:“如果应适用某国的法律,而该国存在不同的法制区域或其他法律制度时,则依据该相应国家的法律规定予以适用。”2004 年《卡塔尔民法典》第 36 条规定:“依照上述条款的规定,应适用具有多种法律制度的国家的法律时,则由该国的区际私法决定应适用哪一区域的法律。”

第二,依据冲突规范中的连接点,如住所地、居所地、所在地、行为地等,直接确定适用该具体地点的法律。这种方法比较方便,而且与冲突规范的旨意不相违背。

第三,依据最密切联系原则确定准据法。例如,1978 年《奥地利联邦国际私法法规》第 5 条第 3 款规定:“如外国法由几部分法域组成,则适用该外国法规则所指定的那一法域的法律。如无此种规则,则适用与之有最强联系的那一法域的法律。”这是目前大多数国家的国际私法立法的普遍做法,尤其是对那些无区际私法立法国家的法律适用的补充。例如,1996 年《列支敦士登国际私法》第 5 条第 2 款规定:“如果某一外国法律由多个不同法域组成,则适用该外国法中的规则所指引的某一法域的法律;如果不存在此种规则,则适用有最强联系的法域的法律。”1999 年《斯洛文尼亚国际私法与国际民事诉讼法》第 9 条规定:“如果应适用法制不统一国家的法律,而本法规定又未指引该国特定法域的,则依照该国法制的规定确定适用哪一法域的法律。如果应适用的法制不统一国家的准据法不能依本条第一款规定的方式确定,则适用该国与关系有最密切联系的法域的法律。”2000 年《阿塞拜疆国际私法》第 6 条规定:“如果要适用多法域国家的法律,则依照该国法律确定应适用何法域的法律。若无此种规定,则适用与案件有最密切联系的法域的法律。”2001 年《俄罗斯民法典》第 1188 条规定:“若要适用具有多个法律体系的国家的法律,则适用按照该国法律所确定的法律体系。如果不能按照该国法律确定适用何种法律体系,则适用与该法律关系有最密切联系的法律体系。”2001 年《立陶宛民法典》第 1. 10 条第 4 款规定:“若依本法典规定应适用其法律作准据法的外国存在施行不同法制的多个法域,对外国准据法的指引,则意为指引依照该外国法的准则所确定的该国相应法域的法制。所指的外国法无准则规定的,适用与诉讼案件有最密切联系的法制的法律。”2004 年《比利时国际私法典》第 17 条规定:“当本法指定一个具有两个或两个以上的法律制度的国家的法律时,就准据法的确定而言,每个法律制度均视为该国的法律。在第(1)项所指的情况下,自然人的本国法系指根据该国有效的法律规则而指定的法律制度,或者在没有此类规则时,与该自然人有最密切联系的法律制度。”2005 年《保加利亚国际私法典》第 41 条第 1 款和第 4 款规定:“如果本法典指引适用其法律的国家系由多个具有自身法律制度的领土单位组成,则依该国法律确定应适用其中哪一法律。如果第一款至第三款所指国家无任何确定准据法(应适用的法律)的标准,则适用与法律关系有密切联系的各该法律。”2015 年《阿尔及利亚民法典》第 23 条规定:“前述规定所指引的外国法施行多种法制的,则由该国的国内法确定应适用的法律。该国国内法无相关规定的,对于有不同联合体的情形,则适用占统治地位的法律;对于区际法制不统一的情形,适用首都所在地法律。”2005 年《乌克兰国际私法》第 26 条规定:“如果应适用有多个法域或其他法律体系的国家的法律,则依照该国法确定应予适用的法律体系。在无相应的法律规范的情形时,则适用与法律关系有最密切联系的那个法律体系的规范。”2007 年《土耳其国际私法和国际民事诉讼法》第 2 条第 5 款规定:“如果应适用的法律所属国具有两个或多个在内容上相互歧异的法律区域,则由该国法确定应适用哪一区域的法律。若无此种规定,则适用与争议有最密切联系的区域的法律。”2007 年《北马其顿国际私法》第 10 条规定:“如果应适用法律制度不统一国家的法律,而本法之规定又未指向该国特定的法域,则依照该国的法律制度的规定确定应适用的法律。如果本条第一款规定的方式不能确定应适用法律制度不统一国家的哪一法域的法律,则适用该国与案情有最密切联系的法域的法律。”2011 年修订的《波兰国际私法》第 9 条规定:“准据法所属国有数个法律体系时,则由该国法规定应适用何种法律体系的法律。无此种规定时,适用与所涉法律关系有最密切联系的法律体系的法律。”实际上,我国实践也采取类似立场,如 1988 年最高人民法院《关于贯彻执行〈中华人民共和国民法通则〉若干问题的意见(试行)》第192条对这个问题作了专门规定:"依法应当适用的外国法律,如果该外国不同地区实施不同的法律。该国法律未作规定的,直接适用与该民事关系有密切联系的地区的法律。"2010年《涉外民事关系法律适用法》第6条更加明确地规定:"涉外民事关系适用外国法律,该国不同区域实施不同法律的,适用与该涉外民事关系有最密切联系区域的法律。"

第四,以当事人的住所地法、居所地法或所属地方的法律代替其本国法。例如,1898年《法例》第27条第3款规定,在适用当事人本国法的场合下,如"当事人其国内各地法律不同时,依其所属地方的法律"。

第五,类推适用外国国际私法规则确定准据法。例如,1966年《葡萄牙民法典》第20条第2款规定,在外国无区际私法规范时,采用该外国的国际私法。

第六,一律采用内国国际私法的规定确定准据法。例如,我国台湾地区的"涉外民事法律适用法"第28条规定:"依本法适用当事人本国法时,如其国内各地方法律不同者,依其国内住所地法,国内住所不明者,依其首都所在地法。"

虽然我国属于单一制国家,但是,随着中国"一国两制"伟大构想的实现,1997年和1999年对香港和澳门恢复行使主权并允许港澳特别行政区原有的法律50年内基本保持不变。与此同时,中国大陆与台湾地区也必将统一,台湾地区也是中国统一主权下的一个独立法域。这就意味着,中国内地、香港特别行政区、澳门特别行政区和台湾地区各自构成独立的法域,施行不同的民商法制度,"一国两制四法域"局面下的区际法律冲突也随之产生。不过,我国的区际法律冲突与世界上其他一些多法域国家内的区际法律冲突相比,具有自己的独特性。① 因此,解决我国的区际法律冲突,既要坚持"一国两制"的基本原则,又得彼此尊重法律与司法的特殊性,并且在解决彼此法律冲突与相互提供司法协助等方面提供更多的方便与优惠。尽管我国国际私法立法尚无有关解决区际法律冲突的规则,但不可一直付之阙如,长期留下立法空白。实际上,我国相关部门在未来的修法或单独设立区际私法时,可以采用《中国国际私法示范法》第8条至第13条以及第16条和第17条的规

---

① 黄进主编:《中国的区际法律问题研究》,法律出版社2001年版,第59页。

定方式拟定相应问题的条款。[①]

(二)人际法律冲突中的准据法确定

一国法制不统一的另一情况是在该国内部存在两个或两个以上的适用不同法律制度的人员集团,即不同民族、不同种族、不同宗教(包括不同的教派)、不同部落或阶级成员适用各自不同的法律。在这种国家,尽管不同民族、种族、宗教(包括不同的教派)、部落或阶级成员适用各自不同的法律,但人们之间的民商事交往并没有因此隔绝。在分属不同民族、种族、宗教(包括不同的教派)、部落或阶级的人民的交往过程中,人际法律冲突在所难免。所以,人际法律冲突是指同一国家中适用于不同民族、不同种族、不同宗教(包括不同的教派)、不同部落或阶级成员的民商事法律之间在效力上的冲突,或者说是适用于不同成员集团的民商事法律之间的冲突。而人际冲突法或人际私法便是解决同一国家中适用于不同的民族、不同种族、不同宗教(包括不同的教派)、不同部落或阶级成员的民商事法律之间冲突的法律。[②]

国际私法同人际私法或人际法律冲突也有一定的联系。当国际私法中的冲突规范指定适用某一外国法律,但该外国法制不统一,存在人际法律冲突,就提出究竟应以该外国的哪一类人适用的法律为准据法的问题。在理论和实践中,通常的解决办法是由该外国的人际冲突法或人际私法确定。如果该外国没有人际冲突法,则适用与案件或当事人有最密切联系的法律。有的国家的有关规定既适用于区际法律冲突情形,又适用于人际法律冲突情形。例如,1986 年《德国民法施行法》第 4 条第 3 款规定:“若需适用多种法制并存国家的法律,除非适用本身已有的规定,否则依该国法律确定适用何种法制的法律;如果该国法律并无适用何种法制的规定,适用与案件有最密切联系的法制的法律。”1966 年《葡萄牙民法典》第 20 条第 3 款规定,如准据法在地域上形成单一法律秩序,而在该法律秩序内有适用于不同类别的人的不同法制,则必须遵守该法就该法律冲突而作的规定。1995 年《意大利国际私法》第 18 条规定:“如果所指定的法律所属国就地域人而言存在非统

① 李双元、欧福永主编:《国际私法》(第 5 版),北京大学出版社 2018 年版,第 125 ~ 129 页。

② 黄进:《区际冲突法》,台北,永然文化出版股份有限公司 1996 年版,第 106 ~ 111 页、第 182 ~ 185 页。

一的法律制度,则应当依据该国法律制度的标准来确定准据法。如经证实无法确定此类标准,则适用与特定案件有最密切联系的法律制度。" 1999 年《白俄罗斯民法典》第 1101 条也规定,如果应适用的是一个具有多法域或在其他方面有各不相同的法律制度的国家的法律时,其应适用的法律,依该国法律确定。[①] 2001 年《立陶宛民法典》第 1.10 条第 5 款规定:"若依本法典规定应适用其法律作准据法的外国存在适用于不同人种的多种法制,则适用依照该国法律准则所确定的法制。所指的外国法无准则规定的,适用与诉讼案件有最密切联系的法制的法律。"2004 年《比利时国际私法典》第 17 条规定:"一个因不同种类的人适用不同法律而具有两个或两个以上法律制度的国家的法律系指根据该国有效的法律规则指定的法律制度,或者在没有此类规则时,指与该法律关系有最密切联系的法律制度。"2005 年《保加利亚国际私法典》第 41 条第 3 款和第 4 款规定:"如果本法典指引适用其法律的国家具有多种适用于不同种类人群的法律制度,则依该国法律确定应适用其中哪一法律。如果第 1 款至第 3 款所指国家无任何确定准据法(应适用的法律)的标准,则适用与法律关系有密切联系的各该法律。"

(三)时际法律冲突中的准据法确定

在法律领域,时际法律冲突是一种普遍的现象,任何法律都有时际法律冲突问题。所谓时际法律冲突,是指先后于同一地区施行并涉及相同问题的新旧法律或前后法律规定之间在时间效力上的冲突。一方面,任何法律制定出来后都不可能是一成不变的,它或者可能被新的立法代替,或者可能被部分修订。此外,在一定地区施行的法律也不可能是一成不变的,或者因领土的变更,或者因新旧政权的更替,或者因其他的原因发生变化。法律的这种演进性是由人类的社会经济生活不断发展所决定的。通常,新法的规定与旧法的规定尽管可能有这样或那样的联系,但它们之间总是存在差异。另一方面,在一定时间内产生、变更或消灭的法律关系却是相对稳定的。一般来说,新法施行后产生、变更或消灭的法律关系,毫无疑问应由新法调整。而对于新法施行前产生、变更或消灭的法律关系,特别是对于新法施行前产生,但在新法

---

① 此处,白俄罗斯法所称"在其他方面有各不相同的法律制度"似应理解为包括适用于不同人的法律。

施行后仍然存在的法律关系,有时会提出是依新法还是旧法进行调整的问题。这个问题就是时际法律冲突问题。①

解决时际法律冲突的法律叫作时际冲突法,又称为时际法或过渡法。在法律上之所以需要时际冲突法,是因为任何法律同时具有相互对立的性质,即稳定性和演进性。一方面需要维护法律的稳定,另一方面又需要推进法律的变革。任何法律肯定会不断演进,法律不演进就不会有社会的进步。这是从法律发展的总趋势来说的。但同时也应该看到,在一定时期内,法律又必须保持相对的稳定。如果法律没有相对的稳定性,法律变革总是达到这样极端的程度,以至于按照旧法是合法有效的行为必须按照新法一概视为非法无效,那么,任何法律主体的既得合法权益将得不到保障,任何法律主体在行为时的合理期望都将成为泡影,社会将处于无序和不稳定的状态,从而根本谈不上社会的进步。时际冲突法正是试图使法律的这两种性质保持平衡。② 时际冲突法主要有两大原则:一是法律不溯及既往,即法律只适用于其施行后的事项,对于其施行前的事项不具有追溯力。不过,法律明确规定有溯及力的,应从法律。二是新法优于旧法或后法优于前法,即对于新法或后法施行后的事项以及施行时的未决事项,依新法或后法,不依旧法或前法。

国际私法上的时际法律冲突有三种情况:第一种情况是法院地的冲突规范在涉外民商事法律关系发生后发生了变更,有可能是冲突规范的连接点发生了变化,也有可能是限定连接点的时间因素发生了变化,还有可能是上述两者同时发生了变化,在这种情况下需要确定根据什么时候的冲突规范去指定准据法。通常的做法是,准据法的确定应根据时际冲突法的一般原则加以解决,即按法律不溯及既往以及后法优于前法或新法优于旧法的原则加以解决。有些国家的国际私法立法对法律的溯及力问题作了专门的规定。例如,1979 年《匈牙利国际私法》第 75 条第 2 款规定:“本法令的规定也适用于在本法令生效前发生而未经确定判决的有关法律关系的法律争议。”1964 年《日本关于遗嘱方式准据法》的附则规定,本法也适用于施行本法之前所立的遗嘱,但

① 黄进:《区际冲突法》,台北,永然文化出版股份有限公司 1996 年版,第 111 ~ 114 页、第 185 ~ 190 页。

② 李浩培:《论条约法上的时际法》,载《武汉大学学报》(社会科学版)1983 年第 6 期,第 61 ~ 69 页。

遗嘱人在本法施行之前死亡的,其遗嘱仍依从前的规定。1987 年《瑞士联邦国际私法法规》第 196 条规定:“以往发生的、不再具有法律效力的法律事实和法律行为,适用以往的法律。以往发生的法律事实和行为,现在仍然具有法律效力的,在本法生效之前得适用旧法律,但是在本法生效后即应适用本法的规定。”1995 年《意大利国际私法》第 72 条规定:“本法应适用于生效之日以后提起的诉讼,但不应妨碍适用于任何在本法生效之日前终结的诉讼的有效国际私法规定。”2001 年《韩国冲突法》附则 2 规定:“在本法施行以前发生的事项适用从前的《涉外私法》。但对于持续发生于本法施行前后的法律关系,只有本法施行以后的法律关系才适用本法的规定。”2004 年《比利时国际私法典》第 17 条规定:“(1)本法决定在本法生效后发生的法律行为和事实的准据法。如果有关的法律行为和事实发生在本法生效前,而其结果产生于本法生效后,将适用本法决定该法律行为和事实所造成结果的法律适用问题。第 89 条、第 98 条、第 99 条、第 104 条、第 105 条中的行为或事实产生的结果除外。(2)本法生效前当事人所作的法律选择,如果符合本法的规定将视为有效。”

第二种情况是法院地的冲突规范未变,但其所指定的实体法发生了改变,这时需要确定是适用某一法律关系成立时的旧法还是适用已改变了的新法;[①]此种情形下,准据法的确定也应根据时际冲突法的一般原则加以解决,但必须进行具体情况具体分析。由于冲突规范指定的实体法可能是内国法,也可能是外国法,所以尤其要注意查明有关实体法本身的时际规定。如果有关实体法对时际问题作了规定,这种规定应受到重视。1985 年我国《涉外经济合同法》[②]原则上确定没有溯及力,但允许当事人合意选择适用该法,从而使该法具有溯及既往的效力。该法第 40 条规定:“在中华人民共和国境内履行、经国家批准成立的中外合资经营企业合同、中外合作经营企业合同、中外合作勘探开发自然资源合同,在法律有新的规定时,可以仍然按照合同的规定执行。”这表明该法不溯及既往。该法第 41 条则规定:“本法施行之日前成立

---

① Otto Kahn-Freund, *General Problems of Private International Law*, Sijthoff & Noordhoff, 1980, pp. 295 – 300.

② 《涉外经济合同法》于 1985 年 3 月 21 日颁布,1985 年 7 月 1 日开始实施。1999 年 10 月 1 日《合同法》施行之时宣告《涉外经济合同法》正式失效。

的合同,经当事人协商同意,可以适用本法。”也就是说,该法允许其本身在当事人协商一致的前提下具有溯及力。这种允许当事人协商解决准据法变更的时际法律冲突问题的做法,一直影响我国的国际私法实践。①

在合同领域,常常会遇到一种情况:当事人缔结合同时依意思自治原则选择了某一法律为准据法,但是,在合同终止前该法律发生了改变。在这种情况下提出一个问题:在合同履行过程中或在合同发生争议时,合同是以缔结合同时指定的法律还是以改变了的法律为准据法?对于该问题的解决,无论在理论上还是在实践中都难以统一。一种主张坚持不变更主义立场,自始至终认为:当事人协议选择的准据法一旦订入合同,便成为合同的一个条款,而且是同整个合同中的其他条款都有关系的条款,直接关系到当事人的权利义务,因而不能随被选择的法律的改变而改变,否则,就等于改变了合同当事人的权利义务,另立了一个新合同。另一种主张则持变更主义态度,不断强调:当事人既然协议选择了某国法律为合同的准据法,就表明他们已将整个合同的命运系之于该国的整个法律制度。也就是说,他们的合同同该国的整个法律制度存在全面的联系,因此,如果该国与合同有关的法律发生改变,合同当事人应受新法的约束。1923 年英国法院审理切斯特曼信托案(Re Chesterman's Trusts)时就直接面临时际法律冲突问题。在该案中,一个德国人于 1911 年从一家荷兰银行借了一笔德国马克,借贷合同以德国法为准据法。在第一次世界大战爆发后,德国放弃了金本位制。当债务到期时,德国马克的实际价值几乎等于零。当事人为按金马克还是战争爆发后的马克了结债务发生纠纷。审理该案的英国法院认为,作为合同准据法的德国法,必须是经常变化的德国法,债权人不能只采取当时的法律来主张其权利。②

第三种情况是法院地的冲突规范及其所指定的实体法均未发生改变,但有关当事人的国籍或住所,或者动产的所在地等连接点发生了改变,这时需要确定是适用依原来的连接点所指引的法律还是适用新的

① 李双元等主编:《国际私法》(第 5 版),北京大学出版社 2018 年版,第 132 页。

② 黄进、黄惠康编著:《国际公法国际私法成案选》,武汉大学出版社 1987 年版,第 322 ~ 323 页。

连接点所指引的法律。,法国国际私法一般将该类情形归入“动态冲突”(Conflicts Mobiles)并提出了具体解决对策。① 实际上,法国的解决办法,也是世界其他各国通行的做法。对于这种情况,各国国际私法一般都根据涉外民商事法律关系的不同性质,分别采取可变和不可变两种处理办法。为了避免这种冲突,在实践中最为可取的做法是在立法时对冲突规范中的连接点加以时间上的限制。例如,1978 年《奥地利联邦国际私法法规》第 7 条规定:“对选择特定法律有决定意义的必要条件,后来如果发生变化,对已完成的事实,不发生影响。”1982 年《土耳其国际私法和国际民事诉讼法》第 3 条规定:“除法律另有规定外,当需要依据国籍、住所或居所为准。”1986 年中国《民法通则》第 149 条规定:“遗产的法定继承,动产适用被继承人死亡时住所地法律,不动产适用不动产所在地法律。”由于这一规定限定了住所地是被继承人死亡的住所地,故适用它就不会发生动态冲突。1996 年《列支敦士登国际私法》第 7 条规定:“决定适用某一法律的先决条件事后发生改变,并不影响已完成的事实状况。”

(四)“AI + Internet”所引发的法律冲突的准据法的确定

传统的冲突法是建立在一种以地域为标准划分各国法律管辖范围之基础上的法律体系,它通过运用部分人称为“分配法”的方法,将发生争议的涉外民商事关系分配给某一国家的法律去处理,②从而解决“外国法律的域外效力与内国法律的域内效力,或内国法律的域外效力与外国法律的域内效力之间的冲突”。在分配的过程中,地域因素或空间场所起着基础性的控制作用,涉外民商事关系的判定,法律选择的依据,基本上是以物理的或地理的客观标志为标准的。而通过“Internet”进行的涉外民商事关系则截然不同,它是在一种与地理空间完全不一样的网络空间中进行的。任何一笔“Internet”交易,其大多数过程和环节都是在网络空间上自动完成的,很难从地域的角度对这些过程和环节予以确定或场所化。这就是说,在传统冲突法中扮演十分重要角色的地域因素和空间场所,在“Internet”中特别是“AI + Internet”就受到很

---

① 李双元:《国际私法(冲突法篇)》,武汉大学出版社 1987 年版,第 183 页。

② 韩德培:《国际私法的晚近发展趋势》,载《韩德培文选》,武汉大学出版社 1996 年版,第 76 ~ 77 页。

大的冲击和挑战了。此外,传统的冲突法并没有直接规定涉外民商事关系中当事人的权利和义务,而只是“对于涉外案件,就内外国法律,决定其应适用何国法律”。目前,“AI + Internet”法律问题,主要是通过当事人订立或选用协议来解决的,专门在这方面及时立法的国家予以解决问题的并不多见。这样,“AI + Internet”环境下运用冲突规范指引准据法的难度就比传统上确定准据法的难度大多了。因此,紧跟时代步伐,随时关注人工智能时代网络技术和手段的革新走势,审时度势并准确把握准据法确定的新要求。具体而言,以下方面的问题应及时关注和跟进:

第一,对传统的连接点的动摇。在制定冲突规则或解决法律选择问题时,都要把一定的涉外民商事法律关系同某一特定国家的法律联系起来,才能确定应该适用的准据法。而要体现这种联系,就只有运用连接点或连接因素。因此,连接点在“AI + Internet”环境下的冲突法中仍然起决定性的作用。任何立法者或法官,都不可能熟悉所有国家的民商法的内容和具体的规定。故在一般场合下,在解决法律选择问题时,立法者也只能首先从原则上规定用什么地方的法律来调整这一或那一法律关系是最为合适的问题,而不可能解决什么样的具体民法规则解决有关的法律关系最为合适的问题。往往这类问题都有待依已确定了连接点并依连接点的指引援用有关国家的实体民法规则后才能解决。因此,从这个意义上来讲,法律选择的过程也就是把不同的法律关系和不同法律制度对接起来的过程。无论是传统环境下还是现代网络环境下,上述的关联关系均是通过连接点的选择与确定来实现的。

冲突法经过几百年的发展,逐渐形成了一些比较固定的连接点,如国籍、住所、合同履行地、合同缔结地、侵权行为地、物之所在地、婚姻缔结地等。这些连接点大致可以划分为属人连接点和属地连接点两大类,其中国籍和住所为属人连接点,其余几个均是属地连接点。属地连接点大多与一定的空间位置有关,属人连接点则往往强调国籍或住所与当事人之间的关系。“AI + Internet”环境下交易中的许多过程和环节都是通过网络空间展开的,而网络空间是一个虚拟的世界,地理因素在其中并无太大的实际意义。以网上侵权为例,只要某个用户在网上实施侵权行为,其影响就有可能延伸至世界任何地方,从而使这些地方都可能成为侵权行为地,但对于受害者而言,这些地方绝非都有同样的意义。更何况有时要在网上确定一个地点也是相当困难的,如在网上缔结合同,就难以确定合同缔结地位于何处。如果网上交易不涉及实物或有形的交付,而是网上定购、支付和交付无形货物和服务,如计算机软件、娱乐内容和信息服务等,合同履行地也难以确定。另外,依传统的冲突规范,拍卖应适用拍卖地法,但在互联网中有一些自发的拍卖场所,它独立于任何国家和地区之外,只虚拟地存在于因特网或物联网中,如果适用拍卖地法,实际等于无法可依。因此,基于地缘因素选择的连接点很难套用于"AI + Internet"交易中。至于国籍和住所这种连接因素更不易用来指定支配"AI + Internet"交易的准据法。因为在很多情况下,当事人的国籍与住所往往与"AI + Internet"交易本身的关系是相当松散的。因特网是一种面向全世界所有的人开放的独立的自主的网络,任何国家都难以有效地对网上活动进行监管。拥有任何一个国籍或住所的人随便可到任何一台联网的计算机上从事所有的网上活动。这是"AI + Internet"这个虚拟的空间对传统冲突规范的连接因素所带来的第一方面的重大冲击。

第二,对作为实体法的准据法的挑战。传统冲突法认为准据法是经冲突规范指引用来确定涉外民商事关系中当事人的权利与义务的特定法域的实体法。被选定的准据法可能是某个国家或地区的法律,也可能是国际公约或国际商事惯例。但现在的问题是,由于"AI + Internet"技术的形成与应用只不过是近年的事情,一方面,各个国家对它将带来的各种实体法律问题认识不清,尚未来得及对它做出系统的法律调整,即使像电子商务领域,也只有韩国、澳大利亚等少数国家通过了有关立法,而且这些立法往往也仅就电子商务中的一些最基本的问题作了大致的规定,大多数具体的问题仍未涉及。另一方面,也有一些国家出于保护科技发展的考虑,不愿过早运用法律规范来加以约束,因此它们有关"AI + Internet"的国内立法,几乎还是空白。至于相关的国际条约或国际惯例目前也十分少见。这样,尽管对于某一"AI + Internet"贸易纠纷,我们适用了冲突规范,确定了适用哪一国法作为准据法,最后却发现这一切都是无济于事,因为该国根本就无相应的实体立法,从而在很多案件中,即使可适用冲突规范,也很可能找不出准据法。

对于如何确定"AI + Internet"案件的准据法,一些学者们曾试图提出解决的方案:例如主张继续采用传统的冲突法方法,将具体的"AI + Internet"案件通过识别归入既有法律体系中,如确定为合同案件、侵权案件、著作权案件等,并根据各自现有的冲突规范来寻找应予适用的法律;或主张归纳出一种崭新的法律关系,即网络空间法律关系,并由各国通过国内立法与判例,以及国际条约与公约制定“网络空间法”,形成一个独立的法律部门,专门适用于发生在网络空间中的案件。例如,美国乔治城大学法学教授帕斯特就提出了一个叫作“电子邦联制”的网络空间立法和法律适用体制理论。根据该理论,“Internet”用户应将制定和选择规则的权利委托给相应的“网络服务商”(Internet Service Provider,ISP),由ISP 选择适用哪一国的法律或制定何种规范;而最初的选择权完全取决于“Internet”用户自身。各个 ISP 之间相互独立地维持自己“电子邦”的标准,并且形成一个竞争激烈的法律市场。这是一个理想的模式,网络空间或物联网的法律适用将取决于 ISP 的选择。这是因为,在“Internet”案件中,最容易确定的就是当事人属于哪一个 ISP 的用户,而该 ISP 选择的法律已在其与用户的协议中写明,而且用户在该 ISP 服务所及的网上社区内是一直以该法律作为自己的“本座”法的。所以,针对具体的“AI + Internet”案件,与当事人具有最重要关系或最密切联系的乃是双方的ISP,通过 ISP,进而可以指向 ISP 的营业地法或它所选择适用的法律。各个 ISP 之间用明示方式互相表明自己的住所和适用的法律,从而使用户能辨别自己在传递信息的过程中进入了哪种法律区域,应遵循什么社区标准。

实际上,网络空间法律关系能否成为一个新的类别,取决于独立的“网络空间法”是否能够最终产生。从逻辑上讲,AI 网络空间的全球性使可能出现的“网络空间法”也应具有全球性,但要求各国在每一个细小的规则上保持一致是不现实的,即使能够一致,法院地的公共秩序也必须得到尊重,原有的利益上和价值标准上的冲突仍会起作用。尤其是仅仅针对网络空间中信息内容的规则,很难成为“网络空间法”的一部分。AI 网络空间是由物理空间延伸、衍生而成的,无论如何不同,它所体现的仍然是人类社会的标准。尤为重要的是,一个法律部门的形成,有赖于立法和司法的实践。“网络空间法”的形成,更有赖于全球范围的立法和司法实践。① 不过,对于常见的国际法律冲突的准据法的确

① 李双元:《国际私法(冲突法篇)》(修订版),武汉大学出版社 2001 年版,第 196 ~ 200 页。

定,仍可以按一般关于法律选择的方式方法来定位。

四、确定准据法的方法

国际私法是在解决法律适用冲突的基础上发展起来的,因此,国际私法与适用外国法或承认外国法的域外效力紧密相连。各国法院对于某一涉外民商事法律关系进行识别并选择其应适用的准据法以解决有关法律适用冲突,是国际私法冲突规范的目的所在。因此,冲突规范本身是法律选择的体现,而法律选择是一个法律运作过程,特别是指法官依据冲突规范或某种标准选择适用于具体案件的法律,法律选择方法就是解决选择问题的技术、技巧或方式。从某种程度上说,法律选择方法也就是在确定准据法过程中通常所使用的方式与方法。

众所周知,如果某一民商事法律关系在一国领域内的该国居民间发生,不具有涉外因素,就不会产生法律选择问题,即使产生争议,当事人都会在该国提起诉讼,该国法院对案件的处理也只适用该国法律。但在某一民商事法律关系中,如果导致诉讼的民商事纠纷发生在该国之外,或者当事人中有一人或多人不是该国居民,或者诉讼标的在该国外,就会出现法律选择问题。换句话说,当某个民商事案件与外国有联系,或具有涉外因素,而且内外国的法律对案件争议有不同的规定时,就会产生法律选择问题。①

既然法律选择方法以承认外国法的域外效力和适用外国法为前提,那么,冲突规则“范围”中的民商事法律关系的国际性就至关重要。随着世界经济一体化和全球化进程的加速,国际间大规模的人员往来、经济技术合作、商业贸易和文化交流已成为各国的迫切需要。国际民商事活动领域承认外国法的域外效力和适用外国法已经成为无法回避的客观现实。因而近些年还从抽象的理论方面去讨论为什么要适用外国法的问题的国际私法学者已不多见。相反,他们越来越多地把注意力放在研究法律选择的方法问题上。这一点在美国表现得尤为突出,法律选择方法的研究成了美国国际私法研究的热点,并且涌现出许多有价值的法律选择方法。英国著名国际私法学家莫里斯 1971 年在其所著的《法律冲突法》一书中,就将冲突法的“理论”和“方法”分开加以讨论,并将

---

① 李双元等:《中国国际私法通论》(第 2 版),法律出版社 2003 年版,第 116 页。

讨论的重点放在评价美国学者提出的各种法律选择方法上。①

冲突法的作用是根据不同的涉外民商事法律关系应该适用的准据法,在内外国法律之间做出选择。但是,立法机关在制定冲突规范或司法机关在处理涉外民商事争议时,怎样确定法律选择的标准呢?应该说,这些标准不是任意的,而是应建立在客观依据上的。根据国际私法的不同学说、判例与实践,可以将法律选择方法做不同的分类。② 国际私法最常见、最基本的准据法选择方法大致可以归纳出如下八类:

(一)根据法律的性质选择法律的方法

这种方法起源于意大利的法则区别说,它是根据法律的性质决定其域内或域外的适用。早在14世纪初,巴托鲁斯就提出应依法律具有的"人法"或"物法"的性质,分别确定其域内或域外适用的效力。该方法一直为后世国际私法的理论和实践所因袭。例如,德国法学家萨维尼和意大利学者孟西尼都承认,任何一个国家的法律按其性质都可分为两大部分,即具有绝对强制性的法律和非强制性的法律。因此,在处理涉外民商事法律关系时,各国仍会考虑它所涉及的内国法和外国法究竟是强制性法律还是任意性法律,是属地性法律还是属人性法律,然后再决定选择哪一国的法律。这是一种对法律法规进行定性来选择准据法的方法,在国际私法理论与实践中具有十分突出的价值。这种方法在国际私法的历史长河中存在已久,但至今仍活跃在法律选择的舞台上。根据法律的性质选择法律的方法,依然为当今世界大部分国家立法与实践所沿袭,一般都坚持:凡属公法性质或公共秩序的法律,均具有绝对的或直接适用的效力。

(二)根据法律关系的性质选择法律的方法

这是萨维尼首创的选择法律的方法的理论。萨维尼认为,法律的选择应该从法律关系的"本座"(Seat)出发,即从分析法律关系的性质入手,去寻找适用该法律关系的准据法。法律关系的性质不同,它们的"本座"也就不同,其"本座"所在,也是最适合各法律关系的准据法之

---

① J. H. C. Morris, *The Conflict of Laws*, 5th ed., Sweet & Maxwell Ltd., 2000, pp. 531 – 565.

② 关于法律选择的方法,目前国内刊物上发表的文章主要有,李双元:《论国际私法关系中解决法律选择的方法问题》,载《中国法学》1984年第3期;李金泽:《关于美国现代国际私法中法律选择方法的法哲学思考》,载《江苏社会科学》1996年第3期;梁永生:《我国冲突规范法律选择方法探讨》,载《法律与社会》1999年第2期;等等。

所在。这种方法率先摆脱了法则区别说方法论的束缚,开创了一条法律选择的新思维、新路子,对国际私法理论和实践产生了重大而深远的影响。在具体实践中,大陆法系各国制定的冲突规范广泛采用了萨维尼的理论与方法。

被誉为“近代国际私法之父”的萨维尼的法律关系本座说,与统治了欧洲四五百年的法则区别说相比,确实开创了一条法律选择的新途径。一方面,萨维尼完全抛弃了法则区别说的方法论,不再从“物法”“人法”这种法律本身的性质入手去探究内外国法律的适用问题,恰恰反其道而行之,从法律关系本身的性质出发来分析其应适用的法律;另一方面,依萨维尼“法律关系本座说”,自然会得出国际私法是国际法的结论,因为萨维尼认为同一法律关系的本座只有一个,各国处理同一法律关系时也应只适用这同一国家(本座所在)的法律。可以说,萨维尼关于法律选择的方法,对后世的国际私法理论与实践产生了深刻的影响。虽然目前大陆法系各国在进行国际私法立法时已经抛弃了“本座”的提法,但是,却并未完全摆脱萨维尼所创立的法律选择方法的基本路径。只是为了克服萨维尼的法律关系本座说中明显的缺陷与欠科学的成分,许多学者在改造萨维尼学说的基础上进而提出了“法律关系重心说”“最密切联系说”等种种新的法律选择方法的理论。

(三)根据最密切联系原则选择法律的方法

这种方法是以与某涉外民商事法律关系有最密切联系的地方的法律作为准据法。从某种程度上说,这种方法观是萨维尼方法的继承和发展。事实上,萨维尼提出的每一法律与某一法律关系常有着必然的联系,只不过萨维尼将这种联系固定为“本座”。而最密切联系原则是法官依据具体情况,或在立法者提供的某种标志的指导下,通过综合分析相关案件,找出与该法律关系有最密切联系的地方的法律。[①] 依最密

---

① 关于最密切联系原则,国内刊物发表的文章主要有,王军:《关于合同法律适用“最密切联系”原则的运用方法》,载《比较法研究》1988 年第 4 期;陆泽峰:《浅论国际私法中的最密切关系原则》,载《浙江大学学报》(哲学社会科学版)1990 年第 6 期;肖永平:《最密切联系原则在中国冲突法中的应用》,载《中国社会科学》1992 年第 3 期;刘仁山:《浅论“最密切联系地法”适用的限制》,载《中南政法学院学报》1992 年第 3 期;郑自文:《最密切联系原则的哲学思考》,载《法学评论》1994 年第 6 期;王慧、戴庆康:《对国际私法中最密切关系原则的再思考》,载《中外法学》1997 年第 4 期;冯克非:《试论最密切关系原则的规范性》,载《政法论坛》1998 年第 5 期。

切联系原则进行法律选择的方法更加灵活，是一种弹性的或法官自由裁量权较大的准据法选择方法，在晚近的国际私法理论与实践中越来越多地得到肯定与推广。

可以说，根据最密切联系原则选择准据法，能够顺应现代涉外民商事关系复杂多变的客观形势的需要，可以避免用某一种硬性的僵固的连接点指引准据法的不切合案件实际情况和不符合案件公正合理解决的欠缺，因而这种方法确实具有明显的优越性。但是，正如欧洲当前许多国际私法学者所评论的那样，也不宜把这一原则的作用过分夸大而完全否定用其他连接点来指引准据法的意义。因为，如果这样，整部国际私法便将由这一个冲突规则所取代。更何况在判断某一法律关系与哪一国存在最密切联系时，需要考虑的因素可能是许多的，法官的主观任意性也可能是很大的。于是，为了使冲突规范变得更加灵活而又不失去法律适用上的相对稳定性，目前许多国家在立法时，一方面，将它当作一种总的指导原则，在制定每一法律关系应适用法律的冲突规则时，尽可能选取最能体现密切联系的连接点；另一方面，又将其当作一种补充，仅于立法中指定的连接点不存在时，才允许法官依此原则去选择法律，以适当限制法官的自由裁量权，并提高法律适用的可预见性和稳定性。我国在这方面也有许多成功的经验。① 中国在立法中已紧跟世界国际私法立法的新潮流，采取最密切联系原则来解决涉外民商事关系的法律选择问题。例如，1999 年《合同法》第 126 条和 1986 年《民法通则》第 145 条都规定，涉外合同的当事人没有选择（准据法）的，适用与合同有最密切联系国家的法律。②《民法通则》第 148 条还对涉外扶养关系采用了最密切联系作为选择准据法的连接点，以便更好地保护被扶养人的利益，同时还在判断最密切联系时坚持主要以“特征履行说”为依据。③ 而 2010 年《涉外民事关系法律适用法》第 2 条则将最密切联系原则提升为国际私法的一般原则，适用于涉外合同、证券领域以

---

① 李双元等：《中国国际私法通论》（第 2 版），法律出版社 2003 年版，第 119 页。

② 1986 年《民法通则》第 145 条规定：“涉外合同当事人可以选择处理合同争议所适用的法律，法律另有规定的除外。涉外合同当事人没有选择的，适用与合同有最密切联系的国家的法律。”

③ 关于特征履行说，可参见徐国建：《国际合同中“特征履行理论”研究》，载《法学评论》1989 年第 6 期；刘仁山：《“最密切联系原则”与“特征性给付原则”的立法研究》，载《法商研究》1995 年第 5 期。

及国籍和多法域法律冲突的解决方面。[①]

(四)根据政府利益分析选择法律的方法

这一方法是美国学者柯里所提出的,又称“利益分析说”。柯里极力反对通过冲突规范来选择法律,他主张“最好是抛掉冲突法规则”,而采用其“利益分析”(Interest Analysis)的方法去分析背后的利益冲突,然后根据利害关系之有无及大小来决定法律的选择。柯里的利益分析方法与传统法律选择方法确实有所区别,明确要求就有关国家的实体法规则直接做出选择。不过,深入探究便会发现,根据柯里的政府利益分析来选择法律,也只是把传统冲突规范中表示空间场所意义连接点,诸如住所、国籍、惯常居所、行为地、物之所在地等,改变为政府利益之有无或大小作为法律选择的标准,其实质仍无多大改变,依然属于一种间接调整和解决法律冲突的方法,不可能完全取代整个传统的冲突法制度。

柯里的法律选择方法,不可避免地扩大法院地法的适用范围,存在自身无法克服的矛盾,在实践中常常会导致许多国际私法学家一直反对的法院地法优先的结果。不过,柯里的理论终究在一定程度上揭示了国际私法的实质:传统的理论几乎全部用一些被认为普遍适用的抽象的规则来掩盖法院在选择法律的过程中必须首先考虑的问题,即选择什么法律才符合国家的对内对外政策上的利益。国际私法上要处理的问题,表面上看是不同法律之间的冲突,但法律冲突的背后,却存在着不同国家的利益冲突。也正因如此,在国际私法关系中,不管人们提出多么冠冕堂皇的理由,无论立法者还是司法者,一般都不会在超社会或超国家的立场上去选择应适用的法律。

可以说,根据政府利益分析选择法律的方法也就是一种透过法律

---

① 《涉外民事关系法律适用法》第2条第2款规定:“本法和其他法律对涉外民事关系法律适用没有规定的,适用与该涉外民事关系有最密切联系的法律。”该法第6条规定:“涉外民事关系适用外国法律,该国不同区域实施不同法律的,适用与该涉外民事关系有最密切联系区域的法律。”该法第19条规定:“依照本法适用国籍国法律,自然人具有两个以上国籍的,适用有经常居所的国籍国法律;在所有国籍国均无经常居所的,适用与其有最密切联系的国籍国法律。”该法第39条规定:“有价证券,适用有价证券权利实现地法律或者其他与该有价证券有最密切联系的法律。”该法第41条规定:“当事人可以协议选择合同适用的法律。当事人没有选择的,适用履行义务最能体现该合同特征的一方当事人经常居所地法律或者其他与该合同有最密切联系的法律。”

冲突的外在现象寻找法律冲突本质的方法。柯里的政府利益说主张分析法律冲突背后的利益冲突，再具体根据利益冲突的情况进行法律选择。这其实也就是依赖政府所追求的政策利益来决定法律的选择。除了柯里的政府利益说外，德国法学家克格尔的利益法学也对利益分析方法产生了一定影响。克格尔不仅考虑政府的公共利益问题，而且还强调考量当事人的利益、交往的利益和制度的利益。21 世纪全球化观念和人类社会整体利益观念不断强化，在采用"利益分析说"来确定法律选择的方法时，应当期望"国际社会本位"的思想在做这种分析时会起到新的更重要的作用。[①] 目前，这一方法常用以实现国家对特定民商事关系的司法政策。如 1984 年施行的《秘鲁民法典》第 2083 条便采用了这种连接点来构成间接调整的冲突规范，它规定："婚姻中子女地位的确认，依婚姻举行地法或子女出生时婚姻住所地法，视其中何者最有利于子女的准正。"其他如 1978 年《奥地利联邦国际私法法规》第 21 条和第 22 条，1982 年《南斯拉夫国际法律冲突法》第 28 条，1979 年《匈牙利国际私法》第 12 条和第 46 条等，都采用了利益分析作为指引准据法的连接点，以保护弱方当事人的利益。[②]

（五）准据法的结果选择方法

结果选择方法（Result-Selecting Rules）是美国学者凯弗斯提出来的，也称为规则选择方法（Rules-Selecting Rules）。凯弗斯认为，传统的法律选择方法是一种管辖权选择方法（Jurisdiction-Selecting Rules），只指定一个管辖权，然后再由法官依据这一指定去援用该管辖权国家的实体法，其结果必然会导致不公平的结果和"虚假冲突"的发生。因此，他主张依结果选择方法直接就有关国家的实体法内容进行比较，选择那种更适合案件公正解决的实体法作为准据法。但是任何国家的法官总是根据特定的社会历史条件，站在自己国家的立场上去衡量什么是公平、正义，什么是"更好的"法律，什么才是自己所追求的一定结果，不可避免地带有某种阶级或民族狭隘性，也不可能有某种衡量"公正"的普遍标准。

---

① 李双元等：《21 世纪国际社会法律发展的展望》，载李双元：《走向 21 世纪的国际私法》（中国法学家自选集），法律出版社 1999 年版。

② 李双元等：《中国国际私法通论》，法律出版社 1996 年版，第 122 页。

这种法律选择方法也可以称为“结果导向”的选择方法,其实质是要求法官舍弃传统的冲突规范,直接考察相互冲突的法律规则的具体内容,从取得公正判决结果角度选择适用的实体法。透过现象观察本质,凯弗斯的结果选择方法或规则选择方法与柯里“利益导向”的选择方法如出一辙,并无太大差别。

(六)分割式的准据法选择方法

这种选择方法是英国法学家莫里斯和美国法学家凯弗斯所倡导的。他们认为,分割方法(Depecage)是指在一个涉外民商事案件中,对同一个法律问题的不同方面加以分割,并依其各自的特性分别确定不同的准据法。例如,对同一涉外婚姻,往往区分婚姻的形式要件和实质要件,前者依婚姻举行地法,后者依当事人属人法。这种方法改变了传统国际私法中某一类法律关系规定一个连接点的过分僵化模式,增加了法律选择的灵活性,也有利于公正合理地解决纠纷。随着涉外民商事关系的日益纷繁复杂,这种方法在国际私法的理论与实践中的影响逐渐增强。但是,如果某一案件中的不同问题彼此密切相关,法院却要坚持加以分割从而分别适用不同国家的法律,就可能歪曲其中一个或两个法律的目的,并可能给当事人造成尴尬甚至不幸的后果。

(七)有利于判决在国外承认与执行的准据法选择方法

在国际私法的实践中,一国法院对涉外民商事案件的判决常常需要到国外去承认和执行。因此,在选择法律中,依是否有利于判决在国外得到承认和执行做出判断,也是一个十分重要的方法。它对于实现国际私法的目的,即追求判决结果的一致,维护涉外民商事法律关系的稳定有着举足轻重的作用。不过,如果把追求判决的一致作为国际私法的唯一目的,在目前还是不合适的,具体操作性较小。尽管全球化趋势不可阻挡,各国都希望在国际领域开展对话与合作,但各主权国家主要都还是从本国立场出发,还不能要求各国在进行法律选择时应以追求判决结果的一致为目的。不过,各国在处理涉外民商事纠纷时,如果完全不顾国际社会与人类整体的共同利益,忽视国际通行做法,不参与国际法律协调与合作,就会陷入法律孤立主义,阻碍本国法律文化的交流与发展。可见,这种选择法律的方法还是有其存在的实践价值的。当前国际社会,不同社会制度的国家,同一社会制度下的不同国家,甚至同一国家在不同的国际政治经济形势下常常并不专注于关心涉外民商事案件的判决的一致性，而是更注重依冲突规范指定的法律的适用结果与本国的涉外民事领域所奉行的政策目标的一致性。在实践中，如果片面强调追求判决一致，法院国有时就必须牺牲内国法律适用的一致，而这种牺牲的代价是很大的，因而也是各国所不愿意做的。如此，全面推行这种选择法律的方法仍然存在着理论与实践方面的障碍，因而不可将该方法的作用与功能片面夸大。

（八）当事人自主选择法律的方法

这种选择方法为法国学者杜摩兰、荷兰学者胡伯和意大利学者孟西尼所提倡。他们认为，在合同法律关系领域，应该适用当事人自主选择的法律。杜摩兰在 16 世纪就提出“意思自治”说，主张契约关系应该受双方当事人自主协议选择的习惯支配。17 世纪的胡伯赞同杜摩兰的观点，他认为契约关系原则上应适用缔约地法，但当事人心目中已有其他选择时，则应适用当事人选择的其他法律。1856 年，在孟西尼的影响下，《意大利民法典》明确规定，在契约之债中，如果当事人国籍相同，适用其共同本国法，否则适用缔约地法；但任何情况下，当事人协议选择的法律应起决定作用。我国立法在解决涉外合同的法律适用时，也规定适用“意思自治”原则。

2010 年《涉外民事关系法律适用法》同样将当事人意思自治原则提升为国际私法的一般原则。该法第 3 条明确规定：“当事人依照法律规定可以明示选择涉外民事关系适用的法律。”除此之外，该法还在第 16 条（代理）、第 17 条（信托）、第 18 条（仲裁协议）、第 24 条（夫妻财产关系）、第 26 条（协议离婚）、第 37 条（动产物权）、第 38 条（运输中的动产物权）、第 41 条（合同）、第 44 条（侵权）、第 45 条（产品责任）、第 47 条（不当得利和无因管理）和第 49 条（知识产权的转让和许可）以及第 50 条（知识产权的侵权）中对当事人意思自治原则的具体适用作了规定。不仅如此，2012 年我国最高人民法院《关于适用〈中华人民共和国涉外民事关系法律适用法〉若干问题的解释（一）》第 6 条规定：“中华人民共和国法律没有明确规定当事人可以选择涉外民事关系适用的法律，当事人选择适用法律的，人民法院应认定该选择无效。”该司法解释第 7 条规定：“一方当事人以双方协议选择的法律与系争的涉外民事关系没有实际联系为由主张选择无效的，人民法院不予支持。”该司法解释第 8 条规定：“当事人在一审法庭辩论终结前协议选择或者变更选择适用的法律的,人民法院应予准许。各方当事人援引相同国家的法律且未提出法律适用异议的,人民法院可以认定当事人已经就涉外民事关系适用的法律做出了选择。”所有这些充分表明,晚近依“意思自治”原则选择准据法的方法,已为当今世界各主要国家的国际私法立法与实践所接受并广泛加以应用。

此外,国内法学界另有学者提出,在法律选择方法的问题上,除提倡以上八种方法之外,还应再增加三种方法,即“依比较损害方法(Comparative Impairment Approach)决定法律的选择”“依肯塔基方法(Kentucky Menthod)决定法律的选择”“依功能分析方法(the Functional Analysis Approach)决定法律的选择”。[①] 不过,深入分析,这三种法律选择方法虽各具特色,但基本上仍是上述八种方法的具体运用和不同表述的结果。

总之,有关法律选择方法的分类,因分类标准或依据不同,可以区分为不同类型。诸如有学者将法律选择方法分成法定选择准据法的方法与意定选择准据法的方法、传统型选择准据法的方法与现代型选择准据法的方法、主观性选择准据法的方法与客观性选择准据法的方法、规则导向性选择准据法的方法与结果导向性选择准据法的方法、当事人选择准据法的方法与法官选择准据法的方法,等等。无论如何,法律选择方法的类型是难以穷尽的,随时都有可能因新情形的出现而推陈出新。不论是纯理论性的法律选择方法还是纯实践性的法律选择方法抑或理论与实践相结合的法律选择方法,都需要在实践中不断发展。各种法律选择方法的守正与创新,都是国际私法学者及各国法院在解决涉外民商事法律冲突的实践中不断探索的结果。[②] 但每种方法的适用领域各不相同,有的可适用于国际私法的所有领域(如根据最密切联系原则选择法律的方法);有的成为世界各国通行的制度(如当事人自主选择法律的方法);有的仅在美国等少数国家使用(如依肯塔基方法决定法律的方法)等。当今世界,由于世界经济一体化与全球化进程的加速,涉外民商事关系日益复杂多变,试图设计出某一种法律选择的方

---

① 黄进主编:《国际私法》,法律出版社 1999 年版,第 228 ~ 229 页;韩德培主编:《国际私法新论》,武汉大学出版社 1997 年版,第 158 ~ 159 页。

② Jürgen Basedow, Giesela Rühl, Franco Ferrari and Pedro de Miguel Asemsio, *Encyclopedia of Private International Law*, Chapter B, Edward Elgar Publishing, 2017, p. 1407.

法并运用它来解决一切国际私法中遭遇的所有问题，显然是不切实际的幻想。因而，必须紧密联系当前实际情况，考虑多种多样的因素，深入系统地研究多种不同的法律选择方法，才能不断丰富和完善国际私法的理论和实践。[①]

---

① 李双元：《国际私法〈冲突法篇〉》（修订版），武汉大学出版社2001年版，第305～329页。

第八章　冲突规范的辅助机制

第一节　识别制度

一、识别在国际私法中的意义

识别制度作为运用冲突规范的先行程式或前置措施，在国际私法中占据着非常重要的地位，是解决法律冲突问题不可忽视的。国际私法中的识别(Characterization)，是指依据一定的法律观念或法律概念对有关事实构成的性质作出“定性”(Qualification)或“分类”(Classification)，将其归入特定的法律范畴，从而确定应援用哪一冲突规范的法律认识过程。[①] 由于人们对识别的认识角度和范围有所不同，西方学者常用“Characterization”“Qualification”“Classification”等不同的名称来表示，但它们都不能概括识别全部内涵。“Characterization”只是赋予某一事实什么样的法律特征；“Qualification”只是对某一事实进行定性；“Classification”只是对某一事实进行法律上的分类。从本质上讲，识别作为一个法律认识过程，包含两个相互制约的方面：第一，依据一定的法律正确解释冲突规范本身，即对规范所使用的法律概念或法律范畴进行解释，特别是对其“范围”和连接点的解释；第二，根据这

---

① 李双元：《国际私法(冲突法篇)》(修订版)，武汉大学出版社2001年版，第200～201页。

些法律概念或法律范畴对涉外民商事案件所涉及的事实或问题进行分类或定性,正确解释事实特定的性质。例如,在面对涉外民商事案件时,常常需要区分究竟是属于人的能力问题还是行为方式有效性问题、物权问题还是债权问题、继承关系问题还是夫妻财产制问题、合同问题还是侵权问题、实体问题还是程序问题等。如果确定某一案件含有涉外因素,是一个国际私法上的问题,并对该案的事实做出识别,如果认为它是属"物权问题",就应该根据"物权"的冲突规则即"物权依物之所在地法"去指引有关国家这方面的实体法来进行裁判。因此,在国际私法中,识别是确定援用哪一类冲突规则的前提。识别过程的两个方面,正确解释法律概念或法律范畴及依之判定有关事实的性质,是密切相关连的。不过,识别对确定案件的管辖权也同样具有特别重要的作用。如在中国技术进出口总公司诉瑞士工业资源公司侵权损害赔偿纠纷上诉案中,上海市高级人民法院就坚持将该项纠纷识别为侵权,主张由我国法院管辖,而驳回了瑞士工业资源公司认为该项纠纷属合同争执要求排除中国法院管辖的主张。①

一般说来,识别是人类思维活动中一个普遍的且不可缺少的思维过程,常需要凭借一定的思想观点或分类标准,对眼前的现象或事实加以鉴别比较和分析归纳,将它们归入一定的范畴,以便更好地理解和掌握。在处理纯国内案件或一般法律纠纷时,识别也是很重要的。正如英国学者罗纳德·哈里·格雷维森(Ronald Harry Graveson,1911—1991 年)所指出的那样,即使在处理纯国内案件时,法官也首先需要找出发生的事实与有关的法律规则之间的本质联系,从而确定它是不是一个法律问题,是一个什么性质的法律问题,最适合于适用哪一类法律规范。② 因此,通过识别,判定有关事实或问题的性质从而确定应援用的法律,在纯国内民商事诉讼活动中也是一个十分重要的认识过程,法官的法律知识和意识集中体现于这一过程。只是在纯国内案件,法官只依自己国家的法律观念和法律概念对有关的事实构成进行识别,并不发生识别冲突,因而不需要专门研究识别的依据问题。但在国际私

---

① 《最高人民法院公报》1989 年第 1 号。

② Ronald Harry Graveson, *Conflict of Laws: Private International Law*, 7th ed., Sweet & Maxwell Ltd., 1974, p. 43;李双元:《国际私法(冲突法篇)》(修订版),武汉大学出版社 2001 年版,第 203 ~ 204 页。

法案例中,由于它包含涉外因素,加之受国际条约的影响,识别冲突在所难免,因而,解决识别冲突和运用好识别制度就显得尤为必要。① 法院首先必须对有关事实性质作出识别,以解决争议问题的法律性质,才能选择合适的准据法。可见,识别问题是国际私法实践中的一个基本问题,法院在处理涉外民商事案件过程中,不可避免地会遭遇这一问题。②

二、识别冲突产生的原因

识别冲突是指在国际私法的实践中,由于法院地法与有关的外国法对相同冲突规范中的同一法律概念赋予不同的内涵,也会对同一事实的法律性质做出不同的分类,因此,采用不同国家的法律观念进行识别就会导致适用不同的冲突规范和选择不同的准据法的结果。这种冲突就叫识别的冲突。识别冲突问题,最初由德国法学家卡恩和法国法学家巴丁相继于 1891 年和 1897 年提出来的,他们认为,即使两国规定了相同的冲突规范,如果其中的法律概念的内涵并不相同,也会对同一事实的法律性质作出不同的分类,从而导致适用不同的冲突规范。卡恩把这种冲突叫作“隐存的法律冲突”(Latente Conflict),认为对冲突规范中的法律关系(范围)和连接点都需要做出识别。巴丁称为“识别冲突”,只限于对范围中的法律关系的解释,而不包括对连接点的解释。沃尔夫也在一定程度支持巴丁的这种限制说。戴西和莫里斯则直接称为“冲突规则的冲突”(Conflict between Conflict Laws),并且认为,即使全世界各国都适用统一的冲突规则,只要它们的法律观点或法律概念不同,在包括同一事实构成的案件中,他们对事实的法律性质也会做出不同的识别,不可避免地导致识别冲突的产生。洛伦森(Eernest Gustav Lorenzen,1876—1952 年)和贝克特(William Eric Beckett,1896—1966 年)分别将识别的冲突

---

① S. A. Bayitch, *Conflict Law in United States Treaties*, The University of Chicago, 1955, p. 88.

② 对于识别问题的探讨,国内刊物已经发表的学术论文有,陶德海:《国际私法中的“识别”问题初探》,载《法学季刊》1984 年第 3 期;[英]莫里斯:《冲突法中的识别问题》,张万明译,载《现代外国哲学社会科学文摘》1988 年第 3 期;杨国华:《从“莫登娜达案”看受理国际私法案件时的识别问题》,载《法学杂志》1992 年第 4 期;田立晓:《论国际私法中的识别问题》,载《政法论坛》1993 年第 4 期;肖永平、喻术红:《国际私法识别问题比较研究》,载《武汉大学学报》(哲学社会科学版)1994 年第 6 期;齐湘泉:《论识别的对象与依据》,载《清华法学》2002 年第 1 卷第 1 期,清华大学出版社 2003 年版。

引入美国法学界和英国法学界，从而使识别问题在世界各国的国际私法中逐渐演变成为一个基本问题。① 关于识别冲突产生的原因，国际私法理论学说与实践也有不同看法，但归纳起来，主要是源于以下四方面的因素而导致了识别冲突。

第一，不同国家的法律中有不同的法律概念或独特的法律概念，从而导致冲突规则的不能适用或无法适用。例如，各国法律将财产分为动产（Movable Property）和不动产（Immovable Property），英美普通法则分为“Personal Property”和“Real Property”。又如，许多国家的法律都规定占有时效制度，但我国却没有这种规定，只有诉讼时效制度。在一个涉外民商事案件中，相关国家的法律如果出现这种差异，也需要先进行识别，然后才能确定应适用的冲突规范和准据法。

第二，不同国家的法律对同一事实赋予不同的法律性质，从而导致适用不同的冲突规范。例如，关于未达一定年龄的青年结婚是否需要父母的同意问题，英国法把这种事实识别为婚姻形式问题，认为应适用婚姻举行地法；法国法则将其识别为婚姻能力问题，认为应援用当事人的属人法来判定其有无结婚能力。② 1908 年英国法院受理的“奥格登诉奥格登”（*Ogden v. Ogden*）一案就是一个因赋予同一事实以不同法律性质而产生识别冲突的典型案例。③ 该案事实为：一名住所在法国的 19 岁的法国人，未经其父母同意，去英国与一个住所在英国的妇女结婚，后来该法国男子以未经父母许可为理由主张自己无结婚能力而经法国法院判决婚姻无效。法国作出宣告该法国男子婚姻无效判决的依据是法国法的规定，即“未满 25 岁的子女未得父母同意不得结婚”。随后，该英国妇女又在英国与一个住所在英国的英国男子结婚。不久，该英国男子以其与该妇女结婚时她还有合法婚姻存在为由，请求英国法院宣告他们的婚姻无效。结果英国法院依英国法的观点将法国法规定的此种“同意”识别为婚姻形式要件，从而依据结婚的形式要件依婚姻举行地法，适用英国法作为准据法来决定“未满 25 岁的子女缔结婚姻

---

① Lawrence Collins et al., *Dicey and Morris on the Conflict of Laws*, 13th ed., Sweet & Maxwell Ltd., 2000, p. 33.

② 李双元：《国际私法（冲突法篇）》（修订版），武汉大学出版社 2001 年版，第 206 ~ 207 页。

③ Lord Collins of Mapesbury, Adrian Briggs Andrew Dickson and Jonathan Harris et al., *Dicey*, *Morris* and Collins *on the Conflict of Laws*, 15th ed., Sweet & Maxwell Ltd., 2012, p. 39.

是否需要父母同意”,因英国法没有此类限制,故认定该妇女前婚有效。最后,英国法院否定了法国法院关于婚姻无效的裁定,满足了英国男子的请求。可是,如果英国法院依法国法的观点将“同意”识别为婚姻能力问题,由于婚姻能力应适用英国法上的另一条冲突规范,即“婚姻能力适用当事人住所地法”即法国法,那就要承认法国法院的离婚判决,而驳回英国男子的请求。①

第三,不同国家的法律对同一冲突规范赋予不同的含义,从而导致不同准据法的适用。由于各国的社会制度、阶级性质、经济发展水平、文化历史传统等因素的差异,不同国家的法律对同一问题规定的冲突规范所使用的法律名词或概念虽相同而含义却迥异。例如,各国法律都主张“不动产依不动产所在地法”,但各国对什么是不动产、什么是动产,有不同的理解。如法国把蜂房看作动产,荷兰则视之为不动产。因此,各国法院在处理涉外民事商事案件时,有必要对冲突规范进行解释,看它适用于多大的范围,在哪些场合中适用。②

第四,不同国家的法律往往把具有相同内容的法律问题分配到实体法或程序法等不同法律部门,从而导致不同冲突规则的适用。例如,关于时效问题,一些国家认为它是实体法上的一项制度,另一些国家则认为它是程序法上的一个问题,这两种不同的识别必然会导致不同的准据法的适用。如果把时效问题识别为实体法问题,就应依有关法律关系的准据法解决;如果识别为程序问题,根据程序问题一般适用法院地法的原则,那么,时效问题的准据法就是法院地法。③ 由于程序法一般只适用法院地法,而实体法问题需依各种不同性质的法律关系另行确定准据法,因而,作不同识别也往往导致适用不同的冲突规范,得出相互抵触的判决结果。这方面的典型案例有英国法院受理的 1933 年的普拉扬诉柯伯案(*Societe de Prayon v. Koppel*)。该案具体情况是:一个以德国法作为准据法的合同,已过德国法规定的时效期限,但未过英国法规定的时效期限。如依德国法进行识别,时效问题属实体法范

---

① Sir Peter North and J. J. Fawcett, *Cheshire and North's Private International Law*, 13th ed., Butterworths London Ltd., 1999, pp. 41 – 43.

② Otto Kahn-Freund, *General Problems of Private International Law*, Sijthoff & Noordhoff, 1980, pp. 227 – 231.

③ 余先予主编:《国际私法》,法律出版社 1989 年版,第 89 页。

畴,时效已过,引起实体权利的消灭,而合同的实质问题应适用合同准据法即德国法,判被告胜诉;但如依英国法识别,时效属程序问题,应适用作为法院地法的英国法。最后,英国法院依英国法识别,判被告败诉。[①]

从各国的司法实践来看,常需要解决识别冲突的问题有:时效问题和举证责任问题是程序法问题还是实体法问题;配偶一方对已死配偶的财产请求权是夫妻财产法上的问题还是继承法上的问题;违背婚约是合同不履行还是侵权行为;妻子的抚养请求权应适用夫妻财产法的规定还是夫妻身份法的规定;无人继承的动产所在地的国家是以最后法定继承人的资格继承还是依物权法上的占先原则取得动产所有权;禁止配偶间互为赠与的规定是婚姻的一般效力,还是夫妻财产法或合同法上的问题。[②] 对于这些问题,法院必须首先依据一定的标准解决识别冲突,才能正确地适用冲突规范,最后确定准据法。

三、识别的依据

在国际私法中,识别冲突是由于识别所依据的法律概念或法律观点的不同而造成的。因此,国际私法学家对识别的依据提出几种不同学说,以期公正合理地解决识别冲突问题。

(一)法院地法说

法院地法说(Theory of lex fori)主张以法院地法作为识别的依据来解决识别冲突。它是德国法学家卡恩和法国法学家巴丁首先提出来的,并得到许多国际私法学者的支持,如德国学者努斯鲍姆、齐特尔曼,法国学者巴蒂福尔、尼波耶等。其理由主要有:第一,国际私法是国内法,受理国内民商事案件的法院只应依起诉所属国家的法律即法院地法观点或法律概念进行识别;第二,由于法官熟悉自己国家的法律观点和法律概念,依法院地法识别简单快捷,不需要通过外国法的查明;第三,识别是适用冲突规范的前提条件,在识别冲突没有解决之前,还没有提出外国法的适用问题,因此,只有法院地法才能作为识别的依据。

---

① Peter North and J. J. Fawcett, *Cheshire and North's Private International Law*, 10th ed., Butterworths London Ltd., 1979, p. 696.

② 黄进主编:《国际私法》,法律出版社 1999 年版,第 253 页。

巴丁明确指出,法官本是只应执行自己国家的法律的,因而也不应该要求他们去根据外国的法律概念来对事实进行定性或分类,以作出判决。英国有的学者认为,主张依法院地进行识别的主要根据是,如果允许用外国法进行识别,就等于用外国法来决定自己的冲突规范在什么情况下才能适用,这样法院就会失去对适用自己的冲突法的控制。①

对于以法院地法作为识别依据的理论,也有学者持完全相反的意见。反对法院地法说的学者提出:第一,法院地法缺乏被识别对象的制度则根本无法用法院地法进行识别。如果只依法院地法进行识别,有时会导致有关的涉外民商事法律关系本应适用的外国法却得不到适用,而本不应适用外国法的却适用了外国法。特别是,如果法院地法缺乏有关被识别对象的法律制度,那么,用法院地法进行识别的可能性几乎为零。例如,对于别居制度,有的国家允许,有的国家却缺乏。如果法院地国家没有别居制度,那么,要求用法院地法对别居进行识别,其困难和麻烦则是可想而知的。有的国家在立法中就将该情况考虑到了并采取了相应的规制措施,匈牙利、保加利亚、哈萨克斯坦和蒙古等国就是典型代表。例如,1979 年《匈牙利国际私法》第 3 条:"如果在法律诉讼中对于事实或关系的性质有争议,应根据匈牙利法律规则和概念决定适用的法律。如果匈牙利法律未规定某种法律制度,或者以另一种形式或名称承认法律制度,并且不能仅从解释匈牙利法律规则予以确定,在决定它的法律性质时,也应斟酌规定这种法律制度的适当的外国法律规则。"1991 年《加拿大魁北克民法典》第 3078 条:"识别依据法院所属的法律体系;但有关财产的识别,无论动产或不动产,均依财产所在地法进行。若法院不知道某项法律制度,或者只是经过某种提示或有明确的内容法院才知道该项制度,则可参考外国法律。"1999 年《哈萨克斯坦民法典》第 1085 条规定:"法律概念,由法院依照法院地国法律进行识别,但国际协议另有规定的除外。如果法律概念让法院地国法感到陌生或与其他含义或其他内容更相近,且不能按照法院地国法的解释方法确定,则在识别该法律概念时亦可适用外国法律。"2002 年《蒙古国民法典》第 540 条第 3 款规定:"对某种法律关系,若蒙古国

---

① Lawrence Collins et al., *Dicey and Morris on the Conflict of Laws*, 13th ed., Sweet & Maxwell Ltd., 2000, p. 35.

的法律没有规定,或规定的名称不同,或同名称下规定的实质内容不同,或依蒙古国法律无法解释时,可以考虑按照外国法律进行识别分类。"2005 年《保加利亚国际私法典》第 39 条规定:"如果准据法的确定取决于对案件事实或法律关系的识别,则依保加利亚法律进行识别。如果相关的法律制度或者法律概念在保加利亚法律中不存在,而且根据保加利亚法律进行解释后也不能确定,则在识别时应考虑规定这些法律制度或法律概念的外国法。识别时应顾及所调整的法律关系中的国际因素以及国际私法的各种特性。"第二,依法院地法识别具有较大的地域局限性。即使一国国内冲突法出现的法律术语与该国国内民商法的术语相同,但由于作为国际私法调整对象的事实本身具有广泛的世界性,其内涵更为广泛。因此,也不应该只依法院地国的实体法进行识别。[①] 为了克服上述弊端,有人提出以法院地国的国际私法进行识别,并称之为"新法院地法说"。[②] 这一主张有一定的合理性并得到很多学者的拥护,如英国学者戚希尔和诺斯就认为,对于含有涉外因素的事实情况的识别与纯国内案件应有所不同,因为后者只是对纯国内法的解释问题,而前者是解释国际私法的问题,英国的法官当然不应局限于英国国内法的概念或范畴,否则,在国内法无对应概念的情况下,法官便会束手无策。[③]

不过,目前在国际社会的实践中,大部分国家倾向于采用法院地法进行识别。例如,1928 年《布斯塔曼特法典》第 6 条:"各缔约国在本法典并无规定的一切情况下,应对相当于第三条所述法律分类的法律制度或法律关系,适用其自己的解释。"该法典第 113 条还规定:"关于财产的其他法律上分类和识别,均从同一属地法。"美国 1971 年《第二次冲突法重述》第 7 条规定:"本冲突法重述中,识别问题涉及对法律概念和术语的分类和解释。对冲突法概念和术语的分类和解释,除第 8 条的规定外,依法院地法。对本地法概念和术语的分类和解释依支配有关问题的法律。"1978 年《奥地利联邦国际私法法规》第 2 条规定:"除程序规则要求在那些可以协议选择法律的问题上(第 19 条、第 35 条第

---

① 齐湘泉:《〈涉外民事关系法律适用法〉原理与精要》,法律出版社 2011 年版,第 115 页。

② 李双元:《国际私法(冲突法篇)》(修订版),武汉大学出版社 2001 年版,第 211 ~213 页。

③ Sir Peter North and J. J. Fawcett, *Cheshire and North's Private International Law*, 13th ed., Butterworths London Ltd., 1999, pp. 40 – 45.

1 款)接受当事人的主张外,对选择哪一法律有决定性意义的事实与法律上的必要条件,应由法官依职权确定。"1998 年《突尼斯国际私法》第 27 条规定:"目的在于确定决定准据法之选择的冲突规则的识别,应依据突尼斯法律上的分类进行。为了识别之目的,在分析突尼斯法律中不存在的某司法机构的各项因素时,应依据该机构所属国的法律。在识别过程中,应考虑到有关因素在各国法律中所属的不同类别及其在国际私法上的特性。属于国际条约范围内的识别问题,应依据该条约对有关问题所作的特殊分类予以处理。"1998 年《吉尔吉斯斯坦民法典》第 1168 条规定:"法院或其他国家机关对法律概念进行法律定性时,依照作为法院所在地国的吉尔吉斯斯坦共和国的法律对该概念所作的解释,但法律另有规定的除外。若法律概念让作为法院所在地国的吉尔吉斯斯坦共和国的法律感到陌生或属于另一名称或与其他内容相近,并且不能通过依照吉尔吉斯斯坦共和国法律的解释确定,则在对其进行法律识别时亦可适用外国法。" 1999 年《白俄罗斯民法典》第 1094 条规定:"在确定准据法时,如果立法文件未作其他规定,法院应对法律概念作出与法院地国家法律相一致的解释。如果被识别的法律概念不为法院地国家法律所了解,或者在法院地国法律中有另外的表达方式或不同的内容,并且无法依照法院地法律确定,则可以适用外国的法律进行识别。"2001 年《俄罗斯民法典》第 1187 条规定:"确定准据法时,若法律无另外规定,依照俄罗斯法对法律概念进行解释。确定准据法时,若需要识别的法律概念让俄罗斯法律所不知晓或者以其他表述或以其他含义为其所知晓,而且根据俄罗斯法律无法直接做出解释时,则可适用外国法对该类概念进行识别。"2004 年《卡塔尔民法典》第 10 条规定:"如果在诉讼中对法律关系的种类有争议,并且所涉及的多种法制彼此冲突,则为了确定准据法而确有必要对该法律关系进行识别时,以卡塔尔法律为准。"2015 年《阿尔及利亚民法典》第 9 条规定:"发生法律冲突时,法律关系或争议标的属于哪一范畴,适用阿尔及利亚法律进行识别,以确定应适用的法律。"2005 年《乌克兰国际私法》第 7 条规定:"在确定准据法时,法院或其他机关依照乌克兰法对规范和概念进行解释,但法律另有规定的情形除外。如果需要进行法律识别的规范和概念为乌克兰法所不知晓,或者以别种名称或以别种含义为其所知晓,而不能通过按乌克兰法来解释的途径加以确定,则在对其进行法律识别时亦可适用外国法。"2009 年《罗马尼亚民法典》第 2. 558 条规定:“(1)如果对于所适用法律的确定取决于如何对某一司法制度或某一法律关系进行识别,则依罗马尼亚法律所作的识别为起决定作用的法律识别。(2)如果存在反致,则依罗马尼亚法律所指定的外国法识别有效。(3)动产或不动产的性质依据财产所在地法确定。(4)如果罗马尼亚法律缺乏某一司法制度或运用另一法律术语或者不同的内涵才能确定该司法制度,则依该外国法律所作的识别为起决定作用的法律识别。(5)如果当事人自己早已明确了法律行为概念的涵义,那么,这些概念的识别就应依当事人的解释而定。”

(二)准据法说

准据法说(Theory of Applicable Law)为法国的德帕涅和德国的沃尔夫所主张。他们认为,用来解决争讼问题的准据法,同时也是对其事实构成的性质进行识别的依据。而以事实构成为出发点来进行识别,就不可割裂与事实构成密切相关联的准据法之间的关系。由于准据法是支配具体法律关系的法律,如果不依涉外民商关系的准据法进行识别,那么,其结果等于准据法没有被适用。沃尔夫曾明确指出,对每种法律关系的性质进行识别,都应依其所属的法律制度进行。[①] 坚持识别依准据法说的学者,大多在思想根源上受萨维尼法律关系本座说的影响。只是该主张的追随者并不多,因为其自身存在致命的缺陷。识别的准据法说的最大缺陷在于难以自圆其说:一是如果不先进行识别,就不能确定应适用哪一冲突规则,也无从选择准据法;且实践中也会出现两个甚至两个以上国家的法律都可能成为准据法,究竟依何国法律进行识别,准据法说也难以做出抉择。二是识别既然是决定适用哪一种冲突规范的前提,那么,在尚未决定援用哪一种冲突规范以前似乎也无准据法可言。这样,准据法说难免陷入循环主义的困境。不过,在具体的实践中,也有的国家主张对涉外物权、涉外合同等方面的识别采用准据法说。例如,1978 年《奥地利联邦国际私法法规》第 31 条规定:“对有形物物权的取得与丧失(包括占有),依此种取得或丧失所依据的事实完成时物之所在地国家的法律。物的法律识别和第一款所指的权利内容,依物之所在地国家的法律。”1998 年《突尼斯国际私法》第 62 条规定:“当事人未依此指定准据法的,准据法为负有对合同的识别具有决定意义的债务的一方当事人的住

---

① Martin Wolff, *Private International Law*, Scientia Verlag Aalen, 1977, p. 154.

所地国法;或者,如果合同订立于当事人的职业或商业活动中,为合同成立地法。”1999 年《白俄罗斯民法典》第 1119 条规定:“如果法律未作其他规定,动产和不动产的所有权和其他物权适用财产所在地国家的法律。财产属于动产还是不动产以及其他任何对财产所作的法律识别依照财产所在地国法律确定。”2014 年《阿根廷民商法典》第 2663 条规定:“不动产的概念的确定依物之所在地法。”

(三)分析法学与比较法说

分析法学与比较法说(Theory of Analytical Jurisprudence and Comparative Law)为德国法学家拉贝尔和英国法学家贝克特等所主张。他们认为,国内冲突规则的法律概念与国内实体法中的法律概念的内涵并不完全相同。而冲突规范则是使法官得就涉及不同国家法律问题的准据法做出选择的规则,识别就应依建立在分析法学和比较研究结果之上的一般法理学或共同概念与原则进行,即必须依所有法律制度对冲突规则的“范围”所涉及的事物构成的性质的共同认识进行识别。这种主张强调应使用比较法研究基础上获得的普遍适用的共同原则或共同概念作为识别的基本标准来进行识别,不能仅仅局限于一个国家的法律标准。当时这种学说一诞生就颇受欢迎。因为,它不仅强调了冲突规则中的法律概念的内涵在各国法律中的多样性,而且同时又关注到了冲突规则“范围”所涉法律问题的世界性和普遍性。① 不过,到目前为止,各国冲突法、民商法依然千差万别,能建立在分析法或比较法基础上的共同概念与共同原则为数不多。按照分析法学与比较法说的构想,只有彻底改变各国法律本身才能真正消除各国法律认识上的分歧,求得“公共性概念”和“普遍性法律原则”。但这种设想在实践中又难以行得通。更何况按此说进行识别会大大增加法院的负担,也使法院十分为难。因此,在实践中采用分析法学说和比较法学说识别的实例并不多见。

(四)个案识别说

个案识别说,又称“个案定性说”,为德国法学家克格尔和苏联学者隆茨所主张。他们认为,并不存在识别的普遍的一般的依据。识别问题

---

① Jürgen Basedow, Giesela Rühl, Franco Ferrari and Pedro de Miguel Asemsio, *Encyclopedia of Private International Law*, Chapter B, Edward Elgar Publishing, 2017, p. 358.

归根到底就是一个冲突规范的解释问题，不应采取统一的解决办法。在适用冲突规范时，一切都取决于案件的具体情况。由于涉及内外国法律的适用问题，对于识别就应该根据冲突规范的目的，考虑是依法院地法还是依准据法才比较合适。匈牙利国际私法学者萨瑟明确反对个案识别说并将其归入相对主义和不可知论的范畴。他直接指出，个案识别说使识别标准成为一种游移不定的东西，不利于识别冲突的解决。①

（五）中间途径说

中间途径说为加拿大学者法尔肯布里奇所主张。法尔肯布里奇认为，完全依法院地法说进行识别未免过于狭隘，而依分析法学说或比较法学说识别，其标准又过于理想化且很难达到目的。因此，他试图在法院地法说和准据法说之间寻求一种中间途径。他主张，法院对某一涉外民商事争议的法律问题进行识别时，不能机械地划分其法律性质而应具体情况具体对待。法院应该根据上下文的联系综合考虑任何可能得到适用的准据法的相关规定，从它们的共同结论中确定应援用的冲突规范并据此选择准据法。1945 年英国法院在“科恩”（Re Cohn）案中就采用了此说。在该案件中，母女俩同时死亡，需要推定谁先死，以决定两者的动产继承问题。这个问题要么是程序性问题，要么是实体性问题。依英国冲突规范，动产继承实体性问题适用死者死亡时住所地法，程序问题适用法院地法。处理该案的恩沃特法官首先依 1925 年《英国财产法条例》第 184 条识别，认为推定死亡制度是实体性的而不是程序性的，接着他又根据《德国民法典》第 20 条识别（因母女均为德国公民），认为“推定死亡”也是实体性的而不是程序性的，最后确定应当依英国冲突规范指引，适用德国法来解决。② 有些学者充分肯定中间途径说，但也有学者持反对态度。反对者认为，此说只有在相关国家的法律对同一事实的法律性质识别一致（没有识别冲突）的情况下才有效。如果相关国家的法律对同一事实的识别不能获得一致，依然无法彻底解决问题。

---

① István Szászy, *Conflict of Laws in the Western, Socialist and Developing Countries*, A. W. Sijthoff Leiden, 1974, p. 81.

② Ronald Harry Graveson, *Conflict of Laws: Private International Law*, 7th ed., Sweet & Maxwell Ltd., 1974, pp. 55 – 56；余先予主编：《国际民商事法律适用法》，人民日报出版社 1995 年版，第 323 ~ 324 页。

(六)功能定性说

功能定性说(Funktionelle Qualifikation)为德国法学家纽豪斯所主张。他认为,关于识别依据的种种学说大都着眼于“法律结构上的完整性”,存在无数结构性问题。如果用功能定性识别说予以取代,许多问题均可迎刃而解。他所谓的“功能定性”就是“按各个制度在法律生活中的功能来定性”,使其超越法律规范的界限而达到解决问题的目的。纽豪斯指出,关于后死配偶的财产法上的请求权,在国际私法上常依法律结构定性为“夫妻财产法上的请求权”或“继承法上的请求权”,但这种定性显然忽视了后死配偶财产请求权的目的,而这两种请求权的目的相同,即让生存的配偶能得到应有的财产,保障其基本生活需要。因此,纽豪斯认为,既然两种请求权的功能和目的相同,不如将“财产法上的请求权”限制在配偶双方生存时的财产关系上,当一方死亡时,即应适用“继承法上的请求权”,也就是适用死亡配偶(被继承人)死亡时的本国法。①

(七)二级识别说

二级识别说是英国法学家戚希尔和罗伯逊等提出来的。他们先后于1938年和1942年提出识别问题可以通过一级识别和二级识别来解决。该学说的主要观点是:一级识别的任务是“把问题归入到适当的法律范畴”或按照法律分类对事实加以归类;二级识别是“界定准据法或决定其适用范围”。两者的区别在于:一级识别(Primary Characterization)发生在准据法选出之前,必须依法院地法识别;二级识别(Secondary Characterization)发生在准据法选出之后,要依准据法进行识别。② 许多学者对这种“二级识别”理论持批判和反对的态度。莫里斯认为,它往往会导致专断的后果,而且甚至在哪里划下一条初级识别和二级识别的界线,都没有一个明确的标准,何况英国法院尚无采用这种理论处理的案例。③ 努斯鲍姆也指出,在解决了法律选择问题后,

---

① 马汉宝主编:《国际私法论文选辑》(上),台北,五南图书出版股份有限公司1984年版,第381~383页。

② A. H. Robertson, *Characterization in the Conflict of Laws*, Harvard University Press, 1940, pp. 63, 83, 118 – 120.

③ Lawrence Collins et al, *Dicey and Morris on the Conflict of Laws*, 13th ed., Sweet & Maxwell Ltd., 2000, pp. 37 – 38.

如导致了外国法的适用，在需要做进一步的解释时，也只应该依该外国法作出，把这一过程专门叫做“二级识别”，只会徒增混乱，因为这种依该外国法对该外国法的概念进行解释已完全不同于法律选择中的识别了，在这个阶段，已经不存在识别冲突了。①

（八）反不诚实的识别说

由于对“范围”中的问题作出某种识别，不但能直接导致法院取得对案件的司法管辖权，而且还能直接导致法院国法律对争议问题的适用，因而，国内国外学者均有将“识别”理解为保证内国法院管辖权行使和内国实体法适用的手段，而不将其当作正确援用冲突规范的前提（或至少不承认它在这方面的主要作用）。这就往往导致“不诚实的识别”的发生。这在早期西方国家的许多判例中均有所见。而要防止“不诚实的识别”的发生，绝非依据上面提到的有关识别依据和识别的各种理论便能达到的。“不诚实的识别”难以防止，还有一个重要的原因就是识别多属于法官的自由裁量范围之内的问题。因此，关键还在于不断提高审理涉外案件的法院法官对“诚实信用”原则的确信，不断提高他们内外国法律平等的观念和构筑国际民商新秩序进程中“国际社会本位”的观念。法官在进行识别时，其根本思维方式理应革新，即识别时在大多数情况下，虽然要首先依法院地法进行，但不能只考虑法院地法，而应从国际私法公平合理解决纠纷的角度，考虑将有关问题或事实情况归入哪一法律范畴更符合其自身性质和特征。② 此外，在国内和国际的国际私法立法中，在必要与可能的情况下，适当增加对重要法律范畴、法律概念的定义，也是防止“不诚实的识别”发生的有效方法。③

实际上，国际私法中的识别问题主要产生于法律适用过程，其目的主要在于弄清有关涉外民商事纠纷中的法律问题或法律事实的定性或分类，解释冲突规则中有关法律观点或法律概念的含义，正确援用冲突规范，并据以选择合适的准据法。④ 对于某一涉外民商事案件，法官一旦确定援用某一冲突规范来指引准据法，就只需按冲突规范指引的实体法来

---

① Arthur Nussbaum, *Deutsches Internationales Privatrecht*, J. C. B. Mohr, 1932, pp. 36 – 39.

② Lord Collins of Mapesbury, Adrian Briggs Andrew Dickson and Jonathan Harris, et al., *Dicey*, *Morris* and Collins *on the Conflict of Laws*, 15th ed., Sweet & Maxwell Ltd., 2012, p. 39.

③ 李双元等：《中国国际私法通论》（第2版），法律出版社2003年版，第145～148页。

④ T. M. Yeo, *Choice of Law for Equitable Doctrines*, Oxford University Press, 2004, pp. 70 – 72.

确定当事人的权利和义务,而不再存在识别的问题。因此,“二级识别”实质上属于对外国法的解释和运用问题,在各国立法和实践中是存在的。

综上所述,关于识别的各种理论,既有可取之处又有不足之处,但真正构成识别的基本依据的,还是前三种学说,即法院地法说、准据法说和分析法学与比较法说。[①] 因为后几种学说虽都有可取之处,但在某种程度上只是前三种学说的运用与修正。但在国际私法实践中,世界各国法院大都以其本国法即法院地法作为识别的主要依据,必要时兼顾相关国家法律的解释,识别过程是援用冲突规范指引准据法的必经步骤,识别的标准必须既有规律可循,又具有一定弹性。[②] 一国法院在处理涉外民商事案件时,应从有利于促进国际民商事交往、稳定国际民

---

① 李双元:《国际私法(冲突法篇)》(修订版),武汉大学出版社 2001 年版,第 220 页。

② 在规定了识别制度的两个国家中,突尼斯的规定为:“目的在于确定准据法之选择的冲突规则的识别,应依突尼斯法律上的分类进行。”“为了识别之目的,在分析突尼斯法律中不存在的……各项因素时,应依各该因素所属国法律。”“在识别过程中,应考虑到有关因素在各国法律中所属的不同类别及其在国际私法上的特性。”“属于国际条约范围的识别问题,应依据条约对有关问题所作的分类予以处理。”因此,这至少表明,它不但不要求识别(定性或分类)必得用法院地法(国际条约范围内的识别除外),而且还要求法官充分考虑有关因素在相关国家法律体系中所归属的不同类别及其在国际私法上的特性。这后一要求无疑至少包括以下几个方面:第一,最初的识别得依法院地法;第二,如果识别对象所涉乃是突尼斯法律中不存在的制度或概念,得依各该相关因素所属国的法律;第三,识别不仅在确定对象是不是属于相关国家中的民法中的规则(如身份法还是财产法,物法还是债法……),还得考虑它是否属于相关国家民法中的强行法,或直接适用的法,或行政法,等等。这无疑又涉及国际私法学说或学理上的许多问题。美国 1971 年《第二次冲突法重述》对识别的规定则与此存在很大的不同。其规定为:“(1)本重述中,识别问题涉及对法律概念术语的分类和解释。(2)对冲突法的概念和术语的定性和解释,除第 8 条规定(即反致)外,依法院地法。(3)对本地法(Local Law)的概念和术语分类和解释,依支配有关问题的法律。”这条规定虽然没有如突尼斯法上述规定的详尽明确,但毫无问题,它也包括了在识别中要把相关的外国法概念和术语归属到不同性质的法律族类中去,否则,识别的任务便没有完成。但不同的地方也是明显存在的,如重述只涉及“冲突法中的概念和术语”的识别和解释,要用法院地法,而突尼斯法则认为,不但对冲突法中的概念和术语的识别要依突尼斯法,只有在突尼斯法不存在的概念和术语,才得依其因素所属国法。而重述则表明但凡对属于实体法(Local Law)中的概念或术语则必须都得依所属州的法律观点进行定性与解释。此外,在突尼斯法中,“识别”与“解释”是分属两条的,而美国重述则对识别、解释均作同义解释,都置于“识别”一条中。突尼斯却认为它们是两个不同的问题,故除在其第 27 条中对识别作了规定外,又在其第 33 条、第 34 条对“解释”的规则作了规定,即“对冲突规则指定的外国法的理解,应依照包含于其正式渊源中应适用的准则的整体含义进行”(第 33 条);“法官在适用外国法律时,应一并适用该国对它的解释。”而且进一步称:(突尼斯)最高法院对外国法律的解释享有最终决定权(第 34 条)。参见李双元:《涉外民事关系法律适用法制定研究》,湖南人民出版社 2016 年版,第 18 ~ 19 页。

商事关系、维护当事人的合法权益与公正合理地判决案件的目的出发，科学合理地确定和把握识别标准。因此，在世界各国依法院地法进行识别成为主流的时代，应时刻注意不得将法院地法识别模式僵化、绝对化或封闭化。在下列情况下，应适当考虑适用与案件有密切联系的国家的法律进行识别："(1)如果应依法院地法识别，而法院地法中没有关于某一法律关系的概念时，就应按照组成该法律关系的外国法确定它的概念；(2)如果有关冲突规范是由条约规定的，应依该条约作为识别的依据；(3)特殊的或专门的涉外民商事法律关系，如动产或不动产的识别，应根据财产所在地国家的法律规定确定；(4)如果根据内国冲突规范适用外国法，根据该外国冲突规范反致或转致适用本国法或第三国法，该法律关系就应根据被反致国或被转致国的法律规定识别。"①

四、中国对识别问题立法的范例选择取向

由于全球化和人类共存关系的不断推进，以及国际社会本位观念、国际社会法律趋同化走势的不断加强，各国国内立法中的共同因子的增加和统一国际私法公约的发展，在21世纪国际私法的进一步发展中，各国在识别问题上的冲突和分歧肯定会逐渐减少。但是，这不可能一蹴而就，仍需要考虑从立法上对解决识别冲突的途径与方法予以规制。

考察现行世界各主要国家的国际私法有关识别问题的立法可知，匈牙利、罗马尼亚、白俄罗斯、也门、美国、加拿大魁北克均主张识别应依法院地法予以解释。但白俄罗斯法又坚持，如无法依法院地法确定，可适用外国法律识别。匈牙利与加拿大魁北克的法律也允许适用外国法进行识别。

我国现行立法有关识别的规定过于简单化，2010年《涉外民事关系法律适用法》第8条规定："涉外民事关系的定性，适用法院地法律。"实际上，我国国际私法学者的立法建议稿对于"识别"条款的设计一直较为详细。如《中国国际私法示范法》第9条提出了如下建议："对国际民商事关系的定性，适用法院地法。但如果依法院地法不能适当解决的，可以参照可能被选择适用的法律来解决。"加之，我国学者一般称"准据

① 黄进主编：《国际私法》，法律出版社1999年版，第258页。

法定界或定其适用”为准据法的解释,而对准据法的解释,《中国国际私法示范法》第11条也提出了如下立法建议:“对准据法的解释,适用其所属国家的法律及其解释规则。”

鉴于此,特提出如下范例供我国相关部门在进行识别问题法律规制时参考:

[识别]涉外民商事关系的识别,适用法院地法。如果法院地法缺乏相关法律概念或制度,那么,可参照选择适用的外国法或最密切联系国家的法律进行识别。

第二节　反致制度

一、反致制度的历史与现实价值

在国际私法中,冲突规范所指引的准据法究竟是仅仅包含准据法所属国那些不含冲突规范的所有法律,还是包括该外国冲突法在内的全部外国法。[①] 对此,各国国际私法的理论与实践存在相当大的分歧。归纳起来,大致有两种截然相反的看法:一是主张冲突规范所指引的准据法排除准据法所属国的冲突法,即“单纯指定”或“实体法指定”。这种观点认为,如果冲突规范所指引的准据法包含冲突法部分,由于各国冲突法中对同一冲突规则采用不同的连接点,或者即使采用相同的连接点,却因其内涵或解释与认定不同,难免会出现相互指定或循环指定的现象,无法准确而迅捷地确定准据法,如依本国法的冲突规则指定当事人的住所地法,而其住所地法的冲突规则又指向本国法等。二是主张冲突规范所指引的准据法应包括冲突法在内的全部法律整体,即“总括指定”或“全体法指定”。这种观点认为,如果冲突规范所指引的准据法不包括准据法所属国的冲突法部分,那就难以准确理解法律制度的全部内涵,有时甚至不能公正合理地判决案件。而在准据法包

---

① 对于不包含冲突法的那部分法律,一般称为“内国法”,通常用“Domestic Law”“Local Law”“Internal Law”“Substantive Law”等术语指称。在国际私法上“国内法”与“内国法”是两个既有联系又常互相区别的概念:习惯上将“国内法”的范围定位为包括一国的冲突法在内的所有法律,而对“内国法”则限定在仅指除了冲突法的那部分国内法。

含冲突法的情况下,即使外国冲突法规则又指向内国或指向第三国的法律,法院也可接受这种指定并适用内国法或第三国法,这就是运用冲突规范通常会遇到的所谓“反致”(Renvoi)(Remission)和“转致”(Transmission)的制度。广义上使用反致这一术语,除了包括转致之外,还包括间接反致、双重反致或完全反致。在狭义上使用反致这一术语,通常指直接反致,不包含转致与间接反致等情况。

在国际私法的实践中,反致的运用历史最早可以追溯到法国鲁昂高等法院1652年与1663年有关案件的判决。[①] 法国法学家弗罗兰曾经专门分析和探讨过这些案例及其判决,从而也使其成为第一个研究反致问题的学者。英国法院使用反致的历史最早可能要算1841年的判例,紧接着又出现了1847年与1877年的类似判例。英国1841年科利尔诉利伐兹(*Collier v. Rivaz*)案,争讼的核心是一个住所在比利时的英国公民立下的遗嘱是否有效的问题。本来依英国冲突法应指定住所地法即比利时法,但英国法官却认为,该案如发生在比利时,站在比利时法官的立场上,他会适用死者的本国法,所以,英国法院最后依英国法判决。科利尔诉利伐兹(*Collier v. Rivaz*)一案被认为是英国赞成反致作为一条普遍适用的原则的先例。而该案的法官也是率先采用“外国法院理论”(Foreign Court Theory)的,即把自己置于外国法院(该案乃比利时法院)的立场上来接受英国法的反致的。[②] 在欧洲大陆,1861年德国吕贝克(Lübeck)高等法院也曾出现一个关于反致的判例。[③] 不过,最经典的反致的判例,可能要归于1878年法国最高法院对福果案(Forgo's Case)的判决。它对国际私法制度产生了深远而广泛的影响,而且从那以后便把反致当作一种限制内国冲突规则效力的制度接受下来。于是,各国在运用冲突规范时还不得不要考虑反致问题。可见,反致制度也是现代国际私法援用冲突规范解决法律冲突

---

① E. M. Meijers, *La question du renvoi*, 38 Bull. Insf. Int., 1938, pp. 191 – 197.

② [英]J. H. C. 莫里斯主编:《戴西和莫里斯论冲突法》,李双元等译,中国大百科全书出版社1998年版,第92~93页。

③ Martin Wolff, *Private International Law*, Scientia Verlag Aalen, 1977, pp. 190 – 191; Lawrence Collins et al., *Dicey and Morris on the Conflict of Laws*, 13th ed., Sweet & Maxwell Ltd., 2000, pp. 68 – 71.

的一种重要机制,与冲突规范是相辅相成的。[①]

二、反致制度的法律界定

反致制度存在广义与狭义之分,广义的反致包括直接反致(狭义的反致)、转致、间接反致与双重反致或完全反致。运用间接反致与反致通常最后都会导致法院国实体法的适用,而转致则导致第三国实体法的适用。因而,一般讨论反致制度时,习惯将反致、转致、间接反致、双重反致或完全反致都包括在内。

(一)直接反致

直接反致(Direct Remission),即通常所指的狭义反致,是指对于某一涉外民商事案件,法院按照本国的冲突规范本应适用外国法,而该外国法中的冲突规范却指定应适用法院地法,结果法院适用本国的实体法判决案件。法国称这种反致为"一级反致"(renvoi au premier degree)。1878 年的福果案就是一个著名的直接反致案例。该案中,福果 1801 年出生,本是一个具有巴伐利亚国籍的非婚生子,但从 5 岁时随母一直住在法国。福果到 1869 年死亡时仍未取得法国法意义上(应经特许)的住所。福果死亡时未留遗嘱,母妻俱亡,又无子女,因此,福果母亲的旁系亲属向法国法院对福果在法国银行的一笔存款提出继承要求。依法国冲突法,继承问题适用死者本国法即巴伐利亚法,[②]而按巴伐利亚继承法可以满足当事人的这种权利要求。因巴伐利亚的继承法规定,在这种情况下,这些旁系亲属对福果的存款是有继承权的。但是,法国法院认为本国冲突规范指定的巴伐利亚法应包括其冲突法,而巴伐利亚冲突法却规定继承应适用死者住所地法,而且不区分事实住所与法律住所。于是,法国法院则根据该规定而认定福果的住所在法国,结果适用法国继承法,认为该财产属于无人继承的财产并收归国

---

① Jürgen Basedow, Giesela Rühl, Franco Ferrari and Pedro de Miguel Asemsio, *Encyclopedia of Private International Law*, Chapter B, Edward Elgar Publishing, 2017, pp. 1538 - 1539.

② 在 1927 年 8 月 10 日以前,法国虽然采用动产继承依死者住所地法,但其中的住所地不是指事实上的住所地,而是指法律上的住所地。由于当时《法国民法典》第 13 条规定居住在法国的外国公民非经特别许可,只能有事实上的住所而不能有法律上的住所,因此外国人在法国死亡后,如在法国无法律上的住所,其动产继承实际上是适用死者的本国法,因为法国认为死者的出生地(原始住所)即是其法定住所。

有。法国最高法院之所以采用反致说处理福果一案,关键是基于两项基本理由:一是可以适用法官所熟悉的法院国法,二是适用反致的结果可增加法国国库收入。① 不过,无论是学者还是法官都对福果一案的判决褒贬不一,引起了国际私法学界广泛讨论,并形成了针锋相对的两大派别。②

(二)转致

转致是指对于某一涉外民商事案件,法院地国法院按照自己的冲突规范本应适用甲国法,而甲国的冲突规范指定适用乙国法,最后法院以乙国法为准据法判决案件。转致在法国被称为"二级反致"(renvoi au second degre)。而英国法院在1887年处理的特鲁弗特案(Truffort)就是一个典型的转致案例。特鲁弗特是一个瑞士公民,在法国取得住所,去世时,留下一项遗嘱,将包括他在英国的全部财产都交给其教子继承,但依瑞士法,其子女应享有全部财产90%的应继份。于是,特鲁弗特的儿子首先在瑞士苏黎世法院起诉,瑞士法院根据1869年法国和瑞士关于司法权限和执行民事判决的条约规定,适用了法国关于继承的冲突规则,依死者的本国法即瑞士的实体法,判决他取得了遗产的90%;于是特鲁弗特的儿子进而对在英国的财产请求英国法院执行这一判决。英国法院在重新审理过程中,首先依英国冲突规则指定死者的住所地法即法国法,而后又根据法国的冲突规则指定死者的本国法即瑞士法,结果法院适用了瑞士继承法。③ 最后,英国法院依瑞士实体法的规定(被继承人的子女应继承90%的遗产)处理此案,使特鲁弗特的独生子的要求得以满足。④

(三)间接反致

间接反致(Indirect Remission)是指对于某一涉外民商事案件,法院地国法院依本国的冲突规范应适用甲国法,依甲国的冲突规范又应适用乙国法,而依乙国的冲突规范却应适用法院地国法,法院地国法院因

---

① 曾陈明汝:《国际私法原理》,台北,三民书局1991年版,第212页。

② 韩德培:《国际私法上的反致问题》,载《国立武汉大学学报》(社会科学季刊)1948年第9卷第1期;刘铁铮编著:《国际私法论丛》,台北,三民书局1984年版,第203~208页。

③ Martin Wolff, *Private International Law*, Scientia Verlag Aalen, 1977, pp. 193－198.

④ John Greenwood Collier, *Conflict of Laws*, 3rd ed., Cambridge University Press, 2001, p. 21.

此适用本国的实体法作为准据法。例如,一个阿根廷公民在英国有住所,死在英国,在日本留有不动产,现因此项不动产继承在日本法院涉讼。日本法院依1898年《法例》第25条“继承依被继承人本国法”的规定,认为应适用阿根廷法;但依阿根廷的冲突规范,不动产继承却应适用不动产所在地法即日本法。如果日本法院接受这种间接反致而适用日本的实体法,即构成间接反致。

(四)完全反致

在反致问题上,英国创立了与其他国家做法相去甚远的独特制度,即完全反致(Total Renvoi)或双重反致(Double Renvoi)制度,又称“外国法院说”(Foreign Court Theory)。[①] 为了区别起见,英国把通常所称的反致称为“单一反致”(Single Renvoi)或“部分反致”(Partial Renvoi)。所谓完全反致,就是指英国法官在处理特定范围的涉外民商事案件时,如果依英国的冲突规范应适用某一外国法,英国法官便“设身处地”地将自己视为在外国进行审判,再依该外国法对反致所持的立场,决定最后所应适用的法律。因此,如果英国冲突规范所指向的那个外国承认反致,就会出现所谓“双重反致”;如果英国冲突规范所指向的那个外国法不承认反致,就只会出现“单一反致”的结果;如果英国冲突规范所指向的那个外国法还承认转致,其适用结果还可能出现转致,从而适用第三国的内国法。[②] 这一制度最早见之于1841年科利尔诉利伐兹(*Collier v. Rivaz*)一案中,1926年拉赛尔(Russell)法官审理的关于安斯利(Re Annesley)一案也赞成这一理论。[③] 在安斯利案中,一原始住所在英国的英国妇女,按照英国法的规定,其死亡时的住所是在法国,但按照法国法的规定,她尚未取得法国法意义上的住所。她留下一份处置其全部遗产的遗嘱,但按照法国法她只能处分其1/3的财产,因为她死后还留下了两个孩子。该案中遗嘱的有效性成为焦点。英国法院认为,遗嘱有效性应适用死者死亡时的住所地法,由于有证据表明法国法院会适用立遗嘱人的本国法即英国法,并接受英国法向法国法的反致,所以,英国法院最终适用了法国法,该妇女的遗嘱只限于在处置其

---

① 肖永平:《评英国冲突法中的“外国法院说”》,载《比较法研究》1991年第1期。

② 李双元:《国际私法(冲突法篇)》(修订版),武汉大学出版社2001年版,第252~254页。

③ [英]莫里斯:《法律冲突法》,李东来等译,中国对外翻译出版公司1990年版,第469页。

1/3 的财产的范围内有效。[①] 由于完全反致这一制度仅为英国采用，故又称“英国反致原则”（English Doctrine of Renvoi）。[②]

三、反致的构成要件

国际私法中的反致早在 17 世纪已有萌芽，它若隐若现于 1652 年和 1663 年的法国鲁昂的有关裁决，法国学者弗罗兰因最先论及该问题而被视为论述反致学说的第一人。[③] 对于最早的反致案例究竟源于何时何地，学界并无定论。有学者提出始于 17 世纪法国的判例，也有学者认为直到英国 1841 年判决的“科利尔诉利伐兹”（*Collier v. Rivaz*）一案才隐约有反致概念。[④] 不过，国际私法学界似乎一致公认的是，反致的经典案例应是 1878 年法国最高法院的福果案。自此案以后，反致制度才得到普遍运用，并引起国际私法学界广泛而深入的研究。

反致的产生原因比较复杂，主要是由于各国对同一涉外民商事法律关系规定了不同的连接点，并且因各国对其冲突法指引的外国法的范围的理解不同而引起的。具体而言，反致只有具备如下三项不可或缺的构成要件才会出现。

第一，审理某一涉外民商事案件的法院认为其本国冲突规范指引的某一外国法包括该国实体法和冲突法。如果法院地国认为本国冲突规范所指引的外国法仅理解为该国实体法，依该实体法就可确定双方当事人的权利义务，就不会产生反致问题。因此，认为本国冲突规范所指引的外国法为该外国的全部法律制度，是反致产生的先决要件。

第二，相关国家的冲突规范彼此存在冲突。这是反致形成的基本法律要件。在国际私法的立法和实践中，不同国家关于同一涉外民商事法律关系或法律问题的冲突规范不同，主要是连接点不同；或者虽然连接点的字面相同，但各国法律对连接点的内涵有不同的解释。即使

---

① Richard Fentiman, *Foreign Law in English Courts*, Oxford University Press, 1998, p. 192.

② P. M. North and J. J. Fawcett, *Cheshire and North's Private International Low*, 13th ed., Butterworths London Ltd., 1999, pp. 60 – 66.

③ Martin Wolff, *Private International Law*, Scientia Verlag Aalen, 1977, p. 189；洪应灶著：《国际私法》，台北，正中书局 1982 年版，第 53 ~ 54 页。

④ 曾陈明汝：《国际私法原理》，台北，三民书局 1991 年版，第 211 页；李双元：《国际私法（冲突法篇）》，武汉大学出版社 2001 年版，第 239 页。

法院认为外国法包括冲突法,但如果相关国家的冲突规范相同,也不会产生反致。

第三,相关国家的冲突规范之间存在致送关系。这是反致形成的客观要件。即使相关国家都认为本国冲突规范指定的外国法包括该外国的冲突法,如果没有致送关系,也不会产生反致。例如,对于不动产的法定继承,美国冲突法规定适用不动产所在地法,日本冲突法则规定适用被继承人的本国法,且两国都认为本国冲突法指定的外国法律包括该外国的冲突法。如果一个日本公民死于美国并在美国遗留不动产,该日本公民的子女在美国提起继承诉讼,美国法院依本国冲突规范适用不动产所在地法即美国法,并不发生指引日本法的情况;反之,如在日本提起诉讼,日本法院依本国冲突规范适用被继承人的本国法即日本法,也不发生指引美国法的情况,反致问题也就无从产生。

四、反致制度的理论分歧与实践走势

国际私法学界与实务界对于反致制度存在着种种不同的立场与见解,归纳起来,大致可以划分为赞成派与反对派两大互相对立的派别。这两派的观点尖锐对立,几乎水火不相容。

(一)反致的赞成论者的主要观点与学说

对反致制度持赞成态度的学者并不少,主要有英国的戴西和威斯特洛克(Westlake)、美国的格里斯沃特(Griswold)、法国的魏斯(Weiss)、德国的巴尔和施奈尔(Schnell)和拉贝尔(E. Rabel)、意大利的菲洛(Fiore)、比利时的波拉特(Poullet)以及中国著名国际私法学家韩德培教授等。这些学者大多主张:

第一,采用反致可保证外国法律的完整性。对于涉外民商事法律关系,依一国冲突规范指引应适用外国法时,当然应包括该外国法的一切法律。因为一国的冲突法与实体法是不可分割的统一整体,如果只考虑其实体法规定,忽视其冲突规则,就会曲解该外国立法的宗旨。例如,1804 年《法国民法典》第 388 条规定 21 周岁为成年年龄,[①]但该法典第 3 条第 3 款却有一条冲突规范,依它的精神,上述成年年龄只能适用于法国人。现在如果某国法院要依住所地法判定一个在法国设有住

---

① 自 1974 年 7 月 5 日起,法国规定成年年龄为 18 周岁。

所的外国人的成年问题，却不去考虑上述法国冲突规范的规定，而一味要适用法国法上述关于成年年龄的实体法规定，显然是不合理的，会导致对法国法的此种规定的完整立法精神加以割裂和曲解。如果外国法明确规定，它的某些实体法规定不适用于某些场合，从尊重他国主权出发，也理应得到遵守。[①]

第二，采用反致既无损于本国主权又可扩大内国法的适用。因为，法院的这种做法是自己法律的指示和要求，也是为了维护自己法律的完整性。而且除转致以外，直接反致和间接反致都可导致内国法的适用，一方面可以实现内国实体法所体现的政策，另一方面可减轻内国法院和当事人的司法负担，因为当事人和本国法官最熟悉内国法律，如采用反致而适用内国法，就可免除调查和证明外国实体法的任务。可见，放弃自己的冲突规范，改用对方国家的冲突规范，也并不有损于本国的主权。加之法律的目的在于求得案件公正合理的解决，决不能因某种不好的制度有适用上方便而存之，因某种好的制度有适用上不方便而去之。[②]

第三，采用反致可在一定程度上达成判决一致，这正是国际私法的目的之一。如果采用反致，那么，对同一涉外民商事案件，无论在哪个国家起诉，都可因适用相同的法律而得到相同的判决，并能避免当事人挑选法院，从而增强判决的执行力。因此，反致也是保证涉外民商事关系稳定性的重要手段。[③]

第四，采用反致可视为国际礼让的方式之一。从根本上讲，国际私法就是分配各国立法管辖权，在可能的情况下，尊重外国的立法与司法主权。对某一涉外民商事法律关系，依内国冲突规范应适用外国法时，如该外国法就该法律关系不想适用本国实体法，即等于该外国放弃本国实体法之管辖，依相互尊重国家主权之原则，法院地国的法院就不应违背该外国的本意而适用其本国实体法。

第五，采用反致有时可得到更合理的判决结果。因为反致的采用

---

① 韩德培：《国际私法上的反致问题》，载《国立武汉大学学报》（社会科学季刊）1948 年第 9 卷第 1 期。

② 刘铁铮编著：《国际私法论丛》，台北，三民书局 1984 年版，第 207 页。

③ 沈涓教授还提出："反致制度是维护国家利益的有力工具"；"反致制度在某些情况下还有利于保护弱者的合法权益"。参见沈涓主编：《国际私法学的新发展》，中国社会科学出版社 2015 年版，第 26～27 页。

增加了法律选择的灵活性,法院可以在几个相关的法律之间进行选择,有利于达到更合理的判决结果。从根本上讲,在可能的情况下,求得有利的实体法的适用,应是反致制度产生的根本原因。

(二)反致的反对论者的主要观点与学说

对反致制度持反对态度的学者主要有英国的戚希尔(G. C. Cheshire)和莫里斯(J. H. C. Morris)、法国的巴丁(Bartin)和毕耶(Pillet)、德国的卡恩(Kahn)、美国的比尔(J. H. Beale)和洛伦森(Eernest G. Lorenzen)、希腊的马里迪克斯(Maridakis)等,他们都属于反致的反对派的典型代表人物。[①] 这些学者普遍认为:

巴蒂(Thomas Baty,1869 - 1954 年)

第一,采用反致会导致恶性循环。如果所有国家都接受反致,就会出现相互指定、循环不已的"乒乓球游戏",使准据法得不到确定,使法律适用的预见性和稳定性得不到保证。还有如英国法学家巴蒂(Thomas Baty,1869 - 1954年)认为,既然依一国冲突法选定了法律,若再适用外国的冲突法,无异于就同一问题做两次法律选择。[②]

第二,采用反致有损内国立法主权。持这种观点的学者认为,一国承认反致就是将法律冲突的解决权交给了外国冲突法,实际上等于在处理涉外民商事案件时放弃了本国的立法管辖权。如意大利著名国际私法学家安吉洛蒂(Anzilotti)就属于这种观点的典型代表。[③]

第三,采用反致会增加法院与当事人的负担。一国法官的任务就

① T. M. Yeo, *Choice of Law for Equitable Doctrines*, Oxford University Press, 2004, pp. 86 - 88.

② Sir Peter North and J. J. Fawcett, *Cheshire and North's Private International Law*, 13th ed., Butterworths London Ltd., 1999, pp. 60 - 65.

③ 刘甲一:《国际私法》,台北,三民书局 1986 年版,第 128 页。

是适用内国法,最多依据本国冲突规范的指引适用外国实体法。承认反致会导致一国法官和当事人不仅要查明外国冲突法(特别是研究该外国有关识别和公共秩序的制度),而且要调查和证明外国实体法,有时甚至要求查明多个外国的冲突法和实体法。

第四,采用反致会违背本国冲突法的宗旨。持这种观点的人认为,既然本国冲突法已指定某种涉外民商事法律关系应由某外国法支配,就表明该外国法与这一法律关系有更密切的联系,是最恰当的解决方法;但采用反致而放弃这一外国法,显然违背了本国冲突法的宗旨,也与国际私法的"常识"和"任何国际私法制度的真正性质"相抵触。[①] 也有人认为,反致与识别、先决问题等都一样,属于法律规则的"二级冲突",所要解决的是适用本国冲突法还是外国冲突法的问题。持这种观点的人认为,在反致问题上不能采取绝对化的观点,应依内国法中调整同一法律关系的实体法与冲突法的重要性的不同而灵活掌握。如果认为自己的冲突规则的意义更重要,则应放弃自己的实体法,坚持自己的冲突规则,用对方的实体法来判定。

传统国际私法的目的是追求判决结果的一致。即对于同一案件,无论何国法院受理,都将适用同一实体规范,而采用反致就能够做到这一点。现代国际私法更注重公正合理的解决案件,因此普遍追求法律选择的灵活性。采用反致就能增加法律选择的灵活性。因为,当一国法院依其冲突规范应适用外国法时,若考虑该外国的冲突规范就至少有三种选择的可能,即依该外国的冲突规范适用其本国的实体法或法院地法或指向第三国法。这样就扩大了法律选择的范围,有利于比较出哪一国法律与案件有最密切的联系,保证涉外民商事争议的公正合理解决。反致既然也可以达到限制外国法适用的目的,因而,它与公共秩序保留都可以作为一种特定的制度,应在国际私法上赋予其一定的地位。允许反致(包括转致和间接反致),无疑会增加一种法律选择手段,扩大法律选择的范围,这显然是更有利于保证涉外民事争议的合理公正的解决的。[②] 因此,反致制度不仅能够满足国际私法的传统要求,也符合现代国际私法的价值观念。它有其存在的价值和巨大的生命

---

① 李双元等:《中国国际私法通论》(第 2 版),法律出版社 2003 年版,第 162 页。

② 李双元:《国际私法(冲突法篇)》,武汉大学出版社 1987 年版,第 208 ~ 210 页。

力,任何采取极端或绝对做法的观点都是不全面、不合理的。

(三)各国立法与实践对反致制度的不同态度

由于反致制度理论上的分歧,各国在立法和司法实践中对反致的态度也不一致,即使抱肯定态度的国家的实践也各自不同。有的国家既接受反致又接受转致,而有的国家只接受反致却不接受转致,还有一些国家只在有限的民商事领域采用反致,另有国家则彻底否定反致制度。

1. 法国

法国早在1878年福果一案中就已接受了反致制度。1910年,法国最高法院在一个判例中明确指出:如依外国冲突法的规定而反致于法国法,不仅不会使法国的冲突规则受到损害,相反,如果这样做有利于争议的解决,而且可使在法国成立的涉外民事关系依法国的实体法作出判决。① 此后,法国的实践还倾向于接受转致。② 这种主张在1967年《补充民法典关于国际私法内容的草案》中得到了肯定,但也表明草案起草者认为反致和转致应在有限的问题上适用。该草案第2284条规定,适用外国法的时候应考虑其冲突规范,它或者导致法国内国法的适用,或者导致其冲突规范接受这种指定的第三国内国法的适用。但是,在合同、夫妻财产制及行为方式方面,不应考虑外国的冲突规范。同样,当遗嘱人选定了本国法,在一定条件下,也不考虑其冲突规范。③

2. 德国

1896年《德国民法施行法》最早在立法上确认反致制度。该法第27条规定,关于行为能力、婚姻、夫妻财产制、离婚及继承,依德国国际私法本应适用某一外国法,但该外国却规定应适用德国法时,即依德国法规定。依据德国最高法院的判例,该条的规定却被解释为一广泛原则的宣誓,即凡德国法院适用外国法时,该外国法应包括国际私法规则在内。这一点被联邦德国的立法所采纳,1986年修订的《德国民法施行法》第4条第1款规定:“若适用某外国法,应适用该国的冲突法,除非

① 刘甲一:《国际私法》,台北,三民书局1986年版,第137页。

② 刘铁铮编著:《国际私法论丛》,台北,三民书局1984年版,第213页。

③ [法]亨利·巴蒂福尔、保罗·拉加德:《国际私法总论》,陈洪武等译,中国对外翻译出版公司1989年版,第420页。

适用此冲突法违反适用该外国法的意图。如果该外国法反致德国法，则适用德国实体法。”但是，在合同之债上，德国不采用反致。[1]

3. 瑞士

瑞士国际私法的立法与实践一贯赞成反致，但过去曾对转致持否定态度。不过，在瑞士联邦最高法院的审判实践中尚未发现赞成反致并拒绝转致的判例。瑞士立法对反致制度做出了明确规定的当属1987年《瑞士联邦国际私法法规》，该法第14条规定：“当指引的外国法律反致瑞士法律或转致于另一外国法律时，只有当本法有规定时才遵守该反致或转致。在民事身份或家庭状况问题上，接受（外国法）对瑞士法律的反致。”可见，现行瑞士法律对于反致和转致是采取有条件接受的态度的。

4. 奥地利

奥地利以前立法不允许把反致适用于契约与侵权行为，但是，1978年6月15日通过的《奥地利联邦国际私法法规》却对反致大开绿灯。它不仅接受反致和转致，而且允许向第三国、第四国法律一直指定下去，直到第一次指定回来的那一法律（或指定回法院地法，或指定回一个原先曾指定过的法律）。这种始终如一地适用反致，当然会向法院提出更高的要求，需要法官去查明好几个国家的冲突法，需要法官对每次指定的法律都要进行识别。不过，在实践中，同时多次指定法律的反致或转致案件终究是十分罕见的。[2] 尽管《奥地利联邦国际私法法规》已经过多次修订，但从其2015年修订的文本来看，依然在反致方面坚持了一贯的立场。该法第5条明确规定：“（1）对于外国法的指定，也包括它的冲突法在内；（2）如外国法反致时，应适用奥地利内国法（不包括冲突法）；如外国法转致时，则对转致亦应予以尊重；但某国内国法未指定别的法律，或在它被别的法律首次反致时，则应当适用该外国的内国法。”

5. 意大利

意大利国际私法对反致一直持否定态度，直到20世纪末才有所改变。[3] 1995年颁布的《意大利国际私法制度改革法案》有限制地采用了反致制度。所谓“有条件或有限制的接受反致”主要是指，除法律另有

---

① 1986年《德国民法施行法》第35条第1款。

② Edith Palmer, *The Austrian Codification of Conflicts Law*, American Journal of Comparative Law, Vol. 28, 1980, pp. 79 – 234.

③ 《意大利民法典》第30条。

规定外,原则上不接受转致,即使在某些领域接受反致也仍允许在其他领域拒绝转致,并且只接受反致,明确拒绝转致。1995 年的《意大利国际私法制度改革法案》对此有具体规定,其中第 35 条规定:"(1)当《改革法案》的条文指向外国法时,外国国际私法向另一国家现行法律的反致在下面两种情况下应予以考虑,即一是另一国家的法律接受反致,二是反致指向意大利法律。(2)以上第 1 款在下述三种情况下不适用:(a)对于《改革法案》的条款根据有关当事人所做法律选择而确定适用外国法的情况;(b)对于行为的法定形式;(c)与本篇第十一章有关的情况。[①] (3)对于涉及《改革法案》第 33 条、第 34 条和第 35 条的情况,[②]只有在反致所指向的法律允许确定父母子女关系时,才予以考虑。(4)当依《改革法案》可以适用国际公约,则该公约中所采用的有关反致的解决方式应予以适用。"

6. 日本

日本只允许在用当事人国籍作为连接点的那些民事关系上接受反致,但仅限于在当事人本国法与日本法之间发生反致,即指日本冲突规范明确规定依当事人的本国法的一种情况。1898 年《法例》第 29 条规定:"应依当事人本国法时,如依其本国法应适用日本法,则依日本法。"因此,如日本冲突法指引住所地法、行为地法或所在地法时,即使这种被指定的准据法就是当事人的本国法,也不接受反致。不过,如果当事人无国籍,若以住所地法或居所地法代替本国法,仍有适用反致的余地。1989 年修订后的立法仍坚持上述原则。2007 年《日本法律适用通则法》第 41 条继续沿袭了以往的做法,在自然人的行为能力、监护、婚姻家庭、收养、继承等涉及人身关系的领域接受反致,而在合同、侵权等领域原则上不允许反致。此外,凡是涉及《日本法律适用通则法》第 25 条有关婚姻效力和第 32 条有关父母子女关系方面的内容,也不接受反致。

7. 英国

英国早在 1841 年的科利尔诉利伐兹案便接受了反致,而通过 1887

---

① 《意大利国际私法制度改革法案》该篇第十一章是关于非契约之债的法律适用的规定。

② 《意大利国际私法制度改革法案》第 33 条、第 34 条和第 35 条分别是关于非婚生子女父亲的确定、准正和认领子女的规定。

年特鲁弗特案(Truffort)又采用了转致。[①] 但是,英国只在有限的问题上接受反致和转致,其中最常见的就是允许有关遗嘱的形式和实质要件以及无遗嘱继承等问题适用反致或转致。此外,在子女因婚姻准正的问题上,在婚姻的形式及能力问题上,也都适用反致制度。不过,英国法稍有变化的是目前在遗嘱的形式有效性上已不再适用反致。在合同关系中,英国冲突法根本不接受反致,因为在当事人根据"意思自治"原则选择准据法时,其意图显然是直接指向所选国家的实体法,而不包括它的冲突法;即令当事人无明示或默示选择的法律,英国法院认为法律规定适用的缔结地法、履行地法、最密切联系地法等,也仅指不包含其冲突法在内的实体法。此外,在侵权、保险、动产买卖、财产的生前赠予、抵押、票据、企业、合伙、外国公司的解散等领域,英国均不采用反致制度。[②] 另外,在反致问题上,英国还有一项属于其他国家都不采用的独特制度,即外国法院说,由于它仅为英国采用,故又称为"英国反致原则"。只是它并非适用于所有领域,仅仅适用于遗赠的有效性问题、位于国外不动产的权利问题、部分动产争执问题以及家庭法问题。[③]

8. 美国

美国只在有限的问题上接受反致制度。1934 年由比尔主持编纂的《第一次冲突法重述》便从原则上拒绝反致,只在两个问题上做例外处理:第一,所有关于土地的权益是受土地所在地法支配,但这应包括土地所在地国(州)的冲突法;第二,所有关于离婚判决的效力,都由当事人住所地法决定,这也包括住所地的冲突法在内。1971 年由里斯主持编纂的《第二次冲突法重述》仍明确规定只应在某些有限的情况下接受反致,但其适用范围已放宽许多。美国《第二次冲突法重述》第 8 条规定:"(1)除第 2 款和第 3 款的规定外,在本州的法律选择规则指明应适用另一州的法律时,法院适用该另一州的本地法。(2)当特定法律选择

① Lawrence Collins, et. al, *Dicey and Morris on the Conflict of Laws*, 13th ed., Sweet & Maxwell Ltd., 2000, pp. 67 – 68; Sir Peter North, J. J. Fawcett, *Cheshire and North's Private International Law*, 13th ed., Butterworths London Ltd., 1999, pp. 60 – 66.

② Lawrence Collins, et. al, *Dicey and Morris on the Conflict of Laws*, 13th ed., Sweet & Maxwell Ltd., 2000, pp. 72 – 73; Sir Peter North, J. J. Fawcett, *Cheshire and North's Private International Law*, 13th ed., Butterworths London Ltd., 1999, p. 64.

③ T. M. Yeo, *Choice of Law for Equitable Doctrines*, Oxford University Press, 2004, pp. 86 – 87.

规则的目的在于使法院就案件事实得出的结果与另一国法院审理该案时得出的结果相一致,则法院可适用另一州的法律选择规则,但须考虑实际可行性。(3)当法院与该案或当事人无实际联系,而各利害关系州的法院会一致选择某个适用于该问题的本地法规则时,法院通常将适用这一本地法。"可见,1971 年《第二次冲突法重述》虽规定除例外情况,所有冲突规则所指定的外国法,只包括其内国法,但例外情况已大大超出 1934 年《第一次冲突法重述》所规定的范围。

9. 俄罗斯与东欧国家

对于反致制度,俄罗斯学者多持肯定态度,在苏联立法和它所签订的某些国际条约中对一系列问题的规制都出现了允许接受反致的冲突规范,但俄罗斯的司法实践在解决外贸契约争议时是不适用反致制度的。① 匈牙利学者把"反致"、"识别"及"先决问题"等一并归入法律选择规则的"二级冲突"中,但匈牙利国际私法 1979 年法令则规定只接受反致。而东欧国家多数学者都主张接受反致,他们认为,不仅大多数国家的司法实践普遍接受反致制度,而且还能减少外国法的适用,使案件的审理趋于简单化。

10. 中国

中国在起草民法通则过程中,曾有学者建议规定接受反致和转致。但因为另外一些学者以反致不符合冲突法的宗旨为由极力反对而未能采纳。如中国 1986 年《民法通则》(已废止)以及《意见》就均未规定反致。而最高人民法院 1987 年发布的《关于适用〈涉外经济合同法〉若干问题的解答》(已废止)中,曾明确指出在解决涉外经济合同的法律适用时,不接受反致,但这是与许多国家的实践一致的。随后,最高人民法院 2007 年《关于审理涉外民事或商事合同纠纷案件法律适用若干问题的规定》第 1 条同样坚持了排除反致的立场并重申:涉外民事或商事合同应适用的法律,是指有关国家或地区的实体法,不包括冲突法和程序法。所有这些立法与司法解释都充分表明,我国在涉外合同的法律适用方面不接受反致或转致。中国 2010 年《涉外民事关系法律适用法》则全面排除了反致或转致,该法第 9 条明确规定:"涉外民事关系适用的外国法律,不包括该国的法律适用法。"这一规定从立法上否定了反致制度存在的前提。我国在

---

① 浦伟良等:《俄罗斯民商法与冲突法》,世界图书出版公司 1995 年版,第 329 ~ 330 页。

涉外民商事关系法律适用上采取“单纯指定”，选择的外国法作准据法时仅指其实体法，从而全面排除了反致或转致。

由于世界各国政治经济和社会文化等方面的差异，国际社会统一实体法的努力无法一蹴而就。因此，反致制度“仍有其存在的根基和生存空间”。[①] 目前，大部分国家在涉外合同领域主要适用当事人意思自治原则或最密切联系原则，从而主张适用涉外民商事法律关系当事人选择的某国实体法。不过，这并不表明所有国家在一切涉外民商事关系中都排除反致。[②] 从一定意义上分析，中国可以借鉴其他国家立法和司法实践的经验，特别是近年颁布的一些法典对反致持有条件的或有限制的接受的走势，[③] 对反致制度进行重新定位。实际上，中国国际私法学会 2000 年《中国国际私法示范法》第 8 条对反致提出的立法建议就有一定参考价值。该示范法第 8 条规定：“本法规定应适用的法律，是指现行有效的民商事实体法律，不包括冲突规范，但本法另有规定的除外。在民事身份领域，外国冲突规范对中华人民共和国法律的反致应予接受。”不仅如此，我国主张反致的学者还提出了另一立法建议条文也可供立法与司法部门在修法或作出司法解释时参考：

[反致]根据本法规定应适用某一外国国家的法律的，应包括适用该国的冲突规范。如果依该国法律规定反致中国法的，则应适用中国

---

① 谢晓彬：《现代国际私法理念下反致制度的发展前景评析》，载《政法论坛》2008 年第 5 期。

② 除前述韩德培先生在 1948 年发表的《国际私法上的反致问题》外，国内刊物发表的关于反致的文章还有：金宁：《论反致与我国国际私法的立法》，载《安徽大学学报》（哲学社会科学版）1988 年第 3 期；易俊：《我国应对反致制度进行改革和利用》，载《安徽大学学报》1998 年第 6 期；周黎明：《论反致问题》，载《河南大学学报》（社会科学版）2002 年第 6 期；高丽丽：《反对反致新论》，载《黑龙江省政法管理干部学院学报》2003 年第 5 期；金彭年：《从反致制度的本质看我国关于反致制度的取舍》，载《浙江大学学报》（人文社会科学版）2003 年第 5 期；许光耀：《论反致的不合理性》，载《时代法学》2007 年第 4 期；谢晓彬：《现代国际私法理念下反致制度的发展前景评析》，载《政法论坛》2008 年第 5 期；姜娟：《关于反致的几点思考》，载《合肥学院学报》（社会科学版）2009 年第 5 期。此外还有专著，如贺连博：《反致问题研究》，知识产权出版社 2006 年版。

③ 20 世纪末对反致持有条件的接受或有限制的接受的立法条文主要有：1991 年《美国路易斯安那州新国际私法》第 3517 条、1992 年《罗马尼亚国际私法》第 4 条、1996 年《列支敦士登国际私法》第 5 条、1998 年《突尼斯国际私法》第 35 条、1998 年《委内瑞拉国际私法》第 4 条、1999 年《白俄罗斯民法典》（第 7 编）第 1096 条等。这些法规收集在韩德培主编：《中国国际私法与比较法年刊》（第 1 ~ 4 卷），法律出版社 1999 ~ 2002 年版；李双元、欧福永、熊之才主编：《国际私法教学参考资料》，北京大学出版社 2002 年版。

的实体法。依据本法规定,当事人自行选择某一国家的法律的,则只能选择适用该国的实体法。

(四)有关国际组织及国际条约对反致的态度

1. 国际法学会

国际法学会曾专门研究过反致问题。1900 年,在瑞士纳沙泰尔(Neuchatel)召开的国际法学会年会上,学会认为应排除反致作为解决未成年人能力法律冲突时的补救方法。但 1932 年在挪威奥斯陆(Oslo)召开的年会上,学会又认为应采用反致作为解决未成年人能力法律冲突时的补救方法。后来学会选派希腊雅典大学名誉教授马利达基斯(G. Maridakis)应反致做出报告。1961 年在奥地利萨尔茨堡(Salzburg)召开的学会年会上,学会对 1957 年 4 月 30 日公布的该报告进行了深入的讨论,最后就反致问题形成了三派主要的观点。(1)国际私法中不应采用反致规则。该派观点以罗马的阿果(Ago)教授、英国的戚希尔教授为代表,但戚希尔认为可以保留一些例外情况,即反致可适用于连接点为不动产和动产所在地的情况。(2)除一些例外情况外,国际私法中原则上应排除反致的适用。该派观点以当时联邦德国的马卡罗夫(Makarov)教授、汪格尔教授等为代表。这种例外主要是,如果本国冲突法反致的法律为"利益最大的国家"(the Most Interested Countries)的法律,则应采纳反致。(3)国际私法中应该采纳反致。该派观点以法国巴蒂福尔教授、瑞士尼德尔(Werner Niederer)教授等为代表,他们认为"采纳或者拒绝(反致)就是便利与否的问题,即使反致不能在所有有管辖权的国家取得一致判决的情形下也一样。如果法院国冲突规范规定适用外国法,且该外国冲突法反致法院国法,为什么法官应去适用外国法,而不适用他自己最为熟悉的本国法律呢?"因此,国际法学会对反致制度并未形成一致的意见。①

2. 海牙国际私法会议

在海牙国际私法会议所制定的各项公约中,一般是排除反致制度的。因为在大多数情况下,公约中的统一冲突规则导致适用同一实体法,消除了反致赖以产生的基础。但是,在某些例外情况下,仍有必要在公约中采

---

① 李双元主编:《市场经济与当代国际私法的趋同化问题研究》,武汉大学出版社 1994 年版,第 148 ~ 149 页。

用反致制度。这些例外情况大致有两种：一种情况是在某些特定事项上，有关国家对于适用统一冲突规则不能达成充分一致意见时，海牙公约将会设置有限的反致条款；另一种情况则是当案件涉及缔约国和非缔约国时，如果当事人和非缔约国有密切的联系，那么，就应依从非缔约国冲突规则的指引，接受反致。① 1955 年海牙国际私法会议制定的《关于解决本国法与住所地法冲突的公约》明确规定接受反致和转致，主要目的就在于协调各国在属人法上本国法主义与住所地法主义的分歧，以减少由此而生的反致问题带来的种种困扰。② 此外，在 1902 年海牙国际私法会议《关于婚姻法律冲突的公约》第 1 条也规定允许反致。③ 海牙 20 世纪中叶有关未成年子女保护公约也有类似规定。但是，海牙国际私法会议后来制定的大部分公约都是将反致排除在外的，例如，1978 年海牙《关于代理的法律适用公约》和 1985 年海牙《国际货物销售合同法律适用公约》就明确排除反致的适用，④1996 年海牙《关于父母责任和保护儿童措施的管辖权、法律适用、承认执行与合作公约》第 20 条和 2000 年海牙《成年人保护国际公约》第 19 条也明确拒绝适用反致制度。⑤

在其他国际条约中明确规定接受反致的还有一些例证，例如，国际联盟 1930 年 6 月 7 日通过的《解决汇票和本票的某些法律冲突公约》和 1931 年 3 月 19 日通过的《解决支票的某些法律冲突公约》两个日内瓦公约，就明确肯定了在出票人能力问题上允许反致的原则。⑥ 欧盟国际私法方面的条例除了 2012 年有关继承的条例（No. 650/2012）以外，绝大部分都是排除反致的。⑦

综上所述，尽管当今各国国际私法的立法与实践中完全拒绝反致

---

① J. Georges Sauveplanne, Renvoi, in Kurt Lipstein, *International Encyclopaedia of Comparative Laws*（*Vol. Ⅲ*）：*Private International Law*, J. C. B. MOHR, 1990, pp. 13 – 14.

② 李双元主编：《中国与国际私法统一化进程》，武汉大学出版社 1993 年版，第 262 页。

③ 海牙国际私法会议 1902 年《关于婚姻法律冲突的公约》第 1 条规定："缔结婚姻的权利依当事人各该本国法的规定，但依其本国法规定应适用其他法律者，不在此限。"

④ 海牙国际私法会议 1985 年《国际货物销售合同法律适用公约》第 15 条规定："凡适用依本公约确定的任何国家的法律，是指该国现行有效的法律规则，而不包括国际私法规则。"

⑤ Jürgen Basedow, Giesela Rühl, Franco Ferrari and Pedro de Miguel Asemsio, *Encyclopedia of Private International Law*, Chapter B, Edward Elgar Publishing, 2017, p. 1541.

⑥ 李双元：《国际私法（冲突法篇）》（修订版），武汉大学出版社 2001 年版，第 238 ~ 259 页。

⑦ Jürgen Basedow, Giesela Rühl, Franco Ferrari and Pedro de Miguel Asemsio, *Encyclopedia of Private International Law*, Chapter B, Edward Elgar Publishing, 2017, p. 2105.

制度的现象仍然存在,但从新近颁布的许多法典来看,更多的是对反致持有条件的或有限制的肯定态度。据不完全统计,世界上共有50余个国家的法律对反致问题作了规定。其中,明确承认反致的有阿根廷、奥地利、黑山、保加利亚、古巴、克罗地亚、爱沙尼亚、芬兰、法国、匈牙利、伊朗、意大利、拉脱维亚、卢森堡、北马其顿、波兰、罗马尼亚、斯洛文尼亚、塞尔维亚、韩国、泰国、委内瑞拉、英国、爱尔兰、澳大利亚、加拿大、越南、塞内加尔、斯洛伐克、立陶宛、葡萄牙、瑞士、荷兰、土耳其等30余个国家;而原则上承认反致却又在法律中规定了不承认反致的例外情况(包括条款例外、领域例外)的国家共有荷兰、法国、意大利、葡萄牙、日本、捷克、德国、瑞士、罗马尼亚和土耳其等国,其中意大利、德国、葡萄牙、格鲁吉亚、保加利亚、斯洛文尼亚、北马其顿等国法律均规定当事人自行选择适用某一外国法时不允许适用反致;原则上不承认反致却特别规定允许承认反致的例外的国家有白俄罗斯、美国、立陶宛等。可见,大多数国家都承认或有限地承认反致。[①] 至于对转致问题的规定,当今世界将近30个国家的立法尽管作了具体规定,除了波兰、匈牙利、爱沙尼亚、泰国、韩国和伊朗等国明确规定只承认反致且拒绝转致以外,其中大部分承认反致的国家都允许转致,诸如奥地利、波兰、白俄罗斯、委内瑞拉、法国、美国、德国、瑞士、捷克等。坚决反对反致的国家并不占多数,在立法上明确拒绝反致制度的国家和地区主要有希腊、丹麦、瑞典、秘鲁、约旦、科威特、埃及、巴西、秘鲁、伊朗、伊拉克、突尼斯、叙利亚、摩洛哥等国[②]及加拿大魁北克省。[③] 1984年颁布的《秘鲁民法典》第2048条就规定"法官依本法规定,适用外国实体法规则",明确表示不接受反致。[④] 之所以这些国家明确反对反致,其中一个重要原因就在于:在适用反致的主要领域——民事身份领域,这些国家的国际私法主要考虑到在处理基于不同宗教、种族而产生的人际冲突时适用反致

---

① Jürgen Basedow, Giesela Rühl, Franco Ferrari and Pedro de Miguel Asemsio, *Encyclopedia of Private International Law*, Chapter B, Edward Elgar Publishing, 2017, p. 1540.

② Jürgen Basedow, Giesela Rühl, Franco Ferrari and Pedro de Miguel Asemsio, *Encyclopedia of Private International Law*, Chapter B, Edward Elgar Publishing, 2017, p. 1540.

③ 1991年《加拿大魁北克民法典》第3080条就明确拒绝反致。

④ 1984年《秘鲁民法典》第十编"国际私法"第2048条;韩德培、李双元主编:《国际私法教学参考资料》(上),武汉大学出版社1994年版。

可能是不妥的。[①] 另外，墨西哥和斯洛伐克等国的法律尽管都规定了反致和转致制度，但却对反致设置了特殊标准，一旦出现符合这类标准的特殊情形就可拒绝反致。[②] 如表 8－1 所示。

表 8－1　世界各主要国家有关反致与转致立法比较

国家	法规名称	立修时间	具体规定
摩纳哥	《国际私法典》	2017 年	第 24 条 依照本法典的目的指定适用的某一国家的法律，不但只包括其实体法规范，而且排除其国际私法规范。
阿根廷	《民商法典》	2014 年	第 2596 条【反致】 如果某种法律关系适用外国法，则该国的国际私法应予以适用。如果其他国家的法律指定适用阿根廷法律，则应适用阿根廷的内国法规定。在当事人可以选择某国法律的情况下，仅限于选择该国的内国法，反之亦是。
黑山	《国际私法》	2013 年	第 4 条【反致与转致】 如依照本法规定应适用某一外国的法律，则该国的包括其冲突规范在内的法律规定应得以适用，但本法或其他法律另有规定的除外。 对于下列事项，不得反致黑山法律或者转致第三国法律： （1）法人和非法人社团的法律地位； （2）法律行为的形式； （3）准据法的选择； （4）扶养； （5）合同关系； （6）非合同关系。 外国冲突规范反致黑山法律或者第三国法律的，则适用黑山或第三国的实体法规定。

① 李双元、徐国建主编：《国际民商新秩序的理论建构》，武汉大学出版社 1998 年版，第 233～241 页。

② Jürgen Basedow, Giesela Rühl, Franco Ferrari and Pedro de Miguel Asemsio, *Encyclopedia of Private International Law*, Chapter B, Edward Elgar Publishing, 2017, pp. 1540－1541.

续表

国家	法规名称	立修时间	具体规定
捷克	《国际私法》	2012 年	第 21 条【反致与转致】 1. 本法规定应适用外国法,而该外国法规定又反致捷克法律的,则适用该另一外国的实体法规定,前提是其依照该国的冲突法规定应予以适用;在其他情况下,适用捷克法律中的实体法规定。 2. 反致或转致不适用于债权债务关系和劳动法律关系。当事人协议选择准据法的,则仅在当事人的协议有规定时方考虑其冲突法规定。
波兰	《国际私法》	2011 年	第 5 条 1. 依照本法应适用的外国法指定所涉法律关系适用波兰法时,则适用波兰法。 2. 本条第 1 款的规定不予适用,如果对准据法的指引: (1)以法律选择的方式作出; (2)涉及法律行为的形式; (3)涉及合同之债、非合同之债或者那些因单方法律行为引起的债务关系,且本法对这些债务关系的法律适用已有规定。
罗马尼亚	《民法典》	2009 年	第 2.559 条【反致】 1. 在本法典意义上所指的外国法既包括实体法又包括冲突法,除非法律另有规定。 2. 如果外国法指定适用罗马尼亚法律或者其他国家的法律,只要没有其他明确规定,则应适用罗马尼亚法律。 3. 上述第 1 款的规定可在下列情况下允许本法所指的外国法不包括冲突规范作为例外,即当事人选择了法律,而且涉及的是司法行为方式、非合同之债以及其他特殊法律关系,也是罗马尼亚缔结的国际条约、欧盟法或罗马尼亚内国法有所规定的。
斯洛伐克	《国际私法与国际民事诉讼法》	2014 年	第 35 条【公共秩序】 如果依照本法应适用的外国法指引适用斯洛伐克法律或第三国法律,只要它能公平、合理地调整所涉法律关系,则可以接受此种指引。

续表

国家	法规名称	立修时间	具体规定
日本	《法律适用通则法》	2007年	第41条【反致】 应依当事人本国法，按该国法应依日本法时，依日本法。但依第25条（含在第26条第1款及第27条中准用时）或者第32条规定应依当事人本国法时，不在此限。
北马其顿	《国际私法》	2007年	第6条【反致和指引】 1. 如果依照本法规定应适用某外国法，则应顾及该外国法中有关确定准据法的规则。 2. 如果该外国法中关于确定准据法的规则反致北马其顿共和国法律，则适用北马其顿共和国的法律，而无须考虑有关确定准据法的规则。 3. 在当事人有权选择准据法的情况下，不适用本条第1款和第2款的规定。
土耳其	《国际私法和国际民事诉讼法》	2007年	第2条【外国法的适用】 1. 如果应适用的外国法中的冲突规范指引另一法律，则仅在人法、家庭法方面的争议中遵守该指引，并适用该另一法律中的实体规范。 2. 在允许选择法律的情况下，适用所选择的法律中的实体规范，但当事人另有其他明确约定的除外。
乌克兰	《国际私法》	2005年	第9条【反致和对第三国法的转致】 1. 对外国法的任何指引，可以视为对调整相应法律关系的实体法规范的指引，而非其冲突法的适用，但法律另有规定的除外。 2. 在涉及自然人的人身和家庭地位的情况下，允许反致乌克兰法。

续表

国家	法规名称	立修时间	具体规定
保加利亚	《国际私法典》	2005 年	第 40 条【指引】 1. 在本法典意义上,某特定国家的法律系指该国的包括冲突规范在内的所有法律规范,但本法典或其他法律另有规定的除外。 2. 对保加利亚法律的反致和对第三国法律的指引(转致),不许适用于: (1)法人以及无权利能力的个人组合的法律地位; (2)法律行为的形式; (3)对准据法的选择; (4)扶养; (5)合同关系; (6)非合同关系。 3. 在第一款所指情况下,如果接受这种指引,则适用保加利亚或第三国的实体法。
阿尔及利亚	《民法典》	2015 年	第 23b 条 1. 所适用的外国法,仅指其内国法而非地域上的冲突法。 2. 该外国的冲突规则指定应依阿尔及利亚法律时,则适用阿尔及利亚法律。
比利时	《国际私法典》	2004 年	第 16 条【反致】 除非另有特殊规定,在本法中所指的一个国家的法律指的是该国不包括国际私法规则在内的法律规则。
爱沙尼亚	《国际私法》	2002 年	第 6 条【反致】 1. 如果依照本法规定应适用外国法(包括转致),则应适用该外国法中的国际私法规则。如果该外国法反致爱沙尼亚法律,则适用爱沙尼亚实体法。 2. 如果该外国法指定适用第三国法律,则转致不予以考虑。 3. 如果依据本法第 23 条或第 6 部分第 1 章第 1 节规定应适用外国法,则该外国法的实体规范仅仅予以适用。

续表

国家	法规名称	立修时间	具体规定
卡塔尔	《民法典》	2004 年	第 37 条 应适用的外国法，仅指该国的实体法规范而非冲突法。
蒙古国	《民法典》	2002 年	第 540 条【外国法律规范的适用】 540.2 若外国法律规定适用蒙古国法律，则适用蒙古国之立法。
韩国	《冲突法》	2001 年	第 9 条【准据法确定中的反致】 1. 在依照本法确定外国法为适用的准据法的情况下，如果根据该国法律应适用大韩民国法律，则适用大韩民国法律（有关确定准据法的法规除外）。 2. 在涉及下列情况中的任何一项时，第 1 项的规定不适用： （1）当事人合意选择了应适用的准据法的情况； （2）依据本法确定了应适用的合同准据法的情况； （3）依据第 46 条的规定确定了应适用的扶养准据法的情况； （4）依据第 50 条第 3 项的规定确定了应适用的遗嘱方式准据法的情况； （5）依据第 60 条的规定确定了应适用的船籍国法的情况； （6）此外，还有适用第 1 项的规定违反本法确立的宗旨的情况。
立陶宛	《民法典》	2001 年	第 1.10 条【外国法的适用】 3. 本法典无例外规定的，对外国法的指引并非指引该国的国际私法，而是指引该国的内国实体法。 第 1.14 条【反致以及对第三国法律的转致】 1. 外国法规定反致立陶宛共和国法律的，对于本法典规定的情况，适用立陶宛共和国法律。 2. 外国法规定指引第三国法律的，对于本法典规定的情况，适用第三国法律。 3. 在确定个人民事法律地位时，外国法规定转致立陶宛共和国法律的，适用立陶宛共和国法律。

续表

国家	法规名称	立修时间	具体规定
立陶宛	《民法典》	2001 年	4. 合同当事人已选择准据法的,以及在确定支配法律行为的形式与法定债权债务关系的准据法时,不适用本条第 1 款、第 2 款及第 3 款规定。 5. 依照上述四款规定适用国际公约时,反致以及对第三国法律的转致问题,依照国际公约规定。
俄罗斯	《民法典》	2001 年	第 1190 条【反致】 1. 任何依照本编规定对外国法的指引,须视为指引相应国家的实体法而非冲突法,但本条第 2 款另有规定的除外。 2. 当规定自然人法律地位的俄罗斯法律(第 1195 条至第 1200 条)被指引时,接受外国法的反致。
阿塞拜疆	《国际私法》	2000 年	第 3 条【反致以及对第三国法律的转致】 1. 本条无另外规定的,本法对外国法的指引,均为指引相应国家的实体法。 2. 适用外国法处理本法第 9 条和第 10 条所列的法律关系以及继承法律关系时,可接受反致或转致,适用阿塞拜疆共和国法律或第三国法律。
斯洛文尼亚	《国际私法与国际民事诉讼法》	1999 年	第 6 条 1. 如依照本法应适用外国法,则须考虑该外国关于确定准据法的规则。 2. 外国确定准据法的规则反致斯洛文尼亚共和国法律的,则适用斯洛文尼亚共和国法律,无须考虑斯洛文尼亚共和国确定准据法的指引规则。 3. 如果当事人有权选择法律,不适用本条第 1 款与第 2 款规定。
哈萨克斯坦	《民法典》	1999 年	第 1087 条【反致以及对第三国法律的转致】 1. 本编规定的对外国法的指引,均指引相关国家的实体法,而非冲突法,但本条另有规定的除外。 2. 在本法典第 1094 条、第 1095 条第 2 款、第 3 款、第 5 款和第 1097 条情况下,反致哈萨克斯坦共和国法律和指引第三国法律(转致)的,适用外国法的规定。

续表

国家	法规名称	立修时间	具体规定
突尼斯	《国际私法》	1998 年	第 35 条 无论其结果指向突尼斯法律或指向外国法律,均不允许反制或转致,除非法律有相反的规定。
委内瑞拉	《国际私法》	1998 年	第 4 条 若所指定的外国法声称适用第三国法律,且该第三国法律声称自己可适用,则该第三国实体法须得以适用。 若所指定的外国法声称适用委内瑞拉法,则须适用本法。 上述两款未作规定之情形,则适用委内瑞拉冲突规范指定的某国实体法。
吉尔吉斯斯坦	《民法典》	1998 年	第 1170 条【反致及对第三国法律的转致】 1. 依照本章规定对外国法的指引,均为指引该国的实体法,而非冲突法,但本条另有规定的除外。 2. 依照本法典第 1177 条、第 1178 条第 1 款、第 3 款和第 5 款、第 1180 条以及第 1183 条规定适用外国法的,接受对吉尔吉斯斯坦共和国法律的反致以及对第三国法律的转致。
格鲁吉亚	《国际私法》	1998 年	第 4 条【指引】 1. 如果指引的其他国家(也包括第三国)的法律体系,则该国的国际私法应予以适用,前提是这并不违背指引的本意或者该指引不限于适用实体法规定。 2. 如果其他国家的法律反致格鲁吉亚法律,则适用格鲁吉亚的实体法规定。 3. 就当事人可以选择某国法律而言,仅限于选择实体法规定。
列支敦士登	《国际私法》	1996 年	第 5 条【实体规范的反致、转致】 1. 如果应适用外国法,则应适用其实体规范。如果该外国法的反致规范指定适用列支敦士登法律,则以上规定不予适用;此时应适用列支敦士登的实体规范。 第 11 条【法律选择】 1. 当事人的法律选择[第 20 条,第 29 条第(3)款,第 39 条第(1)款]在有疑问时,不包括所选择法律中的反致规范。

续表

国家	法规名称	立修时间	具体规定
意大利	《国际私法制度改革法》	1995 年	第 13 条【反致】 1. 在以下条文中指向外国法时,对外国国际私法向另一国现行法律的反致应予考虑,如果:(1)依据该国法律接受反致;(2)反致指向意大利法律; 2. 第一款不应适用于(1)本法规定根据有关当事人的法律选择而适用外国法的情况;(2)行为的法定形式;(3)与本篇第十一章(法定之债)规定有关的情况。 3. 对于第 33 条、第 34 条和第 35 条中提到的情况,只有当所指向的法律允许确定父母子女关系时,对此反致从应予考虑。 4. 在本法规定可以适用国际公约时的任何情况下,公约中采用的关于反致问题的解决方式应予适用。
越南	《民法典》	1995 年	第 827 条【越南社会主义共和国民法、国际条约、国际惯例和外国法的适用】 3. 当本法典、越南社会主义共和国的其他法律或越南社会主义共和国缔结或参加的国际条约规定适用外国法律时,该外国法得适用于涉外民事关系。如果外国法反致越南社会主义共和国法,则适用越南社会主义共和国法律。民事合同的当事人可以协议约定适用外国法,但不得违反本法典或越南社会主义共和国其他法律的规定。
朝鲜	《涉外民事关系法》	1995 年	第 14 条 根据本法,作为准据法适用外国法律而该国法律回归朝鲜民主主义人民共和国法律的,依照其规定执行。
英国	《英国国际私法(杂项规定)》和《英格兰冲突法》	1995 年	【反致】 规则 1——在本书的《规则和例外》中,一个国家的法律(例如一个人住所所在地国的法律) (1)当它适用于英格兰时,是指英格兰的内国法。 (2)当它适用于任一外国时,常常是指那个国家的内国法,有时也指那个国家的法院将适用于本规则所涉案件的判决的任何内国法。

续表

国家	法规名称	立修时间	具体规定
瑞士	《联邦国际私法法规》	1987 年	第 14 条 当指引的外国法反致瑞士法律或转致另一外国法律时，只有当本法有规定时，才考虑接受反致或转致。在民事身份或家庭状况问题上接受(外国法)对瑞士法律的反致。
美国	《第二次冲突法重述》	1971 年	第 8 条【另一州法律选择规则的可适用性(反致)】 1. 除第 2 款、第 3 款的规定外，在本州的法律选择规则指明应适用另一州的“法律”时，法院适用该另一州的本地法。 2. 如特定法律选择规则的目的在于使法院就案件事实得出的结果与另一州法院审理该案时得出的结果相一致，则法院可适用该另一州的法律选择规则，但须考虑实际可行性。 3. 如法院地州与特定问题或当事人无实质联系，而各利害关系州的法院会一致选择某个适用于该问题的本地法规则时，法院通常将适用该规则。
奥地利	《联邦国际私法法规》	1978 年	第 5 条【反致—反致与转致】 1. 对外国法律的指定，也包括它的冲突法在内。 2. 如外国法反致时，应适用奥地利内国法(不包括冲突法)；如外国法转致时，则对转致亦应予以尊重，但当某国的内国法未指定任何别的法律，或在它被别的法律首次反致时，则应适用该外国的内国法。 3. 如外国法由几部分法域组成，则适用该外国法规所指定的那一法域的法律。如无此规则，则适用与之有最强联系的那一法域的法律。
德国	《民法施行法》	1896 年	第 4 条【反致与转致，法制的分裂】 1. 如果指引另一国的法律，则亦应适用该国国际私法，除非其违背指引的本意。如果该国的法律反致德国法律，则应适用德国的实体规范。 2. 在当事人可以选择某国法律的情况下，他们只能选择实体规范。 第 35 条【反致与转致；法律分裂】 1. 依照本小节规定应当适用的一国的法律，系指该国的现行实体规范。

续表

国家	法规名称	立修时间	具体规定
西班牙	《民法典》	1889 年	第 12 条 2. 反致适用的外国法应当是该国的实体法,除非反致的该国的冲突法指向适用非西班牙国家的法律。
中国	《涉外民事关系法律适用法》	2010 年	第 9 条 涉外民事关系适用的外国法律,不包括该国的法律适用法。

总的来看,是否采用反致,主要应从国家调整涉外民商事关系的法律政策及国际私法的基本任务加以考虑。由于法律选择的过程并不是机械地运用冲突规范的过程,不能不顾及所选外国实体法适用的结果。反致或可以达到限制外国法适用的目的,或可以求得判决一致的结果,因此,它与公共秩序保留一样,作为一种制度亦未尝不可,在国际私法上赋予它一定地位。允许反致(与转致),无疑会增加一种法律选择的手段,扩大法律选择的范围,这显然更有利于保证涉外民商事争议合理、公正地解决。反致制度在这方面的好处,可以从许多国家在国际汇票、支票关系上接受反致得到证明。可以说,反致制度具有增加法律选择灵活性、求得判决一致和获得合理判决结果等方面的功用。它作为传统硬性规则的调节工具,有其存在的必要性和价值。不过,基于适用反致所带来的理论上和实践中的困难,一般是作为例外而予以适用的,即反致只是一种辅助性的调节措施。① 因此,我国资深法学家李双元先生在全面比较分析反致制度的基础上明确提出:“建议接受一级反致。至于转致和间接反致,我们认为较为复杂,以不作规定为宜。”②事实上,反致的发展与作用空间将在现代冲突法体系中不断地受到限制。这主要是因为现代冲突法体系增加了与机械性传统规则相并列的灵活性现代规则,如意思自治原则、最密切联系原则与选择适用准据法的冲突规

① Jürgen Basedow, Giesela Rühl, Franco Ferrari and Pedro de Miguel Asemsio, *Encyclopedia of Private International Law*, Chapter B, Edward Elgar Publishing, 2017, p. 1545.

② 李双元:《涉外民事关系法律适用法制定研究》,湖南人民出版社 2016 年版,第 61 页。

范的普及,必然会削减反致的功能。[①] 不仅如此,国际私法的统一化将增强各国法律的相互协调性,也将弱化反致技巧的功用。如传统的本国法主义与住所地法主义的对峙,就曾是反致产生的一个主要原因。然而,因各国在这一问题上已日趋协调,一些欧洲大陆国家逐渐出现了以住所代替国籍作为连接点的趋势,“惯常居所地”或“习惯居所”的概念也已成为海牙国际私法会议热衷于采用的术语。因此,英国著名国际私法学者莫里斯不无遗憾地指出,如果国籍与住所之冲突不如以前激烈,那么反致技巧的重要性亦随之而锐减。[②]

第三节　外国法的查明与适用程式

一、外国法查明的定性

外国法的查明(Ascertainment of Foreign Law),又称外国法的证明(Proof of Foreign Law)或外国法内容的确定,即指一国法院在审理涉外民商事案件时,根据本国冲突规范指定应适用外国法,从而具体查明该外国法的存在与相关内容的运作程式。由于世界各国的法律千差万别,任何法官都不可能通晓世界各国的民商实体法律。因此,当一国在审理涉外民商事案件时,如依本国冲突规范的指引应适用外国法,就必须通过一定的方式和途径来查明外国法的具体内容。[③] 尽管古法谚强调“法官知法”(jura novit curia),但主要是针对本国法而言的。对于外国法都要求“法官知法”,势必难以做到。况且当今世界法律浩如烟海、千差万别,要求法官了解或熟知每一个国家的法律,不仅几乎是不可能的,而且也是强人所难。如此一来,当法院审理涉外民商事案件而临选择的准据法是外国法时,难免需要通过一定途径和方式弄清该外国法的具体内容,从而使外国法的查明无法回避。从诉讼程序的角度分析,法院或法官认为这种外国法究竟是具有约束力的法律还是只具有事实

---

① S. A. Bayitch, *Conflict Law in United States Treaties*, The University of Chicago, 1955, p. 91.

② 李双元、徐国建主编:《国际民商新秩序的理论建构》,武汉大学出版社 1998 年版,第 233～241 页。

③ 黄进主编:《国际私法》,法律出版社 1999 年版,第 273 页。

的性质,已经成为颇有争议的问题。普通法系国家一般主张查明外国法律属当事人举证的义务,而大陆法系国家则依“法官知法”原则视其为法官的职责。正因为如此,在国际私法理论与实践中引发了一系列问题:经法院地国的冲突规范所指引的外国法是“法律”还是“事实”,外国法证明的启动究竟是由当事人提出还是法院依职权进行,外国法的内容不能查明时究竟如何处理,外国法的错误适用能否成为上诉的理由,等等。而要准确地解决好这类问题,就必须首先对外国法查明进行科学的、客观的定性。①

各国国际私法理论与实践对外国法的性质的认识分歧较大,归纳起来,大致有三种主张。

第一,事实说。这是英美等普通法系国家的国际私法学者所倡导的。他们认为,对于法院地国来说,依本国冲突规范而适用的外国法并非法律,只是一个单纯的事实。英国和美国的司法实践均采取这种观点,只是近年来已有所改变。例如,1981 年《英国最高法院法》规定,过去由陪审团决定外国法这一“事实”问题,现在由法官单独决定。正如英国学者莫里斯所说:“外国法虽是一个事实问题,但它却属于特殊类型的事实。”②内国法院适用外国法是根据本国的冲突规范的指引,实质上是适用内国法的结果,承认外国法是法律也丝毫不会损害本国主权。外国法本来就是法律,并不因为人们把它说成是事实而改变其性质。美国、西班牙以及阿根廷、洪都拉斯和墨西哥等都基本上像英国一样将外国法视为事实问题。

第二,法律说。这是意大利、法国等大陆法系国家的学者所主张的。他们认为,内国法院根据法律关系的本座而适用外国法时,由于内外国法律完全平等,因而,本国法官适用外国法同适用内国法一样,没有什么区别。诚然,外国法是法律而非事实,但本国法官适用外国法与适用内国法是有根本区别的,否认这种区别同样会陷入形而上学的泥坑。③ 把外国法也看作法律的学者还认为,法院适用于案件的只能是法律,而不应是事实。如果把法院适用的外国法说成是事实,那就等于说法院适用事实于事实,这是毫无意义的。因为法院的判决都是由三段

---

① Richard Fentiman, *Foreign Law in English Courts*, Oxford University Press, 1998, p. 50.

② J. H. C. Morris, *The Conflict of Laws*, 5th ed., Sweet & Maxwell Ltd., 2000, p. 563.

③ 董立坤:《国际私法论》,法律出版社 1988 年版,第 97 ~ 98 页。

论式构成的,它的大前提只能是法律而不能是别的什么,它的小前提才是一项事实。单是冲突规则并不能构成最后判决的大前提。例如,人们说继承适用死者的住所地法(大前提),该死者住所在法国(小前提),这还只能产生该死者财产的继承应依法国法的结论,并不能导致一个判决。要作出判决,这时法院还需要运用第二个三段论式,即把法国法的有关继承的实体法规定作大前提,再构成一个三段论式才是可能的。因此,在第二个三段论式中,法院必须把外国法当做真正的法律一样加以适用,正如运用自己的法律来作出判决一样。①

第三,折中说。这是德国、日本等国家的学者所主张的。为调和事实说与法律说的矛盾,折中说主张外国法既非单纯的事实,也非绝对的法律,而是依本国冲突规范的指定应适用的外国法律。从外国法观点来看,它是依据法院地国法而被援用的;从本国法观点而言,它适用的是外国法。因而,它既有别于本国法,又有别于外国法,是一种特殊的法律事实。所以,证明外国法也必须采用有别于确定事实的程序,又不同于确定法律的程序。

在我国,民事诉讼法采取"以事实为根据,以法律为准绳"的原则,人民法院在审理涉外民商事案件时,要作出切合实际、合理的判决,维护当事人的正当权益,促进我国对外开放事业的发展,不管是"事实"还是"法律",都必须查清,因此,把外国法看作"法律"还是"事实"的争论,在我国没有实际意义。

二、外国法查明的程式与方法

由于各国国际私法的理论与实践对外国法的性质的认识并不一致,最后导致外国法查明的程式与方法并不统一,呈现出不同形式和特点。具体分析可知,外国法查明的程式与方法大致归纳为当事人举证证明、法官依职权查明、当事人协助法官查明三类。

(一)当事人举证证明

英国、美国等普通法系国家和部分拉丁美洲国家如墨西哥、阿根廷、洪都拉斯就明确采用这种做法。对于案件所涉的外国法,这些国家的法院坚持的基本原则是:由当事人举证证明,法官并无依职权查明的

① Martin Wolff, *Private International Law*, Scientia Verlag Aalen, 1977, p. 218.

义务。这也就是通常所谓的“听讯原则”(Principle of Hearing the Parties)。采取这种原则的国家一般把外国法看作“事实”,用确定事实的程序来确定外国法的内容。它们认为,法律具有严格的属地性质,法官除受本国法律约束外,并无了解和适用外国法的义务。而须由当事人举证证明,证明的方法可以是当事人提出的刊载有关法律内容的权威文件(如官方公报、法院判决书所引证的条款等),也可请专家证明。如果双方当事人对该外国法的内容有争议,由法院断定哪一方的主张为正确的。如果双方当事人对所应适用的外国法的内容有一致理解,双方可向法院提出一项协议声明,法官就据此确定该外国法的内容,不必再用其他方式证明,即使当事人对外国法的共同理解是错误的。①

(二)法官依职权查明

奥地利、意大利、荷兰等欧洲大陆国家,阿根廷和乌拉圭等拉丁美洲国家以及一些东欧国家采用这种做法。对于案件所涉的外国法,这些国家的法院坚持的基本原则是:完全由法官依职权查明,而且也无须当事人举证。这也就是通常所谓的“调查原则”。许多大陆法系国家根据萨维尼在法律关系本座说基础上提出的应对内外国法律一视同仁的理念,认为依冲突规范指引的外国法对法官来说也是法律,因而根据“法官知法”(jura novit curia)这一原则,其内容的查明与确定自应由法官承担。例如,只要冲突规则规定“人的能力依其本国法”,那么,不管当事人是否在案件中提出他的本国法有关规定作为其权利的依据,法官都应该根据自己的职权主动去调查当事人的本国法的有关内容。因此,1978 年《奥地利联邦国际私法法规》第 4 条第 1 款就明确规定:“外国法应由法官依职权查明。可以允许的辅助方法有:有关的人参加,联邦司法部提供的资料以及专家的意见。”而意大利的民事诉讼法理论则主张:通过本国冲突法援引的外国法,已成为自己内国法的一部分,因此,应完全由法官调查认定。1995 年《意大利国际私法》第 14 条第 1 款进而规定:“法院应依职权查明外国准据法。”为实现这一目的,除(意大利参加的)国际条约中提到的方式外,还可通过司法部,或从专家或专门组织,获得关于该外国法的信息资料。2014 年颁布的《阿根廷民商法典》第 2595 条第 1 款规定:“外国法内容的确定和解释属于法官的职责,若该外

① John Greenwood Collier, *Conflict of Laws*, 3rd ed., Cambridge University Press, 2001, p. 50.

国法缺乏相关规定或无法确定或解释的，则适用阿根廷法律。”

（三）当事人协助法官查明

德国、瑞士、土耳其、秘鲁等国家采用这种做法。它们认为，外国法内容的查明，既不同于查明内国法律的程序，又不同于查明“事实”的程序，因此，原则上应由法官负责调查，当事人也应负协助义务。这种做法更重视法官调查，法院既可确认当事人提供的证据，也可限制或拒绝之。① 例如，《德国民事诉讼法典》第25条规定，当事人对于法官不知之法律，虽有举证之责，但法院不知之法律，依其职权，亦得从事调查。1987年《瑞士联邦国际私法法规》第16条规定：“外国法的内容由法院依职权查明，为此可以要求当事人予以合作。有关财产的事项，可令当事人负举证责任。”1952年《保加利亚民事诉讼法》第132条规定，对于法院所不熟悉的外国法并且法院不可能获得有关资料时，当事人才负有查明外国法的义务。1952年《匈牙利民事诉讼法》第200条规定，法院应依职权调查人民不熟悉的外国法，但也可以利用当事人提供的证明。《波兰国际私法》第39条规定，法院可以请求司法部以获取有关外国法和外国司法判例的资料。1999年《突尼斯国际私法》第32条对此有更为详细的规定：“在其所知的范围内，法官可依职权主动就外国法的内容提出证明，但不得超过合理的期限；当法官不能提供时，可要求当事人协助。但在其他情况下，当事人有义务提供有关外国法的内容的证明。”②

这些查明外国法的做法各有特色，而且都有其合理之处。究竟在查明过程中采用什么方法，必须具体问题具体分析，不可强求一致。我国国际私法理论与实践的立场比较明确，总体倾向于“当事人协助法官查明外国法”。2010年《涉外民事关系法律适用法》第10条就明确规定：“涉外民事关系适用的外国法律，由人民法院、仲裁机构或者行政机关查明。当事人选择适用外国法律的，应当提供该国法律。不能查明外国法律或者该国法律没有规定的，适用中华人民共和国法律。”这一立法规定直接界定了查明外国法的职责，确立了解决争议的机构依职权查明外国法的主体责任，明确了当事人协助查明外国法的义务。

---

① Richard Fentiman, *Foreign Law in English Courts*, Oxford University Press, 1998, pp. 241–251.

② 肖芳：《论外国法的查明：中国法视角下的比较法研究》，北京大学出版社2010年版，第78～79页。

三、外国法无法查明时的解决方法

如果经过各种途径和适当时间仍不能查明外国法的内容,或经查明外国法无相关规定时,究竟应如何解决法律适用的问题。各国立法和司法实践对这一问题的解决办法也千差万别,概括起来,大致有以下几种做法。

(一)直接适用内国法

这是大多数国家采取的办法。例如,1978 年《奥地利联邦国际私法法规》第 4 条第 2 款规定:“如经充分努力,在适用时期内外国法仍不能查明,应适用奥地利法。”1966 年《波兰国际私法》第 7 条规定:“无法认定外国法的内容或外国法的系属时,适用波兰法。”1972 年《塞内加尔家庭法》第 850 条第 4 款也规定:“外国法因无法证明或当事人拒绝证明而欠缺时,适用塞内加尔法。”

(二)推定适用内国法

这种处理办法在英美等普通法系国家比较常见。例如,在英国,法院在当事人不能提供关于外国法内容的证据,或法院认为该项证据不充分时,就推定该外国法与英国法内容相同,从而适用英国法。但英国的这种做法,甚至连莫里斯也批评它无非是一种矫揉造作而已,倒不如直接说适用英国法。① 美国法院也采取类似方法,当事人不能证明外国法,推定外国法与美国法相同,但是,这种推定仅限于普通法系国家的法律,诸如英国、加拿大、澳大利亚等国家的法律。

(三)驳回当事人的诉讼请求或抗辩

也有一些国家主张,在外国法无法查明的情况下,应驳回当事人的请求或答辩。例如,《德国民事诉讼法典》第 293 条就规定,德国法院依职权确定外国法的内容,但也有权要求当事人双方提供有关外国法的证据,如果负责提供有关外国法证据的一方提供不出证据,法院则以证据不足驳回其诉讼请求或抗辩。另外,美国的做法也很特别,当外国法为非普通法系国家的法律且不能被当事人证明时,法院就会认为其诉讼请求或抗辩无根据而予以驳回或不加采纳。有学者也指出,除非在某种情况下(如婚姻家庭与继承等)改为适用内国法确为不妥时,应认

---

① J. H. C. Morris, *The Conflict of Laws*, 5th ed., Sweet & Maxwell Ltd., 2000, p. 37; Richard Fentiman, *Foreign Law in English Courts*, Oxford University Press, 1998, pp. 186 - 188.

为适用内国法远比单纯驳回当事人的请求为好。[①]

（四）适用与本应适用的外国法相类似的法律

德国曾有案例采取这种做法。在该案例中，一个厄瓜多尔人依其父亲的遗嘱被剥夺了他对其父亲遗产的保留份的权利，为此而发生争议。当时，第一次世界大战刚刚结束，无法得到《厄瓜多尔民法典》。但是，法院知道，《厄瓜多尔民法典》是以《智利民法典》为模本的，认为适用同《厄瓜多尔民法典》相似的《智利民法典》比适用法院地法（德国法）似乎更接近于正确的解决方法。[②] 日本也有判例采取类似做法。东京家庭裁判所 1963 年（昭和三十八年）6 月 13 日关于养子关系认可申请案的判决指出：被指定的外国法内容不明时，应依据《日本法例》关于准据法指定的精神探求其内容。首先应从该外国的整个法律秩序中推断其内容，如还不明确，则从其以前施行的法令或政治上或民族上相近的国家的法律秩序中推定其法律的内容。从立法上明确规定外国法无法查明时适用与其相近似的法律的尚不多见。1978 年《瑞士联邦国际私法草案》第 15 条第 3 款曾规定："外国法内容无法查明的，法官可以考虑适用最相近的法律。没有最相近的法律，则适用瑞士法律。"这表明瑞士试图在立法上采用这种做法，但 1987 年正式通过的《瑞士联邦国际私法法规》第 16 条则删去了法官可以考虑适用最相近的法律的规定。

（五）适用一般法理

这种主张认为外国法无法查明或没有规定时，应依据法理进行裁判。日本的学说和判例大多持此主张。日本大阪法院于 1966 年（昭和四十一年）1 月 13 日关于亲子关系不存在的判决确认：母之夫的本国法不明，依法理裁判。[③] 我国最高人民法院在 1987 年《关于适用〈中华人民共和国涉外经济合同法〉若干问题的解答》（已失效）中规定"可以参照我国相应的法律处理"，但在 1988 年《关于贯彻执行〈中华人民共和国民法通则〉若干问题的意见（试行）》中改为："适用中华人民共和国法律。"

总之，各国司法关于外国法无法查明时解决办法虽然多种多样，但

---

① Arthur Nussbaum, *Deutsches Internationales Privatrecht*, J. C. B. Mohr, 1932, pp. 261 – 266.

② ［德］马丁·沃尔夫：《国际私法》，李浩培译，法律出版社 1988 年版，第 323 ~ 324 页。

③ ［日］北协敏一：《国际私法—国际关系法Ⅱ》，姚梅镇译，法律出版社 1989 年版，第 63 页。

上升到立法的规定只有两种,即适用内国法和驳回诉讼请求。

四、外国法的错误适用的解决途径

外国法的错误适用可能因两种情况而发生:一是依本国冲突规则指定本应适用某一外国的法律,但在实践中却适用了另一外国或本国的法律,或者本应适用内国法,却适用了外国法而发生的错误,这叫做"适用冲突规则的错误",构成对内国冲突规则的"直接违反";二是虽依本国冲突规则指定应适用某一外国法,但对该外国法的内容做了错误解释,①或者本应适用该外国法的甲法却适用了该外国法的乙法,并据此作出了错误的判决,这叫作"适用外国法的错误",构成对内国冲突规则的"间接违反"。②

(一)"直接违反"的补救措施

这类错误从本质上讲它直接违反了内国的冲突规则,具有错误适用内国法的性质。因此,在实践中,各国都认为与错误适用内国其他法律规范的性质相同,允许当事人依法上诉,以纠正这种错误。

---

① 对外国法的解释,我国国际私法理论界一般坚持"同一性原则",即主张依据作为准据法所属国家立法和实践原则进行解释。目前我国立法尚无关于外国法解释的具体规定。不过,国际私法的外国法解释与外国法查明是相对独立又相互关联的。外国法查明的程序中往往会发生外国法的解释问题,因外国法的解释要不同程度地受法院和当事人的影响,致使外国法的查明问题更为复杂。外国法的解释也对外国法查明提出了更高的要求,即要求查明所有外国法解释所需要的法律规范,而不仅仅是直接影响当事人权利义务的条款本身。外国法查明强调获取外国法的程序事项,而外国法解释强调外国法适用过程中对其意义内容的确定。所以,当冲突规范指定的外国法内容被错误解释,就被视为对规定适用外国法的内国冲突规范的错误适用。参见徐鹏:《外国法解释模式研究》,载《法学研究》2011 年第 1 期。

② 关于外国法的查明与错误适用,国内刊物发表的文章主要有:黄进:《论国际私法中外国法的查明:兼论中国的实践》,载《河北法学》1990 年第 6 期;肖永平:《外国法的查明及其错误适用的救济》,载《法学与实践》1993 年第 6 期;向明华:《论外国法查明责任的分配》,载《武汉大学学报》(哲学社会科学版)2009 年第 3 期;李研:《英美两国关于外国法查明问题之比较及其启示》,载《郑州大学学报》(哲学社会科学版)2005 年第 3 期;霍政欣:《美国法院查明外国法之考察》,载《北京科技大学学报》(社会科学版)2007 年第 4 期;王葆莳:《外国法查明中的专家责任研究》,载《时代法学》2011 年第 5 期;肖芳:《我国法院对"外国法无法查明"的滥用及其控制》,载《法学》2012 年第 2 期;焦燕:《我国外国法查明新规之检视》,载《清华法学》2013 年第 2 期。关于外国法查明的专著主要有刘来平:《外国法的查明》,法律出版社 2007 年版。

（二）"间接违反"的补救措施

对于适用外国法的错误，是否允许当事人上诉加以纠正，在国际私法的理论与实践中，存在有允许当事人上诉与不允许当事人上诉两种不同的处理途径。

第一，不允许当事人上诉的解决办法。

这种主张为法国、瑞士、希腊、荷兰、比利时、西班牙等国所采用。在这些国家中，有的国家只把应适用的外国法视为事实并认为，最高法院作为法律审法院，在上诉方面的职权仅限于审查依据事实得出的结论，因而必须接受下级法院关于事实的认定，并审查从相关事实所得出的法律结论，因此上诉审对外国法的认定仅仅是一种事实的认定。所以，这些国家对适用外国法的错误不允许上诉到最高法院。而另外一些国家尽管把外国法看作法律，但它们认为最高法院的任务在于保证本国法律解释的正确性与一致性，而外国法律的解释是否正确一致，应由外国最高法院解决。事实上，内国最高法院干涉外国法的解释也有所不便。因此，关于外国法的错误适用问题，不接受当事人的上诉。

第二，允许当事人上诉的解决办法。

允许当事人以适用外国法的错误为由提起上诉的国家大致有两种类型：一是奥地利、葡萄牙、芬兰、意大利、波兰、保加利亚、俄罗斯等国家主张把解释外国法的错误同解释内国法的错误一样对待，允许上诉。因为，对外国法内容的错误解释，就是对规定适用外国法的内国冲突规范的错误适用，应将其与错误适用内国法律同等对待，即将两者都视为违反了内国法，因此，应允许当事人上诉并纠正错误。[①] 例如，1928 年《布斯塔曼特法典》第 412 条就规定："在有上诉或其他类似制度的各缔约国内，得以违反另一缔约国的法律或对之做错误解释或不当适用为理由提起上诉，与对其本国法有同样情况者相同，并以同样的条件为依据。"二是以英国和美国为代表的普通法系国家，它们虽将外国法视为"事实"，但允许对解释外国法发生的错误上诉。它们在诉讼程序上实行上诉审制度，法律赋予上诉审法院对下级法院关于事实的认定和法律的适用问题进行审查的职能。英国最高法院即上议院就曾在一些案件中纠正了适用

---

① 裴普主编：《涉外民事关系法律适用实务》，厦门大学出版社 2017 年版，第 82 页。

外国法的错误。

我国尚无有关外国法错误适用方面的立法与实践。不过,我国对民事案件实行两审终审制,无法律审和事实审的区别。因此,无论什么错误,当事人不服都可以提起上诉。如果是明显的错误,或造成了严重的不合理后果,还可以通过审判监督程序予以纠正。这显然有利于维护正当的国际私法关系。

五、中国的具体实践与立法建议

在国际私法还未产生的漫长年代中,各国法院之所以不愿意适用案件所涉及的外国法,或不承认法律冲突的存在,而一律只适用法院自己的法律,其原因当然是多种多样的,但由于国际人员和法律文化的交往还很不发达,通讯手段亦极落后,难以了解和查明所涉的外国法,或即使知道了所涉外国法,又难以正确解释它的内容和旨意,当是其重要原因之一。后来国际私法产生了,仍长期不愿适用外国法,或将查明和正确解释有关外国法的责任委之于主张该外国法的当事人,最主要的原因是法官并不了解所涉外国法的内容。在这种情况下,外国法的查明成为国际私法中的一项重要法律制度。但是,可以肯定地讲,随着通讯手段的日趋进步和法律文化交流的不断开展,要求一国法官查明和知晓外国法律,将不再是十分困难的事。这样,外国法的查明在国际私法中的地位也就会大大削弱,甚至不再占有重要的一席之地了。[①] 但是,目前情况下,仍不可完全忽视对外国法查明的立法规制与实践探索。

长期以来,我国国际私法理论界与实务部门对外国法查明问题一直颇为关注,进行了不懈的探索。虽然我国立法在这一问题上较为保守,在2010年《涉外民事关系法律适用法》颁布以前一直没有出台明文规定,但是,我国的司法解释却并未等闲视之,不断地积极探寻外国法查明的途径与方法。早在1987年,最高人民法院《关于适用〈中华人民共和国涉外经济合同法〉若干问题的解答》(已失效)第2条第11款就明文规定:“在应适用的法律为外国法律时,人民法院如果不能确定其内容的,可以通过下列途径查明:(1)由当事人提供;(2)由我驻该国的

---

① 李双元等:《中国国际私法通论》,法律出版社2003年版,第192~194页。

使、领馆提供；(3)由该国驻华使、领馆提供；(4)由中外法律专家提供。"1988年最高人民法院《关于贯彻执行〈中华人民共和国民法通则〉若干问题的意见(试行)》第193条又增加了一个途径，即由与中国订立司法协助协定的缔约对方的中央机关提供。[①] 1988年2月8日生效的《中华人民共和国和法兰西共和国关于民事、商事司法协助的协定》第28条也规定："有关缔约一方的法律、法规、习惯法和司法实践的证明，可以由本国的外交或领事代表机关或者其他有资格的机关或个人以出具证明书的方式提交给缔约另一方法院。"我国的这种做法还是有一定的可取之处的。2005年最高人民法院《第二次全国涉外商事海事审判工作会议纪要》第51条规定："当事人可以通过法律专家、法律服务机构、行业自律性组织、国际组织、互联网等途径提供相关外国法律的成文法或者判例，亦可同时提供相关的法律著述、法律介绍资料、专家意见书等。"该意见第52条规定："当事人提供的外国法律经质证后无异议的，人民法院应予确认。对当事人有异议的部分或者当事人提供的专家意见不一致的，由人民法院审查认定。"2010年《涉外民事关系法律适用法》第10条规定："涉外民事关系适用的外国法律，由人民法院、仲裁机构或者行政机关查明。当事人选择适用外国法律的，应当提供该国法律。不能查明外国法律或者该国法律没有规定的，适用中华人民共和国法律。"2012年最高人民法院《关于适用〈中华人民共和国涉外民事关系法律适用法〉若干问题的解释(一)》第17条规定："人民法院通过由当事人提供、已对中华人民共和国生效的国际条约规定的途径、中外法律专家提供等合理途径仍不能获得外国法律的，可以认定为不能查明外国法律。"根据《涉外民事关系法律适用法》第10条第1款的规定，当事人应当提供外国法律，其在人民法院指定的合理期限内无正当理由未提供该外国法律的，可以认定为不能查明外国法律。根据其第18条的规定，人民法院应当听取各方当事人对应当适用的外国法律的内容及其理解

---

① 最高人民法院1988年《关于贯彻执行〈中华人民共和国民法通则〉若干问题的意见(试行)》第193条规定："对于应当适用的外国法律，可通过下列途径查明：(1)由当事人提供；(2)由与我国订立司法协助协定的缔约对方的中央机关提供；(3)由我国驻该国使领馆提供；(4)由该国驻我国使馆提供；(5)由中外法律专家提供。通过以上途径仍不能查明的，适用中华人民共和国法律。"

与适用的意见,当事人对该外国法律的内容及其理解与适用均无异议的,人民法院可以予以确认;当事人有异议的,由人民法院审查认定。2016 年最高人民法院《关于为自由贸易试验区建设提供司法保障的意见》第 11 条规定:“当事人不能提供、按照我国参加的国际条约规定的途径亦不能查明的外国法律,可在一审开庭审理之前由当事人共同指定专家提供。根据冲突法规范应当适用外国法的,人民法院应当依职权查明外国法。”[①] 2018 年最高人民法院《关于设立国际商事法庭若干问题的规定》第 8 条规定:“国际商事法庭审理案件应当适用域外法律时,可以通过下列途径查明:(一)由当事人提供;(二)由中外法律专家提供;(三)由法律查明服务机构提供;(四)由国际商事专家委员提供;(五)由与我国订立司法协助协定的缔约对方的中央机关提供;(六)由我国驻该国使领馆提供;(七)由该国驻我国使馆提供;(八)其他合理途径。通过上述途径提供的域外法律资料以及专家意见,应当依照法律规定在法庭上出示,并充分听取各方当事人的意见。”

从我国目前的立法与司法解释可以得知,我国立法明文规定了外国法查明的两种方法,一种是人民法院、仲裁机构或者行政机关依职权查明,一种是当事人举证查明(如果当事人自己选择适用外国法做准据法)。当外国法被我国人民法院认定为不能查明的,其补救办法就是适用法院地法即中国法。简言之,中国《涉外民事关系法律适用法》及其司法解释明确了查明外国法的职责,确立了以解决争议机构依职权查明外国法为主与当事人协助证明的机制。各国司法关于外国法无法查明时的解决办法虽然多种多样,但是,我国立法与司法解释毫不犹豫地采取了适用中国法的补救方法。

为了更完善地规制我国关于外国法查明的程式与方法,通过对世界各国的相关规定进行梳理,特列出表 8－2 予以比较。

---

① 我国最高人民法院的司法解释及相关意见充分表明,除了传统的、法定的外国法查明途径与方法外,目前司法实践还允许通过已对中华人民共和国生效的国际条约规定的途径、由中外法律专家提供、听取当事人对外国法的内容及适用的理解和意见等方式来查明外国法。在信息化和网络化时代,我国法院在实践中也在同步新技术的发展,逐步探索互联网途径查明外国法方法的规范化问题。

表8-2　关于外国法查明程式与方法的法律规范比较

国家	一般规定	辅助方法	不能查明时的解决办法
奥地利	法官依职权查明	有关的人的参加,联邦司法部提供的资料以及专家意见	适用内国法
法国	法官查明		适用内国法
意大利	法院依职权查明	国际公约提到的方式,司法部获得的信息,专家或专门组织获得的信息	适用内国法
俄罗斯	法院依职权查明	请求俄罗斯联邦司法部或者俄罗斯联邦以及外国的其他主管机构或主管组织以及专家予以协助和解释;当事人协助	适用内国法
白俄罗斯	法院或其他国家机关查明	寻求其他主管机关的帮助或求助于专家,当事人有权协助查明	适用内国法
葡萄牙			适用相对来说较为适宜的法律
土耳其	法官依职权查明	要求当事人提供协助	适用内国法
塞内加尔	诉讼当事人提供	根据法官的建议	适用内国法
突尼斯	法官依职权查明	当事人提供协助	适用内国法
瑞士	法官查明,可要求当事人予以合作	涉及继承问题的,由当事人负责查明	适用内国法
秘鲁	双方当事人提供,法官依当事人申请或职权查明		
阿根廷	法官依职权查明	当事人提供协助	适用内国法
波兰	不确定		适用最密切联系的法律或适用波兰法

续表

国家	一般规定	辅助方法	不能查明时的解决办法
北马其顿	法院、其他机关依职权确定应适用的外国法的内容	各方当事人在诉讼中也可提交有关外国法内容的公证文书	适用内国法
乌克兰	法院、其他机关依职权查明	请求乌克兰司法部或其他主管机关或乌克兰境内外的组织提供协助,或者吸收专家参与;当事人协助	适用内国法
保加利亚	法院、其他机关依职权查明	依据国际条约中规定的协助方式,请求司法部或其他机构以及专家、专业机构提供;当事人协助。外国法的解释依其来源国的解释和适用方式;对外国法的不适用以及错误解释和适用,均可提出上诉	不确定
阿尔及利亚	不确定	不确定	适应内国法
比利时	法官依职权查明	法官不能查明外国法的内容,可以要求当事人进行合作	适应内国法
蒙古国	法院及仲裁庭依职权查明	请求司法部、内外国的其他主管机关协助、答复或诠释以及邀请专家参与解释;当事人有权提交证明该外国法内容的文件	适应内国法
韩国	法院依职权查明	当事人协助	不确定
立陶宛	法官依职权查明	当事人协议选择的外国法,由当事人提供一切与外国法内容有关的证明资料,包括该国的官方解释、适用实践及学说。法院可提供协助	适用内国法
格鲁吉亚	法院依职权查明	当事人协助	适用内国法
阿塞拜疆	法院依职权查明	当事人协助	适用内国法
斯洛文尼亚	法院或其他主管机关依职权查明	当事人协助	适用内国法

续表

国家	一般规定	辅助方法	不能查明时的解决办法
哈萨克斯坦	法院依职权查明	请求哈萨克斯坦共和国司法部以及哈萨克斯坦共和国和外国的其他主管机关、机构或专家予以协助或解释;当事人协助	适用内国法
吉尔吉斯斯坦	法院或其他国家机关依职权查明	请求司法部和其他国家主管机关或机构予以协助和说明,亦可向外国的相应机关求助或者向专家咨询;当事人协助	适用内国法
列支敦士登	法院或其他国家机关依职权查明	当事人的协助,政府提供的情况以及专家意见也可作为辅助手段	适用内国法
朝鲜	法院依职权查明	不确定	适用与当事人有最密切联系国家的法律或朝鲜法
罗马尼亚	法院依职权查明	法院根据从该法律所涉国政府机关索要的证明或专家证言或以其他适当方式查明,当事人出具该法律内容的证明。外国法的解释依其来源国法律制度的解释和适用方式	适用内国法
黑山	法院或其他裁判主管机关依职权查明	依照国际条约的规定的方式,也可从司法主管部门获取有关外国法的信息或者请求法律专家和专业研究机构提供意见;当事人协助。外国法的解释应如同在所涉外国法所属那样解释和适用外国法;未适用外国法以及错地误解释和适用外国法,构成上诉之理由	
中国	法院、仲裁机构或者行政机关依职权查明	当事人协助	适用内国法

从表 8－2 可知,大多数国家立法都规定,外国法由法院或法官依职权查明,当事人亦可给予协助。如果通过上述途径不能查明时,则适

用法院国的本国法。根据我国涉外民商事诉讼实践实行"以事实为根据,以法律为准绳"的原则,并参照国际上大多数国家的普遍实践,采取由法官依职权查明外国法,但当事人亦有提供和证明外国法之义务的做法较为适宜。同时,根据国际社会的普遍实践,我国在外国法不能查明时,则应适用中华人民共和国法律或者适用最密切联系的法律。另外,随着现代科学技术的发展,信息化、电子化、网络化、智能化手段和方法也不可忽视,必须同步新技术的发展,努力探寻"AI + Internet"途径查明外国法的新方法。因此,借鉴世界各主要国家的先进范例,特提出如下立法建议供我国立法与司法部门参考:

[外国法的查明]处理涉外民商事案件的准据法由法官依职权查明,也可责令当事人予以协助。不能查明或经查明不存在有关法律规定的,适用最密切联系的法律或中华人民共和国的法律。

外国法的解释依其来源国的解释原则和适用方式,必要时可参照一般法理、权威学者的通说;对外国法的错误解释或错误适用,均可提起上诉。

第四节　法律规避的防范机制

一、法律规避的概念和性质

(一)法律规避的概念

法律规避(Evasion of Law)又称欺诈规避(Fraude a la loi, Gesetzesumgehung, Fraudulent Evasion of Law)或欺诈设立连接点(Fraudulent Creation of Points of Contact),是指涉外民商事法律关系的当事人为利用某一冲突规范,故意制造某种连接点,以避开本应适用的准据法,并获得适用对自己有利的法律的一种逃法行为。[①] 例如,1878年法国最高法院对鲍富莱蒙案(Bauffremont's Divorce Case)的判决便是关于法律规避的典型案例。该案原告鲍富莱蒙王子的妃子原为比利

---

① Istvàn Szàszy, *Conflict of Laws in the Western, Socialist and Developing Countries*, A. W. Sijthoff Leiden, 1974, pp. 179 – 180.

时人,因与鲍富莱蒙王子结婚而取得法国国籍。后来,因夫妻关系不和,意欲离婚并打算与一个罗马尼亚的王子比贝斯哥(Bibesco)结婚。但是,1884年以前的法国法律不准许离婚,于是,为了到达与鲍富莱蒙王子离婚的目的,鲍富莱蒙王子的王妃便只身移居德国并归化为德国人。随后,鲍富莱蒙王妃在德国法院获得离婚判决。离婚以后不久,她在柏林与罗马尼亚的比贝斯哥王子结婚。于是,鲍富莱蒙王子遂申请法国法院宣告其妻加入德国国籍及离婚、再婚均属无效。法国最高法院认为,依照法国法,离婚虽然应适用当事人的本国法,但鲍富莱蒙王妃取得德国国籍的动机,显然是为了逃避法国法律禁止离婚的规定,因而构成了法律规避,判决她在德国的离婚和再婚均属无效。① 再如,早先因英格兰曾规定严格的结婚条件,包括双亲的同意和举行一定的宗教仪式,为规避这种法律制度,许多英格兰青年男女便私奔到没有这类限制的苏格兰"Gretna Green"村,在英格兰成立婚姻后再回英格兰生活。英国对此类婚姻专称为"Gretna Green Marriage"。② 我国台湾地区学者还有将国际私法上这种规避法律的行为称为"选法诈欺""窃法舞弊"的。③

---

① 1878年3月18日法国最高法院民事庭关于鲍富莱蒙案(Bauffremont's Divorce Case)的判决,参见[法]亨利·巴蒂福、保罗·拉加德:《国际私法总论》,陈洪武等译,中国对外翻译出版公司1989年版,第510页。

② 李双元:《国际私法(冲突法篇)》,武汉大学出版社2001年版,第288~289页。

③ 李双元等:《中国国际私法通论》(第2版),法律出版社2003年版,第183~189页。我国大陆国际私法学者关于"法律规避"的界定也各有千秋,见仁见智。有的学者认为:"法律规避一词主要用于国际私法,指涉外民事法律关系的当事人利用某一冲突规范,故意制造某种连结点,以避开本应适用的法律,从而使对自己有利的法律得以适用的一种逃法或脱法行为。"(参见韩德培主编:《国际私法》,高等教育出版社、北京大学出版社2000年版,第135页。)也有学者认为:"法律规避(Evasion of Law)又称法律欺诈(Fraude a la loi)等,是指涉外民事关系的当事人为了利用某一冲突规范,故意制造出一种连结点,以避开本应适用的准据法,并使得对自己有利的法律得以适用的一种逃法或脱法行为。"(参见李双元、欧福永主编:《国际私法》(第5版),北京大学出版社2018年版,第132~133页。)还有学者认为:"法律规避指涉外民商事关系的当事人利用某一冲突规范,故意改变构成冲突规范连接点的事实因素,以避开本应适用的强制性法律规范,从而使得另一种对其有利的法律得以适用的行为。"(参见张潇剑主编:《国际私法学》,北京大学出版社2000年版,第200页。)另有学者认为:"法律规避指当事人有意识地创造条件,利用冲突规范来逃避原应对其适用的法律规定的行为。"(参见袁成第:《国际私法原理》,法律出版社2003年版,第130页。)再有学者认为:"国际私法中的法律规避,又称法律欺诈,是指当事人故意制造某种动态连接点,以避开依法院地国冲突规范的指引本应适用于他的准据法,而使对其有利的法律得以适用的行为。"(参见屈广清主编:《国际私法》,吉林大学出版社2014年版,第132页。)

(二)法律规避的性质

各国国际私法理论与实践对法律规避在国际私法中的定性一直未形成定论。① 特别是对应将其视为一个独立的问题还是归入公共秩序保留制度的一部分,分歧相当大。概括起来,主要有两种不同的看法。一派学者,如克格尔(Kegel)、罗默(Romer)、拉沛(L. Raape)、努斯鲍姆(Nussbaum)、尼德勒(Niederer)、巴蒂福尔(H. Batiffol)等,都认为法律规避是一个独立问题,不应与公共秩序保留问题混为一谈。他们认为,两者虽然在结果上常常都是对本应适用的外国法不予适用,但其性质并不相同,公共秩序保留着眼于外国法的内容和适用结果;而法律规避却着眼于当事人的虚假行为。另一派学者,如梅尔希奥(Mechior)、巴丁(Bartin)、贝特拉姆(Bertram)、萨瑟(Szászy)等,他们认为法律规避属于公共秩序保留的一部分。在不适用外国法而适用内国法时,两者都是为了维护内国法的权威,法律规避可以视为公共保留问题的一个附带问题。② 法律规避只是公共秩序的一种特殊情况,其特殊性在于适用外国法可能导致的"社会混乱"是由当事人通过欺诈行为引起的。③ 1987 年的瑞士国际私法在草案和最后文本中,均未见法律规避条款,而仅有公共秩序的规定,似也采此种立场。

我国许多学者认为,法律规避是一个独立的问题,并指出法律规避与公共秩序保留两者的主要区别在于:前者是当事人故意通过改变连接点的行为造成的,后者则是由于冲突规范所指定的外国法的内容及其适用的结果与冲突规范所属国的公共秩序相抵触而引起的。具体而言,法律规避之所以成为独立的问题,主要原因可归结为:第一,起因上的独立性。法律规避是当事人故意改变连接点的行为造成的,公共秩

① 国内刊物发表的关于法律规避的文章主要有:白呈明:《法律规避之界定》,载《陕西工商学院学报》1996 年第 2 期;肖永平、邓朝晖:《国际私法中法律规避问题比较研究》,载《法商研究》1998 年第 3 期;郭丽红:《论规避外国法的效力》,载《甘肃政法学院学报》1998 年第 2 期;田曼莉:《国际私法上法律规避之我见》,载《法学评论》2000 年第 6 期;赵生祥:《禁止法律规避制度在中国国际私法中的地位》,载《现代法学》2004 年第 5 期;周江:《国际私法中法律规避问题的再思考》,载《法律科学》2007 年第 4 期;张春良:《国际私法反法律规避制度的功能分析》,载《法制与社会发展》2010 年第 6 期;孔云龙:《国际私法法律规避若干问题再思考》,载《长春理工大学学报》2012 年第 3 期;等等。

② Aleksandr Nikolaeviĉ Makarov, *Grundiss des internationalen Privatrechts*, A. Metzner Frankfurt, 1970, pp. 103 – 104.

③ 韩德培主编:《国际私法》(修订版),武汉大学出版社 1989 年版,第 85 页。

序则是由于冲突规范所指引的外国法的内容与冲突规范所属国的公共秩序相抵触而引起的。第二,保护对象的独立性。法律规避既可以保护本国法,也可以保护外国法,且多为禁止性的法律规范。而公共秩序保护的只是内国法,且是内国法中的基本原则和基本精神,并不一定是禁止性的法律规范。第三,行为性质的独立性。进行法律规避是一种私人行为,而适用公共秩序则是一种公法性行为。第四,后果的独立性。当否定法律规避行为不适用外国法时,不仅当事人企图适用某一外国法的目的不能达到,他还可能要负担法律责任。而由于公共秩序不适用冲突规范所援用的外国法,当事人不承认任何法律责任。第五,立法地位的特殊性。公共秩序得到了世界各国的赞同,各国冲突法无一例外规定了公共秩序制度。而法律规避则被认为是一种学说,除少数国家外,绝大部分国家的立法尚未予以明文规定。[①]

二、法律规避的构成要件

从法律规避的概念和性质可以看出,在涉外民商事法律关系中,要构成法律规避,必须具备以下四个相互联系、缺一不可的要件。

第一,从规避的客观性来看,必须存在规避的行为。法律规避必须是当事人自己所为且已完成的规避行为。这与反致不同,因为反致是由于各国冲突法的规定不同造成的,与当事人的主观愿望和行为无关,当事人没有法律责任。而且,从客观的结果来看,当事人的规避行为已经完成,如果按照相关冲突规则,就要适用对当事人有利的法律。

第二,从规避的主观性来看,必须存在规避的故意。当事人有意识、有目的地进行法律规避行为,由直接故意支配而为。当事人的这种法律规避行为,从主观上说具有逃避某种应该适用的法律的故意。

第三,从规避的对象来看,必须是规避本应适用的法律。通说认为,被规避的法律必须是依冲突规则指定本应适用的法律,而且是属于强行法的范畴,才构成法律规避。因为如属任意性法规,则并非必须在有关法律关系中适用,故不存在规避问题。[②] 另外,被规避的法律是内国法或外国法,有时也决定是否构成法律规避行为。因为,有的国家只

---

① 黄进主编:《国际私法》,法律出版社 1999 年版,第 270～271 页。

② 李双元等:《中国国际私法通论》,法律出版社 2003 年版,第 189 页。

承认规避内国法为法律规避,而有的国家则把规避外国法也视为法律规避。

第四,从规避的方式来看,应是改变连接点。当事人是通过人为地制造或改变一个或几个连接点来达到规避法律的目的,如改变国籍、住所、行为地、物之所在地等。这种行为,虽然表面上看来是合法的,但实质上是非法的。例如,"避税天堂"设立避税公司和船舶的"方便船旗"问题等。

三、法律规避的方式

法律规避是当事人故意以虚构的连接点为手段来实现的,既利用了同一冲突规则,又适用了对自己有利的准据法。如1878年法国最高法院处理的鲍富莱蒙案就是典型范例。由于国际私法的连接点的多样性,从而实践中导致为规避法律而故意改变连接点的方式也同样呈现出多姿多彩的特点。① 古今中外法律规避常见的方式主要有以下四类:

第一,变更所在地。在物权关系适用物之所在地法的情况下,故意把一国法律规定不准为某种处分的物转移到无此种限制的国家,或者将遗失物从返还时效较长的国家转移到返还时效较短的国家。②

第二,变更行为地。在适用场所支配行为的情况下,故意变更行为地,以采取某种内国法所不允许的行为方式成立法律关系。例如,甲国法律规定,赠与契约应经公证,而乙国仅要求以书面形式为之即可,当事人为避开甲国公证所需费用,而到乙国去成立赠与契约;为了逃避成立遗嘱的烦琐手续和昂贵费用,到一个手续更简单、花费更小的国家去成立遗嘱;故意在契约中规定某一外国为债务清偿地,使依本国法观点看来是不合法的或应认为无效的清偿方式得而成立;在婚姻有效条件依举行地法的情况下,当事人有意前往他国,以获得按本国法不允许的条件结婚等,均属变更行为地的情况。

第三,变更宗教信仰。在适用宗教法规的情况下,当事人还有可能通过改变宗教而达到规避原属宗教法中禁止性规定的目的。在涉外民

---

① 黄进主编:《国际私法》,法律出版社1999年版,第271~273页。

② 李双元:《国际私法(冲突法编)》,武汉大学出版社2001年版,第290~291页。

商事关系中,冲突规范之所以会被当事人利用来达到法律规避的目的,是因为这种规范本来就是一种间接规范,是通过连接点来指示应适用的准据法,从而使当事人有可能变更连接点而达到改变准据法的目的。

第四,变更国籍或住所。在内国有关冲突规则以国籍或住所为连接点的情况下,由一国国籍改变为另一国籍(如在外国成立法人、归化为他国公民等),由一国住所改为他国住所。例如,在某些国家里,为了逃避在本国或本州设立公司的苛刻条件或较高征税,一些人预先到另一无此苛刻条件或征税较低的国家或州去成立公司,然后再以外国公司身份回本国或本州营业。这种情况常在欧洲的卢森堡、摩纳哥、列支敦士登、瑞士、美洲的巴拿马或美国的特拉华州发生,因为在这些地方成立公司纳税较轻。又如,在适用本国或本州关于结婚、离婚、收养适用当事人属人法的冲突规则的情况下,为了规避原住所地或原国籍法中的有关禁止性规定,而有意改换国籍或住所,使此等法律关系先在无相应禁止性规定的地方成立,以造成既成事实,再返回原来国家或州生活。在禁治产宣告、监护人设立及非婚生子认领等方面也可能发生这种情况。在涉外民商事领域,当事人之所以可以通过构设另一连接点而达到规避法律的目的,是因为准据法是通过冲突规范中的连接点的指引而得以确定的,为此,有些国家曾试图通过国际努力来限制其发生。如斯堪的纳维亚四国就曾经缔结协定,规定缔约国一方公民在缔约另一方设立住所,需经 2 年以上,才算取得住所,以防止伪设住所的发生。①

四、法律规避的法律效力

国际私法上的法律规避行为对当事人与法院地国及准据法所属国都有影响。它涉及的面较宽,既涉及被规避的法律,又涉及行为人故意改变连接点的行为和因此而成立的法律关系,加之被规避的法律有时是内国法,有时为外国法。如此,有关法律规避的法律效力问题,各国国际私法在学说、立法和司法实践方面存在较大分歧。② 大致归纳起

---

① John Greenwood Collier, *Conflict of Laws*, 3rd ed., Cambridge University Press, 2001, pp. 119 - 120.

② Jürgen Basedow, Giesela Rühl, Franco Ferrari and Pedro de Miguel Asemsio, *Encyclopedia of Private International Law*, Chapter B, Edward Elgar Publishing, 2017, p. 708.

来,主要存在以下三种基本立场。

(一)肯定规避外国法的效力

尽管早先的学说认为,国际私法上的法律规避并不是一种无效行为,如德国的华赫特与法国的魏斯就认为,既然双边冲突规范承认可以适用内国法,也可以适用外国法,那么,内国人为使依内国实体法不能成立的法律行为或法律关系得以成立,前往某一允许为此种法律行为或设立此种关系的国家,设立一个连接点,使它得以成立,这并未逾越冲突规范所容许的范围,因而不能将其视为违法行为。因此,即使当事人为了某一目的而改变连接因素,也并不与冲突法相抵触。[①] 一些英、美普通法系的学者也认为,既然冲突规范给予当事人选择法律的可能,那么,当事人为了达到自己的某种目的而选择某一国家的法律,理应允许。即使这种做法存在问题,也不可将责任归咎于当事人。如果要防止冲突规范被人利用,就应该由立法者在冲突规范中有所规定。不过,这种观点受到了越来越多的批评。如今的共识是,如果承认法律规避的效力,必然造成法律关系的不稳定,影响整个社会的安定。因此,有些学者提出了相对无效的主张,即规避法院地法无效,规避外国法律有效。法国法院在1922年审理佛莱案时就采取了这一立场。该案当事人佛莱(Ferrai)夫妇为意大利人,为了规避意大利法律中只许别居、不许离婚的限制性规定,两人商定由妻子归化为法国人,并向法国法院提出离婚请求。当时的法国已在法律中取消了限制离婚的规定。法国最高法院在审理该案时不仅没有否定女方规避意大利法律的行为,而且依法国冲突规范规定的离婚适用当事人本国法,作出准予离婚的判决。不过,不少法国学者对此提出异议,认为规避外国法也应予以否定,或者说不能完全不承认为法律规避。因为,规避毕竟是规避,是一种不道德的行为;而且,在规避外国法的同时,也规避了内国的冲突规范,因为依内国冲突规范该外国法可能就是本应适用的法律。

(二)否定规避内国法的效力

绝大多数国家的立法都认定当事人规避内国法律是无效的,但对规避外国法律的效力未具体规定。加蓬、西班牙、罗马尼亚、阿尔及利

① 刘甲一:《国际私法》,台北,三民书局1986年版,第152页;苏远成:《国际私法》,台北,五南图书出版股份有限公司1970年版,第119页。

亚、匈牙利和塞内加尔等国采取了这种做法。不过,大部分国家主张规避内国的实体法无效,只是乌兹别克斯坦、吉尔吉斯斯坦、白俄罗斯、阿塞拜疆和乌克兰等国将冲突法也包括在法律规避的范围之内。例如,《加蓬民法典》第 31 条规定:"任何人不得利用规避加蓬法而使某个外国法得以适用。"1979 年《匈牙利国际私法》第 8 条规定:"如国适用依本法可以适用的外国法,是为了规避匈牙利法的适用,则该外国法不得适用。"1998 年《吉尔吉斯斯坦民法典》第 1171 条规定:"受本法典调整的法律关系的当事人,其旨在规避本章有关法律适用的规则从而使相应法律关系受另一法律支配的协议及其他行为无效。此时,适用依照本章规定应予以适用的国家的法律。"1999 年《哈萨克斯坦民法典》第 1088 条第 2 款规定:"受本法典调整的法律关系的当事人,其旨在规避本编有关法律适用的规定而使相应的法律关系受其他法律支配的协议和其他行为无效。此时,适用依照本编规定所援引的法律。"2000 年《阿塞拜疆国际私法》第 8 条规定:"当事人不得通过协议或者其他旨在适用另一法律的行为规避本法有关确定准据法的规定。此时,依照本法规定确定应适用的法律。"2015 年《阿尔及利亚民法典》第 24 条第 1 款规定:"前述条款所指引的外国法,如违背阿尔及利亚的公共秩序或善良风俗,或者情况表明该外国法的适用系因欺诈性的法律规避所致,则不予适用。"2005 年《乌克兰国际私法》第 10 条规定:"私法关系参与者的法律行为和其他行为,试图使这些法律关系受本法所确定法律之外的其他法律支配,规避其规定,视为无效。在此情况下,适用本法相应规范的准据法。"

在美国,早先本是承认通过法律规避而成立的婚姻为合法的,后来由于社会舆论的反对,才于 1912 年统一州法委员会全国会议上,草拟了一个"婚姻规避条例"(Marriage Evasion Act),建议禁止这种"移住婚姻"(Migratory Marriage),从而否定了此种借法律规避而缔结的婚姻的合法性。英国法院则认为这种借规避法律而成立的婚姻,其方式有效性,只要依当事人双方住所地法婚姻具备实质要件,应予承认;只有在离婚问题上,如有关离婚判决有重大不公平之处,英国法院才不会承认那种和英国离婚观念相抵触的外国离婚判决的效力,其中当然也包括这种当事人故意跑到外国去用欺诈手段获取的离婚判决。[1] 在法律规避中,一般认为规避内国强行法的行为是无效的,但是,规避外国强行法是否也应认为无效,并无一致的看法。[2]

(三)所有的法律规避行为均为无效

欧洲大陆学者大多认为,法律规避是一种欺骗行为,因而在发生法律规避的情况下,就应排除当事人所希望援用的法律的适用,而适用本应适用的法律。这种观点的理论基础和依据就是"欺诈使一切归于无效"(Fraus Omnia Corrompit)。[3] 法国学者巴丁和巴蒂福尔认为,规避法律的行为损害了冲突规范及其指定的准据法的威信,本质上是一种欺诈行为,只要不存在其他相反的解释,就不应承认其效力。在立法上,西班牙、匈牙利、比利时、葡萄牙、突尼斯、捷克和阿根廷等国作了明文规定。例如,1998 年《突尼斯国际私法》第 30 条规定:"法律规避是指人为地改变与实际存在着的法律事实或情况相关的连结因素,其目的在于规避突尼斯法律或规避某外国法律——根据应适用的冲突规则的指定,该外国法律本应得到适用。在此情况下,连结因素的改变将不予考虑。"2004 年《比利时国际私法典》第 18 条规定:"在确定当事人不能自由处分其权利之事项的准据法时,对当事人仅为规避适用本法所指定的法律而造成的事实和做出的行为将不予考虑。"

尤其值得注意的是,西班牙和捷克等国还特别强调规避强行法无效。例如,1889 年《西班牙民法典》第 12 条第 4 款规定:"适用冲突规范最终规避了西班牙强制性的法律,则构成法律欺诈。"2012 年《捷克国际私法》第 5 条规定:"为了能不适用本法的强行规定,或者为了使故意制造或伪造的事实未发生时本应适用的法律以外的其他法律得以适用而故意制造或伪造的事实,不予考虑。"2014 年颁布的《阿根廷民商法典》第 2598 条规定:"在确定并非属于当事人自由处分的权利的相关事项的准据法时,对那些仅为规避适用冲突规范所指定的法律而存在的事实和行为应不予以考虑。"该法典第 2599 条进一步规定,不仅阿根廷强行规范和国际强行规范优先适用并排除当事人依冲突法选择的准据法的适用,而且与案件密切相关的外国强行规

---

① Richard Fentiman, *Foreign Law in English Courts*, Oxford University Press, 1998, pp. 147 - 151.

② 李双元:《国际私法(冲突法编)》,武汉大学出版社 2001 年版,第 290 ~ 294 页。

③ [日]池原季雄:《国际私法(总论)》,有斐阁 1973 年版,第 280 ~ 282 页。

范的效力也不可忽视。

此外,1979 年美洲国家组织第二届国际私法特别会议通过的《美洲国家间关于国际私法一般规则的公约》也坚持“法律规避行为一概无效”的类似立场。该公约第 6 条规定:“成员国的法律不得在另一成员国的法律基本原则被欺诈规避时作为外国法而适用。”

五、中国对待法律规避问题的现行态度与立法选择取向

对于法律规避问题,中国立法至今一直未作明文规定,只在司法解释中偶有涉及。1988 年最高人民法院《关于贯彻执行〈中华人民共和国民法通则〉若干问题的意见(试行)》第 194 条规定:“当事人规避我国强制性或者禁止性法律规范的行为,不发生适用外国法律的效力。”2007 年最高人民法院《关于审理涉外民事或商事合同纠纷案件法律适用若干问题的规定》第 6 条规定:“当事人规避中华人民共和国法律、行政法规的强制性规定的行为,不发生适用外国法律的效力,该合同争议应当适用中华人民共和国法律。”[①] 2012 年最高人民法院《关于适用〈中华人民共和国涉外民事关系法律适用法〉若干问题的解释(一)》第 11 条规定:“一方当事人故意制造涉外民事关系的连结点,规避中华人民共和国法律、行政法规的强制性规定的,人民法院应认定为不发生适用外国法律的效力。”这些司法解释均明确了规避我国法律的具体后果,但是,对于规避外国强行法的行为是否有效,缺乏相关解释和说明。依我国多数学者的意见,由于国际私法所调整的法律关系不仅涉及本国和某外国两个国家,甚至常常涉及三个或四个国家的法律,当事人既可适用外国法来规避本国法,也可适用第二国法来规避第三国法,而第二国法和第三国法对法院来说都是外国法。因此,国际私法上的法律规避应包括一切法律规避在内,既包括规避本国法,也包括规避外国法。至于法律规避的行为是否有效,应视不同情况而定:首先,规避本国法一律无效;其次,对规避外国法要具体分析、区别对待。如果当事人规避外国法中某些正当的、合理的规定,应该认为规避行为无效;反之,如果规避外国法中非正当的、不合理的规定,则应认定规避

① 该司法解释于 2013 年 4 月 8 日废止。

行为有效。①

为了更有针对性地在我国防止法律规避行为,通过对世界各国的相关规定进行梳理,特列出表8－3予以比较。

表8－3　有关国家关于规制法律规避行为的比较

国家	规避本国法的效力	规避外国法的效力
白俄罗斯	无效	未作规定
葡萄牙	无效	无效
加蓬	无效	未作规定
突尼斯	无效	无效
阿根廷	无效	无效
阿尔及利亚	无效	未作规定
罗马尼亚	规避强行法无效	未作规定
乌兹别克斯坦	无效	未作规定
吉尔吉斯斯坦	无效	未作规定
阿塞拜疆	无效	未作规定
乌克兰	无效	未作规定
比利时	无效	无效
匈牙利	无效	无效
西班牙	规避强行法无效	规避强行法无效
捷克	规避强行法无效	规避强行法无效

从表8－3中15个国家有关法律规避问题的立场和具体做法可以发现,大多数国家立法都规定规避本国法时其所企图适用的法律无效。对于规避外国的强行法是否无效,唯有突尼斯、葡萄牙、罗马尼亚和阿根廷等国法律进行了具体规定,其他国家大多缺乏明文规定。由于法律规避在现代国际民商事交往中难以避免且较为常见,因而有必要进行立法规制。从当今世界立法实践来看,对此作出明确规定的国家似乎并不多,但根据我国的具体情况,可将现行有关法律规避的司法解释

① 韩德培主编:《国际私法》,高等教育出版社、北京大学出版社2000年版,第135页。

升格为立法规定。为此,借鉴有关国家立法先例,特提出如下立法建议供我国立法与司法部门参考:

[法律规避]当事人故意规避中华人民共和国强制性或禁止性法律规定的,该被适用的法律不发生效力。

对规避外国强制性或禁止性法律规定所成立或终止的法律关系,与中华人民共和国强制性或禁止性法律规定相违背的,不得要求依中国法终止其效力。

第五节　公共秩序保留制度

一、公共秩序的称谓与定义

在国际私法的实践中,依内国的冲突规则指引本应适用外国实体法的时候,还有各种各样可以排除外国实体法适用的根据,其中,公共秩序就是普遍采用的一项制度。[①] 通常所使用的公共秩序(Public Order)这一术语,在英美法中称为公共政策(Public Policy),在法国法中称为公共秩序(Order Public),在西班牙法中也称为公共秩序(Orden Publico),而在德国法中称为保留条款(Vorbehaltsklaudel)或排除条款(Ausschie Bungsklausel)。我国目前多称"公共秩序保留"(Reservation of Public Order),或直接叫作"公共秩序"(Public Order)。[②]

在各国的国际私法立法中,对公共秩序的立法用语并不统一。据不完全统计,大致有以下五种情况:

第一,称之为"公共秩序",这在加蓬、塞内加尔、土耳其等国的立法例中可以见到。如1941年《乌拉圭民法典》第2404条规定:"在乌拉圭,绝不允许适用与公共秩序相抵触的外国法律。"

第二,称之为"国际公共秩序",以葡萄牙和秘鲁等国立法最具代表性。例如,1966年《葡萄牙民法典》第22条第1款规定:"冲突规范所指向的外国法,如果与葡萄牙国际公共秩序规范的基本原则相

---

① 李双元、谢石松:《国际民事诉讼法概论》,武汉大学出版社2001年版,第137页。

② 李双元:《国际私法(冲突法编)》,武汉大学出版社2001年版,第261~262页。

抵触,拒绝适用。”1984 年《秘鲁民法典》第 2049 条也采用了类似表述。

第三,称之为“善良风俗”的,以德国立法为典范。1896 年的《德国民法施行法》第 30 条则把“公共秩序”表述为“善良风俗或德国法之目的”,1986 年新《德国民法施行法》第 6 条则规定:“如果外国法律规定之适用,其结果明显地不符合德国法律的基本原则,则该外国法律不予适用;特别是外国法的规定,如果其适用不符合基本法规定的基本权利,则不得适用。”

第四,称之为“善良风俗或其他社会秩序”或以其他称谓指称的,在韩国、巴拉圭、也门共和国、斯洛伐克等国的立法例中较为常见。例如,韩国称之为“善良风俗或其他社会秩序”,斯洛伐克称之为“社会制度、政治制度及法律原则”,巴拉圭称为“公共秩序、道德和善良风俗”。还有称为“法律原则”或“法律基本原则”或“法律秩序的根本原则”的,如 1978 年《奥地利联邦国际私法法规》第 6 条、1966 年《波兰国际私法》第 6 条和 2014 年《阿根廷民商法典》第 2600 条。[①] 而《也门共和国民法典》第 35 条则规定:“根据上述规定,应予适用的外国法律,如果违背穆斯林法律规范,以及共和国的善良风俗,则排除其适用。”[②]

第五,称之为“公共秩序和善良风俗”,在希腊、埃及、阿尔及利亚、约旦、泰国、日本等国的立法例中可以见到。如 1898 年《日本法例》第 30 条规定:“应依外国法时如其规定违反公共秩序和善良风俗的,不予适用。”2007 年《日本法律适用通则法》第 42 条继续承袭了《日本法例》的模式。

不仅公共秩序的称谓五花八门,而且对其概念的内涵与外延的分析也是形形色色。由于“公共秩序”或“公共政策”本是国内法上的概念,所以,在英美法和罗马法中有着不同的含义。在英、美法中,公共政策是指法院不得强制执行一个其履行会与法律和道德的基本原则相抵触或与社会重大利益相违背的契约。在罗马法中,公共秩序是指那些

---

① 2014 年 10 月 7 日颁布的《阿根廷民商法典》第 2600 条有关“公共政策”的规定:“如果指定适用的外国法规则导致案件的解决方法违反阿根廷法律制度背后的公共政策的基本原则,则排除该外国法的适用。”

② 韩德培、李双元主编:《国际私法教学参考资料选编》(上),武汉大学出版社 1991 年版,第 220 页。

不能被当事人通过约定而加以排除的具有直接适用效力的法律。① 国际私法学著作中的公共秩序概念一般是狭义的，②仅是针对外国法的。而广义的公共秩序概念，则还应包括内国可以拒绝承认与执行违背内国公共秩序的外国法院判决或外国仲裁机构作出的裁决。③ 实际上，学者们对公共秩序概念的内涵与外延的界定也多种多样。当前较为流行的定义为：公共秩序就是指一国法院依本国冲突规则本应适用外国法时，因该外国法的适用会危及法院地国的重大社会或公共利益、基本政策、法律和道德的基本理念或基本原则而排除其适用的一种保留制度。④

不过，公共秩序更多地表现为弹性条款，尽管世界各国立法呈现出普遍加以规制的趋势，但要明确地界定它的内涵与外延，划定其适用的标准和范围，却是相当困难的。换言之，要给公共秩序或公共政策下一个明确的定义是不可能的。⑤ 公共秩序不但在地域上具有差异性，而且在时间上也具有可变性。一方面，由于法律本身固有的阶级性，每个国家都可以根据本国的国情规定公共秩序制度，因此，每一个国家制定的公共秩序制度是各不相同的；另一方面，每一个国家的基本国情并不是长期不变的，在不同的时期，一个国家的政治经济制度、社会文化、风俗习惯等可能会有所不同，因此，即使是同一个国家对公共秩序的态度在不同历史时期也不可能是墨守成规的，肯定会随着国际国内大环境的变化而变化。这就是说，公共秩序的含义是因时因地而异的，"昔日为违反公安者，今则未必然。又甲地有悖公序良俗者，乙地亦不一定以为然。因之，公序良俗之含义常随各国之风俗习惯，伦理道德观念之不同而异"。⑥ 比如说英国，为了支持美国南部叛乱各州的奴隶主，英国法院

---

① Jürgen Basedow, Giesela Rühl, Franco Ferrari and Pedro dc Miguel Asensio, *Encyclopedia of Private International Law*, Chapter B, Edward Elgar Publishing, 2017, pp. 1553 - 1454.

② 韩德培主编：《国际私法》(修订版)，武汉大学出版社 1989 年版，第 72 ~ 73 页；李双元主编：《国际私法》，北京大学出版社 2000 年版，第 94 页。

③ 承认与执行外国判决或仲裁裁决，不得违反内国的公共秩序，已为国际社会所普遍认可。参见李双元、谢石松：《国际民事诉讼法概论》，武汉大学出版社 2001 年版，第 464 页、第 579 页；金彭年：《国际民商事程序法》，杭州大学出版社 1996 年版，第 146 页、第 294 页。

④ 李双元：《国际私法(冲突法编)》，武汉大学出版社 2001 年版，第 261 ~ 262 页。

⑤ 韩德培、韩健：《美国国际私法(冲突法)导论》，法律出版社 1994 年版，第 232 页。

⑥ 曾陈明汝：《国际私法原理》，台北，三民书局 1991 年版，第 188 页。

于1860年审理伊利基诉山托斯案时,就没有援用公共秩序;[①]而在1929年英国法院对一个贩卖威士忌酒案的审理中,却为了赢得美国的支持而适用了公共秩序制度。[②] 可见,国际私法上的公共秩序具有不确定性,是个自由裁量的弹性条款,它的适用是会因事、因势、因地、因时而各不相同的。

二、公共秩序保留制度的产生与演变历程

公共秩序这一制度的起源,一直可以上溯到国际私法的源头。早在13世纪、14世纪的意大利"法则区别说"中就已有公共秩序制度的萌芽。[③] 号称"国际私法学之父"的意大利法学家巴托鲁斯在倡导"法则区别说"时所提出的"令人厌恶的法则"(statuta odiosa),就可视为公共秩序保留观念的最早形态。[④] 17世纪荷兰法学家胡伯主张"国际礼让说"更将其进一步扩展,即一国出于礼让虽然承认外国法在内国也具有效力,但有一个条件,不得有损于内国主权者和公民的权益。这可以看作对公共秩序保留制度的最早版本。如果说意大利巴托鲁斯提出"令人厌恶的法则"这一概念,仅仅使公共秩序处于萌芽状态和只适用于意大利城邦国家之间的区际法律冲突,那么,荷兰胡伯的礼让说,就

---

① 伊利基诉山托斯案:美国南北战争前夕,不列颠帝国的一个臣民山托斯在巴西买了几个奴隶,按照英国法,英国臣民购买和占有奴隶是被禁止的,初审法院认为此种奴隶买卖契约行为不合法。该案后来上诉到英国高等法院,该院法官却认为依照贸易法案中关于所有权转移的规定,应当适用巴西当地的法律,而不适用购买人本国法,而此种情况下依当时巴西法买卖奴隶是有效的。在该案中,英国法院之所以没有借助公共秩序以排除巴西法,是顾忌到受英国支持的美国南部叛乱诸州的奴隶主。参见[苏]乌·姆·柯列茨基:《英美国际私法的理论和实践概论》,刘文宗等译,中国人民大学出版社1957年版,第47~48页。

② 贩酒案:1929年的美国正实行"禁酒令",几个人签了一个契约,规定将一船威士忌酒从苏格兰运往美国,后来发生争议诉之英国法院。法院认为如果承认向美国贩卖威士忌酒契约的效力,美国政府就将有正当的理由来控告英国政府,何况这种承认是与国际礼让义务不相容的,因此,从英国法观点看,这个契约违背公共秩序,因而是不合法的。在该案中,英国法院又之所以适用了公共秩序,是因为在当时英国正在向美国寻找支持,因此英国法院不能允许自己去保护那些反对美国政策和美国法律的人。参见[苏联]乌·姆·柯列茨基:《英美国际私法的理论和实践概论》,刘文宗等译,中国人民大学出版社1957年版,第47~48页。

③ 马汉宝:《国际私法总论》,台北,汉林出版公司1982年版,第248页。

④ 李双元:《国际私法(冲突法篇)》,武汉大学出版社1987年版,第76页;武汉大学出版社2001年版,第106页。

已经明确树立了国际私法上的公共秩序概念，并且适用于国际法律冲突之中。[①] 在近代，各国一些著名的国际私法学者，如美国的斯托里、英国的戴西、德国的萨维尼、意大利的孟西尼等均对公共秩序做了具体的阐述，使国际私法上的公共秩序理论异彩纷呈。[②] 而在立法中最早以成文法形式明确规定公共秩序制度的，应首推1804年的《法国民法典》，该法典第6条规定："个人不得以特别约定违反有关公共秩序和善良风俗的法律。"这一规定本来是在国内案件中适用于契约的，但在后来法国的审判实践中，公共秩序被用于涉外案件，即援用的外国法如违反法国的公共秩序则不予适用。[③] 此外，《法国民法典》第3条第1款和第3款还从公共秩序的积极功能出发作了规定，凡属于该法第3条第1款和第3款规定情形的，即为"直接适用的法"，具有排除相关外国法适用的效力。随后，1865年《意大利民法典》则更加明确地规定了对外国法律的适用可援用公共秩序予以排除，即"不论前面条文作如何规定，凡外国的法律、行为或判决，以及个人的处分与契约，在任何情况下，均不得与王国关于私人所有权或行为的法律相背离，均不得与任何被认为公共秩序或良好道德的法律相背离"。1896年《德国民法施行法》被视为当今世界第一部具有单行法形式的国际私法立法，也在其第30条中明文规定："外国法之适用，如违背善良风俗或德国法之目的时，则不予适用。"从此以后，许多国家的立法都把公共秩序保留作为一项基本制度规定下来，各国学者也都肯定公共秩序是国际私法上排除外国法适用的一项重要制度。

三、公共秩序保留制度的功能定位

纵观各国的国际私法立法，大多在立法上明文规定经冲突规范指引的外国法的适用，不得违背内国的公共秩序。实际上，各国法律中均包括某些体现自己国家重大利益、基本政策、道德与法律的基本观念和基本原则的立法规定，只是因为它们自身的重要性而必须在有关涉外

① 李双元、金彭年：《中国国际私法》，海洋出版社1991年版，第61页。

② 韩德培主编：《国际私法》，高等教育出版社、北京大学出版社2000年版，第143～144页。

③ 孟宪伟：《略论公共秩序保留》，载《西北政法学院学报》1985年第2期。

民商事关系中不必经过冲突规范的指引就可直接适用,[①]因而无须借助公共秩序制度而当然地具有排除外国法适用的效力。因此,从本质上讲,在调整涉外民商事法律关系过程中,公共秩序保留制度是通过排除外国法来维护法院地国家利益的重要工具或手段。公共秩序是从两个方面来实现其排除外国法适用的功能的,即具有双重功能:第一,它具有排除外国法适用的否定或防范作用。当一国法院按本国冲突规则,对某一涉外民商事纠纷本应适用某外国法,但其适用将与法院地国的道德和法律的基本原则或社会重大利益相抵触而不予适用。可以说,公共秩序对法律适用起着一种安全阀的作用。它的这种作用是消极的,即所谓的国际私法上公共秩序的消极功能。[②] 第二,国际私法上的公共秩序还起着一种对内国法的积极的或肯定的作用。对于某些案件,法院在援引公共秩序时,直接认定该案与法院地国有最密切联系,并适用其强行法,从而排除与之相抵触的外国法的适用。这里的公共秩序肯定内国法的绝对效力,其作用是积极的。在这种情况下,法院便可对内国的冲突规范完全弃置不顾、视而不见。[③] 这就是所谓的国际私法上公共秩序的积极功能。[④] 在有的国家的国际私法学中,对公共秩序的上述双重功能干脆一分为二,分别称为“消极公共秩序保留”和“公共秩序的积极保留”。[⑤] 除此之外,公共秩序保留的功能还可以扩展至国际民商诉讼中的管辖权、司法协助、外国判决的承认及执行和国际强行

---

① 国内有学者撰文称此类规范为“直接适用的法”。参见徐冬根:《论“直接适用的法”与冲突规范的关系》,载《中国法学》1990 年第 3 期;肖永平等:《论“直接适用的法”》,载《法制与社会发展》1997 年第 5 期。

② 中国有学者把公共秩序的消极功能称为否定功能,把积极功能称为肯定功能。参见黄进、郭华成:《再论国际私法中的公共秩序问题——兼谈澳门国际私法的有关理论与实践》,载《河北法学》1998 年第 2 期。

③ 李双元等:《中国国际私法通论》,法律出版社 1996 年版,第 153 页。

④ 国外有学者认为公共秩序实际上表现为三种形式(功能),除上述的两种基本功能外,还有第三个功能,即当适用外国法律与国际法的强制规范,本国承担的国际义务或国际法律社会公认的正义要求相抵触时,不适用外国法律。参见[匈]史查斯齐:《阻碍适用外国法律的原因》,费宗祎译,载《国外法学》1982 年第 2 期。

⑤ T. M. Yeo, *Choice of Law for Equitable Doctrines*, Oxford University Press, 2004, pp. 43 – 47.

法援用等领域。[①] 在国际民商事司法协助过程中,一旦某项司法协助的请求与法院地国的重大利益、基本政策、基本道德观念或基本法律原则相违背,则可依据公共秩序保留拒绝给予司法协助。

四、公共秩序保留制度的立法方式

无论是从广义上理解公共秩序保留制度的含义,还是从狭义上把握公共秩序保留制度,也不论是偏重于公共秩序在国际私法上的积极功能还是消极功能,但各国国际私法对于借助公共秩序条款以排除外国法适用的立法已经相当普遍。综观世界各国对公共秩序保留制度的立法模式,大致呈现如下三种类型:

(1)间接限制外国法适用的立法方式。

在这种立法方式中,在有关法律中需明确规定,该国国内立法是强制性地直接适用于某一涉外民商事法律关系的,从而具有排除外国法适用的效力。例如,1804 年《法国民法典》第 3 条第 1 款规定:“有关警察与公共治安的法律,对于居住于法国境内的居民均有强行力。”在采取这种立法方式时,有关的规定往往以单边冲突规范的形式出现。有时,某一法律规定是否在国际私法上具有强行的直接适用的效力,常有待有权解释才能确定,例如,《德国民法典》第 123 条规定“凡因诈欺或胁迫而为的意思表示应为无效”就没有明确规定它是否适用于涉外民商事法律关系,而是经有权解释后才被认为也是国际私法上有关公共秩序的规定。

(2)直接限制外国法适用的立法方式。

在采用这种立法方式时,一般在自己的冲突法中明文规定,凡外国法的适用如果违背内国公共秩序时,即不得适用该外国法。例如,1896 年《德国民法施行法》第 30 条规定:“外国法的适用,如违背善良风俗或德国法的目的时,则不予适用。”这种立法方式并未指明何种外国法的

---

① 当依据法院地的冲突规范指引的准据法为外国法时,如果适用该外国法违反国际法的强行性规则、法院地国所承担的国际义务或国际社会公认正义要求,那么,法院地国家也可以认定该外国法的适用违反国际公共秩序而拒绝适用之。如根据 1966 年《消除一切形式种族歧视国际公约》规定,种族歧视的法律,应被视为是违反国际强行法的法律。因而一国法院就可据以拒绝适用另一国有关种族歧视的规定。如此,公共秩序保留制度就表现出具有维护和保障国际公共秩序的作用和功能。参见李双元、欧福永主编:《国际私法》(第 5 版),北京大学出版社 2018 年版,第 139 页。

适用违背内国的善良风俗或法律目的，而完全由法官自由裁量，在实践中的伸缩性较大，因而有利于法院或法官根据案件的实际情况做出适当的裁决。因此，绝大部分国家采取了这种方式，如日本、泰国、希腊、埃及、波兰、土耳其、奥地利和匈牙利等。

(3)合并限制的立法方式。

在国际私法实践中，许多国家采取合并限制的立法方式。即在同一法典中兼采直接限制与间接限制两种方式。例如，1978年《意大利民法典》第28条一方面规定："刑法、警察法和公共安全法，对在意大利领土上的一切人均有强行力。"该法第31条又规定："在任何情况下，外国的法律和法规，一切组织或法人的章程和规定，以及私人间的规定和协议，如果违反公共秩序或善良风俗，在意大利领土上无效。"《西班牙民法典》第8条和第11条、《刚果民法典》第14条和第15条，都是合并限制的立法方式。可见，在采用这种立法方式时，国内法中既有关于某些法律具有直接适用的强行性规定，又有赋予法院在某种情况下援用公共秩序来排除本应适用的外国法的自由裁量的规定。因此，这种立法方式更为完善，更有利于保护本国或社会的最大利益。

各国国际私法在采取直接限制外国法适用的立法方式时，确定违反公共秩序的标准各有差异。有的国家以外国法的内容为标准，如日本、波兰、加蓬、约旦、土耳其等；而有的国家则以外国法适用的结果为标准，如德国、泰国、希腊、埃及、奥地利、匈牙利等。此外，有的国家仅仅规定了外国法的排除，如日本、波兰、加蓬、约旦、也门共和国、阿拉伯联合酋长国、泰国、希腊、埃及和德国等；而有些国家不仅规定了外国法的排除，还规定了外国法排除适用后的解决方案，如塞内加尔、奥地利、匈牙利、土耳其和秘鲁等。

我国立法对公共秩序一向持肯定态度。早在1950年，中央人民政府法制委员会在《关于中国人与外侨、外侨与外侨婚姻问题的意见》中就指出，对于中国人与外侨，外侨与外侨在中国结婚或离婚问题，我国婚姻登记机关应不仅适用我国的婚姻法，而且应在适当限度内照顾到当事人本国的婚姻法，以免当事人结婚或离婚被其本国认为无效。但适用当事人本国婚姻法以无损于我国的公共秩序即无损于我国的公共利益，也不违背我国目前的基本政策为限度。1954年《宪法》也曾提到"公共利益"这个概念。特别重要的是，1982年《民事诉讼法(试行)》第204条也规定:“中华人民共和国人民法院对外国法院委托执行的已经确定的判决、裁决,应当根据中华人民共和国缔结或参加的国际条约,或者按照互惠原则进行审查,认为不违反中华人民共和国法律的基本准则或者我国国家、社会利益的,裁定承认其效力,并且依照本法规定的程序执行。否则,应当退回外国法院。”1991年《民事诉讼法》第262条和第268条也作出类似规定。该法第262条规定:“根据中华人民共和国缔结或参加的国际条约,或者按照互惠原则,人民法院和外国法院可以相互请求,代为送达文书、调查取证以及进行其他诉讼行为。外国法院请求协助的事项有损于中华人民共和国的主权、安全或者社会公共利益的,人民法院不予执行。”该法第268条规定:“人民法院对申请或者请求承认和执行的外国法院作出的发生法律效力的判决、裁定,依照中华人民共和国缔结或参加的国际条约,或者按照互惠原则进行审查后,认为不违反中华人民共和国法律的基本原则或者国家主权、安全、社会公共利益的,裁定承认其效力,需要执行的,发出执行令,依照本法的有关规定执行。违反中华人民共和国法律的基本原则或者国家主权、安全、社会公共利益的,不予承认和执行。”①不过,这只是公共秩序在承认和执行外国法院判决和裁决问题中的具体应用。

1986年《民法通则》第一次在冲突法规则中全面规定了公共秩序保留制度,该法第150条规定:“依照本章规定适用外国法律或者国际惯例的,不得违背中华人民共和国的社会公共利益。”这一规定表明:第一,我国采取了直接限制的立法方式,适用起来比较灵活。第二,对于确定违反公共秩序的实际标准,我国采取了“结果说”,这有利于适当限制公共秩序制度的滥用。因为,如果仅仅依外国法的规定不符合我国道德的基本观念或法律的基本原则就排除其适用,往往不利于保护弱

---

① 2017年6月27日第十二届全国人民代表大会常务委员会第28次会议修订的《民事诉讼法》在“公共秩序保留”方面沿袭了1991年《民事诉讼法》的立法模式。2017年修订的《民事诉讼法》第274条第2款规定:“人民法院认定执行该裁决违背社会公共利益的,裁定不予执行。”该法第282条规定:“人民法院对申请或者请求承认和执行的外国法院作出的发生法律效力的判决、裁定,依照中华人民共和国缔结或者参加的国际条约,或者按照互惠原则进行审查后,认为不违反中华人民共和国法律的基本原则或者国家主权、安全、社会公共利益的,裁定承认其效力,需要执行的,发出执行令,依照本法的有关规定执行。违反中华人民共和国法律的基本原则或者国家主权、安全、社会公共利益的,不予承认和执行。”

方当事人的合法权益。而且外国法这类规定未被适用时也可能无损于我国的“社会公共利益”。第三,我国的公共秩序保留条款不仅指向外国法律,还指向国际惯例,这是我国所特有的。随后的相关立法大多沿袭了《民法通则》设立的“公共秩序保留”模式。1992 年《海商法》第 276 条规定:“依照本章规定适用外国法律或者国际惯例,不得违背中华人民共和国的社会公共利益。”1995 年《民用航空法》第 190 条规定:“依照本章规定适用外国法律或者国际惯例,不得违背中华人民共和国的社会公共利益。”

直到 2010 年中国《涉外民事关系法律适用法》的颁行才对“公共秩序保留”的立法模式有所突破,即将公共秩序保留制度的审查对象限于“外国法的适用”并首次剔除了“国际惯例”。中国《涉外民事关系法律适用法》第 5 条明确规定:“外国法律的适用将损害中华人民共和国社会公共利益的,适用中华人民共和国法律。”

首先,仅就该条规定而言,这里对“公共秩序保留”采取了直接限制的立法方式。如果结合《涉外民事关系法律适用法》第 4 条规定来看,《涉外民事关系法律适用法》在“公共秩序保留”的立法方式上采用的是合并限制外国法适用的立法方式。[①] 若结合《海商法》第 276 条、《民用航空法》第 190 条以及《民事诉讼法》第 276 条和第 282 条所规定的“公共秩序保留条款”,我国“公共秩序保留”立法方式是独具特色的。其次,为了有效防范“公共秩序保留条款”的滥用,我国对于确定违反公共秩序的实际标准,采纳“客观说”或“结果说”。由于“公共秩序保留”是一个颇具弹性的自由裁量条款,援用公共秩序以排除外国法的适用是一种例外情况,此种例外情况就是指外国法的适用结果会违背中国的公共秩序。最后,运用公共秩序排除应适用的外国法以后,我国立法明确主张适用中华人民共和国法律。[②]

值得欣慰的是,中国《涉外民事关系法律适用法》第 5 条已将公共秩序保留制度的审查对象限于“外国法的适用”,而没有继续将“国际惯

---

① 《涉外民事关系法律适用法》第 4 条规定:“中华人民共和国法律对涉外民事关系有强制性规定的,直接适用该强制性规定。”

② 齐湘泉:《〈涉外民事关系法律适用法〉原理与精要》,法律出版社 2011 年版,第 85 ~ 86 页。

例”包括在内。[①] 但是,该条依然受《民法通则》定式的影响,用“社会公共利益”来取代“公共秩序”的提法,是很不严谨和准确的。[②] 因为它只是判断是否违反“公共秩序”的多种标准中的一种。[③] 中国《涉外民事关系法律适用法》不仅没有将《民事诉讼法》所提及的“法律的基本原则或者国家主权、安全”纳入,而且也未涉及基本道德观念、国家基本政策等“公共秩序”内在的要素。可以说,我国有关“公共秩序”涉外立法已经取得了长足的发展和进步,但是,依然还存在些许缺失或不够完善之处,有待在实践中进一步修正。

世界各主要国家有关公共秩序立法规范详见表8-4。

---

① 1986年《民法通则》第150条对援用公共秩序保留排除国际惯例的适用作了肯定性立法规定,在具体涉外司法实践中也有以公共秩序保留排除《跟单信用证统一惯例》等国际惯例适用的案例,只是国际私法理论研究者与实务工作者的态度与意见并不一致。参见高晓力:《国际私法上公共政策的运用》,中国民主法制出版社2008年版,第123~126页。

② 我国资深法学家李双元先生从四个方面对该问题作了非常透彻的剖析:第一,在国际私法的历史上,最早的提出可借以排除冲突法指定适用的外国法的理由,曾被称为“令人厌恶的法则”,后来才发展出“公共秩序”或“公共政策”这类概念。有的国家在民法和国际私法中,还将“公共秩序”“善良风俗”“国家法律的基本原则”等并提。但是,在我国因1949年后一贯倡导国家公共利益绝对优先于公民、法人等主体的私法利益,风气所至,于是在国际私法中国际上通行的“公共秩序”(Public Order)的概念,也在1986年《民法通则》第八章中,被“社会公共利益”这个概念所取代。这种观念在我们中华民族的悠久的文化传统中,早已存在。如在历代皇朝中,臣民本属君主的子民,其根本的利益只能完全隶属于皇朝或皇上所代表的“国家利益”,公民个人的利益也只能依靠国家至高无尚的“公共利益”来保护。但在社会生活中,国家(任何现代国家)的法律,既绝非仅仅保护“利益”,更绝非仅仅保护国家的“公共利益”。国家的以民为本位的制度安排,国家的和谐的秩序,国家社会善良的道德风尚,都不是用“利益”或“公共利益”的概念可以概括的。第二,本来,在实体民法中,固然很大程度上是调整人与人之间的财产利益关系的,是为了构建社会的不同阶层的“利益共同体”的,但不能忽视的是即使财产关系中除往往讲“对价”外,也得讲“诚实信用”,更何况民事法律另一个作用是直接规范人与人之间的人身关系的,而人身关系,却并不主要或完全以“利益”为价值的导向,从而更不能涵盖于“社会公共利益”这个概念之中,而只能由“公共秩序(善良风俗)”所包括。乃至如国家的刑法,虽有许多是涉及公共财产利益的保护,但大量刑法规则,几乎均以建立社会和谐与公民人身的、财产的、政治的、社会的安全为宗旨的。第三,更值得注意的是,随着改革开放和市场经济的进一步推进,我国社会的“利益多元化”走势日显强劲,因此,即使要以“利益”作为法律的价值评价,也绝不可以仅以“国家公共利益”来排除根据冲突规范指引的本应适用的外国法,而将“伦理”“道德风尚”和公民“私法权益”置于不顾。第四,更为重要的是,根据我们现在所掌握的各国(地区)立法例来看,几乎没有任何一部国际私法将“公共秩序”制度改称为“国家公共利益”的,即使是现在或早先的社会主义国家和早先的社会主义国家,概莫能外。参见李双元:《涉外民事关系法律适用法制定研究》,湖南人民出版社2016年版,第37页。

③ 李双元等主编:《国际私法》(第5版),北京大学出版社2018年版,第146页。

表 8－4　世界各主要国家有关公共秩序立法规范比较

国家	法规名称	立修时间	具体规定
黑山	《国际私法》	2013 年	第 9 条【公共秩序】 外国法的规定,如其适用的结果显然违反黑山的公共秩序,则不予适用。
捷克	《国际私法》	2012 年	第 4 条【公共秩序保留】 依照本法规定本应适用的外国法制中的规定,如其适用的结果显然违背公共秩序的基本原则,则不予适用。基于同样的理由,外国判决、外国法院和解、外国公证书及其他文书、外国仲裁裁决、司法协助方面的诉讼行为以及对在外国或依照外国法制产生的法律事实的认可,均不得予以承认。
波兰	《国际私法》	2011 年	第 7 条 如果适用外国法的结果违反波兰共和国法律体系的根本原则,则不适用该外国法。
罗马尼亚	《民法典》	2009 年	第 2.564 条【排除外国法的适用】 1. 如果外国法的适用危害到罗马尼亚国际私法的公共秩序,或者因错误理解罗马尼亚法而将外国法作为准据法的,那么,应排除该外国法的适用。如果外国法律被排除适用,则应适用罗马尼亚法律。 2. 如果适用外国法危害到罗马尼亚国际私法的公共秩序的结果导致违反罗马尼亚法律或欧盟法律基本原则或违法基本人权原则,那么,应排除该外国法的适用。 第 2.567 条【既得权利的承认】 在外国取得的权利只要不与罗马尼亚国际私法的公共秩序相抵触,将得到承认。
斯洛伐克	《国际私法与国际民事诉讼法》	2014 年	第 36 条【公共秩序】 外国的法律规定,如果其适用的结果与斯洛伐克共和国的社会制度、政治制度和法律制度的根本原则相抵触,则不予适用。
日本	《法律适用通则法》	2007 年	第 42 条【公共秩序】 应依外国法,其规定的适用违反公共秩序或者善良风俗时,不适用之。

续表

国家	法规名称	立修时间	具体规定
北马其顿	《国际私法》	2007 年	第 5 条【公共秩序】 如果适用外国法的结果与北马其顿共和国的公共秩序相抵触,则不适用该外国法。
土耳其	《国际私法和国际民事诉讼法》	2007 年	第 5 条【违反公共秩序】 如果适用于特定案件的外国法的规定,明显地违反土耳其的公共秩序,则不予适用;此时,如有必要,适用土耳其法律。
乌克兰	《国际私法》	2005 年	第 12 条【公共秩序保留】 1. 外国法规范不予适用,如果其适用引起的后果明显与乌克兰基本法律秩序(公共秩序)不符。在此情形下适用与法律关系有最密切联系的法律,如果不可能确定或适用此法,则适用乌克兰法。 2. 拒绝适用外国法,不得仅以相应外国的法律、政治或经济制度与乌克兰的法律、政治或经济制度不同为依据。
保加利亚	《国际私法典》	2005 年	第 45 条【公共秩序】 1. 根据本法典本应适用的某外国法规定,仅在其适用的结果明显与保加利亚的公共秩序不相容时,方不予以适用。 2. 在判断这种不相容性时,应考虑法律关系与保加利亚法律的联系程度以及该外国法适用结果的重要性。 3. 如果确定存在第 1 款所指的不相容性,则适用该外国法中的其他合适的法律规定。无此种规定时,出于调整该法律关系的必要性,适用保加利亚的法律规定。
阿尔及利亚	《民法典》	2015 年	第 24 条 1. 前述条款所指引的外国法,如违背阿尔及利亚的公共秩序或善良风俗,或者情况表明该外国法的适用系因欺诈性的法律规避所致,则不予适用。 2. 外国法违背公共秩序或善良风俗时,适用阿尔及利亚法律。

续表

国家	法规名称	立修时间	具体规定
比利时	《国际私法典》	2004 年	第 21 条【公共政策例外】 只要适用根据本法确定的外国法律将导致明显违背公共政策的结果,则该外国法不适用。 在确定违背公共政策的问题时,应特别考虑案件与比利时法律秩序的联系程度和适用外国法所产生的结果的重大影响。 如果外国法的一项规定因与公共政策相违背而不得适用,则适用该外国法中的另一相关规定,或在必要时,适用比利时法律。
卡塔尔	《民法典》	2004 年	第 38 条 依照上述条款应适用的外国法,如果其规定违反了卡塔尔公序良俗,则排除该外国法的适用。此时,适用卡塔尔法律。
蒙古国	《民法典》	2002 年	第 540 条【外国法律规范的适用】 处理涉外民事关系及其他民事法律关系时,只要不与蒙古国宪法、其他法律或蒙古国参加的国际条约相抵触,即可考虑适用外国法律及国际惯例。
韩国	《冲突法》	2001 年	第 10 条【外国法的适用违反社会秩序】 在应适用外国法的情况下,如果适用其规定将明显违反大韩民国的善良风俗及社会秩序,则不适用该外国法的规定。
立陶宛	《民法典》	2001 年	第 1.11 条【对适用外国法的限制】 1. 外国法律规范,如果其适用将与立陶宛宪法或其他法律所确定的公共秩序相抵触,则予以排除适用。此时,适用立陶宛共和国的民事法律。
俄罗斯	《民法典》	2001 年	第 1193 条【公共秩序条款】 1. 依照本编规定应适用某外国法律规范,若其适用的结果将明显违背俄罗斯联邦的法律秩序(公共秩序),则作为例外不予适用。 2. 不得仅由于某外国的法律、政治和经济制度不同于俄罗斯联邦而拒绝适用该外国法律规范。

续表

国家	法规名称	立修时间	具体规定
斯洛文尼亚	《国际私法与国际民事诉讼法》	1999 年	第 5 条 本法所指引的法律,如果其适用的结果与斯洛文尼亚共和国的公共秩序相抵触,不予适用。 第 100 条 如果承认外国法院判决的结果违背斯洛文尼亚共和国的公共秩序,则不予承认该外国法院判决。
哈萨克斯坦	《民法典》	1999 年	第 1090 条【违反公共政策】 1. 外国法,若其适用将违背哈萨克斯坦共和国法制的基本原则,则不得适用。此时,适用哈萨克斯坦共和国的法律。 2. 不得仅根据某外国的政治和经济制度不同于哈萨克斯坦共和国而拒绝适用该外国法。
突尼斯	《国际私法》	1998 年	第 28 条 有关法律不同类别的冲突规则属于公共秩序的范畴,当事人各方无权决定其是否适用。 除此之外的规则,法官也应予以适用,但当事人可以通过明示的方式排除其适用。 第 36 条 以公共秩序为由排除外国法律的适用,只能由法官在外国法律的规定与突尼斯法律体系的基本精髓相抵触时提出。 法官在根据公共秩序排除外国法律的适用时,无须考虑争议当事人的国籍。 根据公共秩序排除外国法律的适用,不取决于争议与突尼斯法律秩序所有的联系的紧密程度。 排除外国法律的适用,仅限于其与突尼斯国际私法上的公共秩序相冲突的范围之内。 排除外国法律某些规定的适用时,法官应该适用突尼斯法律的有关规定。 第 37 条 如果依据突尼斯冲突规则所指向的法律,某种事实或情况已在外国合法生效,仅其效果与突尼斯的国际公共秩序相抵触,则对该效果应予承认。

续表

国家	法规名称	立修时间	具体规定
委内瑞拉	《国际私法》	1998 年	第 5 条 依照国际许可标准视为准据法的某国法律引起的法律状况,可在共和国境内生效,除非其违背委内瑞拉冲突规范的目的,或委内瑞拉法律直接适用于该争讼,或其明显与委内瑞拉公共秩序基本原则相抵触。 第 8 条 依照本法本应适用的外国法规定,仅在其适用将产生与委内瑞拉的公共政策的基本原则明显抵触的结果时排除适用。
吉尔吉斯斯坦	《民法典》	1998 年	第 1173 条【公共秩序保留】 1. 外国法,若其适用违背吉尔吉斯斯坦共和国法制的基本原则,则不予适用。此时,适用吉尔吉斯斯坦共和国法律。 2. 不得仅因为外国在法律、政治或经济制度方面与吉尔吉斯斯坦共和国不同而排除该外国法的适用。
格鲁吉亚	《国际私法》	1998 年	第 5 条【公共秩序(公共政策)】 其他国家的法律规范,如果其适用的结果将与格鲁吉亚法律的基本原则相抵触,则不得在格鲁吉亚予以适用。
列支敦士登	《国际私法》	1996 年	第 6 条【保留条款】 外国法的规定,如果其适用可能导致某一与列支敦士登法律的基本价值相背离的结果,则不得适用。在必要时,应适用列支敦士登法律中的相应条款以取代之。
意大利	《国际私法制度改革法》	1995 年	第 16 条【公共政策】 1. 违反公共政策(公共秩序)的外国法不应予以适用。 2. 在此情况下,准据法应根据就同一问题可能提供的其他连结因素来确定。如没用其他连结因素,则适用意大利法律。
越南	《民法典》	1995 年	第 828 条【适用外国法与国际惯例的原则】 本法典第 823 条第 3 款规定的对外国法或国际惯例的适用,不违反越南社会主义共和国法律的基本原则。

续表

国家	法规名称	立修时间	具体规定
朝鲜	《涉外民事关系法》	1995 年	第 13 条 根据本法援引适用的外国法或因适用国际惯例所确定的一方当事人的权利和义务,如果与朝鲜人民民主主义共和国法律制度的基本原则相抵触的,适用朝鲜人民民主主义共和国的法律。
英国	《英格兰冲突法》	1995 年	规则 2 如果这种权利、权力、能力、无行为能力或法律关系的执行或承认,会与英格兰的基本公共政策不一致,英格兰法院不执行或不承认这种权利、权力、能力、无行为能力或法律关系。
瑞士	《联邦国际私法法规》	1987 年	第 17 条 适用外国法律明显违反瑞士的公共秩序的,则拒绝适用。
美国	《第二次冲突法重述》	1971 年	第 90 条【违反公共政策的诉讼】 执行有关外州诉因的诉讼违反法院地强有力的公共政策时,任何此类诉讼将不予以受理。
奥地利	《联邦国际私法法规》	1978 年	第 6 条【公共政策保留(公共秩序)】 外国法的规定,在其适用会导致与奥地利法律的基本原则互相抵触的结果时,不得适用。如有必要,应代之以适用奥地利法的相应规定。
德国	《民法施行法》	1896 年	第 6 条【公共秩序】 其他国家的某一法律规范,如果其适用的结果与德国法律的基本原则明显不相容,则不予适用。尤其是当其适用与基本权利相违背时,不得适用该法律。
中国	《涉外民事关系法律适用法》	2010 年	第 5 条 外国法律的适用将损害中华人民共和国社会公共利益的,适用中华人民共和国法律。

五、公共秩序保留制度的理论发展与实践取向

公共秩序保留制度作为一种排除外国法适用的手段,虽然得到了各国国际私法的普遍肯定,但各国学者对公共秩序保留制度的地位与作用持有不同的观点。关于公共秩序保留制度的理论也正是围绕这一问题展开的。

(一)大陆法系国家学者的理论学说

1.萨维尼的理论

19世纪中期,德国法学家萨维尼提出“法律关系本座说”,主张把内外国法律的适用建立在法律关系的“本座”之上。对于某一涉外民商事法律关系的法律适用,如果其“本座”在外国,就应该适用该外国法,如果其“本座”在内国,就应该适用该内国法。与此同时,萨维尼还主张,在一定条件下可以排除外国法的适用。这是因为任何国家的强行法可以分为两种:一种是纯粹为了保护个人利益的,如那些根据年龄或性别而限制当事人的行为能力的规定。这种规定虽不能因个人的约定而排除其适用,但在根据冲突规范须适用外国法时,它就应让位于外国法。另一种是根据社会道德或基于政治、警察、国民经济等公共利益而制定的。这类法律则在制定该法律的国家内绝对适用,排除外国法适用的可能性。由此可见,萨维尼把后一类强行法视为公共秩序法,但他主张公共秩序只是国际私法基本原则的一种例外。①

---

① 人们公认,德国学者萨维尼在国际私法上是持普遍主义立场的,而且认为,“世界各国和整个人类共同利益决定了各国在处理案件时最好采取互惠原则”,并坚持内外国人平等和内外国法律平等的原则,因而在他看来,对于涉外民事关系应适用其“本座”所在的地方的法律,如该法律关系的“本座”在外国,就应该适用该外国法。但他同时也指出,被指定的外国法的适用不是绝对的、无限制的,也有少数例外情况。他认为,这些情况可归为两类,即一类属于国家的强行法,另一类属于法院国不承认的外国法律制度(如当时在俄国与法国存在的“民事死亡”制度)。而在第一类强行法中,他又将其分为两种:一种是纯粹为保护个人利益而制定的,如那些根据年龄或性别限制当事人行为能力的规定;另一种则不仅是为了保护个人利益,而且是为了保护社会道德或公共利益或公共幸福而制定的,如有关禁止一夫多妻的规定。对于前一种规定,虽不能因当事人的约定而放弃,但当冲突规范指向外国法时,得让位于外国法;对于后一种规定,则在制定该法律的国家内具有绝对适用的效力,故具有排除外国法在内国适用的作用,显然这是从公共秩序的肯定的作用方面来讲的。对于不被法院国承认的外国法制度也应在被排除适用之范围内,则是从公共秩序的否定作用方面来说的。但他始终认为运用公共秩序排除外国法的适用只能限制在少数例外的范围之内。但是萨维尼认为:“随着各国法律的发展,这种例外情况会逐渐减少。”所以他是把公共秩序的运用当作一种冲突法的例外情况来对待的。参见蒋新苗主编:《国际私法》,北京大学出版社2018年版,第108页。

2. 孟西尼的理论

意大利政治家及法学家孟西尼主张国际私法的基本原则为国籍原则、意思自治原则和公共秩序原则。与萨维尼理论不同的是,孟西尼把公共秩序提到了基本原则的高度。不过,两人在方法论上异曲同工,都是从法律的分类中寻找“公共秩序”。孟西尼也是从分析法律的性质入手来阐释什么是公共秩序的,并将法律分为两类:一类是为个人利益而制定的,应以国籍为标准确定适用于其所属的所有公民,不管他们出现在哪个国家;另一类是为保护公共秩序而制定的,必须依属地原则适用于其所属国家领域内的一切人,包括内国人和外国人,而属于这类法律范畴的事项根本不适用外国法。孟西尼及其学派列举下列法律为公共秩序法律:宪法、刑法、财政法、行政法、警察和安全法、物权法、强制执行法、道德法和秩序法等。[①]

3. 布鲁歇的理论

瑞士学者布鲁歇(Brocher)从萨维尼把强行法分两部分的观点出发,提出国内公共秩序法和国际公共秩序法的概念。他认为,当法院地国冲突规范指定应适用外国法时,国内公共秩序法应让位于外国法。但国际公共秩序法则绝对要求在国际私法领域内适用。例如,一国关于婚龄的规定具有强行性,应该无条件地适用于其所属公民,但它只是国内公共秩序法,在涉外婚姻关系中,它就不一定适用了,而取决于内国冲突规范如何指引。而国际私法意义上的国际公共秩序法,就是在一个国家对所有民商事法律关系(涵盖涉外民商事法律关系)都具有绝对适用效力的法律,如宪法、财政法、税法、警察法与安全法等。这类法律规范所支配的涉外民商事法律关系具有绝对排除适用外国法的效力,即便内国冲突规范指定适用外国法,也不得予以适用。例如,在婚姻领域,关于禁止重婚,禁止一夫多妻和禁止直系亲属间结婚的规定,则为国际公共秩序法,具有绝对强行效力,无论是对国内婚姻关系还是对涉外婚姻关系都适用且能排除外国法的适用。[②]

(二)普通法系国家学者的理论

与大陆法国家学者从分析法律性质、对法律进行分类来阐述公共

---

① Martin Wolff, *Private International Law*, Scientia Verlag Aalen, 1977, pp. 169 – 170.

② Gerhard Kegel and Klaus Schurig, *Internationales Privatrecht*, 9. Auflage, 2004, pp. 516 – 525.

秩序理论不同,英美普通法系国家学者主要从法律关系的性质入手揭示公共秩序的内涵,着重分析和探讨公共秩序适用的条件和范围。

1. 戴西的理论

在英国国际私法理论中,普遍将“公共秩序”制度称为公共政策。当英国法院承认与执行依外国法获得的判决时,如果其执行危及英国的公共政策,则不予适用。英国法学家戴西依其独创的“既得权”理论为基础,着重强调:一国法官在根据本国冲突规范去承认并保护依外国获得的判决时,并不是承认外国法的域外效力,而只是承认依外国法取得的权利。因此,他在“公共政策”这个概念之外提出了一个“法律政策”(Legal Policy)的概念。戴西提出,对于英国来说,只有三种依外国法取得的权利不在保护之列:第一,与英国成文法相抵触的权利;第二,与英国法律政策相抵触的权利;第三,与英国主权利益相抵触的权利。他还指出,英国不承认基于他国法律而获得的权利,如果这种承认是与英国的法律政策或英国所支持的道德原则或英国的政治制度不相容的,那么,法律政策的内涵是什么呢?它似乎与许多国家关于公共秩序的立法中所称的“法律的基本原则”有所不同,而与一国的司法政策很相似,因而也是一个极富伸缩性的概念。[①] 所以,戴西认为:“公共政策不是绝对的而是相对的。”[②]正因如此,他极为推崇英国法学家威斯特洛克(John Westlake)有关“界定这种保留的范围的尝试从未成功过”的提法。戴西不仅觉得界定公共政策范围的难度相当大,而且认为公共政策的适用范围也是有限的,即主要适用于合同与身份两类案件:一类是合同案件,英国法院已拒绝执行帮诉合同、限制贸易的合同、在胁迫和强制下签订的合同、涉及有欺诈和败坏道德因素的离婚合同、与敌人贸易的合同或者违反友好国家法律的合同,尽管这类合同依其准据法是有效的,但应援用公共政策予以排除;另一类是有关身份的案件,即因刑罚性法律而产生的身份关系的案件,如因宗教或宗教使命、敌国国籍、种族、离婚或浪费而被强加的无行为能力,也应援用公共政策予以排除。

---

① A. V. Dicey, *A Digest of the Laws of England with Refrence to the Confict, of Laws*, Stevens & Sons, 1932, pp. 10－40.

② [英]莫里斯主编:《戴西和莫里斯论冲突法》(上),李双元等译,中国大百科全书出版社1998年版,第116～119页。

2. 戚希尔的理论

英国另一学者戚希尔认为，公共政策与国际私法原则密切相关，并提出了“特殊政策”(Distinctive Policy)的概念，他认为只有英国的“特殊政策”才是必须优先于外国法的。违反英国的“特殊政策”包含下列四种情况：(1)与英国基本的公平正义观念不相容；(2)与英国的道德观念相抵触；(3)损害了英国的利益以及同外国的友好关系；(4)某一外国法侵犯了英国关于人和行动自由的观念。①

3. 科恩的理论

美国著名国际私法学家科恩认为，公共秩序发生在下列四种场合：第一，外国法的适用违背文明国家的道德；第二，外国法的适用违反法院地的禁止性规定；第三，外国法的适用违反法院地的重要政策；第四，外国法中的禁止性规定未获得法院地的确认。②

可见，对于公共秩序，英美普通法系国家的学者不仅习惯称为“公共政策”，而且着重关注公共政策适用的问题。他们从本国立场出发，基于基本道德观念、公平公正、法律的禁止性规定以及国家利益等来界定公共政策，且均认为其适用的条件和范围并不完全相同。如美国国际私法学家斯托里就将本国的国家和公民权利及主权和平等原则视为“公共政策”。他立足于“国际礼让”的角度，认为一国法律要在另一国发生何种效力，完全取决于另一国的态度。这样，如果外国法的适用“给自己国家和公民的利益带来损害”或“使主权与平等受到破坏与威胁”，那么，就可以援用公共秩序来消除“礼让”所产生的不良后果或负面影响。

对于上述种种有关公共秩序保留制度的理论学说，各国实践常以不同的形式予以表证。而当前运用得较多的要算适用公共秩序的主观说和客观说了。所谓主观说就是指，法院地国依本国冲突规则本应适用某一外国法，如该外国法本身的规定危及法院地国的公共秩序，不管是否会对法院地国的公共秩序造成实质性损害，即可排除该外国法的适用，而不管具体案件适用该外国法的结果。很明显，主观说强调外国

---

① Sir Peter North, J. J. Fawcett, *Cheshire and North's Private International Law*, 13th ed., Butterworths London Ltd., 1999, pp. 134 – 136.

② 姚壮、任继圣：《国际私法基础》，中国社会科学出版社 1981 年版，第 30 页。

法本身的可恶性(Repugnancy)、有害性(Perniciousness)或邪恶性(Viciousness)。而客观说则认为,不应仅凭外国法本身规定的内容违反法院地国公共秩序就排除外国法的适用,还应注重外国法适用的结果是否违反法院地国的公共秩序。这种追求客观结果的做法又可细分为联系说与结果说两种类型。[①] 联系说认为,外国法是否应排除适用,除了该外国法违背公共秩序的概念外,还须看个案与法院地国的联系如何。如果个案与法院地国有实质的联系(Substantial Contact),则应排除该外国法的适用;如果个案与法院地国无实质联系,则不应排除该外国法的适用。而结果说则主张,在援用公共秩序保留时,应区分外国法内容违反法院地国的公共秩序,还是外国法适用的结果违反法院地国的公共秩序。如果仅是内容上的违反,并不一定妨碍该外国法的适用,只有外国法的适用结果危及法院地国的公共秩序时,才可以援用公共秩序保留排除该外国法的适用。[②] 例如,某一外国法承认一夫多妻制,现案件涉及一个丈夫的数个妻子的子女继承父亲位于法院国的财产的问题,尽管外国法中的一夫多妻制与内国的公共秩序相抵触,但在该案中,重婚并非诉争的问题,适用该外国法承认死者与其妻子婚姻为有效婚姻,反而是有利于该子女继承财产和保护无辜子女的利益的,并不会产生损害内国公共秩序的结果。

在实践中,公共秩序运用的主观说虽然使用起来较方便,但外国法本身的内容违反法院地国公共秩序的情况比较少见,因此,各国法院很少采用。而客观说,尤其是其中的结果说,重视个案的实际情况,区分外国法的内容还是外国法的适用结果违反法院地国的公共秩序,既能维护法院地国的公共秩序,又有利于个案的公正合理解决,故为各国实践所普遍采用。[③]

总之,公共秩序是一个模糊笼统的概念,随着时间、国际国内形势、所涉及的问题以及其他条件的变化,各国相应地运用不同的公共秩序制度。没有必要也不可能要求政治制度、社会结构和历史文化传统等方面都不相同的各个国家对公共秩序有一个共同的统一理解。正如英

---

① 裴普主编:《涉外民事关系法律适用实务》,厦门大学出版社 2017 年版,第 78 页。

② 赵晋枚:《国际私法上外国法适用限制之实际标准》,载马汉宝主编:《国际私法论文选》(上),台北,五南图书出版股份有限公司 1984 年版,第 332 ~ 334 页。

③ 李双元、金彭年:《中国国际私法》,海洋出版社 1991 年版,第 159 页。

国学者威斯特洛克所指出："给公共秩序规定范围的企图从未取得成功。……只能由每一个国家的法律，不论是通过立法机关还是通过法院，去决定它的哪一些政策是紧迫到必须援引它。"[①]这就是说，只有内国的立法机关、法院或适用国际私法的其他机关才能决定公共秩序的命运。因此，公共秩序的实际含义将随着国家制度的不同，时代的不同而产生深刻的差异。但这并不是说，一国对公共秩序的解释不受任何限制，至少，国际法和国际社会公认的准则，是任何国家都不能任意践踏的。无论如何，公共秩序只是对国家和社会整体来说明显地具有根本意义的那些事情，这便是这个不确定概念中的确定内涵。[②]

（三）公共秩序保留制度的实践取向

在国际私法中，各国都广泛地将公共秩序作为一种法律根据来直接或间接地排除外国法的适用，但对何为公共秩序、何为公共政策及其在冲突法中地位如何确立，却没有一个明确的统一认识，名称也极不一致。当前国际社会在"公共秩序"的名称方面也一直尚未形成一致意见。普通法系国家一般将公共秩序称为"公共政策"、"法律政策"、"特殊政策"、"法律秩序"等。而大陆法系国家多称为"公共秩序"，德国称为"善良风俗"与"德国法之目的"。此外，还有把它叫做"本国法律的基本准则"或"显属与国家和社会有重大关系的事情"的。中国《民事诉讼法》则称为"中华人民共和国法律的基本准则"或者我国"国家主权、安全、社会公共利益"。而中国1986年《民法通则》则称为"中华人民共和国的社会公共利益"。至于公共秩序的适用范围，甚至同一个国家的国际私法学者也会有不同的观点和解释。例如，英国学者格雷维森在他的《冲突法》一书中，就把"公共政策"与"英国关于公正和道德的观念""排除外国刑法的适用""排除外国财政法的适用"相并列，并认为在严格的意义上讲，英国只在以下四种情况下援用公共政策来排

---

① John Westlake, *A Treatise on Private International Law, or the Conflict, of Laws, with Principal Reference to Its Practice in the English and other Cognote Systems of Jurisprudence, and Numerous References to America Authorities*, T. & J. W. Johnson & Co., Law Booksellers and Publishers, 1859, p. 99.

② Ronald Harry Graveson, *Conflict of Laws: Private International Law*, 7th ed., Sweet & Maxwell Ltd., 1974, p. 165.

除外国法的适用:向友好国家中叛乱一方提供贷款或支援的契约;对敌贸易的契约;限制贸易和职业的契约;承担终生抚养非婚生子女的义务。此外,他还提出,尽管某一行为依其准据法的外国法有效,但如与英国关于公正和道德的观念严重抵触,那也不会为英国法院所承认。属于这类情况的有如依其准据法认为有效的帮诉(Champertous)协议、串通的离婚协议、未给被告以出庭辩护的充分机会而做出的判决以及外国对财产的没收与征用。①《戴西和莫里斯论冲突法》则认为,在英国,公共政策主要适用于两类案件:一类是涉外的契约案件,它包括如帮诉契约(此类契约在法国、美国被认为合法)、限制贸易或职业的契约、强迫签订的契约、对敌贸易契约、违反友好国家法律的契约、串通的或败坏风俗的契约;另一类是因刑事或歧视性法律而产生的身份关系,这是英国法上所没有的。所以,戴西和莫里斯最终将公共政策定位于:"如果执行或承认依外国法产生的权利(Right)、权力(Power)、能力(Capacity)、无能力(Disability),以及法律关系将与英国的公共政策发生严重抵触,则英国法院将不执行或承认这种权利、权力、能力或法律关系。"②而戚希尔和诺斯的《国际私法》则认为,在下述情况下,应该认为与英国的"特殊政策"相抵触,因而是可以排除外国法的效力的:英国关于公正的观念被忽视(如承诺不出庭陈述以及通过强迫手段而签订的契约);英国的道德观念被破坏(如成立鼓励卖淫的契约);危害英国的利益或他与外国的良好关系的行为;外国法或外国所创设的身份与英国关于人权自由的概念相矛盾。③

美国对公共政策适用在各州之间的关系上是严格加以限制的,但在美国与外国之间则不同。这主要是因为美国在调整各州之间的法律冲突时,要受到美国宪法上关于"充分忠诚信任条款的限制"(Limitation on Full Faith and Credit),因此,正如美国 1971 年《第二次冲突法重述》第 103 节所指出:"美国某一州法院所作的判决,因其对一州

① Ronald Harry Graveson, *Conflict of Laws: Private International Law*, 7th ed., Sweet & Maxwell Ltd., 1974, pp. 165 – 180.

② J. H. C. Morris, *Dicey and Morris on the Conflict of Laws*, 10th ed., Sweet & Maxwell Ltd., 1980, pp. 83 – 89.

③ Sir Peter North, J. J. Fawcett, *Cheshire and North's Private International Law*, 13th ed., Butterworths London Ltd., 1999, pp. 151 – 157.

重大利益有不适当的干扰,而且根据忠诚与信任这一国家政策并不要求承认与执行时,可不予承认或执行。”而且美国对外国法院判决的承认与执行,除了可借公共政策来加以排除之外,还要求必须符合美国对有效判决的衡量标准。因此,美国法院既可借公共政策,又可借外国判决不合法为理由,来达到排除外国法的适用与效力的目的。

法国在公共秩序的运用上,则比较注意强调前面讲过的公共秩序的否定和肯定的两个方面的作用,即一方面,法院可以借公共秩序排除依内国冲突规则指定本应适用的外国法,强调公共秩序的否定的效用;另一方面,法院还可以根据自己的某些法律在涉外民商事关系中是直接适用的而排除外国法,强调公共秩序的肯定的效用。① 有关发挥公共秩序否定效用排除外国法的典型案例,1972 年法国最高上诉法院社会庭(Cassation's Chambre Sociale)对布莱克诉萨科·菲尔特(*Black v. Soc. Filter*)一案的判决就有一定代表性。该案原告受雇于一家瑞士企业,并以该企业代表的身份在法国东部工作,1969 年被解雇,于是就佣金问题在法国提起了诉讼。由于 1869 年法瑞条约关于管辖权问题本已规定,凡涉及两国的案件,应由被告所在地法院管辖,对该案应认为瑞士法院才享有管辖权,但这一观点被社会庭驳回,其理由就是认为,法瑞条约中的有关规定,不能与法国法院受理涉及法国公共秩序的案件的权力相抵触。有关发挥公共秩序肯定效用排除外国法的典型案例,1957 年巴黎上诉法院审理假日津贴(Caisse de Conge's Spectacles)案中所作判决也有突出的代表意义。该案原告是一个准社会保险机构,为法国的艺术家们提供假日津贴。诉讼是为受雇在南斯拉夫的俱乐部基地工作而提出。这一答辩最后被上诉院驳回,其理由就是认为,在本案中适用于被告的法律,在法国是一种警察法(loi de police),是具有“直接适用”性质的,它的适用,既不管这些法国音乐家的工作场所在国内还是国外,也不管这种雇佣契约在事实上是受南斯拉夫法律支配的。②

如果按字面来理解,当时的法国民法典和意大利民法典的上述条文似乎都认为,公共秩序已经体现或大多体现在现行成文法之

---

① 《法国民法典》早在 1804 年颁布时即率先在公共秩序上采用合并限制的方式。

② M. Forde, *The "Ordre Public" Exception and Adjudicate Jurisdiction Conventions*, International and Comparative Law Quarterly, Vol. 29, 1980, pp. 259 – 273.

中,这与19世纪的包括萨维尼在内的许多学者认为一国的强行性法律具有排除外国法适用的效力的观点显然是一致的。但在实践中,公共秩序的运用大大超出了这一范围,而且基本上是一个自由裁量规范。

在当时历史条件下,《法国民法典》作此规定,其目的当然在于保护和加强刚经过大革命夺得政权的资产阶级的政治统治和经济地位。《法国民法典》首先公开宣布了维护资本主义生产方式并体现在民事法律关系上的三项原则,即所有法国人都享有平等的民事权利能力和行为能力的原则,动产与不动产的所有人对物享有绝对无限制的使用、收益与处分权利的原则以及契约自由的缘由,它就必然要运用公共秩序保留的这种制度来捍卫上述各项原则。

在现代世界各国的国际私法中,由于公共秩序往往都是其本国社会基本制度与重大或特殊利益的代名词,不论公共秩序保留条款弹性度有多大,其排除外国法适用的功能则是毋庸置疑的,而且其在特定时间、条件、范围以及特定问题上维护法院地国重大利益或根本利益的保障作用也是有目共睹的。所以,有学者明确提出,公共秩序制度之所以不可缺少,正是要让它起一种保护自己这种社会基本制度和重大或特殊利益的"安全阀"的作用。①

六、公共秩序保留制度的运作维度

公共秩序保留制度的实施带有极大的灵活性和伸缩性。只要法官感到适用某一外国法会危及本国利益,他就可以运用公共秩序这一法律工具去拒绝适用。但是,随着国际民商事交往的日益发展,公共秩序保留不能漫无边际地滥用,只应在相当严重的情况下,例外地作为一种排除外国法适用的手段和措施。因此,在运用公共秩序保留制度时,为防止其滥用,必须把握好如下维度:

第一,必须区分国内民法上的公共秩序和国际私法上的公共秩序。

瑞士法学家布鲁歇最早将公共秩序法分为内国公共秩序法和国际公共秩序法两种类型。虽然国际私法上的公共秩序的基本精神与国内民法上的公共秩序是一致的,两者都是为了维护内国法律秩序,但是,

① 李双元:《国际私法(冲突法篇)》(修订版),武汉大学出版社2001年版,第263~276页。

国际公共秩序内涵和适用条件与国内民法上的公共秩序有所不同。[①] 许多在处理纯国内民法关系时作为强行法的事项,在处理涉外民商事关系时就不一定是强制性的。例如,就本国公民来说,法律关于婚龄的规定都是强制性的,他们必须无条件地适用。但在涉外婚姻中,如本国公民在国外与他国公民结婚,或外国人与外国人在外国结婚而让他们的婚姻在内国发生效力,这一规定就不一定必须排除婚姻举行地法或当事人住所地法有关婚龄的规定的效力,因为关于婚龄的强行性规定只属于国内民法上的公共秩序。而对于国际公共秩序,布鲁歇列举了禁止奴隶制、禁止一夫多妻以及禁止直系亲属间结婚等规定。[②] 因此,国际私法实践中,应区分国内民法上的公共秩序与国际私法上的公共秩序,否则,就会妨碍许多涉外民商事法律关系的成立,妨碍国际民商事交往的发展。因为,目前国际私法上并没有为所有或多数国家所承认的国际统一的标准或国际公共秩序标准,[③]各国主要是在按自己本国的标准阐释公共秩序的内涵,因而公共秩序保留制度富有较大的弹性和具有相当的灵活性。这种各行其是的状况往往会影响国际民商事关系的正常发展或破坏国际民商事新秩序的构建。因而,倡导在国际私法中导入国际社会本位的观念已越来越深入人心,这必将使是否违反公共秩序的衡量标准注入更多国际公认的因素,减少援引公共秩序保留这一限制外国法适用的工具,并逐步产生一些国际社会必须一致遵守的国际标准,从而建立起真正意义上的国际公共秩序。[④]

第二,援用公共秩序制度不应与他国主权相抵触。

国家主权是国家在其境内的最高权和在国际关系上的独立权,任何国家在其领土范围内的主权行为只要不违背国际法,他国就无权干涉,并应予以尊重。如果援用本国的公共秩序而侵犯他国主权,显然违背了国家主权原则,是滥用公共秩序保留制度的一种表现。如 20 世纪

---

① Jürgen Basedow, Giesela Rühl, Franco Ferrari and Pedro de Miguel Asemsio, *Encyclopedia of Private International Law*, Chapter B, Edward Elgar Publishing, 2017, p. 1455.

② Charles Brocher, *Nouveau traite de droit international prive*, 1876, p. 141; Martin Wolff, *Private International Law*, Scientia Verlag Aalen, 1977, pp. 168 – 169.

③ 所谓"国际公共秩序",即使是被规定在国际条约中,其衡量标准也只体现各个国家的政策和立场,完全由各个国家自己作出裁量。

④ 李双元、徐国建主编:《国际民商新秩序的理论建构》,武汉大学出版社 1998 年版,第 11 ~ 14 页、第 113 页。

初以来,一些西方国家法院常援用公共秩序来拒绝承认其他主权国家的国有化法令的域外效力。其理由是认为不给予补偿的国有化法令本身就是违背"法理的基本原则"的,是一种"惩罚性法律"。[①] 因为,在英美国际私法上有一个特殊的名词叫"惩罚性法律"。1789 年"福利特诉奥登"一案中,审理此案的英国法官就声称:"一国的惩罚性的法律不能在他国被理会。"[②]1825 年的美国一个判例也认为"一国的法院不执行他国的惩罚性法律"。[③] 从此以后,英美等国的法院认为,凡是民商事法律规定有处罚性质的,一律视为惩罚性法律而排除其适用。一些西方国家法院常基于此而援用公共秩序保留来拒绝承认社会主义国家的国有化法令的域外效力,是彻底否定他国主权的一种不合理的做法。

当冲突规范指引适用的是一个未被承认的国家或政府的法律时,能否借公共秩序来排除其适用的问题,在国际私法中有两种不同的主张:第一,肯定说。该说认为,国际私法的目的在于求得涉外民商事法律关系的合理解决,而不是调整国家间的关系,而国家或政府的承认只具有宣告的性质,即一个国家的存在并不以他国的承认为条件,因此,不应该以该外国国家或政府未被承认作为援用公共秩序保留的根据。第二,否定说。该说认为,在解决涉外民商事法律关系时,不应把外交方面的行政权与司法权分开,外交问题虽具有政治性质,但与司法问题应该统一对待。如果对一般民商事关系和国家间的政治关系不加区分,显然不利于国家间正常民商事交往的发展。为了维护不同国家自然人和法人的合法权利,就不能仅仅因外国国家或政府未被承认就援用公共秩序制度来排除该外国国家或政府的法律适用。因此,在运用公共秩序保留制度时,应注意如何对待尚未被承认的外国国家或政府的法律问题。依国际私法的本性而言,不可援用公共秩序简单地拒绝未被承认的外国国家或政府的法律适用。

---

① [苏]乌·姆·柯列茨基:《英美国际私法的理论与实践概论》,刘文宗等译,中国人民大学出版社 1957 年版,第 370 页。

② Peter North, *Cheshire and North's Private International Law*, 13th ed., Butterworths London Ltd., 1979, pp. 135－136; J. H. C. Morris, *Dicey and Morris on the Conflict of Laws*, 10th ed., Sweet & Maxwell Ltd., 1980, p. 92.

③ 马汉宝主编:《国际私法论文选辑》(上),台北,五南图书出版股份有限公司 1984 年版,第 339 页。

援用公共秩序保留制度还得注意处理好涉及外国公法在内国的适用问题。一般而言,外国刑法、行政法、财政法等公法不为内国法院所适用,这几乎是各国一致的立场。其根据就是外国公法本身没有域外效力。正是基于这种理由,有些学者认为,没有必要把公共秩序用来作为排除外国公法适用的根据。事实上,国际私法上的公共秩序保留是由于内国通过冲突法承认了某一外国法的域外效力,但发现它的适用会与本国的公共秩序相抵触,于是便借助这种保留条款,来限制此种情况下自己冲突规范的效力,达到排除该外国法适用的目的。而排除外国公法的适用,却完全是建立在另一基础上——建立在国际法的主权原则的基础上,建立在公法具有严格地域性的基础上,它并不需要借助公共秩序保留条款的排除机制。① 关于外国的税法,在英国,自从 1775 年在"霍尔姆诉约翰逊"(*Holman v. Johnson*)一案中提出了"一国从不理会他国的税法"以来,②一直是承袭曼斯菲尔德的观点而拒绝适用的。英国 1962 年审理洛萨诺诉制造商人寿保险公司(Rossano v. Manufacturers' Life Insurance Co.)一案,就是如此。③ 这一切都表明,不适用外国公法在过去几乎是一个普遍的、确定的原则,而不必再求助于公共秩序保留制度。戚希尔指出,一个国家在其管辖范围内实施它的刑法,这是主权的表现,但这种刑法管辖权不能在别国主权范围内实施。行政法、财政法等也是如此。国际私法的目的是执行私的而不是公的权利要求,而刑法、行政法和财政法等正是执行国家公法的权利。④ 可见,排除外国公法的适用,是完全基于国家主权原则及在公法具有严格域内性的基础上的,它并不一定需要借助公共秩序保留条款这一工具。⑤

不过,也有学者指出,不适用外国公法这个原则是先验的,并无理

---

① Martin Wolff, *Private International Law*, Scientia Verlag Aalen, 1977, pp. 171 – 176.

② Sir Peter North, J. J. Fawcett, *Cheshire and North's Private International Law*, 13th ed., Butterworths London Ltd., 1999, p. 110.

③ John Greenwood Collier, *Conflict of Laws*, 3rd ed., Cambridge University Press, 2001, pp. 361 – 374.

④ Sir Peter North, J. J. Fawcett, *Cheshire and North's Private International Law*, 13th ed., Butterworths London Ltd., 1999, pp. 115 – 124.

⑤ Martin Wolff, *Private International Law*, Scientia Verlag Aalen, 1977, pp. 171 – 176.

论和实际上的基础。[①] 从晚近国际私法立法和司法实践来看,外国公法也并非一概不具有域外效力。[②] 1987 年《瑞士联邦国际私法法规》第 13 条就明确规定:“外国法并不因其具有公法性质而排除其适用。”这就是说,遇有这类特殊情况,仍得视其是否与内国公共秩序抵触而定。此外,德国法院的一些判决就有承认外国公法域外效力的倾向。从德国法院的一些判决可以发现,如果外国公法服务于合法的利益(Legitimate Interest),那么,德国法院就会承认其域外效力,而不适用属地原则。同样,《戴西和莫里斯论冲突法》也提到,承认外国外汇管制法不违反英国公共政策,但如果该项立法最初被通过时的真正目的是保护该国的经济,而后却变成压制和歧视的工具,承认其就会违反英国的公共政策。[③] 另外,根据《国际货币基金组织协定》第 8 条第 2 款第 2 项的规定,成员国对其他成员国实施或维持的符合基金协定的外汇管制法,不得再以违反本国公共政策为由不予承认。欧盟委员会和欧盟理事会《关于合同之债法律适用的条例》(罗马条例Ⅰ)第 6 条至第 9 条也规定在一定条件下得适用外国公法或强行法。[④]

第三,正确对待外国公共秩序。

公共秩序保留条款旨在确保内国法律及道德的基本原则,政治及经济的重大利益不致因适用外国法而遭到破坏,因此,一般都不考虑外国的公共秩序或公共政策。不过,在接受转致的国家,难免会遇到是否需要援用公共秩序保留条款维护有关外国的公共秩序的问题。沃尔夫借助一个案例专门阐释了如何对待外国公共秩序问题。例如,1930 年,在意大利有住所的一个信奉基督教的奥地利人,在英国与一个奥地利籍犹太女子结婚,他后来向英国法院提出宣告该婚姻无效的请求。依英国冲突法,婚姻的有效性应适用住所地法,即意大利法;而依意大利的冲突规范,应适用当事人的本国法,即奥地利法。《奥地利民法典》规定基督徒与非基督徒之间的婚姻是无效的,但意大利当时的法律却认

---

① 韩德培:《国际私法的晚近发展趋势》,载中国国际法学会主编:《中国国际法年刊(1988 年)》,法律出版社 1989 年版,第 10 页。

② Philip J. Mcconnaughay, *Reviving the "Public Law Taboo" in International Conflict of Laws*, Stanford Journal of International Law, 1999.

③ [英]J. H. C. 莫里斯主编:《戴西和莫里斯论冲突法》,李双元等译,中国大百科全书出版社 1998 年版,第 119 页。

④ 李双元等主编:《国际私法》(第 5 版),北京大学出版社 2018 年版,第 145 页。

为因宗教信仰不同而导致婚姻无效是与它的公共秩序相抵触的。在这种情况下,英国法院如果接受转致,就应适用奥地利法;而适用奥地利法,将与意大利的公共秩序发生抵触。沃尔夫主张在此种情形下,英国法院应顾及意大利的公共秩序拒绝承认奥地利的这一规定,而判决原婚姻关系有效。① 因此,在特殊情况下,援用公共秩序保留制度排除外国法适用时也需要顾及外国的公共秩序。目前,如1987年《瑞士联邦国际私法法规》第19条,亦表明它在一定条件下要尊重外国的公共秩序立法。

第四,正确处理国际私法条约中的公共秩序条款适用问题。

对于国际私法条约中的统一冲突规范可否援用公共秩序来限制其效力,是一个颇有争议的问题。在过去的实践中,对于国际条约中的冲突规范,除非条约成员国在缔结或参加该条约时作了保留,一般不能在条约生效后又援用公共秩序来限制其效力。然而,在第二次世界大战以后出现了一种新趋势,几乎所有的国际私法公约订立了公共秩序条款,允许缔约国在认为根据条约中的规定适用某外国法会与自己的公共秩序相抵触时,可以援用这种保留条款来排除公约中的冲突规则的适用。② 在具体实践中,既然国际公约设置了公共秩序保留条款,那么,各缔约国法院在特定条件下,是可以根据公约的此类条款来排除适用条约中有关的冲突法规则的。③ 在某些具有高度统一法律传统的国家之间,如斯堪的纳维亚国家间的国际私法公约,也存在公共秩序保留的条款。这种趋势的出现,主要是为了在保障各缔约国国内强行法效力的条件下,推动各国较快达成协议,在较为广泛的范围内签订各项有关

---

① Martin Wolff, *Private International Law*, Scientia Verlag Aalen, 1977, p. 185.

② 海牙国际私法会议和美洲国家组织国际私法特别会议通过的一些统一冲突法公约,大都设置了公共秩序保留条款。依据这些条款,允许缔约国认为在根据条约的规定适用某一外国法会与本国的公共秩序相抵触时,援用条约规定的这种保留条款来排除适用条约中有关的冲突法规则。1986年《海牙国际私法会议国际货物销售合同法律适用公约》第18条明确规定:“本公约确定适用的法律,只有在其适用明显地与公共政策相抵触时,才可拒绝适用。”1971年《海牙国际私法会议公路交通事故法律适用公约》第10条、1973年《海牙国际私法会议关于产品责任法律适用公约》第10条、1989年《海牙国际私法会议关于死者遗产继承法律适用公约》第18条以及1979年美洲国家组织国际私法特别会议《美洲国家间关于支票法律冲突的公约》第5条等均有关于公共秩序的类似规定。

③ Jürgen Basedow, Giesela Rühl, Franco Ferrari and Pedro de Miguel Asemsio, *Encyclopedia of Private International Law*, Chapter B, Edward Elgar Publishing, 2017, p. 1456.

的法律适用公约。因此,只要条约中订有公共秩序条款,缔约国就可援用它限制其效力。[①] 对于过去一些未规定公共秩序条款的国际私法条约,是否可援用公共秩序限制其效力,目前尚存在一定的争议。有学者主张,除非条约缔约国在缔结或参加公约时作出了保留,否则,不能在公约生效后援引公共秩序保留来限制公约中的规定的适用。还有一些学者则认为,公共秩序保留制度可以说是国际私法方面的一个公认的普遍的原则,如果国际公约没有明确的相反规定,应认为它本身并不排除公共秩序的运用。以劳特派特为代表的一些法学家就认为,对于那些未规定公共秩序条款的国际私法条约也可解释为包含公共秩序的基本要求。他在 1958 年国际法院有关"荷兰诉瑞典"一案的判决中就坚持这种主张。[②] 该案事实是:未成年人波尔(Boll)生活在瑞典,具有丹麦国籍,但其住所却在荷兰。依据 1902 年《海牙国际私法会议关于未成年人监护法律适用与管辖权公约》的规定,应由荷兰对他宣告监护,但瑞典的有关行政机关命令对他采取保护性教养(Protective Upbringing)措施,荷兰因此向国际法院对瑞典提出控告,认为它违反了 1902 年《关于未成年人监护法律适用与管辖权公约》。瑞典答辩称,它这样做并未违反公约,理由是:第一,这是它的行政机关发布的命令,而行政机关的措施不属于该公约的适用范围;第二,该公约并不限制瑞典对外国被监护人施加影响,因为上述措施是瑞典公共秩序所要求的。荷兰则认为:第一,公共秩序不能超越条约的规定;第二,即使公共秩序可以超越条约规定,在本案中,也不符合公共秩序保留条款援用的条件,因为不但案件与瑞典无重大联系,也无事实证明可以不适用一般冲突规则。国际法院最后 12 票对 4 票判决瑞典并无违反条约情形。不过,其中多数法官并不都直接把这个问题看作公共秩序,而认为条约只能适用于"私法规则的冲突,而瑞典法所规定的措施,是供行政管理机关适用的,这种行政管理机关只能依它自己国家的法律行事"。但大法官劳特派特却认为这完全是一个国际私法中的公共秩序问题,他解释道:"在国际私法中,公共秩序或公共政策,作为一种在特殊情况下排除外国法适用的根据,是一般,甚至普遍承认的。尽管承认的方式不同,

---

① 韩德培主编:《国际私法新论》,武汉大学出版社 1997 年版,第 220 页。

② 李双元:《国际私法(冲突法篇)》(修订版),武汉大学出版社 2001 年版,第 284 页。

强调的程度不同,有时在它适用的问题上,也会有些实质性的差别……但是整个来看,其结果在绝大多数国家都是一样的,以至可以说它是国际私法方面的一个公认的普遍原则。因此,把它理解为《国际法院规约》第 38 条所指的一般法律原则,就不是不恰当的。"①正因为如此,劳特派特认为它本身并不排除公共秩序的运用。

鉴于缔结统一冲突法公约的本来目的就在于减少缔约国间法律选择的不一致,以尽可能减少它们在有关问题上适用公共秩序保留条款的可能性。如此,有必要对统一冲突法公约出现规定此类保留条款的趋势加以限制,否则,难免导致与缔结统一冲突法公约的宗旨背道而驰。

第五,妥善解决被公共秩序排除本应适用的外国法后的法律适用问题。

传统的国际私法理论一般主张适用法院地法的相应规定取代被排除的外国法。目前尚有匈牙利、秘鲁、塞内加尔、德国、突尼斯、罗马尼亚、朝鲜、白俄罗斯、哈萨克斯坦和吉尔吉斯斯坦等部分国家的立法与实践沿袭这种做法。例如,2009 年《罗马尼亚民法典》第 2.564 条第 1 款规定:如果外国法的适用危害到罗马尼亚国际私法的公共秩序,则应排除适用,在这种情况下,应适用罗马尼亚法律。不过,有一些学者对此提出了严厉的批评,这种做法不但会助长公共秩序的滥用倾向,而且也不符合法院地国冲突法的原意。因为,既然有关的涉外民商事法律关系经冲突规范指定应适用外国实体法作准据法,那就表明它与该外国有更密切的联系,适用该外国法更为合适。因此,他们主张应根据案件的具体情况妥善处理,而不能一概代之以法院地法,必要时可考虑适用与该外国法有较密切联系的另一外国法。也有一些学者主张对以法院地法取代被公共秩序排除适用的外国法的做法尽可能加以限制,切不可认为在外国法被内国公共秩序排除后概由法院地法取代都是合理的。② 因此,奥地利和土耳其等国立法规定在排除外国法适用以后应有限制地适用内国法。例如,2007 年修订的《土耳其国际私法和国际民事

---

① Otto Kahn-Freund, *General Problems of Private International Law*, Sijthoff & Noordhoff, 1980, pp. 49 – 50.

② 李双元:《国际私法(冲突法篇)》(修订版),武汉大学出版社 2001 年版,第 285 页。

诉讼法》第5条规定:“如果适用特定案件的外国法规定,明显违背土耳其的公共秩序,则不予适用;此时,如有必要,适用土耳其法律。”在这里,土耳其立法就没有采取“一概以法院地法取而代之”的作法,而是将法院地法取代外国法的适用限定于“有必要”的条件下。1995年《意大利国际私法制度改革法》第16条也将原代之适用意大利法的硬性规定更改为:“违反意大利公共秩序的外国法不予适用;在此种情况下,准据法应根据就同一问题可能提供的其他连接点来确定,如没有其他连接点,则适用意大利法。”这些立法表明了国际私法立法在革新公共秩序保留制度的传统做法,当外国法被排除后,不能一概以内国法取而代之,否则,不仅违背了本国冲突法的本意,而且会助长滥用公共秩序的倾向。换言之,援用公共秩序保留制度排除外国法的适用后,过去那种无条件适用法院地法的做法正在逐步改变,不断朝着有条件适用法院地法的方向转换。① 目前实现了这类转型的立法实践的主要有阿根廷、比利时、土耳其、俄罗斯、奥地利、葡萄牙、瑞士、列支敦士登和巴拉圭等国家。这些国家增设的限制性条件大致有“法院地冲突规范所指引的外国法中,没有其他与被排除适用的法律‘最为相近的法律’”;“缺乏与案件具有更密切联系的其他国家或地区的法律”;“适用法院地法不影响‘更有利于行为有效性’法律的适用”;等等。此外,还有学者主张在外国法被排除后,法院可拒绝审判,其理由是,冲突法既已规定应适用外国法,便表明它不允许用其他法律代替,因此,在该外国法被排除后,可视同外国法的内容不能证明,作拒绝审判是恰当的。但这并非一种公正合理的解决办法。

综上所述,公共秩序保留制度已经是国际私法上一项得到普遍认可的制度。因各国的政治经济制度、宗教传统、社会历史、文化渊源千差万别,使各国的伦理道德基础与法律机制也难以统一。因此,公共秩序保留制度作为一项制度不可能短期内消除,甚至还将长期存在下去。尽管法律趋同化的倾向也有可能在一定程度上削弱公共秩序制度存在和发挥作用的客观基础,但暂时还难以彻底使之消失。不过,无论如何,在运用公共秩序保留时应注意避免以狭隘的民族利己主义或狭隘的国家主义歪曲公共秩序的本意,即不得滥用公共秩序保留袒护本国

---

① 沈涓主编:《国际私法学的新发展》,中国社会科学出版社2015年版,第26页。

公民或法人而损害他国当事人的正当合法的权益，否则便会破坏国际民商事交往关系在平等互利的基础上和谐稳定地向前发展。正如有些学者所指出的，目光短浅的现代民族主义和极端的单边主义严重地损害了国际私法作为一个法律体系的价值；如果对什么是公共秩序没有合理的解释，就会在很大程度上等于取消了国际私法的原则。[1] 正是由于公共秩序保留制度本身具有较大的灵活性，因而，各国立法不可能也不必要进行硬性规定，其适用条件与程式还得依赖于法官的自由裁量。为此，我国可根据具体情况，既要强化这一方面的立法工作，又得加强相关操作者实践经验与运作技巧的提升。

① 李双元、徐国建主编：《国际民商新秩序的理论建构》，武汉大学出版社 1998 年版，第 256～257 页。

主要参考文献

一、中文类参考文献

1. 韩德培、李双元主编:《国际私法教学参考资料》(上、下册),武汉大学出版社 1991 年版。

2. 李双元等编:《国际私法教学参考资料选编》(上、中、下册),北京大学出版社 2002 年版。

3. 卢峻主编:《国际私法公约集》,上海社会科学院出版社 1986 年版。

4. 王铁崖、田如萱编:《国际法资料选编》,法律出版社 1993 年版。

5. 外交部条约法律司编:《海牙国际私法会议公约集》,法律出版社 2012 年版。

6. 周鲠生:《国际法》,商务印书馆 1976 年版。

7. 李浩培:《国籍问题的比较研究》,商务印书馆 1979 年版。

8. 李浩培:《国际民事程序法概论》,法律出版社 1996 年版。

9. 李浩培:《国际法的概念与渊源》,贵州人民出版社 2003 年版。

10. 李浩培:《条约法概论》,法律出版社 2003 年版。

11. 王铁崖主编:《国际法》,法律出版社 1995 年版。

12. 王铁崖:《国际法引论》,北京大学出版社 1998

年版。

13. [英]戴维·M. 沃克:《牛津法律大辞典》,李双元等译,法律出版社2003年版。

14. 中国大百科全书总编辑委员会主编:《中国大百科全书·法学》,中国大百科全书出版社1984年版。

15. 李伟民主编:《法学辞源》,中国工人出版社1994年版。

16. 韩德培主编:《国际私法》(修订版),武汉大学出版社1989年版。

17. 韩德培主编:《中国冲突法研究》,武汉大学出版社1993年版。

18. 韩德培、韩健:《美国国际私法(冲突法)导论》,法律出版社1994年版。

19. 韩德培:《韩德培文选》,武汉大学出版社1996年版。

20. 韩德培主编:《国际私法新论》,武汉大学出版社1997年版。

21. 韩德培主编:《国际私法》,高等教育出版社、北京大学出版社2000年版。

22. 韩德培等主编:《国际私法学》,人民法院出版社、中国社会科学出版社2004年版。

23. 韩德培主编:《国际私法立法问题专论》,武汉大学出版社2004年版。

24. 韩德培等主编:《中国国际私法与比较法年刊》(1999~2004年),法律出版社2004年版。

25. 李双元:《国际私法(冲突法篇)》,武汉大学出版社1987年版。

26. 李双元等编著:《涉外婚姻继承法》,中国政法大学出版社1989年版。

27. 李双元主编:《中国与国际私法统一化进程》,武汉大学出版社1993年版。

28. 李双元:《市场经济与当代国际私法趋同化问题研究》,武汉大学出版社1994年版。

29. 李双元:《走向21世纪的国际私法:国际私法与法律的趋同化》,法律出版社1999年版。

30. 李双元主编:《国际私法学》,北京大学出版社2000年版。

31. 李双元、谢石松:《国际民事诉讼法概论》(修订版),武汉大学出版社2001年版。

32. 李双元等:《中国国际私法通论》(第3版),法律出版社2007年版。

33. 李双元、徐国建主编:《国际民商新秩序的理论建构》,武汉大学出版社2016年版。

34. 李双元主编:《比较民法学》(修订版),武汉大学出版社2016年版。

35. 李双元:《李双元法学文集(续集)》,武汉大学出版社2016年版。

36. 李双元:《涉外民事关系法律适用法制定研究》,湖南人民出版社2016年版。

37 李双元、欧福永主编:《国际私法》(第5版),北京大学出版社2018年版。

38. 李双元、蒋新苗主编:《现代国籍法》,武汉大学出版社2016年版。

39. 李双元、蒋新苗编著:《国际私法学案例教程》,知识产权出版社2004年版。

40. 黄进:《区际冲突法研究》,学林出版社1991年版。

41. 黄进:《中国国际私法》,香港,三联书店有限公司1997年版。

42. 黄进主编:《中国的区际法律问题研究》,法律出版社2001年版。

43. 黄进、何其生、肖凯编:《国际私法:案例与资料》,法律出版社2004年版。

44. 黄进主编:《国际私法》,法律出版社2005年版。

45. 黄进、杜焕芳:《中国国际私法实践研究》,法律出版社2014年版。

46. 龚刃韧:《国家豁免问题比较研究》,北京大学出版社1996年版。

47. 卢峻:《国际私法之理论与实际》,中国政法大学出版社1998年版。

48. 董立坤:《国际私法论》,法律出版社2001年版。

49. 余先予主编:《冲突法资料选编》,法律出版社1990年版。

50. 余先予主编:《冲突法》,法律出版社1989年版。

51. 余先予主编:《国际私法学》,中国财政经济出版社2004年版。

52. 余先予主编:《国际私法学》,中国商务出版公司2008年版。

53. 章尚锦主编:《国际私法》,中国人民大学出版社2001年版。

54. 章尚锦、徐青森主编:《国际私法》,中国人民大学出版社 2007 年版。

55. 王常营主编:《中国国际私法理论与实践》,人民法院出版社 1993 年版。

56. 唐表明:《比较国际私法》,中山大学出版社 1987 年版。

57. 肖永平:《肖永平论冲突法》,武汉大学出版社 2002 年版。

58. 肖永平主编:《内地与香港的法律冲突与协调》,湖北人民出版社 2001 年版。

59. 肖永平主编:《欧盟统一国际私法研究》,武汉大学出版社 2002 年版。

60. 肖永平主编:《国际私法:论点 · 法规 · 案例》,法律出版社 2004 年版。

61. 肖永平:《国际私法原理》,法律出版社 2007 年版。

62. 沈涓:《中国区际冲突法研究》,中国政法大学出版社 1999 年版。

63. 沈涓:《冲突法及其价值导向》,中国政法大学出版社 1993 年版。

64. 沈涓主编:《国际私法》,社会科学文献出版社 2006 年版。

65. 沈涓:《国际私法学的新发展》,中国社会出版社 2015 年版。

66. 邵景春:《欧洲联盟的法律制度》,人民法院出版社 1999 年版。

67. 赵相林主编:《中国国际私法立法问题研究》,中国政法大学出版社 2002 年版。

68. 赵相林主编:《国际私法》,中国政法大学出版社 2005 年版。

69. 张仲伯、赵相林主编:《国际私法学》(修订版),中国政法大学出版社 2002 年版。

70. 丁伟:《中国国际私法和谐发展研究》,上海社会科学院出版社 2009 年版。

71. 丁伟主编:《国际私法学》(第 3 版),上海人民出版社 2013 年版。

72. 谢石松:《国际民商事纠纷的法律解决程序》,广东人民出版社 1996 年版。

73. 谢石松:《国际私法》(第 2 版),高等教育出版社 2017 年版。

74. 屈广清主编:《国际私法导论》,法律出版社 2003 年版。

75. 屈广清:《冲突法原理》,法律出版社 2004 年版。

76. 屈广清、欧福永主编:《国际民商事诉讼程序导论》,人民法院出版社 2004 年版。

77. 屈广清主编:《国际私法发展史》,吉林大学出版社 2005 年版。

78. 屈广清主编:《国际私法》,厦门大学出版社 2007 年版。

79. 屈广清主编:《国际私法导论》,法律出版社 2011 年版。

80. 屈广清主编:《国际私法之弱者保护》,商务印书馆 2011 年版。

81. 屈广清主编:《国际私法》,中国民主法制出版社 2014 年版。

82. 许光耀、宋连斌主编:《国际私法学》,湖南人民出版社 2005 年版。

83. 许光耀、孙建:《国际私法》,对外经济贸易大学出版社 2013 年版。

84. 赵生祥、陶林主编:《国际私法》,重庆大学出版社 2003 年版。

85. 赵生祥主编:《国际私法》,法律出版社 2004 年版。

86. 崔峰:《国际私法原理与案例》,中国政法大学出版社 2003 年版。

87. 张潇剑:《国际私法论》,北京大学出版社 2004 年版。

88. 张潇剑:《国际私法论》,北京大学出版社 2008 年版。

89. 蒋新苗、杨翔主编:《国际私法》,湖南人民出版社 2002 年版。

90. 蒋新苗主编:《国际私法学》,北京师范大学出版社 2012 年版。

91. 蒋新苗主编:《国际私法学》,北京大学出版社 2018 年版。

92. 张茂:《美国国际民事诉讼法》,中国政法大学出版社 1999 年版。

93. 刘振江、张仲伯、袁成第主编:《国际私法教程》,兰州大学出版社 1988 年版。

94. 陈卫佐:《瑞士国际私法法典研究》,法律出版社 1998 年版。

95. 董丽萍:《澳大利亚国际私法研究》,法律出版社 1999 年版。

96. 袁泉:《荷兰国际私法研究》,法律出版社 2000 年版。

97. 宋连斌:《国际商事仲裁管辖权研究》,法律出版社 2000 年版。

98. 赵健:《国际商事仲裁的司法监督》,法律出版社 2000 年版。

99. 徐卉:《涉外民商事诉讼管辖权冲突研究》,中国政法大学出版社 2001 年版。

100. 刘仁山:《加拿大国际私法研究》,法律出版社 2001 年版。

101. 王军、陈洪武:《合同冲突法》,对外经济贸易大学出版社 2003 年版。

102. 柯泽东:《国际私法》,中国政法大学出版社 2003 年版。

103. 罗剑雯:《欧盟民商事管辖权比较研究》,法律出版社 2003 年版。

104. 孙劲:《美国的外国法院判决承认与执行制度研究》,中国人民公安大学出版社 2003 年版。

105. 徐文超、储敏:《国际私法要论》,知识产权出版社 2004 年版。

106. 杜涛、陈力:《国际私法》,复旦大学出版社 2004 年版。

107. 何群、胡晓红主编:《国际私法学》,湖南大学出版社 2004 年版。

108. 李秀梅编著:《国际私法》,北京出版社 2004 年版。

109. 李旺主编:《涉外民商事管辖权制度研究》,知识产权出版社 2004 年版。

110 李旺:《国际私法》,法律出版社 2011 年版。

111. 李旺:《国际私法》,高等教育出版社 2015 年版。

112. 赵秀文编著:《国际商事仲裁法》,中国人民大学出版社 2004 年版。

113. 何其生:《电子商务的国际私法问题》,法律出版社 2004 年版。

114. 宋晓:《当代国际私法的实体取向》,武汉大学出版社 2004 年版。

115. 王国华:《海事国际私法理论与实务研究》,辽宁大学出版社 2004 年版。

116. 刘力:《国际民事诉讼管辖权研究》,中国法制出版社 2004 年版。

117. 曾二秀:《侵权法律选择的理论、方法与规则:欧美侵权冲突法比较研究》,法律出版社 2004 年版。

118. 于飞:《中国国际私法理论与立法》,中国法制出版社 2004 年版。

119. 宋锡祥主编:《国际私法学》,西安交通大学出版社 2005 年版。

120. 王明洁主编:《国际私法学》,北京大学出版社 2005 年版。

121. 徐冬根:《国际私法趋势论》,北京大学出版社 2005 年版。

122. 徐冬根:《国际私法》,北京大学出版社 2009 年版。

123. 霍政新:《不当得利的国际私法问题》,法律出版社 2006 年版。

124. 白红平主编:《国际私法》,法律出版社 2006 年版。

125. 林雪梅:《国际私法》,西南师范大学出版社 2006 年版。

126. 朱伟东:《南非共和国国际私法》,法律出版社 2006 年版。

127. 邓杰:《国际私法分论》,知识产权出版社 2006 年版。

128. 贺连博:《反致问题研究》,知识产权出版社 2006 年版。

129. 王淑敏:《新型贸易融资的国际私法统一法源研究》,知识产权出版社 2006 年版。

130. 严红主编:《国际私法》,浙江大学出版社 2006 年版。

131. 朱子勤:《网络侵权中的国际私法问题研究》,人民法院出版社 2006 年版。

132. 杜涛:《德国国际私法:理论、方法和立法变迁》,法律出版社 2006 年版。

133. 孙南申、杜涛主编:《当代国际私法研究:21 世纪的中国与国际私法》,上海人民出版社 2006 年版。

134. 张玲:《跨境破产的国际合作:国际私法的视角》,法律出版社 2007 年版。

135. 彭欢燕:《商标国际私法研究》,北京大学出版社 2007 年版。

136. 王葆莳:《国际私法中的先决问题研究》,法律出版社 2007 年版。

137. 邹国勇:《德国国际私法的欧盟化》,法律出版社 2007 年版。

138. 秦瑞亭编:《国际私法》,南开大学出版社 2008 年版。

139. 金彭年主编:《国际私法》,浙江大学出版社 2008 年版。

140. 王利民、徐祥民主编:《国际私法学》,科学出版社 2008 年版。

141. 刘萍:《无单放货中国际私法问题研究》,法律出版社 2008 年版。

142. 耿勇:《国家主权与国际私法后现代转型》,法律出版社 2008 年版。

143. 潇凯:《跨国证券交易的国际私法问题》,武汉大学出版社 2008 年版。

144. 邹龙妹:《俄罗斯国际私法研究》,知识产权出版社2008年版。

145. 陈小云:《英国国际私法本体研究》,知识产权出版社2008年版。

146. 金明主编:《国际私法教程》,四川大学出版社2009年版。

147. 邢钢:《国际私法视野下的外国公司法律规制》,知识产权出版社2009年版。

148. 吴用:《儿童监护国际私法问题研究》,对外经济贸易大学出版社2009年版。

149. 马灵霞主编:《国际私法》,中国政法大学出版社2009年版。

150. 曲波:《国际私法本体下弱者利益的保护问题》,法律出版社2009年版。

151. 李智:《国际私法中互联网管辖权制度研究》,厦门大学出版社2009年版。

152. 赵秀文主编:《国际私法原理与案例教程》,中国人民大学出版社2009年版。

153. 叶竹梅主编:《国际私法》,北京大学出版社2010年版。

154. 马志强:《国际私法中的最密切联系原则研究》,人民出版社2010年版。

155. 高宏贵:《国际私法基本问题研究》,高等教育出版社2010年版。

156. 马德才:《国际私法中公共秩序研究》,法律出版社2010年版。

157. 张庆元:《国际私法中的国籍问题研究》,法律出版社2010年版。

158. 徐国建:《全球化背景下私法的冲突、协调和统一》,法律出版社2010年版。

159. 徐青森主编:《国际私法专题研究》,中国人民大学出版社2010年版。

160. 李广辉:《国际私法》,武汉大学出版社2010年版。

161. 袁发强:《人权保护与现代家庭关系中的国际私法》,北京大学出版社2010年版。

162. 陶红主编:《国际私法》,中国政法大学出版社2011年版。

163. 齐湘泉:《〈涉外民事关系法律适用法〉原理与精要》,法律出版社 2011 年版。

164. 任际:《国际私法专题研究》,法律出版社 2011 年版。

165. 李建忠著:《古代国际私法溯源》,法律出版社 2011 年版。

166. 郑维炜:《破产的国际私法问题研究》,长春出版社 2011 年版。

167. 杜新丽主编:《国际私法》(第 2 版),高等教育出版社 2012 年版。

168. 杜新丽主编:《国际私法》(第 2 版),中国人民大学出版社 2015 年版。

169. 杜新丽、宣增益主编:《国际私法》(第 5 版),中国政法大学出版社 2017 年版。

170. 刘晓红主编:《国际私法:案例与图表》,法律出版社 2012 年版。

171. 刘恩媛:《国际环境损害赔偿的国际私法问题研究》,中国法制出版社 2012 年版。

172. 张磊:《涉外保证的国际私法问题研究》,法律出版社 2012 年版。

173. 崔华强:《网络隐私权利保护之国际私法研究》,法律出版社 2012 年版。

174. 王国华:《海事国际私法专题研究》,辽宁人民出版社 2012 年版。

175. 陈卫佐:《比较国际私法》,法律出版社 2012 年版。

176. 袁发强:《国际私法学》,北京大学出版社 2012 年版。

177. 杜焕芳主编:《国际私法关键问题》,中国人民大学出版社 2012 年版。

178. 张春良:《国际私法演义:问题、方案与修正》,法律出版社 2013 年版。

179. 邹龙妹主编:《国际私法》,中国民族大学出版社 2013 年版。

180. 齐湘泉主编:《国际私法》,中央广播电视大学出版社 2013 年版。

181. 马德才主编:《国际私法》,厦门大学出版社 2013 年版。

182. 涂广建:《澳门国际私法》,社会科学文献出版社 2013 年版。

183. 汪琴编:《国际私法原理与运用》,黑龙江人民出版社 2014 年版。

184. 汪金兰:《儿童权利保护的国际私法公约及其实施机制研究》,法律出版社 2014 年版。

185. 洪利萍:《国际私法理论与实践探究》,中国民主法制出版社 2014 年版。

186. 吕岩峰主编:《国际私法教程》(第 2 版),吉林大学出版社 2014 年版。

187. 赵哲伟主编:《国际私法学》,知识产权出版社 2014 年版。

188. 徐妮娜:《著作权的国际私法问题研究》,中国社会科学出版社 2015 年版。

189. 王立武:《国际私法的强制性规则适用制度研究》,中国人民大学出版社 2015 年版。

190. 陈卫佐:《比较民法与比较国际私法》,法律出版社 2015 年版。

191. 王葆莳:《德国联邦法院典型判例研究:国际私法篇》,法律出版社 2015 年版。

192. 梅傲:《国际私法人本论》,法律出版社 2015 年版。

193. 刘想树主编:《国际私法》(第 2 版),法律出版社 2015 年版。

194. 余丽萍、张丽珍主编:《国际私法》,华中科技大学出版社 2015 年版。

195. 韩立新:《海事国际私法》,大连海事大学出版社 2015 年版。

196. 李华成:《国家侵权的国际私法问题研究》,法律出版社 2016 年版。

197. 田晓云主编:《国际私法》(第 2 版),北京大学出版社 2016 年版。

198. 王祥修、裴予峰主编:《国际私法》(第 2 版),中国政法大学出版社 2016 年版。

199. 杨敏主编:《国际私法》,法律出版社 2016 年版。

200. 鲁世平:《国际私法》,知识产权出版社 2016 年版。

201. 霍政新:《国际私法》,中国政法大学出版社 2017 年版。

202. 孙平、方杰:《国际私法学》,法律出版社 2017 年版。

203. 杨文丽、高凛:《国际私法原理与案例》,对外经济贸易大学出版社 2017 年版。

204. 冯霞:《国际私法:原理与案例》,北京大学出版社 2017 年版。

205. 黄亚英:《中国国际私法学》,厦门大学出版社 2017 年版。

206. 方杰:《国际私法学说史》,知识产权出版社 2017 年版。

207. 吴寿东:《罗马法视域中的国际私法研究》,东北师范大学出版社 2017 年版。

208. 金彭年、蒋奋:《涉外民事纠纷的法律适用与中国司法实践》,浙江大学出版社 2017 年版。

209. 高智华主编:《国际私法》,中国人民公安大学出版社 2017 年第 2 版。

210. 宋晓:《中国国际私法的制度生成》,北京大学出版社 2018 年版。

211. 杜涛:《国际私法原理》,复旦大学出版社 2018 年版。

212. 黄志慧:《人权保护对欧盟国际私法的影响》,法律出版社 2019 年版。

213. 许凯:《惩罚性赔偿的国际私法问题研究》,法律出版社 2019 年版。

214. 李华成:《国家侵权的国际私法问题研究》,法律出版社 2019 年版。

215. 何其生:《国际私法入门笔记》,法律出版社 2019 年版。

216. 何其生:《多视野下的中国国际私法》,高等教育出版社 2019 年版。

217. 顾海波:《国际私法学新论》,东北大学出版社 2019 年版。

218. 徐冬根编著:《国际私法案例百选》,高等教育出版社 2019 年版。

219. 沈娟:《国际私法的振扬之路》,社会科学文献出版社 2019 年版。

220.《拿破仑法典〈法国民法典〉》,李浩培等译,商务印书馆 1981 年版。

221.《德意志联邦共和国民法典》,上海社会科学院法学所译,法律出版社 1984 年版。

222.《瑞士民法典》,殷生根等译,中国政法大学出版社 1999 年版。

223.《瑞士民法典》,于海涌、赵希旋译,法律出版社 2016 年版。

224.《日本民法典》,曹为、王书江译,法律出版社 1986 年版。

225.《德国民法典》,郑冲、贺红梅译,法律出版社 1999 年版。

226. 武汉大学国际法研究所编:《国际私法的理论与实践》,武汉大学出版社 1984 年版。

227. 黄惠康、黄进编著:《国际公法、国际私法成案选》,武汉大学出版社 1987 年版。

228. [日]桑田三郎、山内惟介编著:《国际私法立法资料》,日本中央大学出版部 2000 年版。

229. 邹国勇译注:《外国国际私法立法精选》,中国政法大学出版社 2011 年版。

230. 邹国勇译注:《外国国际私法立法选译》,武汉大学出版社 2017 年版。

231. 苏远成:《国际私法》,台北,五南图书出版股份有限公司 1988 年版。

232. 曾陈明汝:《国际私法原理》,台北,三民书局 1991 年版。

233. 彭南元:《国际收养之最新发展趋势》,载《当代公法新论》,台北,元照出版有限公司 2002 年版。

234. 陈隆修:《国际私法管辖权评论》,台北,五南图书出版股份有限公司 1986 年版。

235. 赵守博:《国际私法中亲属关系的准据法之比较研究》,台北,学生书局 1977 年版。

236. 刘铁铮:《国际私法论丛》,台北,三民书局 1994 年版。

237. 梅仲协:《国际私法新论》,台北,三民书局 1982 年版。

238. 刘甲一:《国际私法》,台北,三民书局 1986 年版。

239. 刘铁铮:《国际私法论丛》,台北,三民书局 2000 年版。

240. 张元宵、吕思甲编著:《国际私法判决汇编》,台北,三民书局 2000 年版。

241. 赖来焜编:《基础国际私法学》,台北,三民书局 2004 年版。

242. 许兆庆:《国际私法与比较法研究》,台北,财产法暨经济法研究会 2005 年版。

243. 柯泽东:《国际私法新境界》,台北,元照出版有限公司 2006 年版。

244. 林恩玮:《国际私法:选法理论之回顾与展望》,台北,翰芦图书出版有限公司 2006 年版。

245. 施行:《强制执行法:国际私法》,台北,新保成出版事业有限公司2007年版。

246. 曾陈明汝:《国际私法原理上集、总论)》,台北,新学林出版股份有限公司2008年版。

247. 赖来焜编:《2007年两岸国际私法研讨会论文集》,台北,玄奘大学法学院2008年版。

248. 许耀明:《国际私法新议题与欧盟国际私法》,台北,元照出版有限公司2009年版。

249. 陈隆修:《国际私法:程序正义与实体正义》,台北,五南图书出版股份有限公司2011年版。

250. 陈隆修:《新世纪两岸国际私法》,台北,五南图书出版股份有限公司2011年版。

251. 陈隆修:《中国思想下的全球化选法规则》,台北,五南图书出版股份有限公司2012年版。

252. 曾陈明汝:《国际私法原理续集、各论篇)》,台北,新学林出版有限公司2012年版。

253. 陈隆修:《中国思想下的全球化管辖规则》,台北,五南图书出版股份有限公司2013年版。

254. 马汉宝:《国际私法基础知识论集》,台北,华艺学术出版社2013年版。

255. 黎民编:《国际私法说法》,台北,新保成出版事业有限公司2013年版。

256. 林益山:《国际私法与实例精解》,台北,翰芦图书出版有限公司2014年版。

257. 陈荣传:《国际私法实用:涉外民事案例研析》,台北,五南图书出版股份有限公司2015年版。

258. 柯泽东:《国际私法》,台北,元照出版有限公司2016年版。

259. 林恩玮:《国际私法理论与案例研究》,台北,五南图书出版股份有限公司2017年版。

260. 廖毅编著:《国际私法》,台北,新保成出版事业有限公司2017年版。

261. 刘韦廷编著:《国际私法》,台北,高点文化事业有限公司2017

年版。

262. 赖淳良主编:《国际私法裁判选析》,台北,元照出版有限公司2018 年版。

263. 刘铁铮:《国际私法论》,台北,三民书局 2018 年版。

264. 蔡凯华:《国际私法实例研习》,台北,三民书局 2019 年版。

265. 陆奕:《国际私法关键选择》,台北,新学林出版有限公司 2019年版。

266. [法]亨利·巴蒂福尔、保罗·拉加德:《国际私法总论》,陈洪武等译,中国对外翻译出版公司 1989 年版。

267. [法]亨利·巴蒂福尔:《国际私法各论》,曾陈明汝译,台北,正中书局 1979 年版。

268. [德]马丁·沃尔夫:《国际私法》,李浩培等译,法律出版社1988 年版。

269. [英]莫里斯:《法律冲突法》,李东来等译,中国对外翻译出版公司 1989 年版。

270. [英]托马斯:《国际私法》,倪征燠译,商务印书馆 1963 年版。

271. [苏]隆茨等:《国际私法》,吴云琪等译,法律出版社 1986 年版。

272. [德]K. 茨威格特等:《比较法总论》,潘汉典等译,贵州人民出版社 1992 年版。

273. [英]J. H. C. 莫里斯主编:《戴西和莫里斯论冲突法》,李双元等译,中国大百科全书出版社 1998 年版。

274. [德]萨维尼:《现代罗马法体系》(第 8 卷),李双元等译,法律出版社 1999 年版。

275. [英]威廉·泰特雷:《国际冲突法:普通法、大陆法及海事法》,刘兴莉译,黄进校,法律出版社 2003 年版。

276. [日]山田三良:《国际私法》,李倬译,中国政法大学出版社2003 年版。

277.《奥本海国际法》,王铁崖等译,中国大百科全书出版社 1995年版。

278. [捷]维克托·那普主编:《国际比较法百科全书:各国法律制度概括》,高绍先、夏登峻等译,法律出版社 2002 年版。

279. [美]阿瑟·冯迈伦:《国际私法中的司法管辖权之比较研究》,李晶译,法律出版社2015年版。

280. [比]海尔特·范·卡尔斯特:《欧洲国际私法》,许凯译,法律出版社2016年版。

二、外文类参考文献

1. A. V. Dicey, *Conflict of Laws*, Sweet & Maxwell Ltd., 1896.

2. A. V. Dicey, *A Digest of the Law of England with Reference to the Conflict of Laws*, London, 1896.

3. Karl Neumeyer, *Die Gemeinrechtliche Entwickelung des Internationalen Privat und Strafrechts bis Bartolus*, München, 1901 – 1916.

4. Clive M. Schmitthoff, *A Textbook of the English Conflict of Laws*, Sir Isaac Pitman & Sons Ltd., 1945.

5. Geoffrey Chevalier Cheshire, Peter Machin North, *Private International Law*, 8th. ed., Butterworths, 1970.

6. Pavel Kalensky, *Trends of Private International Law*, Martinus Nijhoff, The Hague, 1971.

7. American Law Institute, *Restatement of the Law*, Conflict of Laws, Second, 1971.

8. Kurt Lipstein, *International Encyclopaedia of Comparative Laws* (*Vol. Ⅲ*): *Private International Law*, J. C. B. Mohr, 1972 – 1994.

9. Martin Wolff, *Private International Law*, Scientia Verlag Aalen, 1977.

10. Otto Kahn-Freund, *Otto Kahn-Freund Selected Writings*, Stevens & Sons Ld., 1978.

11. Franz Gamillscheg et al., *In Memoriam Sir Otto Kahn-Freund*, C. H. Beck's Verlagsbuchhandlung, 1980.

12. Arthur K. Kuhn, Comparative *Commentaries on Private International Law or Conflict of Laws*, Fred B. Rothman & Co., 1981.

13. K. Lipstein, *Principles of the Conflict of Laws National and International*, Martinus Nijhoff Publishers, 1981.

14. Edward I. Sykes, Michael C. Pryles, *International and Interstate Conflict of Laws*, Butterworths Pty Ltd., 1981.

15. R. Kent Newmyer, *Supreme Court Justice Joseph Story*, The University of North Carolina Press, 1985.

16. Frederick Alexander Mann, *Futher Studies in International Law*, Oxford University Press, 1990.

17. Friedrich K. Juenger, *Choice of Law and Multistate Justice*, Martinus Nijhoff Publishers, 1993.

18. J. J. Fawcett, *Declining Jurisdiction in Private International Law*, Oxford University Press, 1995.

19. Edgardo L. Paras, *Philippine Conflict of Laws*, 8th ed., Pex Book Store, 1996.

20. Jean-Gabriel Castel, *Canadian Conflict of Laws*, 4th ed., Butterworths Canada Ltd., 1997.

21. Kurt Siehr, *Private International Law at the End of 20th Century: Progress or Regress? in Swiss Reports Presented at the XVth. International Law Congress of Comparative Law*, Schulthess Polygraphischer Verlag Zürich, 1998.

22. Richard Fentiman, *Foreign Law in English Courts*, Oxford University Press, 1998.

23. Konrad Zweigert, Hein Kötz, *Introduction to Comparative Law*, 3th ed., Oxford University Press, 1998.

24. Rudolf B. Schlesinger ctc., *Comparative Law: Case, Text, Materials*, Foundation Press, 1998.

25. Sir Peter North, J. J. Fawcett, *Cheshire and North's Private International Law*, 13th ed., Butterworths London Ltd., 1999.

26. Henry Campbell Black, *Black's Law Dictionary*, 7th ed, West Publishing Co., 1999.

27. Petar Šacevic and Paul Volken, *Yearbook of Private International Law*, Vol. Ⅰ－Ⅵ, Kluwer Law International and Swiss Institute of Comparative Law, 1999－2004.

28. Lawrence Collins and Others, *Dicey and Morris on the Conflict of*

Laws, 13th ed. , Sweet & Maxwell Ltd. , 2000.

29. Symeon C. Symeonides, *Private International Law at the End of 20th Century: Progress or Regress?*, Kluwer Law International, 2000.

30. J. H. C. Morris, *The Conflict of Laws*, 5th ed. , Sweet & Maxwell Ltd. , 2000.

31. Peter Hay et al. , *Conflict Laws: Cases and Materials*, 11th ed. , New York Foundation Press, 2000.

32. Russell J. Weintraub et al. , *Commentary on the Conflict Laws*, 4th ed. , New York Foundation Press, 2001.

33. Stefan A. Riesenfeld, Walter J. Pakter, *Comparative Law Casebook*, Transnational Publishers Inc. , 2001.

34. John Greenwood Collier, *Conflict of Laws*, 3rd ed. , Cambridge University Press, 2001.

35. J. G. Collier, *Conflict of Laws*, 3rd ed. , Cambridge University Press, 2001.

36. James Fawcett, *Reform and Development of Private International Law: Essays in Honour of Sir Peter North*, Oxford University Press, 2002.

37. R. Blanplain, *International Encyclopaedia of Laws: Private International Law*, Kluwer Law International, Hague, 2002.

38. Sergei Lebedev et al. , New Russian Legislation on Private International Law, in Petar Šacevic and Paul Volken, Yearbook of Private International Law, Vol. Ⅳ, 2002, Kluwer Law International and Swiss Institute of Comparative Law, 2003.

39. Henry G. Schermers, Niels M. Blokker, *International Institutional Law*, 4th ed. Martinus Nijhoff Publishers, 2003.

40. Marianne McGettigan Walker, *Case Citations to Restatement of the Law: Conflict of Laws*, American Law Institute Publishers, 2004.

41. Gerges Wiederkehr, *Code Civil*, Editions Dalloz, 2004.

42. Gerhard Kegel, Klaus Schurig, *Internationales Privatrecht*, 9. Auflage, 2004.

43. T. M. Yeo, *Choice of Law for Equitable Doctrines*, Oxford University Press, 2004.

44. Thomas H. Reynolds, Arturo A. Flores, *Foreign Law: Current Sources of Codes and Basic Legislation in Jurisdictions of the World*, William S. Hein & Co. ,Inc. ,2004.

45. James Fawcett,Jonathan Harris,and Michael Bridge,*International Sale of Goods in the Conflict of Laws*,Oxford University Press,2005.

46. Alex Mills, *The Confluence of Public and Private International Law: Justice, Pluralism and Subsidiarity in the International Constitutional Ordering of Private*, Cambridge University Press,2009.

47. Rafael Domingo, *The New Global Law*, Cambridge University Press,2010.

48. Louise Merrett, *Employment Contracts in Private International Law*,Oxford University Press,2011.

49. James J. Fawcett, Paul Torremans, *Intellectual Property and Private International Law*,*Second Edition*,Oxford University Press,2011.

50. Lord Collins of Mapesbury,*Adrian Briggs*,*Andrew Dickson and Jonathan Harris*,*et al*,*Dicey*,*Morris and Collins on the Conflict of Laws*, 15th ed. ,Sweet & Maxwell. ,2012.

51. James J. Fawcett and others,*Cheshire*,*North & Fawcett: Private International Law*,15th ed. ,Oxford University Press,2012.

52. Richard Garnett,*Substance and Procedure in Private International Law*,Oxford University Press,2012.

53. Pippa Rogerson, *Collier's Conflict of Laws*, 4th ed. , Cambridge University Press,2013.

54. Richard Frimpong Oppong, *Private International Law in Commonwealth Africa*,Cambridge University Press,2013.

55. Adrian Briggs, *Private International Law in English Courts*, Oxford University Press,2014.

56. Phillip C. C. Huang and Kalthyn Bernhardt, *The History and Theory of Legal Practice in China: Toward a Historical-Social Jurisprudence*,Koninklijke Brill,2014.

57. Curtis A. Bradley,*International Law in the U. S. Legal System*, 2nd ed. ,Oxford University Press,2015.

58. Jean-Sylvestre Bergé et al. , *Boundaries of European Private International Law*, Juridiques Bruyiant, 2015.

59. Haratia Muir Watt, Diego P. Femández Arroyo, *Private International Law and Global Governance*, Oxford University Press, 2015.

60. Symeon C. Symeonides, *Choice of Law*, Oxford University Press, 2016.

61. James J. Fawcett et al. , *Human Rights and Private International Law*, Oxford University Press, 2016.

62. Erik Jayme, *Wilhelm Wengler als Internationalprivatrechter: Eine persönliche Erinnerung und Würdigun*, Heidelberg Journal of International Law, Vol. 76, No. 3, 2016.

63. Geert van Calster, *European Private International Law*, 2nd ed. , Hart Publishing, 2016.

64. Ulrich Magnus and Peter Mankowski, *European Commentaries on Private International Law ECPIL*, Ottoschmidt, 2017.

65. Stefan Kadelbach, Thomas Kleinlein and David Roth-Isigkeit, *System, Order, and International Law: The Early History of International Legal Thought from Machiavelli to Hegel*, Oxford University Press, 2017.

66. James J. Fawcett et al. , *North & Fawcett: Private International Law*, 15th ed. (Revised), Oxford University Press, 2017.

67. Anthea Roberts and Foreword by Martti Koskenniemi, *Is International Law International?*, Oxford University Press, 2017.

68. Jürgen Basedow, Giesela Rühl, Franco Ferrari and Pedro de Miguel Asensio, *Encyclopaedia of Private International Law*, Edward Elgar Publishing, 2017.

69. Anatol Dutta, Wolfgang Wurmnest, *European Private International Law and Member State Treaties with Third States*, Intersentia, 2018.

70. Alex Mills, *Party Autonomy in Private International Law*, Cambridge University Press, 2018.

71. Geert Van Caister, Jura Falconis, *European Private International Law at* 50 *Celebrating and Contemplating the* 1968 *Brussels Convention*

and Its Successors, Volume 21, Jura Falconis, Intersentia, 2018.

72. V. C. Govindaraj, *Private International Law: A Case Study*, Oxford University Press, 2018.

73. Roxana Banu, *Nineteenth Century Perspectives on Private International Law*, Oxford University Press, 2018.

74. Sebastian Seeger, *Erbverzichte im neuen europäischen Kollisionsrecht*, Mohr Siebeck, 2018.

75. Lord Collins of Mapesbury, Jonathan Harris, *Dicey, Morris & Collins on the Conflict of Laws* 5th *Cumulative Supplement*, Sweet & Maxwell Ltd., 2018.

76. Peter Hay, *Advanced Introduction to Private International Law and Procedure*, Edward Elgar Publishing, 2018.

77. Jochen von Bernstorff and Philipp Dann, *The Battle for International Law: South-North Perspectives on the Decolonization Era*, Oxford University Press, 2019.

78. Franco Ferrari and Diego P. Fernández Arroyo, *Private International Law: Contemporary Challenges and Continuing Relevance*, Edward Elgar Publishing, 2019.

后　记

《国际私法本体论》与瑞士比较法研究所有着不解之缘，初版和修订版的书稿均完工于洛桑。2004 年 8 月至 2005 年 9 月笔者有幸获得瑞士联邦司法部比较法研究所范·卡尔克奖励基金（Van Calker Scholarships）资助在该所访学一年，期间挑灯夜战完成《国际私法本体论》一书并在法律出版社出版。时光如梭，眨眼间一晃 15 年，星移斗转，时势变迁，当年匆匆完成的《国际私法本体论》日渐青涩。

在当今世界迈入信息化、数字化、智能化、网络化、自动化、市场化、全球化、多元化走势不可逆转的时代，国际社会面临的严峻挑战也与日俱增，不可预测性和不稳定性以及不确定性等变数增多，非传统安全威胁的风险增大，单边主义逆全球化潮头而兴风作浪，贸易保护主义逆贸易自由化而肆虐横行，霸权主义和极端主义逆国际法治而猖獗无忌，世界贸易摩擦或贸易战愈演愈烈，全球化的发展、变革、分化与异化并存，全球治理体系危机四伏，国际秩序特别是国际民商新秩序的重塑不断加剧。如此，一方面，以国家为中心的原有国际秩序被打破，以个人、跨国公司、专业团体、非政府组织等为主的非国家行为体发挥着越来越重要的作用，全球治理的主体日趋多元化，资本、劳动力、生产技术和贸易服务等世界经济要素的跨界流动以及资源的全球配置与国际移民的加速，从客观上呼唤增强国际私法对涉外民商事关系的调整力度和广度。另一方面，当今国际社会的治理模式已由乌托邦式的“世界政府治理”，逐渐演变为包括“政府治理”、“没有政府治理”和“超国家治理”在内的多元治理模式。现实中，传统治理理论与应对全球性问题的制度需求脱轨或背道而驰。国际社会现行治理模式缺乏满足全球公共产品供给能力，现存国际组织囿于职权或机制僵化而难以发挥解决全球性危机的固有功能，不少国家主体参与全球治理的意愿日渐衰减，全球公共利益不时遭受局部利益的博弈或绑架，全球治理机制辖域与职权的僵硬化、滞后化、私益化、碎片化和无序化日趋凸显且无法彻底解决世界争端。日益严峻的世界局势以及与日俱增的全球性难题，不仅迫使全球治理和国际法治的公法性模式不得不更新换代，而且迫使全球治理和国际法治的私法性模式不断创新升级。与此相应，国际私法基本功能的转换与优化乃题中应有之义。再者，无论是推进“一带一路”共建，还是推动新型国际关系的重塑与人类命运共同体的构建，都需要国际私法及时革新其解决法律冲突的机制与方法，发挥其解决国际民商事争端和维护国际民商新秩序的独特功能。新时代和新形势也促使国际社会以及各国国内的国际私法理论研究与实践不断拓展和深化，尤其是在我国颁布单行的国际私法立法即《涉外民事关系法律适用法》以后，作为部门法的国际私法和作为独立学科的国际私法学的地位进一步得以提升。因此，强化国际私法的理论配置和升级换代，势必需要进一步挖掘国际私法本体问题和不断深化国际私法本体研究。

实际上，随着国际国内形势的发展变化，国际私法的新理论、新方法和新成果如雨后春笋般冒出，国际私法的立法与司法实践也日新月异，21 世纪初对国际私法进行革新的国家就有五十余个，特别是欧盟国际私法统一化的新进展尤为耀眼。因此，根据国际私法立法与司法实践中发现的新问题和法学理论研究的新发展，根据国内外国际私法的立改废的新情况，根据国际私法协定和公约缔结的新取向，适时修订和更新《国际私法本体论》一书已亟不可待。法律出版社的领导审时度势，有意抬爱拙作并希望我尽快修订该书。2018 年暑假期间，法律出版社的黄琳佳编辑告知了我修订《国际私法本体论》的事项。自接到出版社的指令后就着手修订工作，但因诸多行政事务和教学科研工作缠身，进展十分缓慢。为了不辱使命，将青涩稚嫩的《国际私法本体论》催熟一点或令其变得略显老到一点，又设法重返洛桑闭门思过，静心修订拙作。2019 年 6 月至 2020 年 1 月,本人借助国家留学基金委和湖南省法学一流学科建设项目资助的机会,再次以高级访问学者的身份到瑞士比较法研究所展开资料收罗、梳理和研究工作,历经大半年才将《国际私法本体论》修订完稿。尽管在修订过程中努力恪守学术规范、求真务实、博采众长、守正创新,但终因时间和能力的限制,未必尽如人意,拙作的错漏与败笔未能消除殆尽,恳请各位读者宽恕并不吝指正!

拙作成稿和修订均得益于瑞士比较法所提供的良好研究环境和图书馆丰富的藏书及电子资源,不胜感激。而本书的初版和修订再版得到了法律出版社领导的大力支持,特别是学术分社孙东育社长和黄琳佳编辑对修订版给予了诸多帮助,在此一并致以衷心的谢意!

2020 年 1 月 19 日
记于瑞士洛桑

图书在版编目(CIP)数据

国际私法本体论 / 蒋新苗著. —— 2版. ——北京：法律出版社，2021

ISBN 978-7-5197-4676-6

Ⅰ.①国… Ⅱ.①蒋… Ⅲ.①国际私法-法的理论-研究 Ⅳ.①D997

中国版本图书馆CIP数据核字(2021)第107193号

国际私法本体论（第二版）
GUOJISIFA BENTILUN（DI-ER BAN）
蒋新苗 著

责任编辑 黄琳佳
装帧设计 汪奇峰

开本 710毫米×1000毫米 1/16
版本 2021年6月第2版
印次 2021年6月第1次印刷
出版 法律出版社
总发行 中国法律图书有限公司
印刷 天津嘉恒印务有限公司

印张 44
字数 660千
编辑统筹 学术·对外出版分社
经销 新华书店
责任印制 陶 松
责任校对 周合芝 周诗湄

法律出版社/北京市丰台区莲花池西里7号(100073)
网址/www.lawpress.com.cn
投稿邮箱/info@lawpress.com.cn
举报维权邮箱/jbwq@lawpress.com.cn
销售热线/400-660-8393
咨询电话/010-63939796

中国法律图书有限公司/北京市丰台区莲花池西里7号(100073)
全国各地中法图分、子公司销售电话：
统一销售客服/400-660-8393/6393
第一法律书店/010-83938432/8433 西安分公司/029-85330678 重庆分公司/023-67453036
上海分公司/021-62071639/1636 深圳分公司/0755-83072995

书号： ISBN 978-7-5197-4676-6 **定价：** 128.00元
(如有缺页或倒装，中国法律图书有限公司负责退换)